edition suhrkamp 2241

Ein Gespenst geht um in der deutschen Öffentlichkeit: die 68er Generation. Ihr werden die abenteuerlichsten Dinge zugeschrieben. Gewalt gegen Sachen und Personen, ja teilweise sogar der Terrorismus der RAF.

Im Jahre 1968 sprachen die Aktivisten von sich nicht als 68er, sondern als APO, also als außerparlamentarischer Opposition. Um die politische Einstellung der APO und ihrer Aktivisten authentisch vor Augen zu stellen, versammelt Rudolf Sievers jene Texte, die die Aktionen der APO beeinflußten. Hier ist also zu erfahren, was die außerparlamentarische Opposition 1968 und davor las. Hier ist zu erfahren, wie die Situationisten Politik machen wollen. Hier ist zu erfahren, welche Änderungen die Hochschulen erfahren sollten. Was hatte es mit dem »Tod der Literatur« auf sich? Warum die Anti-Springer-Demonstrationen, auf denen Vietcong-Fahnen geschwenkt wurden und an deren vorderster Front Peter Weiss und Gaston Salvatore neben Rudi Dutschke marschierten? Was hätte es bedeutet, wenn wie in Paris im Mai 1968 die Phantasie die Macht errungen hätte, und was hätte es bedeutet, wenn die politische Führung der ČSSR entsprechend dem *Manifest der 2000 Worte* gehandelt hätte? Warum wandte man sich gegen repressive Toleranz? Rudolf Sievers hat mit diesem Band also ganz unbescheiden eine Enzyklopädie des Denkens der außerparlamentarischen Opposition versammelt.

1968
Eine Enzyklopädie

Zusammengestellt von
Rudolf Sievers

Suhrkamp

edition suhrkamp 2241
Erste Auflage 2004
© Suhrkamp Verlag Frankfurt am Main 2004
© der einzelnen Beiträge am Schluß des Bandes
Originalausgabe
Satz: jürgen ullrich typosatz, Nördlingen
Druck: Nomos Verlagsgesellschaft, Baden-Baden
Umschlag gestaltet nach einem Konzept
von Willy Fleckhaus: Rolf Staudt
Printed in Germany
ISBN 3-518-12241-x

1 2 3 4 5 6 – 09 08 07 06 05 04

Inhalt

Die Politik bedeutet ein starkes langsames Bohren von harten Brettern mit Leidenschaft und Augenmaß zugleich. Es ist ja durchaus richtig, und alle geschichtliche Erfahrung bestätigt es, daß man das Mögliche nicht erreichte, wenn nicht immer wieder in der Welt nach dem Unmöglichen gegriffen worden wäre.[1]

Max Weber

Vorwort

1968 – eine Zeitikone mit verwackeltem Sinn: Dieser Band versammelt Materialien zu einer Hermeneutik dieses umkämpften Erinnerungsorts.

Am 5. Januar wird in Prag Alexander Dubček zum Parteivorsitzenden der KPČ gewählt. Sein Programm, ein Sozialismus mit menschlichem Gesicht, weckt die Hoffnung auf die Reformierbarkeit des Kommunismus. Mit dem Einmarsch der Truppen des Warschauer Pakts in der Nacht vom 20. zum 21. August ist nicht nur der Prager Frühling beendet, sondern aus heutiger Sicht auch der Anfang vom Untergang der Sowjetunion besiegelt. In Vietnam attackiert der Vietcong mit seiner Tet-Offensive am 30. Januar die mächtigste Militärmacht der Welt. Die USA verlieren 1973 diesen Krieg nicht zuletzt durch die weltweiten Proteste: Es sind die Bilder von durch Napalm verbrannten Kindern und durch Agent Orange entlaubten Wäldern, die die Legitimation dieses Krieges zerstören. Auch in den USA selbst spitzen sich die Auseinandersetzungen zu. Nach dem Attentat auf Martin Luther King, der Symbolfigur für eine gewaltlose Bürgerrechtsbewegung, kommt es in den Ghettos in 76 amerikanischen Städten zu blutigen Aufständen. Getragen von den Befreiungsbewegungen, scheint die Entkolonialisierung zu einem Prozeß zu werden, in dem die »Verdammten dieser Erde«[2] ein eigenes Selbstbewußtsein entfalten und sich von der hegemonialen Macht der Industriestaaten emanzipieren. Studentenunruhen erschüttern weltweit die etablierten Machtstrukturen, am entschiedensten während des Pariser Mai.

In der BRD wird mit der Einübung radikaldemokratischer Verhaltensweisen ein Modernisierungsschub ausgelöst, der zu einer fundamentalen Liberalisierung führt und den Status quo der Adenauer-Ära beendet. Die zentrale Intention der radikalen Akteure war die weltweite Überwindung der kapi-

1 Max Weber, *Politik als Beruf*, Stuttgart 1992, S. 82.
2 Frantz Fanon, *Die Verdammten dieser Erde*, Reinbek bei Hamburg 1966.

talistischen Produktionsverhältnisse. Nur wenige verfolgten 1968 dieses Ziel, doch ist dieser Minderheit ein später symbolischer Erfolg beschieden: Wenn wir von den »68ern« sprechen, identifizieren wir eine ganze Generation mit dieser Utopie. Auch wenn die Parole des Pariser Mai *Die Phantasie an die Macht* nicht eingelöst werden konnte, in ihrer Paradoxie auch nicht einlösbar ist, beschäftigt die eruptive Befreiung des Denkens vom Realitätsprinzip und das Aufblitzen von der Möglichkeit des ganz Anderen die Phantasie bis heute. In einer komplexen, unübersichtlichen, illusions- und visionslos gewordenen Gesellschaft, in der utopisches Denken unter Generalverdacht steht, unbewußten Machtimperativen zu gehorchen, muß ein Denken, das von der Möglichkeit ausging, daß die Menschen als Gattungswesen ihre Geschichte selbst in die Hand nehmen, provozieren. Die heutige Überzeugung, die geschichtliche Entwicklung sei nur in sehr geringem Maße bewußt steuerbar, läßt die großen utopischen Entwürfe naiv erscheinen. Erst in den 80er Jahren bürgerte sich die Jahreszahl 1968 als Chiffre für die Studentenbewegung ein. Vorher waren die von ihr selbst gewählten Bezeichnungen, außerparlamentarische Opposition (APO) und antiautoritäre Bewegung, allgemein üblich. Was die Faszination der Ereignisse, aber auch die Schwierigkeit einer stringenten Deutung ausmacht, ist die Komplexität einer einmaligen, in sich widersprüchlichen Konstellation. Wir möchten uns ihr durch eine Erklärung des in den Bezeichnungen »außerparlamentarische Opposition« und »antiautoritäre Bewegung« ausgedrückten Selbstverständnisses der Revolte nähern. Die Bildung der Großen Koalition im Dezember 1966 wurde als das Zeichen für den nunmehr überdeutlich zutage tretenden Funktionsverlust des Parlaments verstanden. Daß die SPD bereit war, unter dem durch seine Nazi-Vergangenheit belasteten Bundeskanzler Georg Kiesinger mit der CDU eine Regierung zu bilden, schlug alle vor den Kopf, die auf eine grundsätzlich radikaldemokratische Alternative gehofft hatten. Über die Notwendigkeit einer außerparlamentarischen Opposition bestand ein breiter Konsens zwischen Linksliberalen, kritischen Gewerkschaftlern, Ostermarschierern bis weit in die bürgerliche Öffentlichkeit hinein. Ziel dieses Bündnisses war zunächst die Verhinderung der geplanten Notstandsgesetze, die vom radikalen Flügel des SDS als ein Schritt in Richtung autoritärer Staat verstanden wurden.

Die Theorie des autoritären Staates hatte Max Horkheimer 1940 unter dem Eindruck des Hitler-Stalin-Pakts formuliert. Autoritär ist ein Staat, der dirigistisch in den Produktionsprozeß eingreift, die kapitalistischen Konkurrenzmechanismen eliminiert und so monopolistisch gleichsam als ideeller Gesamtkapitalist fungiert. Die Forderung nach einem autoritären Staat hatte sich die faschistische Bewegung schon vor der Machtergreifung der Nationalsozialisten zu eigen gemacht. Max Horkheimers Text, in dem er zum ersten Mal das Wort antiautoritär, und zwar im Sinne von antitotalität verwendet, wurde 1942 zusammen mit Walter Benjamins Essay *Über den Begriff der Geschichte* in einem Heft des Instituts für Sozialforschung mit dem Titel *Walter Benjamin zum Gedächtnis* veröffentlicht. In ihm findet sich der Satz:

»Die Umwälzung, die der Herrschaft ein Ende macht, reicht so weit wie der Wille der Befreiten. Jede Resignation ist schon der Rückfall in die Vorgeschichte.«[3]

In keinem anderen Text ist Horkheimer dem Denken Walter Benjamins so nah. Für die Begründung einer voluntaristischen Praxis innerhalb der antiautoritären Bewegung spielte dieser Text eine zentrale Rolle. Die Schriften der Kritischen Theorie aus den 30er und 40er Jahren waren im Nachkriegsdeutschland gänzlich unbekannt. Sie wurden zuerst von den späteren Protagonisten der Studentenbewegung entdeckt und in Form von Raubdrucken publiziert. Erst danach gab es von den Verfassern autorisierte Neuausgaben. Theoretisch leisteten diese Texte eine anspruchsvolle Analyse des Faschismus, die anderswo schwer zu haben war, und boten die Möglichkeit der Anknüpfung an einen undogmatischen Marxismus, der in beiden Teilen Deutschlands tabuisiert war. Der programmatische Aufsatz von Max Horkheimer *Traditionelle und Kritische Theorie* aus der *Zeitschrift für Sozialforschung* von 1937 beinhaltete für die Studentenbewegung den Anspruch auf eine Theoriebildung, die sich von ihren Intentionen her nicht im akademischen Leben erschöpfte, sondern auf eine politische Bewegung, die damals angestrebte revolutionäre Arbeiterbewegung, bezog. Die Studien über *Autorität und Familie* zeigten, daß politische Herrschaft auch in den Charakterstrukturen der Beherrschten verankert ist. Die Kritische Theorie lieferte der antiautoritären Bewegung damit ihre herrschaftsentlarvenden Emanzipationskriterien. Über die Möglichkeit einer grundsätzlichen Gesellschaftsveränderung gab es allerdings tiefgreifende Differenzen.

»Es gibt in der Erfahrung der Adornoschen Theorie [...] etwas, das man als eine sehr widersprüchliche Wirkung von Ohn-

---

3 Max Horkheimer, *Autoritärer Staat*. Abdruck des Textes in diesem Band.

macht auf die Studentenbewegung erklären könnte. Also auf der einen Seite hat Adorno etwas vermittelt, das für die Studentenbewegung dann geradezu umgekehrt nicht resignations- sondern aktionskonstitutiv war: Eine Ohnmachtserfahrung gegenüber den technologisierten und bürokratischen Institutionen und Administrationen der spätkapitalistischen Welt.«[4]

So sieht es der Adornoschüler und theoretische Kopf des Sozialistischen Deutschen Studentenbunds (SDS) Hans-Jürgen Krahl 1969. In seinen *Angaben zur Person* beschreibt er vielleicht etwas zu gradlinig, aber mitreißend seine politische Odyssee vom völkischen Ludendorffbund zum SDS. Der SDS, der 1961 aus der SPD ausgeschlossen wurde, war der radikale Motor der Bewegung. Er hatte zunächst traditionell sozialistische Inhalte vertreten, sich aber zunehmend radikalisiert, wobei sein antiautoritärer Flügel, dessen Sprecher Rudi Dutschke war, an Bedeutung gewann. Hier wurde der subjektive Faktor, insbesondere das Problem des autoritären Charakters als Teil der politischen Strategie, formuliert und damit die traditionelle Trennung von privat und öffentlich in Frage gestellt.

Die Auseinandersetzung der staatssozialistisch-traditionalistischen Gruppe mit dem antiautoritären Flügel des SDS spielte sich auch auf der Ebene der Theoriebildung ab. Als Antwort auf einen Schulungsentwurf der Marburger Genossen Frank Deppe und Kurt Steinhaus, der nach Dutschkes Meinung die Geschichte der Klassenkämpfe einseitig aus der Entwicklung der Produktivkräfte ableitete und die Bedeutung der kreativen Spontaneität vernachlässigte, erarbeitete er einen Gegenentwurf, der eine Aufwertung des Anarchismus – hier spielte die bei Michail Bakunin zentrale Frage der Abschaffung des Staates eine zentrale Rolle – bedeutete. Angeknüpft wurde auch an die Rätebewegung und die Arbeiterselbstverwaltung als Form direkter Demokratie. Unter der Parole *Zurück zu Marx* betont er die Bedeutung der *Pariser Manuskripte*, die Marx 1844 verfaßte und die 1932 veröffentlicht wurden. Noch im gleichen Jahr erscheint Herbert Marcuses Marx-Interpretation *Neue Quellen zur Grundlegung des Historischen Materialismus*. Was Rudi Dutschke und Herbert Marcuse am jungen Marx interessierte, ist das emphatische Insistieren auf dem schöpferischen Potential der menschlichen Arbeit, das unter den kapitalistischen Bedingungen der Lohnarbeit zerstört wird. Karl Marx bekam den Status eines Klassikers. Die blauen Bände des in Ostberlin beheimateten Dietz-Verlags, besonders

4 Hans-Jürgen Krahl, *Konstitution und Klassenkampf*, Frankfurt /M. 1971, S. 297.

Band 23, *Das Kapital*, und Band 3, *Die Deutsche Ideologie*, wurden intensiv studiert. An vielen Fachbereichen, aber auch außerhalb der Universität, bildeten sich Arbeitskreise, die der vertrackten Struktur der Ware, ihrem Fetischcharakter, auf den Grund gingen mit dem durchaus praktischen Ziel, das Problem der Verdinglichung zu verstehen und den scheinbar naturhaften und somit unveränderlichen Charakter der kapitalistischen Gesellschaft in Frage zu stellen.

Entfremdung und Verdinglichung waren auch das Thema von Georg Lukács' *Geschichte und Klassenbewußtsein*. Lukács' Opus magnum erschien 1923 im Berliner Malik-Verlag. Es ist eines der wichtigsten philosophischen Bücher des 20. Jahrhunderts. Lukács unternimmt hier eine philosophische Rekonstruktion der Marxschen Warenanalyse. Er reagiert auf die dogmatische Erstarrung eines Marxismus, dessen objektivistische Geschichtsauffassung das Problem des revolutionären Subjektivismus überhaupt nicht mehr in den Blick bekommen kann und damit den für Lukács zentralen Primat von Emanzipationskategorien ignoriert. Gleich nach seinem Erscheinen wird das Buch von so zentralen Figuren der kommunistischen Bewegung wie Lenin und Deborin kritisiert. Der Vorwurf lautet: Idealismus und Subjektivismus. Lukács übt Selbstkritik. Erst die Studentenbewegung macht 1967 diesen Klassiker des Marxismus durch eine Neupublikation in Form eines Raubdrucks wieder zugänglich.

Dutschkes *Bibliographie des Revolutionären Sozialismus* hatte das Ziel, die theoretische Orientierung des SDS zu radikalisieren und in Richtung eines antiautoritären Aktionszusammenhangs zu verändern. Auffällig dabei ist, daß die neuere marxistische Literatur aus Frankreich – zu nennen sind Jean-Paul Sartre, Lucien Goldmann, Maurice Merleau-Ponty, Henri Lefèbvre – in Dutschkes Bibliographie kaum Erwähnung findet. Henri Lefèbvres *Kritik des Alltagslebens*, die 1947 in Frankreich erschien, hatte wesentlichen Einfluß auf die Gruppe der Situationisten. Lefèbvre war der erste Marxist in Frankreich, der die humanistischen Ideen des jungen Marx wiederbelebte und der wesentlich von der Theorie der Verdinglichung als der Form der Entfremdung menschlicher Subjektivität durch den zeitgenössischen Kapitalismus, wie sie Georg Lukács in *Geschichte und Klassenbewußtsein* formuliert hatte, beeinflußt war. Dutschke war 1964 von der kleinen, radikalen Künstlergruppe »Subversive Aktion«, die sich an den Situationisten orientierte, zum SDS gekommen. Seine Strategie der Aufklärung durch Aktion hatte ihren Ursprung in dieser Künstlergruppe. Ihr Programm war, in Anknüpfung an die surrealistische Bewegung, der Versuch einer Poetisierung und Politisierung des Alltagslebens durch die Schaffung von Situationen, welche die eingefahrenen Strukturen der Wahrnehmung aufbrechen und Möglichkeiten der Veränderung aufzeigen sollten. Auch die Mitglieder der »Subversiven Aktion« sahen sich gezwungen, wollten sie den Aktionsradius über den Gruppenzusammenhang hinaus erweitern, sich mit der klassischen marxistischen Revolutionstheorie zu befassen. Auch ihr theoretischer Gewährsmann wurde als der Protagonist der Verbindung zwischen historischem Materialismus und Philosophie Georg Lukács, der das Problem der Praxis zur zentralen Kategorie des Denkens machte. Die höchste Form der Praxis ist für ihn die Revolution, Philosophie ist radikale Zeitkritik.

Von allen Theoretikern der Frankfurter Schule hatte Herbert Marcuse den größten Einfluß auf die internationale Protestbewegung. In seinem Buch *Der eindimensionale Mensch* hat Marcuse das düstere Bild einer Gesellschaft ohne Opposition gezeichnet: Das Prinzip der Verdinglichung hat sich zu einer Totalität aufgespreizt, die den Blick auf eine durch die Entwicklung der Produktivkräfte längst möglich gewordene Befreiung vom Zwang der entfremdeten Arbeit verstellt. Innerhalb dieses Systems ist eine Opposition, die einen qualitativen Wandel einleiten könnte, nicht denkbar. Die Große Weigerung ist für Marcuse das Bewußtsein, das sich nicht integrieren läßt und das bestehende System theoretisch negiert. Dieser radikale Einspruch gegen die kapitalistische Gesellschaft ist zunächst nur in einzelnen Individuen verkörpert und politisch ohnmächtig. Nach der Integration des Proletariats sind diese Vereinzelten, Künstler und Intellektuelle, gleichsam Statthalter der revolutionären Klasse. In seinem Hauptwerk *Triebstruktur und Gesellschaft* hatte Marcuse versucht, anhand einer Interpretation von Freuds Metapsychologie, seinen in der erotischen Bedürfnisstruktur verankerten Vernunftbegriff zu konkretisieren und zu zeigen, daß angesichts der Entwicklung der Produktivkräfte eine Kultur ohne Triebunterdrückung denkbar geworden ist. In dessen zweitem Teil, *Jenseits des Realitätsprinzips*, entwickelt Marcuse sein Programm einer Versöhnung von Vernunft und Sinnlichkeit: Die Freisetzung und Kultivierung unterdrückter libidinöser Ansprüche ist Voraussetzung und Ziel der Revolutionierung aller gesellschaftlichen Verhältnisse. Bereits 1955 unter dem Titel *Eros and Civilisation* (dt. 1957) erschienen, fand das Buch zunächst wenig Beachtung. Für die subkulturelle Linke der späten 60er Jahre wurde es zu einem Manifest. Es brachte zum Ausdruck, was mit der schlichten Hippieparole *Make Love not War* gemeint sein könnte. Die Hippie-Bewegung als Möglichkeit der radikalen Opposition war auch ein Thema eines internationalen Kongresses, der unter dem Titel *Dialektik der Befreiung* im Juli 1967 in London veranstaltet wurde. Der englische Anti-Psychiater Ronald D. Laing sprach über die *Undurchschaubarkeit und Evidenz in modernen Sozialsystemen.* Stokely Carmichael, Sprecher des Student Non-Violent Coordinating Committee (SNCC), analysierte in seinem Referat mit dem Titel *Black Power* die Aufstände in den Ghettos der USA, die sich seiner Meinung nach zu einem Guerillakrieg ausweiten würden. Für Herbert Marcuse impliziert die Dialektik der Befreiung einen radikalen Bruch mit der bestehenden Gesellschaft. In seinem Vortrag *Befreiung von der Überflußgesellschaft* kommt er auf die für ihn so wichtigen Thesen *Über den Begriff der Geschichte* von Walter Benjamin zu sprechen:

»Das Bewußtsein, wenigstens ein halbes Bewußtsein davon, daß ein solcher totaler Bruch nötig ist, war in einigen der großen sozialen Kämpfe unserer Zeit durchaus vorhanden. Walter Benjamin zitiert Berichte, wonach die Leute während der Pariser Kommune an allen Ecken der Stadt auf die Uhren von Kirchtürmen, Palästen usw. geschossen haben. Darin drückt sich, bewußt oder halbbewußt, das Bedürfnis aus, die Zeit anzuhalten; zumindest sollte das herrschende, das etablierte Zeitkontinuum stillstehen und eine neue Zeit beginnen. Diese Geste unterstreicht den qualitativen Unterschied, den totalen Bruch zwischen der alten und der neuen Gesellschaft.«[5]

Am 6. Mai 1968 ist Herbert Marcuse in Paris. Auf einem von der UNESCO veranstalteten Kolloquium anläßlich des 150. Geburtstags von Karl Marx hält er den Vortrag *Réexamen du concept de révolution.* Er basiert im wesentlichen auf den Gedanken, die er in *Der Eindimensionale Mensch* ausgearbeitet hatte. Für seine radikalen Thesen erntet er Kritik. Vier Kongreßteilnehmer werfen ihm Pessimismus vor. Im Quartier Latin liefern sich zur gleichen Zeit über 10.000 Studenten eine stundenlange Straßenschlacht mit der Polizei. Der *Pariser Mai* hatte gerade begonnen. Marcuses nächste Buchveröffentlichung, *Versuch über die Befreiung* von 1969, konstatiert eine wachsende Opposition gegen die weltweite Herrschaft des korporativen Kapitalismus und sieht jetzt eine Alternative in das repressive Kontinuum einbrechen. In den Befreiungsbewegungen der dritten Welt, den rebellischen Ghettobewohnern der Vereinigten Staaten und der Studentenopposition in den

5 Herbert Marcuse, *Befreiung von der Überflußgesellschaft*, in: *Kursbuch* 16, Berlin 1969, S. 187.

kapitalistischen und sozialistischen Ländern sieht Marcuse die sich verbreiternde soziale Basis der Großen Weigerung. Die wesentlichen Teile dieses Essays sind vor dem Pariser Mai formuliert worden. Die erstaunliche Koinzidenz mit den Gedanken der rebellischen Studenten, die Marcuse feststellt, ergibt sich aus den gleichen geistesgeschichtlichen Inspirationsquellen, dem westlichen Marxismus und dem Surrealismus.

Die Gesellschaft der Selbstentfremdung muß aus der Geschichte verschwinden. Wir erfinden eine neue und originelle Welt. Die Phantasie ist an die Macht gelangt – eine von den vielen Wandinschriften, die die kulturrevolutionäre Stimmung des Pariser Mai prägnant zum Ausdruck bringen. Ihr Inhalt deckt sich durchaus mit den Intentionen einer Philosophie, die sich nicht scheut, der Phantasie eine zentrale Rolle zuzugestehen.

»Daß Phantasie etwas Wesentliches mit Philosophie zu tun hat, geht schon aus der Funktion hervor, welche ihr unter dem Titel ›Einbildungskraft‹ von den Philosophen zugewiesen wurde, besonders von Aristoteles und Kant. Kraft ihrer einzigartigen Fähigkeit, einen Gegenstand auch ohne dessen Vorhandensein ›anzuschauen‹, auf Grund des gegebenen Materials der Erkenntnis doch etwas Neues zu schaffen, bezeichnet die Einbildungskraft einen hohen Grad der Unabhängigkeit vom Gegebenen, der Freiheit inmitten einer Welt von Unfreiheit. Im Hinausgehen über das Vorhandene kann sie die Zukunft vorwegnehmen.«[6]

Das schreibt Marcuse 1937 in der zusammen mit Max Horkheimer verfaßten programmatischen Schrift *Philosophie und kritische Theorie*. In einem Interview äußert er sich 1968:

»Die Mauerinschriften [...] sind für mich vielleicht der interessanteste Aspekt des Mai, diese Verbindung von Marx und André Breton. Die Phantasie an die Macht, das ist wirklich revolutionär. Der Versuch, die kühnsten Ideen und Werte der Phantasie in die Wirklichkeit zu übertragen, ist neu und revolutionär. Er beweist, daß man etwas Wichtiges begriffen hat: die Wahrheit liegt nicht nur im rationalen Bereich, sondern ebensosehr und vielleicht noch eher in dem der Phantasie.«[7]

Die Aktualisierung des surrealistischen Programms der Poetisierung des Alltagslebens, der Politisierung der Phantasie geschah in Paris durch Henri Lefèbvre und vor allem durch Raoul

---

6 Max Horkheimer/Herbert Marcuse, *Philosophie und kritische Theorie*, in: *Zeitschrift für Sozialforschung*, herausgegeben von Max Horkheimer, Jahrgang VI, Paris 1937, S. 645.

7 Herbert Marcuse, *Über Revolte, Anarchismus und Einsamkeit*. Ein Gespräch mit *L'Express*, Zürich 1969.

Vaneigems *Handbuch der Lebenskunst für die junge Generation*, das 1967 in Frankreich erschien. Immer wieder wird das Überraschende, nicht Voraussehbare der Ereignisse des Pariser Mai betont. Jean-Luc Godards Filme können aus heutiger Sicht als Vorahnungen der Revolte gesehen werden. *»Ein revolutionsloses Wochenende ist sehr viel blutiger als ein Monat permanenter Revolution«*, lautet eine Wandinschrift am Institut für Orientalistische Sprachen in Paris. Sie läßt an Godards Film *Weekend* (1967) denken, in dem sich der normale Wochenendverkehr zu einem tödlichen Inferno auswächst. Die moderne Zivilisation wird als eine barbarische Welt ohne Zukunft gezeichnet. Ein Zwischentitel seines Films über die französische Jugend, *Masculin-Feminin* (1965), wird als Generationsbezeichnung populär: *Die Kinder von Marx und Coca-Cola*. In Godards Beitrag zum Antikriegsfilm *Loin du Vietnam* (1967) gibt es eine Filmmontage. Godard sitzt hinter einer riesigen amerikanischen Filmkamera und richtet sie wie ein Flakgeschütz auf amerikanische Flugzeuge, die ein vietnamesisches Dorf bombardieren. 1968 arbeitet Godard mit den Rolling Stones zusammen. 1965 hatten sie mit ihrem Song *I can't get no Satisfaction* das Lebensgefühl einer ganzen Generation ausgedrückt. Am 17. März 1968 wurde Mick Jagger auf einer Vietnamdemonstration in London zu dem Song *Street Fighting Man* inspiriert. Godards Film *One plus One* zeigt die Rolling Stones bei Studioaufnahmen von *Sympathy for the Devil*, ein Stück, das später traurige Berühmtheit erlangen sollte. Als die Stones bei ihrem Rockkonzert in Altamont am 6. Dezember 1969 diesen Song spielen, wird der 18jährige Afro-Amerikaner Meredith Hunter von einem Mitglied der Rockergang Hell's Angels erstochen. Dies bedeutete für viele das Ende des durch den Mythos Woodstock gestifteten kurzen Traums von *Love and Peace*. Der kleine Ort Woodstock in der Nähe von New York war vom 15. bis 17. August 1969 Schauplatz des wohl berühmtesten Rock-Konzerts. Jimi Hendrix spielte dort seine verfremdete Fassung der amerikanischen Nationalhymne, *The Star Spangled Banner*. Rückkopplungseffekte, die die Melodie überlagern, erzeugen ein Inferno aus Kriegslärm, der sofort an Vietnam denken läßt. Dieses Stück wird zur Hymne einer Subkultur, die von Abbie Hoffmann den Namen Woodstock-Nation erhalten hatte. Jean-Luc Godard faßte kurz nach dem Pariser Mai den Plan, einen ideologiekritischen Western zu drehen, der auch die Probleme linker Politik thematisieren sollte. Er konnte den Studentenführer Daniel Cohn-Bendit für eine Zusammenarbeit gewinnen.

Am 20. Mai 1968 erscheint in der Zeitung *Le Nouvel Observa-*

teur ein Gespräch Jean-Paul Sartres mit Daniel Cohn-Bendit. Die Rollenverteilung ist ungewöhnlich. Der große alte Mann der französischen Linken, der wohl berühmteste Philosoph der Zeit, den Herbert Marcuse 1974 nach einer Begegnung als das *Gewissen der Welt* bezeichnete, interviewt den damals 23jährigen Dany Le Rouge, der wegen seiner Fähigkeit, der politischen Stimmung des Pariser Mai Ausdruck zu geben, das Sprachrohr der Revolte ist. Damit erweist Sartre der neuen Qualität der Revolte seine Referenz.

L'art est mort – Die Kunst ist tot. Auch diese Parole begleitet den Pariser Mai. Dem legendären Kursbuch 15, das im November 1968 erscheint, wird immer wieder nachgesagt, genau das zu verkünden: Den Tod der Literatur. Dabei ist es wohl eines der literarisch anspruchsvollsten Hefte mit der deutschen Erstveröffentlichung des Romananfangs *Watt* von Samuel Beckett und Gedichten von Ingeborg Bachmann. Wenn man Hans Magnus Enzensbergers Beitrag liest, wird man ihm eines nicht nachsagen können: daß er den Tod der Literatur verkündet. Karl Markus Michel thematisiert zwar die Parolen des Pariser Mai, ohne sich allerdings mit ihrem kulturrevolutionären Inhalt zu identifizieren. Er betont den neuen medialen Charakter von Wandinschriften, Wandzeitungen und Plakaten, die das Stadtbild verändert haben. In seinem Artikel *Ein Kranz für die Literatur* findet sich eine Äußerung, die man auf den in der Wochenzeitung *Die Zeit* erschienenen Artikel *Kunst als Ware der Bewußtseinsindustrie* von der Berliner SDS-Gruppe beziehen kann:
»In den schönen Garten Literatur, der seine Gärtner ernährte, ist ein Barbar eingebrochen, und nicht, daß er einiges kaputt macht, ist das schlimmste, sondern daß er nicht unterscheiden mag zwischen Unkraut und Kraut. Ihm ist alles ›Ware‹, ›Alibi‹, ›Manipulation‹ ...«[8]
Peter Handke hat in seiner Entgegnung *Totgeborene Sätze* den Sprachgebrauch des SDS-Artikels in der *Zeit* kritisiert. Zwanzig Jahre später reflektiert Thomas Schmid, Mitverfasser des Textes der Basisgruppe des Walter-Benjamin-Instituts *Schafft die Germanistik ab*, den eigenen Sprachgebrauch:
»Nichts läßt dieser Text von der Erregung, von der Hochspannung erahnen, die dieses Jahr prägten, nichts wird von den Personen, die agierten, sichtbar; man spürt nichts von dem Feuer und der Entdeckerfreude, mit denen dieser Text geschrieben wurde. Ein bißchen liest er sich heute wie die Vollzugs-

---

8 Karl Markus Michel, *Ein Kranz für die Literatur*, in: *Kursbuch* 15, Berlin 1968, S. 184.

meldung an einen Abteilungsleiter: starr verschraubte Wortungeheuer, seltsam desinteressiert und ohne Höhen – Sätze, denen der Sinn abhanden gekommen ist.«⁹

Aber es gab auch eine lebendige und provokative Verwendung von Sprache, die auch heute noch das Charakteristische der antiautoritären Bewegung sichtbar macht: Als der angeklagte Berliner Kommunarde Fritz Teufel beim Einzug des Hohen Gerichts in den Versammlungssaal vom Vorsitzenden aufgefordert wird, sich vom Platz zu erheben, erwidert er: »Wenn es der Wahrheitsfindung dient.«

1968 ist viel über die politische Funktion von Literatur diskutiert worden. Die Diskussionen und ihre Ergebnisse sind heute vergessen. Die bedeutenden Werke der Dichter, die sich in der Bewegung engagierten und radikalisierten, nicht. Peter Weiss' Stück *Die Verfolgung und Ermordung Jean Paul Marats dargestellt durch die Schauspielergruppe des Hospizes zu Charenton unter Anleitung des Herrn de Sade*, 1964 im Berliner Schillertheater uraufgeführt, bringt der deutschen Öffentlichkeit eine verdrängte Tatsache zu Bewußtsein: »Uns wird die bare Einsicht zugemutet«, schreibt Jürgen Habermas, »daß die Französische Revolution ein sehr gegenwärtiges Element unserer unbewältigten Vergangenheit ist.«¹⁰ Das Stück thematisiert die nicht aufgelösten Widersprüche der Französischen Revolution anhand der Auseinandersetzung zwischen dem extrem lustbetonten Individualisten de Sade und dem asketisch disziplinierten Revolutionär Marat und verweist auf zentrale Fragen, die auch die Studentenbewegung nicht beantworten konnte.

Hans Magnus Enzensberger rekapituliert zehn Jahre danach in seiner Komödie *Der Untergang der Titanic* (1978) die Stimmung von 1968:

»Damals dachten wir alle: Morgen wird es besser sein, und wenn nicht morgen, dann übermorgen. Naja – vielleicht nicht unbedingt besser, aber doch anders, vollkommen anders, auf jeden Fall. Alles wird anders sein. Ein wunderbares Gefühl. Ich erinnere mich.«¹¹

Eine Ahnung dieses Gefühls vermitteln Abisag Tüllmanns Photographien. Was ihre Photos auszeichnet, ist die Sensibilität für gesellschaftliche Erschütterungen. Es gelingt ihr, die Atmo-

9 Thomas Schmid, *Die Wirklichkeit eines Traums. Versuch über die Grenzen des autopoietischen Vermögens einer Generation*, in: *Die Früchte der Revolte*, Berlin 1988, S. 12 f.

10 Jürgen Habermas, *Ein Verdrängungsprozeß wird enthüllt*, in: *Materialien zu Peter Weiss' Marat/Sade*, Frankfurt/M. 1971, S. 121.

11 Hans Magnus Enzensberger, *Der Untergang der Titanic. Eine Komödie*, Frankfurt/M. 1996, S. 14.

sphäre dieser Zeit so zu verdichten, daß die Literarisierung der Straße – für Brecht ein Zeichen für Umbruchsituationen – sichtbar wird. Erstaunlich an den Demonstrationsphotos ist, daß jeder einzelne klar erkennbar ist, sich keine ornamentale Masse bildet. Mit Transparenten, Spruchbändern, Wandzeitungen werden die Medien einer Gegenöffentlichkeit ins Bild gesetzt. Die Reportagephotos verdeutlichen die je spezifische Situation von Aufbruch, Neugier oder Ratlosigkeit. Vom Zufall arrangierte Versatzstücke des Alltäglichen, kombiniert mit einem analytischen und dennoch emphatischen Blick auf die agierenden Personen, die Orte und Situationen bilden den Collagencharakter dieser Zeitdokumente.

Vom 29. bis 31. März 1968 findet in Frankfurt/Main eine außerordentliche Delegiertenversammlung des SDS statt. Hauptthema sind die 1969 bevorstehenden Bundestagswahlen. In der Ablehnung des Parlamentarismus als einer bürgerlichen Herrschaftsform besteht Einigkeit. Der traditionalistische Flügel will sich aus taktischen Gründen an der Wahl beteiligen, der antiautoritäre den Wahlkampf für eine Aufklärungskampagne über die Funktion des Parlamentes nutzen. Auch in anderen Punkten treten die unüberwindlichen Differenzen beider Gruppen immer offener zutage und nehmen zum Teil groteske Züge an: Ein Vertreter der Bonner Delegation beantragt den Ausschluß des nicht anwesenden Genossen Rudi Dutschke aus dem SDS. Der Anlaß war ein Interview mit der Zeitschrift *Capital*, für das Dutschke ein Honorar von 1000.– DM und eine Spende für den SDS von ebenfalls 1000.– DM erhalten hatte. Charles Wilp, Werbephotograph, der auch mit Joseph Beuys zusammenarbeitete, hatte Dutschke für die Zeitschrift photographiert: »Vorne war Rudi zu sehen, elegant in einem grauen Mantel, mit rotem Halstuch und Marx' ›Kapital‹ unter dem Arm.«[12]

Die Delegiertenversammlung konstatierte, daß die 1967 beschlossenen Kampagnen gegen den Springer-Verlag und die Notstandsgesetze an Kraft verlören und die lokalen Aktionsgruppen sich allmählich auflösten. Die *Frankfurter Rundschau* kommentierte die Versammlung:

»In Frankfurt ist die Zerrissenheit des SDS deutlich geworden. Die Staatsgewalt hat ihm diesmal nicht geholfen, sie zu verdecken [...]. Solange der SDS bei spontanen Aktionen vorneweg marschierte, war fehlende Organisation kein Mangel, sondern geradezu notwendig. Die Unfähigkeit, sich zu organisieren,

12 Gretchen Dutschke, *Rudi Dutschke. Eine Biographie*, Köln 1996, S. 194.

wird aber direkt zum Tode führen, wenn die Spontaneität einschläft. Wenn der SDS so weitermacht, wie cr in Frankfurt angefangen hat, droht ihm das gleiche Schicksal wie den Studenten im amerikanischen Berkeley: Auflösung.«[13]

Am 11. April, dem Gründonnerstag des Jahres 1968, wird Rudi Dutschke das Opfer eines Attentats. Die Bundesrepublik erlebt die blutigsten Straßenschlachten ihrer Geschichte. Dutschke überlebt, muß aber mühevoll lernen, wieder zu sprechen. Der Prozeß der neuen Sprachaneignung ist in seinem Tagebuch dokumentiert. Die Einträge des 13. Juni 1968, die ersten theoretischen Texte, sind die Abschrift der zweiten und dritten Feuerbachthese und eines Ausschnitts aus Marcuses Aufsatz *Repressive Toleranz*.[14] Am 24. Dezember 1979 stirbt Rudi Dutschke an den Spätfolgen des Attentats. In seinem Nachruf auf Rudi Dutschke schreibt Jürgen Habermas:

»Beim letzten Zusammensein, nach Marcuses Tod in Starnberg, erzählte Dutschke noch in ungebrochenem Optimismus von seinen Wahlkampfeinsätzen für die ›Grünen‹ in Tübingen, in Bremen. Wie immer die Zukunft dieser Bewegung aussehen mag, Dutschkes Name gehört nun allein jener Phase an, der er, wie kaum ein anderer, ein Gesicht, sein Gesicht gegeben hat – einer jener Phasen des Aufbruchs, die in wenigen Augenblikken, noch bevor sie Gestalt annehmen, zerfallen, um auf Jahre hinaus die Phantasie zu beschäftigen.«[15]

13 Eberhard Mann, *Zwei Flügel stehen sich unversöhnlich gegenüber – Durch Entschlußlosigkeit ist der Sozialistische Deutsche Studentenbund gelähmt*, in: *Frankfurter Rundschau* vom 2. April 1968. Zitiert nach: Wolfgang Kraushaar (Hg.), *Frankfurter Schule und Studentenbewegung*. Bd. 1, Hamburg 1998, S. 302.
14 Rudi Dutschke. *Jeder hat sein Leben ganz zu leben*. Die Tagebücher 1963-1979. Herausgegeben von Gretchen Dutschke, Köln 2003.
15 Jürgen Habermas, *Kleine Politische Schriften I-IV*, Frankfurt/M. 1981, S. 305.

Hans Magnus Enzensberger
Erinnerungen an einen Tumult
Zu einem Tagebuch aus dem Jahre 1968

1. Januar
Der Präsident der USA,
Lyndon B. Johnson,
kündigt einschneidende
Maßnahmen zur Verbes-
serung der amerikani-
schen Zahlungsbilanz an,
um den Dollar als inter-
nationale Leitwährung
zu stützen. Die Aus-
landshilfen der US-
Regierung werden dra-
stisch gekürzt und priva-
te Investitionen in ande-
ren Ländern gesetzlich
reglementiert.

Das Gedächtnis, ein Sieb. 1968, eine Jahreszahl, in der sich das Imaginäre eingenistet hat. Ein Gewimmel von Reminiszenzen, Allegorien, Selbsttäuschungen, Verallgemeinerungen und Projektionen hat sich an die Stelle dessen gesetzt, was in diesem atemlosen Jahr passiert ist. Die Erfahrungen liegen begraben unter dem Misthaufen der Medien, des »Archivmaterials«, der Podiumsdiskussionen, der verteranenhaften Stilisierung einer Wirklichkeit, die unter der Hand unvorstellbar geworden ist.

Mein Gedächtnis, dieser chaotische, delirierende Regisseur, liefert einen absurden Film ab, dessen Sequenzen nicht zueinander passen. Der Ton ist asynchron. Ganze Einstellungen sind unterbelichtet. Manchmal zeigt die Leinwand nur Schwarzfilm. Vieles ist mit wackelnder Handkamera aufgenommen. Die meisten Akteure erkenne ich nicht wieder.

Auf einem Zuckerfeld in Camagüey sehe ich zwanzig winzige Figuren mit großen Messern in der Hand, die nicht wie Cubaner aussehen. Sie machen einen erschöpften Eindruck. Wahrscheinlich sind sie zu müde, um darüber nachzudenken, wozu der viele Zucker eigentlich gut sein soll. Dann eine alte Fabrikhalle, deren Boden mit Matratzen ausgelegt ist. Wahrscheinlich Berlin-Moabit. In exotische Lumpen gekleidete Personen blicken auf drei Schwarz-Weiß-Fernseher, die gleichzeitig laufen, aber ohne Ton. Auf einem der Bildschirme zuckt es psychedelisch, auf einem anderen erscheint eine Waschmittelreklame, auf dem dritten sind brennende Menschen zu sehen. Schnitt. Friedliche Sonntagsspaziergänger in den Ruinen von Angkor Wat, einer Tempelstadt in Kambodscha. Hunderte von komplizierten Statuen, von tropischer Vegetation umwuchert, erstickt, zertrümmert. Dann ein Cocktail im Palast des Prinzen Sihanouk. Irgendein Straßenmarkt, der Eingang zu einem Bordell, eine alte Frau. Plötzlich sind Sirenen zu hören. Eine Gasse in Paris, nachts, das Straßenpflaster glänzt im Regen. Die Stadt scheint völlig ausgestorben, als wäre der Belagerungszustand verhängt worden. Dann eine Reihe von Palmen, daneben ein koloniales Holzhaus, über dessen Strohdach ein Wolkenbruch niedergeht. Die Kamera fährt auf die offene Veranda zu, man hört, wie der Regen auf das Dach trommelt. Acht muskulöse Indios auf wackligen Stühlen, die rauchen und vor sich hindösen. Sie können weder lesen noch schreiben, und sie begrei-

2. Januar
Die zweite Herztrans-
plantation durch Profes-
sor Christiaan Barnard
und sein Team wird am
Groote-Schuur-Kran-
kenhaus in Kapstadt
durchgeführt. Philip
Blaiberg lebt nach dem
Eingriff noch über ein-
einhalb Jahre. Das Herz
stammte von dem Farbi-
gen Clive Haupt. Unter
dem Apartheidregime
Südafrikas mußte Blai-
berg unterschreiben, daß
er mit der Transplantati-
on eines »non-white«-
Herzens einverstanden
war. Die weltweit erste
Herztransplantation
hatte Barnard am
3. 12. 1967 durchgeführt.
Der Patient starb nach
17 Tagen.

fen nicht, wie sie nach Papetee, Tahiti, geraten sind. Ein korrekt gekleideter Herr mit melancholischem Gesichtsausdruck erklärt mir, daß sie auf Gelder, Papiere, Zusicherungen und auf ein Flugzeug warten, das sie nach Paris bringen soll. Der Mann ist Senator. Er heißt Salvador Allende. Außerhalb Chiles hat kaum jemand von ihm gehört. Seine Schützlinge sind die letzten Überlebenden von Che Guevaras bolivianischer Expedition. Schnitt. Ein Frühlingstag auf dem Land. Birkenwälder. Spaziergänger mit Hunden. Im Hintergrund eine Datscha, vorn ein überwuchertes Grab. Im Off hört man russische Stimmen, eine Ziege läuft durchs Bild. Dann eine Station der Moskauer Metro. Streit mit einem Betrunkenen, die Miliz wird geholt. Auf dem Rest der Filmrolle nur noch tanzende Flecken. Ein erschossener Mann auf einem Parkplatz, sein Gesicht ist nicht zu erkennen. Ausschnitt aus einer Sitzung in einem verräucherten Hinterzimmer. Das Gebäude des Alliierten Kontrollrats in Berlin, das seit 1948 leersteht, davor die üblichen Wasserwerfer, die üblichen Verhaftungen. Schwarzfilm.

Je länger ich mir das Material ansehe, desto weniger begreife ich. Ich begreife nicht, wie in 365 Tagen überhaupt so viel passieren konnte. Es ist, als wäre der Regisseur, d. h. der Betrachter, dauernd von einer gewaltsamen Bewegung mitgeschleift worden. Die Bilder springen in Zeit und Raum hin und her. Wirre Geräusche, Landungen, Schüsse in Wohnzimmern, Slogans, Schreie, Gedächtnislücken. Und doch muß an den Klebstellen dieses Films etwas entstanden sein, es wurde gehandelt, intrigiert, Erfindungen wurden gemacht, Gedichte sind aufgetaucht, Resolutionen, Verbrechen ... Es gibt Leute, die das alles säuberlich auf Flaschen abfüllen und Memoiren daraus machen. Mir ist dieses Verfahren schleierhaft.

Dann Prag. Ich war damals, glaube ich, drei- oder viermal in Prag: Ich erinnere mich an die schweren eisernen Läden vor den Türen und Fenstern der Altstadt, an verrostete Schlösser, an riesige Schlüssel, an dunkle Kirchen, an Fassaden, von denen der Mörtel fiel, an Ausländerhotels, Mädchen, die für Devisen feil waren, Geheimpolizisten, konspirative Gespräche ... Aber war das nicht früher ...? Wann? 1962? 1964? 1967? Die Prager Bilder sind fast alle doppelt belichtet, schwer zu datieren. Man müßte in alten Postkarten wühlen, Zeitungsausschnitte sammeln, Biographien rekonstruieren. Nur die eisernen Läden blieben dieselben, die Kneipen, aus denen schon am Vormittag Betrunkene stolperten, die Korridore, in denen der stalinistische Kadaver vor sich hinfaulte, die Steine auf dem jüdischen Friedhof, die rasselnden Straßenbahnen aus der Vorkriegszeit, die Villen der Kollaborateure von damals und von heute. Wann war das? Der todkranke Dichter sitzt heute noch in der Küche und tippt sein Buch, das niemals gedruckt werden wird. Die Spitzel stehen immer noch vor dem Haus. In der verwahrlosten Brauerei lehnt nach wie vor der entlassene Philosoph in seiner schmutzigen Gummischürze an den Bierfässern, und Dubček trägt seine abgeschabte Aktentasche mit dem Pausenbrot in die Registratur einer hoffnungslosen Forstverwaltung. Da gibt es nichts zu datieren.

3. Januar
Die U. S. Air Force bombardiert die Vororte von Hanoi, der Hauptstadt Nordvietnams.

Damals allerdings sind die verbotenen Sätze auf die Straße gegangen: Zweitausend, zwanzigtausend, zweihunderttausend Worte, Umzüge, Resolutionen auch hier, Intrigen, Machtkämpfe, Manifeste, Gerüchte, fiebrige Erwartungen, elementare Wünsche: Aber was hatte diese rasende Bewegung mit den anderen rasenden Bewegungen zu tun, mit den Scharaden von Paris und Berlin, der bleiernen Idylle von Peredelkino, der Irrfahrt der bolivianischen Guerilleros rund um die Welt, dem Feuersturm am Mekong-Fluß? Alles und nichts. Es war nicht möglich, das alles gleichzeitig zu »verstehen«, sich »einen Vers darauf zu machen«, es »auf den Begriff zu bringen«. Die Widersprüche schrien zum Himmel. Jeder Versuch, den Tumult intelligibel zu machen, endete notwendig im ideologischen Kauderwelsch. Die Erinnerung an das Jahr 1968 kann deshalb nur eine Form annehmen: die der Collage.

Wenn ich die wirre Manövriermasse des Gedächtnisses durchsiebe, finde ich einen Prager Moment wieder, unbearbeitet und enigmatisch, von dem ich nicht angeben könnte, was er bedeutet. Während auf den Plätzen eine allgegenwärtige, wenn auch gewaltlose Unruhe siedet, steige ich die Treppen eines alten Hauses hoch und betrete ein dunkles, mit Papieren, Gegenständen, Büchern, Bildern vollgestopftes Zimmer, in dem eine eigentümliche Ruhe herrscht. Dort arbeitet Jiří Kolář. Zwei Blätter, die er mir geschenkt hat und die ich anfassen kann, sind der einzige Beweis dafür, daß dieser Besuch keine Einbildung war, daß er wirklich stattgefunden hat. War dieses große, winkelige Zimmer eine Mansarde? Abends oder nachmittags? Ich wüßte weder den Tag noch die Adresse anzugeben. Jiří Kolář sprach wenig, zeigte lakonisch seine Arbeiten vor, den lautlosen Tumult seiner Materialien. Ein unermüdlicher, unerschöpflicher Omnivor, dem kein Schnitzel, kein Rest, keine Anspielung entging, der die ganze Geschichte nahm, ihre Größe und ihre Nichtigkeit, sie Jahr um Jahr auftrennte, zerstückelte, zerriß, zerschnitt und kommentarlos verband, aneinanderklebte, neu zusammensetzte. Ich war im Zentrum dessen angelangt, was damals in Prag vorging. Die Lautlosigkeit in diesem Atelier fing das Rauschen der Außenwelt auf wie ein

Radioteleskop: den Lärm, das Stimmengewirr, den Streit, alte
und neue Lügen, Wünsche, Hoffnungen, Illusionen. »Die eigentliche Leistung des Dichters liegt in seiner Aufmerksamkeit.« (Mandelštam) Nicht obwohl, sondern weil er nichts
verkündete, war Kolářs Autorität von all denen anerkannt,
die in fieberhaften Sitzungen versuchten, die bedrohte Freiheit
des Landes zu retten. Seine Entschlossenheit, alles zu verarbeiten, nahm es mit der Unterdrückung auf. Das Utopische
dieses Moments lag darin, daß die unbewaffnete Produktivität
des Künstlers damals kein isoliertes Phänomen war: sie fand
ihre Entsprechung im tausendfältigen Rumor einer ganzen
Nation. Was ihn von andern unterschied, war allein seine wun-
derbare Souveränität. Obwohl er nicht lachte, obwohl er wohl
wußte, daß die Panzer an den Grenzen standen, war das Zimmer bis zur Decke von einer ruhigen Heiterkeit erfüllt. Dieser
Sisyphus schwitzte nicht. Er besaß die Eleganz und die Leich-
tigkeit eines alten Meisters.

Fünfzehn Jahre sind seitdem vergangen, die Jahre einer Katastrophe, die auf den Namen der Normalisierung getauft worden ist, nicht nur in Prag. Ein Ende der physischen und der
moralischen Vergiftung ist nicht in Sicht. Ich habe Jiří Kolář
nicht wiedergesehen. Er ist siebzig geworden, er hat sein Prager
Atelier mit einem Zimmer in Paris vertauschen müssen. Ich
weiß, daß es mit Papieren und Bildern, Löffeln und Krücken,
Scheren und Büchern vollgestopft ist und daß darin eine eigentümliche Ruhe herrscht. Draußen auf den Straßen fahren nur
noch Autos vorbei. Kein Tumult antwortet mehr auf seine
Arbeiten. Jiří Kolář ist allein. Aber er hat nicht aufgegeben.

(Geschrieben aus Anlaß einer Jiří-Kolář-Ausstellung in der Kunsthalle
Nürnberg, 1984.)

Rudi Dutschke
Ausgewählte und kommentierte Bibliographie des revolutionären Sozialismus von K. Marx bis in die Gegenwart

4. Januar
In Havanna beginnt der internationale *Kulturkongreß*. Mehr als 450 Intellektuelle und Künstler aus 70 Ländern solidarisieren sich mit den Befreiungsbewegungen der Dritten Welt und verurteilen die Politik der USA. Teilnehmer sind u. a. Eric Hobsbawm, Giacomo Feltrinelli, Luigi Nono, Julio Cortázar, Hans Magnus Enzensberger, André Gorz, Christiane de Rochefort.

Zurück zu Marx hieß das 1926 in Leipzig erschienene Buch von J. Kuczynski, das der professoralen und sozialdemokratischen Interpretationsweise durch einen Rückgriff auf die Quellen Einhalt gebieten wollte.

Vierzig Jahre später ist dieser Ruf gebrochener, aber bei weitem materialreicher motiviert. Es stehen die für die Marxsche Theorie sehr wichtigen Texte, die erst ab 1932 ediert wurden, heute zur Verfügung – so die *Deutsche Ideologie* (1932), die *Ökonomisch-philosophischen Manuskripte* (1932) und die *Grundrisse* (1953).

Die Herausgabe der Gesamtwerke von Marx und Engels scheint heute von der Quellenlage her leicht möglich zu sein. Zwar liegt noch immer keine vollständige deutsche Gesamtausgabe vor, dennoch sind die vorliegenden Ausgaben durchaus für eine kritische Rezeption dieser ersten Form der revolutionären Theorie geeignet.

Die auf 36 Bände berechnete DDR-Ausgabe, die die bedeutendsten Frühwerke nur unvollständig aufgenommen hat, soll ergänzt werden. Die Marxschen Frühschriften liegen in DDR-Einzelausgaben, in der sehr sorgfältigen *Marx-Studienausgabe* von Lieber und Kautsky (Cotta-Verlag – Stuttgart 1960 ff.) und in der von G. Hillmann herausgegebenen Rowohlt-Taschenbuch-Ausgabe (3 Bde., 1966/67, Nr. 194/5, 209/10, 218/19) vor.

Scheint es uns nun richtig zu sein, die Engelschen Mißdeutungen des Historischen Materialismus (s. A. Schmidt, *Der Begriff der Natur in der Lehre von Marx*, Frankfurt am Main 1962, bes. S. 41 ff.) sehr genau vom originär Marxschen Materialismus zu unterscheiden, so erscheint uns der Versuch der »Wiederherstellung« des Marxismus durch einen unmittelbaren und direkten Rückgriff auf den »reinen« Marx das Wesen und die Methode von Marx zu verfehlen. Wir sollten uns die Antwort auf die *Kapital*-Rezension von Michailowski ins Gedächtnis rufen: »Er [Michailowski, RD] muß durchaus meine historische Skizze von der Entstehung des Kapitalismus in Westeuropa in eine geschichtsphilosophische Theorie des allgemeinen Entwicklungsganges verwandeln, der allen Völkern vorgeschrieben ist. ... Aber ich bitte um Verzeihung. (Das heißt mir zugleich

4. Januar
Zur Sache Schätzchen in
der Regie von May Spils,
mit Uschi Glas und
Werner Enke in den
Hauptrollen, läuft in den
Kinos an. Für seine wit-
zigen Dialoge erhält der
Film den Bundesfilm-
preis. Der Spruch des von
Werner Enke gespielten
unangepaßten Werbetex-
ters Martin: »Es wird
böse enden!« gehört bald
zum Repertoire vieler
Jugendlicher.

zu viel Ehre und zu viel Schimpf antun).« Er wendet sich mit
allem Nachdruck gegen den scheinbaren »Universalschlüssel
einer geschichtsphilosophischen Theorie, deren größter Vorzug darin besteht, übergeschichtlich zu sein«. (*Marx-Engels-
Werke*, Bd. 19, S. 111/112, Berlin 1962) So sind dann auch die
materialen Analysen im Marxschen Werk sehr oft relevanter als
die »berühmten« Vorworte oder Einleitungen. Ansätze geschichtsphilosophischer Konstruktion werden in der histo-
risch-materialistischen Analyse flüssig gemacht, wovon Marx
im Rohentwurf (*Grundrisse*) zum *Kapital* nur zu sehr Zeugnis
ablegt. Ein geradezu klassisches Beispiel dieser konkreten materialistischen Dialektik ist die dortige Untersuchung der vorkapitalistischen Produktionsformen (S. 375-413). Dialektik erscheint hier in der einzig möglichen Form: als konkrete Geschichtsschreibung.

Da für Marx die Gesamtgeschichte nicht beherrscht wird durch
eine der Geschichte immanente und unverlierbare Sinnidee, so
versteht es sich für ihn von selbst, die verschiedenen Perioden
der Geschichte als verbundene Einzelprozesse zu begreifen
und jeweils konkret zu analysieren. Die Machbarkeit der Geschichte durch Menschen wird zwar im Laufe der Entfaltung
der Produktivkräfte objektiv-potentiell größer, dieselbe schlägt
aber immer wieder um in Beherrschung der Menschen durch
die von ihnen geschaffenen Verhältnisse der Produktion und
Reproduktion des Lebens, wird solange umgeschlagen, bis die
»neuen Menschen« (für Marx die Arbeiter) durch die revolutionäre Aktion dieser Reproduktion »der Herrschaft der tot-
geschlagenen Materie über den Menschen« ein Ende bereiten.
Hier ist nichts verbürgt, nichts in der Materie angelegt: alles ist
bedroht durch die Möglichkeit des Untergangs der »kämpfenden Klassen«. Jede Klasse kann ihre historische Mission geschichtlich »verpassen«, kann scheitern – andere »Klassen«
müssen dann unter neuen historischen Bedingungen »alte
Kämpfe« austragen. Geschichtsbewußtheit und verantwor-
tungsbewußte praktisch-umwälzende Tätigkeit allein vermögen dies zu leisten. Die kritische Aneignung der Marxschen
Theorie, die zu beiden Faktoren Entscheidendes beitragen
kann, ist nun nur möglich durch eine Aufhebung der politischen Geschichte des Marxismus, »durch die Geschichte des
Marxismus hindurch, die in hohem Maße eine Geschichte von
Fehlinterpretationen und Entstellungen ist, die dem ursprünglichen Impuls nicht nur äußerlich sind« (A. Schmidt, Nachwort
in: H. Lefebvre, *Probleme des Marxismus heute*, ed. suhrkamp,
Nr. 99, 1965).

Diese ausgewählte Bibliographie will nichts als die wesentlichen Prozeßpunkte der Entstehung, der Entfaltung, der Rezeption und Weiterentwicklung der marxistischen Theorie literaturgeschichtlich kennzeichnen.

Mag auch P. Kropotkins Hinweis darauf, daß »England in den 40er Jahren an der Spitze der sozialistischen Bewegung Europas stand ... große Bewegung, welche die arbeitenden Klassen so tief erregte und in deren Verlauf bereits alles, das sich jetzt als wissenschaftlicher oder anarchistischer Sozialismus darbietet, ausgesprochen worden ist« (P. Kropotkin, *Memoiren eines Revolutionärs*, Bd. 2, S. 294, Stuttgart, o. J.) übertrieben erscheinen, so ist es dennoch für die Entstehungsgeschichte des Marxschen Denkens unerläßlich, diesen »vormarxistischen« Sozialismus wieder in Erinnerung zu rufen.

Der Beitrag *Londoner kommunistische Diskussionen, 1845 nach dem Protokollbuch des C. A. B. V.* von M. Nettlau im *Archiv für die Geschichte des Sozialismus und der Arbeiterbewegung* (Vol. 10, 1922, S. 362-391, Neuauflage bei Pinkus gerade erschienen) vermittelt einen hervorragenden Eindruck von den der Ausarbeitung des *Kommunistischen Manifestes* von Marx vorausgehenden Diskussionen des Kommunistischen Arbeiterbildungsvereins über das Wesen und die praktische Verwirklichung des Kommunismus.

W. Weitling, der sich für eine unmittelbare Verwirklichung des Kommunismus aussprach, wurde von K. Schapper, der seine Arbeit als theoretisch-propagandistische Vorarbeit für kommende Geschlechter verstanden wissen wollte, angegriffen. »Schlapper: der Kommunismus konnte bisher nicht verwirklicht werden, weil der Verstand nicht gehörig ausgebildet war. ... Unsere Tätigkeit ist für kommende Geschlechter, diese mögen praktisch durchführen, was wir auf dem Wege der aufklärenden Propaganda bloß theoretisch verbreiten können. Weitling: ... Das heißt ein ewiges Verschieben von heute auf morgen, von morgen auf Übermorgen. ... So drehen wir uns denn immer in der alten Leier und kommen zu nichts. ... Die Menschheit ist notwendig immer reif oder wird es nie. Letzteres ist die Redensart unserer Gegner. ...« (S. 368). Weitling wendet sich auch besonders gegen die Illusionen Schappers über die gewaltlose Aufklärungsrevolution: »Die Aufklärung hat gar Nichts für uns errungen in politischer Beziehung außer durch Revolution und immer erst nach der Revolution wirkte die Aufklärung. ... Die Aufklärung auf friedlichem Wege ist eine Illusion« (S. 373).

Ernst Schräeplers *Der Bund der Gerechten. Seine Tätigkeit in London 1840-1847* im Bd. II vom *Archiv für Sozialgeschichte*, Hannover 1962, S. 5-29, stellt die Ergänzung der Nettlauschrift

5. Januar
Der Reformkommunist Alexander Dubček löst den bisherigen Generalsekretär der *Kommunistischen Partei der ČSSR* (KPČ), den Stalinisten Antonin Novotny, ab, der aber weiterhin Staatspräsident bleibt. Innerhalb der KPČ gewinnt der Flügel, der eine Liberalisierung und Demokratisierung anstrebt, immer größeren Einfluß. Die kurze Reformära, der »Prager Frühling«, beginnt.

5. Januar
Die LP *Bob Dylan's
Greatest Hits* wird in den
USA zur Platte des Jahres
1967 gewählt.

dar und leitet über zu der direkten Beziehung zwischen dem Bund und dem kommunistischen Korrespondenzbüro in Brüssel unter der Leitung von Marx und Engels, die es 1846 gegründet hatten; zeigt den Prozeß der Verwissenschaftlichung der sozialistischen Theorie. Cabets ikarische Republik und die Weitlingschen Siedlungspläne in Amerika stießen immer mehr auf Ablehnung, aber die Moll und Schapper vermochten nicht aus eigener Kraft ein »positives« Programm auszuarbeiten. Die im Frühjahr 1847 durch Moll hergestellte direkte Verbindung mit Marx führte schon im Dezember desselben Jahres zu dem für Marx »ehrenvollen Auftrag, ein kommunistisches Grundsatzprogramm auszuarbeiten, das Kommunistische Manifest«.

Das Scheitern der Revolution 1848 stellte für das Marxsche Werk einen starken Einschnitt dar. Da die Theorie der proletarischen Revolution, wie sie von Marx zwischen 1844 und 1848 in Zusammenarbeit mit Engels ausgearbeitet worden war, ihre Stärke in der Verbundenheit mit der wirklichen Bewegung der Klasse hatte, mußte sich die Niederlage der Revolution auch theoretisch bemerkbar machen.

Die in der *Einleitung zur Kritik der Hegelschen Rechtsphilosophie*, den *Ökonomisch-philosophischen Manuskripten*, der *Deutschen Ideologie* – bes. Feuerbach-Einleitung –, dem *Elend der Philosophie* und dem *Kommunistischen Manifest* zu findende Revolutionstheorie zeichnet sich gerade darin aus, daß sie die einzelwissenschaftliche Trennung von Ökonomie, Politik, Ideologie, wissenschaftlicher Theorie und gesellschaftlicher Praxis nicht kannte. Eine Kurz-Kommentierung dieser grundlegenden Werke verbietet sich vom Gegenstand her; nur einige Anmerkungen: Die *Manuskripte* begründen auf der Basis einer philosophischen Interpretation des menschlichen Wesens die Notwendigkeit der »Totalen Revolution« gegen den Kapitalismus, der nicht nur ökonomische Krisen periodisch »produziert«, sondern eine »Katastrophe des menschlichen Wesens«, eine »Verkehrung seines Wesens« bedeutet. Die Erstinterpretation dieser Schrift durch H. Marcuse, in: *Die Gesellschaft*, 1932, Nr. 8, S. 136-174, scheint uns noch immer am besten die Marxsche Revolutionstheorie zu erklären.

Diese Theorie wird in der Feuerbach-Passage der *Deutschen Ideologie* (*MEW*, Bd. 3, S. 17-77, Berlin 1962) weiterentwickelt. Hier dürfte das, was später der Historische Materialismus genannt wurde, erstmalig in vollständiger Form vorliegen. Die Explikation der historisch verschiedenen Entwicklungsstufen der gesellschaftlichen Arbeitsteilung und der damit parallel laufenden verschiedenen Formen des Eigentums führt

Marx zu der Herausarbeitung des fundamentalen Gegensatzes der »modernen« bürgerlich-kapitalistischen Gesellschaft: »Die Produktivkräfte erscheinen als ganz unabhängig und losgerissen von den Individuen, als eine eigene Welt neben den Individuen …, eine Totalität der Produktivkräfte, die gleichsam eine sachliche Gestalt angenommen haben und für die Individuen selbst nicht mehr die Kräfte der Individuen, sondern des Privateigentums und daher der Individuen nur, insofern sie Privateigentümer sind.« Diesen verselbständigten Produktivkräften steht auf der anderen Seite »die Majorität der Individuen gegenüber, von denen diese Kräfte losgerissen sind und die daher, alles wirklichen Lebensinhalts beraubt, abstrakte Individuen geworden sind, die aber dadurch erst in den Stand gesetzt werden, *als Individuen* miteinander in Verbindung zu treten« (S. o., S. 67).

Um die gefährdete materielle Existenz zu retten, um die jenseits der Existenzsicherung liegende Selbstbetätigung der schöpferischen Fähigkeiten des Menschen zu erreichen, müssen sich die durch die gemeinsame Bedrohung vereinigten Individuen diese fremdgewordenen Produktivkräfte universell aneignen.

Die weltgeschichtliche Entfaltung der Produktivkräfte durch den Weltmarkt entwickelt »die von aller Selbstbetätigung vollständig ausgeschlossenen Proletarier der Gegenwart« (S. 68) zu »universellen«, zu »weltgeschichtlichen Individuen« mit »universellen Bedürfnissen«. Die kommunistische Revolution »ist empirisch nur als die Tat der herrschenden Völker auf ›einmal‹ oder gleichzeitig möglich, was die universelle Entfaltung der Produktivkraft und den mit ihr zusammenhängenden Weltverkehr voraussetzt« (S. o., S. 35).

Diese universelle Entfaltung der Produktivkräfte ist aus einem doppelten Grund notwendig, a) um die Individuen zu weltgeschichtlichen, von universellen Bedürfnissen getriebenen zu machen; b) um die Verallgemeinerung des Mangels, »also mit der *Notdurft* auch der Streit um das Notwendige wieder beginnen und die ganze alte Scheiße sich herstellen müßte« (S. 34), zu verhindern.

Neben den sehr aufschlußreichen Abhandlungen über die Bedeutung des Weltmarktes für die Revolutionierung der Welt, heute von besonders großer Aktualität, sind die Ausführungen über den Klassenbegriff in der Geschichte zu nennen. Der Prozeßcharakter dieser historischen Kategorie wird in der historisch-operativen Benutzung sichtbar. Die teilweise noch verhüllten Klassenverhältnisse der vorkapitalistischen Formationen werden in der durch das Kapital beherrschten bürger-

5. Januar
Die wöchentliche Zählung der Verluste der USA und ihrer Verbündeten im Vietnamkrieg ergibt: 227 Südvietnamesen, 185 Amerikaner und 37 weitere der alliierten Streitkräfte. Seit dem Amtsantritt von US-Präsident Lyndon B. Johnson im Jahr 1963 war die Militärpräsenz kontinuierlich angestiegen von 23.500 (1964) auf 400.000 (1967) US-Soldaten.

lichen Gesellschaft offenbar und wissenschaftlich darstellbar; der Klassengegensatz tritt auf in der »*Form*« von Lohnarbeit und Kapital, Lohnarbeiterklasse und Kapitalistenklasse. Das ist die Zeit der »transistorischen Notwendigkeit« des Kapitalismus und der Kapitalistenklasse. Der weiter oben zitierte Gegensatz von versachlichten Fremd-Produktivkräften und abstrakten Individuen weist schon über diese klassisch-kapitalistische Periode hinaus, was im *Elend der Philosophie*, dem nächsten Hauptwerk von Marx, explizit zu finden ist: »Mit dem Moment, wo die Zivilisation beginnt, beginnt die Produktion sich aufzubauen auf den Gegensatz der Berufe, der Stände, der Klassen, *schließlich auf den Gegensatz zwischen angehäufter und unmittelbarer Arbeit.* Ohne Gegensatz kein Fortschritt ... Bis jetzt haben sich die Produktivkräfte auf Grund dieser Herrschaft des Klassengegensatzes entwickelt« (Berlin 1960, S. 81 – Hervorhebungen von RD). Es gibt also für Marx eine jenseits der revolutionären Klassengesellschaft liegende kapitalistische Gesellschaft, eine »schlechte Aufhebung« der kapitalistischen Gesellschaft.

Die in dieser Hinsicht sehr interessanten und wichtigen *Thesen zur Klassentheorie von Marx* vom leider so früh verstorbenen Gen. M. Mauke (in: *Neue Kritik*, Nr. 34, S. 29 ff.) sollten den Ausgangspunkt für eine innerverbandliche Diskussion über diesen für unsere politische Praxis so entscheidenden Zusammenhang bilden. Die Klassenfrage ist die Frage nach dem Proletariat, nach dem Träger des die Gesellschaft umwälzenden Prozesses. Es ist zu hoffen, daß sich die Herausgabe des wissenschaftlichen Nachlasses von Mauke, dessen Dissertation diese Frage zentral zum Gegenstand hatte, bald realisiert.

Daß es sich bei dieser Problemstellung nicht um eine der vielen »Jugendsünden« (für die Dogmatiker) Marxens handelt, sondern um einen im *Kapital* verwissenschaftlichten Sachverhalt geht, beweisen die dortigen Ausführungen über die Aktiengesellschaften, die er als »Aufhebung der kapitalistischen Produktionsweise selbst« begreift, als »Übergangspunkt zu einer neuen Produktionsform«, als die »Privatproduktion ohne die Kontrolle des Privateigentums«, »noch befangen in den kapitalistischen Schranken«. Aber »statt daher den Gegensatz zwischen dem Charakter des Reichtums als gesellschaftlichem und als Privatreichtum zu überwinden, bildet die Aktie ihn nur in neuer Gestalt aus« (*Kapital III*, Berlin, 1961, S. 478 ff.).

Das Elend der Philosophie (1846), um das noch hinzuzufügen, expliziert in der Auseinandersetzung mit Proudhons *Philosophie des Elends* die materialistisch gewendete Dialektik im Gegensatz zur idealistischen Kategoriendialektik Proudhons.

Die literaturgeschichtliche Darstellung der Probleme der Nationalökonomie von ihrer »klassischen« Begründung an zeigt sich als Problemgeschichte der antagonistischen Gesellschaft.

8. Januar
Mercedes-Benz stellt
seine neuen Modelle vor.

Ohne der ketzerischen These von Korsch aus dem Jahre 1950, daß Marx »heute nur einer unter vielen Vorläufern, Begründern und Weiterentwicklern der sozialistischen Bewegung der Arbeiterklasse ist«, vollständig zuzustimmen, scheint uns Korsch darin ganz recht zu haben, daß die historischen Alternativen und »Weiterentwicklungen« der Marxschen Formung des Sozialismus, also die Beiträge der utopischen Sozialisten, die von Proudhon, Blanqui, Bakunin, den deutschen Revisionisten, französischen Syndikalisten und den russischen Bolschewisten (inzwischen dürften neue Namen hinzugekommen sein), bei der Neubegründung einer revolutionären Theorie und Praxis für die hochkapitalistischen Länder aufgearbeitet werden müssen, und zwar nicht als Vorläufer von Marx und nicht als Abweichler und Verräter der »reinen Lehre«, sondern als ambivalente Antworten auf die jeweiligen Veränderungen der geschichtlichen Wirklichkeit; besonders gilt das für die nachmarxsche Zeit. Die ungeheuere Größe des Marxschen Werkes verunmöglicht noch immer eine schöpferische Betrachtung und Aneignung dieser »nichtmarxistischen« Beiträge. An den die I. Internationale sprengenden Auseinandersetzungen zwischen Marx und Bakunin werden wir das später verdeutlichen.

Das *Kommunistische Manifest* (1848) nun ist Abschluß und Höhepunkt der 1. Periode in der Entwicklung des wissenschaftlichen Sozialismus. Für die schon angeschnittene Problematik des Marxschen Klassenbegriffes ist der im *Manifest* auftauchende Begriff des »Lagers« von hohem Interesse: »Unsere Epoche, die Epoche der Bourgeoisie, zeichnet sich jedoch dadurch aus, daß sie die Klassengegensätze vereinfacht hat. Die ganze Gesellschaft spaltet sich mehr und mehr in zwei große feindliche Lager, in zwei große einander direkt gegenüberstehende Klassen: Bourgeoisie und Proletariat« (K. Marx, F. Engels: *Ausgewählte Schriften*, Bd. I, S. 24, Berlin 1960). Die in *Kapital III* besonders aufgezeigte Beseitigung der fungierenden und produktiven Kapitalistenklasse durch die Entwicklung der kapitalistischen Produktionsweise geht so über diesen spezifischen Klassengegensatz von Bourgeoisie und Proletariat hinaus, die »Epoche der Bourgeoisie« hat ihr Ende gefunden. Die unkritische Benutzung dieses bei Marx auf die Aktualität der Revolution bezogenen Begriffs des Lagers durch die herrschende Ideologie des »sozialistischen Lagers« ka-

8. Januar
In Moskau beginnt der
Prozeß gegen den Dich-
ter Alexander Ginsburg
wegen »antisowjetischer
Propaganda«. Der Pro-
zeß findet unter Aus-
schluß der Öffentlichkeit
statt.

schiert diesen Tatbestand nicht wenig. Der kritische Begriff des
Lagers scheint uns mit Mauke jenen gesellschaftlichen Zustand
anzudeuten, in dem die ganze Gesellschaft zu einem einzigen
»Lohnarbeiter« geworden ist, eine unbeherrschte und verselbständigte Produktionsmaschinerie im totalen Gegensatz zur
lebendigen Arbeit sich etabliert hat. Die Entwicklung der Produktivkräfte, die dialektische Identität des ökonomischen und
politischen Prozesses in den 40er Jahren des 19. Jahrhunderts
bildeten die Grundlage für diese historisch spezifischen, aber
nicht in der Zeitbedingtheit aufgehenden Aussagen des *Kommunistischen Manifestes*. Die nach der Niederlage der Revolution von 1848 einsetzende Restaurierung des gesellschaftlichen
Lebens führte zu einem Verfall der Organisationen und der
Kampfkraft der Arbeiterbewegung.

Über die revolutionären Bewegungen der 30er Jahre und 40er
Jahre und über die Zeit der Reaktion nach 1848 informiert sehr
genau A. Braunthal in seiner *Geschichte der Internationale*
(Bd. I, Hannover 1961, S. 54-97); die ausführlichen bibliogra-
phischen Anmerkungen ermöglichen einen ausgezeichneten
Einstieg in die für die Ausbildung der Marxschen Theorie
entscheidenden Zeitabschnitte. Gut ausgewählte Auszüge der
bedeutendsten Schriften der nicht-marxistischen Sozialisten
und Kommunisten dieser Zeit (St. Simon, Cabet, Lammenais,
A. Blanqui, J. P. Proudhon, W. Thompson, W. Weitling u. a. m.)
gibt der Bd. II der von K. Diehl und P. Mombert herausgegebenen Reihe *Ausgewählte Lesestücke zum Studium der politischen Ökonomie*, der Band *Sozialismus – Kommunismus –
Anarchismus*, Jena 1920. Diese bisher einzigartige deutsche
Textreihe ist überhaupt sehr zu empfehlen, werden in ihr doch
alle Gebiete der politischen Ökonomie in 20 Bänden histo-
risch-literaturgeschichtlich nachgewiesen.

W. Hofmanns *Sozioökonomische Studientexte* (Bd. I: *Wert- und
Preislehre*, Berlin 1964, Bd. II: *Einkommenstheorie. Vom Merkantilismus bis zur Gegenwart*, Berlin 1965, Bd. III: *Theorie der
Wirtschaftsentwicklung. Vom Merkantilismus bis zur Gegenwart*, Berlin 1966) bilden für den engeren Bereich der früheren
und neueren Wirtschaftstheorie eine ausgezeichnete Fortsetzung der Diehl-Mombertschen *Lesestücke*.

In der Mitte der 50er Jahre des 19. Jahrhunderts begannen sich
das Proletariat und seine Organisationen von der Zeit der
Reaktion langsam zu erholen. In England breitete sich die
Streikbewegung aus, und der Gedanke einer internationalen
Assoziation der Arbeiterklasse, der sich schon einmal vor 1848
gestellt hatte, wurde erneut in den Mittelpunkt der Diskussionen gestellt. Das Ende 1854 entstehende »Internationale Ko-

mitee« entfaltete in London unter den Gewerkschaftsvereinigungen und in den Emigrantenorganisationen eine rege Tätigkeit, die 1856 in einem Manifest, das sich an »alle Nationen wendete« (*People's Paper*, 9. 5. 1856), kulminierte: »Wir wollen nicht schließen, ohne euch einen Plan vorzuschlagen, dessen Verwirklichung wir für die Fortsetzung der Wirksamkeit unseres Bundes als unentbehrlich betrachten. Dieser Plan besteht in der Erweiterung des Internationalen Komitees, das sonst durch seine kleine Mitgliedschaft und Armut fast zur Ohnmacht verurteilt ist, zu einer Internationalen Assoziation, die Männern aller Länder offen stehen und nicht ein Internationales Komitee in einer Stadt Europas, sondern Internationale Komitees in einer möglichst großen Anzahl von Städten zählen soll.« Dieses zitierte Dokument, viele andere und eine detaillierte Beschreibung der Versuche der Realisierung einer internationalen Arbeiterorganisation finden sich in Th. Rothsteins Büchlein *Aus der Vorgeschichte der Internationale*, als 17. Ergänzungsheft der *Neuen Zeit*, Stuttgart 1913 erschienen. Die direkte Fortsetzung der Rothsteinschen Arbeit, die 1859 ihre Darstellung beendet, ist die bis heute unerreichte Arbeit von D. B. Rjazanov *Zur Geschichte der ersten Internationale*, in deutscher Sprache zugänglich im Bd. I des von Rjazanov herausgegebenen *Marx-Engels-Archivs*, Frankfurt am Main 1925, S. 119-202. Der vom Stalinismus liquidierte erste und bedeutendste Marxforscher zeigt in einer konkret-materialistischen Analyse die ökonomischen Bewegungsformen des Kampfes der englischen Arbeiterklasse und die davon getragenen und wesentlich bestimmten Versuche der politischen Organisierung des ökonomischen Kampfes.

Die nächste Phase in der Entwicklung der internationalen Arbeiterbewegung ist die der Tätigkeit der I. Internationale von 1864-1872, die Zeit der Auseinandersetzung zwischen Marxismus und Anarchismus, zwischen Marx und Bakunin.

Aus der sehr zahlreichen Literatur über diese Zeit ragt neben der schon erwähnten Arbeit von J. Braunthal der II. Band der von G. D. H. Cole verfaßten Geschichte des sozialistischen Denkens, *A History of Socialist Thought – Marxism and Anarchism 1850-1890*, London 1961, heraus.

F. Brupbachers *Marx und Bakunin – ein Beitrag zur Geschichte der Internationalen Arbeiterassoziation*, Berlin 1922, E. H. Carrs große Bakuninbiographie *Michael Bakunin*, London 1937 (1961 als Vintage-Taschenbuch in New York), die großen Arbeiten M. Nettlaus über Bakunin und den Anarchismus, wie die nur in wenigen Exemplaren zugängliche Monumentalbiographie (3 Bde., 1896-1900), *Der Vorfrühling der Anarchie*,

8. Januar
Geheimes Treffen auf Botschafterebene zwischen Amerika und China. Thema ist der Krieg in Vietnam.

Berlin 1925, *Der Anarchismus von Proudhon bis Kropotkin*, Berlin 1927, und die durch ihren Versuch, Marxismus und Anarchismus dialektisch zu »versöhnen«, besonders interessante kleine Schrift von E. Malatesta, *What is Anarchy?*, London o. J., wären weiterhin zu nennen.

Die Werke Bakunins sind ab 1921 unvollständig in Berlin erschienen.

Kann der Anarchismus nun eigentlich für uns noch etwas bedeuten, ist er nicht durch Marx für alle Zeiten widerlegt worden? W. Hofmann schreibt in seiner jedem Genossen als Pflichtlektüre zu empfehlenden Buch *Ideengeschichte der sozialen Bewegungen des 19. und 20. Jahrhunderts*, Sammlung Göschen Bd. 1205/1205a, Berlin 1962: »Bestimmte Durchgangsstufen des Denkens scheint die Ideengeschichte der europäischen Sozialbewegung, gewissermaßen stellvertretend für die Späterkommenden, hinter sich gebracht zu haben: Utopischer Kommunismus, religiöser Sozialismus, Syndikalismus, Anarchismus werden wohl kaum noch einmal große geistesgeschichtliche Bedeutung haben – so sehr der letztere die *Praxis* einer anhebenden Sozialbewegung, etwa in Südamerika, für eine Weile noch beeinflussen mag« (S. 226 u. 227). Ist damit nicht alles gesagt? Wir glauben das nicht, denn in einer Zeit der sich verstärkenden und sich verselbständigenden zentralisierten Staatsbürokratien scheint uns die bei Bakunin im Mittelpunkt der Theorie und Praxis stehenden Frage der Abschaffung des Staates, der unmittelbaren Beseitigung desselben, der erneuten Aufarbeitung durchaus wert.

Ist das »Absterben« des Staates zentraler Gegenstand der »Zieldiskussion« bei Marx und im Marxismus, so folgte doch bei Marx der ersten Fassung der Revolutionstheorie, die von der Identität der Entwicklung der kapitalistischen Ökonomie und der sozialen Revolution ausging, die für uns sehr fragwürdige Konzeption einer »Zwei-Phasen-Theorie der kommunistischen Revolution«, die die wirkliche Emanzipation der Arbeiterklasse in die Zukunft verlegte, die Eroberung des bürgerlichen Staates durch das Proletariat als primär für die soziale Revolution ansah (s. K. Korsch, *10 Thesen über Marxismus heute*, in: *alternative*, April 1965, S. 89/90).

Diese Etappentheorie, die in der Phase der für die Beseitigung des Mangels und der Notdurft notwendigen Entfaltung der Produktivkräfte durch die bürgerliche Gesellschaft alles für sich hatte, den »Sieg« von Marx über Bakunin historisch rechtfertigte, kann für unsere Zeit, in der bei uns in den Metropolen der Kapitalismus auch nicht mehr einen einzigen Funken temporärer Notwendigkeit in sich hat, kaum noch Bedeutung haben.

Die Auseinandersetzungen zwischen Marx und Bakunin anläßlich der Pariser Kommune, die die nächste Objektivierung
des kämpfenden Proletariats bildete, werden von K. Korsch in
seinem Beitrag *Revolutionäre Kommune*, in: *Aktion* (Pfem-
fert), Vol. 21 (1931), S. 60-64 beschrieben.

9. Januar
Jean-Luc Godards Film
Weekend wird in Paris
uraufgeführt.

Die Bedeutung des Marxschen Kommunemodells für die so-
zialistische Theorie, für die Entwicklung des Bolschewismus
und Sowjetmarxismus, ist in der Dissertation des Gen.
K. Meschkat, *Die Pariser Kommune im Spiegel der sowjetischen
Geschichtsschreibung*, Berlin 1964, systematisch herausgear-
beitet worden. Ein spezielles Kapitel über Bakunin und die
Pariser Kommune trägt zur Klärung des Verhältnisses von
Marxismus und Anarchismus bei.

Der im wesentlichen durch den Fraktionskampf zwischen
»Bakunisten« und »Marxisten« entstandene Spaltungsprozeß
der I. Internationale bedeutete für Marx persönlich nicht die
Beendigung des theoretischen Streites. 1926 wurden von Rjazanov in der russischen Zeitschrift *Letopisi Marksisma* (An-
nalen des Marxismus) die Randbemerkungen Marxens zu der
nach dem Bruch erschienenen und wohl bedeutendsten Baku-
nin-Schrift, *Gosudarstvennosti i Anarkhiia* (Staatlichkeit und
Anarchie) erstmalig veröffentlicht, die recht deutlich den tiefen
und dauernden Einfluß Bakunins auf Marx zeigten (s. *MEW*,
Bd. 18, S. 599-642).

Die Spaltung der I. Internationale im Jahre 1872 bildete einen
erneuten Rückschlag für die Emanzipationsbestrebungen der
unterdrückten Klassen, stellte den Beginn des durch Krankheit
beschleunigten Rückzugs Marxens von der politisch-organi-
sierten Arbeit dar, kennzeichnete den Beginn einer sich jenseits
von Marx und Engels »ansiedelnden« Interpretation des Marxismus durch die »Marxisten«.

Über die erste Periode der Rezeption des Marxismus durch die
deutsche Sozialdemokratie, die Marx und Engels bei aller Kritik immer als »unsere Partei« bezeichneten, unterrichtet in sehr
kritisch-instruktiver Organisierung des Materials G. Brandis in
seinem Buch *Die deutsche Sozialdemokratie bis zum Fall des
Sozialistengesetzes*, Leipzig 1931, worin er die schon in dieser
Frühzeit des politischen Marxismus sichtbar werdende »ideologische« Rezeption nachzuweisen versucht.

E. H. Posses Buch *Der Marxismus in Frankreich 1871-1905*,
Berlin 1932, hat diesen Vorgang der Rezeption und Ausbreitung des Marxismus am Beispiel des Guesdismus demonstriert,
wobei besonders wichtig ist, daß der »marxistische« Sieg Gues-
des über die Reformisten und Zentristen auf dem Pariser Ei-
nigungskongreß 1905 zu einer Zeit erfolgte, als der Marxismus

9. Januar
Der Aufklärungsfilm
Helga in der Regie von
Erich F. Bender kommt in
die Kinos.

dieses Flügels der französischen Arbeiterbewegung sich schon zu »erfolgreicher Erziehungsarbeit« verdünnt hatte.

Diese Bücher von Brandis und Posse können auch mithelfen, den so »glanzvollen« Sieg der Marxisten in der internationalen »Bernsteindebatte« und den so »schmachvollen« Verrat in der Zeit des Ausbruchs des Ersten Weltkrieges begreifbar werden zu lassen.

Über die Verbreitung des Marxismus in Rußland liegt uns in deutscher Sprache kein gutes Buch vor. Vorovski's *K istorii marksisma v Rossii* (Zur Geschichte des Marxismus in Rußland), Moskau 1923, ist nicht in deutscher Übersetzung erschienen. Über die Intensität der Rezeption in den 70er und 80er Jahren kann kein Zweifel bestehen, wovon nicht zuletzt das Marxsche Nachwort zur 2. A. von Kapitel I 1873 zeugt.

Schon 1865 begann P. Tkacev mit einer Rezension des Marxbuches *Zur Kritik der politischen Ökonomie* (1859) in der Zeitschrift *Das russische Wort* eine ausgedehnte Diskussion der Marxschen Theorien.

S. H. Barons Plechanowbiographie, *Plechanow, the Father of Russian Marxism*, London 1963, bestätigt diesen Sachverhalt nachdrücklich.

Um die geschichtsmächtigste Marxrezeption in Rußland, also die Leninsche, kennenzulernen, ist es unerläßlich, besonders die 1. Folge des Buches *Was sind die »Volksfreunde« und wie kämpfen sie gegen die Sozialdemokraten?*, die Lenin-Antwort an N. Michailowski aus dem Jahre 1894 zu lesen (s. Bd. I der *Werke*, Berlin 1963, Seite 123-196).

Sehr viel theoretisch undurchdrungenes Material bringen auch für diesen Zeitraum die Bücher von W. B. Scharlau / Z. A. Zeman, *Freibeuter der Revolution – Parvus-Helphand*, Köln 1964, und die zweibändige Luxemburgbiographie von P. Nettl, *Rosa Luxemburg*, London 1966.

A. Labriolas Schrift *Zum Gedächtnis des Kommunistischen Manifestes* (1895), in deutscher Sprache mit einer Einleitung von F. Mehring 1909 in Leipzig erschienen, kann als Vergleichsschrift zu der Leninschen dienen – in beiden Fällen eine kritisch-positive Rezeption des Marxschen Werkes. Bei Labriola fanden wir den für die Frage der Organisierung der revolutionären Kräfte interessanten Hinweis: »In den 50 Jahren, die uns von der Veröffentlichung des Manifestes trennen, ist die Spezialisierung und die verwickelte Zusammensetzung der proletarischen Bewegung so groß geworden, daß es fortan keinen Geist mehr gibt, der fähig wäre, sie in ihrer Gesamtheit zu umfassen und sie in ihren Einzelheiten zu verstehen, der ihre wahren Ursachen und ihre richtigen Beziehungen verstünde«

(S. 24) – ein für unsere gegenwärtige Arbeit weiterhin unge-
löstes Problem; die Notwendigkeit der kollektiven theoretischen Arbeit und Zusammenarbeit zeigt sich für uns heute noch
eindeutiger als für Labriola.

Die schon erwähnte »Bernsteindebatte« um 1900, die bis zur
Russischen Revolution von 1905 der Zentralgegenstand der
sozialistischen Diskussion war, wurde von E. Rikli in *Der Revisionismus der deutschen marxistischen Theorie (1890-1914)*,
Zürich, 1936, ausführlich vorgeführt. Um dieses Phänomen
genauer verstehen zu können, sollte unbedingt *Die materialistische Geschichtsauffassung. Eine Auseinandersetzung mit
K. Kautsky*, Leipzig 1929, von K. Korsch herangezogen werden.

Die erste russische Revolution von 1905 und die damit verbundene Massenstreikdebatte in Deutschland und in Rußland
(1906/1911) stellten den nächsten Prozeßpunkt des politischen
Marxismus dar. Neben den bereits genannten Biographien über
Parvus und Luxemburg sind für die Geschichte und theoretische Analyse der russischen Revolution von 1905 die Bände 8
und 9 der *Lenin-Werke*, Berlin 1960, das Trotzki-Buch *Die
Russische Revolution 1905*, Berlin 1923, und die für die Dialektik von Reform und Revolution so wichtige Broschüre von
R. Luxemburg, *Massenstreik, Partei und Gewerkschaften*
(1906) (in: R. L., *Ausgewählte Reden und Schriften*, Bd. I,
S. 157-257, Berlin 1955) zu nennen, hierzu besonders der Lu-
xemburg-Beitrag, der gleichermaßen ein Beitrag zur deutschen
Generalstreiksdebatte war, die nach den russischen Ereignissen
sehr radikalisiert begann. Unter den Beiträgen sind die Bücher
von H. R. Holst, *Generalstreik und Sozialdemokratie*, Dresden
1906, von Parvus, *Der Klassenkampf des Proletariats*, Berlin
1911, u. die die Gesamtdiskussion zusammenfassende Darstellung von K. Kautsky, *Der politische Massenstreik*, Berlin 1914,
hervorzuheben. Über den Einfluß der russischen Kämpfe von
1905 auf die deutsche Sozialdemokratie gibt die größere Studie
von C. E. Schorske, *German Social Democracy 1905-1917*, in:
Harvard Historical Studies, Vol. LXV (1955) ausgezeichneten
Aufschluß.

In diese Zeit fallen die für die Revolutionstheorie und praktische Politik des Marxismus folgenreichen Publikationen über
die »Theorie der permanenten Revolution« von Parvus und
Trotzki. Der Terminus fand sich an verschiedenen Stellen des
Marxschen Werkes, gewann aber für Parvus und Trotzki durch
die von ihnen durchgeführte Analyse des den Nationalstaat
beseitigenden Weltmarktes, unter den spezifischen Bedingungen Rußlands, einen völlig neuen Stellenwert. Darüber findet

10. Januar
Der Regisseur Michelan-
gelo Antonini beginnt
mit der Arbeit an seinem
Film *Zabriskie Point*. Die
Filmmusik stammt u. a.
von *Pink Floyd* und
Grateful Dead.

39

10. Januar
Die Militärjunta in Grie-
chenland läßt einen Re-
präsentanten der Linken,
Spiros Karas, inhaftieren.

sich manches in der Biographie über Parvus (s. o.), findet sich recht viel über die gemeinsame Ausarbeitung der Theorie durch Trotzki und Parvus in der hervorragenden Trotzki-Biographie von I. Deutscher, *Der bewaffnete Prophet 1879-1921*, Stuttgart 1962, S. 103 ff.

Neben der *Permanenten Revolution*, Berlin 1930 (Neudruck im Verlag Neue Kritik, Frankfurt am Main 1965) drückte Trotzki seine Theorie in der um 1905 geschriebenen Aufsatz-sammlung *Perspektiven und Resultate* exakt aus. 1919 in rus-sischer Sprache, 1921 in englischer Sprache, 1965 in New York ediert, wird sie hoffentlich bald im Verlag Neue Kritik erschei-nen. Diese Aufsätze sind Antworten auf die in der russischen Sozialdemokratie geführte Diskussion über den Charakter und die Triebkräfte der Russischen Revolution. Der Hauptgedanke ist der unmittelbar nach der Machtergreifung des Proletariats zu vollziehende Übergang von der bürgerlichen zur sozialisti-schen Revolution, um mit Hilfe der proletarischen Diktatur die Aufgaben der verspäteten bürgerlichen Revolution zu lösen. Hier sehen wir deutlich die bolschewistische Weiterentwick-lung der Marxschen Theorie einer Zwei-Phasen-Revolution, wie sie weiter oben angedeutet wurde. In dieser Form kam sie mit großen Formationsunterschieden in China und in Kuba zur Geltung, ist sie revolutionäre Theorie und Ideologie, die als marxistischer Sozialismus in den Dienst von verschiedenen Zielsetzungen gestellt wurde (s. K. Korsch, *10 Thesen ...*, s. o.).

Den größten Einschnitt in die sozialistische Bewegung stellte der Zusammenbruch des proletarischen Internationalismus zu Beginn des Ersten Weltkrieges dar. Der von der internationalen Linken (von Lenin bis Luxemburg) als »Verrat der Führer« bezeichnete Sachverhalt des nationalen Chauvinismus in gro-ßen Teilen des europäischen Proletariats dürfte zwar kaum den Mittelpunkt dieser Erscheinung treffen, darf auf der anderen Seite aber auch nicht unterschätzt werden. Über diese Zeit legen die Kampfaufsätze von Lenin-Sinowjew, *Gegen den Strom. Aufsätze aus den Jahren 1914-1916*, Hamburg 1921, leidenschaftlich Zeugnis ab. In diesem Sammelband finden sich schon die relevantesten polit-ökonomischen Untersuchungen über den Zusammenhang von Reformismus und Imperialis-mus, über Krieg und Revolution. Das in »Sklavensprache« (Lenin) wegen der notwendigen Zensurrücksichten im Früh-jahr 1916 in Zürich geschriebene und als Imperialismustheorie epochemachende Werk *Der Imperialismus als jüngste Etappe des Kapitalismus* (1917), Berlin 1926, will Lenin in den Zusam-menhang dieser anderen Arbeiten gestellt wissen, was er im Vorwort zur russischen Ausgabe 1917 ausdrücklich betont.

Das Buch von J. Humbert-Droz, *Der Krieg und die Internationale*, Wien 1964, entfaltet auf der Grundlage einer umfassenden Quellenkenntnis ein packendes Bild vom Juli 1914, in dem sich das Schicksal der II. Internationale entschied. Der ehemalige Sekretär der Komintern in den 20er Jahren beschreibt dann die erst tastenden, dann aber immer virulenter werdenden Versuche der Neuaufrichtung einer antimilitaristischen und internationalen Organisation durch die Linken der verschiedenen Länder. Zimmerwald und Kienthal und die Bedeutung dieser Konferenzen für die späteren Organisationsformen der internationalen Arbeiterklassen bilden den Abschluß des Buches.

Über den antimilitaristisch-propagandistischen Kampf in Deutschland während des Ersten Weltkriegs informiert dokumentarisch das zu Unrecht etwas vergessene Buch von E. Dran und S. Leonhardt (!), *Unterirdische Literatur im revolutionären Deutschland während des Weltkrieges*, Berlin 1920.

Die Leninsche Losung von der Umwandlung des imperialistischen Krieges in den Bürgerkrieg setzte sich zuerst in Rußland mit der Februarrevolution 1917 durch und erreichte ihren Höhepunkt in der Verwirklichung der bolschewistischen Diktatur der Avantgarde im Oktober 1917. Zwischen Februar und Oktober haben sich aber in Rußland für die Weiterentwicklung der sozialistischen Theorie ganz außerordentliche Dinge abgespielt, die durch das stalinistische Bild der »eisernen Partei« und ihrer Beherrschung durch den »großen Lenin« bis heute nicht so recht sichtbar wurden, wovon aber Lenins *Staat und Revolution* (1917) nicht zu trennen ist. Was wir meinen, ist der durch die Arbeit von R. Lorenz, *Anfänge der bolschewistischen Industriepolitik*, Köln 1965, sichtbar gewordene Weg der proletarischen Fabrikkomitees in den städtischen Großbetrieben, die nach dem Februar eine spontane und von der provisorischen Regierung nicht gebilligte Nationalisierung durchführten, die nicht von den Bolschewiki bestimmt wurden, sondern denen sich die Bolschewiki im Laufe des Sommers 1917 anpaßten. Die Anpassung an diese bestimmenden Kräfte der Revolution ging zuerst von Lenin aus, der diese nicht erwartete Spontaneität der proletarischen Fabrikkomitees in der ersten Zeit begeistert unterstützte, geradezu die später innerhalb der Komintern so verdammte Luxemburgische Spontaneitätstheorie praktizierte, wovon im Bd. 26 der *Gesammelten Werke*, Berlin 1961, viele Beispiele zu finden sind, wovon *Staat und Revolution* gekennzeichnet ist. Die von den »linken Kommunisten« (Ossinski, Bucharin) als Konzeption angebotene Errichtung eines ökonomischen Rätesystems parallel dem politischen, das die Ver-

18. Januar
Bei einer von Schülern
und Studenten organi-
sierten Demonstration in
Bremen gegen die Fahr-
preiserhöhung bei den
Straßenbahnen, an der
4.000 Bürger teilnehmen,
kommt es zu schweren
Auseinandersetzungen
mit der Polizei. Die
Fahrpreiserhöhung wird
vom Bremer Senat
schließlich zurück-
genommen.

bindung von proletarischer Initiative und zentral ökonomischer Autorität ermöglichen sollte, wurde von Lenin als unrealistisch abgelehnt. Er konnte sich erst nach langem Kampf –
die Partei der Bolschewiki war in dieser Zeit alles andere als
geschlossen und monolithisch – schließlich durchsetzen, und
ab März 1918 (Brest-Litowsk-Vertrag mit den deutschen In-
vasoren) orientierten sich die Bolschewiki unkritisch am Bild
der während des Krieges in Deutschland praktizierten Form
der staatskapitalistischen Zentralwirtschaft.

Für die sozialistische Theorie gibt es bei der Frage des Schei-
terns der Fabrikkomitees folgendes zu bedenken: das spontane
revolutionär-syndikalistische Bewußtsein erwies sich als unfähig, von sich aus das betriebliche in ein gesamtgesellschaftliches
Bewußtsein zu transzendieren, war auch nicht in der Lage, die
darniederliegende Produktion wiederaufzurichten. Die Wich-
tigkeit dieses Problems klingt auch in der Frage von B. Brecht
an K. Korsch an: »Ich würde mir viel von einer historischen
Untersuchung des Verhältnisses der Räte zu den Parteien,
dieses ganzen komplizierten Prozesses versprechen, die spezifischen Gründe des Unterliegens der Räte, die historischen
Gründe, würden mich ungeheuer interessieren. Das ist ungeheuer wichtig für uns, denken Sie nicht?« (In: *alternative*, s. o.,
S. 99) Ob sich der »neuen Arbeiterklasse« der Gegenwart dieses
Problem nicht mehr oder anders stellt, sei dahingestellt. Em-
pirisches Material über die Rätebewegung in Rußland findet
sich in der *Geschichte der russischen Revolution* von L. Trotzki,
Berlin 1960, in der großen Studie von O. Anweiler, *Die Räte in
Rußland. 1905-1921*, Leiden 1958, für das Problem der deutschen Räte in der »mißglückten« Revolution von 1918 liegt die
Schrift von W. Tormin, *Zwischen Rätediktatur und sozialer
Demokratie*, Düsseldorf 1954, und die sehr umfangreichen
Studien von P. v. Oertzen, *Betriebsräte in der Novemberrevolu-
tion 1918*, IG-Metall-Veröffentlichung 1964, vor. Die Rätefrage
»überhaupt« behandelt L. Tschudi in seiner Dissertation *Kritische Grundlegung der Idee der direkten Rätedemokratie im
Marxismus*, Basel 1952. Die Voraussetzungen, der Ablauf und
die Resultate der Prozesse der »Revolution« in Deutschland
werden in A. Rosenbergs *Entstehung und Geschichte der Weimarer Republik*, Frankfurt a. Main 1955, eindringlich nachgewiesen. Den Versuch einer begrifflichen Grundlegung des So-
zialisierungsgedankens, um der für den Aufbau des Sozialismus
nichtssagenden Formel der »Vergesellschaftung der Produktionsmittel« zu entgehen, unternimmt F. Weil in seiner auf
Korsch basierenden Schrift *Sozialisierung*, Berlin 1921.
Der Weg der Komintern wird im Bd. 2 der oft herangezogenen

Braunthalschen *Geschichte der Internationale* gut nachvoll-
ziehbar. Wesentlich spannender, aber teilweise auf nicht nach-
prüfbaren Dokumenten ehemaliger Kominternmitarbeiter aufgebaut ist das von J. Rindl und J. Gumperz unter dem Pseud-
onym Ypsilon verfaßte Buch *Pattern for World-Revolution*,
Chicago, New York 1947. Zur speziellen »Bolschewisierung«
des deutschen Spartacus-Bundes ist die Arbeit des ehemaligen
Jungkommunisten R. Loewenthal, *The Bolschevisation of the
Spartacus League*, in: D. Footman (Hrsg.), London 1960, S. 23-
71, heranzuziehen. Der bibliographische Beitrag von E. Colot-
ti, *Die KPD 1918-1933*, Mailand 1961, ermöglicht einen umfassenden Einstieg in die Geschichte des deutschen Kommunismus.

Die Schriften von K. Korsch, *Marxismus und Philosophie*,
Leipzig 1923 (2. Auflage 1930 mit neuer Standortbestimmung
des von der KPD ausgeschlossenen K.), und von G. Lukács,
Geschichte und Klassenbewußtsein, Berlin 1923, sind die einzigen niveauvollen Versuche marxistischer Philosophen innerhalb der KP gewesen, in der Form »theoretischer Aktionen«,
den in der Organisation der Komintern und im Proletariat
sichtbar werdenden Prozessen der Verdinglichung und Prag-
matisierung der Marxschen Theorie entgegenzutreten.

Der nicht uninteressante Versuch A. Thalheimers (bis 1928
Mitglied der KPD), durch einen Rückgriff auf die Marxsche
Bonapartismustheorie den heraufziehenden deutschen Faschismus theoretisch für die Praxis in den Griff zu bekommen,
konnte aber auch nicht über die theoretische »Flaute« und
praktische Wirkungslosigkeit der linken Kräfte außerhalb der
KPD hinwegtäuschen. Die detaillierten Untersuchungen von
K. H. Tjaden über die *Struktur und Funktion der »KPD-Op-
position« (KPO)*, Meisenheim 1965, und die von H. Drechsler
über *Die Sozialistische Arbeiterpartei (SAPD)*, Meisenheim
1965, geben darüber sehr genau Auskunft. Erst in der Emigration sind ernsthafte und tiefe Analysen über die »Revolution
von rechts«, über den Faschismus, entstanden, sieht man von
dem originellen Versuch des religiösen Sozialisten P. Tillich in
dem Buch *Die Sozialistische Entscheidung*, Potsdam 1933, einmal ab.

Von den Faschismusarbeiten in der Emigration ist besonders
die von P. Sering (d. i. R. Loewenthal) in der *Zeitschrift für Sozialismus* Nr. 24/25; 26/27, Graphia-Karlsbad aus dem Jahre
1935 zu nennen. In diesem Aufsatz wird auf die wachsenden
Kosten für den Verteilungs- und Verwaltungsapparat, auf die
den Subventionsstaat immer stärker belastenden faux frais (toten Kosten) hingewiesen. Durch die vom Staat ausgehaltenen

18. Januar
30.000 Menschen
demonstrieren in der
japanischen Hafenstadt
Sasebo gegen die An-
kunft des US-Atomflug-
zeugträgers Enterprise.
Es kommt zu schweren
Zusammenstößen mit der
Polizei.

19. Januar
Präsident Johnson gibt
bekannt, daß Clark
McAdams Clifford
Nachfolger von Robert
McNamara im Amt des
Verteidigungsministers
der USA wird. Clifford
gilt als Verfechter unun-
terbrochener Bomben-
angriffe auf Nordviet-
nam. McNamara hatte
die Eskalation des Krie-
ges kritisiert.

unproduktiven Schichten treten neue Tendenzen in der Klas-
sendynamik auf, die das traditionelle Schema von Lohnarbeit
und Kapital nicht mehr erfassen kann. Die Unentbehrlichkeit
der Produktionsintelligenz für die Reproduktion des Systems
wird immer größer, die Entbehrlichkeit der herrschenden Klasse wird auch immer vollständiger. Da die sozialistische Arbeiterbewegung unfähig war, die Wirtschaftskrise sozialistisch zu
gestalten, wurde sie zum Objekt der Krise, wurde die »Volks-
gemeinschaft des Bankrotts«, die in allen Schichten und Klassen zu finden war, immer mehr die bestimmende Kraft der
Gesellschaft:

Die typischen Resultate des Faschismus waren:

1. »eine neue höhere Form der staatlichen Organisation;

2. eine neue reaktionäre Form gesellschaftlicher Organisation;

3. eine wachsende Hemmung der ökonomischen Entwicklung
durch reaktionäre Kräfte, die sich der Staatsmacht bemächtigt
haben« (S. 787).

Trotzkis *Verratene Revolution* (1937), Zürich 1957, mit der
These von der gemeinsamen Ursache für die historisch-inhalt-
lich verschiedenen Phänomene Stalinismus und Faschismus,
nämlich die Ursache der Niederlage der mitteleuropäischen
Arbeiterbewegung in den 20er Jahren, zog primär Bilanz des
1. sowjetischen Fünfjahresplans und der Prozeßwelle gegen die
»trotzkistische« Opposition.

Eine philosophisch glänzende und historisch-soziologisch un-
vollständige Beschreibung der Entwicklung des Marxismus
innerhalb der Dynamik des Prozesses der sowjetischen Gesellschaft von der Phase der ursprünglichen Akkumulation bis
zur gegenwärtigen entfalteten »Industriegesellschaft« ist im
Buche von H. Marcuse, *Sowjetmarxismus*, Soziologische Texte,
Bd. 22, Berlin-Neuwied 1964, zu finden.

In der Zeit des Sieges von Stalinismus und Faschismus »verla-
gerte« sich das revolutionäre Zentrum immer mehr in die durch
Kolonialherrschaft ökonomisch zurückgehaltenen Länder, begann der Prozeß des revolutionären Volkskrieges in China,
wovon die inzwischen berühmt gewordenen Bücher von
E. Snow, *Red Star over China*, New York 1937, und A. Smed-
ley, *Red China Marches*, New York 1934, erste Kenntnis dieser
Geschehnisse in den »ungläubigen« und überraschten Westen
brachten. Die lesbare Mao-Biographie von R. Payne, Hamburg
1965, die Dokumentararbeit von R. R. Bowie, J. K. Fairbank,
Communist China 1955-1959, Cambridge/M. 1962, ermöglichen einen Zugang zur jüngsten chinesischen Geschichte. Die
polit-ökonomische Grundlagen-Studie für die »dritte Welt«

(koloniale Welt) ist das äußerst wichtige Werk von P. Baran, *Political economy of Growth*, New York 1960. Zur allgemeinen Problematik der Revolution in der »dritten Welt« nimmt am Beispiel Vietnams der Gen. Steinhaus in seiner Schrift *Vietnam – Zum Problem der kolonialen Revolution und Konterrevolution*, Frankfurt am Main 1966, Stellung. Die Geschichte des Befreiungskampfes des vietnamesischen Volkes steht bei der Schrift der Gen. Horlemann und Gäng, die gerade in der edition suhrkamp erschien, im Mittelpunkt.

Die bedeutendsten Theoretiker der kolonialen Revolution, Che Guevara, *Der Partisanenkrieg*, Berlin 1962; Frantz Fanon, *Die Verdammten dieser Erde*, Frankfurt am Main 1962, und Mao Tse-tung, *Theorie des Guerillakrieges* – mit einem einleitenden Essay von S. Haffner, Hamburg 1966 – liegen nun endlich in billigen Ausgaben in deutscher Sprache vor. Mit der kritischen Analyse des westeuropäischen »Spätkapitalismus« sieht es sehr viel schlechter aus. Der von Natalie Moszkowska in der *Dynamik des Spätkapitalismus*, Zürich 1943, unternommene Versuch, über die Analyse der »toten Kosten« (faux frais) der kapitalistischen Produktion (Rüstung und Krieg, unausgenutzte Kapazitäten, strukturelle Arbeitslosigkeit, Kosten der Unterhaltung der unproduktiven Schichten-Subventionen, künstliche Erzeugung überdimensionaler Bürokratien und Verteilungsapparate) den »niedergehenden« Kapitalismus analytisch in den Griff zu bekommen, ist bisher nicht weitergeführt und entwickelt worden. Das gilt auch für die theoretischen Ansätze, die in der von M. Horkheimer herausgegebenen *Zeitschrift für Sozialforschung* (1932-1938) sowohl durch K. Mandelbaum, Baumann, F. Weil, H. Grossmann, F. Pollock u. a. für die polit-ökonomische Analyse der Transformation der kapitalistischen Gesellschaft in den Sozialismus erarbeitet wurden als auch für die zwar mit den ökonomischen Arbeiten kaum vermittelten, dennoch für eine Neubegründung einer revolutionären Theorie und Praxis unserer Zeit unerläßlichen damaligen Arbeiten von M. Horkheimer und H. Marcuse; die nach dem Zweiten Weltkrieg von Adorno und Horkheimer als den Hauptvertretern der »Frankfurter Schule« des Instituts für Sozialforschung veröffentlichten ideologie-kritischen Arbeiten sind so sehr bekannt, daß sich eine bibliographische Aufzählung und Kommentierung erübrigt. Die Zerstörung der organisierten Arbeiterbewegung durch den Faschismus und die Korrumpierung des deutschen und internationalen Kommunismus durch den Stalinismus, die Reorganisation und Rekonstruktion des Kapitalismus durch zunehmende staatsinterventionistische Regulierung der ehemals naturwüchsigen und

20. Januar
Bob Dylan singt beim *Woody Guthrie Memorial Concert* in der Carnegie Hall in New York. Dies ist der erste öffentliche Auftritt nach seinem Motorradunfall im Jahr 1966.

21. Januar
Der Versuch eines nord-
koreanischen Komman-
dos, in der südkoreani-
schen Hauptstadt Seoul
das Präsidentenpalais zu
sprengen und Präsident
Park Chung Hee zu tö-
ten, wird von südkorea-
nischen Polizeieinheiten
in letzter Minute verei-
telt.

anarchischen Produktion u. a. m. begründeten die *qualitativ neue Form* der kapitalistischen Gesellschaft, die mit der revolutionär-antagonistischen Klassengesellschaft nicht gleichgesetzt werden darf.

Über die Veränderungen der kapitalistischen Produktionsweise durch die Entstehung des Monopolkapitalismus bzw. des Staatsmonopolismus unterrichtet W. Hofmanns *Säkulare Inflation*, Berlin 1962, worin allerdings die politisch-soziologischen Konsequenzen der ökonomischen Analyse fehlen. Politische Konsequenzen in der Kontinuität der traditionellen Arbeiterbewegung versucht der belgische Gen. E. Mandel, allerdings auf einer von Hofmann sehr abweichenden polit-ökonomischen Grundlage (konjunkturtheoretisch orientiert und auf die problematische Kondratieffsche »Theorie der langen Wellen« zurückgreifend) in seinem Beitrag *Westeuropäische Arbeiterbewegung im Neokapitalismus* zu ziehen; abgedruckt in der für die SDS-Diskussion über politische Praxis heute sehr anregenden Broschüre *Neokapitalismus, Rüstungswirtschaft, westeuropäische Arbeiterbewegung*, Verlag neue kritik, Probleme sozialistischer Politik 1, Frankfurt am Main 1966.

Ist die These des Gen. Mandel, daß der westeuropäische Neokapitalismus sich tendenziell dem amerikanischen annähert, richtig, so wird die Rezeption des unserer Ansicht bedeutendsten theoretischen politökonomischen Beitrags seit dem Ende des Zweiten Weltkriegs, des Buches *Monopoly Capitalism* (for Che Guevara), New York 1966, von P. Baran und P. Sweezy, für die Diskussion über die sozio-ökonomische Grundlage unserer *praktisch-politischen Perspektive* von Wichtigkeit. Baran und Sweezy scheuen sich in ihrem Buch nicht, für die politische Strategie des revolutionären Kampfes in Amerika radikal materialistisch begründete Folgerungen aus der durch die Entfaltung der Produktivkräfte und der gesellschaftlichen Arbeitsteilung total veränderten Stellung der produktiven industriellen Arbeiterschaft innerhalb des kapitalistischen Gesamtsystems zu ziehen: Die Industriearbeiterklasse ist in hohem Maße systemintegriert, ganz zu schweigen von ihren Gewerkschaften. Nur die sehr heterogenen Gruppen der »Outcasts«, ob nun Farmarbeiter oder Ghettobewohner, und die farbigen nationalen Minderheiten stellen die radikale Negation des Systems dar.

Die Chancen der revolutionären Aktion sind gering, aber der regressive Druck des Systems auf die Individuen verstärkt sich, was in der rapiden Zunahme psycho-physischer Krankheiten zu bemerken ist, die tendenziell das Funktionieren des Systems in Frage stellen.

Die Politisierung eines Teils der akademischen Jugend, Teile der Arbeitslosen und der Neger durch die sozialen Probleme Amerikas und durch die wachsende politisch-existentielle Bedeutung des Vietnamkrieges für die amerikanische Wirklichkeit werden als weitere Momente der gegenwärtigen radikalen Systemkritik genannt. Zur Frage der nicht mehr auflösbaren Integration der amerikanischen Gewerkschaften und der Möglichkeit der politischen Organisierung der Arbeitslosen im Prozeß des Kampfes gegen das anachronistische Vollbeschäftigungsmodell der kapitalistischen Regierung, für die Abschaffung der repressiven Arbeit im Prozeß der Automatisierung des Produktions- und Verteilungsprozesses finden sich viele Hinweise in den Büchern von J. Boggs, *The American Revolution*, MR-Press, New York 1960, und M. Harrington, *The Accidental Century*, New York 1965, illusionsloser bei H. Marcuse in *One Dimensional Man*, New York 1965.

Einige theoretische Implikationen des Automationskomplexes für die marxistische Theorie der Wertschöpfung werden in dem Aufsatz von J. Habermas, *Zwischen Philosophie und Wissenschaft: Marxismus als Kritik*, in seinem komplexen Buch *Theorie und Praxis,* Berlin-Neuwied 1963, diskutiert.

Wir können die Bibliographie des politischen Marxismus nicht abschließen, ohne den für die revolutionäre Gesamtbewegung unserer Zeit so gravierenden Gegensatz der Konzeption der chinesischen und sowjetischen Genossen zu nennen. Eine tiefgreifende Analyse, die die materiellen Grundlagen der verschiedenen Theorien des revolutionären Kampfes ausweist, die die problematische Entwicklung der Sowjetunion und Osteuropas in Richtung sozialistische Leistungsgesellschaft analysiert, die die philosophischen und soziologischen Grundlagen der Theorie der permanenten Revolution von Mao Tsetung reflektiert, fehlt uns leider noch.

Einige Bemerkungen darüber finden sich in der kleinen Broschüre von P. Sweezy, *The Split in the Capitalist and Socialist World*, New York 1962; W. Hofmanns, *Die Arbeiterverfassung der Sowjetunion*, Berlin 1956, die zusammen mit dem *Sowjetmarxismus* von H. Marcuse zu lesen ist, können für die weiter oben gestellte Problematik der Sowjetunion die Grundlage abgeben.

Über die aktuell-politischen Auseinandersetzungen in ihrer vordergründig-propagandistischen Form ist nachzulesen in der dokumentierten Arbeit von H. Weber, *Konflikte im Weltkommunismus. Eine Dokumentation zur Krise Moskau-Peking*, München 1964.

21. Januar
Ein B-52-Bomber der US-Armee mit vier Wasserstoffbomben stürzt in der Nähe von Thule in Grönland ab.

22. Januar
Vor der nordkoreani-
schen Küste wird das US-
Spionageschiff Pueblo
aufgebracht.

Ergänzungen

In der *Bibliographie* erwähnte, seit 1966 in deutscher *Übersetzung*, in *Neuauflage* oder als *Raubdruck* erschienene Titel:

Ökonomisch-philosophische Manuskripte aus dem Jahre 1844, in: *Marx Engels Werke* (MEW), Ergänzungsband, Schriften bis 1844, 1. Teil: Karl Marx, Berlin: Dietz, 1968

Grundrisse: Karl Marx, *Grundrisse der Kritik der politischen Ökonomie (Rohentwurf) 1857-1858*, Anhang 1850-1859, Berlin: Dietz, 1953 (bei Europäische Verlagsanstalt, EVA, Frankfurt/M., als Lizenzausgabe)

Marx/Engels-Verzeichnis. Werke Schriften Artikel: Dietz, 1968 (Inhaltsvergleichsregister zu MEW)

Der *Briefwechsel* zwischen Marx und Engels sowie ihre Briefe an Dritte sind als Bde. 27-39 von *MEW* erschienen.

Karl-Marx-Studienausgabe, hrg. v. H.-J. Lieber, 6 Bde., Darmstadt: Wissenschaftliche Buchgesellschaft (in Zusammenarbeit mit der Cotta'schen Verlagsbuchhandlung, Stuttgart) als Bd. 7: *Marx-Lexikon* (Kombination von Registerband und Marx-Lexikon)

Petr Kropotkin, *Memoiren eines Revolutionärs*, Frankfurt/M.: Insel, 1969

Herbert Marcuse, *Neue Quellen zur Grundlegung des Historischen Materialismus*, in: H. M., *Ideen zu einer kritischen Theorie der Gesellschaft*, edition suhrkamp 300, 1969

Michael Bakunin, *Philosophie der Tat.* Auswahl aus seinem Werk, Köln: Hegener, 1968

Karl Korsch, *Quintessenz des Marxismus* (1922) und *10 Thesen von 1950*, Hannover: Schwarze Presse, o. J.

Karl Korsch, *Revolutionäre Kommune*, in: K. K., *Schriften zur Sozialisierung*, Frankfurt/M.: EVA 1969

Peter Nettl, *Rosa Luxemburg*, Frankfurt M. / Wien / Zürich: Büchergilde Gutenberg, 1968 (dt. Ausg. in 1 Bd.)

Karl Korsch, *Die materialistische Geschichtsauffassung. Eine Auseinandersetzung mit Karl Kautsky* (»Anti-Kautsky«), Raubdruck

Rosa Luxemburg, *Massenstreik, Partei und Gewerkschaften*, in: R. L., *Politische Schriften I*, Frankfurt/M.: EVA, 1967 (2. Aufl.)

Leo Trotzki, *Ergebnisse und Perspektiven*, Frankfurt M.: Verlag Neue Kritik (Archiv sozialistischer Literatur, Bd. 6) (Neuauflage in Kürze)

Leo Trotzki, *Die permanente Revolution*, Fischer-Bücherei 1095, 1969

Susanne Leonhard (Hrg.), *Unterirdische Literatur im revolutionären Deutschland während des Weltkrieges*, Frankfurt M.: Verlag Neue Kritik (Archiv sozialistischer Literatur, Bd. 10)

Leo Trotzki, *Geschichte der russischen Revolution*, 2 Bde., Berlin:

Fischer, 1931-33 (2., gekürzte Aufl. in 1 Bd., Frankfurt/M.: Fischer, 1960, Fischer-Paperback)

Felix Weil, *Sozialisierung, Versuch einer begrifflichen Grundlegung nebst einer Kritik der Sozialisierungspläne*, Raubdruck

Karl Korsch, *Marxismus und Philosophie*, Frankfurt/M.: EVA, 1966

Georg Lukács, *Geschichte und Klassenbewußtsein*. Studien über marxistische Dialektik, in: G. Lukács, Frühschriften II (Bd. 2 der Gesamtausgabe), Neuwied: Luchterhand, 1968 (auch als Raubdruck der Originalausgabe bei Malik verbreitet)

August Thalheimer, *Über den Faschismus*, in: Bauer, Marcuse, Rosenberg u. a., *Faschismus und Kapitalismus*, Frankfurt/M.: EVA, 1967 (2. Aufl.)

Leo Trotzki, *Verratene Revolution*, Frankfurt/M.: Verlag Neue Kritik, 1968

Edgar Snow, *Roter Stern über China*, Darmstadt: März Verlag (März Archiv, Bd. 6) (erscheint in Kürze)

Paul A. Baran, *Politische Ökonomie des wirtschaftlichen Wachstums*, Neuwied: Luchterhand, 1966 (Soziologische Texte, Bd. 42)

Ernesto Che Guevara, *Guerilla – Theorie und Methode*, Berlin: Wagenbach, 1968

Frantz Fanon, *Die Verdammten dieser Erde*, rororo 1209/10

Zeitschrift für Sozialforschung, Raubdruck

Paul A. Baran, Paul M. Sweezy, *Monopolkapital. Ein Essay über die amerikanische Wirtschafts- und Gesellschaftsordnung*, Frankfurt/M.: Suhrkamp, 1967

Herbert Marcuse, *Der eindimensionale Mensch. Studien zur Ideologie der fortgeschrittenen Industriegesellschaft*, Neuwied: Luchterhand, 1967 (Soziologische Texte, Bd. 40)

25. Januar
Die Bundeswehr verliert ihren 77. Starfighter.

25. Januar
In Frankfurt/M. eröffnen
der Galerist Paul Maenz
und der Künstler Peter
Roehr den Hippieladen
Pudding-Explosion. Der
erste Laden dieser Art auf
europäischem Festland
entstand 1967 in Frank-
furt/M. in der Bocken-
heimer Landstraße 87
und hieß *Heidi loves you.*

Georg Büchner/Ludwig Weidig
Der Hessische Landbote [Erste Ausgabe]

Erste Botschaft
Vorbericht   Darmstadt, im Juli 1834.

Dieses Blatt soll dem hessischen Lande die Wahrheit melden,
aber wer die Wahrheit sagt, wird gehenkt, ja sogar der, welcher
die Wahrheit liest, wird durch meineidige Richter vielleicht
gestraft. Darum haben die, welchen dies Blatt zukommt, folgendes zu beobachten:

1. Sie müssen das Blatt sorgfältig außerhalb ihres Hauses vor
   der Polizei verwahren;
2. sie dürfen es nur an treue Freunde mittheilen;
3. denen, welchen sie nicht trauen, wie sich selbst, dürfen sie es
   nur heimlich hinlegen;
4. würde das Blatt dennoch bei Einem gefunden, der es gelesen
   hat, so muß er gestehen, daß er es eben dem Kreisrath habe
   bringen wollen;
5. wer das Blatt noch nicht gelesen hat, wenn man es bei ihm
   findet, der ist natürlich ohne Schuld.

Friede den Hütten! Krieg den Pallästen!

*Im Jahr 1834 siehet es aus, als würde die Bibel Lügen gestraft. Es
siehet aus, als hätte Gott die Bauern und Handwerker am 5ten
Tage, und die Fürsten und Vornehmen am 6ten gemacht, und als
hätte der Herr zu diesen gesagt:* ›Herrschet über alles Gethier,
das auf Erden kriecht‹, *und hätte die Bauern und Bürger zum
Gewürm gezählt.* Das Leben der *Vornehmen* ist ein langer
Sonntag, sie wohnen in schönen Häusern, sie tragen zierliche
Kleider, sie haben feiste Gesichter und reden eine eigene Spra-
che; *das Volk aber liegt vor ihnen wie Dünger auf dem Acker.*
Der Bauer geht hinter dem Pflug, der *Vornehme* aber geht
hinter ihm und dem Pflug und treibt ihn mit den Ochsen am
Pflug, er nimmt das Korn und läßt ihm die Stoppeln. Das Leben
des Bauern ist ein langer Werktag; *Fremde verzehren seine
Äcker vor seinen Augen,* sein Leib ist eine Schwiele, sein
Schweiß ist das Salz auf dem Tische des *Vornehmen.*

Im Großherzogtum Hessen sind 718 373 Einwohner, die geben an den Staat jährlich an 6 363 364 Gulden, als

1. Direkte Steuern . . . . . . 2 128 131 fl.
2. Indirekte Steuern . . . . . 2 478 264 fl.
3. Domänen . . . . 1 547 394 fl.
4. Regalien . . . . 46 938 fl.

5. Geldstrafen	98 511 fl.
6. Verschiedene Quellen . . .	64 198 fl.
	6 363 363 fl. (sic)

28. Januar
Der Nelly-Sachs-Preis
(10.000 DM) wird an den
Schriftsteller Alfred
Andersch verliehen.

Dies Geld ist der Blutzehnte, der vom Leib des Volkes genommen wird. An 700 000 Menschen schwitzen, stöhnen und hungern dafür. Im Namen des Staates wird es erpreßt, die Presser berufen sich auf die Regierung und die Regierung sagt, *das sey nöthig die Ordnung im Staat zu erhalten.* Was ist denn nun das für gewaltiges Ding: der Staat? Wohnt *eine* Anzahl Menschen in einem Land und es sind Verordnungen oder Gesetze vorhanden, nach denen jeder sich richten muß, so sagt man, sie bilden einen Staat. Der Staat also sind *Alle*; die Ordner im Staate sind die Gesetze, durch welche das Wohl *Aller* gesichert wird, und die aus dem Wohl *Aller* hervorgehen sollen. – Seht nun, was man in dem Großherzogthum aus dem Staat gemacht hat; seht, was es heißt: die Ordnung im Staate erhalten! 700 000 Menschen bezahlen dafür 6 Millionen, d. h. sie werden zu Ackergäulen und Pflugstieren gemacht, damit sie in Ordnung leben. *In Ordnung leben heißt hungern und geschunden werden.*
Wer sind denn die, welche diese Ordnung gemacht haben, und die wachen, diese Ordnung zu erhalten? Das ist die Großherzogliche Regierung. Die Regierung wird gebildet von dem Großherzog und seinen obersten Beamten. Die anderen Beamten sind Männer, die von der Regierung berufen werden, um jene Ordnung in Kraft zu erhalten. Ihre Anzahl ist Legion: Staatsräthe und Regierungsräthe, Landräthe und Kreisräthe, Geistliche Räthe und Schulräthe, Finanzräthe und Forsträthe usw. mit allem ihrem Heer von Sekretären usw. Das Volk ist ihre Heerde, sie sind seine Hirten, Melker und Schinder; sie haben die Häute der Bauern an, der Raub der Armen ist in ihrem Hause; die Thränen der Wittwen und Waisen sind das Schmalz auf ihren Gesichtern; sie herrschen frei und ermahnen das Volk zur Knechtschaft. Ihnen gebt ihr 6 000 000 fl. Abgaben; sie haben dafür die Mühe, euch zu regieren; d. h. sich von euch füttern zu lassen und euch eure Menschen- und Bürgerrechte zu rauben. Sehet, was die Ernte eures Schweißes ist.
Für das Ministerium des Innern und der Gerechtigkeitspflege werden bezahlt 1 110 607 Gulden. Dafür habt ihr einen Wust von Gesetzen, zusammengehäuft aus willkürlichen Verordnungen aller Jahrhunderte, meist geschrieben in einer fremden Sprache. Der Unsinn aller vorigen Geschlechter hat sich darin auf euch vererbt, der Druck, unter dem sie erlagen, sich auf euch fortgewälzt. Das Gesetz ist das Eigenthum einer unbedeutenden Klasse von *Vornehmen* und Gelehrten, die sich durch ihr

29. Januar
Bertolt Brechts über
Jahre geführte Notizen
erscheinen nach einer re-
daktionellen Bearbeitung
durch Werner Hecht un-
ter dem Titel *Schriften
zur Politik und Gesell-
schaft 1919–1956.*

eigenes Machwerk die Herrschaft zuspricht. Diese Gerechtigkeit ist nur ein Mittel, euch in Ordnung zu halten, damit man
euch bequemer schinde; sie spricht nach Gesetzen, die ihr nicht
versteht, nach Grundsätzen, von denen ihr nichts wißt, Ur-
theile, von denen ihr nichts begreift. Unbestechlich ist sie, weil
sie sich gerade theuer genug bezahlen läßt, um keine Beste-
chung zu brauchen. Aber die meisten ihrer Diener sind der
Regierung mit Haut und Haar verkauft. Ihre Ruhestühle stehen
auf einem Geldhaufen von 461 373 Gulden (so viel betragen die
Ausgaben für die Gerichtshöfe und die Kriminalkosten). Die
Fräcke, Stöcke und Säbel ihrer unverletzlichen Diener sind mit
dem Silber von 197 502 Gulden beschlagen (so viel kostet die
Polizei überhaupt, die Gendarmerie usw.). Die Justiz ist in
Deutschland seit Jahrhunderten die Hure der deutschen Fürsten. Jeden Schritt zu ihr müßt ihr mit Silber pflastern, und mit
Armuth und Erniedrigung erkauft ihr ihre Sprüche. Denkt an
das Stempelpapier, denkt an euer Bücken in den Amtsstuben
und euer Wachestehen vor denselben. Denkt an die Sporteln für
Schreiber und Gerichtsdiener. Ihr dürft euern Nachbarn ver-
klagen, der euch eine Kartoffel stiehlt; aber klagt einmal über
den Diebstahl, der von Staatswegen unter dem Namen von
Abgabe und Steuern jeden Tag an eurem Eigenthum begangen
wird, damit eine Legion unnützer Beamten sich von eurem
Schweiße mästen: klagt einmal, daß ihr der Willkühr einiger
Fettwänste überlassen seyd und daß diese Willkühr Gesetz
heißt, klagt, daß ihr die Ackergäule des Staates seyd, klagt über
eure verlorne Menschenrechte: Wo sind die Gerichtshöfe, die
eure Klage annehmen, wo die Richter, die rechtsprächen? – Die
Ketten eurer Vogelsberger Mitbürger, die man nach Rocken-
burg schleppte, werden euch Antwort geben.
*Und will endlich ein Richter oder ein andrer Beamte von den
Wenigen, welchen das Recht und das gemeine Wohl lieber ist als
ihr Bauch und der Mamon, ein Volksrath und kein Volksschin-
der seyn, so wird er von den obersten Räthen des Fürsten selber
geschunden.*
Für das Ministerium der Finanzen 1 551 502 fl.
Damit werden die Finanzräthe, Obereinnehmer, Steuerboten,
die Untererheber besoldet. Dafür wird der Ertrag eurer Äcker
berechnet und eure Köpfe gezählt. Der Boden unter euren
Füßen, der Bissen zwischen euren Zähnen ist besteuert. Dafür
sitzen die Herren in Fräcken beisammen und das Volk steht
nackt und gebückt vor ihnen; sie legen die Hände an seine
Lenden und Schultern und rechnen aus, wie viel es noch tragen
kann, und wenn sie barmherzig sind, so geschieht es nur, wie
man ein Vieh schont, das man nicht so sehr angreifen will.

Für das Militär wird bezahlt 914 820 Gulden.

Dafür kriegen eure Söhne einen bunten Rock auf den Leib, ein Gewehr oder eine Trommel auf die Schulter und dürfen jeden Herbst einmal blind schießen, und erzählen, wie die Herren vom Hof und die ungerathenen Buben vom Adel allen Kindern ehrlicher Leute vorgehen und mit ihnen in den breiten Straßen der Städte herumziehen mit Trommeln und Trompeten. Für jene 900 000 Gulden müssen eure Söhne den Tyrannen schwören und Wache halten an ihrer Pallästen. Mit ihren Trommeln übertäuben sie eure Seufzer, mit ihren Kolben zerschmettern sie euch den Schädel, wenn ihr zu denken wagt, daß ihr freie Menschen seyd. *Sie sind die gesetzlichen Mörder, welche die gesetzlichen Räuber schützen, denkt an Södel!* Eure Brüder, eure Kinder waren dort Brüder- und Vatermörder.

Für die Pensionen 480 000 Gulden.

Dafür werden die Beamten aufs Polster gelegt, wenn sie eine gewisse Zeit dem Staate treu gedient haben, d. h. wenn sie eifrige Handlanger bei der regelmäßig eingerichteten Schinderei gewesen, die man Ordnung und Gesetz heißt.

Für das Staatsministerium und den Staatsrath 174 600 Gulden.

Die größten Schurken stehen wohl jetzt allerwärts in Deutschland den Fürsten am nächsten, wenigstens im Großherzogthum: Kommt ja ein ehrlicher Mann in einen Staatsrath, so wird er ausgestoßen. Könnte aber auch ein ehrlicher Mann jetzo Minister seyn oder bleiben, so wäre er, wie die Sachen stehn in Deutschland, nur eine Drahtpuppe, an der die fürstliche Puppe zieht und an dem fürstlichen Popanz zieht wieder ein Kammerdiener oder ein Kutscher oder seine Frau und ihr Günstling, oder sein Halbbruder – oder alle zusammen.

In Deutschland stehet es jetzt, wie der Prophet Micha schreibt, Cap. 7., V. 3 und 4: ›*Die Gewaltigen rathen nach ihrem Muthwillen, Schaden zu thun, und drehen es, wie sie es wollen. Der Beste unter ihnen ist wie ein Dorn, und der Redlichste wie eine Hecke.*‹ *Ihr müßt die Dörner und Hecken theuer bezahlen!* denn ihr müßt ferner für das großherzogliche Haus und den Hofstaat 827 772 Gulden bezahlen. Die Anstalten, die Leute, von denen ich bis jetzt gesprochen, sind nur Werkzeuge, sind nur Diener. Sie thun nichts in ihrem Namen, unter der Ernennung zu ihrem Amt, steht ein L., das bedeutet *Ludwig* von Gottes Gnaden und sie sprechen mit Ehrfurcht: ›im Namen des Großherzogs.‹ Dies ist ihr Feldgeschrei, wenn sie euer Gerät versteigern, euer Vieh wegtreiben, euch in den Kerker werfen. Im Namen des Großherzogs sagen sie, und der Mensch, den sie so nennen, heißt: unverletzlich, heilig, souverain, königliche

30. Januar
Beginn der Tet-Offensive der *Nationalen Befreiungsfront* (FNL) in Südvietnam, die weite Teile des Landes unter ihre Kontrolle bringt. Verbände der *FNL* dringen bis zur amerikanischen Botschaft in Saigon vor.

31. Januar
Die BRD nimmt wieder
diplomatische Beziehun-
gen zu Jugoslawien auf.

Hoheit. Aber tretet zu dem Menschenkinde und blickt durch seinen Fürstenmantel. Es ißt, wenn es hungert, und schläft, wenn sein Auge dunkel wird. Sehet, er kroch so nackt und weich in die Welt, wie ihr und wird hart und steif hinausgetragen, wie ihr, und doch hat es seinen Fuß auf einem Nacken, hat 700000 Menschen an seinem Pflug, hat Minister die verantwortlich sind für das, was es thut, hat Gewalt über euer Eigenthum durch die Steuern, die es ausschreibt, über euer Leben durch die Gesetze, die es macht, es hat adliche Herrn und Damen um sich, die man Hofstaat heißt, und seine göttliche Gewalt vererbt sich auf seine Kinder mit Weibern, welche aus eben so übermenschlichen Geschlechtern sind.

Wehe über euch Götzendiener! – Ihr seyd wie die Heiden, die das Krokodill anbeten, von dem sie zerrissen werden. Ihr setzt ihm eine Krone auf, aber es ist eine Dornenkrone, die ihr euch selbst auf den Kopf drückt; ihr gebt ihm ein Scepter in die Hand, aber es ist eine Ruthe, womit ihr gezüchtigt werdet; ihr setzt ihn auf euern Thron, aber es ist ein Marterstuhl für euch und eure Kinder. Der Fürst ist der Kopf des Blutigels, der über euch hinkriecht, die Minister sind seine Zähne und die Beamten sein Schwanz. Die hungrigen Mägen aller vornehmen Herren, denen er die hohen Stellen vertheilt, sind Schröpfköpfe, die er dem Lande setzt. Das L., was unter seinen Verordnungen steht, ist das Maahlzeichen des Thieres, das die Götzendiener unserer Zeit anbeten. Der Fürstenmantel ist der Teppich, auf dem sich die Herren und Damen vom Adel und Hofe in ihrer Geilheit übereinander wälzen – mit Orden und Bändern decken sie ihre Geschwüre und mit kostbaren Gewändern bekleiden sie ihre aussätzigen Leiber. Die Töchter des Volks sind ihre Mägde und Huren, die Söhne des Volks ihre Laquaien und Soldaten. Geht einmal nach Darmstadt und seht, wie die Herren sich für euer Geld dort lustig machen, und erzählt dann euern hungernden Weibern und Kindern, daß ihr Brot an fremden Bäuchen herrlich angeschlagen sey, erzählt ihnen von den schönen Kleidern, die in ihrem Schweiß gefärbt, und von den zierlichen Bändern, die aus den Schwielen ihrer Hände geschnitten sind, erzählt von den stattlichen Häusern, die aus den Knochen des Volkes gebaut sind; und dann kriecht in eure rauchigen Hütten und bückt euch auf euren steinichten Äckern, damit eure Kinder auch einmal hingehen können, wenn ein Erbprinz mit einer Erbprinzessin für einen anderen Erbprinzen Rath schaffen will, und durch die geöffneten Glasthüren das Tischtuch sehen, wovon die Herren speisen, und die Lampen riechen, aus denen man mit dem Fett der Bauern illuminirt.

Das alles duldet ihr, weil euch Schurken sagen: »diese Regierung *sey von Gott.« Diese Regierung ist nicht von Gott, sondern vom Vater der Lügen.* Diese deutschen Fürsten sind keine rechtmä- ßige Obrigkeit, sondern die rechtmäßige Obrigkeit, den deut- schen Kaiser, der vormals vom Volke frei gewählt wurde, haben sie seit Jahrhunderten verachtet und endlich gar verrathen. Aus Verrath und Meineid, und nicht aus der Wahl des Volkes, ist die Gewalt der deutschen Fürsten hervorgegangen, und darum ist ihr Wesen und Thun von Gott verflucht; ihre Weisheit ist Trug, ihre Gerechtigkeit ist Schinderei. Sie zertreten das Land und zerschlagen die Person des Elenden. Ihr lästert Gott, wenn ihr einen dieser Fürsten einen Gesalbten des Herrn nennt, das heißt Gott habe die Teufel gesalbt und zu Fürsten über die deutsche Erde gesetzt. Deutschland, unser liebes Vaterland, haben diese Fürsten zerrissen, den Kaiser, den unsere freien Voreltern wähl- ten, haben diese Fürsten verrathen, und nun fordern diese Verräther und Menschenquäler Treue von euch! – Doch das Reich der Finsterniß neigt sich zum Ende. Über ein Kleines, und Deutschland, das jetzt die Fürsten schinden, wird als ein Freistaat mit einer vom Volk gewählten Obrigkeit wieder auf- erstehn. Die heilige Schrift sagt: Gebet dem Kaiser, was des Kaisers ist. Was ist aber dieser Fürsten, der Verräther? – Das Theil von Judas!*

Für die Landstände 16 000 Gulden.

Im Jahre 1789 war das Volk in Frankreich müde, länger die Schindmähre seines Königs zu seyn. Es erhob sich und berief Männer, denen es vertraute, und die Männer traten zusammen und sagten, ein König sey ein Mensch, wie ein anderer auch, er sey nur der erste Diener im Staat, er müsse sich vor dem Volk verantworten, und wenn er sein Amt schlecht verwalte, könne er zur Strafe gezogen werden. Dann erklärten sie die Rechte des Menschen: ›Keiner erbt vor dem andern mit der Geburt ein Recht oder einen Titel, keiner erwirbt mit dem Eigentum ein Recht vor dem andern. Die höchste Gewalt ist in dem Willen Aller oder der Mehrzahl. Dieser Wille ist das Gesetz, er thut sich kund durch die Landstände oder die Vertreter des Volkes, sie werden von allen gewählt, und Jeder kann gewählt werden; diese Gewählten sprechen den Willen ihrer Wähler aus, und so entspricht der Wille der Mehrzahl unter ihnen dem Willen der Mehrzahl unter dem Volke; der König hat nur für die Ausübung der von ihnen erlassenen Gesetze zu sorgen.‹ Der König schwur, dieser Verfassung treu zu seyn; er wurde aber meineidig an dem Volke, und das Volk richtete ihn, wie es einem Verräther geziemt. Dann schafften die Franzosen die erbliche Königs- würde ab und wählten frei eine neue Obrigkeit, wozu jedes Volk nach der Vernunft und der heiligen Schrift das Recht hat.

1. Februar
Schwere Straßenkämpfe
in Saigon und anderen
südvietnamesischen
Städten: Innerhalb von
54 Stunden sterben über
6.300 Menschen, darun-
ter viele Zivilisten.

Die Männer, die über die Vollziehung der Gesetze wachen sollten, wurden von der Versammlung der Volksvertreter ernannt, sie bildeten die neue Obrigkeit. Sie waren Regierung und Gesetzgeber vom Volk gewählt und Frankreich war ein Freistaat.

Die übrigen Könige aber entsetzten sich vor der Gewalt des französischen Volkes; sie dachten, sie könnten alle über der ersten Königsleiche den Hals brechen und ihre mißhandelten Unterthanen möchten bei dem Freiheitsruf der Franken erwachen. Mit gewaltigem Kriegsgeräth und reisigem Zeug stürzten sie von allen Seiten auf Frankreich und ein großer Theil der Adligen und *Vornehmen* im Lande stand auf und schlug sich zu dem Feind. Da ergrimmte das Volk und erhob sich in seiner Kraft. Es erdrückte die Verräther und zerschmetterte die Söldner der Könige. Die junge Freiheit wuchs im Blut der Tyrannen, und vor ihrer Stimme bebten die Throne und jauchzten die Völker. Aber die Franzosen verkauften selbst ihre junge Freiheit für den Ruhm, den ihnen Napoleon darbot, und erhoben ihn auf den Kaiserthron. – Da ließ der Allmächtige das Heer des Kaisers in Rußland erfrieren und züchtigte Frankreich durch die Knute der Kosaken und gab den Franzosen die dickwanstigen Bourbonen wieder zu Königen, damit Frankreich sich bekehre vom Götzendienst der erblichen Königsherrschaft und dem Gotte diene, der die Menschen frei und gleich geschaffen. Aber als die Zeit seiner Strafe verflossen war und tapfere Männer im Julius 1830 den meineidigen König Karl den Zehnten aus dem Lande jagten, da wendete dennoch das befreite Frankreich sich abermals zur halberblichen Königsherrschaft und band sich in dem Heuchler Louis Philipp eine neue Zuchtruthe auf. In Deutschland und ganz Europa aber war große Freude als der zehnte Karl vom Thron gestürzt ward, und die unterdrückten deutschen Länder rüsteten sich zum Kampf für die Freiheit. Da rathschlagten die Fürsten, wie sie dem Grimm des Volkes entgehen sollten, und die listigen unter ihnen sagten: Laßt uns einen Theil unserer Gewalt abgeben, daß wir das Übrige behalten. Und sie traten vor das Volk und sprachen: Wir wollen euch die Freiheit schenken um die ihr kämpfen wollt. – Und zitternd vor Furcht warfen sie einige Brocken hin und sprachen von ihrer Gnade. Das Volk traute ihnen leider und legte sich zur Ruhe. – Und so ward Deutschland betrogen wie Frankreich.

Denn was sind diese Verfassungen in Deutschland? Nichts als leeres Stroh, woraus die Fürsten die Körner für sich herausgeklopft haben. Was sind unsere Landtage? Nichts als langsame Fuhrwerke, die man einmal oder zweimal wohl der Raubgier der Fürsten und ihrer Minister in den Weg schieben, woraus man aber nimmermehr eine feste Burg für deutsche Freiheit bauen kann. Was sind unsere Wahlgesetze? Nichts als Verletzungen der Bürger- und Menschenrechte der meisten Deutschen. Denkt an das Wahlgesetz im Großherzogthum, wornach keiner gewählt werden kann, der nicht hoch begütert ist, wie rechtschaffen und gutgesinnt er auch sey, wohl aber der *Grolmann*, der euch um die zwei Millionen bestehlen wollte. *Denkt an die Verfassung des Großherzogthums. – Nach den Artikeln derselben ist der Großherzog unverletzlich, heilig und unverantwortlich. Seine Würde ist erheblich in seiner Familie, er hat das Recht, Krieg zu führen, und ausschließliche Verfügung über das Militär. Er beruft die Landstände, vertagt sie oder löst sie auf. Die Stände dürfen keinen Gesetzes-Vorschlag machen, sondern sie müssen um das Gesetz bitten, und dem Gutdünken des Fürsten bleibt es unbedingt überlassen, es zu geben oder zu verweigern. Er bleibt im Besitz einer fast unumschränkten Gewalt, nur darf er keine neuen Gesetze machen und keine neuen Steuern ausschreiben ohne Zustimmung der Stände. Aber theils kehrt er sich nicht an diese Zustimmung, theils genügen ihm die alten Gesetze, die das Werk der Fürstengewalt sind, und er bedarf darum keiner neuen Gesetze. Eine solche Verfassung ist ein elend jämmerlich Ding. Was ist von Ständen zu erwarten, die an eine solche Verfassung gebunden sind? Wenn unter den Gewählten auch keine Volksverräther und feige Memmen wären, wenn sie aus lauter entschlossenen Volksfreunden bestünden?! Was ist von Ständen zu erwarten, die kaum die elenden Fetzen einer armseligen Verfassung zu vertheidigen vermögen! – Der einzige Widerstand, den sie zu leisten vermochten, war die Verweigerung der zwei Millionen Gulden, die sich der Großherzog von dem überschuldeten Volke wollte schenken lassen zur Bezahlung seiner Schulden. – Hätten aber auch die Landstände des Großherzogthums genügende Rechte, und hätte das Großherzogthum, aber nur das Großherzogthum allein, eine wahrhafte Verfassung, so würde die Herrlichkeit doch bald zu Ende seyn. Die Raubgeyer in Wien und Berlin würden ihre Henkerskrallen ausstrecken und die kleine Freiheit mit Rumpf und Stumpf ausrotten. Das ganze deutsche Volk muß sich die Freiheit erringen. Und diese Zeit, geliebte Mitbürger, ist nicht ferne. – Der Herr hat das schöne deutsche Land, das viele Jahrhunderte das herrlichste Reich der Erde war, in die Hände der fremden und einheimischen Schinder gegeben, weil das Herz des deutschen Volkes von der Freiheit und Gleichheit seiner Voreltern und von der Furcht des Herrn abgefallen war, weil ihr dem Götzendienste der vielen Herrlein, Kleinherzoge und Däumlings-Könige euch ergeben hattet.*

1. Februar
Uraufführung des Stükkes *Biografie* von Max Frisch im Züricher Schauspielhaus mit Peter Frankenfeld, Ulrich Haupt und Ellen Schwiers in den Hauptrollen.

1. Februar
Frankreich übergibt seinen Militärstützpunkt
Mers-el-Kebir an Algerien.

*Der Herr, der den Stecken des fremden Treibers Napoleon
zerbrochen hat, wird auch die Götzenbilder unserer einheimischen Tyrannen zerbrechen durch die Hände des Volks. Wohl
glänzen diese Götzenbilder von Gold und Edelsteinen, von
Orden und Ehrenzeichen, aber in ihrem Innern stirbt der Wurm
nicht und ihre Füße sind von Lehm. – Gott wird euch Kraft
geben ihre Füße zu zerschmeißen, sobald ihr euch bekehret von
dem Irrthum eures Wandels und die Wahrheit erkennet: daß
nur Ein Gott ist und keine Götter neben ihm, die sich Hoheiten
und Allerhöchste, heilig und unverantwortlich nennen lassen,
daß Gott alle Menschen frei und gleich in ihren Rechten schuf
und daß keine Obrigkeit von Gott zum Segen verordnet ist, als
die, welche auf das Vertrauen des Volkes sich gründet und vom
Volke ausdrücklich oder stillschweigend erwählt ist; daß dagegen die Obrigkeit, die Gewalt, aber kein Recht über ein Volk
hat, nur also von Gott ist, wie der Teufel auch von Gott ist, und
daß der Gehorsam gegen eine solche Teufels-Obrigkeit nur so
lange gilt, bis ihre Teufelsgewalt gebrochen werden kann; – daß
der Gott, der ein Volk durch* Eine *Sprache zu* Einem *Leibe
vereinigte, die Gewaltigen die es zerfleischen und viertheilen,
oder gar in dreißig Stücke zerreißen, als Volksmörder und
Tyrannen hier zeitlich und dort ewiglich strafen wird, denn
die Schrift sagt: was Gott vereinigt hat, soll der Mensch nicht
trennen; und daß der Allmächtige, der aus der Einöde ein
Paradies schaffen kann, auch ein Land des Jammers und des
Elends wieder in ein Paradies umschaffen kann, wie unser
theuerwerthes Deutschland war, bis seine Fürsten es zerfleischten und schunden.*

*Weil das deutsche Reich morsch und faul war, und die Deutschen von Gott und von der Freiheit abgefallen waren, hat Gott
das Reich zu Trümmern gehen lassen, um es zu einem Freistaat
zu verjüngen. Er hat eine Zeitlang »den Satans-Engeln Gewalt
gegeben, daß sie Deutschland mit Fäusten schlügen, er hat den
Gewaltigen und Fürsten, die in der Finsterniß herrschen, den
bösen Geistern unter dem Himmel (Ephes. 6), Gewalt gegeben,
daß sie Bürger und Bauern peinigten und ihr Blut aussaugten
und ihren Muthwillen trieben mit allen, die Recht und Freiheit
mehr lieben als Unrecht und Knechtschaft.« – Aber ihr Maas ist
voll!*

*Sehet an das von Gott gezeichnete Scheusal, den König Ludwig
von Baiern, den Gotteslästerer, der redliche Männer vor seinem
Bilde niederzuknieen zwingt und die, welche die Wahrheit
bezeugen, durch meineidliche Richter zum Kerker verurtheilen
läßt; das Schwein, das sich in allen Lasterpfützen von Italien
wälzte, den Wolf, der sich für seinen Baals-Hofstaat für immer*

jährlich fünf Millionen durch meineidige Landstände verwilligen läßt, und fragt dann: ›Ist das eine Obrigkeit von Gott zum Segen verordnet?‹

1. Februar
Oswalt Kolles Aufklärungsfilm *Wunder der Liebe* wird in Hamburg uraufgeführt.

Ha! du wärst Obrigkeit von Gott?
Gott spendet Segen aus;
Du raubst du schindest, kerkerst ein,
Du nicht von Gott, Tyrann!

Ich sage euch: sein und seiner Mitfürsten Maas ist voll. Gott, der Deutschland um seiner Sünden willen geschlagen hat durch diese Fürsten, wird es wieder heilen. ›Er wird die Hecken und Dörner niederreißen und auf einem Haufen verbrennen.‹ Jesaias 27,4. So wenig der Höcker noch wächset, womit Gott diesen König Ludwig gezeichnet hat, so wenig werden die Schandthaten dieser Fürsten noch wachsen können. Ihr Maas ist voll. Der Herr wird ihre Körper zerschmeißen, und in Deutschland wird dann Leben und Kraft als Segen der Freiheit wieder erblühen. Zu einem großen Leichenfelde haben die Fürsten die deutsche Erde gemacht, wie Ezechiel im 37 Capitel beschreibt: ›Der Herr führte mich auf ein weites Feld, das voller Gebeine lag, und siehe, sie waren sehr verdorrt.‹ Aber wie lautet des Herrn Wort zu den verdorrten Gebeinen: ›Siehe, ich will euch Adern geben und Fleisch lassen über euch wachsen, und euch mit Haut überziehen, und will euch Odem geben, daß ihr wieder lebendig werdet, und sollt erfahren, daß Ich der Herr bin.‹ Und des Herrn Wort wird auch an Deutschland sich wahrhaftig beweisen, wie der Prophet spricht: ›Siehe, es rauschte und regte sich, und die Gebeine kamen wieder zusammen, ein jegliches zu seinem Gebein. – Da kam Odem in sie und sie wurden wieder lebendig und richteten sich auf ihre Füße, und ihrer war ein sehr groß Heer.‹ Wie der Prophet schreibet, also stand es bisher in Deutschland: eure Gebeine sind verdorrt, denn die Ordnung, in der ihr lebt, ist eitel Schinderei. 6 Millionen bezahlt ihr im Großherzogthum einer Handvoll Leute, deren Willkühr euer Leben und Eigenthum überlassen ist, und die anderen in dem zerrissenen Deutschland gleich also. Ihr seyd nichts, ihr habt nichts! Ihr seyd rechtlos. Ihr müsset geben, was eure unersättlichen Presser fordern, und tragen, was sie euch aufbürden. *So weit wie ein Tyrann blicket – und Deutschland hat deren wohl dreißig – verdorret Land und Volk. Aber wie der Prophet schreibet, so wird es bald stehen in Deutschland: der Tag der Auferstehung wird nicht säumen. In dem Leichenfelde wird sich's regen und wird rauschen, und der Neubelebten wird ein großes Heer seyn.*

Hebt die Augen auf und zählt das Häuflein eurer Presser, die nur stark sind durch das Blut, das sie euch aussaugen, und durch

1. Februar
General Wessel folgt
Reinhard Gehlen als
Leiter des Bundesnach-
richtendienstes. Gehlen
war unter Hitler Chef der
Abteilung Fremde Heere
Ost.

eure Arme, die ihr ihnen willenlos leihet. Ihrer sind vielleicht 10 000 im Großherzogthum und Eurer sind es 700 000 und also verhält sich die Zahl des Volkes zu seinen Pressern auch im übrigen Deutschland. Wohl drohen sie mit dem Rüstzeug und den Reisigen der Könige, aber ich sage euch: Wer das Schwert erhebt gegen das Volk, der wird durch das Schwert des Volkes umkommen. Deutschland ist jetzt ein Leichenfeld, bald wird es ein Paradies seyn. Das deutsche Volk ist *Ein* Leib, ihr seyd ein Glied dieses Leibes. Es ist einerlei, wo die Scheinleiche zu zukken anfängt. Wann der Herr euch seine Zeichen gibt durch die Männer, durch welche er die Völker aus der Dienstbarkeit zur Freiheit führt, dann erhebet euch, und der ganze Leib wird mit euch aufstehen.

Ihr bücktet euch lange Jahre in den Dornäckern der Knecht-
schaft, dann schwitzt ihr einen Sommer im Weinberge der Frei-
heit und werdet frei seyn bis ins tausendste Glied.
Ihr wühltet ein langes Leben die Erde auf, dann wühlt ihr euren
Tyrannen ein Grab. Ihr bautet die Zwingburgen, dann stürzt
ihr sie und bauet der Freiheit Haus. Dann könnt ihr eure Kinder
frei taufen mit dem Wasser des Lebens. Und bis der Herr euch
ruft durch seine Boten und Zeichen, wachet und rüstet euch im
Geiste und betet ihr selbst und lehrt eure Kinder beten: ›Herr,
zerbrich den Stecken unserer Treiber und laß dein Reich zu uns
kommen, das Reich der Gerechtigkeit. Amen.‹

Karl Marx
Thesen über Feuerbach

2. Februar
Die Arbeitslosenquote in
den USA erreicht den
niedrigsten Stand seit
vierzehn Jahren.

1

Der Hauptmangel alles bisherigen Materialismus (den Feuer-bachschen mit eingerechnet) ist, daß der Gegenstand, die Wirk-lichkeit, Sinnlichkeit nur unter der Form des *Objekts oder der Anschauung* gefaßt wird; nicht aber als *sinnlich menschliche Tätigkeit, Praxis*, nicht subjektiv. Daher die *tätige* Seite abstrakt im Gegensatz zu dem Materialismus von dem Idealismus – der natürlich die wirkliche, sinnliche Tätigkeit als solche nicht kennt – entwickelt. Feuerbauch will sinnliche – von den Ge-dankenobjekten wirklich unterschiedne Objekte: aber er faßt die menschliche Tätigkeit selbst nicht als *gegenständliche* Tä-tigkeit. Er betrachtet daher im »Wesen des Christenthums« nur das theoretische Verhalten als das echt menschliche, während die Praxis nur in ihrer schmutzig jüdischen Erscheinungsform gefaßt und fixiert wird. Er begreift daher nicht die Bedeutung der »revolutionären«, der »praktisch-kritischen« Tätigkeit.

2

Die Frage, ob dem menschlichen Denken gegenständliche Wahrheit zukomme – ist keine Frage der Theorie, sondern eine *praktische* Frage. In der Praxis muß der Mensch die Wahrheit, i. e. Wirklichkeit und Macht, Diesseitigkeit seines Denkens beweisen. Der Streit über die Wirklichkeit oder Nichtwirklich-keit des Denkens – das von der Praxis isoliert ist – ist eine rein *scholastische* Frage.

3

Die materialistische Lehre von der Veränderung der Umstände und der Erziehung vergißt, daß die Umstände von den Men-schen verändert und der Erzieher selbst erzogen werden muß. Sie muß daher die Gesellschaft in zwei Teile – von denen der eine über ihr erhaben ist – sondieren.
Das Zusammenfallen des Ändern[s] der Umstände und der menschlichen Tätigkeit oder Selbstveränderung kann nur als *revolutionäre Praxis* gefaßt und rationell verstanden werden.

4

Feuerbach geht von dem Faktum der religiösen Selbstentfremdung, der Verdopplung der Welt in eine religiöse und eine
weltliche aus. Seine Arbeit besteht darin, die religiöse Welt in
ihre weltliche Grundlage aufzulösen. Aber daß die weltliche
Grundlage sich von sich selbst abhebt und sich ein selbständiges
Reich in den Wolken fixiert, ist nur aus der Selbstzerrissenheit
und Sichselbstwidersprechen dieser weltlichen Grundlage zu
erklären. Diese selbst muß also in sich selbst sowohl in ihrem
Widerspruch verstanden als praktisch revolutioniert werden.
Also nachdem z. B. die irdische Familie als das Geheimnis der
heiligen Familie entdeckt ist, muß nun erstere selbst theoretisch
und praktisch vernichtet werden.

5

Feuerbach, mit dem *abstrakten Denken* nicht zufrieden, will
die *Anschauung*; aber er faßt die Sinnlichkeit nicht als *praktische* menschlich-sinnliche Tätigkeit.

6

Feuerbach löst das religiöse Wesen in das *menschliche* Wesen
auf. Aber das menschliche Wesen ist kein dem einzelnen Individuum inwohnendes Abstraktum. In seiner Wirklichkeit ist
es das ensemble der gesellschaftlichen Verhältnisse.
Feuerbach, der auf die Kritik dieses wirklichen Wesens nicht
eingeht, ist daher gezwungen:
1. von dem geschichtlichen Verlauf zu abstrahieren und das
religiöse Gemüt für sich zu fixieren, und ein abstrakt – *isoliert*
– menschliches Individuum vorauszusetzen.
2. Das Wesen kann daher nur als »Gattung«, als innere, stumme,
die vielen Individuen *natürlich* verbindende Allgemeinheit gefaßt werden.

7

Feuerbach sieht daher nicht, daß das »religiöse Gemüt« selbst
ein gesellschaftliches Produkt ist und daß das abstrakte Individuum, das er analysiert, einer bestimmten Gesellschaftsform
angehört.

8

Alles gesellschaftliche Leben ist wesentlich *praktisch*. Alle My-
sterien, welche die Theorie zum Mystizism[us] veranlassen,
finden ihre rationelle Lösung in der menschlichen Praxis und
in dem Begreifen dieser Praxis.

5. Februar
Nach wochenlanger Be-
lagerung des US-ameri-
kanischen Stützpunktes
Khe Sanh gehen 20.000
Vietcong zu einem
Großangriff über.

9

Das Höchste, wozu der anschauende Materialismus kommt,
d. h. der Materialismus, der die Sinnlichkeit nicht als praktische
Tätigkeit begreift, ist die Anschauung der einzelnen Individuen
und der bürgerlichen Gesellschaft.

10

Der Standpunkt des alten Materialismus ist die bürgerliche
Gesellschaft, der Standpunkt des neuen die menschliche Gesellschaft oder die gesellschaftliche Menschheit.

11

Die Philosophen haben die Welt nur verschieden *interpretiert*,
es kommt drauf an, sie zu *verändern*.

5. Februar
Kursbuch Nr. 11 *Revolu-tion in Lateinamerika* erscheint mit Beiträgen von Peter Weiss, Fidel Castro und Hans Magnus Enzensberger.

Ernst Bloch
Weltveränderung oder die elf Thesen
von Marx über Feuerbach

Das Denken nach vornhin ist seit langem angesagt und zu hören. Nur die Feigen reden sich aus allem heraus, und die Lügner bleiben allgemein. Nur sie verstecken sich in weiten oder spinösen Gewändern, suchen immer woanders zu sein als dort, wo man sie ertappt. Aber das Wahre kann überhaupt nicht genug bestimmt sein, auch dann und gerade dann, wenn die Sache vor dem Blick noch dämmert. Durch diesen frühen Spürsinn fürs Wesentliche gelangen bereits dem neunzehnjährigen Marx, im erhaltenen Brief an seinen Vater, scharf gefaßte Hauptsätze schlechthin. Diese Art will von Anfang an in den Kern der Sache, verspielt sich nirgends ins Unnütze, wirft es, sobald es erkannt ist, sogleich ab. So ist sie fähig, bei allem breit Erblickten, lang Durchdachten, das hinzukommt, jederzeit wieder in Form zu sein, zuschlagend und pointierend. Das Erfaßte, das sich so zu fassen versteht, zeigt die Pointen auf dem Weg. Mit und an ihnen schärft sich nun der Zug nach vorwärts, damit ihm selbst mögliche Umschweife noch dienen. Freilich auch ist dies Weisende, in seiner Folge, nicht immer so rasch überblickbar, wie es, in seiner Kürze, zitierbar ist. Denn bedeutende Kürze ist zusammenhängend, darum ist ihr Wort am wenigsten schnell fertig.

So muß sich der Verstand an solchen Sätzen immer wieder neu bewähren. Das nirgends frischer als an der gedrängten Sammlung gedrängtester Weisungen, die als die Elf Thesen über Feuerbach bekannt sind. Marx hat sie im April 1845 in Brüssel niedergeschrieben, höchst wahrscheinlich im Zug der Vorarbeit zur *Deutschen Ideologie*. Veröffentlicht wurden die Thesen erst 1888 durch Engels, als Anhang zu dessen *Ludwig Feuerbach und der Ausgang der klassischen deutschen Philosophie*. Hierbei hat Engels den zuweilen nur skizzierten Text von Marx stilistisch leicht redigiert, selbstredend ohne die leiseste inhaltliche Veränderung. [...]

These 11

Anerkannt wird hier, daß das Zukünftige am nächsten und wichtigsten sei. Doch eben nicht in der Weise Feuerbachs, die nicht auf die Schiffe geht. Die sich von Anfang bis Ende mit der Betrachtung begnügt, welche die Dinge läßt, wie sie sind. Oder noch schlimmer: die nicht umhin zu können glaubt, die Dinge umzustellen, jedoch nur im Buch, und die Welt selbst merkt nichts davon. Sie merkt schon deshalb nichts davon, weil die Welt gerade in falschen Darstellungen so leicht umgestellt werden kann, daß Wirkliches im Buch gar nicht vorkommt. Jeder Schritt nach außen wäre hier dem zusammengereimten, in seinem eigenen Schutzpark wohnenden Buch schädlich und störte das Selberleben erfundener Gedanken. Doch auch tunlichst sachgetreue Bücher, Lehren zeigen oft die typisch betrachterische Lust, sich in ihrem gerahmten Zusammenhang, als einem nun einmal »werkhaft« gelungenen, Genüge zu tun. Wonach sie eine aus ihnen möglicherweise entspringende Veränderung der dargestellten Welt sogar fürchten, indem das Werk – und stelle es selbst, wie das Feuerbachsche, Grundsätze der *Zukunft* auf – dann nicht mehr so autark durch die Zeiten schweben könnte. Kam gar, wie wieder bei Feuerbach, eine erstrebte oder naive politische Gleichgültigkeit hinzu, so wurde das Publikum gänzlich auf den gleichfalls betrachtenden Leser begrenzt; seine Arme, sein Handeln wurden nicht angesprochen. Der Standpunkt mochte ein neuer sein, doch er blieb ein bloßer Aussichtspunkt; der Begriff ergab so keine Anweisung zum Eingriff. Daher setzt Marx kurz und antithetisch die berühmte These 11: »Die Philosophen haben die Welt nur verschieden interpretiert; es kommt aber darauf an, sie zu verändern.« Ein Unterschied zu *jedem* bisherigen Denkantrieb ist damit packend bezeichnet.

Kurze Sätze scheinen, wie eingangs bemerkt, zuweilen rascher überblickbar, als sie es sind. Und berühmte Sätze haben es zuweilen an sich, sehr wider ihren Willen, daß sie kein Nachdenken mehr erregen oder daß man sie zu roh herunterschlingt. Sie verursachen dann mitunter Beschwerden, diesesfalls intelligenzfeindliche, mindestens intelligenzfremde, wie sie dem Sinn des Satzes nicht ferner sein könnten. Was ist also mit der These 11 genau gedacht, wie muß sie im allemal philosophierenden Präzisionssinn von Marx verstanden werden? Sie darf nicht verstanden oder besser: *mißbraucht* werden in irgendeiner Vermischung mit dem Pragmatismus. Letzterer stammt aus einer dem Marxismus völlig fremden Gegend, aus einer ihm feindlichen, geistig inferioren, zuletzt schlechthin ruchlosen. Trotzdem hängen sich immer wieder busy bodies, wie man gerade in Amerika sagt, Betriebsamkeiten also, am Marxsatz an, gleich als wäre er – amerikanische Kulturbarbarei. Dem amerikanischen Pragmatismus liegt die Meinung zugrunde, Wahrheit sei überhaupt nichts anderes als geschäftliche Brauchbarkeit der Vorstellungen. Es gibt danach ein sogenann-

6. Februar
Die algerische Regierung
beschließt, alle ausländischen Vertriebsorganisa-
tionen für Erdgas und
Erdöl unter staatliche
Kontrolle zu stellen.

tes Aha-Erlebnis der Wahrheit, sobald und sofern diese auf
einen praktischen Erfolg abgezielt ist und sich auch tatsächlich
geeignet zeigt, ihn herbeizuführen. Bei William James (*Pragma-
tism*, 1907) sieht der Geschäftsmann, als »american way of
life«, noch gewissermaßen allgemeinmenschlich aus, ist sozusagen human, auch geradezu lebensfördernd-optimistisch gar-
niert. Das sowohl wegen der damals noch möglichen Rosapak-
kung des amerikanischen Kapitalismus, wie vor allem wegen
der Tendenz jeder Klassengesellschaft ihr Spezialinteresse als
das der ganzen Menschheit auszugeben. Deshalb gab sich der
Pragmatismus anfangs auch als Gönner jener verschiedenen,
auswechselbaren logischen »Instrumente«, mittels deren der
Geschäftsmann höherer Ordnung geradezu »Humanerfolg«
erzielt. Aber es gibt so wenig und noch weniger einen humanen
Geschäftsmann, wie es einen marxistischen Lebemann gibt; so
hat sich der Pragmatismus in Amerika, in der gesamten Welt-
bourgeoisie rasch nach James als das kenntlich gemacht, was er
ist: als letzten Agnostizismus einer von jedem Wahrheitswillen
entblößten Gesellschaft. Zwei imperialistische Kriege, der erste
generell-imperialistische von 1914 bis 1918, der zweite partial-
imperialistische der Nazi-Aggressoren, haben den Pragmatismus gar zur Roßtäuscher-Ideologie reif gemacht. Auf Wahrheit
kommt es nun überhaupt nicht mehr an, auch nicht im Sinn, als
wäre sie ein immerhin zu pflegendes »Instrument«; und die
Rosapackung des »Humanerfolgs« ging völlig zum Teufel, der
von Anfang an darin war. Nun schwankten und änderten sich
die Ideen wie Börsenpapiere, je nach der Kriegslage, Geschäfts-
lage; bis endlich der volle Schandpragmatismus der Nazis erschien. Recht war, was dem deutschen Volk, soll heißen: dem
deutschen Finanzkapital nützte; Wahrheit war, was das Leben,
soll heißen: den Maximalprofit förderte, ihm zweckdienlich
erschien. Das also wurden, nachdem die Zeit erfüllt war, die
Konsequenzen des Pragmatismus; und wie harmlos, ja wie
täuschend mochte er doch ebenfalls nach »Theorie-Praxis«
aussehen. Wie scheinhaft wurde auch hier eine Wahrheit um
ihrer selbst willen abgelehnt und nicht gesagt, daß es wegen
einer Lüge um des Geschäfts willen geschieht. Wie schein-
konkret wurde auch hier von der Wahrheit die Bewährung in
der Praxis verlangt, sogar in der »Veränderung« der Welt. Wie
groß also ist die Verfälschbarkeit der These 11 im Kopf von
Intelligenzverächtern und Praktizisten. Gewiß, was die Praktizisten in der sozialistischen Bewegung angeht, so haben sie
moralisch, wie sich von selbst versteht, mit den Pragmatisten
nicht das Mindeste gemein; ihr Wille ist sauber, ihre Absicht
revolutionär, ihr Ziel human. Doch indem sie den Kopf dabei

auslassen, folglich nichts Geringeres als den ganzen Reichtum der marxistischen Theorie mitsamt der kritischen Aneignung des Kulturerbes in ihr, entsteht doch, am Ort der »trial-and-error-method«, der Handwerkelei, des Praktizismus, jene grausame Verfälschung der These 11, die an Pragmatismus methodisch erinnert. Praktizismus, der an Pragmatismus angrenzt, ist eine Konsequenz dieser Verfälschung, eine wie immer unbegriffene; doch Unkenntnis einer Konsequenz schützt nicht vor Verdummung. Die Praktizisten, mit dem bestenfalls kurzfristigen Kredit für Theorie, gar für komplizierte, machen mitten im marxistischen Lichtwesen die Finsternis ihrer eigenen privaten Ignoranz und des Ressentiments, das mit Ignoranz sich so leicht verbindet. Zuweilen sogar ist nicht einmal Praktizismus, also doch immerhin eine Tätigkeit nötig, um solche Theoriefremdheit zu erklären; denn Schematismus der Gedankenlosigkeit lebt auch aus eigener, aus untätiger Antiphilosophie. Kann aber so noch weniger auf die kostbarste These über Feuerbach sich berufen; aus Mißverständnis wird dann Blasphemie. Immer wieder muß darum betont werden: *bei Marx ist nicht deshalb ein Gedanke wahr, weil er nützlich ist, sondern weil er wahr ist, ist er nützlich.* Lenin formuliert das Gleiche in dem schlagenden Diktum: »Die Lehre von Marx ist allmächtig, weil sie wahr ist.« Und fährt fort: »Sie ist die rechtmäßige Erbin des Besten, was die Menschheit im neunzehnten Jahrhundert in Gestalt der deutschen Philosophie, der englischen politischen Ökonomie und des französischen Sozialismus geschaffen hat.« Und bekundet wenige Zeilen vorher: »Die ganze Genialität Marxens besteht gerade darin, daß er auf die Fragen Antwort gegeben hat, die das fortgeschrittene Denken der Menschheit bereits gestellt hatte« (Lenin, *Drei Quellen und drei Bestandteile des Marxismus, Ausgewählte Werke I*, S. 63 f.). Mit anderen Worten: Wirkliche Praxis kann keinen Schritt tun, ohne sich ökonomisch und philosophisch bei der Theorie erkundigt zu haben, der fortschreitenden. Sowie es daher an sozialistischen Theoretikern gefehlt hat, bestand allemal die Gefahr, daß gerade der Kontakt mit der Wirklichkeit Einbuße erlitt, dieser nie schematisch und simplizistisch zu interpretierenden, wann anders Praxis sozialistisch gelingen soll. Sind das offene Türen, die der Antipragmatismus der größten Praxis-Denker, weil treuesten Wahrheits-Zeugen offenhält, so können sie doch durch eine interessierte Fehlinterpretation der These 11 immer wieder geschlossen werden. Durch eine, welche groteskerweise aus dem – in These 11 geschehenden – höchsten Triumph der Philosophie eine Abdankung der Philosophie, eben eine Art unbürgerlichen Pragmatismus herauszuhören glaubt. Genau je-

6. Februar
Die Universität von Algier wird nach heftigen Zusammenstößen zwischen Studenten und der Polizei vorübergehend geschlossen.

67

nem Zukünftigen ist damit schlecht gedient, das nicht weiter unbegriffen auf uns zukommt, sondern dem umgekehrt unsere tätige Erkenntnis hinzukommt; – Ratio wacht auf dieser Strecke der Praxis. So wie sie auf jeder Strecke humaner Heimkehr wacht: gegen das Irrationale, das sich letzthin auch in der begrifflosen Praxis zeigt. Denn wenn die Zerstörung der Vernunft ins barbarische Irrationale zurücksinkt, so die Unkenntnis der Vernunft ins Dumme; wobei letzteres zwar nicht Blut vergießt, aber den Marxismus ruiniert. *Auch die Banalität ist so Gegenrevolution gegen den Marxismus selber;* denn er ist der Vollzug (nicht die Amerikanisierung) der fortschrittlichsten Gedanken der Menschheit.

Soviel über falsches Verstehen, ganz zuletzt, wo es auftaucht. Das Falsche bedarf ebenfalls der Beleuchtung, gerade weil These 11 die *wichtigste* ist – corruptio optimi pessima. Zugleich ist diese These die am prägnantesten gefaßte; so muß ein Kommentar hier viel mehr als bei den anderen aufs Wörtliche gehen. Was also ist in These 11 der Wortlaut, was ist ihr scheinbarer Gegensatz zwischen Erkennen und Verändern? Der Gegensatz ist keiner; selbst das hier nicht konträre, sondern erweiternde Partikel »aber« fehlt im Marxschen Original (vgl. *MEGA* I, 5, S. 535); ebensowenig findet sich ein Entweder-Oder. Und den bisherigen Philosophen wird zum Vorwurf gemacht, oder besser: es wird an ihnen als Klassenschranke kenntlich gemacht, daß sie die Welt nur verschieden *interpretiert* haben, nicht etwa, daß sie – philosophiert haben. Interpretation aber ist der Kontemplation verwandt und folgt aus ihr; *nicht*-kontemplative Erkenntnis also wird nun als neue, als wahrhaft zum Sieg tragende Fahne ausgezeichnet. Doch als Fahne der *Erkenntnis*, als die gleiche Fahne, die Marx – freilich mit Aktion, nicht mit betrachtender Ruhe – seinem Hauptwerk gelehrter Forschung aufgesetzt hat. Dies Hauptwerk ist lautere Anweisung zum Handeln, doch es heißt *Das Kapital*, nicht »Führer zum Erfolg« oder auch »Propaganda der Tat«; es ist keinerlei Rezept zur raschen Heldentat ante rem, sondern steht mitten in re, in sorgfältiger Untersuchung, philosophierender Zusammenhangs-Erforschung schwierigster Wirklichkeit. Mit dem Kurs auf begriffene Notwendigkeit, auf Erkenntnis der dialektischen Entwicklungsgesetze in Natur und Gesellschaft insgesamt. Von den Philosophen also, die »die Welt nur verschieden *interpretiert* haben«, und von sonst nichts stößt die Kenntlichmachung des ersten Satzteils ab; sie geht auf die Schiffe, doch eben auf höchst durchdachte Fahrt, wie sie der zweite Satzteil kenntlich macht: auf die einer neuen, einer aktiven Philosophie, einer zur Veränderung so unumgänglichen wie tauglichen. Zweifellos hat Marx scharfe Worte durchaus gegen Philosophie gerichtet, doch nicht einmal gegen kontemplative *schlechthin*, wann immer sie eine bedeutende aus großer Zeit war. Sondern genau gegen eine *bestimmte Art* kontemplativer Philosophie, nämlich die der Hegel-Epigonen seiner Zeit, welche vielmehr eine Nicht-Philosophie war. Am härtesten polemisiert daher, bezeichnenderweise, die gegen diese Epigonen gezielte *Deutsche Ideologie:* »Man muß die Philosophie beiseite liegenlassen, man muß aus ihr herausspringen und sich als ein gewöhnlicher Mensch an das Studium der Wirklichkeit begeben, wozu auch literarisch ein ungeheures, den Philosophen natürlich unbekanntes Material vorliegt; und wenn man dann wieder einmal Leute wie Kuhlmann oder Stirner vor sich bekommt, so findet man, daß man sie längst ›hinter‹ und unter sich hat. Philosophie und Studium der wirklichen Welt verhalten sich zueinander wie Onanie und Geschlechtsliebe« (*MEGA* I, 5, S. 216). Die Namen Kuhlmann (ein damaliger pietistischer Theologe) und gar Stirner zeigen überdeutlich, an welche Adresse oder Art Philosophie diese mächtige Invektive gerichtet war; sie war an philosophische Windbeutelei gerichtet. Nicht war sie an die Hegelsche Philosophie und andere große der Vergangenheit gerichtet, so kontemplativ diese auch gehalten war; Marx war der letzte, der am konkreten Hegel, am kenntnisreichsten Enzyklopädisten seit Aristoteles, ein »Studium der wirklichen Welt« vermißt hätte. Dergleichen haben grundsätzlich andere Köpfe als Marx und Engels Hegel vorgeworfen, es waren die Köpfe der preußischen Reaktion, später des Revisionismus und ähnliche »Realpolitiker«, wie bekannt. Von der wirklichen bisherigen Philosophie dagegen spricht Marx auch in der *Deutschen Ideologie* ganz anders, nämlich im Sinn eines schöpferischen reellen Erbantritts. Vorher hatte das die *Einleitung zur Kritik der Hegelschen Rechtsphilosophie*, von 1844, bereits dahin klargestellt, daß die Philosophie nicht aufgehoben werden könne, ohne sie zu *verwirklichen*, nicht verwirklicht werden könne, ohne sie *aufzuheben*. Das erstere, mit dem Akzent auf der *Verwirklichung*, ist für die »Praktiker« gesagt: »Mit Recht fordert daher die *praktische* politische Partei in Deutschland die *Negation der Philosophie*. Ihr Unrecht besteht nicht in der Forderung, sondern in dem Stehenbleiben bei der Forderung, die sie ernsthaft weder vollzieht noch vollbringen kann. Sie glaubt, jene Negation dadurch zu vollbringen, daß sie der Philosophie den Rücken kehrt und abgewandten Hauptes einige ärgerliche und banale Phrasen über sie hermurmelt. Die Beschränktheit ihres Gesichtskreises zählt die Philosophie nicht ebenfalls in den Bering der *deutschen* Wirklichkeit oder

8. Februar
Im Berliner Senat werden die Voraussetzungen für ein Verbot des *Sozialistischen Deutschen Studentenbundes* (SDS) geprüft.

69

8. Februar
Die prosowjetischen
Funktionäre werden aus
der *Kommunistischen
Partei Kubas* ausge-
schlossen, da sie den
Guerillakampf in La-
teinamerika ablehnen.

wähnt sie gar *unter* der deutschen Praxis und den ihr dienenden Theorien. Ihr verlangt, daß man an *wirkliche Lebenskeime* anknüpfen soll, aber ihr vergeßt, daß der wirkliche Lebenskeim des deutschen Volkes bisher nur unter seinem Hirnschädel gewuchert hat. Mit einem Worte: *Ihr könnt die Philosophie nicht aufheben, ohne sie zu verwirklichen.*« Das zweite, mit dem Akzent auf der *Aufhebung*, ist für die »Theoretiker gesagt: »Dasselbe Unrecht, nur mit *umgekehrten* Faktoren, beging die *theoretische*, von der Philosophie her datierende politische Partei. Sie erblickte in dem jetzigen Kampf *nur* den *kritischen Kampf der Philosophie mit der deutschen Welt*, sie bedachte nicht, daß die *seitherige Philosophie* selbst zu dieser Welt gehört und ihre, wenn auch ideelle *Ergänzung* ist. Kritisch gegen ihren Widerpart verhielt sie sich unkritisch zu sich selbst, indem sie von den *Voraussetzungen* der Philosophie ausging und bei ihren gegebenen Resultaten entweder stehenblieb oder anderweitig hergeholte Forderungen und Resultate der Philosophie ausgab, obgleich dieselben – ihre Berechtigung vorausgesetzt – im Gegenteil nur durch die *Negation der seitherigen (!) Philosophie*, der Philosophie als Philosophie, zu erhalten sind. Eine näher eingehende Schilderung dieser Partei behalten wir uns vor« [sie geschah in der *Heiligen Familie* und der *Deutschen Ideologie*, mit schwerster Kritik der verkommenen Kontemplation, der kritischen »Ruhe des Erkennens«]. »Ihr Grundmangel läßt sich dahin reduzieren: *Sie glaubte, die Philosophie verwirklichen zu können, ohne sie aufzuheben*« (*MEGA* I, 1/1, S. 613). Marx gibt also beiden damaligen Parteien ein Antidoton zu ihrem Verhalten, eine jeweils umgekehrte Medicina mentis: er legt den Praktikern von damals ein Mehr-Verwirklichen von Philosophie auf, den Theoretikern von damals ein Mehr-Aufheben von Philosophie. Jedoch auch die »Negation« der Philosophie (ein selber so höchst philosophisch geladener, aus Hegel stammender Begriff) bezieht sich hier ausgesprochenerweise auf die »*seitherige* Philosophie«, nicht auf jede mögliche und künftige überhaupt. Die »Negation« bezieht sich auf Philosophie mit Wahrheit um ihrer selbst willen, also auf autark-kontemplative, auf eine die Welt lediglich antiquarisch interpretierende, sie bezieht sich nicht auf eine die Welt revolutionär verändernde. Ja auch innerhalb der »seitherigen Philosophie«, der von den Hegel-Epigonen so grundverschiedenen, gibt es, bei aller Kontemplation, so viel »Studium der wirklichen Welt«, daß eben die deutsche klassische Philosophie nicht ganz unpraktisch unter den »drei Quellen und drei Bestandteilen des Marxismus« figuriert. Das schlechthin Neue in der marxistischen Philosophie besteht in der radikalen Veränderung ihrer

Grundlage, in ihrem proletarisch-revolutionären Auftrag; aber das schlechthin Neue besteht nicht darin, daß die einzige zur konkreten Weltveränderung fähig und bestimmte Philosophie keine – Philosophie mehr wäre. Weil sie das ist wie nie, daher gerade der Triumph der Erkenntnis im zweiten Satzteil der These 11, die *Veränderung* der Welt betreffend; Marxismus wäre gar keine Veränderung im wahren Sinn, wenn er vor und in ihr kein theoretisch-praktisches Prius der *wahren Philosophie* wäre. Der Philosophie, die, mit langem Atem, mit vollem Kulturerbe, nicht zuletzt auf Ultraviolett sich versteht, soll heißen: auf die zukunfttragenden Eigenschaften der Wirklichkeit. Verändern im unwahren Sinn läßt sich freilich vielfach, auch ohne Begriff; die Hunnen haben gleichfalls verändert, es gibt auch eine Veränderung durch Cäsarenwahnsinn, durch Anarchismus, ja durch die Geisteskrankheit der Faselei, die Hegel eine »vollkommenes Abbild des Chaos« nennt. Aber *gediegene* Veränderung, gar die zum *Reich der Freiheit*, kommt einzig durch gediegene Erkenntnis zustande, mit immer genauer beherrschter Notwendigkeit. Durchaus Philosophen haben seitdem die Welt verändert: Marx, Engels, Lenin. Praktizisten aus der hohlen Hand, Schematiker mit Zitatenschatz haben sie nicht verändert und auch nicht jene Empiristen, die Engels »Induktionsesel« genannt hat. Philosophische Veränderung ist eine mit unaufhörlicher Kenntnis des Zusammenhangs; denn wenn Philosophie auch keine eigene Wissenschaft über den anderen Wissenschaften darstellt, so ist sie doch das eigene Wissen und Gewissen des Totum in allen Wissenschaften. Sie ist das fortschreitende Bewußtsein des fortschreitenden Totum, da dieses Totum selber nicht als Faktum steht, sondern einzig im riesigen Zusammenhang des Werdens mit dem noch Ungewordenen umgeht. Philosophische Veränderung ist derart eine nach Maßgabe der analysierten Lage, der dialektischen Tendenz, der objektiven Gesetze, der realen Möglichkeit. Darum also geschieht philosophische Veränderung letzthin wesentlich im Horizont der überhaupt kontemplationsunfähigen, interpretierungs-unfähigen, wohl aber marxistisch erkennbaren Zukunft. Und unter diesem Aspekt erhob sich Marx auch über die oben angegebenen, nur antithetisch gesetzten Wechselakzente: Verwirklichung oder Aufhebung der Philosophie betreffend (Verwirklichung akzentuiert gegen die »Praktiker«, Aufhebung akzentuiert gegen die »Theoretiker«). Die *dialektische Einheit* der recht verstandenen Akzente lautet, am Ende der zitierten *Einleitung* (*MEGA* I, 1/1, S. 621), wie bekannt: »Die Philosophie kann sich nicht verwirklichen ohne die Aufhebung des Proletariats, das Proletariat kann sich nicht auf-

9. Februar
Die Studenten der TU Berlin stellen in einem Hearing die journalistische Objektivität des Verlegers Axel C. Springer in Frage und diskutieren seinen politischen Einfluß durch seine Zeitungen, darunter die *Bild*-Zeitung.

10. Februar
Die Republik Biafra er-
klärt sich zu Friedens-
verhandlungen mit der
nigerianischen Zentral-
regierung bereit, um den
Bürgerkrieg zu beenden.
Nachdem sich die erdöl-
reiche Ostregion am
30. Mai 1967 für selbst-
ständig erklärt hatte,
antwortete die nigeria-
sche Bundesregierung am
7. Juli 1967 mit militärischen Maßnahmen.

heben ohne die Verwirklichung der Philosophie.« Und die Aufhebung des Proletariats, sobald es nicht nur als Klasse, sondern ebenso, wie Marx lehrt, als schärfstes Symptom der menschlichen Selbstentfremdung gefaßt wird, ist ohne Zweifel ein langer Akt: die völlige Aufhebung dieser Art fällt mit dem letzten Akt des Kommunismus zusammen. Des Sinns, den Marx in den *Ökonomisch-philosophischen Manuskripten* aus-drückt, mit einer Perspektive, die sich gerade aufs philoso-phisch äußerste »Eschaton« versteht: »Erst hier ist ihm [dem Menschen] sein *natürliches* Dasein sein *menschliches* Dasein und die Natur für ihn zum Menschen geworden. Also die *Ge-sellschaft* ist die vollendete Wesenseinheit des Menschen mit der Natur, die wahre Resurrektion der Natur, der durchgeführte Naturalismus des Menschen und der durchgeführte Humanis-mus der Natur« (*MEGA* I, 3 S. 116). Hier leuchtet die von Marx zu formulieren gesuchte letzte Perspektive des Veränderns der Welt. Ihr Gedanke (das Wissen-Gewissen jeder Praxis, worin das noch ferne Totum sich spiegelt) verlangt zweifellos eben-soviel Neuheit der Philosophie, wie er Resurrektion der Natur schafft.

Georg Lukács
Die Verdinglichung und das Bewußtsein
des Proletariats

10. Februar
In der Technischen Uni-
versität Berlin (West)
findet ein »Springer-
Hearing« statt. Dort wird
der politische Einfluß
des Verlegers Axel C.
Springer diskutiert.

> Radikal sein ist die Sache an der Wurzel fassen. Die
> Wurzel für den Menschen ist aber der Mensch
> selbst.

> Marx: *Zur Kritik der Hegelschen Rechtsphilosophie.*

Es ist keineswegs zufällig, daß beide großen und reifen Werke
von Marx, die die Gesamtheit der kapitalistischen Gesellschaft
darzustellen und ihren Grundcharakter aufzuzeigen unternehmen, mit der Analyse der Ware beginnen. Denn es gibt kein
Problem dieser Entwicklungsstufe der Menschheit, das in letzter Analyse nicht auf diese Frage hinweisen würde, dessen
Lösung nicht in der Lösung des Rätsels der Waren*struktur*
gesucht werden müßte. Freilich ist diese Allgemeinheit des
Problems nur dann erreichbar, wenn die Problemstellung jene
Weite und Tiefe erreicht, die sie in den Analysen von Marx
selbst besitzt; wenn das Warenproblem nicht bloß als Einzel-
problem, auch nicht bloß als Zentralproblem der einzelwissen-
schaftlich gefaßten Ökonomie, sondern als zentrales, struk-
turelles Problem der kapitalistischen Gesellschaft in allen ihren
Lebensäußerungen erscheint. Denn erst in diesem Falle kann in
der Struktur des Warenverhältnisses das Urbild aller Gegenständlichkeitsformen und aller ihnen entsprechenden Formen
der Subjektivität in der bürgerlichen Gesellschaft aufgefunden
werden.

I.
Das Phänomen der Verdinglichung

I.

Das Wesen der Warenstruktur ist bereits oft hervorgehoben
worden, es beruht darauf, daß ein Verhältnis, eine Beziehung
zwischen Personen den Charakter einer Dinghaftigkeit und auf
diese Weise eine »gespenstische Gegenständlichkeit« erhält, die
in ihrer strengen, scheinbar völlig geschlossenen und rationellen Eigengesetzlichkeit jede Spur ihres Grundwesens, der Beziehung zwischen Menschen verdeckt. Wie zentral diese Frage-
stellung für die Ökonomie selbst geworden ist, welche Folgen

10. Februar
Aus Anlaß des 70. Ge-
burtstags von Bertolt
Brecht (*10. Februar
1898, †14. August 1956)
erscheint die zweite
Auflage der Werkausgabe
in 20 Bänden. Die erste
Auflage fand innerhalb
weniger Wochen 50.000
Käufer.

das Verlassen dieses methodischen Ausgangspunktes für die ökonomischen Anschauungen des Vulgärmarxismus gezeitigt hat, soll hier nicht untersucht werden. Hier soll bloß – bei *Voraussetzung* der Marxschen ökonomischen Analyse – auf jene Grundprobleme hingewiesen werden, die sich aus dem Fetischcharakter der Ware, als Gegenständlichkeitsform einerseits und aus dem ihr zugeordneten Subjektsverhalten andererseits ergeben; deren Verständnis uns erst einen klaren Blick in die Ideologieprobleme des Kapitalismus und seines Unterganges ermöglicht.

Bevor jedoch das Problem selbst behandelt werden könnte, müssen wir darüber ins klare kommen, daß das Problem des Warenfetischismus ein *spezifisches* Problem unserer Epoche, des *modernen* Kapitalismus ist. Warenverkehr und dementsprechend subjektive und objektive Warenbeziehungen hat es bekanntlich schon auf sehr primitiven Entwicklungsstufen der Gesellschaft gegeben. Worauf es aber *hier* ankommt, ist: wieweit der Warenverkehr und seine strukturierten Folgen das *ganze* äußere wie innere Leben der Gesellschaft zu beeinflussen fähig sind. Die Frage also, wieweit der Warenverkehr die herrschende Form des Stoffwechsels einer Gesellschaft ist, läßt sich nicht – den modernen, bereits unter dem Einfluß der herrschenden Warenform verdinglichten Denkgewohnheiten entsprechend – einfach als quantitative Frage behandeln. Der Unterschied zwischen einer Gesellschaft, in der die Warenform die herrschende, alle Lebensäußerungen entscheidend beeinflussende Form ist, und einer, in der sie nur episodisch auftritt, ist vielmehr ein qualitativer Unterschied. Denn sämtliche subjektiven wie objektiven Erscheinungen der betreffenden Gesellschaften erhalten diesem Unterschied gemäß qualitativ verschiedene Gegenständlichkeitsformen. Marx betont diesen episodischen Charakter der Warenform für die primitive Gesellschaft sehr scharf[1]: »Der unmittelbare Tauschhandel, die naturwüchsige Form des Austauschprozesses, stellt viel mehr die beginnende Umwandlung der Gebrauchswerte in Waren als die der Waren in Geld dar. Der Tauschwert erhält keine freie Gestalt, sondern ist noch unmittelbar an den Gebrauchswert gebunden. Es zeigt sich dies doppelt. Die Produktion selbst in ihrer ganzen Konstruktion ist gerichtet auf Gebrauchswert, nicht auf Tauschwert, und es ist daher nur durch ihren Überschuß über das Maß, worin sie für die Konsumtion erheischt sind, daß die Gebrauchswerte hier aufhören, Gebrauchswerte zu sein, und Mittel des Austausches werden, Ware. Anderer-

---

1 *Zur Kritik der pol. Oek.*, S. 30.

seits werden sie Waren selbst nur innerhalb der Grenzen des unmittelbaren Gebrauchswerts, wenn auch polarisch verteilt, so daß die von den Warenbesitzern auszutauschenden Waren für beide Gebrauchwerte sein müssen, aber jeder Gebrauchswert für ihren Nichtbesitzer. In der Tat erscheint der Austauschprozeß von Waren ursprünglich nicht im Schoß der naturwüchsigen Gemeinwesen, sondern da, wo sie aufhören, an ihren Grenzen, den wenigen Punkten, wo sie in Kontakt mit anderen Gemeinwesen treten. Hier beginnt der Tauschhandel, und schlägt von da ins Innere des Gemeinwesens zurück, auf das er zersetzend wirkt.« Wobei die Feststellung der zersetzenden Wirkung des nach innen gewendeten Warenverkehrs ganz deutlich auf die qualitative Wendung, die aus der Herrschaft der Ware entspringt, hinweist. Jedoch auch dieses Einwirken auf das Innere des Gesellschaftsaufbaues reicht nicht hin, um die Warenform zur konstitutiven Form einer Gesellschaft zu machen. Dazu muß sie – wie oben betont wurde – sämtliche Lebensäußerungen der Gesellschaft durchdringen und nach ihrem Ebenbilde umformen, nicht bloß an sich von ihr unabhängige, auf Produktion von Gebrauchswerten gerichtete Prozesse äußerlich verbinden. Der qualitative Unterschied zwischen Ware als einer Form (unter vielen) des gesellschaftlichen Stoffwechsels der Menschen und Ware als universeller Form der Gestaltung der Gesellschaft zeigt sich aber nicht bloß darin, daß die Warenbeziehung als Einzelerscheinung einen höchstens negativen Einfluß auf den Aufbau und auf die Gliederung der Gesellschaft ausübt, sondern dieser Unterschied wirkt zurück auf Art und Geltung der Kategorie selbst. Die Warenform zeigt als universelle Form auch an sich betrachtet ein anderes Bild wie als partikulares, vereinzeltes, nicht herrschendes Phänomen. Daß die Übergänge auch hier fließende sind, darf aber den qualitativen Charakter des entscheidenden Unterschiedes nicht verdecken. So hebt Marx als Kennzeichen des nicht herrschenden Warenverkehrs hervor[2]: »Das quantitative Verhältnis, worin sich Produkte austauschen, ist zunächst ganz zufällig. Sie nehmen sofern Warenformen an, daß sie überhaupt Austauschbare, d. h. Ausdrücke desselben Dritten sind. Der fortgesetzte Austausch und die regelmäßige Reproduktion für den Austausch hebt diese Zufälligkeit mehr und mehr auf. Zunächst aber nicht für die Produzenten und Konsumenten, sondern für den Vermittler zwischen beiden, den Kaufmann, der die Geldpreise vergleicht und die Differenz einsteckt. Durch diese Bewegung selbst setzt er die Äquivalenz.

11. Februar
Obwohl die Verfassung nur eine einmalige Wiederwahl des Präsidenten gestattet, wird General Stroessner zum dritten Mal Staatspräsident von Paraguay. Stoessner regiert seit 1954 wie ein Diktator.

2 *Kapital* III., I. 314.

13. Februar
Amerikanische B-52-
Bomber greifen vorrük-
kende Vietkongverbände
in den Außenbezirken
Saigons an.

Das Handelskapital ist im Anfang bloß die vermittelnde Bewegung zwischen Extremen, die es nicht beherrscht, und Voraussetzungen, die es nicht schafft.« Und *diese* Entwicklung der Warenform zur wirklichen Herrschaftsform der gesamten Gesellschaft ist erst in dem modernen Kapitalismus entstanden. Darum ist es nicht weiter verwunderlich, daß der Personalcharakter der ökonomischen Beziehungen noch zu Beginn der kapitalistischen Entwicklung manchmal relativ klar durchschaut wurde, daß aber, je weiter die Entwicklung fortschritt, je kompliziertere und vermitteltere Formen entstanden sind, ein Durchschauen dieser dinglichen Hülle immer seltener und schwerer geworden ist. Nach Marx liegt die Sache so[3]: »In früheren Gesellschaftsformen tritt diese ökonomische Mystifikation nur ein hauptsächlich in bezug auf das Geld und das zinstragende Kapital. Sie ist der Natur der Sache nach ausgeschlossen, erstens, wo die Produktion für den Gebrauchswert, für den unmittelbaren Selbstbedarf vorwiegt; zweitens, wo, wie in der antiken Zeit und im Mittelalter, Sklaverei oder Leibeigenschaft die breite Basis der gesellschaftlichen Produktion bildet: die Herrschaft der Produktionsbedingungen über die Produzenten ist hier versteckt durch die Herrschafts- und Knechtschaftsverhältnisse, die als unmittelbare Triebfedern des Produktionsprozesses erscheinen und sichtbar sind.«

Denn nur als Universalkategorie des gesamten gesellschaftlichen Seins ist die Ware in ihrer unverfälschten Wesensart begreifbar. Erst in diesem Zusammenhang gewinnt die durch das Warenverhältnis entstandene Verdinglichung eine entscheidende Bedeutung sowohl für die objektive Entwicklung der Gesellschaft wie für das Verhalten der Menschen zu ihr; für das Unterworfenwerden ihres Bewußtseins den Formen, in denen sich diese Verdinglichung ausdrückt; für die Versuche, diesen Prozeß zu begreifen oder sich gegen seine verheerenden Wirkungen aufzulehnen, sich von dieser Knechtschaft unter der so entstandenen »zweiten Natur« zu befreien. Marx beschreibt das Grundphänomen der Verdinglichung folgendermaßen[4]: »Das Geheimnisvolle der Warenform besteht also einfach darin, daß sie den Menschen die gesellschaftlichen Charaktere ihrer eigenen Arbeit als gegenständliche Charaktere der Arbeitsprodukte selbst, als gesellschaftliche Natureigenschaften dieser Dinge zurückspiegelt, daher auch das gesellschaftliche Verhältnis der Produzenten zur Gesamtarbeit als ein außer

3 *Kapital* III., II. 367.
4 *Kapital* I. 38-39. Zu diesem Gegensatz vgl. rein ökonomisch den Unterschied zwischen dem Austausch der Waren zu ihrem Wert und dem zu ihren Produktionspreisen. *Kapital* III., I. 156 usw.

ihnen existierendes gesellschaftliches Verhältnis von Gegenständen. Durch dies quid pro quo werden die Arbeitsprodukte Waren, sinnlich übersinnliche oder gesellschaftliche Dinge ... Es ist nur das bestimmte gesellschaftliche Verhältnis der Menschen selbst, welches hier für sie die phantasmagorische Form eines Verhältnisses von Dingen annimmt.«

14. Februar
In Großbritannien gibt Schatzkanzler Roy Jenkins den Übergang zur Dezimalwährung im Jahr 1971 und die sofortige Übernahme der MEZ bekannt.

An dieser struktiven Grundtatsache ist vor allem festzuhalten, daß durch sie dem Menschen seine eigene Tätigkeit, seine eigene Arbeit als etwas Objektives, von ihm Unabhängiges, ihn durch menschenfremde Eigengesetzlichkeit Beherrschendes gegenübergestellt wird. U. z. geschieht dies sowohl in objektiver wie in subjektiver Hinsicht. Objektiv, indem eine Welt von fertigen Dingen und Dingbezeichnungen entsteht (die Welt der Waren und ihrer Bewegung auf dem Markte), deren Gesetze zwar allmählich von den Menschen erkannt werden, die aber auch in diesem Falle ihnen als unbezwingbare, sich von selbst auswirkende Mächte gegenüberstehen. Ihre Erkenntnis kann also zwar vom Individuum zu seinem Vorteil ausgenützt werden, ohne daß es ihm auch dann gegeben wäre, durch seine Tätigkeit eine verändernde Einwirkung auf den realen Ablauf selbst auszuüben. Subjektiv, indem – bei vollendeter Warenwirtschaft – die Tätigkeit des Menschen sich ihm selbst gegenüber objektiviert, zur Ware wird, die der menschenfremden Objektivität von gesellschaftlichen Naturgesetzen unterworfen, ebenso unabhängig vom Menschen ihre Bewegungen vollziehen muß, wie irgendein zum Warending gewordenes Gut der Bedarfsbefriedigung. »Was also die kapitalistische Epoche charakterisiert«, sagt Marx[5], »ist, daß die Arbeitskraft für den Arbeiter selbst die Form einer ihm gehörigen Ware ... erhält. Andererseits verallgemeinert sich erst in diesem Augenblick die Warenform der Arbeitsprodukte.«

Die Universalität der Warenform bedingt also sowohl in subjektiver wie in objektiver Hinsicht eine Abstraktion der menschlichen Arbeit, die sich in den Waren vergegenständlicht. (Andererseits ist wiederum ihre historische Möglichkeit von dem realen Vollzug dieses Abstraktionsprozesses bedingt.) Objektiv, indem die Warenform als Form der Gleichheit, der Austauschbarkeit qualitativ verschiedener Gegenstände nur dadurch möglich wird, daß sie – in *dieser* Beziehung, in der sie freilich erst ihre Gegenständlichkeit als Waren erhalten – als formal gleich aufgefaßt werden. Wobei das Prinzip ihrer formalen Gleichheit nur auf ihr Wesen als Produkte der abstrakten (also formal gleichen) menschlichen Arbeit begründet sein

5 *Kapital* I. 133.

15. Februar
Das Waffenstillstandsab-
kommen am Jordan wird
durch schwere Gefechte
gebrochen, wobei sich
Israel und Jordanien ge-
genseitig die Schuld zu-
weisen.

kann. Subjektiv, indem diese formale Gleichheit der abstrakten menschlichen Arbeit nicht nur der gemeinsame Nenner ist, auf den die verschiedenen Gegenstände in der Warenbeziehung reduziert werden, sondern zum realen Prinzip des tatsächlichen Produktionsprozesses der Waren wird. Es kann hier selbstredend nicht unsere Absicht sein, diesen Prozeß, die Entstehung des modernen Arbeitsprozesses, des vereinzelten »freien« Arbeiters, der Arbeitsteilung usw. noch so skizzenhaft zu schildern. Hier kommt es nur darauf an, festzustellen, daß die abstrakte, gleiche, vergleichbare, die an der gesellschaftlich notwendigen Arbeitszeit mit stets zunehmender Exaktheit meßbare Arbeit, die Arbeit der kapitalistischen Arbeitsteilung zugleich als Produkt und als Voraussetzung der kapitalistischen Produktion erst im Laufe ihrer Entwicklung entsteht; also erst im Laufe dieser Entwicklung zu einer gesellschaftlichen Kategorie wird, die die Gegenständlichkeitsform sowohl der Objekte wie der Subjekte der so entstehenden Gesellschaft, ihrer Beziehung zur Natur, der in ihr möglichen Beziehungen der Menschen zueinander entscheidend beeinflußt.[6] Verfolgt man den Weg, den die Entwicklung des Arbeitsprozesses vom Handwerk über Kooperation, Manufaktur zur Maschinenindustrie zurücklegt, so zeigt sich dabei eine ständig zunehmende Rationalisierung, eine immer stärkere Ausschaltung der qualitativen, menschlich-individuellen Eigenschaften des Arbeiters. Einerseits, indem der Arbeitsprozeß in stets wachsendem Maße in abstrakt rationelle Teiloperationen zerlegt wird, wodurch die Beziehung des Arbeiters zum Produkt als Ganzem zerrissen und seine Arbeit auf eine sich mechanisch wiederholende Spezialfunktion reduziert wird. Andererseits, indem in und infolge dieser Rationalisierung die gesellschaftlich notwendige Arbeitszeit, die Grundlage der rationellen Kalkulation, zuerst als bloß empirisch erfaßbare, durchschnittliche Arbeitszeit, später durch immer stärkere Mechanisierung und Rationalisierung des Arbeitsprozesses als objektiv berechenbares Arbeitspensum, das dem Arbeiter in fertiger und abgeschlossener Objektivität gegenübersteht, hervorgebracht wird. Mit der modernen »psychologischen« Zerlegung des Arbeitsprozesses (Taylor-System) ragt diese rationelle Mechanisierung bis in die »Seele« des Arbeiters hinein: selbst seine psychologischen Eigenschaften werden von seiner Gesamtpersönlichkeit abgetrennt, ihr gegenüber objektiviert, um in rationelle Spezialsysteme eingefügt und hier auf den kalkulatorischen Begriff gebracht werden zu können.[7]

6 Vgl. *Kapital* I. 286-287, 310 usw.
7 Dieser ganze Prozeß ist historisch und systematisch im ersten Band des *Kapitals*

Für uns ist das *Prinzip*, das hierbei zur Geltung gelangt, am wichtigsten: das Prinzip der auf Kalkulation, auf *Kalkulierbarkeit* eingestellten Rationalisierung. Die entscheidenden Veränderungen, die dabei an Subjekt und Objekt des Wirtschaftsprozesses vollzogen werden, sind folgende: Erstens erfordert die Berechenbarkeit des Arbeitsprozesses ein Brechen mit der organisch-irrationellen, stets qualitativ bedingten Einheit des Produktes selbst. Rationalisierung im Sinne des immer exakteren Vorherberechnens aller zu erzielenden Resultate ist nur erreichbar durch genaueste Zerlegung eines jeden Komplexes in seine Elemente, durch Erforschung der speziellen Teilgesetze ihrer Hervorbringung. Sie muß also einerseits mit dem organischen, auf *traditioneller Verknüpfung empirischer Arbeitserfahrungen* basierten Hervorbringen ganzer Produkte brechen: Rationalisierung ist undenkbar ohne Spezialisierung.[8] Das einheitliche Produkt als Gegenstand des Arbeitsprozesses verschwindet. Der Prozeß wird zu einer objektiven Zusammenfassung rationalisierter Teilsysteme, deren Einheit rein kalkulatorisch bestimmt ist, welche also einander gegenüber als *zufällig* erscheinen müssen. Die rationell-kalkulatorische Zerlegung des Arbeitsprozesses vernichtet die organische Notwendigkeit der aufeinander bezogenen und im Produkt zur Einheit verbundenen Teiloperationen. Die Einheit des Produktes als Ware fällt nicht mehr mit seiner Einheit als Gebrauchswert zusammen: die technische Verselbständigung der Teilmanipulationen ihres Entstehens drückt sich bei Durchkapitalisierung der Gesellschaft auch ökonomisch als Verselbständigung der Teiloperationen, als wachsende Relativierung des Warencharakters eines Produktes auf den verschiedenen Stufen seines Hervorbringens aus.[9] Wobei mit dieser Möglichkeit eines raum-zeitlichen usw. Auseinanderreißens der Produktion eines Gebrauchswertes die raum-zeitliche usw. Verknüpfung von Teilmanipulationen, die wiederum auf ganz heterogene Gebrauchswerte bezogen sind, Hand in Hand zu gehen pflegt.

Zweitens bedeutet dieses Zerreißen des Objektes der Produktion notwendig zugleich das Zerreißen seines Subjektes. Infolge der Rationalisierung des Arbeitsprozesses erscheinen die menschlichen Eigenschaften und Besonderheiten des Arbeiters immer mehr *als bloße Fehlerquellen* dem rationell vorherbe-

17. Februar
Beginn des *Internationalen Vietnamkongresses* an der Technischen Universität in Westberlin. Unter den mehr als 5.000 Teilnehmern sind Rudi Dutschke, K.-D. Wolff, Ernest Mandel, Gaston Salvatore, Bahman Nirumand, Erich Fried, Peter Weiss, Daniel Cohn-Bendit, Bernadine Dohrn (vom amerikanischen SDS), Robin Blackburn (von der *New Left Review* aus London), Tariq Ali (*Vietnam-Solidarity Campaign*, London).

dargestellt. Die Tatsachen selbst – freilich zumeist ohne Beziehung auf das Verdinglichungsproblem – finden sich auch in der bürgerlichen Nationalökonomie bei Bücher, Sombart, A. Weber, Gottl usw.

8 *Kapital* I. 451.

9 Ebenda 320, Anmerkung.

17. Februar
In Moçambique predigt
ein Bischof als erster
katholischer Geistlicher
in einer Moschee.

rechneten Funktionieren dieser abstrakten Teilgesetze gegenüber. Der Mensch erscheint weder objektiv noch in seinem Verhalten zum Arbeitsprozeß als dessen eigentlicher Träger, sondern er wird als mechanisierter Teil in ein mechanisches System eingefügt, das er fertig und in völliger Unabhängigkeit von ihm funktionierend vorfindet, dessen Gesetzen er sich willenlos zu fügen hat.[10] Diese Willenlosigkeit steigert sich noch dadurch, daß mit zunehmender Rationalisierung und Mechanisierung des Arbeitsprozesses die Tätigkeit des Arbeiters immer stärker ihren Tätigkeitscharakter verliert und zu einer *kontemplativen* Haltung wird.[11] Das kontemplative Verhalten einem mechanisch-gesetzmäßigen Prozeß gegenüber, der sich unabhängig vom Bewußtsein, unbeeinflußbar von einer menschlichen Tätigkeit abspielt, sich also als fertiges geschlossenes System offenbart, verwandelt auch die Grundkategorien des unmittelbaren Verhaltens der Menschen zur Welt; es bringt Raum und Zeit auf einen Nenner, nivelliert die Zeit auf das Niveau des Raumes. »Durch die Unterordnung des Menschen unter die Maschine«, sagt Marx[12], entsteht der Zustand, »daß die Menschen gegenüber der Arbeit verschwinden, daß der Pendel der Uhr der genaue Messer für das Verhältnis der Leistungen zweier Arbeiter geworden, wie er es für die Schnelligkeit zweier Lokomotiven ist. So muß es nicht mehr heißen, daß eine (Arbeits-)Stunde eines Menschen gleichkommt einer Stunde eines anderen Menschen, sondern daß vielmehr ein Mensch während einer Stunde so viel wert ist wie ein anderer Mensch während einer Stunde. Die Zeit ist alles, der Mensch ist nichts mehr, er ist höchstens noch die Verkörperung der Zeit. Es handelt sich nicht mehr um die Qualität. Die Quantität allein entscheidet alles: Stunde gegen Stunde, Tag gegen Tag ...« Die Zeit verliert damit ihren qualitativen, veränderlichen, flußartigen Charakter: sie erstarrt zu einem genau umgrenzten, quantitativ meßbaren, von quantitativ meßbaren »Dingen« (den verdinglichten, mechanisch objektivierten, von der menschlichen Gesamtpersönlichkeit genau abgetrennten »Leistungen« des Arbeiters) erfüllten Kontinuum: zu einem Raum.[13] In dieser abstrakten, genau meßbaren, zum physikalischen Raum gewor-

---

10 Vom Standpunkt des *individuellen* Bewußtseins ist dieser Schein durchaus berechtigt. In bezug auf die Klasse ist zu bemerken, daß diese Unterwerfung das Produkt eines langwierigen Kampfes gewesen ist, der mit der Organisierung des Proletariats als Klasse – auf höherem Niveau und mit veränderten Waffen – wieder einsetzt.

11 *Kapital* I. 338-339, 387-388, 425 usw. Daß diese »Kontemplation« anstrengender und entnervender sein kann als die handwerksmäßige »Aktivität«, ist selbstverständlich. Dies liegt aber außerhalb unserer Betrachtungen.

12 *Elend d. Philosophie* 27.

13 *Kapital* I. 309.

denen Zeit als Umwelt, die zugleich Voraussetzung und Folge der wissenschaftlich-mechanisch zerlegten und spezialisierten Hervorbringung des Arbeitsobjektes ist, müssen die Subjekte ebenfalls dementsprechend rationell zerlegt werden. Einerseits, indem ihre mechanisierte Teilarbeit, die Objektivation ihrer Arbeitskraft ihrer Gesamtpersönlichkeit gegenüber, die bereits durch den Verkauf dieser Arbeitskraft als Ware vollzogen wurde, zur dauernden und unüberwindlichen Alltagswirklichkeit gemacht wird, so daß die Persönlichkeit auch hier zum einflußlosen Zuschauer dessen wird, was mit seinem eigenen Dasein, als isoliertem, in ein fremdes System eingefügtem Teilchen geschieht. Andererseits zerreißt die mechanisierende Zerlegung des Produktionsprozesses auch jene Bande, die die einzelnen Subjekte der Arbeit bei »organischer« Produktion zu einer Gemeinschaft verbunden haben. Die Mechanisierung der Produktion macht aus ihnen auch in dieser Hinsicht isoliert abstrakte Atome, die nicht mehr unmittelbar-organisch, durch ihre Arbeitsleistungen zusammengehören, deren Zusammenhang vielmehr in stets wachsendem Maße ausschließlich von den abstrakten Gesetzlichkeiten des Mechanismus, dem sie eingefügt sind, vermittelt wird.

Eine solche Wirkung der inneren Organisationsform des industriellen Betriebes wäre aber – auch innerhalb des Betriebes – unmöglich, wenn sich in ihr nicht der Aufbau der ganzen kapitalistischen Gesellschaft konzentriert offenbaren würde. Denn Unterdrückung, bis ins äußerste gehende, jeder Menschenwürde spottende Ausbeutung haben auch die vorkapitalistischen Gesellschaften gekannt; selbst Massenbetriebe mit mechanisch gleichförmiger Arbeit, wie z. B. die Kanalbauten in Ägypten und Vorderasien, die Bergwerke Roms usw.[14] Die Massenarbeit konnte dort aber einerseits nirgends zur *rationell mechanisierten* Arbeit werden, andererseits blieben diese Massenbetriebe isolierte Erscheinungen innerhalb eines anders (naturwüchsig) produzierenden und dementsprechend lebenden Gemeinwesens. Die auf diese Weise ausgebeuteten Sklaven standen deshalb außerhalb der in Betracht kommenden »menschlichen« Gesellschaft, ihr Schicksal konnte für ihre Zeitgenossen, selbst für die größten und edelsten Denker, nicht als menschliches Schicksal, nicht als das Schicksal des Menschen erscheinen. Mit der Universalität der Warenkategorie ändert sich dieses Verhältnis radikal und qualitativ. Das Schicksal des Arbeiters wird zum allgemeinen Schicksal der ganzen Gesellschaft; ist ja die Allgemeinheit dieses Schicksals die Vor-

18. Februar
Zum Abschluß des Vietnamkongresses protestieren in Berlin 12.000 Demonstranten gegen den amerikanischen Militäreinsatz in Vietnam. In San Franciscos Stadtteil Haight-Ashbury, der Hochburg der Hippiebewegung, kommt es zu heftigen Auseinandersetzungen zwischen der Polizei und 10.000 Hippies. Ein großer Teil der Hippies hatte sich politisiert, um sich gegen die zunehmende Verfälschung und Kommerzialisierung ihrer Ideen zu wehren. Sie gründen die *Youth International Party*, deren Anhänger, darunter Jerry Rubin und Abbie Hoffman, sich Yippies nennen.

14 Vgl. darüber Gottl: *Wirtschaft und Technik. Grundriß der Sozialökonomik* II. 234 ff.

18. Februar
Der Franzose Jean-
Claude Killy gewinnt bei
den X. Olympischen
Winterspielen in Greno-
ble drei Goldmedaillen:
Abfahrt, Riesenslalom
und Spezialslalom.

aussetzung dafür, daß der Arbeitsprozeß der Betriebe sich in dieser Richtung gestalte. Denn die rationelle Mechanisierung des Arbeitsprozesses wird nur möglich, wenn der »freie« Arbeiter entstanden ist, der seine Arbeitskraft als ihm »gehörende« Ware, als ein Ding, das er »besitzt«, frei am Markte zu verkaufen instand gesetzt wird. Solange dieser Prozeß erst im Entstehen begriffen ist, sind zwar die Mittel der Auspressung der Mehrarbeit offenkundig-brutaler als die der späteren, entwickelteren Stadien, der Verdinglichungsprozeß der Arbeit selbst, also auch der des Bewußtseins des Arbeiters ist aber dennoch viel weniger fortgeschritten. Hierzu ist unbedingt notwendig, daß die gesamte Bedürfnisbefriedigung der Gesellschaft sich in der Form des Warenverkehrs abspiele. Die Trennung des Produzenten von seinen Produktionsmitteln, die Auflösung und Zersetzung aller urwüchsigen Produktionseinheiten usw., alle ökonomisch-sozialen Voraussetzungen der Entstehung des modernen Kapitalismus wirken in dieser Richtung: rationell verdinglichte Beziehungen an Stelle der urwüchsigen, die menschlichen Verhältnisse unverhüllter zeigenden zu setzen. »Die gesellschaftlichen Verhältnisse der Person in ihren Arbeiten«, sagt Marx[15] über die vorkapitalistischen Gesellschaften, »erscheinen jedenfalls als ihre eigenen persönlichen Verhältnisse und sind nicht verkleidet in gesellschaftliche Verhältnisse der Sachen, der Arbeitsprodukte.« Dies bedeutet aber, daß das Prinzip der rationellen Mechanisierung und Kalkulierbarkeit sämtliche Erscheinungsformen des Lebens erfassen muß. Die Gegenstände der Bedürfnisbefriedigung erscheinen nicht mehr als Produkte des organischen Lebensprozesses einer Gemeinschaft (wie z. B. in einer Dorfgemeinde), sondern einerseits als abstrakte Gattungsexemplare, die von anderen Exemplaren ihrer Gattung prinzipiell nicht verschieden sind, andererseits als isolierte Objekte, deren Haben oder Nichthaben von rationellen Kalkulationen abhängig ist. Erst indem das ganze Leben der Gesellschaft auf diese Weise in isolierte Tauschakte von Waren pulverisiert wird, kann der »freie« Arbeiter entstehen; zugleich muß sein Schicksal zu dem typischen Schicksal der ganzen Gesellschaft werden.

Freilich ist die so entstehende Isolierung und Atomisierung ein bloßer Schein. Die Bewegung der Waren am Markte, das Entstehen ihres Wertes, mit einem Wort der reale Spielraum einer jeden rationellen Kalkulation ist nicht nur strengen Gesetzen unterworfen, sondern setzt als Grundlage der Kalkulation eine strenge Gesetzlichkeit alles Geschehens voraus. Diese Atomi-

---

15 *Kapital* I. 44.

sierung des Individuums ist also nur der bewußtseinsmäßige Reflex dessen, daß die »Naturgesetze« der kapitalistischen Produktion sämtliche Lebensäußerungen der Gesellschaft erfaßt haben, daß – zum ersten Male in der Geschichte – die ganze Gesellschaft, wenigstens der Tendenz nach, einem einheitlichen Wirtschaftsprozesse untersteht, daß das Schicksal aller Glieder der Gesellschaft von einheitlichen Gesetzen bewegt wird. (Während die organischen Einheiten der vorkapitalistischen Gesellschaften ihren Stoffwechsel voneinander weitestgehend unabhängig vollzogen haben.) Aber dieser Schein ist als Schein notwendig; d. h., die unmittelbare, praktische wie gedankliche Auseinandersetzung des Individuums mit der Gesellschaft, die unmittelbare Produktion und Reproduktion des Lebens – wobei für das Individuum die Warenstruktur aller »Dinge« und die »Naturgesetzlichkeit« ihrer Beziehungen etwas fertig Vorgefundenes, etwas unaufhebbar Gegebenes ist – kann sich nur in dieser Form der rationellen und isolierten Tauschakte zwischen isolierten Warenbesitzern abspielen. Wie betont, muß der Arbeiter sich selbst als »Besitzer« seiner Arbeitskraft als Ware vorstellen. Seine spezifische Stellung liegt darin, daß diese Arbeitskraft sein einziger Besitz ist. An seinem Schicksal ist für den Aufbau der ganzen Gesellschaft typisch, daß diese Selbstobjektivierung, dieses Zur-Ware-Werden einer Funktion des Menschen, den entmenschten und entmenschlichenden Charakter der Warenbeziehung in der größten Prägnanz offenbaren.

18. Februar
Eine Volksabstimmung in der Schweiz entscheidet eine allgemeine Steueramnestie. Der Kanton Solothurn lehnt das Frauenstimmrecht ab, der Kanton Bern stimmt ihm zu.

Hans-Jürgen Krahl
Aus einer Diskussion über Lukács[*]

Man muß noch einmal die Frage stellen, warum *Geschichte und Klassenbewußtsein* eine spekulative Analyse der Gegenwartsgeschichte ist. D. h., welches sind die objektiven Erkenntnischancen, die diese spekulative Darstellung gleichsam aufdrängten, und der objektive Erfahrungshintergrund, der diese spekulative Darstellung ermöglichte? Und da würde ich sagen: Zentral steht in *Geschichte und Klassenbewußtsein* die Rekonstruktion der Gegenwartsgeschichte als Totalität. Der Erfahrungshintergrund dieser Totalität ist die Oktoberrevolution und ihre falsche Totalisierung auf die Revolutionsgeschichte der westeuropäischen Arbeiterbewegung.

Lukács betont immer wieder, gerade in seiner Lenin-Analyse, daß der zentrale Bezugsrahmen, innerhalb dessen die Leninsche Revolutions- und Organisationstheorie sich ausbilden konnte, der Gedanke und die Realität der Aktualität der Revolution sind. Innerhalb dieser angenommenen Aktualität der Revolution hatten sich die revolutionären Bewegungen in Westeuropa nach der Oktoberrevolution, wenn man so will, empirisch zerfasert. Das bedeutet: aus diesem Bezugsrahmen der Aktualität der Revolution und der faktischen Zerfaserung einer Einheit einer revolutionären Bewegung und falschen Totalisierungsansprüchen des Leninschen Parteitypus und der Oktoberrevolution hat sich wieder die erkenntniskritische Reflexion auf die Gesellschaft als konkrete Totalität, wie Lukács es nennt, aufgedrängt; wobei dann zu berücksichtigen ist, daß solche falschen Totalisierungen und ahistorischen Momente der Oktoberrevolution in seine eigene Spekulation mit eingehen. Das zweite ist: die philosophiekritische Spekulation, innerhalb deren die Restitution des Verhältnisses des Marxismus zur Philosophie, vor allem der Hegels, in *Geschichte und Klassenbewußtsein* und analog in Korschs *Marxismus und Philosophie* wieder vorgenommen wurde, wird begründet gerade aus der spezifischen Revolutionssituation in hochindustrialisierten kapitalistischen Ländern. Mit dem Totalitätsbegriff wurden die Begriffe der kritischen Subjektivität gegenüber der Entwicklung der Arbeiterbewegung und ihrer Theorie in der 2. Inter-

[*] Diese Überlegungen zu Lukács kann man als eine Art Resumé der Lukácsdebatte, wie sie sich in der politisch-theoretischen Frankfurter Diskussion für Hans-Jürgen Krahl stellte, betrachten. Sie stammen aus einer Diskussion über »Geschichte und Klassenbewußtsein«, die Ende 1969 zwischen den Genossen Krahl, Oskar Negt, Alfred Schmidt und Detlev Claussen geführt wurde. [Anm. der Originalherausgeber]

nationale, die selbst wieder Naturwüchsigkeitspraktiken und -kategorien verfallen waren, wiederaufgenommen, d. h. Kategorien des Bewußtseins, der Verdinglichung, also die im Medium des Bewußtseins interpretierbaren Emanzipations- und Herrschaftskategorien.

Klassenbewußtsein wird also rekonstruiert aus dem Bezugsrahmen der Organisationsfrage als Emanzipations- und parteiliches Totalitätsbewußtsein. Das drängt sich auf aus spezifischen Situationen hochindustrialisierter Länder, die andere Qualitäten von Unterdrückung und ein anderes Verhältnis zu Strukturen materiellen Elends haben.

Die Aktualität von Lukács' *Geschichte und Klassenbewußtsein*, auch für die Rezeption der politischen Protestbewegungen in Westeuropa, liegt in der Aufdeckung der durch die 2. Internationale verschütteten emanzipativen Subjektivitätsdimension des Marxismus. Der Identifikationszwang mit dem Bezugsrahmen der Oktoberrevolution wirkt sich so aus, daß diese Subjektivitätskategorien an sich selber ontologisiert werden.

Die Totalitätskategorie entfaltet sich, wenn man so will, in drei Momenten: Klassenbewußtsein, Organisation und Warenform des Produkts auf dem Hintergrund der zweiten Natur, d. h. der Verdinglichung aller gesellschaftlichen Verhältnisse und der Subjektivierung der objektiven Arbeitsbedingungen, der Produktionsmittel. In die Eigentums-, Distributions- und Produktionskategorien wird wieder dieses Marxsche Moment der Verdinglichung aller gesellschaftlichen Verhältnisse und der Subjektivierung der Produktionsmittel in der Gesamtheit des Kapitals eingeführt.

Nun kann man an der Organisationstheorie sehen, daß Lukács versucht, die Kritik der politischen Ökonomie als Lehre von den Naturgesetzen der kapitalistischen Entwicklung, und das heißt, immer als Ideologiekritik der Verdinglichung auf die Organisationsdebatte selber, anzuwenden. Ich meine aber, daß er mit demselben theoretischen Instrumentarium, mit dem er hier eine richtige Problemstellung jeweils entfaltet, die Explikation der Emanzipationskategorien als historisch-praktischer zugleich blockiert. Lukács begreift Organisation als Vermittlung 1. auf einer erkenntnistheoretischen Ebene, nämlich Organisation als Form der Vermittlung von Theorie und Praxis und damit als eine revolutionstheoretische Konkretisierung der zweiten Feuerbachthese, 2. auf geschichtsphilosophischer Ebene, Organisation als Antizipation des Reichs der Freiheit in der kommunistischen Partei des politischen Kampfes. In beide richtige Vermittlungsprobleme gehen meiner Ansicht nach hier zwei entscheidende Ahistorisierungen ein, was auch mit

21. Februar
Auf einer vom Berliner Senat initiierten Gegenkundgebung demonstrieren 80.000 Menschen vor dem Schöneberger Rathaus »für Frieden und Freiheit« unter Transparenten mit Parolen wie: »Dutschke Volksfeind Nummer eins«, »Teufel in den Zoo«, »Für ein Verbot des *SDS*«.

22. Februar
In Wien wird der
Opernball zum ersten
Mal Zielscheibe studen-
tischer Protestaktionen.

zurückführt auf den Zusammenhang von Klassenbewußtsein und juristischen Zurechnungsbegriffen. Organisation als Form der Vermittlung von Theorie und Praxis wird nicht mehr im Rahmen des Totalitätsbegriffes behandelt, sondern fällt zurück in eine undurchschaute Transzendentalität. In der erkenntnistheoretischen Bestimmung hat Organisation als Form der Vermittlung von Theorie und Praxis erstens die im Bereich der subjektiven doxa verbleibende Theorie zur Objektivität der politischen Wahrheit im Richtungskampf verbindlich zu präzisieren. Zweitens, die Organisation konstituiert die chaotische Mannigfaltigkeit von nicht organisierten Aktionen zur Einheit der politischen Praxis. Dabei gehen Momente ein, die es nahelegen, daß in der Lukácsschen Bestimmung der Organisation als Vermittlungsform von Theorie und Praxis diese Vermittlung behandelt wird wie die ursprüngliche synthetische Einheit der transzendentalen Apperzeption; unterstellt wird eine reine Theorie und eine reine, unorganisierte chaotische Mannigfaltigkeit der Praxis. Lukács zufolge gibt es immer nur eine richtige Organisation oder keine. Das widerspricht seinen eigenen empirischen Entfaltungen in der Kritik der Organisation der 2. Internationale, die eben falsch war, weil etwa ihre Beschlüsse über den Krieg, die er mehrfach zitiert, keine Verbindlichkeit gewinnen konnten. Es war also eine Organisationsform, in die schlechte Momente bloß subjektiver doxa immer noch eingehen. Das fällt durch die Maschen der Lukácsschen theoretischen Bestimmung hindurch. Hier sieht es so aus, daß Organisation eine reine, nicht organisierte Theorie – wobei die Frage nach falscher und richtiger Organisation gar nicht mehr gestellt werden kann – und eine reine, nicht organisierte Praxis auf der einen Seite zur objektiven Wahrheit des politischen Richtungskampfes, auf der anderen Seite zur objektiven Einheit einer politischen Praxis konstituiert. Das zweite Moment ist, daß Lukács sehr wohl sieht – auf spekulativer Ebene –, daß die Organisation des politischen Kampfes das Reich der Freiheit zu antizipieren hat. Er sagt: »Sind die menschewistischen Parteien der organisatorische Ausdruck für diese ideologische Krise des Proletariats, so ist die Kommunistische Partei ihrerseits die organisatorische Form für den bewußten Ansatz zu diesem Sprung und auf diese Weise der erste *bewußte* Schritt dem Reiche der Freiheit entgegen« (S. 317 f.). Er präzisiert, was er unter Antizipation des Reichs der Freiheit versteht, nämlich die Aufhebung des verkehrslosen Egoismus der atomisierten Individuen in der kapitalistischen Gesellschaft zu einem organisierten kommunistischen Verein kämpfender und sich selbst befreiender Menschen. Das bedeutet eine Antizipation der

Aufhebung der isolierenden Konsequenzen des grundlegenden Produktionsverhältnisses der kapitalistischen Gesellschaftsformation, nämlich der abstrakten Arbeit. Diese Problemstellung ist richtig. Aufgrund des bezeichneten Identifikationszwanges mit der Oktoberrevolution gerät Lukács nun aber in die dilemmatische Position, die klassenspezifischen Identitätskategorien des Leninschen Parteitypus, unbedingte Zentralisation und eiserne Disziplin, unter Abstraktion von deren historischen Formbestimmungen, auf die Organisation in toto generalisieren zu müssen. Das bedeutet: er muß unbedingte Zentralisation und eiserne Disziplin ahistorisch als Antizipation des Reichs der Freiheit rechtfertigen und gerät damit in eine latente Verbürgerlichung des Leninschen Parteitypus hinein. Ihm zufolge nimmt jedes Mitglied der kommunistischen Organisation als Gesamtpersönlichkeit teil am zentralistischen Willensbildungs- und Entscheidungsprozeß der verabsolutierten Zentrale. Aber dies Gesamtpersönlichkeit ist kein empirisches Individuum, nicht das einzelne kommunistische Mitglied, sondern ein intelligibles Subjekt. Als einzelnes empirisches Individuum kann Lukács zufolge der einzelne Proletarier nur post festum die Entscheidungen der Zentrale nachvollziehen. Das intelligible Subjekt der kommunistischen Gesamtpersönlichkeit ist gleichsam ein kommunistischer citoyen, der an den Entscheidungen der Zentrale, die eine kommunistische volonté générale ist, teilnimmt. Als empirisches Individuum ist er ein kommunistischer bourgeois, der gleichsam immer diesen Entscheidungen unterworfen ist und erst post festum zur Einsicht in die Notwendigkeit dieser Entscheidungen, psychologisch gleichsam, kommen kann.

Der Zentrale wohnt gleichsam der Blochsche Geist der Utopie inne, und, was Lukács kritisiert an Rosa Luxemburg, reproduziert sich bei ihm auf einer anderen Stufe. Er sagt, Rosa Luxemburgs Emanzipationskategorie der Spontaneität sei affiziert von den Momenten mechanischer Naturwüchsigkeit, wie sie sich in den Interpretationen und der Praxis der 2. Internationale eingeschlichen haben. In Rosa Luxemburgs Spontaneitätsbegriff der mechanistischen Entstehung des Klassenbewußtseins aus dem Klassenkampf gehe noch nicht ein, daß sich während des revolutionären Klassenkampfs eine allmähliche Aufhebung der schäbigen materialistischen Doktrin der kapitalistischen Realität, daß nämlich das Sein das Bewußtsein bestimmt und nicht umgekehrt, herstellen muß, daß also in die kommunistische Organisation immer Momente des Entrinnens aus dieser Naturwüchsigkeit eingehen müßten und mit Bewußtsein Geschichte zu machen sei. Das aber wird bei Lukács wiederum

24. Februar
Südvietnamesische und US-Truppen greifen die kurz zuvor von der *FNL* eroberte Stadt Hue an.

87

24. Februar
Am Deutschen Schau-
spielhaus in Hamburg
wird das Stück *Im Kongo*
von Aimé Césaire erst-
mals in deutscher Sprache
aufgeführt. Es themati-
siert die Ermordung des
marxistischen kongolesi-
schen Staatspräsidenten
Patrice Lumumba 1961.

letztinstanzlich revoziert, weil er die Luxemburgsche Sponta-
neitätskategorie gleichsam verschmilzt und rationalisiert in den
Kategorien der Leninschen Zentrale und der Disziplin und
davon abstrahiert, daß die historischen Formbestimmungen
und Identitätskategorien der proletarischen Klasse in Rußland
– unbedingte Zentralisation und eiserne Disziplin – Kategorien
aus dem Naturzustand des Kapitals, der ursprünglichen Akkumulation sind, Kategorien, mit denen der demoralisierende
Einbruch des die ursprüngliche Akkumulation repräsentierenden und den unorganisierten Bürgerkrieg darstellenden Waren
produzierenden und vertreibenden Kleinbürgertums verhindert werden soll. Das geht bei Lukács nicht ein, so daß auch
Momente einer Technifizierung der sozialisierenden Identitäts-
kategorie von unbedingter Zentralisation und eiserner Disziplin eingehen, wie sie bei Lenin ohnehin vorhanden sind, da er
sich an der technischen Organisationsform der Fabrik orientieren mußte, weil die Organisations- und Verkehrsformen des
Tauschverkehrs noch nicht ausgebildet waren, und die bestimmte Negation dieses Tauschverkehrs macht die Organisation des politischen Kampfes aus. Wenn es stimmt, daß unbedingte Zentralisation und eiserne Disziplin Kategorien sind, die
deduziert sind aus dem Naturzustand des Kapitals einerseits
und aus der technischen Organisation eines Proletariats in
wenn auch schon hochindustrialisierten Bereichen auf dem
Hintergrund einer fehlenden Entfaltung des bürgerlichen
Tauschverkehrs, dann geht bei Lukács in die Antizipation
des Reichs der Freiheit nicht jenes Moment ein, das an Lenins
Linksradikalismuskritik das Unberechtigte war, nämlich einer
kompromißlosen antibürokratischen Praxis. Zusammenfassend meine ich 1., daß die Organisationstheorie noch auf
dem Boden einer undurchschauten Transzendentalität steht,
was das Konstitutionsverhältnis von Theorie und Praxis anbelangt; 2. auf dem Boden einer undurchschauten Transzendentalität, indem der kommunistische Proletarier in intelligiblen
citoyen und empirischen bourgeois aufgespalten wird; 3. die
Zentrale ist eine kommunistische volonté générale, der der
Weltgeist gleichsam innewohnt. Auf dem Hintergrund dieser
Bestimmungen werden gewissermaßen die Momente der Antizipation des Reichs der Freiheit und gerade der Emanzipation
wieder unterschlagen. Lukács liefert u. a. auch, und das ist die
Dialektik in der Antizipation der Stalinismuskritik, eine spekulative Begründung des Satzes »Die Partei hat immer recht«,
denn die volonté générale der kommunistischen Zentrale kann
sich nicht irren.

Rosa Luxemburg
Die Russische Revolution

24. Februar
Wegen der Kritik an der
Bombardierung Viet-
nams durch die schwedi-
sche Regierung rufen die
USA ihren Botschafter
aus Stockholm zurück.

Es ist die historische Aufgabe des Proletariats, wenn es zur
Macht gelangt, an Stelle der bürgerlichen Demokratie sozialistische Demokratie zu schaffen, nicht jegliche Demokratie
abzuschaffen. Sozialistische Demokratie beginnt aber nicht erst
im gelobten Lande, wenn der Unterbau der sozialistischen
Wirtschaft geschaffen ist, als fertiges Weihnachtsgeschenk für
das brave Volk, das inzwischen treu die Handvoll sozialistischer Diktatoren unterstützt hat. Sozialistische Demokratie
beginnt zugleich mit dem Abbau der Klassenherrschaft und
dem Aufbau des Sozialismus. Sie beginnt mit dem Moment der
Machteroberung durch die sozialistische Partei. Sie ist nichts
anderes als die Diktatur des Proletariats.
Jawohl: Diktatur! Aber diese Diktatur besteht in der Art der
Verwendung der Demokratie, nicht in ihrer *Abschaffung*; in
energischen, entschlossenen Eingriffen in die wohlerworbenen
Rechte und wirtschaftlichen Verhältnisse der bürgerlichen Gesellschaft, ohne welche sich die sozialistische Umwälzung nicht
verwirklichen läßt. Aber diese Diktatur muß das Werk einer
Klasse, nicht einer kleinen, führenden Minderheit im Namen
der Klasse sein, d. h., sie muß auf Schritt und Tritt aus der
aktiven Teilnahme der Massen hervorgehen, unter ihrer unmittelbaren Beeinflussung und unter der Kontrolle der gesamten Öffentlichkeit stehen.
Lenin und Trockij haben an Stelle der aus allgemeinen Volks-
wahlen hervorgegangenen Vertretungskörperschaften die Sowjets als die einzige wahre Vertretung der arbeitenden Massen
hingestellt. Aber mit dem Erdrücken des politischen Lebens im
ganzen Lande muß auch das Leben der Sowjets immer mehr
erlahmen. Ohne allgemeine Wahlen, ungehemmte Presse- und
Versammlungsfreiheit, freien Meinungskampf erstirbt das Leben in jeder öffentlichen Institution, wird zum Scheinleben, in
dem die Bürokratie allein das tätige Element bleibt. Das öffentliche Leben schläft allmählich ein, einige Dutzend Parteiführer
von unerschöpflicher Energie und grenzenlosem Idealismus
dirigieren und regieren, unter ihnen leitet in Wirklichkeit ein
Dutzend hervorragender Köpfe, und eine Elite der Arbeiterschaft wird von Zeit zu Zeit zu Versammlungen aufgeboten, um
den Reden der Führer Beifall zu klatschen, vorgelegten Resolutionen einstimmig zuzustimmen, im Grunde also eine Cli-
quenwirtschaft – eine Diktatur allerdings, aber nicht die Diktatur des Proletariats, sondern die Diktatur einer Handvoll
Politiker.

25. Februar
Der US-Oberbefehls-
haber in Vietnam, Wil-
liam C. Westmoreland,
fordert eine Truppenver-
stärkung um etwa
200.000 Soldaten an.

Walter Benjamin
Über den Begriff der Geschichte

I

Bekanntlich soll es einen Automaten gegeben haben, der so
konstruiert gewesen sei, daß er jeden Zug eines Schachspielers
mit einem Gegenzuge erwidert habe, der ihm den Gewinn der
Partie sicherte. Eine Puppe in türkischer Tracht, eine Wasser-
pfeife im Munde, saß vor dem Brett, das auf einem geräumigen
Tisch aufruhte. Durch ein System von Spiegeln wurde die
Illusion erweckt, dieser Tisch sei von allen Seiten durchsichtig.
In Wahrheit saß ein buckliger Zwerg darin, der ein Meister im
Schachspiel war und die Hand der Puppe an Schnüren lenkte.
Zu dieser Apparatur kann man sich ein Gegenstück in der
Philosophie vorstellen. Gewinnen soll immer die Puppe, die
man »historischen Materialismus« nennt. Sie kann es ohne
weiteres mit jedem aufnehmen, wenn sie die Theologie in ihren
Dienst nimmt, die heute bekanntlich klein und häßlich ist und
sich ohnehin nicht darf blicken lassen.

2.

»Zu den bemerkenswertesten Eigentümlichkeiten des menschlichen Gemüts«, sagt Lotze, »gehört neben so vieler Selbstsucht
im einzelnen die allgemeine Neidlosigkeit der Gegenwart gegen ihre Zukunft.« Die Reflexion führt darauf, daß das Bild von
Glück, das wir hegen, durch und durch von der Zeit tingiert ist,
in welche der Verlauf unseres eigenen Daseins uns nun einmal
verwiesen hat. Glück, das Neid in uns erwecken könnte, gibt es
nur in der Luft, die wir geatmet haben, mit Menschen, zu denen
wir hätten reden, mit Frauen, die sich uns hätten geben können.
Es schwingt, mit andern Worten, in der Vorstellung des Glücks
unveräußerlich die der Erlösung mit. Mit der Vorstellung von
Vergangenheit, welche die Geschichte zu ihrer Sache macht,
verhält es sich ebenso. Die Vergangenheit führt einen zeitlichen
Index mit, durch den sie auf die Erlösung verwiesen wird. Es
besteht eine geheime Verabredung zwischen den gewesenen
Geschlechtern und unserem. Wir sind auf der Erde erwartet
worden. Uns ist wie jedem Geschlecht, das vor uns war, eine
schwache messianische Kraft mitgegeben, an welche die Vergangenheit Anspruch hat. Billig ist dieser Anspruch nicht ab-
zufertigen. Der historische Materialist weiß darum.

3

Der Chronist, welcher die Ereignisse hererzählt, ohne große und kleine zu unterscheiden, trägt damit der Wahrheit Rechnung, daß nichts, was sich jemals ereignet hat, für die Geschichte verloren zu geben ist. Freilich fällt erst der erlösten Menschheit ihre Vergangenheit vollauf zu. Das will sagen: erst der erlösten Menschheit ist ihre Vergangenheit in jedem ihrer Momente zitierbar geworden. Jeder ihrer gelebten Augenblicke wird zu einer citation à l'ordre du jour – welcher Tag eben der jüngste ist.

27. Februar
Der Sammelband *Über Walter Benjamin* mit Beiträgen von Theodor W. Adorno, Ernst Bloch, Max Rychner, Gershom Scholem, Jean Selz, Hans Heinz Holz und Ernst Fischer wird veröffentlicht.

4

> Trachtet am ersten nach Nahrung und Kleidung, dann wird euch das Reich Gottes von selbst zufallen.
>
> *Hegel, 1807*

Der Klassenkampf, der einem Historiker, der an Marx geschult ist, immer vor Augen steht, ist ein Kampf um die rohen und materiellen Dinge, ohne die es keine feinen und spirituellen gibt. Trotzdem sind diese letzteren im Klassenkampf anders zugegen denn als die Vorstellung einer Beute, die an den Sieger fällt. Sie sind als Zuversicht, als Mut, als Humor, als List, als Unentwegtheit in diesem Kampf lebendig, und sie wirken in die Ferne der Zeit zurück. Sie werden immer von neuem jeden Sieg, der den Herrschenden jemals zugefallen ist, in Frage stellen. Wie Blumen ihr Haupt nach der Sonne wenden, so strebt, kraft eines Heliotropismus geheimer Art, das Gewesene *der* Sonne sich zuzuwenden, die am Himmel der Geschichte im Aufgehen ist. Auf diese unscheinbarste von allen Veränderungen muß sich der historische Materialist verstehen.

5

Das wahre Bild der Vergangenheit huscht vorbei. Nur als Bild, das auf Nimmerwiedersehen im Augenblick seiner Erkennbarkeit eben aufblitzt, ist die Vergangenheit festzuhalten. »Die Wahrheit wird uns nicht davonlaufen« – dieses Wort, das von Gottfried Keller stammt, bezeichnet im Geschichtsbild des Historismus genau die Stelle, an der es vom historischen Materialismus durchschlagen wird. Denn es ist ein unwiederbringliches Bild der Vergangenheit, das mit jeder Gegenwart zu

29. Februar
In der ersten Ausgabe der
vom tschechoslowaki-
schen Schriftstellerver-
band ins Leben gerufenen
Zeitschrift *Literarni
Listy* erscheint ein Artikel des Rechtswissen-
schaftlers Ivan Sivitak, in
dem der Übergang von
einer totalitären Diktatur
zu einer offenen Gesell-
schaft gefordert wird.

verschwinden droht, die sich nicht als in ihm gemeint erkannte.
(Die frohe Botschaft, die der Historiker der Vergangenheit mit
fliegenden Pulsen bringt, kommt aus einem Munde, der vielleicht schon im Augenblick, da er sich auftut, ins Leere
spricht.)

6

Vergangenes historisch artikulieren heißt nicht, es erkennen
»wie es denn eigentlich gewesen ist«. Es heißt, sich einer Erinnerung bemächtigen, wie sie im Augenblick einer Gefahr
aufblitzt. Dem historischen Materialismus geht es darum, ein
Bild der Vergangenheit festzuhalten, wie es sich im Augenblick
der Gefahr dem historischen Subjekt unversehens einstellt. Die
Gefahr droht sowohl dem Bestand der Tradition wie ihren
Empfängern. Für beide ist sie ein und dieselbe: sich zum Werkzeug der herrschenden Klasse herzugeben. In jeder Epoche
muß versucht werden, die Überlieferung von neuem dem Konformismus abzugewinnen, der im Begriff steht, sie zu über-
wältigen. Der Messias kommt ja nicht nur als der Erlöser; er
kommt als der Überwinder des Antichrist. Nur *dem* Geschichtsschreiber wohnt die Gabe bei, im Vergangenen den
Funken der Hoffnung anzufachen, der davon durchdrungen
ist: *auch die Toten* werden vor dem Feind, wenn er siegt, nicht
sicher sein. Und dieser Feind hat zu siegen nicht aufgehört.

7

Bedenkt das Dunkel und die große Kälte
In diesem Tale, das von Jammer schallt.

Brecht: Die Dreigroschenoper

Fustel de Coulanges empfiehlt dem Historiker, wolle er eine
Epoche nacherleben, so solle er alles, was er vom späteren
Verlauf der Geschichte wisse, sich aus dem Kopf schlagen.
Besser ist das Verfahren nicht zu kennzeichnen, mit dem der
historische Materialismus gebrochen hat. Es ist ein Verfahren
der Einfühlung. Sein Ursprung ist die Trägheit des Herzens, die
acedia, welche daran verzagt, des echten historischen Bildes
sich zu bemächtigen, das flüchtig aufblitzt. Sie galt bei den
Theologen des Mittelalters als der Urgrund der Traurigkeit.
Flaubert, der Bekanntschaft mit ihr gemacht hatte, schreibt:
»Peu de gens devineront combien il a fallu être triste pour

ressusciter Carthage.« Die Natur dieser Traurigkeit wird deutlicher, wenn man die Frage aufwirft, in wen sich denn der Geschichtsschreiber des Historismus eigentlich einfühlt. Die Antwort lautet unweigerlich, in den Sieger. Die jeweils Herrschenden sind aber die Erben aller, die je gesiegt haben. Die Einfühlung in den Sieger kommt demnach den jeweils Herrschenden allemal zugut. Damit ist dem historischen Materialisten genug gesagt. Wer immer bis zu diesem Tage den Sieg davontrug, der marschiert mit in dem Triumphzug, der die heute Herrschenden über die dahinführt, die heute am Boden liegen. Die Beute wird, wie das immer so üblich war, im Triumphzug mitgeführt. Man bezeichnet sie als die Kulturgüter. Sie werden im historischen Materialisten mit einem distanzierten Betrachter zu rechnen haben. Denn was er an Kulturgütern überblickt, das ist ihm samt und sonders von einer Abkunft, die er nicht ohne Grauen bedenken kann. Es dankt sein Dasein nicht nur der Mühe der großen Genien, die es geschaffen haben, sondern auch der namenlosen Fron ihrer Zeitgenossen. Es ist niemals ein Dokument der Kultur, ohne zugleich ein solches der Barbarei zu sein. Und wie es selbst nicht frei ist von Barbarei, so ist es auch der Prozeß der Überlieferung nicht, in der es von dem einen an den andern gefallen ist. Der historische Materialist rückt daher nach Maßgabe des Möglichen von ihr ab. Er betrachtet es als seine Aufgabe, die Geschichte gegen den Strich zu bürsten.

8

Die Tradition der Unterdrückten belehrt uns darüber, daß der »Ausnahmezustand«, in dem wir leben, die Regel ist. Wir müssen zu einem Begriff der Geschichte kommen, der dem entspricht. Dann wird uns als unsere Aufgabe die Herbeiführung des *wirklichen* Ausnahmezustands vor Augen stehen; und dadurch wird unsere Position im Kampf gegen den Faschismus sich verbessern. Dessen Chance besteht nicht zuletzt darin, daß die Gegner ihm im Namen des Fortschritts als einer historischen Norm begegnen. – Das Staunen darüber, daß die Dinge, die wir erleben, im zwanzigsten Jahrhundert »noch« möglich sind, ist *kein* philosophisches. Es steht nicht am Anfang einer Erkenntnis, es sei denn der, daß die Vorstellung von Geschichte, aus der es stammt, nicht zu halten ist.

29. Februar
In der *New York Review of Books* erscheint der Brief von Hans Magnus Enzensberger an den Präsidenten der Weslyan University, in dem er darlegt, warum er sein Stipendium zurückgibt und die USA verläßt. Er geht nach Kuba, um dort die Revolution zu unterstützen.

Wegen Meinungsver-
schiedenheiten mit der
Sowjetunion verläßt die
rumänische Delegation
das Vorbereitungstreffen
für einen Gipfel aller
kommunistischer Partei-
en des Ostblocks.

Mein Flügel ist zum Schwung bereit,
ich kehre gern zurück,
denn blieb ich auch lebendige Zeit,
ich hätte wenig Glück.

Gerhard Scholem: Gruß vom Angelus

Es gibt ein Bild von Klee, das Angelus Novus heißt. Ein Engel
ist darauf dargestellt, der aussieht, als wäre er im Begriff, sich
von etwas zu entfernen, worauf er starrt. Seine Augen sind
aufgerissen, sein Mund steht offen, und seine Flügel sind an-
gespannt. Der Engel der Geschichte muß so aussehen. Er hat
das Antlitz der Vergangenheit zugewendet. Wo eine Kette von
Begebenheiten vor uns erscheint, da sieht er eine einzige Katastrophe, die unablässig Trümmer auf Trümmer häuft und sie
ihm vor die Füße schleudert. Er möchte wohl verweilen, die
Toten wecken und das Zerschlagene zusammenfügen. Aber ein
Sturm weht vom Paradiese her, der sich in seinen Flügeln
verfangen hat und so stark ist, daß der Engel sie nicht mehr
schließen kann. Dieser Sturm treibt ihn unaufhaltsam in die
Zukunft, der er den Rücken kehrt, während der Trümmerhaufen vor ihm zum Himmel wächst. Das, was wir den Fortschritt
nennen, ist dieser Sturm.

10

Die Gegenstände, die die Klosterregel den Brüdern zur Medita-
tion anwies, hatten die Aufgabe, sie der Welt und ihrem Treiben
abhold zu machen. Der Gedankengang, den wir hier verfolgen,
ist aus einer ähnlichen Bestimmung hervorgegangen. Er beabsichtigt in einem Augenblick, da die Politiker, auf die die
Gegner des Faschismus gehofft hatten, am Boden liegen und
ihre Niederlage mit dem Verrat an der eigenen Sache bekräfti-
gen, das politische Weltkind aus den Netzen zu lösen, mit denen
sie es umgarnt hatten. Die Betrachtung geht davon aus, daß der
sture Fortschrittsglaube dieser Politiker, ihr Vertrauen in ihre
»Massenbasis« und schließlich ihre servile Einordnung in einen
unkontrollierbaren Apparat drei Seiten derselben Sache gewesen sind. Sie sucht einen Begriff davon zu geben, wie teuer unser
gewohntes Denken eine Vorstellung von Geschichte zu stehen
kommt, die jede Komplizität mit der vermeidet, an der diese
Politiker weiter festhalten.

Der Konformismus, der von Anfang an in der Sozialdemokratie heimisch gewesen ist, haftet nicht nur an ihrer politischen Taktik, sondern auch an ihren ökonomischen Vorstellungen. Er ist eine Ursache des späteren Zusammenbruchs. Es gibt nichts, was die deutsche Arbeiterschaft in dem Grade korrumpiert hat wie die Meinung, sie schwimme mit dem Strom. Die technische Entwicklung galt ihr als das Gefälle des Stromes, mit dem sie zu schwimmen meinte. Von da war es nur ein Schritt zu der Illusion, die Fabrikarbeit, die im Zuge des technischen Fortschritts gelegen sei, stelle eine politische Leistung dar. Die alte protestantische Werkmoral feierte in säkularisierter Gestalt bei den deutschen Arbeitern ihre Auferstehung. Das Gothaer Programm trägt bereits Spuren dieser Verwirrung an sich. Es definiert die Arbeit als »die Quelle allen Reichtums und aller Kultur«. Böses ahnend, entgegnete Marx darauf, daß der Mensch kein anderes Eigentum besitze als seine Arbeitskraft, »der Sklave der andern Menschen sein muß, die sich zu Eigentümern ... gemacht haben«. Unbeschadet dessen greift die Konfusion weiter um sich, und bald darauf verkündet Josef Dietzgen: »Arbeit heißt der Heiland der neuen Zeit. In der ... Verbesserung ... der Arbeit ... besteht der Reichtum, der jetzt vollbringen kann, was bisher kein Erlöser vollbracht hat.« Dieser vulgärmarxistische Begriff von dem, was die Arbeit ist, hält sich bei der Frage nicht lange auf, wie ihr Produkt den Arbeitern selber anschlägt, solange sie nicht darüber verfügen können. Er will nur die Fortschritte der Naturbeherrschung, nicht die Rückschritte der Gesellschaft wahrhaben. Er weist schon die technokratischen Züge auf, die später im Faschismus begegnen werden. Zu diesen gehört ein Begriff der Natur, der sich auf unheilverkündende Art von dem in den sozialistischen Utopien des Vormärz abhebt. Die Arbeit, wie sie nunmehr verstanden wird, läuft auf die Ausbeutung der Natur hinaus, welche man mit naiver Genugtuung der Ausbeutung des Proletariats gegenüberstellt. Mit dieser positivistischen Konzeption verglichen, erweisen die Phantastereien, die so viel Stoff zur Verspottung eines Fourier gegeben haben, ihren überraschend gesunden Sinn. Nach Fourier sollte die wohlbeschaffene gesellschaftliche Arbeit zur Folge haben, daß vier Monde die irdische Nacht erleuchten, daß das Eis sich von den Polen zurückziehe, daß das Meerwasser nicht mehr salzig schmecke und die Raubtiere in den Dienst der Menschen träten. Das alles illustriert eine Arbeit, die, weit entfernt die Natur auszubeuten, von den Schöpfungen sie zu entbinden

1. März
In Rom gelingt es den
Studenten nach stunden-
langen Straßenschlach-
ten, kurzfristig in die von
der Polizei besetzte Ar-
chitekturfakultät einzu-
dringen. Auf die bisher
heftigsten Zusammen-
stöße reagieren die Zei-
tungen mit Sonderaus-
gaben. Photos eines
brennenden Polizeijeeps
gehen um die ganze Welt.

imstande ist, die als mögliche in ihrem Schoße schlummern. Zu
dem korrumpierten Begriff von Arbeit gehört als sein Kom-
plement die Natur, welche, wie Dietzgen sich ausdrückt, »gratis
da ist«.

12

Wir brauchen die Historie, aber wir brauchen sie anders als sie der verwöhnte Müßiggänger im Garten des
Wissens braucht.

Nietzsche: Vom Nutzen und Nachteil der Historie

Das Subjekt historischer Erkenntnis ist die kämpfende, unter-
drückte Klasse selbst. Bei Marx tritt sie als die letzte geknech-
tete, als die rächende Klasse auf, die das Werk der Befreiung im
Namen von Generationen Geschlagener zu Ende führt. Dieses
Bewußtsein, das für kurze Zeit im *Spartacus* noch einmal zur
Geltung gekommen ist, war der Sozialdemokratie von jeher
anstößig. Im Lauf von drei Jahrzehnten gelang es ihr, den
Namen eines Blanqui fast auszulöschen, dessen Erzklang das
vorige Jahrhundert erschüttert hat. Sie gefiel sich darin, der
Arbeiterklasse die Rolle einer Erlöserin künftiger Generationen zuzuspielen. Sie durchschnitt ihr damit die Sehne der besten Kraft. Die Klasse verlernte in dieser Schule gleich sehr den
Haß wie den Opferwillen. Denn beide nähren sich an dem Bild
der geknechteten Vorfahren, nicht am Ideal der befreiten En-
kel.

13

Wird doch unsere Sach alle Tage klarer und
das Volk alle Tage klüger.

Wilhelm Dietzgen: Die Religion der Sozial-Demokratie

Die sozialdemokratische Theorie, und noch mehr die Praxis,
wurde von einem Fortschrittsbegriff bestimmt, der sich nicht an
die Wirklichkeit hielt, sondern einen dogmatischen Anspruch
hatte. Der Fortschritt, wie er sich in den Köpfen der Sozialdemokraten malte, war, einmal, ein Fortschritt der Menschheit
selbst (nicht nur ihrer Fertigkeiten und Kenntnisse). Er war,
zweitens, ein unabschließbarer (einer unendlichen Perfektibili-
tät der Menschheit entsprechender). Er galt, drittens, als ein
wesentlich unaufhaltsamer (als ein selbsttätig eine gerade oder

spiralförmige Bahn durchlaufender). Jedes dieser Prädikate ist kontrovers, und an jedem könnte die Kritik ansetzen. Sie muß aber, wenn es hart auf hart kommt, hinter all diese Prädikate zurückgehen und sich auf etwas richten, was ihnen gemeinsam ist. Die Vorstellung eines Fortschritts des Menschengeschlechts in der Geschichte ist von der Vorstellung ihres eine homogene und leere Zeit durchlaufenden Fortgangs nicht abzulösen. Die Kritik an der Vorstellung dieses Fortgangs muß die Grundlage der Kritik an der Vorstellung überhaupt bilden.

6. März
Aufgrund des Berichts der von ihm eingesetzten Kommission, die den wirtschaftlichen Verfall der Großstädte als eine Ursache der Rassenunruhen benennt, ruft Präsident Johnson die Wirtschaft auf, bei der Sanierung der Großstädte zu helfen.

14

Ursprung ist das Ziel.

Karl Kraus: Worte in Versen I

Die Geschichte ist Gegenstand einer Konstruktion, deren Ort nicht die homogene und leere Zeit, sondern die von »Jetztzeit« erfüllte bildet. So war für Robespierre das antike Rom eine mit Jetztzeit geladene Vergangenheit, die er aus dem Kontinuum der Geschichte heraussprengte. Die Französische Revolution verstand sich als ein wiedergekehrtes Rom. Sie zitierte das alte Rom genau so, wie die Mode eine vergangene Tracht zitiert. Die Mode hat die Witterung für das Aktuelle, wo immer es sich im Dickicht des Einst bewegt. Sie ist der Tigersprung ins Vergangene. Nur findet er in einer Arena statt, in der die herrschende Klasse kommandiert. Derselbe Sprung unter dem freien Himmel der Geschichte ist der dialektische, als den Marx die Revolution begriffen hat.

15

Das Bewußtsein, das Kontinuum der Geschichte aufzusprengen, ist den revolutionären Klassen im Augenblick ihrer Aktion eigentümlich. Die große Revolution führte einen neuen Kalender ein. Der Tag, mit dem ein Kalender einsetzt, fungiert als ein historischer Zeitraffer. Und es ist im Grunde genommen derselbe Tag, der in Gestalt der Feiertage, die Tage des Eingedenkens sind, immer wiederkehren. Die Kalender zählen die Zeit also nicht wie Uhren. Sie sind Monumente eines Geschichtsbewußtseins, von dem es in Europa seit hundert Jahren nicht mehr die leisesten Spuren zu geben scheint. Noch in der Juli-Revolution hatte sich ein Zwischenfall zugetragen, in dem dieses Bewußtsein zu seinem Recht gelangte. Als der Abend

7. März
Der Regierende Bürger-
meister von Berlin, Klaus
Schütz, appelliert erneut
an Ostberlin, zu Ostern
Passierscheine für Ver-
wandtenbesuche auszu-
geben.

des ersten Kampftages gekommen war, ergab es sich, daß an mehreren Stellen von Paris unabhängig voneinander und gleichzeitig nach den Turmuhren geschossen wurde. Ein Augenzeuge, der seine Divination vielleicht dem Reim zu verdanken hat, schrieb damals:

Qui le croirait! On dit, qu' irrités contre l'heure
De nouveaux Josués au pied de chaque tour,
Tiraient sur les cadrans pour arrêter le jour.

16

Auf den Begriff einer Gegenwart, die nicht Übergang ist, sondern in der Zeit einsteht und zum Stillstand gekommen ist, kann der historische Materialist nicht verzichten. Denn dieser Begriff definiert eben die Gegenwart, in der er für seine Person Geschichte schreibt. Der Historismus stellt das »ewige« Bild der Vergangenheit, der historische Materialist eine Erfahrung mit ihr, die einzig dasteht. Er überläßt es andern, bei der Hure »Es war einmal« im Bordell des Historismus sich auszugeben. Er bleibt seiner Kräfte Herr: Manns genug, das Kontinuum der Geschichte aufzusprengen.

17

Der Historismus gipfelt von Rechts wegen in der Universalgeschichte. Von ihr hebt die materialistische Geschichtsschreibung sich methodisch vielleicht deutlicher als von jeder andern ab. Die erstere hat keine theoretische Armatur. Ihr Verfahren ist additiv; sie bietet die Masse der Fakten auf, um die homogene und leere Zeit auszufüllen. Der materialistischen Geschichtsschreibung ihrerseits liegt ein konstruktives Prinzip zugrunde. Zum Denken gehört nicht nur die Bewegung der Gedanken, sondern ebenso ihre Stillstellung. Wo das Denken in einer von Spannungen gesättigten Konstellation plötzlich einhält, da erteilt es derselben einen Chok, durch den es sich als Monade kristallisiert. Der historische Materialist geht an einen geschichtlichen Gegenstand einzig und allein heran, wo er ihm als Monade entgegentritt. In dieser Struktur erkennt er das Zeichen einer messianischen Stillstellung des Geschehens, anders gesagt, einer revolutionären Chance im Kampf für die unterdrückte Vergangenheit. Er nimmt sie wahr, um eine bestimmte Epoche aus dem homogenen Verlauf der Geschichte herauszusprengen, so sprengt er ein bestimmtes Leben aus der Epoche, so ein bestimmtes Werk aus dem Lebenswerk. Der Ertrag seines Verfahrens besteht darin, daß *im* Werk das Lebenswerk, *im* Lebenswerk die Epoche und *in* der Epoche der gesamte Geschichtsverlauf aufbewahrt ist und aufgehoben. Die nahrhafte Frucht des historisch Begriffenen hat die Zeit als den kostbaren, aber des Geschmacks entratenden Samen in ihrem Innern.

7. März
Im Senegal wird Präsident Léopold Sédar Senghor wiedergewählt.

18

»Die kümmerlichen fünf Jahrzehnte des homo sapiens«, sagt ein neuerer Biologe, »stellen im Verhältnis zur Geschichte des organischen Lebens auf der Erde etwas wie zwei Sekunden am Schluß eines Tages von vierundzwanzig Stunden dar. Die Geschichte der zivilisierten Menschheit vollends würde, in diesen Maßstab eingetragen, ein Fünftel der letzten Sekunde der letzten Stunde füllen.« Die Jetztzeit, die als Modell der messianischen in einer ungeheuren Abbreviatur die Geschichte der ganzen Menschheit zusammenfaßt, fällt haarscharf mit der Figur zusammen, die die Geschichte der Menschheit im Universum macht.

A

Der Historismus begnügt sich damit, einen Kausalnexus von verschiedenen Momenten der Geschichte zu etablieren. Aber kein Tatbestand ist als Ursache eben darum bereits ein historischer. Er ward das, posthum, durch Begebenheiten, die durch Jahrtausende von ihm getrennt sein mögen. Der Historiker, der davon ausgeht, hört auf, sich die Abfolge von Begebenheiten durch die Finger laufen zu lassen wie einen Rosenkranz. Er erfaßt die Konstellation, in die seine eigene Epoche mit einer ganz bestimmten früheren getreten ist. Er begründet so einen Begriff der Gegenwart als der »Jetztzeit«, in welcher Splitter der messianischen eingesprengt sind.

B

Sicher wurde die Zeit von den Wahrsagern, die ihr abfragten, was sie in ihrem Schoße birgt, weder als homogen noch als leer erfahren. Wer sich das vor Augen hält, kommt vielleicht zu

8. März
In New York eröffnet das
Fillmore East, die Bühne
für legendäre Auftritte
berühmter Rockbands.

einem Begriff, wie im Eingedenken die vergangene Zeit ist erfahren worden: nämlich ebenso. Bekanntlich war es den Juden untersagt, der Zukunft nachzuforschen. Die Thora und das Gebet unterweisen sie dagegen im Eingedenken. Dieses entzauberte ihnen die Zukunft, der die verfallen sind, die sich bei den Wahrsagern Auskunft holen. Den Juden wurde die Zukunft aber darum doch nicht zur homogenen und leeren Zeit. Denn in ihr war jede Sekunde die kleine Pforte, durch die der Messias treten konnte.

Peter Weiss
Die Ermittlung
Oratorium in 11 Gesängen

Anmerkung

Bei der Aufführung dieses Dramas soll nicht der Versuch unternommen werden, den Gerichtshof, vor dem die Verhandlungen über das Lager geführt wurden, zu rekonstruieren. Eine solche Rekonstruktion erscheint dem Schreiber des Dramas ebenso unmöglich, wie es die Darstellung des Lagers auf der Bühne wäre.

Hunderte von Zeugen traten vor dem Gericht auf. Die Gegenüberstellung von Zeugen und Angeklagten sowie die Reden und Gegenreden, waren von emotionalen Kräften überladen. Von all dem kann auf der Bühne nur ein Konzentrat der Aussage übrig bleiben.

Dieses Konzentrat soll nichts anderes enthalten als Fakten, wie sie bei der Gerichtsverhandlung zur Sprache kamen. Die persönlichen Erlebnisse und Konfrontationen müssen einer Anonymität weichen. Indem die Zeugen im Drama ihre Namen verlieren, werden sie zu bloßen Sprachrohren. Die 9 Zeugen referieren nur, was Hunderte ausdrückten.

Die Verschiedenheiten in den Erfahrungen können höchstens angedeutet werden in einer Veränderung der Stimme und Haltung.

Zeuge 1 und 2 sind Zeugen, die auf seiten der Lagerverwaltung standen.

Zeuge 4 und 5 sind weibliche, die übrigen männliche Zeugen aus den Reihen der überlebenden Häftlinge.

Die 18 Angeklagten dagegen stellen jeder eine bestimmte Figur dar. Sie tragen Namen, die aus dem wirklichen Prozeß übernommen sind. Daß sie ihre eigenen Namen haben, ist bedeutungsvoll, da sie ja während der Zeit, die zur Verhandlung steht, ihre Namen trugen, während die Häftlinge ihre Namen verloren hatten.

Doch sollen im Drama die Träger dieser Namen nicht noch einmal angeklagt werden. Sie leihen dem Schreiber des Dramas nur ihre Namen, die hier als Symbole stehen für ein System, das viele andere schuldig werden ließ, die vor diesem Gericht nie erschienen.

Bei Bühnenaufführungen kann eine Pause nach dem 6. Gesang eingelegt werden.

8. März
Die letzte britische Garnison in Libyen wird aufgelöst.

9. März
Die Delegierten des *Verbandes Deutscher Studentenschaften* (VDS) verurteilen während ihrer Mitgliederversammlung in München die Vietnampolitik der USA. Sie fordern Drittelparität an den Hochschulen sowie ein Stipendium für alle Studenten. Sie fordern auch die Anerkennung der DDR.

12. März
Der Dokumentarfilm *Le
Vietnam en Guerre* von
Joris Ivins wird in Paris
uraufgeführt.

1 Gesang von der Rampe

I

RICHTER Herr Zeuge
Sie waren Vorstand des Bahnhofs
in dem die Transporte einliefen
Wie weit war der Bahnhof vom Lager entfernt
ZEUGE 1 2 Kilometer vom alten Kasernenlager
und etwa 5 Kilometer vom Hauptlager
RICHTER Hatten Sie in den Lagern zu tun
ZEUGE 1 Nein
Ich hatte nur dafür zu sorgen
daß die Betriebsstrecken in Ordnung waren
und daß die Züge fahrplanmäßig
ein- und ausliefen
RICHTER In welchem Zustand waren die Strecken
ZEUGE 1 Es war eine ausgesprochen gut
ausgestattete Rollbahn
RICHTER Wurden die Fahrplananordnungen
von Ihnen ausgearbeitet
ZEUGE 1 Nein
Ich hatte nur fahrplantechnische Maßnahmen
im Zusammenhang mit dem Pendelverkehr
zwischen Bahnhof und Lager durchzuführen
RICHTER Dem Gericht liegen Fahrplananordnungen vor
die von Ihnen unterzeichnet sind
ZEUGE 1 Ich habe das vielleicht einmal
vertretungsweise unterschreiben müssen
RICHTER War Ihnen der Zweck der Transporte bekannt
ZEUGE 1 Ich war nicht in die Materie eingeweiht
RICHTER Sie wußten
daß die Züge mit Menschen beladen waren
ZEUGE 1 Wir erfuhren nur
daß es sich um Umsiedlertransporte handelte
die unter dem Schutz des Reichs standen
RICHTER Über die vom Lager regelmäßig
zurückkehrenden Leerzüge
haben Sie sich keine Gedanken gemacht
ZEUGE 1 Die beförderten Menschen
waren dort angesiedelt worden
ANKLÄGER Herr Zeuge
Sie haben heute eine leitende Stellung
in der Direktion der Bundesbahn
Demnach ist anzunehmen

daß Sie vertraut sind mit Fragen
der Ausstattung und Belastung von Zügen
Wie waren die bei Ihnen ankommenden Züge
ausgestattet und belastet

ZEUGE 1 Es handelte sich um Güterzüge
Laut Frachtbrief wurden per Waggon
etwa 60 Personen befördert

ANKLÄGER Waren es Güterwagen
oder Viehwagen

ZEUGE 1 Es waren auch Wagen
wie sie zum Viehtransport benutzt wurden

ANKLÄGER Gab es in den Waggons
sanitäre Einrichtungen

ZEUGE 1 Das ist mir nicht bekannt

ANKLÄGER Wie oft kamen diese Züge an

ZEUGE 1 Das kann ich nicht sagen

ANKLÄGER Kamen sie häufig an

ZEUGE 1 Ja sicher
Es war ein stark frequentierter Zielbahnhof

ANKLÄGER Ist Ihnen nicht aufgefallen
daß die Transporte
aus fast allen Ländern Europas kamen

ZEUGE 1 Wir hatten soviel zu tun
daß wir uns um solche Dinge
nicht kümmern konnten

ANKLÄGER Fragten Sie sich nicht
was mit den umgesiedelten Menschen
geschehen sollte

ZEUGE 1 Sie sollten zum Arbeitseinsatz
geschickt werden

ANKLÄGER Es waren aber doch nicht nur Arbeitsfähige
sondern ganze Familien
mit alten Leuten und Kindern

ZEUGE 1 Ich hatte keine Zeit
mir den Inhalt der Züge anzusehn

ANKLÄGER Wo wohnten Sie

ZEUGE 1 In der Ortschaft

ANKLÄGER Wer wohnte sonst dort

ZEUGE 1 Die Ortschaft war von der einheimischen
Bevölkerung geräumt worden
Es wohnten dort Beamte des Lagers
und Personal der umliegenden Industrien

ANKLÄGER Was waren das für Industrien

ZEUGE 1 Es waren Niederlassungen
der IG Farben
der Krupp- und Siemenswerke

12. März
Mauritius wird unab-
hängige Republik im
Rahmen des British
Commonwealth of
Nations.

13. März
An der New Yorker
Columbia University
demonstrieren 3.500
Studenten und 100 Leh-
rer gegen die Einberu-
fung zum Militärdienst in
Vietnam.

ANKLÄGER Sahen Sie Häftlinge
   die dort zu arbeiten hatten
ZEUGE 1 Ich sah sie beim An- und Abmarschieren
ANKLÄGER Wie war der Zustand der Gruppen
ZEUGE 1 Sie gingen im Gleichschritt und sangen
ANKLÄGER Erfuhren Sie nichts
   über die Verhältnisse im Lager
ZEUGE 1 Es wurde ja soviel dummes Zeug geredet
   man wußte doch nie woran man war
ANKLÄGER Hörten Sie nichts
   über die Vernichtung von Menschen
ZEUGE 1 Wie sollte man sowas schon glauben
RICHTER Herr Zeuge
   Sie waren für die Güterabfertigung
   verantwortlich
ZEUGE 2 Ich hatte nichts anderes zu tun
   als die Züge dem Rangierpersonal zu übergeben
RICHTER Was waren die Aufgaben des Rangierpersonals
ZEUGE 2 Sie spannten eine Rangierlok vor
   und beförderten den Zug ins Lager
RICHTER Wieviele Menschen befanden sich
   Ihrer Schätzung nach
   in einem Waggon
ZEUGE 2 Darüber kann ich keine Auskunft geben
   Es war uns streng verboten
   die Züge zu kontrollieren
RICHTER Wer hinderte Sie daran
ZEUGE 2 Die Bewachungsmannschaften
RICHTER Gab es Frachtbriefe für alle Transporte
ZEUGE 2 In den meisten Fällen waren
   keine Begleitbriefe dabei
   Da stand nur die Zahl mit Kreide
   auf dem Waggon
RICHTER Was standen da für Zahlen
ZEUGE 2 60 Stück oder 80 Stück
   je nachdem
RICHTER Wann kamen die Züge an
ZEUGE 2 Meistens nachts
ANKLÄGER Welchen Eindruck erhielten Sie
   von diesen Frachten
ZEUGE 2 Ich verstehe die Frage nicht
ANKLÄGER Herr Zeuge
   Sie sind Oberinspektor der Bundesbahn
   und kennen sich in Reiseverhältnissen aus
   Wurden Sie durch Einblicke in Waggonluken

oder durch Geräusche aus den Waggons
auf die Zustände aufmerksam

Zeuge 2 Ich sah einmal eine Frau
die ein kleines Kind an die Luftklappe hielt
und fortgesetzt nach Wasser schrie
Ich holte einen Krug Wasser
und wollte ihn ihr reichen
Als ich den Krug hochhob kam einer der Wachleute
und sagte
wenn ich nicht sofort weggehe
würde ich erschossen

Richter Herr Zeuge
Wieviele Züge kamen Ihrer Berechnung nach
auf dem Bahnhof an

Zeuge 2 Im Durchschnitt ein Zug pro Tag
Bei Hochdruck verkehrten auch 2 bis 3 Züge

Richter Wie groß waren die Züge

Zeuge 2 Sie hatten bis zu 60 Waggons

Richter Herr Zeuge
waren Sie im Lager

Zeuge 2 Ich fuhr einmal auf der Rangierlok mit
weil es etwas wegen der Frachtbriefe
zu besprechen gab
Gleich hinter dem Einfahrtstor stieg ich ab
und ging in das Lagerbüro
Da kam ich beinah nicht mehr raus
weil ich keinen Ausweis hatte

Richter Was sahen Sie vom Lager

Zeuge 2 Nichts
Ich war froh daß ich wieder wegkam

Richter Sahen Sie die Schornsteine am Ende der Rampe
und den Rauch und den Feuerschein

Zeuge 2 Ja
ich sah Rauch

Richter Was dachten Sie sich dabei

Zeuge 2 Ich dachte mir
das sind die Bäckereien
Ich hatte gehört
da würde Tag und Nacht Brot gebacken
Es war ja ein großes Lager

II

Zeuge 3 Wir fuhren 5 Tage lang
Am zweiten Tag

13. März
Der ehemalige Polizei-
chef der ČSSR, Miroslav
Mamula, wird verhaftet.

13. März
Weltweite Proteste ver-
anlassen das rhodesische
Apartheidregime, 35 To-
desurteile gegen schwar-
ze Rebellen in lebens-
längliche Haftstrafen
umzuwandeln.

war unsere Wegzehrung verbraucht
Wir waren 89 Menschen im Waggon
Dazu unsere Koffer und Bündel
Unsere Notdurft verrichteten wir
in das Stroh
Wir hatten viele Kranke
und 8 Tote
Auf den Bahnöfen konnten wir
durch die Luftlöcher sehn
wie die Bewachungsmannschaften
von weiblichem Personal
Essen und Kaffee erhielten
Unsere Kinder hatten zu jammern aufgehört
als wir in der letzten Nacht vom Bahndamm
auf ein Nebengleis abbogen
Wir fuhren durch eine flache Gegend
die von Scheinwerfern beleuchtet wurde
Dann näherten wir uns einem langgestreckten
scheunenähnlichen Gebäude
Da war ein Turm
und darunter ein gewölbtes Tor
Ehe wir durch das Tor einfuhren
pfiff die Lokomotive
Der Zug hielt
Die Waggontüren wurden aufgerissen
Häftlinge in gestreiften Anzügen erschienen
und schrien zu uns herein
Los raus schnell schnell
Es waren anderthalb Meter herab zum Boden
Da lag Schotter
Die Alten und Kranken fielen
in die scharfen Steine
Die Toten und das Gepäck wurden herausgeworfen
Dann hieß es
Alles liegen lassen
Frauen und Kinder rüber
Männer auf die andere Seite
Ich verlor meine Familie aus den Augen
Überall schrien die Menschen
nach ihren Angehörigen
Mit Stöcken wurde auf sie eingeschlagen
Hunde bellten
Von den Wachtürmen waren Scheinwerfer
und Maschinengewehre
auf uns gerichtet

Am Ende der Rampe war der Himmel
rot gefärbt
Die Luft war voll von Rauch
Der Rauch roch süßlich und versengt
Dies war der Rauch
der fortan blieb

ZEUGIN 4 Ich hörte meinen Mann noch
nach mir rufen
Wir wurden aufgestellt
und durften den Platz nicht mehr wechseln
Wir waren eine Gruppe
von 100 Frauen und Kindern
Wir standen zu fünft in einer Reihe
Dann mußten wir an ein paar Offizieren
vorbeigehn
Einer von ihnen hielt die Hand in Brusthöhe
und winkte mit dem Finger
nach links und nach rechts
Die Kinder und die alten Frauen
kamen nach links
ich kam nach rechts
Die linke Gruppe mußte über die Schienen
zu einem Weg gehn
Einen Augenblick lang sah ich meine Mutter
bei den Kindern
da war ich beruhigt und dachte
wir werden uns schon wiederfinden
Eine Frau neben mir sagte
Die kommen in ein Schonungslager
Sie zeigte auf die Lastwagen
die auf dem Weg standen
und auf ein Auto vom Roten Kreuz
Wir sahen
wie sie auf die Wagen geladen wurden
und wir waren froh daß sie fahren durften
Wir andern mußten zu Fuß weiter
auf den aufgeweichten Wegen

ZEUGIN 5 Ich hielt das Kind meiner Schwägerin an der Hand
Sie selbst trug ihr kleinstes Kind auf dem Arm
Da kam einer von den Häftlingen auf mich zu
und fragte mich ob das Kind mir gehöre
Als ich es verneinte sagte er
ich solle es der Mutter geben
Ich tat es und dachte
die Mutter hat vielleicht Vorteile

14. März
Der nordrhein-westfäli-
sche Ministerpräsident
Heinz Kühn erläutert vor
der Presse das *Entwick-
lungsprogramm Ruhr.*
Dazu werden 8,4 Mrd.
DM für den Zeitraum
von 1968 bis 1973 zur
Verfügung gestellt.

Sie gingen alle nach links
ich ging nach rechts
Der Offizier der uns einteilte
war sehr freundlich
Ich fragte ihn
wohin denn die andern gingen
und er antwortete
Die gehen jetzt nur baden
in einer Stunde werdet ihr euch wiedersehn
RICHTER Frau Zeugin
wissen Sie wer dieser Offizier war
ZEUGIN 5 Ich erfuhr später
daß er Dr. Capesius hieß
RICHTER Frau Zeugin
können Sie uns den Angeklagten
Dr. Capesius zeigen
ZEUGIN 5 Wenn ich mir die Gesichter ansehe
fällt es mir schwer zu sagen
ob ich sie wiedererkenne
Doch dieser Herr da
kommt mir bekannt vor
RICHTER Wie heißt er
ZEUGIN 5 Dr. Capesius
ANGEKLAGTER 3 Die Zeugin muß mich
mit einem anderen verwechseln
Ich habe nie auf der Rampe
ausgesondert
ZEUGE 6 Ich kannte Dr. Capesius
von meinem Heimatort her
Ich war dort Arzt
und er hatte mich vor dem Krieg mehrmals
als Vertreter des Bayer-Konzerns besucht
Ich begrüßte ihn und fragte
was mit uns geschehn sollte
Er sagte
Hier wird alles gut werden
Ich sagte ihm
daß meine Frau nicht gesund sei
Dann soll sie hier stehn
sagte er
Hier bekommt sie Pflege
Er zeigte auf die Gruppe
von alten Leuten und Kranken
Ich sagte zu meiner Frau
Du mußt dorthin gehn und dich hinstellen

Sie ging zusammen mit ihrer Nichte
und ein paar andern Verwandten
zur Gruppe der Kranken
Sie fuhren alle auf Lastwagen ab
RICHTER Besteht für Sie kein Zweifel
daß dies Dr. Capesius war
ZEUGE 6 Nein
Ich habe ja mit ihm gesprochen
Es war damals eine große Freude für mich
ihn wiederzusehn
RICHTER Angeklagter Capesius
Kennen Sie diesen Zeugen
ANGEKLAGTER 3 Nein
RICHTER Waren Sie bei ankommenden Transporten
auf der Rampe
ANGEKLAGTER 3 Ich war nur dort
um Medikamente aus dem Gepäck der Häftlinge
entgegenzunehmn
Diese hatte ich in der Apotheke zu verwahren
RICHTER Herr Zeuge
Wen von den Angeklagten
sahen Sie noch auf der Rampe
ZEUGE 6 Diesen Angeklagten
Ich kann auch seinen Namen nennen
Er heißt Hofmann
RICHTER Angeklagter Hofmann
Was hatten Sie auf der Rampe zu tun
ANGEKLAGTER 8 Ich hatte für Ruhe und Ordnung zu sorgen
RICHTER Wie ging das vor sich
ANGEKLAGTER 8 Die Leute wurden aufgestellt
Dann bestimmten die Ärzte
wer arbeitsfähig war
und wer zur Arbeit nicht infrage kam
Mal waren mehr
mal weniger Arbeitsfähige
rauszuholen
Der Prozentsatz war bestimmt
Er richtete sich nach dem Bedarf
an Arbeitskräften
RICHTER Was geschah mit denen
die nicht zur Arbeit gebraucht wurden
ANGEKLAGTER 8 Die kamen ins Gas
RICHTER Wie groß war der Prozentsatz
der Arbeitsfähigen
ANGEKLAGTER 8 Im Durchschnitt ein Drittel

15. März
Engelchen, der Film von
Marran Gosov mit Gila
von Weitershausen in der
Hauptrolle, startet in
München.

15. März
Die Berliner SPD
schließt die beiden Mit-
glieder im Landesvor-
stand Harry Ristock und
Erwin Beck wegen par-
teischädigenden Verhal-
tens aus der Partei aus. Sie
hatten auf der Vietnam-
demonstration am 18. 2.
ein Plakat mit der Auf-
schrift getragen: »Ich bin
SPD-Mitglied«. Die
Ausschlüsse werden spä-
ter rückgängig gemacht.

des Transportes
Bei Überbelegung des Lagers
hatten die Transporte
geschlossen abzugehn
RICHTER Haben Sie selbst
Aussonderungen vorgenommen
ANGEKLAGTER 8 Ich kann dazu nur sagen
daß ich manchmal Nichtarbeitsfähige
zu den Arbeitsfähigen rübergeschoben habe
wenn die darum gebeten und gebettelt haben
RICHTER Durften Sie das
ANGEKLAGTER 8 Nein
das war verboten
aber man hat eben beide Augen zugedrückt
RICHTER Wurde für den Rampendienst
Sonderverpflegung ausgegeben
ANGEKLAGTER 8 Ja
da gab es Brot
eine Portion Wurst
und einen Fünftel Liter Alkohol
RICHTER Hatten Sie bei der Ausübung Ihrer Arbeit
Gewalt anzuwenden
ANGEKLAGTER 8 Da war immer ein großes Durcheinander
und da hat es natürlich mal
eine Zurechtweisung
oder eine Ohrfeige gegeben
Ich habe nur meinen Dienst gemacht
Wo ich hingestellt werde
mache ich eben meinen Dienst
RICHTER Wie kamen Sie zu diesem Dienst
ANGEKLAGTER 8 Durch Zufall
Das war so
Mein Bruder hatte noch eine Uniform übrig
die konnte ich übernehmen
Da hatte ich keine Unkosten
Es war geschäftshalber
Mein Vater hatte eine Gaststätte
da verkehrten viele Parteigenossen
Als ich abkommandiert wurde
hatte ich keine Ahnung
wohin ich kam
Bei meiner Ankunft fragte ich
Bin ich denn hier richtig
Da hat man gesagt
Hier bist du immer richtig

ANKLÄGER Angeklagter Hofmann
  wußten Sie
  was mit den ausgesonderten Menschen
  geschehn sollte
ANGEKLAGTER 8 Herr Staatsanwalt
  Ich persönlich hatte gar nichts
  gegen diese Leute
  Die gab es ja auch bei uns zuhause
  Ehe sie abgeholt wurden
  habe ich immer zu meiner Familie gesagt
  Kauft nur weiter bei dem Krämer
  das sind ja auch Menschen
ANKLÄGER Hatten Sie diese Einstellung noch
  als Sie Dienst auf der Rampe taten
ANGEKLAGTER 8 Also
  von kleinen Übeln abgesehn
  wie sie solch ein Leben von vielen
  auf engem Raum
  nun einmal mit sich bringt
  und abgesehen von den Vergasungen
  die natürlich furchtbar waren
  hatte durchaus jeder die Chance
  zu überleben
  Ich persönlich
  habe mich immer anständig benommen
  Was sollte ich denn machen
  Befehle mußten ausgeführt werden
  Und dafür habe ich jetzt
  dieses Verfahren auf dem Hals
  Herr Staatsanwalt
  ich habe ruhig gelebt
  wie alle andern auch
  und da holt man mich plötzlich raus
  und schreit nach Hofmann
  Das ist der Hofmann
  sagt man
  Ich weiß überhaupt nicht
  was man von mir will
ZEUGE 7 Als wir aufgestellt waren
  kam einer der Wachleute und fragte
  Hat jemand irgendwelche Beschwerden
  Da traten einige vor
  die glaubten
  sie würden leichtere Arbeit finden
  und sie kamen zu denen

16. März
In dem südvietnamesi-
schen Bauerndorf My Lai
werden über 500 Be-
wohner Opfer eines von
US-Soldaten verübten
Massakers.

16. März
In der österreichischen
Arbeiter-Zeitung er-
scheint ein Manifest der
Jungfilmer. Die rein
kommerzielle Orientie-
rung und künstlerische
Niveaulosigkeit des
österreichischen Films
werden kritisiert.

die nach links gehen mußten
Als er sie abführte
kam es zu einer Unruhe
und er schoß in die Menschen hinein
Dabei wurden 5 oder 6 getötet

RICHTER Herr Zeuge
befindet sich der von dem Sie sprechen
in diesem Raum

ZEUGE 7 Herr Vorsitzender
es ist lange her
daß ich ihnen gegenüber stand
und es fällt mir schwer
ihnen in die Gesichter zu sehn
Dieser hier hat Ähnlichkeit mit ihm
er könnte es sein
Er heißt Bischof

RICHTER Sind Sie sicher
oder zweifeln Sie

ZEUGE 7 Herr Vorsitzender
ich war diese Nacht schlaflos

VERTEIDIGER Wir stellen die Glaubwürdigkeit des Zeugen
infrage
Es ist anzunehmen
daß er das Gesicht unseres Mandanten
nach einem der öffentlich verbreiteten Bilder
wiedererkennt
Die Übermüdung des Zeugen
kann keine Grundlage bilden
für beweiskräftige Aussagen

RICHTER Angeklagter Bischof
Wollen Sie zu der Beschuldigung
Stellung nehmen

ANGEKLAGTER 15 Das ist mir ein Rätsel
was der Herr Zeuge da sagt
Ich verstehe auch nicht
warum der Zeuge sagt
5 oder 6
Hätte er 5 gesagt
oder hätte er 6 gesagt
dann wäre es verständlich

RICHTER Hatten Sie Dienst auf der Rampe

ANGEKLAGTER 15 Ich hatte nur die Schübe zu ordnen
Geschossen habe ich nie
Herr Präsident
Es ist mein Bestreben

hier reinen Tisch zu machen
Das nagt schon seit Jahren an mir
Herzkrank bin ich davon geworden
Da sollen mir mit solchen Schweinereien
die letzten Tage meines Lebens
versaut werden
ANKLÄGER Was meint der Angeklagte
mit Schweinereien
RICHTER Der Angeklagte ist erregt
Er meint sicher nicht
das von der Staatsanwaltschaft
eingeleitete Strafverfahren
Die Angeklagten lachen
ZEUGE 8 Ich gehörte als Häftling
dem Aufräumkommando an
Wir hatten das Gepäck der Angekommenen
wegzuschaffen
Der Angeklagte Baretzki
hat auf der Rampe
an Aussonderungen teilgenommen
und die Transporte
zu den Krematorien begleitet
RICHTER Herr Zeuge
Erkennen Sie den Angeklagten wieder
ZEUGE 8 Dies ist Blockführer Baretzki
ANGEKLAGTER 13 Ich gehörte nur
zu den Wachmannschaften
Daß ein Mannschaftsdienstgrad selektierte
das gab es gar nicht
Ein Blockführer konnte doch keine
arbeitsunfähigen Leute rausstellen
Das konnte nur ein Arzt
RICHTER War Ihnen der Zweck der Aussonderungen
bekannt
ANGEKLAGTER 13 Wir erfuhren das
Ich war empört darüber
Ich habe das meiner Mutter einmal
auf einem Urlaub berichtet
Die wollte das nicht glauben
Das ist nicht möglich
sagte sie
Menschen brennen doch nicht
weil Fleisch nicht brennen kann
ZEUGE 8 Ich sah
wie Baretzki mit seinem Stock

17. März
Während des SPD-Par-
teitages in Nürnberg fin-
den Demonstrationen
gegen die Verabschie-
dung der Notstandsge-
setze statt.

17. März
Die Dollarkrise und die
Abwertung des Pfund
Sterling führen zu star-
kem Druck auf den
Goldmarkt. Die USA
heben die Golddek-
kungspflicht für den
Dollar auf.

auf die Leute zeigte
Es konnte ihm nie schnell genug gehn
Immer trieb er zur Eile
Einmal kam ein Zug mit 3000 Menschen an
Die meisten waren Kranke
Baretzki schrie uns zu
Ihr habt 15 Minuten Zeit
sie aus dem Waggon zu holen
Beim Abladen wurde ein Kind geboren
Ich wickelte es in Kleidungsstücke
und legte es neben die Mutter
Baretzki kam mit dem Stock auf mich zu
und schlug mich und die Frau
Was tust du mit dem Dreck da
rief er
und gab dem Kind einen Fußtritt
so daß es 10 Meter fortflog
Dann befahl er mir
Bring die Scheiße hierher
Da war das Kind tot
RICHTER Herr Zeuge
Können Sie das beschwören
ZEUGE 8 Das kann ich beschwören
Baretzki hatte auch einen Spezialschlag
Er war bekannt dafür
RICHTER Was war das für ein Spezialschlag
ZEUGE 8 Er wurde mit der flachen Hand ausgeführt
So
Gegen die Aorta
Dieser Schlag
führte in den meisten Fällen
zum Tod
ANGEKLAGTER 13 Der Zeuge sagte doch eben
ich hätte einen Stock gehabt
Wenn ich einen Stock hatte
dann brauchte ich doch nicht
mit der Hand zu schlagen
Und wenn ich mit der Hand schlug
brauchte ich doch keinen Stock
Herr Vorsitzender
das ist Verleumdung
Ich hatte überhaupt keinen Spezialschlag
Die Angeklagten lachen

Theodor W. Adorno / Max Horkheimer
Zur Theorie der Gespenster

Freuds Theorie, daß der Gespensterglaube aus den bösen Gedanken der Lebenden gegen die Verstorbenen kommt, aus der Erinnerung an alte Todeswünsche, ist zu plan. Der Haß gegen die Verstorbenen ist Eifersucht nicht weniger als Schuldgefühl. Der Zurückbleibende fühlt sich verlassen, er rechnet seinen Schmerz dem Toten an, der ihn verursacht. Auf den Stufen der Menschheit, auf denen der Tod noch unmittelbar als Fortsetzung der Existenz erschien, wirkt das Verlassen im Tod notwendig als Verrat, und selbst im Aufgeklärten pflegt der alte Glaube nicht ganz erloschen zu sein. Dem Bewußtsein ist es unangemessen, den Tod als absolutes Nichts zu denken, das absolute Nichts denkt sich nicht. Und wenn dann die Last des Lebens sich wieder auf den Hinterbliebenen legt, erscheint die Lage des Toten ihm leicht als der bessere Zustand. Die Weise, in der manche Hinterbliebene nach dem Tod eines Angehörigen ihr Leben neu organisieren, der betriebsame Kult mit dem Toten oder umgekehrt, das als Takt rationalisierte Vergessen, sind das moderne Gegenstück zum Spuk, der, unsublimiert, als Spiritismus weiterwuchert. Einzig das ganz bewußt gemachte Grauen vor der Vernichtung setzt das rechte Verhältnis zu den Toten: die Einheit mit ihnen, weil wir wie sie Opfer desselben Verhältnisses und derselben enttäuschten Hoffnung sind.

Zusatz

Das gestörte Verhältnis zu den Toten – daß sie vergessen werden und einbalsamiert – ist eines der Symptome fürs Kranksein der Erfahrung heute. Fast ließe sich sagen, es sei der Begriff des menschlichen Lebens selber, als der Einheit der Geschichte eines Menschen, hinfällig geworden: das Leben des Einzelnen wird bloß noch durch sein Gegenteil, die Vernichtung definiert, hat aber jede Einstimmigkeit, jede Kontinuität der bewußten Erinnerung und des unwillkürlichen Gedächtnisses – den Sinn verloren. Die Individuen reduzieren sich auf die bloße Abfolge punkthafter Gegenwarten, die keine Spur hinterlassen oder vielmehr: deren Spur als irrational, überflüssig, im wörtlichsten Verstande überholt sie hassen. Wie jedes Buch suspekt ist, das nicht kürzlich erschien, wie der Gedanke an Geschichte, außerhalb des Branchenbetriebs der historischen Wissenschaft, die zeitgemäßen Typen nervös macht, so bringt sie das Vergangene

17. März
Bericht einer Untersuchungskommission über Massenmorde an Indianern in Brasilien: Vier Indianerstämme wurden auf bestialische Art völlig vernichtet. Sie wurden aus Flugzeugen mit Dynamit beworfen, mit Maschinengewehren niedergeschossen, durch Impfungen mit Pockenviren infiziert, mit Arsen vergiftet. Die Massaker wurden von Funktionären des Indianerschutzdienstes begangen, auch Plantagenbesitzer zählten zu den Hintermännern. Ziel war die Aneignung des Landes der Indianer.

18. März
Aus Protest gegen die
Macht der Springer-
Presse siedelt der Schau-
spieler Wolfgang Kieling
in die DDR über.

am Menschen in Wut. Was einer früher war und erfahren hat, wird annulliert gegenüber dem, was er jetzt ist, hat, wozu er allenfalls gebraucht werden kann. Der häufig dem Emigranten zunächst erteilte wohlmeinend-drohende Rat, alles Gewesene zu vergessen, weil es ja doch nicht transferiert werden könne, und unter Abschreibung seiner Vorzeit ohne weitere Umstände ein neues Leben zu beginnen, möchte dem als gespenstisch empfundenen Eindringling nur mit einem Gewaltspruch antun, was man längst sich selber anzutun gelernt hat. Man verdrängt die Geschichte bei sich und anderen, aus Angst, daß sie einen an den Zerfall der eigenen Existenz gemahnen könne, der selber weitgehend im Verdrängen der Geschichte besteht. Was allen Gefühlen widerfährt, die Ächtung dessen, was keinen Marktwert hat, widerfährt am schroffsten dem, woraus nicht einmal die psychologische Wiederherstellung der Arbeitskraft zu ziehen ist, der Trauer. Sie wird zum Wundmal der Zivilisation, zur asozialen Sentimentalität, die verrät, daß es immer noch nicht ganz gelungen ist, die Menschen aufs Reich der Zwecke zu vereidigen. Darum wird Trauer mehr als alles andere verschandelt, bewußt zur gesellschaftlichen Formalität gemacht, welche die schöne Leiche dem Verhärteten weithin schon immer war. Im funeral home und Krematorium, wo der Tote zur transportablen Asche, zum lästigen Eigentum verarbeitet wird, ist es in der Tat unzeitgemäß, sich gehen zu lassen, und jenes Mädchen, das stolz das Begräbnis erster Klasse der Großmutter beschrieb und hinzufügte: »a pity that daddy lost control«, weil dieser ein paar Tränen vergoß, drückt genau die Sachlage aus. In Wahrheit wird den Toten angetan, was den alten Juden als ärgster Fluch galt: nicht gedacht soll deiner werden. An den Toten lassen die Menschen die Verzweiflung darüber aus, daß sie ihrer selber nicht mehr gedenken.

Max Horkheimer
Autoritärer Staat
(1940/1942)

19. März
Die Regierung von Guatemala verhängt den Ausnahmezustand und setzt die verfassungsmäßigen Rechte für die folgenden 30 Tage außer Kraft, um härter gegen die Guerillakämpfer vorgehen zu können.

Die historischen Voraussagen über das Schicksal der bürgerlichen Gesellschaft haben sich bewährt. Im System der freien Marktwirtschaft, das die Menschen zu arbeitsparenden Erfindungen und schließlich zur mathematischen Weltformel gebracht hat, sind seine spezifischen Erzeugnisse, die Maschinen, Destruktionsmittel nicht bloß im wörtlichen Sinn geworden: sie haben anstatt der Arbeit die Arbeiter überflüssig gemacht. Die Bourgeoisie selbst ist dezimiert, die Mehrzahl der Bürger hat ihre Selbständigkeit verloren; soweit sie nicht ins Proletariat oder vielmehr in die Masse der Arbeitslosen hinabgestoßen sind, gerieten sie in Abhängigkeit von den großen Konzernen oder vom Staat. Das Dorado der bürgerlichen Existenzen, die Sphäre der Zirkulation, wird liquidiert. Ihr Werk wird teils von den Trusts verrichtet, die ohne Hilfe der Banken sich selbst finanzieren, den Zwischenhandel ausschalten und die Generalversammlung in Zucht nehmen. Teils wird das Geschäft vom Staat besorgt. Als caput mortuum des Verhandlungsprozesses der Bourgeoisie ist die oberste industrielle und staatliche Bürokratie übrig geblieben. »So oder so, mit oder ohne Trust, muß schließlich der offizielle Repräsentant der kapitalistischen Gesellschaft, der Staat, die Leitung der Produktion übernehmen ... Alle gesellschaftlichen Funktionen der Kapitalisten werden jetzt von besoldeten Angestellten versehen ... Und der moderne Staat ist wieder nur die Organisation, welche sich die bürgerliche Gesellschaft gibt, um die allgemeinen äußeren Bedingungen der kapitalistischen Produktionsweise aufrechtzuerhalten gegen Übergriffe sowohl der Arbeiter wie der einzelnen Kapitalisten ... Je mehr Produktivkräfte er in sein Eigentum übernimmt, desto mehr wird er wirklicher Gesamtkapitalist, desto mehr Staatsbürger beutet er aus. Die Arbeiter bleiben Lohnarbeiter, Proletarier. Das Kapitalverhältnis wird nicht aufgehoben, es wird vielmehr auf die Spitze getrieben.«[1] Im Übergang vom Monopol- zum Staatskapitalismus ist das letzte, was die bürgerliche Gesellschaft zu bieten hat, »Aneignung der großen Produktions- und Verkehrsorganismen, erst durch Aktiengesellschaften, später durch Trusts, sodann durch den

---

1 Friedrich Engels, *Die Entwicklung des Sozialismus von der Utopie zur Wissenschaft*, Berlin 1924, S. 46 u. 47. Vgl. *Herrn Eugen Dührings Umwälzung der Wissenschaft*, 10. Aufl., Stuttgart 1919, S. 298 ff.

19. März
In den USA bekommen
die LPs *John Wesley
Harding* von Bob Dylan
und *Are You Experi-
enced?* von der Gruppe
Jimi Hendrix Experience
die Goldene Schallplatte
verliehen.

Staat.«[2] Der Staatskapitalismus ist der autoritäre Staat der Gegenwart.

Dem natürlichen Ablauf der kapitalistischen Weltordnung ist
nach der Theorie ein unnatürliches Ende bestimmt: die vereinigten Proletarier vernichten die letzte Form der Ausbeutung,
die staatskapitalistische Sklaverei. Die Konkurrenz der Lohnarbeiter hatte das Gedeihen der privaten Unternehmer garantiert. Das war die Freiheit der Armen. Einmal war Armut ein
Stand, dann wurde sie zur Panik. Die Armen sollten rennen und
sich stoßen wie die Menge im brennenden Saal. Der Ausgang
war der Eingang in die Fabrik, die Arbeit für den Unternehmer.
Es konnte nicht genug Arme geben, ihre Zahl war ein Segen für
das Kapital. Im gleichen Maße jedoch, in dem das Kapital die
Arbeiter im Großbetrieb konzentriert, gerät es in die Krise und
macht ihr Dasein aussichtslos. Sie können sich nicht einmal
mehr verdingen. Ihr Interesse verweist sie auf den Sozialismus.
Wenn einmal die herrschende Klasse den Arbeiter »ernähren
muß, anstatt von ihm ernährt zu werden«, ist die Revolution an
der Zeit. Diese Theorie des Endes entspringt einem Zustand,
der noch mehrdeutig war; sie ist selbst doppelsinnig: Entweder
sie rechnet mit dem Zusammenbruch durch die ökonomische
Krise, dann ist die Fixierung durch den autoritären Staat ausgeschlossen, den Engels doch voraussieht. Oder sie erwartet
den Sieg des autoritären Staats, dann ist nicht mit dem Zusammenbruch durch die Krise zu rechnen, denn sie war stets durch
die Marktwirtschaft definiert. Der Staatskapitalismus beseitigt
aber den Markt und hypostasiert die Krise für die Dauer des
ewigen Deutschlands. In seiner »ökonomischen Unabweisbar-
keit« bedeutet er einen Fortschritt, ein neues Atemholen für die
Herrschaft. Die Arbeitslosigkeit wird organisiert. Einzig die
schon gerichteten Teile der Bourgeoisie sind am Markt noch
wahrhaft interessiert. Großindustrielle schreien heute nach
dem Liberalismus nur, wo die etatistische Verwaltung noch
zu liberal, nicht völlig unter ihrer Kontrolle ist. Die zeitgemäße
Planwirtschaft kann die Masse besser ernähren und sich besser
von ihr ernähren lassen als die Reste des Marktes. Eine Periode
mit eigener gesellschaftlicher Struktur hat die freie Wirtschaft
abgelöst. Sie zeigt ihre besonderen Tendenzen national und
international.

[...]

Die konsequenteste Art des autoritären Staats, die aus jeder
Abhängigkeit vom privaten Kapital sich befreit hat, ist der
integrale Etatismus oder Staatssozialismus. Er steigert die Pro-

---

2 Friedrich Engels, *Die Entwicklung des Sozialismus von der Utopie zur Wissenschaft*,
  a. a. O., S. 55.

duktion wie nur der Übergang von der merkantilistischen Periode in die liberalistische. Die faschistischen Länder bilden eine Mischform. Auch hier wird der Mehrwert zwar unter staatlicher Kontrolle gewonnen und verteilt, er fließt jedoch unter dem alten Titel des Profits in großen Mengen weiter an die Industriemagnaten und Grundbesitzer. Durch ihren Einfluß wird die Organisation gestört und abgelenkt. Im integralen Etatismus ist die Vergesellschaftung dekretiert. Die privaten Kapitalisten sind abgeschafft. Coupons werden einzig noch von Staatspapieren abgeschnitten. Infolge der revolutionären Vergangenheit des Regimes ist der Kleinkrieg der Instanzen und Ressorts nicht wie im Faschismus durch Verschiedenheiten der sozialen Herkunft und Bindung innerhalb der bürokratischen Stäbe kompliziert, die dort so viel Reibungen erzeugt. Der integrale Etatismus bedeutet keinen Rückfall, sondern Steigerung der Kräfte, er kann leben ohne Rassenhaß. Aber die Produzenten, denen juristisch das Kapital gehört, »bleiben Lohnarbeiter, Proletarier«, mag noch so viel für sie getan werden. Das Betriebsreglement hat sich über die ganze Gesellschaft ausgebreitet. Spielte nicht die Armut an technischen Hilfsmitteln und die kriegerische Umwelt der Bürokratie in die Hände, so hätte der Etatismus sich schon überlebt. Im integralen Etatismus steht, wenn man von den kriegerischen Verwicklungen absieht, der Absolutismus der Ressorts, für deren Kompetenzen die Polizei das Leben bis in die letzten Zellen durchdringt, der freien Einrichtung der Gesellschaft entgegen. Zur Demokratisierung der Verwaltung bedarf es keiner ökonomischen oder juristischen Maßnahmen mehr, sondern des Willens der Regierten. Der circulus vitiosus von Armut, Herrschaft, Krieg und Armut umfängt sie solange, bis sie ihn selbst durchbrechen werden. Wo auch sonst in Europa Tendenzen im Sinn des integralen Etatismus sich regen, eröffnet sich die Aussicht, daß sie diesmal nicht wieder in bürokratischer Herrschaft sich verfangen werden. Wann es gelingt, ist nicht vorher zu entscheiden und auch nachher durch die Praxis nicht ein für allemal ausgemacht. Unwiderruflich ist in der Geschichte nur das Schlechte: die ungewordenen Möglichkeiten, das versäumte Glück, die Morde mit und ohne juristische Prozedur, das, was die Herrschaft den Menschen antut. Das andere steht für immer in Gefahr.

In allen seinen Varianten ist der autoritäre Staat repressiv. Die maßlose Vergeudung wird nicht mehr durch ökonomische Mechanismen im klassischen Sinn bewirkt; sie entsteht jedoch aus den unverschämten Bedürfnissen des Machtapparats und aus der Vernichtung jeglicher Initiative der Beherrschten: Ge-

20. März
Peter Weiss' Stück *Vietnam-Diskurs* wird am Frankfurter Schauspielhaus uraufgeführt. Nach der Vorstellung diskutieren Mitglieder des SDS mit Peter Weiss, dem Regisseur Harry Buckwitz und Jürgen Habermas.

21. März
Israelische Truppen
überschreiten die Waf-
fenstillstandslinie zu Jordanien und greifen ein
Palästinenserlager an. Es
kommt zu Kämpfen mit
jordanischen Militärein-
heiten.
Israelischer Angriff
gegen Stützpunkte der
Al Fatah.

horsam ist nicht so produktiv. Trotz der sogenannten Krisen-
losigkeit gibt es keine Harmonie. Auch sofern der Mehrwert
nicht länger als Profit eingestrichen wird, geht es um ihn. Die
Zirkulation wird abgeschafft, die Ausbeutung modifiziert. Der
auf die Marktwirtschaft gemünzte Satz, daß der Anarchie in der
Gesellschaft die straffe Ordnung in der Fabrik entspricht, bedeutet heute, daß der internationale Naturstand, der Kampf um
den Weltmarkt, und die faschistische Disziplin der Völker
wechselseitig sich bedingen. Auch wenn Eliten heute gemeinsam gegen ihre Völker verschworen sind, bleiben sie immer auf
dem Sprung, sich von den Jagdgebieten etwas abzujagen. Wirt-
schafts- und Abrüstungskonferenzen schieben die Händel immer nur für eine Weile auf, das Prinzip der Herrschaft erweist
sich im Äußeren als das der permanenten Mobilisation. Der
Zustand bleibt weiterhin absurd. Freilich wird die Fesselung
der Produktivkräfte von nun an als Bedingung der Herrschaft
verstanden und mit Bewußtsein ausgeübt. Daß zwischen den
Schichten der Beherrschten, sei es zwischen Gemeinen und
Facharbeitern oder den Geschlechtern oder den Rassen, ökonomisch differenziert, daß die Isolierung der Individuen voneinander mit allen Verkehrsmitteln, mit Zeitung, Kino, Radio,
systematisch betrieben werden muß, gehört zum Katechismus
der autoritären Regierungskunst. Sie sollen allen zuhören, vom
Führer bis zum Blockwart, nur nicht einander, sie sollen über
alles orientiert sein, von der nationalen Friedenspolitik bis zur
Verdunkelungslampe, nur nicht sich orientieren, sie sollen
überall Hand anlegen, nur nicht an die Herrschaft. Die
Menschheit wird allseitig ausgebildet und verstümmelt. Mag
das Land, zum Beispiel die Vereinigten Staaten Europas, noch
so groß und mächtig sein, die Unterdrückungsmaschinerie
gegen den inneren Feind muß einen Vorwand in der Drohung
mit dem äußeren finden. Wenn Hunger und Kriegsgefahr notwendige, unkontrollierte, wider Willen produzierte Folgen der
freien Wirtschaft waren, werden sie vom autoritären Staat der
Tendenz nach konstruktiv angewandt.

So unerwartet nach Ort und Zeit das Ende der letzten Phase
kommen mag, es wird kaum durch eine wieder auferstandene
Massenpartei herbeigeführt; sie würde die herrschende bloß
ablösen. Die Aktivität politischer Gruppen und Vereinzelter
mag zur Vorbereitung der Freiheit entscheidend beitragen;
gegnerische Massenparteien hat der autoritäre Staat nur als
konkurrierende zu fürchten. Sie rühren nicht ans Prinzip. In
Wahrheit ist der innere Feind überall und nirgends. Nur im
Anfang kommen die meisten Opfer des Polizeiapparates aus
der unterlegenen Massenpartei. Später strömt das vergossene

Blut aus dem geeinten Volk zusammen. Die Auslese, die man in den Lagern konzentriert, wird immer zufälliger. Ob die Menge der Insassen jeweils wächst oder abnimmt, ja ob man es sich zeitweise leisten kann, die leeren Plätze der Ermordeten gar nicht wieder zu belegen, eigentlich könnte jeder im Lager sein. Die Tat, die hineinführt, begeht jeder in Gedanken jeden Tag. Im Faschismus träumen alle den Führermord und marschieren in Reih und Glied. Sie folgen aus nüchterner Berechnung: nach dem Führer käme doch nur der Stellvertreter. Wenn die Menschen einmal nicht mehr marschieren, dann werden sie auch ihre Träume verwirklichen. Die vielberufene politische Müdigkeit der Massen, hinter der sich die Parteibonzen nicht selten verstecken, ist eigentlich nur die Skepsis gegen die Leitung. Die Arbeiter haben gelernt, daß von denen, die sie jeweils riefen und wieder nach Hause schickten, auch nach dem Sieg stets nur das gleiche zu gewärtigen war. In der Französischen Revolution brauchten die Massen fünf Jahre, bis ihnen einerlei war, ob Barras oder Robespierre. Aus der gewitzigten Apathie, die den Widerwillen gegen die ganze politische Fassade enthält, ist kein Schluß für die Zukunft zu ziehen. Mit der Erfahrung, daß ihr politischer Wille durch die Veränderung der Gesellschaft wirklich ihr eigenes Dasein verändert, wird die Apathie der Massen verschwunden sein. Sie gehört dem Kapitalismus an, freilich allen seinen Phasen. Die generalisierende Soziologie hat daran gekrankt, daß sie zumeist von feineren Leuten betrieben worden ist. Diese differenzieren zu gewissenhaft. Die Millionen unten erfahren von Kindheit an, daß die Phasen des Kapitalismus zu demselben System gehören. Hunger, Polizeikontrolle, Soldatsein gibt es auf liberal und autoritär. Beim Faschismus sind die Massen vornehmlich daran interessiert, daß es nicht der Fremde schafft, denn die abhängige Nation hat die verstärkte Ausbeutung zu dulden. Hoffnung bietet ihnen gerade noch der integrale Etatismus, weil er an der Grenze des Besseren steht, und Hoffnung widerspricht der Apathie. Im Begriff der revolutionären Diktatur als Übergang war keineswegs beschlossen, daß irgendeine Elite aufs neue die Produktionsmittel monopolisiert. Solcher Gefahr kann die Energie und Wachsamkeit der Menschen selbst begegnen. Die Umwälzung, die der Herrschaft ein Ende macht, reicht so weit wie der Wille der Befreiten. Jede Resignation ist schon der Rückfall in die Vorgeschichte. Nach der Auflösung der alten Machtpositionen wird die Gesellschaft entweder ihre Angelegenheiten auf Grund freier Übereinkunft verwalten, oder die Ausbeutung geht weiter. Daß sich Reaktionen ereignen, daß der Ansatz zur Freiheit immer wieder vernichtet wird,

22. März
Das Berliner Landgericht
spricht die Kommunar-
den Fritz Teufel und
Rainer Langhans von der
Anklage des Aufrufs zur
Brandstiftung frei. Das
Gericht bewertet die von
den Angeklagten verfaß-
ten Flugblätter als satiri-
sche Erzeugnisse.

ist theoretisch nicht auszuschließen, gewiß nicht solang es eine feindliche Umwelt gibt. Es lassen sich keine patenten Systeme ausdenken, die selbsttätig Rückfälle verhindern. Die Modalitäten der neuen Gesellschaft finden sich erst im Laufe der Veränderung. Die theoretische Konzeption, die nach ihren Vorkämpfern der neuen Gesellschaft den Weg weisen soll, das Rätesystem, stammt aus der Praxis. Es geht auf 1871, 1905 und andere Ereignisse zurück. Die Umwälzung hat eine Tradition, auf deren Fortsetzung die Theorie verwiesen ist.

Nicht weil das künftige Zusammenleben auf einer raffinierteren Verfassung beruhte, hat es Aussicht auf Dauer, sondern weil die Herrschaft sich im Staatskapitalismus abnutzt. Dank seiner Praxis bereiten die zweckmäßige Leitung des Produktionsapparates, der Austausch von Stadt und Land, die Versorgung der großen Städte keine Schwierigkeiten mehr. Die Steuerung der Wirtschaft, die früher aus der trügerischen Initiative privater Unternehmer resultierte, wird schließlich in einfache Verrichtungen aufgelöst, die erlernbar sind wie Bau und Bedienung von Maschinen. Der Auflösung des Unternehmergenies folgt die der Führerweisheit. Ihre Funktionen können durchschnittlich geschulte Kräfte bewältigen. Ökonomische Fragen werden mehr und mehr zu technischen. Die Vorzugsstellung von Beamten der Verwaltung, technischen und planwirtschaftlichen Ingenieuren verliert in der Zukunft ihre vernünftige Basis, die nackte Macht wird ihr einziges Argument. Daß die Rationalität der Herrschaft schon im Schwinden begriffen ist, wenn der autoritäre Staat die Gesellschaft übernimmt, ist der wahre Grund seiner Identität mit dem Terrorismus und zugleich der Engelsschen Theorie, daß die Vorgeschichte mit ihm zu Ende geht. Die Verfassung war, bevor sie in den faschistischen Ländern abstarb, ein Instrument der Herrschaft. Durch sie hatte seit der Englischen und Französischen Revolution das europäische Bürgertum die Regierung begrenzt und sein Eigentum gesichert. Daß die Rechte des Individuums nicht einer Gruppe vorbehalten bleiben konnten, sondern formelle Universalität gefordert war, macht sie heute zur Sehnsucht der Minoritäten. In einer neuen Gesellschaft wird sie nicht mehr Gewicht beanspruchen als Fahrpläne und Verkehrsregeln in der bestehenden. »Wie oft schon tat man«, klagt Dante über die Unselbständigkeit der Verfassung in Florenz, »Gesetze, Münzen, Ämter, Brauch in Bann, und deine Bürgerschaft sah neue Glieder.«[3] Was der zerfallenden Patrizierherrschaft gefährlich gewesen ist, wäre der klassenlosen Gesell-

3 Dante, *Göttliche Komödie*, ›Fegefeuer‹, deutsch von K. zu Putlitz, Tempelausgabe, VI, Vers 145-48.

schaft eigentümlich. Die Formen der freien Assoziation schließen sich nicht zum System zusammen.

Sowenig das Denken aus sich heraus die Zukunft zu entwerfen vermag, so wenig bestimmt es den Zeitpunkt. Die Etappen des Weltgeistes folgen nach Hegel einander mit logischer Notwendigkeit, keine kann übersprungen werden. Marx ist ihm darin treu geblieben. Die Geschichte wird als unverbrüchliche Entwicklung vorgestellt. Das Neue kann nicht beginnen, ehe seine Zeit gekommen ist. Aber der Fatalismus beider Denker bezieht sich, merkwürdig genug, bloß auf die Vergangenheit. Ihr metaphysischer Irrtum, daß die Geschichte einem festen Gesetz gehorche, wird durch den historischen Irrtum aufgehoben, daß es zu ihrer Zeit erfüllt sei. Die Gegenwart und das Spätere steht nicht wieder unter dem Gesetz. Es hebt auch keine neue gesellschaftliche Periode an. Fortschritt gibt es in der Vorgeschichte. Er beherrscht die Etappen bis zur Gegenwart. Von geschichtlichen Unternehmungen, die vergangen sind, mag sich sagen lassen, daß die Zeit nicht reif für sie gewesen sei. In der Gegenwart verklärt die Rede von der mangelnden Reife das Einverständnis mit dem Schlechten. Für den Revolutionär ist die Welt schon immer reif gewesen. Was im Rückblick als Vorstufe, als unreife Verhältnisse erscheint, galt ihm einmal als letzte Chance der Veränderung. Er ist mit den Verzweifelten, die ein Urteil zum Richtplatz schickt, nicht mit denen, die Zeit haben. Die Berufung auf ein Schema von gesellschaftlichen Stufen, das die Ohnmacht einer vergangenen Epoche post festum demonstriert, war im betroffenen Augenblick verkehrt in der Theorie und niederträchtig in der Politik. Die Zeit, zu der sie gedacht wird, gehört zum Sinn der Theorie. Die Lehre vom Wachsen der Produktivkräfte, von der Abfolge der Produktionsweisen, von der Aufgabe des Proletariats ist weder ein historisches Gemälde zum Anschauen noch eine naturwissenschaftliche Formel zur Vorausberechnung künftiger Tatsachen. Sie formuliert das richtige Bewußtsein in einer bestimmten Phase des Kampfes und ist als solches auch in späteren Konflikten wieder zu erkennen. Die als Eigentum erfahrene Wahrheit schlägt in ihr Gegenteil um, auf sie trifft der Relativismus zu, dessen kritischer Zug von demselben Sekuritätsideal herrührt wie die absolute Philosophie. Die kritische Theorie ist von anderem Schlag. Sie kehrt sich gegen das Wissen, auf das man pochen kann. Sie konfrontiert Geschichte mit der Möglichkeit, die stets konkret in ihr sichtbar wird. Die Reife ist das Thema probandum und probatum. Obgleich der spätere historische Verlauf die Girondisten gegen die Montagnards, Luther gegen Münzer bestätigt hat, wurde die Menschheit nicht

22. März
Nach der Verhaftung von sechs Vietnam-Demonstranten gründen verschiedene linke Organisationen an der Philosophischen Fakultät der Sorbonne in Nanterre bei Paris die *Bewegung des 22. März*. Die Gruppe übernimmt eine führende Rolle im »Pariser Mai«. Ihr bekanntester Sprecher ist Daniel Cohn-Bendit.

22. März
Antonin Novotny tritt
unter dem Druck der öf-
fentlichen Meinung als
tschechischer Staatsprä-
sident zurück, eine wei-
tere Bestätigung der Re-
formkräfte.

durch die unzeitgemäßen Unternehmungen der Umstürzler, sondern durch die zeitgemäße Weisheit der Realisten verraten. Die Verbesserung der Produktionsmethoden mag wirklich nicht bloß die Chancen der Unterdrückung, sondern auch die ihrer Abschaffung verbessert haben. Aber die Konsequenz, die heute aus dem historischen Materialismus und damals aus Rousseau oder der Bibel folgte, nämlich die Einsicht, daß »Jetzt oder erst in hundert Jahren« das Grauen ein Ende findet, war in jedem Augenblick an der Zeit.

[...]

Die Möglichkeit heute ist nicht geringer als die Verzweiflung. Der Staatskapitalismus als jüngste Phase hat mehr Kräfte in sich, die wirtschaftlich zurückgebliebenen Territorien der Erde zu organisieren, als die vorhergehende, deren maßgebende Repräsentanten ihre verminderte Kraft und Initiative zur Schau stellen. Sie werden von der Angst bestimmt, ihre profitable soziale Stellung zu verlieren. Sie wollten gerne alles tun, um sich die Hilfe des zukünftigen Faschismus nicht auf die Dauer zu verscherzen. In ihm erscheint ihnen die regenerierte Gestalt der Herrschaft, sie ahnen die Kraft, die bei ihnen am Versiegen ist. Der seit Jahrhunderten akkumulierte Reichtum und die ihm zugehörige diplomatische Erfahrung wird darauf verwandt, daß die legitimen Beherrscher Europas seine Vereinigung selbst kontrollieren und den integralen Etatismus noch einmal draußen halten. Sowohl durch solche Rückfälle wie durch Versuche, wirkliche Freiheit herzustellen, kann die Ära des autoritären Staats unterbrochen werden. Diese Versuche, die ihrem Wesen nach keine Bürokratie dulden, können nur von den Vereinzelten kommen. Vereinzelt sind alle. Die verdrossene Sehnsucht der atomisierten Massen und der bewußte Wille der Illegalen weist in dieselbe Richtung. Genausoweit wie ihre Unbeirrbarkeit ging auch in früheren Revolutionen der kollektive Widerstand, der Rest war Gefolgschaft. Es führt eine Linie von den linken Gegnern des Etatismus Robespierres zum Komplott der Gleichen unter dem Directoire. Solange die Partei noch eine Gruppe, ihren antiautoritären Zielen noch nicht entfremdet ist, solange die Solidarität nicht durch Gehorsam ersetzt wird, solange sie die Diktatur des Proletariats noch nicht mit der Herrschaft der gerissensten Parteitaktiker verwechselt, wird ihre Generallinie von eben den Abweichungen bestimmt, von denen sie als herrschende Clique sich freilich rasch zu säubern weiß. Solange die Avantgarde ohne periodische Säuberungsaktionen zu handeln vermag, lebt mit ihr die Hoffnung auf den klassenlosen Zustand. Die zwei Phasen, in denen nach dem Wortlaut der Tradition er sich verwirklichen soll, haben mit der Ideologie, die heute der Verewigung des integralen Etatismus dient, nur wenig zu tun. Weil die unbegrenzte Menge der Konsum- und Luxusmittel noch als ein Traum erscheint, soll die Herrschaft, die bestimmt war, in der ersten Phase abzusterben, sich versteifen dürfen. Gesichert durch schlechte Ernten und Wohnungsnot verkündet man, die Regierung der Geheimpolizei werde verschwinden, wenn das Schlaraffenland verwirklicht sei. Engels ist dagegen ein Utopist, er setzt die Vergesellschaftung und das Ende der Herrschaft in eins: »Der erste Akt, worin der Staat wirklich als Repräsentant der ganzen Gesellschaft auftritt – die Besitzergreifung der Produktionsmittel im Namen der Gesellschaft –, ist zugleich sein letzter selbständiger Akt als Staat. Das Eingreifen einer Staatsgewalt in die gesellschaftlichen Verhältnisse wird auf einem Gebiet nach dem anderen überflüssig und schläft dann von selbst ein.«[4] Er hat nicht daran geglaubt, daß die unbegrenzte Steigerung der materiellen Produktion die Voraussetzung einer menschlichen Gesellschaft und klassenlose Demokratie erst dann erreichbar sei, wenn die ganze Erde vollends mit Radios und Traktoren bevölkert ist. Die Praxis hat die Theorie zwar nicht widerlegt, aber interpretiert. Eingeschlafen sind die Feinde der Staatsgewalt, nur nicht von selbst. Mit jedem Stück erfüllter Planung sollte ursprünglich ein Stück Repression überflüssig werden. Statt dessen hat sich in der Kontrolle der Pläne immer mehr Repression auskristallisiert. Ob die Produktionssteigerung den Sozialismus verwirklicht oder liquidiert, kann nicht abstrakt entschieden werden.

Das Entsetzen in der Erwartung einer autoritären Weltperiode verhindert nicht den Widerstand.

[...]

22. März
Die Zahl der Gastarbeiter in der BRD ist, bezogen auf den Höchststand von 1966, um 24,5 Prozent zurückgegangen.

4 Friedrich Engels, a. a. O., S. 302.

22. März
Im Stedelijk van Abbe
Museum, Eindhoven,
zeigt die Ausstellung von
Joseph Beuys: »Parallel-
prozeß 3« Bilder, Zeich-
nungen und Objekte.

Ronald D. Laing
Undurchschaubarkeit und Evidenz
in modernen Sozialsystemen

> … Wie eine kürzlich (vom Survey Research Center an
> der Universität von Michigan für den Ausschuß für
> Auslandsbeziehungen) angestellte Studie über die
> Einstellung der amerikanischen Öffentlichkeit zur
> US-Politik gegenüber China zeigt, weiß noch immer
> jeder vierte Amerikaner nicht, daß die Chinesen eine
> kommunistische Regierung haben.[1]

Es würde mich nicht wundern, wenn der Hälfte der hier Anwesenden, die wissen, daß das chinesische Volk eine kommunistische Regierung hat, nicht bekannt ist, daß ein Viertel
der Bevölkerung – wenn man dem Bericht glauben darf – es
nicht weiß.

Ich möchte die Aufmerksamkeit auf einige Merkmale der nordamerikanischen und europäischen Gesellschaft lenken, die mir
höchst bedrohlich vorkommen, weil sie, wie es scheint, dazu
beitragen oder vielleicht sogar dazu nötig sind, unseren Anteil
an einem globalen Sozialsystem aufrechtzuerhalten und zu
perpetuieren, das als Ganzes immer mehr ein Bild von völliger
Irrationalität bietet.

Das Folgende ist in erheblichem Maße ein Versuch, darzustellen, was für mich klar ist. Klar ist, daß die soziale Situation
der Welt die Zukunft allen Lebens auf diesem Planeten gefährdet. Auseinanderzusetzen, was klar ist, heißt, Sie teilhaben zu
lassen an dem, was (nach Ihrer Ansicht) vielleicht meine Hirn-
gespinste sind. Was klar ist, kann gefährlich sein. Der Mensch
im Wahn hält seine Vorstellungen häufig für so unumstößlich,
daß er den guten Absichten all jener, von denen sie nicht geteilt
werden, schwerlich trauen kann. Für Hitler war es völlig klar,
daß die Juden die arische Rasse vergifteten und deshalb aus-
gerottet gehörten. Was für Lyndon Johnson klar ist, ist für Ho
Tschi Minh noch lang nicht klar. Was für mich klar ist, muß für
niemand anderen klar sein. Was klar ist, ist buchstäblich das,
was einem im Weg steht – vor mir oder mir gegenüber. Man
muß mit der Feststellung beginnen, daß es für einen existiert.

Ich versuche mit diesem Referat auch, einige Facetten meiner
derzeitigen Bemühung um Diagnose, um Einsicht in die soziale
Realität und ihre Durchschaubarmachung, Ihrer kritischen
Betrachtung auszusetzen. Dabei gestatte ich mir allenfalls

1 *Contemporary China*, hg. von Ruth Adams, New York 1966, S. VIII.

den Versuch zu artikulieren, was ich unter sehr begrenzten Aspekten hinsichtlich dessen, was auf unserem Planeten im Bereich des Menschen vor sich geht, für die Tatsachen halte. Was ich zu sagen habe, wird sich größtenteils auf allgemeine Aussagen beschränken müssen. Ich bin nicht sicher, ob das für viele von Ihnen Klischees sein werden. Was für den einen eine Erleuchtung ist, ist für den andern nur eine Platitüde.

22. März
Auf dem Stützpunkt der US-Luftwaffe in Puerto Rico wird das bisher größte Flugzeug der Welt, der Militärtransporter C-5A-Galaxy, vorgestellt.

Die Verhülltheit des sozialen Geschehens. Das Studium sozialer Geschehnisse bietet fast unüberwindliche Schwierigkeiten, da ihr Grad an Unverhülltheit, wie man sagen könnte, sehr gering ist. Im sozialen *Raum* reicht die eigene Fähigkeit, direkt und unmittelbar zu sehen, was vor sich geht, kaum weiter, als die eigenen Sinne reichen. Darüber hinaus muß man sich auf Schlußfolgerungen verlassen, die auf Hörensagen beruhen: auf irgendwelchen Berichten von anderen Menschen über das, was sie innerhalb ihres gleichfalls begrenzten Wahrnehmungsraumes erkennen können. Wie beim Raum, so bei der Zeit. Unsere Möglichkeiten, die Geschichte zurückzuverfolgen, sind außerordentlich begrenzt. Selbst bei den eingehendsten Untersuchungen kleiner Bruchteile der Mikro-Geschichte, bei Familienstudien, ist es schon schwierig, zwei oder drei Generationen zurückzugehen. Darüber hinaus aber verliert sich die Herkunft der Dinge, so wie sie heute sind, im Nebel.

Oft verlieren wir sie räumlich und zeitlich an einer Grenze zwischen hier-und-jetzt und dort-und-dann aus dem Auge – einer Grenze, die Informationen über das Dort-und-Dann außerhalb des Erreichbaren rückt und damit das Hier-und-Jetzt leider unverständlich werden läßt.

Der Kontext sozialen Geschehens. Ein fundamentales Gebot, von dem sich fast alle Sozialwissenschaftler leiten lassen, besagt, daß soziale Geschehnisse, sollen sie verstehbar werden, immer in einem räumlichen und zeitlichen Zusammenhang gesehen werden müssen. So notwendig dieser Kontext ist, so unmöglich ist es oft, ihn herzustellen. Das gesellschaftliche Gefüge besteht aus untereinander verbundenen Folgen von Kontexten, von Subsystemen, die mit anderen Subsystemen verflochten sind, von Kontexten, verflochten mit Metakontexten und Metametakontexten, solange bis eine theoretische Grenze erreicht ist: der Kontext aller möglichen sozialen Kontexte, die mit all den Kontexten, die sie umschließen, so etwas wie die *Totalität des globalen Sozialsystems* bilden. Über diese Totalität des globalen Sozialsystems hinaus läßt sich kein grö-

23. März
In Dresden treffen sich
die Partei- und Regie-
rungschefs des War-
schauer Pakts zu einem
Gipfeltreffen. Man zeigt
sich beunruhigt über den
Reformkurs der ČSSR.

ßerer sozialer Kontext bestimmen, so daß wir die Totalität des globalen Sozialsystems nicht mehr durch Zuordnung zu einem weiteren *sozialen* Kontext verstehbar machen können.

Ausgehend von Mikro-Situationen, die wir zu Makro-Situationen erweitern, stellen wir fest, daß die offenkundige Irrationalität des Verhaltens im kleinen ein gewisses Maß an Verständlichkeit erhält, wenn man es im Zusammenhang betrachtet. So macht man sich die offensichtliche Irrationalität des einzelnen »Psychotikers« verständlich, indem man sich mit ihr im Kontext der Familie beschäftigt. Die Irrationalität der Familie wiederum muß in den Kontext der Umwelt eingeordnet werden, von der sie umschlossen wird. Diese Umwelt muß im Kontext noch größerer Organisationen und Institutionen gesehen werden. Diese Kontexte existieren nicht außerhalb des sozialen Raumes oder an seiner Peripherie – sie durchdringen alle Bereiche des von ihnen Umschlossenen.

Das Paradoxe an der Irrationalität des Ganzen. Das Schreckliche ist: wenn wir uns durch die Irrationalität/Rationalität von Serien von Subsystemen hindurchgefunden haben und den sozialen Gesamtkontext erreichen, dann sehen wir uns allem Anschein nach einem Gesamtsystem gegenüber, das der Kontrolle durch jene Subsysteme oder Subkontexte, die es umfaßt, offenbar beängstigend entglitten ist. Hier stehen wir vor einem theoretischen, logischen und praktischen Dilemma. Anscheinend sind wir nämlich an eine empirische Grenze gekommen, die selbst ohne erkennbaren Sinn zu sein scheint, und über diesen begrenzenden Kontext hinaus kennen wir keinen weiteren Kontext, der uns behilflich sein könnte, die Totalität des globalen Sozialsystems in eine größere Form oder Anlage einzugliedern, in der sie ihre Rationalität fände. Einige Leute meinen, mit einem kosmischen Modell wäre das möglich. Dagegen hat mehr als einer gesagt – und wurde deshalb für verrückt erklärt –, daß Gott vielleicht nicht tot sei: Vielleicht sei Gott selber verrückt.

Vermittlungen. Unser theoretisches und praktisches Problem ist, die Vermittlungen zu finden zwischen den verschiedenen Ebenen von Kontexten: jene zwischen den verschiedenen Systemen und Metasystemen, die sich in dem ganzen Bereich zwischen den kleinsten mikro- und den größten makrosozialen Systemen erstrecken. Die Vermittlungssysteme in diesem Bereich müssen nicht nur an sich, sondern vor allem als konditionierende und konditionierte Medien zwischen den Einzelteilen und dem Ganzen untersucht werden.

In unserer Gesellschaft mag diese verflochtene Folge von Systemen zu bestimmten Zeiten für eine revolutionäre Veränderung geeignet sein – nicht an den äußersten Mikro- oder Makro-Enden, d. h. nicht durch die Pirouette der einsamen Reue eines einzelnen einerseits oder durch die Eroberung der Staatsmaschinerie andererseits, sondern durch sprunghafte, radikale, qualitative Strukturveränderungen auf den Ebenen des Vermittlungssystems: Veränderungen in einer Fabrik, einem Krankenhaus, einer Schule, einer Universität, einer Gruppe von Schulen oder einem ganzen Bereich der Industrie, der Medizin, der Bildung usw.

Das Beispiel der Psychiatrie. Mein Versuch, mich in dem undurchdringlichen Dunkel sozialer Vorgänge zurechtzufinden, fing damit an, daß ich gewisse Menschen untersuchte, die man in Nervenheilanstalten, psychiatrischen Abteilungen und Polikliniken antrifft: Menschen, die als psychotisch oder neurotisch galten. Ich begann zu begreifen, daß ich es nicht bloß mit der Untersuchung von Individuen zu tun hatte, sondern mit der von *Situationen.* Wie mir schien (und wie es immer noch der Fall zu sein scheint), wurde das Studium solcher Situationen auf dreifache Weise entscheidend behindert. Erstens wurde das Verhalten dieser Menschen als Zeichen für einen Krankheitsprozeß angesehen, der *in* ihnen vorging, ein Zeichen, das erst in zweiter Linie möglicherweise für etwas anderes stand. Das ganze Geschehen wurde in eine medizinische Metapher eingeschlossen. Als zweites beherrschte diese medizinische Metapher dann das Verhalten aller, die ein Teil von ihr geworden waren, Ärzte und Patienten. Als drittes konnte die Person, die in dem System der Patient war und vom System isoliert wurde, nicht mehr als *Person* betrachtet werden; folglich fiel es auch dem Arzt schwer, sich als Person zu verhalten. Eine Person existiert nicht ohne sozialen Kontext. Man kann eine Person nicht aus ihrem sozialen Kontext reißen und sie weiterhin als Person ansehen oder als Person *behandeln.* Wenn man aber aufhört, den anderen als Person zu *behandeln,* dann hört *man selber* auf, Person zu sein.

Jemand brabbelt vor sich hin, auf den Knien, im Gespräch mit jemand, der nicht da ist. Ja, er betet. Billigt man seinem Verhalten nicht diese soziale Begründung zu, so *kann* man ihn nur noch für verrückt erklären. Außerhalb eines sozialen Kontextes kann sein Verhalten nur Ausdruck eines unverständlichen »psychologischen« und/oder »körperlichen« Prozesses sein, und deshalb braucht er Behandlung. Diese Metapher berechtigt zu einer massiven Ignoranz hinsichtlich des sozialen Kontex-

24. März
Aufgrund des Verbots der Gewerkschaften in Spanien verhaftet die Polizei 100 Teilnehmer eines Treffens der *Arbeiterkommissionen.*

25. März
Der Philosoph Leszek
Kolakowski und fünf
andere Professoren der
Warschauer Universität
werden unter dem Vor-
wurf »Zentren der poli-
tischen Opposition« zu
sein, vom Hochschulmi-
nister entlassen. In der
BRD erschienen von
Kolakowski u. a. eine
Essaysammlung: *Der
Mensch ohne Alternative.
Von der Möglichkeit und
Unmöglichkeit, Marxist
zu sein*, München 1960,
und das Buch: *Der revo-
lutionäre Geist*, Stuttgart
1972.

tes, in dem die Interaktionen der Person stattgefunden haben. Auch führt sie dazu, daß eine wirkliche Wechselbeziehung zwischen dem Prozeß des Bezeichnens (der Praxis der Psychiatrie) und dem des Bezeichnetwerdens (der Rolle des Patienten) ebenso undenkbar wie nicht gegeben ist. Jemand, dessen Geist in die Metapher gesperrt ist, kann sie nicht als Metapher erkennen. Es ist doch ganz *klar*: Wie, wird er sagen, kann denn jemand, der unverkennbar krank ist, dadurch krank werden, daß man ihn als krank diagnostiziert? Oder ihn bessern, was das anbelangt? Einige unter uns begannen einzusehen, daß die Theorie und Praxis der Psychiatrie in dieser Hinsicht einen Versuch in undialektischem Denken und undialektischer Praxis darstellte. Hatte man sich jedoch aus der Zwangsjacke dieser Metapher befreit, dann konnte man auch die Funktion dieser antidialektischen Übung erkennen. Die Unverständlichkeit des Erlebens und Verhaltens der diagnostizierten Person wird ebensosehr von dem hervorgerufen, der sie diagnostiziert, wie von dem, der diagnostiziert wird. Wie es scheint, dient dieses Strategem spezifischen Funktionen innerhalb der Struktur des Systems, in dem es vorkommt.

Damit das Strategem reibungslos funktioniert, dürfen diejenigen, die es verwenden, nicht wissen, daß es ein Strategem ist. Sie sollen nicht zynisch oder grausam sein, sondern aufrichtig und interessiert. Und tatsächlich: je mehr die »Behandlung« eskaliert wird – durch Verhandeln (Psychotherapie), Befriedung (Beruhigungsmittel), körperlichen Kampf (kalte Packungen und Zwangsjacken), durch zugleich immer *humaner* und *wirksamer* werdende Formen der Zerstörung (Elektroschocks und Insulinkomas) bis hin zur Endlösung, das menschliche Gehirn mittels Gehirnchirurgie in zwei oder mehr Scheiben zu schneiden –, desto stärker neigen die Menschen, die anderen Menschen das antun, zu einem Gefühl des aufrichtigen Interesses, der Hingabe, des Mitleids; und sie können kaum anders als sich mehr und mehr entrüstet, betrübt, entsetzt und empört zeigen über jene Kollegen, die ihre Handlungsweise entsetzt und empört.

Und die Patienten? Je mehr sie protestieren, desto weniger Einsicht lassen sie erkennen; je mehr sie sich widersetzen, desto mehr müssen sie offenbar besänftigt werden; je verfolgter sie sich in Anbetracht der Zerstörung fühlen, desto notwendiger wird es, sie zu zerstören. Und nachdem sie das alles überstanden haben, mögen sie tatsächlich »geheilt« sein, mögen sie sogar dankbar dafür sein, daß sie keinen Verstand mehr haben, um gegen die Verfolgung zu protestieren. Aber viele tun das nicht – eine Bestätigung für das, was ein führender Psychiater zu mir sagte: »Das ist *the white man's burden*, Ronald. Wir können keinen Dank erwarten, sondern müssen weitermachen.«

27. März
Die Ausstellung *Dada, Surrealism, and Their Heritage* wird im Museum of Modern Art in New York eröffnet.

Hunderttausende von Menschen sind in diese erstaunliche politische Operation verwickelt. (Für diejenigen, die die Statistik nicht kennen, sei gesagt, daß die Aussicht auf Einweisung in eine Nervenheilanstalt in Großbritannien zehnmal so groß ist wie die, einen Studienplatz an der Universität zu bekommen.) Viele Patienten suchen in ihrer Naivität immer noch Hilfe bei Psychiatern, die das ehrliche Gefühl haben, den Menschen zu geben, wonach sie verlangen: Befreiung von Leiden. Das ist nur ein Beispiel für die diametrische Irrationalität eines Großteils unserer gesellschaftlichen Szenerie. Das *genaue Gegenteil* von dem, was beabsichtigt ist, wird erreicht. Ärzte jeden Alters haben Vermögen erlangt, indem sie ihre Patienten mittels ihrer Kuren umbrachten. Der Unterschied im Falle der Psychiatrie besteht nur darin, daß es sich um den Tod der Seele handelt. Jene, die meinen, das in gewissem Maße durchschaut zu haben, betrachten es als ein System der Gewalt und Gegengewalt. Leute, die man Gehirnchirurgen nennt, haben in den letzten zwanzig Jahren Hunderten und Tausenden von Menschen ihr Messer ins Gehirn gestoßen: Menschen, die ihrerseits nie ein Messer gegen jemand gerichtet haben mögen; vielleicht haben sie ein paar Fensterscheiben kaputtgemacht, vielleicht manchmal krakeelt, aber niemals haben sie so viele Menschen umgebracht wie die übrige Bevölkerung – viel, viel weniger sogar, wenn wir die Massenvernichtungen der Kriege, der erklärten und der unerklärten, mitzählen, die von den vor dem Gesetz »geistig gesunden« Mitgliedern unserer Gesellschaft geführt worden sind.

Anscheinend fängt man an, diese institutionalisierte, organisierte Gewalt in bestimmten Momenten eines mikropolitischen Machtkampfes auf den Plan zu rufen, in den oft, aber nicht unbedingt immer eine Familie, stets jedoch ein Komplex von Menschen, der sich mehr oder weniger weit erstreckt, verwikkelt ist. Die ersichtliche Irrationalität und manchmal ersichtlich sinnlose Gewalttätigkeit einer Person in dieser Gruppe – nicht unbedingt des »Patienten« – wird im sozialen Kontext verständlich. Diese offensichtlich sinnlose Gewalt ist ein Glied in einer unablässigen Kette von wechselseitiger Gewalt und Gegengewalt. Die schlimmste Gewalt von allen ist allerdings die gegenseitige Leugnung der Gegenseitigkeit, die Erzeugung eines unterkühlten, undialektischen Zustands der Erstarrung sowohl durch den Patienten, der Kommunikation ablehnt, als auch durch den Psychiater, der diese *Ablehnung* obendrein als *Unfähigkeit* abstempelt.

29. März
Die *Westdeutsche Rekto-*
renkonferenz (WRK) be-
schließt, an den Univer-
sitäten Zulassungsbe-
schränkungen für einige
stark frequentierte Stu-
dienfächer einzuführen.

Um es kurz zu machen: Der Kontext des Individuums wird
zunächst sichtbar als seine unmittelbaren Verhältnisse, und die
Kontexte dieser Verhältnisse tauchen als größere soziale Strukturen auf, die noch keineswegs ausreichend erkundet sind.
Allerdings können wir die Grenzen unserer empirischen Forschung theoretisch überwinden und hoffen, daß uns der theoretische Zugriff bei der Erweiterung unseres praktischen Verständnisses behilflich sein wird.

Wir können also davon ausgehen, daß unaufhörlich Kontext
auf Kontext folgt, bis schließlich eine Totalität des globalen
Sozialsystems erreicht ist, das eine Hierarchie umfaßt von
Kontexten, Metakontexten, Metametakontexten, verflochte-
nen Strukturen von Herrschaft, häufig gewaltsamer Herrschaft
– eine Totalität, deren einzelne Teile unverständlich bleiben,
solange man sie außerhalb des Ganzen sieht, deren Teile sie
sind. Dennoch ist die Irrationalität[2] bei einigen Komponenten
anscheinend hoffnungsloser als bei anderen.

Manchmal frage ich mich, ob nicht die Gefahr der verflochte-
nen Zweige psychiatrischer Systeme in unserer Gesellschaft
(für deren Homöostase, Gleichgewicht, Stabilität) ganz woanders liegt, als die meisten Leute innerhalb des Systems vermuten. Auf dem Gebiet der Gesundheitsfürsorge herrscht nämlich
die Besorgnis, wir könnten nicht genügend Nervenkliniken,
Forscher, Krankenschwestern usw. haben, um mit der unauf-
hörlichen Zunahme von Fällen fertig zu werden, denen man
den Namen Geisteskrankheit gegeben hat. Vielleicht besteht
das Problem gar nicht darin, daß wir *zuwenig Psychiater* für zu
viele Patienten haben; vielleicht bekommen wir ganz im Gegenteil in den nächsten zehn oder zwanzig Jahren *zuwenig
Patienten*!

Es kann nämlich sein, daß unser System eine ausreichende
Anzahl von Menschen braucht, die sich als Patienten auswäh-
len und entsprechend behandeln lassen. Vielleicht ist für jede
Gruppe von, sagen wir, 20 oder 30 Menschen eine Art menschlicher Blitzableiter nötig, in den aus dem ungelebten Leben
kommende »schädliche Spannungen« sich entladen können –
eine Art menschlicher Erdung also. In der Zwischenzone hand-
haben wir unsere Gewalttätigkeit anscheinend auf diese Weise,
indem wir sie auf ein dazu ausersehenes Objekt konzentrieren

---

2 Eine Handlung kann als irrational bezeichnet werden, wenn sie Mittel zu einem
  Zweck sein soll, aber zu einem Zweck führt, der durch sie vermieden werden soll.
  Jemand versucht, ein Ergebnis durch bestimmte Mittel zu verhüten. Diese Mittel
  sind irrational, wenn sie zu dem Zweck führen, den sie verhindern sollten: eine
  alltägliche Feststellung in der Psychoanalyse »neurotischer« Angstabwehr. Die
  Abwehr erzeugt gerade die Ängste, die sie abwehren soll. Die Frage nach der
  Rationalität des Zweckes klammere ich aus.

(die Jagd auf Sündenböcke ist nur ein handgreifliches Beispiel dafür). Das gilt nicht bloß für die Psychiatrie. Denken wir nur daran, wie Menschen von ihrer Umwelt systematisch auf kriminelle Bahnen getrieben werden. Auf den Vermittlungsebenen zwischen Makro und Mikro erleben wir ständig, wie unter so vielen Menschen ein einziger zum Träger einer konzentrierten Gewalt gemacht wird, in der *unsere eigene* Gewalt ihre Rechtfertigung findet. Ich sehe darin eine verzweifelte Anstrengung, das System in Gang zu halten. Sollte Ihnen das ein bißchen verrückt klingen, dann haben Sie nicht ganz unrecht. Es ist die Art von Theorie, die von Patienten der Psychiatrie oft vorgebracht wird. Zum Teil bezeichnet man sie gerade deshalb als psychotisch, *weil* sie diese Art von Theorie vorbringen.

Was ich bis jetzt skizziert habe, sind einige Formen, in der Gewalt *konzentriert* gegen Einzelpersonen gerichtet werden kann. Betrachten wir nun das andere Ende der Skala, das Makroende der Zwischenzone. Hier wird Gewalt auf eine antithetische Weise projiziert: nicht auf einen einzelnen *innerhalb* des Systems, sondern auf eine unbestimmte Masse *außerhalb* des Subsystems – die *anderen*. Hier haben wir es mit den massiven Aktionen der größten Menschengruppen auf der Welt zu tun. Lassen Sie mich kurz auf einige Ausschnitte aus der Makro-Situation eingehen, wobei ich abermals vorausschicke, daß ich nur feststelle, was mir selber als klar erscheint, und zwar aus den gleichen Gründen, die ich vorhin genannt habe: daß andere es nicht für klar halten mögen und Sie Gelegenheit bekommen, sich über meine Verblendung und Naivität klarzuwerden. Betrachtet man den Gesamtschauplatz der Welt, dann fällt auf, daß sich anscheinend – quer durch die bestehenden Streitigkeiten und Kämpfe hindurch, die unter dem Vorzeichen von Rasse, Nationalität oder geopolitischen Blöcken stehen – mit großer Geschwindigkeit eine neue weltweite Polarisierung zwischen Habenden und Habenichtsen vollzieht. Die meisten der Habenichtse sind Bauern. Wie es scheint, wird ihr seit Menschenaltern bestehendes Elend durch die Minorität der Habenden eher noch vergrößert. Es sieht ganz so aus, als fange eine zunehmende Zahl von Habenichtsen an, aufsässig zu werden und diesen Zustand nicht mehr länger hinzunehmen. In Asien, Lateinamerika und Afrika sind bewaffnete Kämpfe an der Tagesordnung. Soviel ich weiß, zeigen die Habenichtse keine Neigung, auf die Hilfe der USA oder Westeuropas zu rechnen, obwohl ihre Regierungen (die zu den Habenden gehören) das tun mögen. Die Habenichtse lassen sich nicht auf die

30. März
General Ludvik Svoboda wird zum Ministerpräsidenten der ČSSR gewählt und bekräftigt die Bündnistreue der ČSSR. Svoboda genießt in der Sowjetunion hohes Ansehen, er hatte im Zweiten Weltkrieg auf der Seite der UdSSR gegen Nazi-Deutschland gekämpft.

31. März
Präsident Lyndon
B. Johnson verzichtet auf
die Nominierung für eine
weitere Amtszeit.

raffinierten Argumente der westlichen Nationalökonomie ein. Ob es stimmt oder nicht, mein Eindruck ist, daß viele von ihnen langsam das Gefühl bekommen, sie seien schon allzulange von den USA und von Westeuropa ausgebeutet worden. Ihre Hilfe erwarten sie, ob nun zu Recht oder nicht, von Rußland, in zunehmendem Maße von China und immer mehr auch von ihrer eigenen Kraft. Angesichts dieser Situation im Weltmaßstab sieht es für mich so aus, als stehe ein Weltkrieg bereits vor der Tür (wobei Weltkrieg Nummer eins und zwei nur Vorspiele zur wirklich globalen Verwicklung gewesen wären). Die Weltrevolution hat, wie Arnold Toynbee zu verstehen gab, erst begonnen. Noch ist allerdings unklar, wer schließlich wen bekämpfen wird. Vielleicht verbünden sich in zehn Jahren die Vereinigten Staaten mit China gegen Afrika. Vorläufig sieht es aber so aus, als hätte *unsere* Scheibe vom Kuchen der Welt (da praktisch alle hier Versammelten aus Westeuropa oder den USA kommen) eine gewisse Homogenität – trotz der Heterogenität der höchst vertrackten Verflechtungen ihrer mannigfachen Subsysteme und trotz der Vielzahl ihrer Widersprüche. Allerdings sind viele dieser Widersprüche mehr scheinbar als real. Sie entspringen unserem Glauben an die eigenen Lügen und Mystifikationen. Viele Menschen schlagen sich mit Widersprüchen herum, die nur zwischen Fakten und Propaganda bestehen, aber nicht in den Fakten selber gründen. Zum Beispiel haben wir die Armut in unserem eigenen Territorium *nicht* beseitigt; sind die USA *keine* Demokratie. Hält man die USA nicht für eine Demokratie, dann braucht man eine Menge Probleme nicht zu lösen, weil sie nicht existieren. In Großbritannien glauben immer noch viele, Großbritannien sei eines der friedliebendsten Länder der Welt. Dabei hat es, glaube ich, in den letzten dreihundert Jahren mehr Kriege geführt als jedes andere Land der Erde.

Ich will nicht aufzählen, welchen Mystifikationen wir nach meiner Meinung unterworfen sind. Ich setze das meiste davon als bekannt voraus. Ich sehe kein Problem darin, daß eine zunehmende Zahl von Menschen in Afrika, Asien und Lateinamerika – die jeweiligen Einwohner (die *wir* Terroristen nennen) – gegen die weißen Eindringlinge in ihr Land kämpft. Diese Gewalt ist nicht problematisch. Worin sollte das Problem liegen? Was mir allerdings ein bißchen zu denken gibt, ist, daß die Wortführer der USA und auch Englands sich die Gewalt der Einwohner von Lateinamerika, Asien und Afrika anscheinend manchmal nur als Folge einer kommunistischen Verschwörung erklären können, die darauf abzielt, Europa und die USA zu unterwerfen.

Nehmen wir einmal an, die Chinesen hätten in Südmexiko 600 000 Soldaten stationiert, die damit beschäftigt wären, die Einwohner abzuschlachten, die ökologischen Bedingungen zu vernichten und in jedem einzelnen Monat mehr Bomben auf den Norden Mexikos abzuwerfen, als im ganzen Zweiten Weltkrieg über Deutschland abgeworfen wurden. Nehmen wir ferner an, die Chinesen hätten die USA mit Raketenbasen in Kanada, auf Kuba und den Pazifischen Inseln umzingelt, ihre Flotten würden auf den Meeren kreuzen und ihre Atom-U-Boote überall auftauchen; und all das hätte, wie die Chinesen sagen, nur den einen Zweck: einer Bedrohung des chinesischen Volkes durch das Volk der USA direkt entgegenzuwirken. Und nehmen wir schließlich an, die Chinesen hätten außerdem keinen Zweifel daran gelassen, daß sie die USA als die größte Bedrohung des Weltfriedens ansehen und diese, falls es den USA einfallen sollte, Truppen nach Nordmexiko zu entsenden, ihre ganze Macht spüren lassen und in die Steinzeit zurückkatapultieren würden.[3] Dann hätte ich keine Schwierigkeiten, angesichts einer solchen Politik der »Eindämmung« die Ängste des amerikanischen Volkes und seiner Führung zu verstehen, ganz gleich, ob es nun weiß, daß das chinesische Volk eine kommunistische Regierung hat, oder nicht.

Aber das ist es nicht, was wir verstehen müssen. Versuchen wir lieber zu verstehen, wie es kommt, daß die Führung der USA die Chinesen in ihren Erklärungen so oft gerade jener Politik bezichtigt, die sie den Chinesen gegenüber allem Anschein nach doch selbst verfolgt.

In Vietnam sind mehrere Millionen Männer, Frauen und Kinder, in der Mehrzahl Bauern, ohne Unterschied von Tod und Verstümmelung bedroht. Wenn sie kämpfen, so kämpfen sie im eigenen Land für das eigene Land. Auf der anderen Seite stehen Söldner, die von ihrer Heimat Tausende von Meilen entfernt sind, gutbezahlte, wohlernährte, stahlhart gedrillte Spezialisten in der Technologie des Tötens. Dort kämpfen Menschen, um auf einem Teil der Erdoberfläche jegliches Leben zu zerstören, nur weil es dort irgendwo Menschen geben mag, die mit der »falschen« Ideologie versehen sind.[4]

Wir brauchen nicht zu fragen, warum eine zunehmende Zahl von Erdbewohnern uns Europäer und die USA haßt. Wir brauchen keine ausgeklügelten psychologischen Erklärungen, um zu verstehen, warum man jemand haßt, der einem die

31. März
Der ehemalige FDP-Vorsitzende Erich Mende fordert eine Trennung der FDP vom *Liberalen Deutschen Studentenbund* wegen dessen »sozialistischer Propaganda«.

3 Arthur M. Schlesinger jr., *The Bitter Heritage. Vietnam and American Democracy, 1941-1966*, London 1967. Schlesingers Position ist um so interessanter, als er lange Zeit zur Elite des Regierungsapparats gehört hat.
4 Frank Harvey, *Air War: Vietnam*, London 1967.

31. März
Auf einem Kongreß in
Detroit fordern farbige
Nationalisten eine ge-
trennte afro-amerikani-
sche Republik aus fünf
US-Bundesstaaten.

Kinder mit Napalm verbrannt hat. Es ist nicht komplizierter als
schwarz und weiß.

Blicken wir nochmals nach Vietnam. Es ist überhaupt nicht
klar, warum dort so etwas geschieht. Eine rein ökonomische
Erklärung reicht anscheinend nicht aus. Vielleicht ist der Imperialismus verrückt geworden. U Thant hat vorgeschlagen,
den Vorgang als eine Art Heiligen Krieg zu betrachten. Die
Theoretiker im Pentagon sagen, es handle sich um eine globale
Operation zur Eindämmung des kommunistischen Imperialismus. Vielleicht ist die Wahrheit viel primitiver. Präsident Johnson sagte zu Frontoffizieren in der Offiziersmesse von Qum-
ran: »Kommt mit dem Bärenfell an der Wand zurück!«[5] Von
US-Politikern sind ungewöhnliche Zitate zu hören wie: »Rotchina auf die Knie zwingen«. Wir haben es hier mit dem primitivsten Analogie-»Denken« zu tun, hinter dem sich Phan-
tasien verbergen, die man kaum zu betrachten wagt.

In vielen Menschen hat der Vietnamkrieg Scham und Ekel erregt. Trotzdem müssen einige von uns die vollen Implikationen
der Tatsache erfassen, daß eine große Zahl von Menschen in den
Zustand geraten ist, wo sie Schuldgefühle haben, wenn sie bei
der Musterung abgewiesen werden – daß eine große Zahl von
Menschen beschämt ist und Gewissensbisse hat, wenn sie *kein*
Napalm oder ähnliches herstellen, befördern oder abwerfen
dürfen.

Dieses ganze System und seine eifrige, aktive, immer erneute
Bestätigung durch die Menschen ist kaum noch zu fassen, weil
es der Vorstellungskraft spottet, wenn man nicht darinsteckt,
und weil sein Grauen so umfassend ist, daß man es kaum erträgt, wenn man darinsteckt.

Vielfache Unwissenheit. Dazu erzeugt das System Unwissenheit über sich selbst und eine Unwissenheit über diese Unwissenheit. Ich möchte behaupten, daß von jenen drei unter jeweils
vier Amerikanern, die, wie man uns versichert, wissen, daß die
Chinesen eine kommunistische Regierung haben, *mindestens*
drei Viertel diese Zahl nicht glauben würden. Nehmen wir an,
einer von vieren weiß es nicht – und weiß nicht, daß er es nicht
weiß. Nehmen wir an, drei Viertel der übrigen wissen nicht, daß
einer von vieren nicht weiß, daß er es nicht weiß. An wie viele
zurechnungsfähige Menschen können wir uns also wenden?
Aber das ist erst der Anfang. Drei von vier Menschen *wissen*,
daß das chinesische Volk eine kommunistische Regierung hat –
und, bei Gott, tun wir lieber etwas dagegen, ehe es zu spät ist:

5 Schlesinger, a. a. O.

dämmen wir es ein, oder besser noch: zerstören wir es, bevor es *uns* zerstört! Ich möchte behaupten, daß von den drei Vierteln, die »wissen«, daß das chinesische Volk eine kommunistische Regierung hat, *mindestens* drei Viertel bei dem Gedanken daran mit Angst und Schrecken reagieren. Doch ist die schlimmste Reaktion vielleicht das *Mitleid:* »Wie können wir hier sitzen und zusehen, wie unseren chinesischen Brüdern und Schwestern so etwas widerfährt! Seht nur, was sie mit unseren Missionaren gemacht haben – natürlich kann man sie nicht *alle* dafür verurteilen. Der gute Tschiang, er hat getan, was er konnte!«

1. April
Die *Polnische Vereinigte Arbeiter-Partei* (PVAP) beginnt mit einer Kampagne gegen »reaktionäre« und »zionistische« Kräfte, in deren Verlauf viele jüdische Parteifunktionäre ihre Ämter verlieren.

Da ist die liebenswürdige alte Dame, die ihr Geld in Tennisschuhen anlegt; ihr Neffe ist General. Er hält sie für zu zartbesaitet. Immer hat sie mehr an andere gedacht als an sich selbst. »Ich glaube, daß jedes Volk die Regierung hat, die es verdient. Wenn die Chinesen eine kommunistische Regierung haben, so haben sie sich das zum Teil selber zuzuschreiben – nur kann man sie nicht damit durchkommen lassen. Wären sie nicht damit einverstanden, was mit ihnen geschieht, dann wüßten sie, was sie dagegen zu tun hätten.«

Da gibt es jene, die wissen, daß sie nicht wissen; jene, die nicht wissen, daß sie nicht wissen; und unzählige andere, die ihre Unwissenheit über sich selber in ein immer undurchdringlicheres Dunkel hüllen. Und dann gibt es noch jene, die – ganz gleich, was sie nach ihrer Meinung von einer Metaebene wissen oder nicht wissen – *genau das tun werden, was man ihnen sagt,* wenn man sie an die Kandare legt. Die übrigen sind jene, die wissen, daß sie nicht wissen, und die nicht unbedingt tun werden, was man ihnen sagt – und an sie ist diese Rede gerichtet, die hoffentlich, wenn vielleicht auch nur als Witz, den letzten, verbleibenden *Menschen* von Nutzen ist. Ich wage kaum für mich in Anspruch zu nehmen, zu diesen Privilegierten zu gehören.

Ist man erst einmal mit Scheuklappen versehen, dann weiß man gar nicht, daß man welche hat. Man schämt sich seiner ursprünglichen Natur, fürchtet sich vor ihr und ist bereit, jede Spur von ihr an sich und anderen zu vernichten. Nicht nur die Familie, alle Institutionen, die ihren Einfluß auf die Kinder ausüben, bewerkstelligen das – und man kann beobachten, wie sie das tun. Bei den Babys sind es zunächst die Bewegungen und Gebärden, mit denen man sie behandelt, und die Unterdrückung ihrer spontanen, triebhaften Intelligenz des Riechens, Fühlens und Tastens, danach ihrer Gebärden und sprachähnlichen Laute – Worte werden erst in dritter Linie wichtig. Das Produkt ist ein achtzehnjähriger junger Mann, der wie geschaf-

1. April
Das Buch von SDS-Mitglied Jürgen Horlemann *Modelle der kolonialen Konterrevolution. Beschreibung und Dokumente* erscheint.

fen dazu ist, sich freiwillig (oder, wenn es hoch kommt, ohne Sträuben) als Killer dingen zu lassen. Einer, der *stolz* darauf ist, wenn man ihn zum Töten abrichtet, der tiefe Schuldgefühle und Scham empfindet, wenn er Angst hat, und sei es auch *nur* in seinem Inneren, und der sich schuldig und beschämt fühlt, wenn er sich wegen der Tatsache schuldig und beschämt fühlt, daß er tötet, bloß weil man es ihm befohlen hat.

Viel zu lange schon haben Psychologen ein übergroßes Quantum an Zeit und Energie auf die Psychopathologie des Abnormen verwendet. Wir müssen uns endlich mit den *normalen* psychologischen Korrelaten der *normalen* Zustände beschäftigen, von denen Vietnam nur eine der offenkundigsten *normalen* Äußerungen ist. Ich will Ihnen ein Beispiel nennen, eine Geschichte von der Art, wie ich sie so oft gehört habe, daß ich sie kaum für übertrieben normal halte. Ein dreijähriger Junge wird von seiner Mutter am Hals aus dem Fenster eines sechsten Stockwerks gehalten. Seine Mutter sagt: »Siehst du, so sehr liebe ich dich!« Sie demonstriert damit, daß sie ihn fallen ließe, würde sie ihn nicht lieben.

Man kann lange darüber nachgrübeln, was eine Frau so verschroben macht, daß sie ihren Sohn in solcher Weise terrorisiert. Am Ende wird man doch, glaube ich, auf das zurückkommen, was auf der Hand liegt: der Grund ihres Tuns ist genau der, den sie genannt hat. Er sollte merken, daß sie ihn liebt. Weshalb hätte sie es sonst getan? Aus diesem Grund, sagt sie, habe sie es getan, und offensichtlich gibt es für sie keinen überzeugenderen Beweis für ihre Liebe. In diesem Fall muß man in die Psychologie dieser Frau eindringen, also in die Psychologie der Normalität. Wir haben es mit einem Beispiel *extremer Normalität* zu tun. Die *normale* Art, in der Eltern ihre Kinder lieben, ist die, sie einzuschüchtern, ihnen in der Tat zu sagen: »Daß ich dich nicht fallen lasse, daß ich dich nicht töte, das beweist doch, daß ich dich liebe, und darum solltest du deine Angst vor der Person mäßigen, die so viel Angst in dir erzeugt, daß du sie zu mäßigen versuchst.« Die genannte Mutter ist geradezu hypernormal.

Um sie zu begreifen, muß man ihre Eltern einbeziehen. Nehmen wir an, sie hat wirklich gemeint, was sie sagte. Sie behandelte ihr Kind so, um ihm zu zeigen, daß sie es liebe. Was sie ständig beunruhigte und verletzte, war, daß es nicht die Dankbarkeit zeigte, die sie für diese Mühe erwartete. Andere Kinder sind dankbar, wenn ihre Eltern viel *weniger* für sie tun, als *wir* für dich getan haben. Was hatte ihre Mutter mit ihr gemacht? In welcher Weise hatte ihre Mutter sie nicht geliebt? Vielleicht hatte ihre Mutter sie nie aus einem hohen Fenster gehalten und ihr gezeigt, wie sehr sie sie liebte, wie sie das hätte tun sollen. Und warum nicht? Man muß fragen, was ihre Urgroßmutter mit ihrer Großmutter gemacht oder nicht gemacht hatte, und so weiter.

Das ganze System ist in all seinen Aspekten Ursprung für eine Spirale von Wirkungen, die so viele Generationen umfaßt, daß man nur sehr schwer sieht, wie sie sich umkehren ließe. Der Psychoanalytiker Winnicott hat unlängst die Frage gestellt: Wenn man in den Spiegel guckt, um sich zu sehen – welches Bild wirft der Spiegel zurück? Winnicott[6] gibt zu verstehen, daß das, was man im Spiegel sieht, das Gesicht der eigenen Mutter ist. Wenn aber das Gesicht der eigenen Mutter ein Spiegel ist, dann sieht man, wenn man ihr Gesicht betrachtet, sich selbst. Was kann man sonst darin sehen? Das ist schön und gut, solange die Mutter, wenn sie ihr Kind betrachtet, das Kind sieht. Was aber, wenn sie in ihrem Kind sich selbst erblickt, eine Verlängerung von sich selbst, doch ohne zu merken, daß sie das tut, so daß sie *glaubt*, sie sehe sich selbst – wie soll man aus dieser endlosen Spirale heraus zu sich selber finden? Auch sieht sie in dem Baby gar nicht *sich selbst*. Sie sieht, was ihre Mutter sah und was deren Mutter sah usw. Die Spirale der Entfremdung dreht sich wirbelnd zurück, bis sie sich unseren Blicken entzieht. Und mit der Zeit hat man sich in der n-ten Windung dieser Spirale der Entfremdung verloren und ist damit groß geworden, sein Spiegelbild im Gesicht seines Feindes zu sehen, ohne daß man das weiß; man wird der andere für den anderen, der selbst ein anderer ist als er selbst; und damit haben wir erst den Anfang erfaßt von den Vorbedingungen, die die erstaunlichen Systeme kollektiver paranoider Projektion ermöglichen, welche im großen am Werke sind. Wir schreiben den anderen gerade das zu, was wir ihnen antun. Weil wir in den anderen uns erblicken, aber nicht wissen, daß wir das tun. Wir halten sie für die anderen, aber tatsächlich sind sie Wir.

Als Beispiel eine von den Ironien der Geschichte: »Alle Menschen sind von Geburt gleich. Ihr Schöpfer hat sie mit bestimmten unveräußerlichen Rechten versehen; dazu gehören Leben, Freiheit und das Streben nach Glück.« Das ist der Satz, mit dem die Unabhängigkeitserklärung der Demokratischen Republik von Vietnam eingeleitet wird.

Können wir den Kreis von innen her aufbrechen? Vielleicht gelingt es uns herauszufinden, welche die schwächsten und welche die stärksten Fäden sind, die das Gewebe so fest zusammenhalten.

3. April
In den frühen Morgenstunden lösen Brandsätze in zwei Frankfurter Kaufhäusern Feuer aus. Es entsteht Sachschaden. Menschen werden nicht verletzt. Die Aktion der Brandstifter richtet sich gegen »Konsumterror« und den Krieg in Vietnam.

---

6 D. W. Winnicott, »Mirror Role of Mother and Family in Child Development«, in: *The Predicament of the Family*, hg. von Peter Lomas, London 1967.

3. April
Die nordvietnamesische
Regierung erklärt sich zu
Friedensverhandlungen
mit den USA bereit.

Vor einigen Jahren machte Sir Julian Huxley mir gegenüber eine Bemerkung, die mir im Gedächtnis geblieben ist. Er sagte, nach seiner Meinung sei das gefährlichste Glied in der Kette der *Gehorsam*. Wir seien dressiert und würden unsere Kinder dressieren, so daß wir gewillt seien, praktisch alles zu tun, was eine mit genügend Autorität ausgestattete Instanz uns befehle. Wir sagen uns immer: »Hier, bei uns, könnte das nicht passieren.« Aber es passiert immer *hier*.[7] Besonders wichtig ist es, das Wesen des Gehorsams zu studieren. Unser System funktioniert durch ein Netzwerk von Beziehungen des allgemeinen Gehorsams. Worin besteht die Organisationsstruktur dieses Netzes? Natürlich haben wir nicht alle die gleichen Machtbefugnisse. Im Grunde wollen wir vielleicht alle die gleiche Verantwortung übernehmen, doch ist die Macht in allen Sektoren des Gesamtsystems der Welt außerordentlich differenziert. Die Leute, die Macht ausüben, können das nur, wenn andere Leute ihre Befehle ausführen. In ebendiesem Augenblick der Weltgeschichte erleben wir, wie weiße Truppen mitten in der Dunkelheit des Dschungels in das Dunkel hineinballern, aus Gründen, die sie nicht kennen – wenn man davon absieht, daß sie, würde man sie dazu zwingen, sich vermutlich zu der Aussage bequemen würden: »Nun, es ist nicht unsere Aufgabe, nach dem Warum zu fragen. Wir führen nur Befehle aus.« Ein paar von ihnen möchten vermutlich Helden sein. Doch kann ich mir nicht vorstellen, daß es viele sind.

Das Folgende ist eine Geschichte, deren Nutzanwendung einfach ist – ein Experiment, das an der Yale-Universität unter Leitung von Dr. Stanley Milgram durchgeführt wurde.[8]

Dr. Milgram stellten sich 40 männliche Freiwillige zur Verfügung, die der Meinung waren, sie würden an der Yale-Universität an einer experimentellen Untersuchung von Gedächtnis- und Lernfähigkeiten teilnehmen. Die 40 Männer waren zwischen 20 und 50 Jahre alt und repräsentierten eine weite Skala von Berufen. Typische Beschäftigungen waren Postangestellte, Lehrer an höheren Schulen, Verkäufer, Ingenieure und Arbeiter. Nur eine der Versuchspersonen hatte keine abgeschlossene Volksschulbildung, andere trugen jedoch Doktorgrade oder ähnliche Titel.

Die Rolle des Experimentators spielte ein 31jähriger Biologielehrer von einer höheren Schule. Sein Verhalten war sachlich, doch behielt er während des Experiments ein undefinierbar strenges Aussehen bei. Dem Experimentator stand ein freundlicher und liebenswürdiger Mann zur Seite, der als »Opfer« auftrat. Der Experimentator interviewte jeden einzelnen Freiwilligen und zugleich das »Opfer«, das sich

---

7 Ohne Zweifel passiert es auch dort.

8 Nach der Zusammenfassung in: *New York Academy of Science*, 4, 418-20, 1964; der Originalaufsatz von Milgram erschien unter dem Titel »Behavioural Study of Obedience«, in: *Journal of Abnormal and Social Psychology*, 67, S. 371-379, 1963.

als ein weiterer Freiwilliger ausgab. Er erzählte den beiden, es sei beabsichtigt, die Wirkung von Strafen auf das Lernen zu untersuchen, insbesondere die unterschiedlichen Auswirkungen verschiedener Grade von Strafe und verschiedener Lehrertypen. Die Ziehung von Losen wurde stets so gehandhabt, daß der Freiwillige Lehrer und das »Opfer« Schüler wurde. Das »Opfer« wurde auf einem »elektrischen Stuhl« festgeschnallt, Elektrodenpaste und Elektroden wurden angebracht. Dann wurde der Lehrer-Freiwillige in einen Nebenraum gebracht und vor ein kompliziertes Instrument gesetzt, das die Aufschrift »Schock-Generator« trug. Dem »Lehrer« wurde ein Schock von 45 Volt verabreicht, um ihm zu demonstrieren, daß der Apparat tatsächlich funktioniere.

Der »Schock-Generator« war mit einer Reihe von 30 Schaltern mit Bezeichnungen zwischen 15 und 450 Volt versehen; jeder Schalter zeigte also 15 Volt mehr an als der vorhergehende. Außerdem trugen Gruppen von Schaltern Bezeichnungen zwischen »leichter Schock« und »Vorsicht: schwerer Schock«. Seinen Instruktionen folgend und im Rahmen eines fingierten Lernexperiments mußte der »Lehrende« annehmen, daß er dem Lern-Opfer immer schwerere Strafen auferlegte, wobei dieser vorher vereinbarte Reaktionen zeigte. Das Lern-Opfer beantwortete drei von vier Fragen falsch und erhielt als Strafe für jeden Fehler jeweils einen Schock. Als der Strafschock die 300-Volt-Grenze erreichte, trampelte das Lern-Opfer – wie vorher vereinbart – gegen die Wand des Raumes, in dem es auf den elektrischen Stuhl gebunden war. An dieser Stelle baten »Lehrende« den Experimentator um Anweisungen. Sie bekamen den Rat, nach einer Pause von 5 bis 10 Sekunden weiterzumachen. Nach dem 315 Volt-Schock war das Trommeln abermals zu hören. An diesem Punkt des Experiments begannen die Lehr-Freiwilligen, auf verschiedene Weise zu reagieren. Sie wurden jedoch ermuntert und sogar in bestimmtem Ton angewiesen, das Experiment bis zur höchsten Stromspannung fortzusetzen.

(...) Wie Dr. Milgram berichtet, haben von den 40 Versuchspersonen entgegen allen Erwartungen 26 die Versuchsreihe vollendet, wobei sie dem inzwischen still gewordenen »Opfer« schließlich 450 Volt verabreichten. Nur 5 weigerten sich fortzufahren, als das Opfer das erstemal protestiert hatte bei der scheinbaren Verabreichung von 300 Volt. Viele machten weiter, obwohl sie sogar erhebliche Verstörtheit zeigten, wie sich deutlich in ihren Bemerkungen, in starken Schweißausbrüchen, Zittern, Stottern und merkwürdigem Lachen und Lächeln ausdrückte. Drei Versuchspersonen hatten unkontrollierbare Anfälle. Die Lehr-Freiwilligen, die die Stromstöße fortsetzten, drückten häufig ihre Besorgtheit wegen des Lern-Opfers aus, doch überwand die Mehrzahl von ihnen ihre menschlichen Regungen und setzte ihre Tätigkeit wie befohlen bis zur Höchststrafe fort.

Ein Beobachter berichtete: »Ich sah einen vernünftigen und anfangs ausgeglichenen Geschäftsmann, wie er das Labor lächelnd und guten Mutes betrat. Innerhalb von 20 Minuten war aus ihm ein zuckendes und stotterndes Wrack geworden, das sich zusehends einem Nervenzusammenbruch näherte. Er zupfte ständig an seinen Ohrläppchen und rang die Hände. An einem Punkt schlug er sich mit der Faust vor die Stirn und murmelte: ›O Gott, laß es zu Ende sein!‹ Und doch ging er auf alles ein, was der Experimentator sagte, und gehorchte bis zum Schluß.«

4. April
Martin Luther King, Träger des Friedensnobelpreises und prominentester Kämpfer für die Bürgerrechte der Schwarzen, wird in Memphis erschossen. Es kommt daraufhin zu anhaltenden, blutigen Aufständen in den Ghettos von über 100 amerikanischen Großstädten.

5. April
Andreas Baader, Gudrun
Ensslin, Thorwald Proll
und Horst Söhnlein wer-
den unter dem Verdacht
der Kaufhausbrandstif-
tung in Frankfurt/M.
festgenommen.

Der Konflikt, dem sich die Versuchspersonen in diesem Experiment ausgesetzt sahen, bestand in dem Zwang, einer Autorität zu gehorchen, der sie vertrauten und die sie respektierten, und zugleich etwas zu tun, was sie für falsch hielten. Die reale Lebenssituation ist viel entsetzlicher. Für viele besteht gar kein Konflikt. Nach meiner Meinung haben die *meisten* Leute Schuldgefühle, wenn sie *nicht* tun, was man ihnen sagt, auch wenn sie es für verkehrt halten, und sogar auch dann, wenn sie den Befehlenden mißtrauen. Sie haben Schuldgefühle, wenn sie ihrem eigenen Mißtrauen vertrauen.

Es wäre schön, in einer Welt zu leben, in der man das Gefühl haben könnte, daß das, was eine Autorität der Gesellschaft – ob Mao, der Papst, Lyndon Johnson oder einer ihrer Vasallen – uns sagt, dadurch, daß sie es sagt, eher wahr als unwahr wird. Es wäre sogar schön, wenn man daran glauben könnte, etwas, das in unseren gelehrten Zeitschriften, in medizinischen oder sozialwissenschaftlichen Untersuchungen erscheint, sei dadurch, daß es publiziert wird, eher wahr als unwahr. Leider zwingen uns die zynischen Lügen, die mannigfachen Unwahrheiten und Heucheleien, die über alle Medien, sogar durch die Organe der Gelehrsamkeit und der Wissenschaft auf uns einströmen, dazu, eine Haltung fast völliger sozialer Skepsis einzunehmen. Es gibt fast nichts, was wir über die Totalität des globalen Weltsystems oder eines seiner verschiedenen Subsysteme wissen *können*. Allerdings können wir uns darüber klarwerden, *daß* wir in diesem Sinn nichts wissen können – wobei das eine historische Zufälligkeit der augenblicklichen Weltsituation ist, bei der gegebenen Situation jedoch eine Notwendigkeit. Doch sind wir so »programmiert«, daß wir das, was man uns sagt, eher für wahr halten als für unwahr, eben weil man es uns sagt, so daß wir fast alle in Gefahr sind, dann und wann hereingelegt zu werden. Wir haben alle einen »Reflex«, zu glauben und zu tun, was man uns sagt.

Wir können niemandem trauen: keinen Prinzen, Päpsten, Politikern, Gelehrten oder Wissenschaftlern, weder unserem schlimmsten Feind noch unserem besten Freund. Mit der größten Vorsicht mögen wir unser Vertrauen in eine Quelle setzen, die viel tiefer ist als unser Ich – wenn wir uns darin vertrauen können, sie gefunden zu haben oder vielmehr: von ihr gefunden worden zu sein. Es ist klar, daß sie verborgen ist, doch was sie ist und wo sie ist, ist nicht klar.

Herbert Marcuse
Repressive Toleranz

5. April
Das Konzert von Jimi Hendrix in der Symphony Hall in Newark, New Jersey, wird wegen des Todes von Martin Luther King abgesagt. Am nächsten Tag, nach einem Konzert mit B. B. King und Buddy Guy, spendet Hendrix 5.000 Dollar für die Bürgerrechtsorganisation *Southern Christian Leadership Conference* (SCLC), eine Organisation, die Martin Luther King ins Leben gerufen hatte. Bisher hatte es Hendrix immer abgelehnt, sich an sozialen oder politischen Initiativen zu beteiligen.

Dieser Essay[1] untersucht die Idee der Toleranz in der fortgeschrittenen Industriegesellschaft. Er gelangt zu dem Schluß, daß die Verwirklichung der Toleranz Intoleranz gegenüber den herrschenden politischen Praktiken, Gesinnungen und Meinungen erheischen würde – sowie die Ausdehnung der Toleranz auf politische Praktiken, Gesinnungen und Meinungen, die geächtet oder unterdrückt werden. Die Idee der Toleranz erscheint, mit anderen Worten, heute wieder als dasjenige, was sie an ihren Ursprüngen war, zu Beginn der Neuzeit – als ein parteiliches Ziel, ein subversiver, befreiender Begriff und als ebensolche Praxis. Umgekehrt dient, was heute als Toleranz verkündet und praktiziert wird, in vielen seiner wirksamsten Manifestationen den Interessen der Unterdrückung.
Der Verfasser ist sich dessen voll bewußt, daß gegenwärtig keine Macht, Autorität oder Regierung vorhanden ist, die eine befreiende Toleranz in Praxis übersetzen würde, doch er meint, daß es Aufgabe und Pflicht des Intellektuellen ist, an geschichtliche Möglichkeiten, die zu utopischen geworden zu sein scheinen, zu erinnern und sie zu bewahren – daß es seine Aufgabe ist, die unmittelbare Konkretheit der Unterdrückung zu durchbrechen, um die Gesellschaft als das zu erkennen, was sie ist und tut.

Toleranz ist ein Selbstzweck. Daß die Gewalt beseitigt und die Unterdrückung so weit verringert wird, als erforderlich ist, um Mensch und Tier vor Grausamkeit und Aggression zu schützen, sind die Vorbedingungen einer humanen Gesellschaft. Eine solche Gesellschaft existiert noch nicht; mehr denn je wird heute der Fortschritt zu ihr hin aufgehalten durch Gewalt und Unterdrückung. Als Abschreckungsmittel gegen einen nuklearen Krieg, als Polizeiaktion gegen Umsturz, als technische Hilfe im Kampf gegen Imperialismus und Kommunismus, als Methoden zur Befriedung in neokolonialistischen Massakern werden Gewalt und Unterdrückung gleichermaßen von demokratischen und autoritären Regierungen verkündet, praktiziert und verteidigt, und den Menschen, die diesen Regierungen unterworfen sind, wird beigebracht, solche Praktiken als notwendig für die Erhaltung des Status quo zu ertragen. Toleranz wird auf politische Maßnahmen, Bedingungen und

---

1 Dieser Essay ist meinen Studenten an der Brandeis University zugeeignet.

6. April
In 10 amerikanischen
Großstädten wird der
Ausnahmezustand er-
klärt und eine Aus-
gangssperre verhängt, die
von 16:00 Uhr bis 6:30
Uhr am nächsten Morgen
dauert.

Verhaltensweisen ausgedehnt, die nicht toleriert werden sollten, weil sie die Chancen, ein Dasein ohne Furcht und Elend
herbeizuführen, behindern, wo nicht zerstören.

Diese Art von Toleranz stärkt die Tyrannei der Mehrheit, gegen
welche die wirklichen Liberalen aufbegehren. Der politische
Ort der Toleranz hat sich geändert: während sie mehr oder
weniger stillschweigend und verfassungsmäßig der Opposition
entzogen wird, wird sie hinsichtlich der etablierten Politik zum
Zwangsverhalten. Toleranz wird von einem aktiven in einen
passiven Zustand überführt, von der Praxis in eine Nicht-Pra-
xis: ins Laissez-faire der verfassungsmäßigen Behörden. Gerade vom Volk wird die Regierung geduldet, die wiederum
Opposition duldet im Rahmen der verfassungsmäßigen Behörden.

Toleranz gegenüber dem radikal Bösen erscheint jetzt als gut,
weil sie dem Zusammenhalt des Ganzen dient auf dem Wege
zum Überfluß oder zu größerem Überfluß. Die Nachsicht
gegenüber der systematischen Verdummung von Kindern
wie von Erwachsenen durch Reklame und Propaganda, die
Freisetzung von unmenschlicher zerstörender Gewalt in Vietnam, das Rekrutieren und die Ausbildung von Sonderverbän-
den, die ohnmächtige und wohlwollende Toleranz gegenüber
unverblümtem Betrug beim Warenverkauf, gegenüber Verschwendung und geplantem Veralten von Gütern sind keine
Verzerrungen und Abweichungen, sondern das Wesen eines
Systems, das Toleranz befördert als ein Mittel, den Kampf
ums Dasein zu verewigen und die Alternativen zu unterdrük-
ken. Im Namen von Erziehung, Moral und Psychologie entrüstet man sich laut über die Zunahme der Jugendkriminalität,
weniger laut über die Kriminalität immer mächtiger Geschosse, Raketen und Bomben – das reifgewordene Verbrechen
einer ganzen Zivilisation.

Einem dialektischen Satz zufolge bestimmt das Ganze die
Wahrheit – nicht in dem Sinne, daß das Ganze vor oder über
seinen Teilen ist, sondern in der Weise, daß seine Struktur und
Funktion jede besondere Bedingung und Beziehung bestimmen. So drohen in einer repressiven Gesellschaft selbst fortschrittliche Bewegungen in dem Maße in ihr Gegenteil umzu-
schlagen, wie sie die Spielregeln hinnehmen. Um einen höchst
kontroversen Fall anzuführen: die Ausübung politischer Rechte (wie das der Wahl, des Schreibens von Briefen an die Presse,
an Senatoren usw., Protestdemonstrationen, die von vornherein auf Gegengewalt verzichten) in einer Gesellschaft totaler
Verwaltung dient dazu, diese Verwaltung zu stärken, indem sie
das Vorhandensein demokratischer Freiheiten bezeugt, die in

Wirklichkeit jedoch längst ihren Inhalt geändert und ihre Wirksamkeit verloren haben. In einem solchen Fall wird die Freiheit (der Meinungsäußerung, Versammlung und Rede) zu einem Instrument, die Knechtschaft freizusprechen. Und doch (und nur hier zeigt der dialektische Satz seine volle Intention) bleiben das Vorhandensein und die Ausübung dieser Freiheiten eine Vorbedingung für das Wiederherstellen ihrer ursprünglichen oppositionellen Funktion, vorausgesetzt, daß die Anstrengung, ihre (oft selbstauferlegten) Beschränkungen zu überschreiten, intensiviert wird. Im allgemeinen hängen Funktion und Wert der Toleranz von der Gleichheit ab, die in der Gesellschaft herrscht, in welcher Toleranz geübt wird. Toleranz selbst bleibt umfassenderen Kriterien unterworfen: ihre Reichweite und Grenzen lassen sich nicht gemäß der jeweiligen Gesellschaft definieren. Mit anderen Worten: Toleranz ist nur dann ein Selbstzweck, wenn sie wahrhaft allseitig ist und von den Herrschern so geübt wird wie von den Beherrschten, von den Herren wie von den Knechten, von den Häschern wie von ihren Opfern. Solch allseitige Toleranz ist nur dann möglich, wenn kein wirklicher oder angeblicher Feind die Erziehung und Ausbildung des Volkes zu Aggressivität und Brutalität erforderlich macht. Solange diese Bedingungen nicht herrschen, sind die Bedingungen der Toleranz »belastet«: sie werden geprägt und bestimmt von der institutionalisierten Ungleichheit (die sicher mit verfassungsmäßiger Gleichheit vereinbar ist), das heißt von der Klassenstruktur der Gesellschaft. In einer derartigen Gesellschaft wird Toleranz *de facto* eingeschränkt auf dem Boden legalisierter Gewalt oder Unterdrükkung (Polizei, Armee, Aufseher aller Art) und der von den herrschenden Interessen und deren »Konnexionen« besetzten Schlüsselstellung.

Diese im Hintergrund wirkenden Beschränkungen der Toleranz gehen normalerweise den expliziten und juristischen Beschränkungen voraus, wie sie festgelegt werden durch Gerichte, Herkommen, Regierungen usw. (zum Beispiel »Notstand«, Bedrohung der nationalen Sicherheit, Häresie). Im Rahmen einer solchen Sozialstruktur läßt sich Toleranz üben und verkünden, und zwar 1. als passive Duldung verfestigter und etablierter Haltungen und Ideen, auch wenn ihre schädigende Auswirkung auf Mensch und Natur auf der Hand liegt; und 2. als aktive, offizielle Toleranz, die der Rechten wie der Linken gewährt wird, aggressiven ebenso wie pazifistischen Bewegungen, der Partei des Hasses ebenso wie der der Menschlichkeit. Ich bezeichne diese unparteiische Toleranz insofern als »abstrakt« und »rein«, als sie davon absteht, sich zu einer Seite

6. April
Für die neue Verfassung, in der die DDR als »sozialistischer Staat deutscher Nation« deklariert wird, stimmen in einer Volksabstimmung 94% der Wahlberechtigten. Die bei solchen Veranstaltungen in der DDR übliche Quote von über 99% wird damit deutlich unterschritten.

6. April
Stanley Kubricks Kino-
film *2001: Odyssee im
Weltraum* hat in der
endgültigen Fassung
seine Premiere in New
York.

zu bekennen – damit freilich schützt sie in Wirklichkeit die bereits etablierte Maschinerie der Diskriminierung.

Die Toleranz, die Reichweite und Inhalt der Freiheit erweiterte, war stets parteilich intolerant gegenüber den Wortführern des unterdrückenden Status quo. Worum es ging, war nur der Grad und das Ausmaß der Intoleranz. In der festgefügten liberalen Gesellschaft Englands und der Vereinigten Staaten wurde Rede- und Versammlungsfreiheit selbst den radikalen Gegnern der Gesellschaft gewährt, sofern sie nicht vom Wort zur Tat, vom Reden zum Handeln übergingen.

Indem sie sich auf die wirksamen, im Hintergrund stehenden Beschränkungen verließ, schien die Gesellschaft allgemeine Toleranz zu üben. Aber bereits die liberalistische Theorie hatte die Toleranz unter eine wichtige Bedingung gestellt: sie sollte »nur für Menschen in der Reife ihrer Anlagen gelten«. John Stuart Mill spricht nur von Kindern und Minderjährigen; er führt näher aus: »Als Prinzip ist Freiheit nicht anwendbar auf einen Zustand vor der Zeit, in der die Menschheit die Fähigkeit erlangte, sich durch freie und gleiche Diskussion fortzuentwik-keln.« Vor jener Zeit dürfen die Menschen noch Barbaren sein, und »der Despotismus ist eine im Umgang mit Barbaren legitime Regierungsform, vorausgesetzt, daß sie darauf abzielt, jene höher zu entwickeln, und die Mittel dadurch gerechtfertigt sind, daß sie tatsächlich zu diesem Ziel führen«. Mills oft zitierte Worte enthalten eine wenig bekannte Implikation, von der ihr Sinn abhängt: den inneren Zusammenhang von Freiheit und Wahrheit. Es gibt einen Sinn, in dem Wahrheit der Zweck der Freiheit ist und die Freiheit durch Wahrheit bestimmt und umgrenzt werden muß. In welchem Sinn kann nun Freiheit um der Wahrheit willen sein? Freiheit ist Selbstbestimmung, Autonomie – das ist fast eine Tautologie, aber eine Tautologie, die sich aus einer ganzen Reihe synthetischer Urteile ergibt. Sie unterstellt die Fähigkeit, daß man sein eigenes Leben bestimmen kann: daß man imstande ist zu entscheiden, was man tun muß und lassen, was man erleiden und was man nicht erleiden will. Aber das Subjekt dieser Autonomie ist niemals das zufällige, private Individuum als das, was es gegenwärtig oder zufällig gerade ist; vielmehr das Individuum als ein menschliches Wesen, das imstande ist, frei zu sein mit den anderen. Und das Problem, eine solche Harmonie zwischen der individuellen Freiheit und dem Anderen zu ermöglichen, besteht nicht darin, einen Kompromiß zwischen Konkurrenten zu finden oder zwischen Freiheit und Gesetz, zwischen allgemeinem und individuellem Interesse, öffentlicher und privater Wohlfahrt in einer *etablierten* Gesellschaft, sondern darin, die Gesellschaft *herbeizuführen*, worin der Mensch nicht an Institutionen versklavt ist, welche die Selbstbestimmung von vornherein beeinträchtigt. Mit anderen Worten, Freiheit ist selbst für die freiesten der bestehenden Gesellschaften erst noch herzustellen. Und die Richtung, in der sie gesucht werden muß, und die institutionellen und kulturellen Veränderungen, die dazu beitragen können, dieses Ziel zu erreichen, sind – zumindest in der entwickelten Zivilisation – *begreiflich*, das heißt, sie lassen sich identifizieren und entwerfen auf der Basis der Erfahrung durch Vernunft.

6. April
Megan Terries Stück
Vietrock hat an den
Städtischen Bühnen in
Nürnberg Premiere.

Im Wechselspiel von Theorie und Praxis werden wahre und falsche Lösungen unterscheidbar – niemals im Sinne bewiesener Notwendigkeit, niemals als das Positive, sondern nur mit der Gewißheit einer durchdachten und vernünftigen Chance und mit der überzeugenden Kraft des Negativen. Denn das wahrhaft Positive ist die Gesellschaft der Zukunft und deshalb jenseits von Definition und Bestimmung, während das bestehende Positive dasjenige ist, über das hinausgegangen werden muß. Doch die Erfahrung und das Verständnis der bestehenden Gesellschaft können durchaus identifizieren, was *nicht* zu einer freien und vernünftigen Gesellschaft führt, was die Möglichkeiten ihrer Herbeiführung verhindert oder verzerrt. Freiheit ist Befreiung, ein spezifischer geschichtlicher Prozeß in Theorie und Praxis und hat als solcher sein Recht und Unrecht, seine Wahrheit und Falschheit.

Die Ungewißheit der Chance bei dieser Unterscheidung setzt die geschichtliche Objektivität nicht außer Kraft, sie erfordert jedoch Denk- und Ausdrucksfreiheit als Vorbedingungen, den Weg zur Freiheit zu finden – sie erfordert *Toleranz*. Diese Toleranz kann allerdings nicht unterschiedslos und gleich sein hinsichtlich der Inhalte des Ausdrucks in Wort und Tat; sie kann nicht falsche Worte und unrechte Taten schützen, die demonstrierbar den Möglichkeiten der Befreiung widersprechen und entgegenwirken. Solche unterschiedslose Toleranz ist gerechtfertigt in harmlosen Debatten, bei der Unterhaltung, in der akademischen Diskussion; sie ist unerläßlich im Wissenschaftsbetrieb, in der privaten Religion. Aber die Gesellschaft kann nicht dort unterschiedslos verfahren, wo die Befriedung des Daseins, wo Freiheit und Glück selbst auf dem Spiel stehen: hier können bestimmte Dinge nicht gesagt, bestimmte Ideen nicht ausgedrückt, bestimmte politische Maßnahmen nicht vorgeschlagen, ein bestimmtes Verhalten nicht gestattet werden, ohne daß man Toleranz zu einem Instrument der Fortdauer von Knechtschaft macht.

[...]

Das Kriterium des Fortschritts in der Freiheit, wonach Mill diese Bewegungen beurteilt, ist die Reformation. Es handelt sich um die Bewertung *ex post*, und seine Liste enthält Gegensätze (auch Savonarola hätte Fra Dolcino verbrannt). Selbst die Bewertung ex post ist in ihrer Wahrheit anfechtbar: die Geschichte korrigiert das Urteil – zu spät. Die Korrektur hilft den Opfern nicht und spricht ihre Henker nicht frei. Die Lehre daraus ist jedoch klar: die Intoleranz hat den Fortschritt aufgehalten, das Hinschlachten und Foltern Unschuldiger um Jahrhunderte weitergehen lassen. Spricht dies nun für unterschiedslose, »reine« Toleranz? Gibt es geschichtliche Bedingungen, unter denen eine solche Toleranz die Befreiung hemmt und die Opfer des Status quo vermehrt? Kann die unterschiedslose Garantie politischer Rechte und Freiheiten rückschrittlich sein? Kann eine solche Toleranz dazu dienen, eine qualitative gesellschaftliche Änderung zu hintertreiben?

Ich werde diese Frage nur in bezug auf politische Bewegungen, Einstellungen, Denkrichtungen und Philosophien erörtern, die im weitesten Sinne »politisch« sind. Außerdem werde ich den Brennpunkt der Diskussion verlagern: sie wird sich nicht nur und nicht in erster Linie mit der Toleranz gegenüber radikalen Extremen, Minderheiten, Umstürzlern usw. befassen, sondern eher mit der Toleranz gegenüber Mehrheiten, der offiziellen und öffentlichen Meinung, den etablierten Schutzherren der Freiheit. Damit kann die Diskussion nur eine demokratische Gesellschaft zum Bezugsrahmen haben, in der das Volk in Gestalt von Individuen und Mitgliedern politischer und anderer Organisationen an der Durchführung, Beibehaltung und Änderung der Politik teilhat. In einem autoritären System toleriert das Volk die etablierte Politik nicht – es erleidet sie.

Unter einem System verfassungsmäßig garantierter und (im allgemeinen und ohne zu viele und zu augenfällige Ausnahmen) ausgeübter bürgerlicher Rechte und Freiheiten werden Oppositionen und abweichende Ansichten geduldet, sofern sie nicht zur Gewaltanwendung führen und sofern nicht zu einem gewaltsamen Umsturz aufgerufen und dieser organisiert wird. Zugrunde liegt die Annahme, daß die etablierte Gesellschaft frei sei und daß jede Verbesserung, selbst eine Änderung der gesellschaftlichen Struktur und Werte, im normalen Gang der Ereignisse zustande käme, vorbereitet, bestimmt und untersucht in freier und gleicher Diskussion auf dem offenen Forum der Ideen und Güter.[2] Indem ich nun an die Stelle aus John

---

2 Ich möchte bezüglich der anschließenden Diskussion nochmals betonen, daß Toleranz selbst in der demokratischen Gesellschaft *de facto* nicht unterschiedslos und »rein« ist. Die auf S. 145 aufgeführten, »im Hintergrund wirkenden Beschrän-

Stuart Mill erinnerte, machte ich auf die in dieser Annahme versteckte Prämisse aufmerksam: freie und gleiche Diskussion kann die ihr zugeschriebene Funktion nur erfüllen, wenn sie *rational* ist – Ausdruck und Entfaltung unabhängigen Denkens, frei von geistigem Drill, Manipulation, äußerer Autorität. Der Begriff des Pluralismus und des Ausgleichs der Mächte kann dieses Erfordernis nicht ersetzen. Man könnte theoretisch einen Staat konstruieren, in dem eine Vielheit verschiedener Zwänge, Interessen und Autoritäten einander ausbalancieren und zu einem wahrhaft allgemeinen und vernünftigen Interesse führen. Eine solche Konstruktion paßt jedoch schlecht zu einer Gesellschaft, in der die Mächte ungleich sind und bleiben und ihr ungleiches Gewicht noch erhöhen, wenn sie ihren eigenen Lauf nehmen. Sie paßt noch schlechter, wenn die Mannigfaltigkeit von Zwängen sich zu einem überwältigenden Ganzen vereinigt und verfestigt und dabei die einzelnen ausgleichenden Mächte integriert aufgrund eines zunehmenden Lebensstandards und einer zunehmenden Machtkonzentration. Die Arbeiter, deren wirkliches Interesse dem der Betriebsleitung widerstreitet, der gewöhnliche Konsument, dessen wirkliches Interesse dem des Produzenten entgegengesetzt ist, der Intellektuelle, dessen Beruf in Konflikt gerät mit dem seines Arbeitgebers, sehen dann, daß sie sich einem System unterwerfen, dem gegenüber sie machtlos sind und unvernünftig erscheinen. Die Idee verfügbarer Alternativen verflüchtigt sich in eine äußerst utopische Dimension, in der sie auch beheimatet ist; denn eine freie Gesellschaft ist in der Tat unrealistisch und wesentlich verschieden von allen bestehenden Gesellschaften. Welche Verbesserung auch »im normalen Gang der Ereignisse« und ohne Umwälzung eintreten mag, unter diesen Umständen wird sie eine Verbesserung sein, die in der von den partikulären Interessen bestimmten Richtung liegt, die das Ganze kontrollieren.

Aus demselben Grunde wird man es jenen Minderheiten, die bestrebt sind, das Ganze selbst zu ändern, unter optimalen Bedingungen (die selten herrschen) gestatten, Erwägungen anzustellen und zu diskutieren, zu sprechen und sich zu versammeln – und diese werden angesichts der überwältigenden Mehrheit, die sich einer qualitativen gesellschaftlichen Änderung widersetzt, harmlos und hilflos dastehen. Diese Mehrheit ist fest gegründet in der zunehmenden Befriedigung der Bedürf-

8. April
Beginn des *16. Deutschen Soziologentags* unter dem Thema: *Spätkapitalismus oder Industriegesellschaft?* Hauptreferenten sind Theodor W. Adorno und Ralf Dahrendorf.

kungen« erlegen der Toleranz Schranken auf, noch ehe sie wirksam zu werden beginnt. Die antagonistische Struktur der Gesellschaft beeinträchtigt die Spielregeln. Die gegen das etablierte System Stehenden sind a priori im Nachteil, was durch die Duldung ihrer Ideen, Reden und Zeitungen nicht behoben wird.

8. April
Als ein Zeichen der An-
teilnahme am Tode von
Martin Luther King wird
die Verleihung des *Oscars*
verschoben.

nisse sowie der technologischen und geistigen Gleichschaltung, die die allgemeine Hilflosigkeit radikaler Gruppen in einem gut funktionierenden Gesellschaftssystem bezeugen.

In der Überflußgesellschaft herrscht Diskussion im Überfluß, und im etablierten Rahmen ist sie weitgehend tolerant. Alle Standpunkte lassen sich vernehmen: der Kommunist und der Faschist, der Linke und der Rechte, der Weiße und der Neger, die Kreuzzügler für Aufrüstung und die für Abrüstung. Ferner wird bei Debatten in den Massenmedien die dumme Meinung mit demselben Respekt behandelt wie die intelligente, der Un-unterrichtete darf ebenso lange reden wie der Unterrichtete, und Propaganda geht einher mit Erziehung, Wahrheit mit Falschheit. Diese reine Toleranz von Sinn und Unsinn wird durch das demokratische Argument gerechtfertigt, daß nie-mand, ob Gruppe oder Individuum, im Besitz der Wahrheit und imstande wäre zu bestimmen, was Recht und Unrecht ist, Gut und Schlecht. Deshalb müssen alle miteinander wettei-fernden Meinungen »dem Volk« zur Erwägung und Auswahl vorgelegt werden. Ich habe jedoch bereits angedeutet, daß das demokratische Argument eine notwendige Bedingung ein-schließt, nämlich: daß das Volk fähig sein muß, auf der Basis von Erkenntnis etwas zu erwägen und auszuwählen, daß ihm wahrhafte Information zugänglich sein und deren Bewertung autonomem Denken entspringen muß.

In der gegenwärtigen Periode wird das demokratische Argu-ment zunehmend dadurch hinfällig, daß der demokratische Prozeß selbst hinfällig wird. Die befreiende Kraft der Demo-kratie lag in der Chance, die sie abweichenden Ansichten auf der individuellen wie gesellschaftlichen Ebene gewährte, in ihrer Offenheit gegenüber qualitativ anderen Formen der Re-gierung, Kultur und Arbeit – des menschlichen Daseins im allgemeinen. Die Duldung der freien Diskussion und das glei-che Recht grundsätzlicher Positionen sollte die verschiedenen Formen abweichender Ansichten bestimmen und klären: ihre Richtung, ihren Inhalt, ihre Aussichten. Aber mit der Konzen-tration ökonomischer und politischer Macht und der Integra-tion gegensätzlicher Standpunkte einer Gesellschaft, welche die Technik als Herrschaftsinstrument benutzt, wird effektive Abweichung dort gehemmt, wo sie unbehindert aufkommen konnte: in der Meinungsbildung, im Bereich von Information und Kommunikation, in der Rede und der Versammlung. Un-ter der Herrschaft der monopolistischen Medien – selber bloße Instrumente ökonomischer und politischer Macht – wird eine Mentalität erzeugt, für die Recht und Unrecht, Wahr und Falsch vorherbestimmt sind, wo immer sie die Lebensinter-essen der Gesellschaft berühren.

Das ist, vor allem Ausdruck und aller Kommunikation, ein semantischer Tatbestand: blockiert wird die effektive Abweichung, die Anerkennung dessen, was nicht dem Establishment angehört; das beginnt in der Sprache, die veröffentlicht und verordnet wird. Der Sinn der Wörter wird streng stabilisiert. Rationale Diskussion, eine Überzeugung vom Gegenteil ist nahezu ausgeschlossen. Der Zugang zur Sprache wird denjenigen Wörtern und Ideen versperrt, die anderen Sinnes sind als der etablierte – etabliert durch die Reklame der bestehenden Mächte und verifiziert in deren Praktiken. Andere Wörter können zwar ausgesprochen und gehört, andere Gedanken zwar ausgedrückt werden, aber sie werden nach dem massiven Maßstab der konservativen Mehrheit (außerhalb solcher Enklaven wie der Intelligenz) sofort »bewertet« (das heißt: automatisch verstanden) im Sinne der öffentlichen Sprache – einer Sprache, die »a priori« die Richtung festlegt, in welcher sich der Denkprozeß bewegt. Damit endet der Prozeß der Reflexion dort, wo er anfing: in den gegebenen Bedingungen und Verhältnissen. Sich selbst bestätigend, stößt der Diskussionsgegenstand den Widerspruch ab, da die Antithese im Sinne der These neubestimmt wird. Zum Beispiel, These: wir arbeiten für den Frieden; Antithese: wir bereiten Krieg vor (oder gar: wir führen Krieg); Vereinigung der Gegensätze: Kriegsvorbereitung *ist* Arbeit für den Frieden. Frieden wird dahingehend neubestimmt, daß er, bei der herrschenden Lage, Kriegsvorbereitung (oder sogar Krieg) notwendig einschließt, und in der Orwellschen Form wird der Sinn des Wortes »Frieden« stabilisiert. So wirkt das Grundvokabular der Orwellschen Sprache im Sinne apriorischer Kategorien des Verstehens: aller Inhalt wird präformiert. Diese Bedingungen entkräften die Logik der Toleranz, welche die rationale Entwicklung des Sinnes einschließt und dessen Abriegelung verbietet. Folglich verlieren die Überzeugung durch Diskussion und die gleichberechtigte Darstellung gegensätzlicher Positionen (selbst wo sie wirklich gleichberechtigt ist) leicht ihre befreiende Kraft als Faktoren des Verstehens und Erfahrens; weit wahrscheinlicher ist es jedoch, daß sie die etablierte These stärken und die Alternativen abwehren.

Unparteilichkeit bis zum äußersten, gleiche Behandlung konkurrierender und im Konflikt liegender Meinungen ist in der Tat ein Grunderfordernis dafür, daß im demokratischen Prozeß Entscheidungen getroffen werden können – und sie ist eine Grunderfordernis zur Bestimmung der Grenzen der Toleranz. Aber in einer Demokratie mit totalitärer Organisation kann Objektivität eine ganz andere Funktion erfüllen, nämlich die,

8. April
Jean-Jacques Servan-Schreibers *Die amerikanische Herausforderung. Ein Plädoyer für eine europäische Politik gegen die amerikanische Hegemonie* ist auf Platz 1 der Spiegel-Bestsellerliste.

9. April
In Atlanta wird Martin
Luther King unter großer
Anteilnahme zu Grabe
getragen. Über 150.000
Menschen schließen sich
dem Trauerzug an, unter
ihnen auch der Präsi-
dentschaftskandidat
Robert Kennedy.

eine geistige Haltung zu fördern, die dazu tendiert, den Unterschied zwischen Wahr und Falsch, Information und Propaganda, Recht und Unrecht zu verwischen. Faktisch ist die Entscheidung zwischen gegensätzlichen Ansichten schon vollzogen, ehe es dazu kommt, sie vorzutragen und zu erörtern –
vollzogen nicht durch eine Verschwörung, einen Führer oder
Propagandisten, nicht durch irgendeine Diktatur, sondern vielmehr durch den »normalen Gang der Ereignisse«, der der Gang
verwalteter Ereignisse ist, sowie durch die darin geformte
Mentalität. Auch hier bestimmt das Ganze die Wahrheit.
[...]
Die dieser Unparteilichkeit ausgesetzten Menschen sind keine
tabulae rasae, sie werden geschult von den Verhältnissen, unter
denen sie leben und denken und über die sie nicht hinausgehen.
Um sie zu befähigen, autonom zu werden, von sich aus herauszufinden, was für den Menschen in der bestehenden Gesellschaft wahr und was falsch ist, müßten sie von der herrschenden
Schulung (die nicht mehr als Schulung erkannt wird) befreit
werden. Das aber bedeutet, daß der Trend umgekehrt werden
müßte: sie hätten Information zu bekommen, die in entgegengesetzter Richtung präformiert ist. Denn die Tatsachen sind
niemals unmittelbar gegeben und niemals unmittelbar zugänglich; sie werden durch jene, die sie herbeiführten, etabliert und
»vermittelt«; die Wahrheit, »die ganze Wahrheit«, geht über die
Tatsache hinaus und erfordert den Bruch mit ihrer Erscheinung. Dieser Bruch – Vorbedingung und Zeichen aller Denk-
und Redefreiheit – läßt sich nicht im etablierten Rahmen abstrakter Toleranz und unechter Objektivität vollziehen, weil
eben sie die Faktoren sind, die den Geist *gegen* den Bruch
präformieren.

Die tatsächlichen Schranken, welche die totalitäre Demokratie
gegen die Wirksamkeit qualitativ abweichender Ansichten er-
richtet, sind, verglichen mit den Praktiken einer Diktatur, die
das Volk in der Wahrheit zu erziehen beansprucht, schwach und
angenehm genug. Bei all ihren Grenzen und Verzerrungen ist
demokratische Toleranz unter allen Umständen humaner als
eine institutionalisierte Intoleranz, welche die Rechte und Freiheiten der lebenden Generationen künftigen Generationen zu-
liebe hinopfert. Es fragt sich, ob dies die einzige Alternative ist.
Ich werde jetzt versuchen, die Richtung anzudeuten, in der eine
Antwort gesucht werden kann. Auf jeden Fall geht es nicht um
den Gegensatz von Demokratie in abstracto und Diktatur in
abstracto.
Demokratie ist eine Regierungsform, die sich für sehr verschie-

dene Typen der Gesellschaft eignet (das gilt sogar für eine Demokratie mit allgemeinem Stimmrecht und Gleichheit vor dem Gesetz), und die menschlichen Kosten einer Demokratie sind stets und überall die von der Gesellschaft verlangten, deren Regierung sie ist. Der Umfang dieser Kosten erstreckt sich von normaler Ausbeutung, Armut und Unsicherheit bis auf die Opfer von Kriegen, Polizeiaktionen, militärischer Hilfe usw., auf welche die Gesellschaft sich eingelassen hat – und nicht nur auf die Opfer innerhalb der eigenen Landesgrenzen. Solche Erwägungen können zwar niemals rechtfertigen, daß andere Sach- und Menschenopfer im Namen einer künftigen, besseren Gesellschaft gefordert werden, aber sie gestatten doch, die mit der Erhaltung einer bestehenden Gesellschaft verbundenen Kosten gegen das Risiko abzuwägen, Alternativen zu beför- dern, die der Befriedung und Befreiung eine vernünftige Chan- ce bieten. Sicher ist von keiner Regierung zu erwarten, daß sie ihre eigene gewaltsame Beseitigung begünstige, aber in der Demokratie ist ein solches Recht im Volk verankert (das heißt in der Mehrheit des Volkes). Das bedeutet, daß die Wege, auf denen sich eine umstürzende Mehrheit entwickeln könnte, nicht versperrt werden sollten, und wenn sie durch organisierte Unterdrückung und Indoktrination versperrt werden, dann wird ihre Wiedereröffnung offenkundig undemokratische Mit- tel erheischen. Dazu würde gehören, daß Gruppen und Bewe- gungen die Rede und Versammlungsfreiheit entzogen wird, die eine aggressive Politik, Aufrüstung, Chauvinismus und Dis- kriminierung aus rassischen und religiösen Gründen befürwor- ten oder sich der Ausweitung öffentlicher Dienste, sozialer Sicherheit, medizinischer Fürsorge usw. widersetzen. Darüber hinaus kann die Wiederherstellung der Denkfreiheit neue und strenge Beschränkungen der Lehren und Praktiken in den päd- agogischen Institutionen erfordern, die ihren ganzen Metho- den und Begriffen nach dazu dienen, den Geist ins etablierte Universum von Rede und Verhalten einzuschließen – und da- durch a priori einer rationalen Einschätzung der Alternativen vorzubeugen. Und in dem Maße, wie Denkfreiheit den Kampf gegen Unmenschlichkeit mit sich bringt, schlösse die Wieder- herstellung einer solchen Freiheit auch Intoleranz gegenüber wissenschaftlicher Forschung ein, die im Interesse tödlicher »Abschreckungsmittel«, des Ertragens unmenschlicher, abnor- maler Bedingungen usw. erfolgt. Ich werde jetzt die Frage diskutieren, wer über die Unterscheidung zwischen befreien- den und repressiven, menschlichen und unmenschlichen Leh- ren und Praktiken befinden soll; ich habe bereits angedeutet, daß diese Unterscheidung keine Sache bloß subjektiven Vor- ziehens von Werten, sondern rationaler Kriterien ist.

10. April
Die Kultusminister der Bundesländer einigen sich in Bonn auf Grund- sätze zur Neuordnung des Hochschulsystems. Im Mittelpunkt stehen die Hochschulverfas- sung, das Mitsprache- recht der Studenten und die Studiendauer.

10. April
Das Repräsentantenhaus
der USA verabschiedet
das »Bürgerrechtsgesetz
1968«. Das Gesetz soll
die Diskriminierung auf
dem Wohnungsmarkt aus
Gründen der Rasse, der
Hautfarbe und der Reli-
gion verhindern, die Un-
ruhen in den Großstäd-
ten eindämmen und die
Rechte der Indianer stär-
ken.

Während es denkbar ist, daß die Umkehrung des Trends wenigstens im erzieherischen Bereich sich von den Schülern und
Lehrern selbst durchsetzen ließe und damit selbstauferlegt
wäre, ließe sich der systematische Entzug von Toleranz gegenüber rückschrittlichen und repressiven Meinungen und Bewegungen nur als Ergebnis eines massiven Drucks vorstellen, was
auf eine Umwälzung hinausliefe. Er würde, mit anderen Worten, voraussetzen, was noch zu leisten ist: die Umkehrung des
Trends. Jedoch kann Widerstand bei besonderen Anlässen vielleicht dafür den Boden bereiten. Der umstürzlerische Charakter der Wiederherstellung von Freiheit erscheint am deutlich-
sten in derjenigen Dimension der Gesellschaft, in der falsche
Toleranz wahrscheinlich den größten Schaden anrichtet: in
Geschäft und Publicity. Ich bestehe darauf, daß Praktiken
wie geplantes Veralten von Gütern, das Einverständnis zwischen Gewerkschaften und Politikern des Establishments, die
betrügerische Publizität nicht einfach von oben einer ohnmächtigen breiten Masse auferlegt, sondern von dieser *geduldet*
werden – und von den Konsumenten insgesamt. Es wäre jedoch
lächerlich, wollte man hinsichtlich dieser Praktiken und der
von ihnen geförderten Ideologien von einem möglichen Entzug
der Toleranz reden. Denn sie gehören zur Basis, auf der die
repressive Gesellschaft beruht und sich und ihre lebenswichtigen Abwehrstellungen reproduziert – ihre Beseitigung wäre
jene totale Revolution, die von dieser Gesellschaft so wirksam
unterbunden wird.

Toleranz in einer solchen Gesellschaft diskutieren heißt, den
Tatbestand der Gewalt und die traditionelle Unterscheidung
von gewaltsamer und gewaltloser Aktion neu zu untersuchen.
Die Diskussion sollte nicht von vornherein durch Ideologien
vernebelt werden, die der Verewigung von Gewalt dienen.
Selbst in den fortgeschrittenen Zentren der Zivilisation
herrscht faktisch Gewalt; sie wird ausgeübt durch die Polizei,
in Straf- und Irrenanstalten, im Kampf gegen rassische Minderheiten; sie wird von den Verteidigern der »freien Welt« in die
rückständigen Gegenden getragen. Allerdings gebiert diese
Gewalt neue. Aber sich angesichts einer weit überlegenen Gewalt dieser Gewalt zu enthalten, ist ein Ding, a priori aus
ethischen oder psychologischen Gründen (weil sie Sympathi-
santen verschrecken kann) auf Gewalt gegen Gewalt zu verzichten, ein anderes. Gewaltlosigkeit wird den Schwachen normalerweise nicht nur gepredigt, sondern abgezwungen – sie ist
mehr eine Notwendigkeit als eine Tugend, und normalerweise
gefährdet sie die Interessen der Starken nicht ernstlich. (Ist der
Fall Indiens eine Ausnahme? Dort wurde passiver Widerstand

in großem Umfang geleistet, der das Wirtschaftsleben des Landes auflöste oder aufzulösen drohte. Quantität schlägt in Qualität um: in solchem Ausmaß ist passiver Widerstand nicht mehr positiv – er hört auf, gewaltlos zu sein. Dasselbe gilt für den Generalstreik.) Robespierres Unterscheidung zwischen dem Terror der Freiheit und dem des Despotismus und seine moralische Verherrlichung des ersteren zählen zu den am überzeugendsten verdammten Verirrungen, auch wenn der weiße Terror blutiger war als der rote. Die vergleichende Beurteilung der verschiedenen gesellschaftlichen Systeme nach der Anzahl ihrer Opfer wäre das quantifizierende Verfahren, das den von Menschen bereiteten Schrecken offenbart, der die Gewalt zu einer Notwendigkeit machte. Hinsichtlich der geschichtlichen Funktion gibt es einen Unterschied zwischen revolutionärer und reaktionärer Gewalt, zwischen der von den Unterdrückten und der von den Unterdrückern geübten Gewalt. Ethisch gesehen: beide Formen der Gewalt sind unmenschlich und von Übel – aber seit wann wird Geschichte nach ethischen Maßstäben gemacht? Zu dem Zeitpunkt mit ihrer Anwendung beginnen, wo die Unterdrückten gegen die Unterdrücker aufbegehren, die Armen gegen die Verfügenden, heißt dem Interesse der tatsächlichen Gewalt dadurch dienen, daß man den Protest gegen sie schwächt.

»Comprenez enfin ceci: si la violence a commencé ce soir, si l'exploitation ni l'oppression n'ont jamais existé sur terre, peut-être la non-violence affichée peut apaiser la querelle. Mais si le régime tout entier et jusqu'à vos non-violentes pensées sont conditionnées par une oppression millénaire, votre passivité ne sert qu'à vous ranger du côté des oppresseurs.«[3] (Sartre, Vorwort zu Frantz Fanon, *Les Damnés de la Terre*, Paris 1961, S. 22. Deutsche Ausgabe: *Die Verdammten dieser Erde*, Frankfurt am Main 1966.)

Gerade der Begriff der falschen Toleranz und die Unterscheidung zwischen gerechtfertigten und ungerechtfertigten Grenzen der Toleranz, zwischen progressiver und regressiver Schulung, revolutionärer und reaktionärer Gewalt erfordern, daß Kriterien ihrer Gültigkeit festgesetzt werden. Diese Maßstäbe müssen allen verfassungsmäßigen und gesetzlichen Kriterien (wie »Notstand« und anderen etablierten Definitionen bürgerlicher Rechte und Freiheiten) vorausgehen, die in einer be-

11. April
Rudi Dutschke, das bekannteste Mitglied des SDS, wird am Gründonnerstag auf dem Kurfürstendamm in Berlin durch drei Schüsse lebensgefährlich verletzt. Attentäter ist der 24jährige ungelernte Arbeiter Josef Bachmann aus München. Das Attentat löst die bisher schwersten politischen Unruhen in der BRD aus. In Berlin, Frankfurt/M., Hamburg, Hannover und München wird versucht, die Auslieferung der Zeitungen des Axel-Springer-Verlags zu verhindern. Die Demonstranten machen die Hetzkampagne der *Bild*-Zeitung gegen linke Studenten, insbesondere gegen die Person Rudi Dutschkes, für das Attentat verantwortlich. An den bis zum 15. April andauernden Osterunruhen in 26 bundesdeutschen Städten beteiligen sich über 60.000 Demonstranten, 1.000 werden verhaftet, über 400 verletzt. In München kommen zwei Männer bei den Auseinandersetzungen ums Leben.

3 »Man verstehe dies endlich: wenn die Gewalt heute abend angefangen hätte, wenn Ausbeutung und Unterdrückung niemals auf Erden existiert hätten, dann könnte vielleicht die sich anpreisende Gewaltlosigkeit den Streit beilegen. Wenn aber das gesamte Regime bis in eure gewaltlosen Gedanken hinein durch eine tausendjährige Unterdrückung bedingt ist, dann dient eure Passivität nur dazu, euch ins Lager der Unterdrückung einzugliedern.«

12. April
Aus Empörung über das
Attentat auf Rudi
Dutschke kommt es in
vielen europäischen
Großstädten, aber auch
in Tel Aviv, New York,
Washington und Toronto
zu Demonstrationen und
Protestaktionen. In Lon-
don versuchen ca. 2.000
Demonstranten die
deutsche Botschaft zu
stürmen.

stehenden Gesellschaft aufgestellt und angewandt werden;
denn solche Definitionen setzen selbst Maßstäbe von Freiheit
und Unterdrückung als in der jeweiligen Gesellschaft anwendbar oder nicht anwendbar voraus: sie sind Spezifikationen allgemeiner Begriffe. – Durch wen und nach welchen Maßstäben
läßt sich die politische Unterscheidung zwischen wahr und
falsch, progressiv und regressiv (denn in diesem Bereich sind
diese Begriffspaare gleichbedeutend) treffen und ihre Gültigkeit rechtfertigen? Ich behaupte, daß sich die Frage nicht anhand der Alternative von Demokratie und Diktatur beantworten läßt, der zufolge in der Diktatur ein Individuum oder eine
Gruppe sich ohne wirksame Kontrolle von unten die Entscheidung anmaßen. Historisch sind selbst in den demokratischsten
Demokratien diejenigen lebenswichtigen Entscheidungen,
welche die Gesellschaft als Ganzes berühren, verfassungsmäßig
oder faktisch durch eine oder mehrere Gruppen getroffen worden, ohne daß das Volk selbst eine wirksame Kontrolle ausgeübt hätte. Die ironische Frage: wer erzieht die Erzieher? (das
heißt die politischen Führer), gilt auch für die Demokratie. Die
einzige wahrhafte Alternative zur Diktatur und deren Negation wäre (im Hinblick auf diese Frage) eine Gesellschaft, in der
»das Volk« zu autonomen Individuen geworden ist, die befreit
sind von den repressiven Erfordernissen eines Kampfes ums
Dasein im Interesse von Herrschaft und als solche befreite
Menschen ihre Regierung wählen und ihr Leben bestimmen.
Eine solche Gesellschaft existiert nirgendwo. Inzwischen muß
die Frage *in abstracto* behandelt werden – eine Abstraktion
nicht von den geschichtlichen Möglichkeiten, sondern von den
Realitäten in den herrschenden Gesellschaften.
Ich gab zu verstehen, daß die Unterscheidung zwischen wahrer
und falscher Toleranz, zwischen Fortschritt und Regression
sich rational auf empirischem Boden treffen läßt. Die realen
Möglichkeiten menschlicher Freiheit sind relativ zur erreichten
Zivilisationsstufe. Sie hängen von den auf der jeweiligen Stufe
verfügbaren materiellen und geistigen Ressourcen ab, und sie
lassen sich weitgehend quantifizieren und berechnen. Das gilt
auf der Stufe der fortgeschrittenen Industriegesellschaft für die
rationalsten Weisen, diese Ressourcen zu nutzen und das Sozialprodukt bei vorrangiger Befriedigung der Lebensbedürf-
nisse und mit einem Minimum von harter Arbeit und Ungerechtigkeit zu verteilen. Mit anderen Worten: es ist möglich, die
Richtung zu bestimmen, in der die herrschenden Institutionen,
politischen Praktiken und Meinungen geändert werden müßten, um die Chance eines Friedens zu vergrößern, der nicht mit
Kaltem Krieg identisch ist, sowie einer Befriedigung der Be-

dürfnisse, die nicht von Armut, Unterdrückung und Ausbeutung lebt. Es ist demzufolge auch möglich, politische Praktiken, Meinungen und Bewegungen zu bestimmen, die diese Chance befördern würden, und diejenigen, die das Gegenteil täten; die Unterdrückung der regressiven ist eine Vorbedingung für die Stärkung der fortschrittlichen.

12. April
Bilanz der Unruhen in
den USA nach einer
Woche: 46 Todesopfer,
weit über 5.000 Verletzte,
ca. 28.000 Verhaftungen.

Die Frage, wer qualifiziert sei, alle diese Unterscheidungen, Definitionen und Ermittlungen für die Gesamtgesellschaft vorzunehmen, hat jetzt eine logische Antwort: jedermann »in der Reife seiner Anlagen«, jeder, der gelernt hat, rational und autonom zu denken. Die Antwort auf Platons erzieherische Diktatur ist die demokratische erzieherische Diktatur freier Menschen. John Stuarts Mills Konzeption der *res publica* ist nicht das Gegenteil der Platonischen: auch der Liberale fordert die Autorität der Vernunft nicht nur als geistige, sondern auch als politische Macht. Bei Platon ist eine Rationalität auf die kleine Zahl der Philosophen-Könige begrenzt; bei Mill hat jeder Mensch teil an der Diskussion und Entscheidung – aber nur als vernünftiges Wesen. Wo die Gesellschaft in die Phase totaler Verwaltung und Indoktrination eingetreten ist, wäre das allerdings eine kleine Anzahl und nicht notwendig die der gewählten Volksvertreter. Es geht nicht um das Problem einer erzieherischen Diktatur, sondern darum, die Tyrannei der öffentlichen Meinung und ihrer Hersteller in der geschlossenen Gesellschaft zu brechen.

Angenommen selbst, daß die Unterscheidung zwischen Fortschritt und Regression empirisch als rational ausgewiesen werden kann, und angenommen, daß sie auf die Toleranz angewandt werden und aus politischen Gründen eine streng unterscheidende Praxis rechtfertigen kann (Abschaffung des liberalen Glaubens an freie und gleiche Diskussion), so ergibt sich daraus noch eine unmögliche Konsequenz. Ich sagte, daß kraft innerer Logik der Entzug der Toleranz gegenüber regressiven Bewegungen und eine unterscheidende Toleranz zugunsten fortschrittlicher Tendenzen gleichbedeutend wäre mit der »offiziellen« Förderung des Umsturzes. Der geschichtliche Fortschrittskalkül (der gegenwärtig der Kalkül der voraussichtlichen Verringerung von Grausamkeit, Elend und Unterdrückung ist) scheint die wohlüberlegte Wahl zwischen zwei Formen politischer Gewalt einzuschließen: die seitens der gesetzlich bestellten Mächte (durch ihre legitime Aktion, ihr stillschweigendes Einverständnis oder ihr Unvermögen, Gewalt zu verhindern) und die seitens potentiell umstürzlerischer Bewegungen. Außerdem würde im Hinblick auf die letzteren eine Politik ungleicher Behandlung den Radikalismus von links

13. April
Fernsehansprache von
Bundeskanzler Kurt Ge-
org Kiesinger anläßlich
des Attentats auf Rudi
Dutschke und der dar-
auffolgenden Demon-
strationen. Er sagt u. a.:
»Gewalt provoziert Ge-
gengewalt, die sich
zwangsläufig ständig
ausbreiten und steigern
muß.«

gegen den von rechts schützen. Kann der geschichtliche Kalkül vernünftigerweise auf die Rechtfertigung der einen Form von Gewalt gegen die andere ausgedehnt werden? Oder besser (da »Rechtfertigung« einen moralischen Beigeschmack hat), gibt es einen geschichtlichen Beweis, der dahin geht, daß der gesell-schaftliche Ursprung und Impuls der Gewalt (ausgehend von den beherrschten oder den herrschenden Klassen, den Verfü-genden oder den Armen, der Linken oder der Rechten) sich in einem nachweisbaren Verhältnis zum Fortschritt (wie er oben definiert wurde) befindet?

Bei allen Einschränkungen, deren eine Hypothese bedarf, die auf einer unabgeschlossenen geschichtlichen Vergangenheit be-ruht, scheint es, daß die aus dem Aufstand der unterdrückten Klassen erwachsene Gewalt das geschichtliche Kontinuum von Ungerechtigkeit, Grausamkeit und Stillschweigen für einen kurzen Augenblick durchbrach, kurz, aber explosiv genug, um eine Erweiterung des Spielraums von Freiheit und Gerech-tigkeit, eine bessere und gleichmäßigere Verteilung von Elend und Unterdrückung in einem Gesellschaftssystem zu erreichen – mit einem Wort: einen Fortschritt der Zivilisation. Die eng-lischen Bürgerkriege, die Französische Revolution, die Chine-sische und die Kubanische Revolution können diese Hypo-these veranschaulichen. Demgegenüber wurde der eine ge-schichtliche Wechsel von einem Gesellschaftssystem zum an-deren, der den Beginn einer neuen Epoche der Zivilisation markierte, *nicht* von einer wirksamen Bewegung »von unten« inspiriert und durchgesetzt, nämlich der Zusammenbruch des Römischen Reiches im Westen, der zu einer langen Verfalls-periode führte, die Jahrhunderte währte, bis eine neue, höhere Periode der Zivilisation in der Gewalt der ketzerischen Revol-ten des dreizehnten Jahrhunderts und in den Bauern- und Arbeiteraufständen des vierzehnten Jahrhunderts entstand.[4]

Hinsichtlich der geschichtlichen Gewalt, die von den herr-schenden Klassen ausging, scheint sich kein derartiges Verhält-nis zum Fortschritt nachweisen zu lassen. Die lange Reihe dynastischer und imperialistischer Kriege, die Liquidation von Spartakus in Deutschland im Jahre 1919, der Faschismus und der Nationalsozialismus durchbrachen das Kontinuum der Unterdrückung nicht, sondern festigten und modernisierten es vielmehr. Ich sagte »ausgehend von den herrschenden Klassen«: freilich gibt es kaum eine organisierte Gewalt von oben, die

---

4 In der neuesten Zeit war der Faschismus eine Folge des Übergangs zur Industrie-gesellschaft *ohne* Revolution. Cf. dazu Barrington Moores demnächst erscheinen-des Buch *Social Origins of Dictatorship and Democracy*. [Dt. Übers.: *Sozialer Ursprung von Diktatur und Demokratie*, Frankfurt am Main 1969]

keine Massenunterstützung mobilisiert und aktiviert; die entscheidende Frage ist, im Namen und im Interesse welcher Gruppen und Institutionen wird solche Gewalt freigesetzt? Und die Antwort ist nicht notwendigerweise eine Antwort ex post: bei den soeben erwähnten geschichtlichen Beispielen ließ sich vorwegnehmen und wurde vorweggenommen, ob die Bewegung dazu dienen würde, die alte Ordnung zu stärken, oder dazu, eine neue herbeizuführen.

Befreiende Toleranz würde mithin Intoleranz gegenüber Bewegungen von rechts bedeuten und Duldung von Bewegungen von links. Was die Reichweite dieser Toleranz und Intoleranz angeht, so müßte sie sich ebenso auf die Ebene des Handelns erstrecken wie auf die der Diskussion und Propaganda, auf Worte wie auf Taten. Das traditionelle Kriterium »eindeutiger und gegenwärtiger Gefahr« scheint einer Stufe nicht mehr angemessen, auf der sich die ganze Gesellschaft in der Lage des Theaterpublikums befindet, wenn jemand »Feuer« schreit. Es ist eine Lage, in der sich in jedem Augenblick die totale Katastrophe auslösen ließe, nicht nur durch ein technisches Versagen, sondern auch durch eine rationale Fehleinschätzung der Risiken oder eine unbesonnene Rede eines Führers. Unter den vergangenen Umständen waren die Reden der faschistischen und nationalsozialistischen Führer das unmittelbare Vorspiel zum Massaker. Der Abstand zwischen der Propaganda und der Aktion, zwischen der Organisation und ihrer Entfesselung gegen die Menschen war zu gering geworden. Aber die Verbreitung des Wortes hätte unterbunden werden können, ehe es zu spät war: hätte man die demokratische Toleranz aufgehoben, als die künftigen Führer mit ihrer Kampagne anfingen, so hätte die Menschheit eine Chance gehabt, Auschwitz und einen Weltkrieg zu vermeiden.

Die gesamte nachfaschistische Periode ist eine Periode eindeutiger und gegenwärtiger Gefahr. Folglich erfordert wahre Befriedung, daß die Toleranz vor der Tat entzogen werde: auf der Stufe der Kommunikation in Wort, Druck und Bild. Allerdings ist eine derart extreme Aufhebung des Rechts der freien Rede und freien Versammlung nur dann gerechtfertigt, wenn die Gesamtgesellschaft in äußerster Gefahr ist. Ich behaupte, daß unsere Gesellschaft sich in einer solchen Notsituation befindet und daß diese zum Normalzustand geworden ist. Verschiedene Meinungen und »Philosophien« können nicht mehr friedlich um Anhängerschaft und Überzeugung aus rationalen Gründen wetteifern: das »Forum der Ideen« wird durch diejenigen organisiert und begrenzt, die über das nationale und individuelle Interesse verfügen. In dieser Gesellschaft, für welche die Ideo-

14. April
Die südvietnamesische Regierung stellt sich gegen die Friedensverhandlungen zwischen Nordvietnam und den USA und droht mit der Generalmobilmachung.

15. April
An den Ostermärschen in
der BRD für Abrüstung
und mehr Demokratie
nehmen etwa 300.000
Menschen teil.

logen das »Ende der Ideologie« verkündet haben, ist das falsche Bewußtsein zum allgemeinen Bewußtsein geworden – von der Regierung bis hinunter zu ihren letzten Objekten. Den kleinen und ohnmächtigen Gruppen, die gegen das falsche Bewußtsein kämpfen, muß geholfen werden: ihr Fortbestand ist wichtiger als die Erhaltung mißbrauchter Rechte und Freiheiten, die jenen verfassungsmäßige Gewalt zukommen lassen, die diese Minderheiten unterdrücken. Es sollte mittlerweile klar sein, daß die Ausübung bürgerlicher Rechte durch die, die sie nicht haben, voraussetzt, daß die bürgerlichen Rechte jenen entzogen werden, die ihre Ausübung verhindern, und daß die Befreiung der Verdammten dieser Erde nicht nur die Unterdrückung ihrer alten, sondern auch ihrer neuen Herren voraussetzt.

Daß rückschrittlichen Bewegungen die Toleranz entzogen wird, *ehe* sie aktiv werden können, daß Intoleranz auch gegenüber dem Denken, der Meinung und dem Wort geübt wird (Intoleranz vor allem gegenüber den Konservativen und der politischen Rechten) – diese antidemokratischen Vorstellungen entsprechen der tatsächlichen Entwicklung der demokratischen Gesellschaft, welche die Basis für allseitige Toleranz zerstört hat. Die Bedingungen, unter denen Toleranz wieder eine befreiende und humanisierende Kraft werden kann, sind erst herzustellen. Wenn Toleranz in erster Linie dem Schutz und der Erhaltung einer repressiven Gesellschaft dient, wenn sie dazu herhält, die Opposition zu neutralisieren und die Menschen gegen andere und bessere Lebensformen immun zu machen, dann ist Toleranz pervertiert worden. Und wenn diese Perversion im Geist des Individuums anfängt, in seinem Bewußtsein, seinen Bedürfnissen, wenn heteronome Interessen Besitz von ihm ergreifen, ehe es seine Knechtschaft erfahren kann, dann müssen die Anstrengungen, seiner Entmenschlichung entgegenzuwirken, am Eingang beginnen, dort, wo das falsche Bewußtsein Form annimmt (oder vielmehr: systematisch geformt wird) – sie müssen damit beginnen, den Werten und Bildern ein Ende zu bereiten, die dieses Bewußtsein nähren. Das ist allerdings Zensur, sogar Vorzensur, aber eine, die sich offen gegen die mehr oder weniger verkappte Zensur richtet, welche die Massen-Medien durchdringt. Wo das falsche Bewußtsein im nationalen und Massenverhalten vorherrschend geworden ist, übersetzt es sich fast augenblicklich in Praxis: der beruhigende Abstand von Ideologie und Wirklichkeit, von repressivem Denken und repressivem Handeln, zwischen dem zerstörerischen Wort und der zerstörerischen Tat verkürzt sich gefährlich. So kann das Durchbrechen des falschen Bewußtseins den archimedischen Punkt liefern für eine umfassendere Emanzipation – an einer allerdings unendlich kleinen Stelle, aber von der Erweiterung solcher kleinen Stellen hängt die Chance einer Änderung ab.

Die Kräfte der Emanzipation lassen sich nicht mit einer gesellschaftlichen Klasse gleichsetzen, die aufgrund ihrer materiellen Lage von falschem Bewußtsein frei ist. Heute sind sie hoffnungslos über die Gesellschaft zerstreut, und die kämpfenden Minderheiten und isolierten Gruppen stehen oft in Opposition zu ihrer eigenen Führung. In der Gesamtgesellschaft muß der geistige Raum für Verneinung und Reflexion erst wieder hergestellt werden. Zurückgeworfen durch die verwaltete Gesellschaft, wird die Anstrengung zur Emanzipation »abstrakt«; sie wird darauf reduziert, die Anerkennung dessen zu erleichtern, was geschieht, die Sprache von der Tyrannei der Orwellschen Syntax und Logik zu befreien, die Begriffe zu entwickeln, welche die Realität erfassen. Mehr denn je gilt der Satz, daß Fortschritt in der Freiheit Fortschritt im *Bewußtsein* der Freiheit erfordert. Wo der Geist zum Subjekt-Objekt der Politik und ihrer Praktiken gemacht worden ist, ist geistige Autonomie, die Anstrengung des reinen Denkens, eine Sache *politischer Erziehung* (oder vielmehr: Gegenerziehung) geworden.

Das bedeutet, daß vormals neutrale, wertfreie, formale Momente des Lernens und Lehrens jetzt auf eigenem Boden und aus eigenem Recht politisch werden: zu lernen, die Tatsachen, die ganze Wahrheit zu kennen und zu begreifen, bedeutet in jeder Beziehung radikale Kritik, intellektuellen Umsturz. In einer Welt, in der die menschlichen Fähigkeiten und Bedürfnisse gehemmt oder verkehrt sind, führt autonomes Denken zu einer »verkehrten Welt«: Widerspruch und Gegenbild zur etablierten Welt der Unterdrückung. Und dieser Widerspruch ist nicht einfach ersonnen, nicht einfach das Produkt wirren Denkens oder der Phantasie, sondern die logische Entwicklung der gegebenen, der bestehenden Welt. In dem Maße, wie die Befreiung durch das Gewicht einer repressiven Gesellschaft und die Notwendigkeit, in ihr ein Auskommen zu finden, behindert wird, wandert die Unterdrückung in den akademischen Betrieb selbst ein, noch vor allen Beschränkungen der akademischen Freiheit. Daß der Geist im vorhinein mit Beschlag belegt wird, beeinträchtigt die Unparteilichkeit und Objektivität: wenn der Student nicht in entgegengesetzter Richtung zu denken lernt, wird er geneigt sein, die Tatsachen in den herrschenden Rahmen der Werte einzuordnen. Gelehrsamkeit, das heißt der Erwerb und die Übermittlung von Kenntnissen, verbietet, die Tatsachen vom Zusammenhang der ganzen Wahrheit zu reinigen

16. April
Kursbuch Nr. 12: *Der nicht erklärte Notstand* dokumentiert die Entwicklung der außerparlamentarischen Opposition in Berlin. Herausgeber der Literaturzeitschrift *Kursbuch* ist Hans Magnus Enzensberger.

17. April
Der Film *Die Braut trug
Schwarz* von François
Truffaut mit Jeanne
Moreau in der Haupt-
rolle hat in Paris Pre-
miere.

und zu isolieren. Zur Wahrheit gehört wesentlich die Anerkennung des erschreckenden Ausmaßes, in dem Geschichte von
den Siegern gemacht und für sie aufgezeichnet wurde, das heißt
des Ausmaßes, in dem Geschichte fortschreitende Unterdrükkung war. Und diese Unterdrückung ist in den von ihr eingesetzten Tatsachen selbst enthalten; damit sind sie selbst mit
einem negativen Wert als Teil und Aspekt ihrer Tatsächlichkeit
behaftet. Die großen Kreuzzüge *gegen* die Humanität (wie die
gegen die Albigenser) mit derselben Unparteilichkeit zu behandeln wie die verzweifelten Kämpfe *für* die Humanität,
bedeutet, ihre gegensätzliche historische Funktion zu neutralisieren, die Henker mit ihren Opfern zu versöhnen und die
Überlieferung zu verzerren. Solch trügerische Neutralität dient
dazu, die Hinnahme der Herrschaft der Sieger im Bewußtsein
des Menschen zu reproduzieren. Auch hier ist in der Erziehung
jener, die noch nicht gänzlich integriert sind, im Bewußtsein der
jungen Menschen, der Boden für befreiende Toleranz erst noch
zu bereiten.

Die Erziehung bietet noch ein weiteres Beispiel für trügerische,
abstrakte Toleranz, die sich als Konkretion und Wahrheit verkleidet: sie faßt sich im Begriff der Selbstverwirklichung zusammen. Von der Tendenz, dem Kind alle Arten von Zügel-
losigkeit zu gestatten, bis zur fortwährenden psychologischen
Beschäftigung mit den persönlichen Problemen des Studenten
ist eine Bewegung großen Stils im Gange gegen die Übel der
psychischen Unterdrückung und für das Bedürfnis, man selbst
zu sein. Häufig wird die Frage übergangen, was unterdrückt
werden muß, ehe man ein Selbst, man selbst sein kann. Das
Potential des Individuums ist zunächst ein negatives, ein Teil
des Potentials seiner Gesellschaft: der Aggression, des Schuldgefühls, der Unwissenheit, des Ressentiments, der Grausamkeit, die seine Lebensinstinkte beeinträchtigen. Soll die Identität des Selbst nicht mehr sein als die unmittelbare Verwirklichung dieses Potentials (schädlich für das Individuum), so erfordert sie Unterdrückung und Sublimation, bewußte Umfor-
mung. Dieser Prozeß schließt auf jeder Stufe (um die lächerlich
gemachten Begriffe zu benutzen, die hier ihre bündige Konkretheit offenbaren) die Negation der Negation ein, die Vermittlung des Unmittelbaren, und Identität ist nicht mehr und
nicht weniger als dieser Prozeß. »Entfremdung« ist das bestän-
dige und wesentliche Element der Identität, die objektive Seite
des Subjekts – und nicht, als was man sie heute erscheinen läßt:
eine Krankheit, ein psychologischer Zustand. Freud kannte
durchaus den Unterschied zwischen progressiver und regressiver, befreiender und zerstörerischer Unterdrückung. Die Re-

klame der Selbstverwirklichung fördert die Beseitigung beider, sie fördert das Dasein in der Unmittelbarkeit, die in einer repressiven Gesellschaft (um noch einen Hegelschen Terminus zu verwenden) schlechte Unmittelbarkeit ist. Sie isoliert das Individuum von der einen Dimension, in der es »sich selbst finden« könnte: von seinem politischen Dasein, das den Kern seines gesamten Daseins ausmacht. Statt dessen ermutigt sie Nonkonformität und Entfesselung in Richtungen, welche die wirklichen Unterdrückungsmaschinen der Gesellschaft gänzlich unberührt lassen, die diese Maschinen sogar stärken, indem sie die mehr als private und persönliche und deshalb wirkliche Opposition durch die Befriedigungen einer privaten und persönlichen Rebellion ersetzen. Die mit dieser Art Selbstverwirklichung einhergehende Entsublimierung ist insofern selbst repressiv, als sie die Notwendigkeit und Macht des Intellekts schwächt, die katalytische Kraft jenes unglücklichen Bewußtseins, das nicht in der archetypischen, persönlichen Befreiung von der Frustration schwelgt – hoffnungsloses Wiederaufleben des Es, das früher oder später der allgegenwärtigen Rationalität der verwalteten Welt unterliegen wird –, sondern das den Schrecken des Ganzen in der privatesten Versagung erkennt und sich in dieser Erkenntnis verwirklicht.

Ich habe zu zeigen versucht, wie die Veränderungen in den fortgeschrittenen demokratischen Gesellschaften, die die Grundlage des ökonomischen und politischen Liberalismus untergruben, auch die liberale Funktion der Toleranz verändert haben. Die Toleranz, welche die große Errungenschaft des liberalen Zeitalters war, wird noch vertreten und (mit starken Einschränkungen) geübt, während der ökonomische und politische Prozeß einer allseitigen und wirksamen Verwaltung im Einklang mit den herrschenden Interessen unterworfen wird. Daraus ergibt sich ein objektiver Widerspruch zwischen der ökonomischen und politischen Struktur auf der einen Seite und der Theorie und Praxis des Gewähren-Lassens auf der anderen. Die veränderte Sozialstruktur tendiert dazu, die Wirksamkeit der Toleranz gegenüber abweichenden und oppositionellen Bewegungen zu schwächen und konservative und reaktionäre Kräfte zu stärken. Die Gleichheit der Toleranz wird abstrakt, unecht. Mit dem faktischen Niedergang abweichender Kräfte in der Gesellschaft wird die Opposition in kleine und häufig einander widerstreitende Gruppen isoliert, die selbst dort, wo sie innerhalb der engen Grenzen toleriert werden, wie die hierarchische Struktur der Gesellschaft sie setzt, ohnmächtig sind, weil sie innerhalb dieser Grenzen verbleiben. Aber die ihnen erwiesene Toleranz ist trügerisch und fördert Gleich-

18. April
Ein wichtiger Vertreter der Reformkräfte, Josef Smrkovsky, wird Parlamentspräsident in der ČSSR.

21. April
Am ersten Jahrestag des
Militärputsches in Grie-
chenland kommt es in
den Städten Hamburg,
Frankfurt/M. und Lon-
don zu Demonstrationen
gegen die Militärjunta.

schaltung. Und auf den festen Grundlagen einer gleichgeschalteten Gesellschaft, die sich gegen qualitative Änderung nahezu
abgeriegelt hat, dient selbst die Toleranz eher dazu, eine solche
Änderung zu unterbinden, als dazu, sie zu befördern.

Eben diese Bedingungen machen die Kritik solcher Toleranz
abstrakt und akademisch, und der Satz, daß das Gleichgewicht
zwischen Toleranz gegenüber der Rechten und gegenüber der
Linken wiederhergestellt werden müßte, um die befreiende
Funktion der Toleranz zu erneuern, erweist sich rasch als eine
unrealistische Spekulation. Allerdings scheint eine solche Änderung gleichbedeutend damit, daß ein »Widerstandsrecht«
eingesetzt wird, das bis zum Umsturz geht. Es gibt kein derartiges Recht für irgendeine Gruppe oder ein Individuum gegen
eine verfassungsmäßige Regierung, die von einer Mehrheit der
Bevölkerung getragen wird, und es kann ein solches Recht auch
nicht geben. Aber ich glaube, daß es für unterdrückte und
überwältigte Minderheiten ein »Naturrecht« auf Widerstand
gibt, außergesetzliche Mittel anzuwenden, sobald die gesetzlichen sich als unzulänglich herausgestellt haben. Gesetz und
Ordnung sind überall und immer Gesetz und Ordnung derjenigen, welche die etablierte Hierarchie schützen; es ist unsinnig, an die absolute Autorität dieses Gesetzes und dieser Ordnung denen gegenüber zu appellieren, die unter ihr leiden und
gegen sie kämpfen – nicht für persönlichen Vorteil und aus
persönlicher Rache, sondern weil sie Menschen sein wollen.
Es gibt keinen anderen Richter über ihnen außer den eingesetzten Behörden, der Polizei und ihrem eigenen Gewissen.
Wenn sie Gewalt anwenden, beginnen sie keine neue Kette von
Gewalttaten, sondern zerbrechen die etablierte. Da man sie
schlagen wird, kennen sie das Risiko, und wenn sie gewillt
sind, es auf sich zu nehmen, hat kein Dritter, und am allerwenigsten der Erzieher und Intellektuelle, das Recht, ihnen Enthaltung zu predigen.

Jürgen Habermas
Zum Geleit
Vorwort zu: Antworten auf Herbert Marcuse

22. April
In New York wird die Columbia University durch den amerikanischen SDS, *Students for a Democratic Society*, aus Protest gegen den Vietnamkrieg besetzt.

[...]

Marcuse (mit Ludwig verwechselt ihn heute niemand mehr) hat in Deutschland nie gelehrt. Die eminente Wirkung, die er heute ausübt, ist allein literarisch begründet – und noch nicht sehr alt. Die intellektuelle Rückkehr Marcuses, der 1933 mit dem Institut für Sozialforschung über Genf und Paris nach New York emigriert ist, kann man auf 1956 datieren. Damals hat er die internationalen Freud-Vorlesungen in Frankfurt am Main mit zwei glanzvollen Vorträgen, die die Theorie des eindimensionalen Menschen in nuce schon enthielten, abgeschlossen. Aber noch fehlte die breite Resonanz; die Übersetzung von *Eros and Civilization* blieb damals fast unbemerkt. Das änderte sich erst in den sechziger Jahren. Viele Studenten hatten ihn schon gelesen, als Marcuse 1964 auf dem Heidelberger Soziologentag seine Polemik gegen Max Weber vortrug. Im Sommer 1967 betrat Marcuse die Berliner Szene als gefeierter Lehrer der Neuen Linken: das Bändchen *Kritik der reinen Toleranz*, eine Abrechnung mit dem Liberalismus, ist inzwischen zu einer, wenn auch nicht ganz unmißverstandenen, Fibel geworden.

Die relativ späte und dann sehr schnelle Rezeption hat ein Bild von Marcuse entstehen lassen, dem etwas Unhistorisches anhaftet: es läßt die älteren Schichten nicht erkennen. Marcuses erstes, 1932 erschienenes Buch über Hegels Ontologie ist so gut wie unbekannt. Ich vermute, daß sich unter Marcuses heutigen Lesern nur wenige finden, die, wenn sie in jenem Buch auf den letzten Satz der Einleitung träfen, nicht völlig überrascht wären: »Was diese Arbeit etwa zu einer Aufrollung und Klärung der Probleme beiträgt, verdankt sie der philosophischen Arbeit Martin Heideggers.« Was Marcuse heute darüber denkt, weiß ich nicht; wir haben nie darüber gesprochen. Aber ich finde, daß jene Phase seiner Entwicklung nicht einfach eine Marotte war; und vor allem meine ich, daß man den Marcuse von heute ohne den von damals nicht richtig versteht. Wer in den Kategorien der Freudschen Trieblehre, aus denen Marcuse eine marxistische Geschichtskonstruktion entwickelt hat, wer in seiner neuerdings wieder hervorgekehrten Anthropologie die überlagerten Kategorien von *Sein und Zeit* nicht einmal mehr ahnt, ist vor handfesten Mißverständnissen nicht sicher.

23. April
Nach Boykottdrohungen
afrikanischer Staaten
macht das *Internationale
Olympische Komitee*
(IOC) die Einladung
Südafrikas zu den
Olympischen Spielen in
Mexiko rückgängig.

Marcuses ältere Arbeiten, die vor seiner Emigration in der Zeitschrift *Die Gesellschaft*, in den *Philosophischen Heften* und im *Archiv für Sozialwissenschaft und Sozialpolitik* erschienen sind, repräsentieren den ersten originellen Versuch eines *phänomenologisch* gerichteten *Marxismus*; zumal die damals entdeckten *Pariser Manuskripte* gaben den unerwarteten Anknüpfungspunkt, um *Sein und Zeit* in eine materialistische »Daseinsanalytik« umzustülpen. Sartre ist sehr viel später auf diesen Weg, als Marcuse ihn längst verlassen hatte, gestoßen. Die linken Existentialisten in Paris und die Praxis-Philosophen in Prag und Zagreb konnten nach dem Kriege die Lebensweltanalysen des späten Husserl an die Stelle der Heideggerschen Daseinsanalyse setzen, aber beide »Schulen« stützen sich auf die phänomenologische Grundlage eines Marxismus, der von Herbert Marcuse eigentümlich antizipiert worden ist. Marcuse seinerseits hat in den letzten Jahren auf wichtige Begriffe der Sartreschen Philosophie zurückgegriffen; und im *One-Dimensional Man* erinnern Husserl- und Heideggerzitate an den phänomenologischen Ursprung seiner Kritik an Wissenschaft und Technik.

Seitdem Marcuse dem Institut für Sozialforschung angehörte und einer der brillantesten Mitarbeiter der *Zeitschrift für Sozialforschung* wurde, hat ein neuer, durch die kritische Gesellschaftstheorie bestimmter Begriff von Philosophie das Erbe der Phänomenologie abgelöst. Aber mit der phänomenologischen Vorgeschichte hängt eine gewisse Sonderstellung zusammen, die Marcuse im Kreis der Frankfurter Philosophen eingenommen hat – und einnimmt.

Im Vergleich zu Horkheimer und Adorno, in deren Schatten Marcuse lange gestanden hat, fällt der stärkere Zusammenhang mit der Schulphilosophie auf. Die radikale Entfernung Horkheimers und Adornos von der zeitgenössischen Philosophie, nicht nur der angelsächsischen, sondern auch der europäischen, erklärt sich daraus, daß beide gegen philosophische Traditionen des 20. Jahrhunderts, sieht man vom Einfluß des jüngeren Lukács ab, sich völlig resistent verhalten haben: die chronologisch letzten Anknüpfungspunkte sind Schopenhauer, Nietzsche und vielleicht Bergson. Marcuse hingegen ist vom Freiburg der zwanziger Jahre geprägt worden. Er übernimmt unbedenklicher die systematische Intention, der die philosophische Überlieferung fast immer gefolgt ist. So ist das letzte Werk, der *One-Dimensional Man*, das einzige Zeugnis eines Versuchs, jene Analysen der spätkapitalistischen Gesellschaft, die dem spezifischen Ansatz der Frankfurter Soziologie folgen, in einen systematischen Zusammenhang zu bringen und, wie vorläufig immer, eine »Theorie« zu geben. Dem entspricht ein zugreifender Duktus des Gedankens, der sich gegenüber dem Horkheimers und Adornos durch Direktheit auszeichnet. Wenn Marcuse zu wählen hätte zwischen dem Risiko, das damit verbunden ist, eine Intention auch um den Preis möglicher Mißverständnisse geradewegs zu formulieren, und jenen Skrupeln, die der indirekten wie der verschlungenen Rede aus Sorge, Subtiles sonst zu zerbrechen, den Vorzug geben – wenn dies die Wahl wäre, dann ginge Marcuse lieber das Risiko ein und entschlüge sich der Skrupel. Er spricht aus, was andere in der Schwebe lassen. Seine Skrupel scheinen heute eher die zu sein, daß eine Philosophie in praktischer Absicht praktisch folgenreich vertreten werden muß.

Das existentialistische Moment, das in Marcuses Theorien lebendig geblieben ist, macht es möglich, jener resignativen Enthaltsamkeit gegenüber Praxis zu entgehen, die aus der Analyse zunächst sich anzubieten scheint. Marcuses Analyse des Spätkapitalismus ist unorthodox. Ein fortgeschrittener Stand der wissenschaftlich-technischen Entwicklung erlaubt beides: die Stabilisierung des gesellschaftlichen Systems auf der Grundlage der Kapitalverwertung in privater Form und *zugleich* die Legitimation der dadurch aufrechterhaltenen Herrschaftsbeziehungen. Die Integration ergreift auch den einst designierten Träger der Revolution, und sie verhindert die Konstituierung eines neuen. Gleichwohl soll an die Stelle des revolutionären Klassensubjekts nicht die eingestandene Ohnmacht einer auf sich selbst verwiesenen Kritik treten, sondern der spontane Protest der Einzelnen an den Rändern des Systems. Diese können sich mit den Entrechteten und den Pauperisierten innerhalb wie außerhalb des Systems verbünden; allein, da die *Entrechtung* und die *Pauperisierung* nicht mehr ohne weiteres mit *Ausbeutung* zusammengeht, ziehen auch diese ihre revolutionäre Zuversicht nicht mehr aus einer geschichtlichen Dynamik. Was bleibt, ist, auf der Grundlage eines überschießenden technologischen Potentials, der Wille und das Bewußtsein der Sensibelsten und der Einsichtigsten – die subjektive Weigerung. Die Theorie schreibt den Verhältnissen so viel unerschütterliche Objektivität zu, daß sie mit der Praxis nicht zu vermitteln ist, es sei denn subjektivistisch. Das erklärt einerseits die Wendung zur Anthropologie, die rechtfertigen muß, was das Potential der Geschichte nicht mehr herzugeben scheint; und andererseits eine gewisse Rückwendung zum Existentialismus, der Wissenschaft und Technik in ihrer gegenwärtigen Form zu einem historisch überholbaren »Entwurf« degradiert.

So ist Herbert Marcuse zum Philosophen der Jugendrevolte geworden, mit Recht. Verständlicherweise, aber nicht ganz zu

24. April
Der Berliner SDS gründet ein Straßentheater nach dem Vorbild des sowjetischen Agit-Prop der 20er Jahre.

26. April
In New York wird das
Musical *Hair* uraufge-
führt. Es thematisiert das
Leben einer Hippie-
Kommune, die ein Mit-
glied im Vietnamkrieg
verliert.

Recht, benutzen manche der jungen Revolutionäre seine Schriften als Legitimation für die *unbestimmte* Negation des Bestehenden. Die »große Weigerung« ist Metapher für eine Einstellung, aber nicht per se eine Einsicht. Marcuse hat eines mit dem anderen gewiß nicht verwechselt; gelegentlich aber muß er für eine solche Verwechslung herhalten. Das mag damit zusammenhängen, daß Marcuses Untersuchungen den Subkulturen des Protestes vorausgegangen sind und nicht nachträglich auf diese reflektieren konnten. Marcuse hat die Analyse der Entstehung eines unerträglichen Zustandes und die kritische Anleitung zu seiner bestimmten Negation verbinden müssen mit der Expression der Unerträglichkeit dieses Zustandes, gegen den niemand protestierte. Was eine Subkultur des Protestes in Einstellungen und in Lebensformen *verkörpern* kann, verlangt einen anderen literarischen Ausdruck als die *Analyse* dieser Tatbestände. Wenn die Empörung allgemein ist, bedarf das Unerträgliche keiner Diskussion; wenn es aber nicht gefühlt wird, bedarf es der Expression, um die Tatbestände überhaupt sichtbar zu machen. Der Protest muß die Augen erst öffnen für das, was die Analyse fassen soll. Marcuses Untersuchungen hatten beide Funktionen zu übernehmen; auf die Arbeitsteilung zwischen dem Protest, der die Sinne schärft, und der Kritik, die begreifen macht, konnten sie sich nicht stützen. Das mag *ein* Grund sein, warum Marcuse denen, die ihm folgen, auch Anlaß zu Mißverständnissen gibt, nämlich dazu: die Artikulation einer Erfahrung mit der Analyse des Erfahrenen zu verwechseln – und die Attitüde der Weigerung mit bestimmter Negation.

Ich habe den Eindruck, daß die Kritik, die sehr herbe Kritik, die Mitarbeiter dieses Bandes an Marcuse üben, zuweilen auf solche Mißverständnisse eher sich bezieht als auf Marcuses Argumente selber. Dabei ist, soweit ich zu sehen vermag, Marcuses eigentliche Leistung nicht so deutlich hervorgetreten, wie sie wohl verdient hätte. Die Grundthese, die Marcuse seit Mitte der fünfziger Jahre immer wieder zu explizieren versucht und auf die der Entwurf seiner Theorie des Spätkapitalismus zurückgeht, ist: daß Technik und Wissenschaft in den industriell fortgeschrittensten Ländern nicht nur zur ersten Produktivkraft geworden sind, die das Potential für eine befriedete und befriedigte Existenz bereitstellt, sondern auch zu einer neuen Form von Ideologie, die eine von den Massen abgeschnittene administrative Gewalt legitimiert.[1]

1 Ich habe diese These in einem Aufsatz untersucht, der für diesen Band bestimmt war. Da der Beitrag aber zu umfangreich ist, muß er an anderer Stelle erscheinen (in *Technik und Wissenschaft als Ideologie*, edition suhrkamp 287).

Seit Herbert Marcuse in unserem Lande eine in die Breite wirkende Resonanz gefunden hat und sich die Massenmedien seiner als eines Idols der jungen Linken bemächtigt haben, verfestigt sich ein Bild, das von der Person und ihren wahren Intentionen sich immer weiter entfernt. Ich erkenne darin nicht mehr den aufrechten und mutigen Mann, dessen Immunität gegen falschen Beifall ich bewundere; ich erkenne darin nicht mehr die Züge des eigentümlichen, ein wenig altmodischen und fast schüchternen Charmes, der Herbert Marcuse unendlich liebenswert macht; und ich erkenne darin nicht mehr den Philosophen, der in Santa Barbara, an einem für europäische Augen spätsommerlichen Vorweihnachtstage, auf die suggestive Weite des ruhenden Ozeans zeigt, als wolle er das Element als Zeugen anrufen: »Wie kann es da immer noch Leute geben, die die Existenz von Ideen leugnen?«

26. April
Die USA führen ihren bisher größten unterirdischen Kernwaffenversuch in der Wüste von Nevada durch.

Seit einem knappen Jahr stiftet der meistzitierte Satz Marcuses einige Verwirrung. Am Ende seines Aufsatzes *Repressive Toleranz* spricht Marcuse in Anführungsstrichen von einem »Naturrecht« auf Widerstand für unterdrückte und überwältigte Minderheiten: »Wenn sie Gewalt anwenden, beginnen sie keine neue Kette von Gewalttaten, sondern zerbrechen die etablierte. Da man sie schlagen wird, kennen sie das Risiko, und wenn sie gewillt sind, es auf sich zu nehmen, hat kein Dritter, und am allerwenigsten der Erzieher und Intellektuelle, das Recht, ihnen Enthaltung zu predigen.«[2] Ich würde wünschen, daß Marcuse diesen Satz noch einmal erläuterte. Er hat ihn 1965 in den USA geschrieben; und er hatte wohl jene Studenten vor Augen, die in den Südstaaten Seite an Seite mit den Negern für die verweigerten Bürgerrechte einer unterdrückten rassischen Minorität gekämpft und unter den Knüppeln einer brutalen Polizei geblutet haben. Diese Aktionen zogen ihr Recht aus dem manifesten Unrecht eines zerrissenen sittlichen Zusammenhangs; die Empörung der Unterdrückten war ihre Basis. Wo aber das Unrecht nicht manifest, die Empörung keine Reaktion von Massen ist, wo die Aufklärung den Parolen noch vorangehen und das Unerträgliche auf Definitionen noch warten muß, wo also, mit einem Wort, der Begriff die Realität noch nicht durchdrungen hat, dort, scheint mir, bleibt Gewaltanwendung subjektiv und verfällt den Maßstäben der Moral – die Dimension der Sittlichkeit kann sie sich nur vindizieren. Gewalt kann legitim nur in dem Maße *gewollt* und emanzipatorisch wirksam werden, in dem sie durch die drückende Gewalt einer als unerträglich *allgemein* ins Bewußtsein tretenden Situation er-

2 [Siehe in diesem Band S. 164.]

27. April
Am Welttag der Kampa-
gne »Gegen den Krieg«
kommt es in Europa und
den USA zu zahlreichen
Demonstrationen gegen
den Vietnamkrieg.

zwungen wird. Nur diese Gewalt ist revolutionär; die das ignorieren, tragen das Bild Rosa Luxemburgs zu Unrecht über ihren Häuptern.

Uwe Johnson
Jahrestage. 5. April 1968, Freitag

28. April
Die NPD gewinnt bei
den Landtagswahlen in
Baden-Württemberg
9,8 %.

Es tut mir leid, daß sie ihn erschossen haben.
Es tut Ihnen nicht leid, Mrs. Cresspahl, madam.
Wir leben in diesem Haus zusammen seit sechs Jahren,
Bill.
Martin Luther King war ein schwarzer Mann, wie ich.
Sie gehören zu den Weißen.

Gestern abend wurde Martin Luther King in Memphis er-
schossen. Es war gegen achtzehn Uhr, neunzehn Uhr New
Yorker Zeit. Er hatte den ganzen Tag in seinem Zimmer im
Motel Lorraine verbracht. Er hatte es ausgesucht, weil es
Negern gehört. Er war nach Memphis gekommen, um den
Müllarbeitern zu helfen, die seit dem Geburtstag Lincolns
streiken, seit dem 12. Februar. Vor einer Woche hat er einen
Marsch der Streikenden angeführt, der mit Gewalttätigkeiten
endete; am Mittwoch war die letzte Versammlung gewesen.
Gegen achtzehn Uhr kam er aus seinem Zimmer auf den
Balkon und unterhielt sich mit Freunden, die im Hof stan-
den.
– Sie müssen das nicht glauben von unserem Land, Mrs. Cress-
pahl. Es ist nicht so.
– Genau so, und schlimmer.
– Einen Träger des Nobelpreises, den erschießen wir hierzu-
lande, er muß nur ein Neger sein und das Bürgerrecht für Neger
verlangen.
– Beide Börsen haben mit Trauer über die Nachricht eröffnet,
die nationale und die new yorker. Und um 14 gibt es noch eine
Schweigeminute.
– Kennen Sie einen Neger, der einen Sitz an der Börse hat?
– Heute abend kommt der Aufstand nach New York.

Dr. King lehnte auf dem Balkongeländer. Er war ausgeruht,
herzlich, vorfreudig. Er war für ein Abendessen bei einem
Pastor in Memphis angezogen. Sein Fahrer warnte ihn vor der
Abendkälte und bat ihn, einen Mantel anzuziehen. Dr. King
versprach es. Ein Freund stellte ihm den Musiker vor, der später
auf der Versammlung spielen sollte. Dr. King hatte sich das
Negerspiritual gewünscht: »Herr du meine Kostbarkeit, führe
meine Hand«. Er begrüßte den Mann strahlend, und wiederholte seinen Wunsch. Dann fiel der Schuß.

28. April
Nachdem das Musical
Hair erfolgreich »off-
Broadway« aufgeführt
worden ist, hat es sein
Debüt am Bitmore
Theater of New York.
Damit erreicht das erste
Rockmusical das Zen-
trum des Broadway.

– Er hat es vorausgesagt.

– Als er nach Memphis flog, mußte das ganze Gepäck abge-
sucht und das Flugzeug bewacht werden, seinetwegen.

– Gestern abend war er im T. V. noch einmal lebendig zu sehen.
Sie zeigten seine Rede vom Mittwochabend. Daß sein Volk das
Gelobte Land erreichen wird, womöglich aber nicht mit ihm
gleichzeitig.

– Fernsehen müßte abgeschafft werden.

Dr. King stürzte auf den Balkonfußboden nieder. Er war von
unten noch zu sehen, weil das Geländer nur aus grüngestri-
chenen Eisenstäben besteht. Aus der rechten Seite von Kinn
und Nacken brach Blut. Die Explosion hatte die Kravatte
zerfetzt. Er hatte sich eben vorgebeugt; im Stehen wäre er nicht
im Gesicht getroffen worden. Jemand rannte zu dem Liegenden
und versuchte das Blut mit einem Handtuch aufzuhalten. Ein
anderer versuchte ihn mit einer Decke zu schützen. Dann kam
jemand mit einem noch größeren Handtuch. Die Feuerwehr
schickte eine Ambulanz erst nach zehn oder fünfzehn Minuten.
Mit den blutigen Handtüchern über dem Kopf wurde er auf
einer Bahre davongetragen. Er war nur drei Minuten im Freien
gewesen.

– Er ist belächelt worden von den Negerführern, weil er die
gleichen Rechte ohne Gewalt erreichen wollte.

– Viele haben gehofft, er sei doch im Recht.

– Jetzt müssen sie sich die Gewalt selber glauben.

– Heute abend gibt es weißes Blut auf unseren Straßen.

– Wir sitzen hier wie eingesperrt.

– Bis heute abend können die Neger alle Züge blockieren.

– Kein Weißer wird aus der Stadt kommen.

Das Geräusch des Schusses schien einigen aus einem vorbei-
fahrenden Wagen zu kommen. Für andere hört es sich an wie
ein Feuerwerkskörper. Ein Mann nebenan hatte vor dem Fern-
sehgerät gesessen, dem kam es wie eine Bombe vor. Als die etwa
fünfzehn Leute auf dem Hof des Motels sich umdrehten in die
Schußrichtung, alles Neger und Freunde Dr. Kings, kam Polizei von überall gelaufen, vornehmlich aus der Schußrichtung.
Die Polizei trug Gewehre, Flinten, Schutzhelme. Augenblicke
vor dem Schuß war ein Funkwagen mit vier Polizisten auf der
Straße vorbeigefahren. Erst wurde ein Gebiet von fünf Blocks
um das Motel Lorraine abgesperrt. Dann wurden viertausend
Nationalgardisten angefordert und ein allgemeines Ausgangs-
verbot verhängt. Dr. King starb um 19:05 (20:05) Uhr während

der Operation an einer Schußverletzung im Nacken, »einer klaffenden Wunde«.

29. April
Der Roman der Amerikanerin Sylvia Plath *Die Glasglocke (The Bell Jar)* erscheint erstmals in deutscher Übersetzung.

– Man kann es auch übertreiben.
– Die Fahnen auf halbmast! er war doch nicht Kennedy.
– Die Schwarzen gehören ausgeräuchert, Block nach Block!
– Womöglich waren sie es selbst.
– Mein Friseur muß seit gestern abend eine schwarze Brille tragen, weil ein Neger ihn mit einem Schlagring unters Auge boxte. Dabei ist er Franzose.
– Und was sagt er?
– Er hat einfach die Brille abgenommen und mich angesehen.
– Glauben Sie, daß es wirklich keine Toten in Harlem gab gestern abend? Man will uns nur beruhigen.
– Eine einzige Schlagzeile in der Times, und darunter zur Hälfte andere Nachrichten.
– Man kann es eben auch übertreiben.

Die Polizei hält den Täter für einen weißen Mann in seinen Dreißigern, der zwischen 50 und 100 Meter entfernt in einer Absteige versteckt war. Der Chauffeur Dr. Kings hat einen Mann »mit etwas Weißem auf seinem Gesicht« aus einem Gebüsch auf der anderen Seite der Straße wegkriechen sehen. Die Polizei nimmt an, daß der Fluchtwagen des Täters ein modernes Mustang-Modell war. Einen Block entfernt wurde ein Gewehr vom Kaliber 30.06 gefunden.

– Das ist doch eine gelegte Spur.
– Ob der allein war?
– Glauben Sie, daß Oswald allein war?
– Glauben Sie, daß es wird wie bei Kennedy?
– Sie mögen den Täter finden, nicht die Auftraggeber.

Nachdem Dr. King für tot erklärt worden war, berieten sich seine Freunde in seinem Hotelzimmer. Sie mußten über die trocknende Pfütze seines Blutes vor der Tür hinwegtreten. Jemand hatte eine zusammengeknüllte Zigarettenpackung in das Blut geworfen.

– Wenn die Bank schon früher schließt, wäre es um Mittag richtiger gewesen.
– Inzwischen haben die Neger alle Tunnel und Brücken vermint.
– Die Negersoldaten in Viet Nam schicken sich Waffen nach

Sondersitzung des deutschen Bundestags über Ursachen und Auswirkungen der Osterunruhen. Bundesinnenminister Ernst Benda, CDU, sieht die verfassungsrechtlichen Voraussetzungen für ein Verbot des SDS gegeben, empfiehlt aber, aus politischen Gründen darauf zu verzichten. Darüber hinaus gibt er zu bedenken: »Eine leidenschaftliche außerparlamentarische Opposition könne auch darauf hindeuten, daß das Parlament drängende Fragen nicht genügend behandle.«

Hause. Was glauben Sie, was die Post so täglich an Maschinengewehren in New York ausliefert!

– Und Handgranaten. Und Plastikbomben.

– Auf der Madison Avenue haben sie eine weiße Frau mit ihrem Kind erstochen, weil sie einen Nerzmantel trug.

– Und wir schicken sie auch noch nach Viet Nam, damit sie den Nahkampf lernen.

– Erst die Indianer. Dann die Schwarzen.

Es tut mir leid, daß sie ihn erschossen haben, Bill.
Daß Sie höflich sind, Mrs. Cresspahl, ich weiß es.
Es tut mir leid.
Und doch, wenn heute nacht die schwarzen Leute aus Harlem hierher kommen; keinen Finger werd ich für Sie rühren, Madam.
Wissen Sie überhaupt, was das ist, Angst haben?
Ja.
Nichts wissen Sie. Sie sind nicht schwarz.

Stokeley Carmichael
Black Power

1. Mai
Parallel zu den traditionellen Maikundgebungen der Gewerkschaften organisiert die APO eigene Veranstaltungen. In Berlin können dazu 40.000 Menschen mobilisiert werden.

[...]

Wie man schätzt, werden in fünf bis zehn Jahren zwei Drittel der 20 Millionen schwarzen Einwohner der USA im Herzen der Städte, d. h. in den Ghettos leben. Dazu werden noch Hunderttausende von Puertoricanern, mexikanischen Amerikanern und Menschen aus der amerikanischen Indianerbevölkerung kommen. Die amerikanische City wird im wesentlichen von Menschen der Dritten Welt bevölkert sein, während die weißen Mittelklassen sich in die Vorstädte absetzen werden. Nun besitzen die Schwarzen weder die Lebensgrundlagen, noch kontrollieren sie sie – wir kontrollieren weder das Land, noch die Häuser, noch die Geschäfte. Diese sind sämtlich im Besitz von Weißen, die außerhalb der Stadtgemeinde leben. Es handelt sich also buchstäblich um Kolonien in dem Sinne, daß jene, die außerhalb der Städte leben, dort billige Arbeitskraft ausbeuten. Die Gesetze werden von der weißen Macht gemacht und von ihr mit Gewehren und Knüppeln in der Hand von rassistischen weißen Polizisten und ihren schwarzen Söldnern durchgesetzt. Es scheint keinesfalls so, daß sich die Männer, die die Macht und die Lebensgrundlagen der USA kontrollieren, jemals hingesetzt und diese schwarzen Enklaven geplant oder die Bedingungen ihres kolonialen und abhängigen Status vorher festgelegt hätten, wie das zum Beispiel die Apartheid-Regierung in Südafrika getan hat, die von Großbritannien, den USA und Frankreich Rückendeckung erhält. Man kann jedoch, wenn man durch die USA zieht, kein Ghetto von einem anderen unterscheiden. Jedes Ghetto sieht aus wie das andere. Beachten Sie, daß die USA innerhalb der kontinentalen Grenzen 48 Staaten haben, und jeder dieser Staaten hat in all seinen Großstädten ein Ghetto. Zieht man von Stadt zu Stadt, dann ist es, als hätte eine bösartige, rassistische Planungsstelle jedes einzelne Ghetto haargenau nach demselben Grundriß gestaltet. Und tatsächlich: hätte man das Ghetto förmlich und vorsätzlich geplant, statt daß es spontan und automatisch durch die rassistischen Funktionen der zahlreichen Institutionen entstanden wäre, die zusammen die Gesellschaft ausmachen, es wäre weniger erschreckend. Denn wären diese Ghettos das Ergebnis von Planung und Verschwörung, könnte man ihre Gleichartigkeit als absichtlich und bewußt aufgezwungen begreifen, nicht als Folge von gleichartigen Grundformen des weißen Rassismus, die sich in allen Städten wiederholen, auch wenn diese so weit voneinander entfernt sind wie Boston und Watts.

Wir begreifen, daß ein kapitalistisches System in sich automatisch Rassismus enthält, ob mit Absicht oder nicht. Kapitalismus und Rassismus scheinen Hand in Hand zu gehen. Der Kampf um *Black Power* in den USA und überall sonst ist der Kampf um die Befreiung dieser Kolonien von der Fremdherrschaft. Wir streben aber nicht danach, Gemeinwesen zu schaffen, in denen an die Stelle von weißen Herrschern lediglich schwarze Herrscher treten, die das Leben der schwarzen Massen kontrollieren, und wo das Geld aller Schwarzen in die Taschen von wenigen Schwarzen fließt. Wir möchten es in die kommunale Tasche fließen sehen. Die Gesellschaft, die wir mit schwarzen Menschen zu errichten versuchen, ist keine kapitalistische Unterdrückungsgesellschaft. Der Kapitalismus kann seinem Wesen nach keine Strukturen schaffen, die frei von Ausbeutung sind.

Es mag sich die Frage erheben, in welcher Beziehung der Kampf um die Befreiung dieser inneren Kolonien zum Kampf gegen den Imperialismus auf der ganzen Welt steht. Wir schätzen unsere Zahl realistisch ein und wissen, daß die Schwarzen nicht auf militärischem Wege das ganze Land erobern können. In einem hochindustrialisierten Land geht der Kampf anders vor sich. Das Herz der Produktion und das Herz des Handels ist in den Städten. *Wir* sind in den Städten. Wir sind dabei, eine zersetzende Kraft zu werden in dem Strom von Dienstleistungen, Gütern und Kapital. Während wir im Inneren zersetzen und nach dem Auge des Kraken zielen, hoffen wir darauf, daß unsere Brüder von außen her zersetzen, um den USA die Krakenarme abzureißen.

[...]

Es wird manchmal gesagt, die afroamerikanische Bewegung in den USA verstünde das wahre Wesen des heutigen Kampfes in der Welt nicht, die Bewegung widme sich lediglich dem Kampf gegen rassische Diskriminierung, und auch das nur mit der Waffe der Gewaltlosigkeit. Das hat einmal gestimmt. Inzwischen hat sich die *Black Power*-Bewegung, die vom SNCC ausgelöst wurde, von der Bewegung für die Rassenintegration gelöst. Und das nicht nur deshalb, weil die Ziele der Bewegung in der Mittelklasse liegen: Arbeitsplätze für College-Absolventen, öffentliche Förderung usw. – und auch nicht nur deshalb, weil die Vorstellung, die das weiße Amerika von der Integration hat, auf der Annahme beruht, daß es in der schwarzen Gemeinde nichts gibt, was von Wert ist, und nichts von Wert jemals von dort kommen kann – und das ist sehr wichtig, weil der Westen seinen eigenen Rassismus nicht begreift, wenn er von Integration spricht. Integration ist völlig absurd, wenn man sie nicht von beiden Seiten besprechen kann und wenn nicht die Schwarzen selber sich hinsetzen, um über die Integration zu entscheiden. Das heißt, wenn man wirklich über Integration reden wollte, dann müßte man nicht von Schwarzen, die in weiße Gegenden, sondern von Weißen reden, die in schwarze Gegenden zögen.

Wegen der Orientierung der Integrationsbewegung an der Mittelklasse, wegen ihres unterbewußten Rassismus und wegen ihres gewaltlosen Vorgehens ist es ihr nie gelungen, das schwarze Proletariat zu gewinnen. Sie konnte die ungestüme Jugend nicht anziehen und halten, die die Barbarei des weißen Amerika genau begriffen hat und bereit wäre, ihr bewaffneten Widerstand entgegenzusetzen. Es ist die ungestüme Jugend, die von jenem Haß erfüllt ist, den Che Guevara meint, wenn er sagt: »Haß ist ein Element des Kampfes, unnachgiebiger Haß gegen den Feind, der uns über die natürlichen Grenzen des Menschen hinaustreibt und uns in tüchtige, unbarmherzige, vorzügliche und kalte Tötungsmaschinen verwandelt.«

Die *Black Power*-Bewegung ist der Katalysator, der diese zornige Jugend zusammengeführt hat. Das wirkliche revolutionäre Proletariat, das bereit ist, für die Befreiung unseres Volkes mit allen nötigen Mitteln zu kämpfen.

Die *Black Power*-Bewegung in den USA enthüllt den ganzen Rassismus, die ganze Ausbeutung, die alle Institutionen des Landes durchdringen. Sie hat außerordentliche Anziehungskraft für alle jungen schwarzen Studenten an den Universitäten der USA. Diese Studenten haben sich lange von der Fiktion der Weißen täuschen lassen, der schwarze Mann könnte, wenn er sich nur bilden und gut benehmen würde, so akzeptabel werden, daß er die breite Masse der Unterdrückten verlassen und mit der Königin Tee trinken könnte. In diesem Jahr haben Studenten an vielen Universitäten jedoch zurückgeschlagen, als sie von wildgewordenen weißen Polizisten provoziert wurden, statt diese Vorfälle wie bisher ohne Gegenwehr hinzunehmen. Sobald Studenten an diesen Rebellionen teilnehmen, fangen sie an, ein Widerstandsbewußtsein zu entwickeln. Sie beginnen zu erkennen, daß das weiße Amerika zwar einigen von ihnen den Aufstieg in den großen Strom der Gesellschaft ermöglichen mag, aber mit der ganzen Wut des Rassismus reagiert, wenn die Schwarzen gemeinsam nach Fortschritt streben.

Man muß also begreifen, daß unsere Analyse der USA und des internationalen Kapitalismus mit der Rassenfrage beginnt. Hautfarbe und Kultur waren und sind die Hauptfaktoren unserer Unterdrückung. Deshalb beruht unsere historische und

2. Mai
In Memphis, Tennessee, startet, angeführt von Ralph Abernathy und Coretta King, der noch von Martin Luther King initiierte »Marsch der Armen« nach Washington, D. C., vor dem Hotel, in dem King am 4. April ermordet wurde. In acht weiteren amerikanischen Städten setzen sich Demonstrationszüge mit dem gleichen Ziel in Bewegung.

2. Mai
Nach Studentenprote-
sten wird vom Erzie-
hungsminister Alain
Peyrefitte die Schließung
der Philosophischen Fa-
kultät der Sorbonne in
Nanterre verfügt.

ökonomische Analyse auf diesen Begriffen. Unsere historische Analyse zum Beispiel sieht die USA von Rassismus durchsetzt. Die ersten Siedler waren selber vor der Unterdrückung geflohen, bei ihrer bewaffneten Erhebung gegen das Mutterland ging es um die Verschärfung des Kolonialismus, und ihr Schlachtruf war: *No taxation without representation*, »keine Steuer ohne parlamentarische Vertretung«. Trotzdem brachten sie es nicht fertig, ihre erhabenen Theorien über Demokratie auf die Indianer auszudehnen, die sie systematisch ausrotteten, als sie auf das Territorium der Indianer vordrangen. Tatsächlich war es dieselbe Stadt, in der die Siedler nach der Theorie repräsentativer Demokratie ihr Regierungsmodell entwickelten, in die sie auch die ersten Sklaven aus Afrika holten. In der glorreichen Verfassung wurden »Leben, Freiheit und das Streben nach Glück« und der ganze andere Kohl garantiert, doch waren das nur Rechte für den weißen Mann, denn der Schwarze galt nur als Dreifünftelmensch. Wenn man die Verfassung der USA liest, wird man sehen, daß diese Klausel immer noch darin steht.

Weil das weiße Amerika billige oder freie Arbeitskräfte brauchte, entführte es aus unserer Heimat Millionen schwarzer Menschen. Weil wir schwarz waren und die weißen Amerikaner und Europäer uns für minderwertig hielten, wurde unsere Versklavung durch die weißen Christen gerechtfertigt und rationalisiert, die ihre Verbrechen mit deklamatorischen Lügen über die Zivilisierung der Heiden, Götzenanbeter, Wilden aus Afrika zu erklären suchten, denen es in Amerika angeblich »besser« ginge als in ihrer Heimat. Die Umstände bildeten die Grundlage und den Rahmen für den Rassismus, der in der weißen amerikanischen Gesellschaft institutionalisiert worden ist.

Die Interpretation unserer ökonomischen Lage entstammt nicht nur den Schriften von Marx, sondern, wie wir es sehen, auch dem Verhältnis der kapitalistischen Länder zu den farbigen Völkern auf der ganzen Welt. Ich möchte am Beispiel der Arbeiterbewegung zeigen, was passiert, wenn sich Menschen eines weißen Landes im Westen organisieren, die unterdrückt sind. Ich möchte die Arbeiterbewegung in den USA hernehmen, weil sie auf der ganzen Welt als die wahre Bewegung oder der Freund des Schwarzen angeführt wird, die in der Lage sei, ihm zu helfen. Das gilt auch für alle anderen kleinen weißen Länder, in denen sich die weißen Arbeiter organisieren.

Obwohl es anfangs gewiß ein paar große Arbeiterführer gab, die gegen die absolute Kontrolle der Wirtschaft durch die Industriebarone waren, hat die amerikanische Arbeiterbewegung im wesentlichen nur um Geld gekämpft. Und eben darum hat sich der Kampf der weißen Arbeiter im Westen gedreht: um mehr Geld. Die wenigen, deren Vorstellungen darauf hinausliefen, den Kampf auf das Ziel der Arbeiterkontrolle über die Produktion auszudehnen, haben es nie geschafft, ihre weitergehenden Vorstellungen auf die breite Masse zu übertragen. Die Arbeiterbewegung begnügte sich damit, den Industrieherren ein paar weitere Früchte ihrer Herrschaft abzuverlangen, anstatt diese Herrschaft zu brechen. Die USA kamen dem zuvor, was Marx prophezeit hatte, und vermieden den unvermeidlichen Klassenkampf innerhalb des Landes, indem sie in die Dritte Welt vordrangen und die Ressourcen und Sklavenarbeit der farbigen Völker ausbeuteten. Großbritannien, Frankreich taten das gleiche. Die amerikanischen Kapitalisten haben nie ihre Inlandsprofite eingeschränkt, um sie mit den Arbeitern zu teilen. Statt dessen expandierten sie international und warfen der amerikanischen Arbeiterklasse die Knochen ihrer Profite vor – und diese begnügte sich damit. Die amerikanische Arbeiterklasse genießt die Früchte der Arbeit, die von Arbeitern der Dritten Welt geleistet wird. Die Dritte Welt ist zum Proletariat geworden, und die Bourgeoisie ist die weiße Gesellschaft des Westens.

[...]

Nun wollen wir zwei Unterscheidungen treffen, denn wenn in den Großstädten von Amerika Rebellionen ausbrechen, ist das erste, was man sagt, daß es sich um *riots*, um Aufruhr, handelt. Und für die weiße Gesellschaft des Westens heißt das oberste Gebot Ordnung, Gesetz und Ordnung. »Wir brauchen Gesetz und Ordnung.« Sie sprechen nie von Gerechtigkeit, denn das liegt ihnen nicht. Hitler hatte das gelungenste System von Gesetz und Ordnung, von dem ich je gehört habe. Zufällig ist er ein Faschist gewesen. Er hatte Gesetz und Ordnung nicht mit Gerechtigkeit gekoppelt. Die USA verstehen viel von Gesetz und Ordnung, von Gerechtigkeit verstehen sie nichts. Es ist Sache der weißen Gesellschaft des Westens, von Gesetz und Ordnung zu reden. Sache der Dritten Welt ist es, von Gerechtigkeit zu sprechen.

Nun wollen wir ein bißchen über Gewalt sprechen. Um Himmels willen, ich verstehe nicht, wieso der weiße Westen ein Wort gegen die Gewalt sagen kann! Die Weißen sind das gewalttätigste Volk, das die Erde gesehen hat. Alles, was sie haben, haben sie sich mit Gewalt genommen. Die bewaffneten Rebellionen und der Guerillakrieg, die in den USA heute vor sich gehen, sind nicht der Gipfel der Gewalt, die heute in der Welt wütet. Vietnam, Südafrika, Zimbabwe, Hongkong, Aden, Somaliland – da herrscht wirklich eure Gewalt. Denn Gewalt

3. Mai
Im Hof der Sorbonne in Paris veranstalten einige hundert Studenten ein Teach-in zur Situation in Nanterre. Die faschistische Jugendorganisation *Occident* marschiert mit Helmen und Knüppeln bewaffnet in Richtung Sorbonne. Die Polizei riegelt die Universität ab, die geräumt und geschlossen wird. Im Quartier Latin, das von der Polizei besetzt ist, kommt es zu gewaltsamen Zusammenstößen zwischen Polizei und Studenten mit zahlreichen Verletzten. Weit über 500 Studenten werden festgenommen, 26 von ihnen werden inhaftiert, darunter auch Daniel Cohn-Bendit.

3. Mai
Alexander Dubček und
andere Mitglieder des
Politbüros der KPČ rei-
sen für zwei Tage nach
Moskau. Das Treffen auf
höchster Ebene macht
den Riß zwischen beiden
Ländern deutlich.

kann viele Formen annehmen. Sie kann die Form physischen Kampfes haben, aber auch die Form eines langsamen Todes. Die Juden in den Warschauer Ghettos mußten Gewalt ertragen. Sie nahm erst eine physische Form an, als man die Menschen in die Gaskammern steckte. Bis dahin hatten sie aber schon unter psychischer Gewalt gelitten. Wohin man sich auch wendet im heutigen Afrika, überall leiden die Afrikaner unter Gewalt – einer Gewalt, die ihnen vom weißen Westen zugefügt wird, sei es, daß sie ihrer Kultur beraubt werden, sei es, daß man ihnen die Menschenwürde oder die Ressourcen ihres ureigenen Landes wegnimmt.

Und für die Völker der Dritten Welt steht heute felsenfest, daß die Zeit für Gespräche vorbei ist. Es kann kein Gespräch darüber geben, wie man der Gewalt ein Ende machen könnte. Das ist klar. Selbst Camus spricht darüber, auch wenn er nicht eindeutig Stellung nimmt. Er sagt, es gibt in der Gesellschaft ein Verhältnis von Henker und Opfer, und der Henker braucht Gewalt, um sein Opfer niederzuhalten. Aber das Opfer bekommt die Sache satt. Und was geschieht, ist, daß das Opfer, sobald es Gleichheit anstrebt oder den Henker niederzumachen versucht, die Macht, die Mittel und die Methoden anwendet, mit denen sein Unterdrücker ihn niedergehalten hat. Und das ist dann Gewalt. Ich fühle mich dadurch nicht getroffen. Um all das Gerede darüber zu beenden, möchte ich eines meiner Lieblingszitate anführen, ein Sartre-Zitat:

Was habt ihr denn erwartet, was passiert, wenn ihr den Knebel löst, der diese schwarzen Münder verschlossen hat? Daß sie euch Loblieder singen würden? Habt ihr gedacht, wenn diese Köpfe, die unsere Väter auf den Erdboden niedergezwungen haben, wieder erhoben werden, würdet ihr Verehrung in ihren Augen finden?

Das sagt Jean-Paul Sartre, nicht ich.

Wir arbeiten dafür, das revolutionäre Bewußtsein der Schwarzen in Amerika zu erhöhen, um uns der Dritten Welt anzuschließen. Ob Gewalt gebraucht wird oder nicht, entscheiden nicht wir, sondern der weiße Westen. Wir kämpfen einen politischen Krieg. Politik ist Krieg ohne Gewalt. Krieg ist Politik mit Gewalt. Der weiße Westen wird entscheiden, wie er den politischen Krieg ausgetragen sehen möchte. Wir beugen unseren Kopf vor keinem Weißen mehr. Rührt er auch nur einen Schwarzen in den USA an, dann bekommt er es mit allen Schwarzen in den USA zu tun.

Wir sind dabei, unseren Kampf international auszudehnen und uns mit der Dritten Welt zu verbinden. Das ist die einzige Rettung – wir kämpfen, um unsere menschliche Natur zu retten. Wir kämpfen sogar darum, die menschliche Natur der

Welt zu retten, die der Westen so elendig preisgegeben hat. Und der Kampf muß von der Dritten Welt geführt werden. Es wird neue Wortführer geben. Sie werden Che heißen, sie werden Mao heißen, sie werden Fanon heißen. Ihr könnt Rousseau haben, ihr könnt Marx haben, ihr könnt auch den großen Freiheitsgeist John Stuart Mill haben.

Ich möchte erklären, warum zur Errichtung eines Widerstandsbewußtseins in den USA Gewalt wichtig ist. Dazu ein Zitat, das wir aus Deutschland haben: »... es war erforderlich, daß das gepeinigte Opfer sich ohne Protest zu den Galgen führen ließ, daß es sich soweit selbst preisgab und fügte, bis es seine Identität verlor.«

Ich fürchte, die schwarzen Amerikaner können es sich nicht leisten, zu den Galgen zu marschieren, wie es die Juden getan haben. Wenn die USA, das weiße Amerika, Nazi spielen wollen, dann müssen sie sich sagen lassen, daß die schwarzen Amerikaner keine Juden sind, daß wir zurückschlagen werden, bis wir tot sind. Und wenn das in euren Ohren sehr nach Gewalt klingt, dann erinnert euch an ein Gedicht, das euer großer Premierminister Sir Winston Churchill vorlas, als ihr euch endlich anschicktet, Deutschland anzugreifen. Er las ein Gedicht, das zufällig – und ich weiß nicht, ob er euch das gesagt hat – von einem Schwarzen aus Jamaica stammte, der Claude McKay hieß und der es für Schwarze geschrieben hatte. Es heißt »Wenn wir sterben müssen«, und es ist heute unser Gedicht in den USA. Seine Botschaft lautet etwa so: »Wir werden nobel sterben, indem wir zurückschlagen und für jeden der tausend Schläge einen tödlichen Schlag austeilen.«

Aber wir werden wie Menschen sterben. Wir werden die Unterdrückung durch die weiße Gesellschaft nicht länger hinnehmen. Das ist für uns ganz klar. Wie klar das für die weiße Gesellschaft ist, ist eine andere Frage, aber sie definiert unseren Kampf nicht mehr für uns. Wir werden unseren Kampf bestimmen und ihn austragen, wie wir es für richtig halten.

Wir müssen unseren Kampf international ausdehnen, und das nicht nur, weil ein solches Bewußtsein innerhalb der schwarzen Gemeinden den Minderwertigkeitskomplex zerstört, auf den die amerikanische Presse so sorgsam baut, sondern auch, weil wir wissen, daß der Schwarze, wenn er erkennt, daß die konterrevolutionären Bestrebungen der USA sich gegen seine Brüder richten, nicht mehr in ihre Kriege ziehen wird. Dann wird die Welt endlich begreifen, daß die imperialistischen Kriege der USA nichts anderes als rassistische Kriege sind. Im letzten Jahr haben wir eine schwarze Widerstandsbewegung gegen die Einberufung zum Militär in Gang gebracht, an deren Spitze unser

4. Mai
Daniel Cohn-Bendit wird nach Überlegungen, ihn nach Deutschland abzuschieben, wieder freigelassen.

5. Mai
Zum 150. Geburtstag von
Karl Marx redet Ernst
Bloch im Karl-Marx-
Haus in Trier. Außenmi-
nister und SPD-Vorsit-
zender Willy Brandt ist
anwesend.

Held, Weltmeister Mohammed Ali, steht. Nicht nur, weil wir dagegen sind, daß Schwarze gegen ihre Brüder in Vietnam kämpfen, sondern ebenso, weil der nächste Vietnamkrieg bestimmt im Kongo, in Südafrika, Zimbabwe, Bolivien, Guatemala, Brasilien, Peru oder sogar auf den Westindischen Inseln ausbrechen wird. Und wir werden nicht gegen unsere Brüder kämpfen.

Die Afroamerikaner haben sich seit 400 Jahren um eine friedliche Koexistenz in den USA bemüht. Es hat nichts genützt. Wir haben nie einen Weißen gelyncht, wir haben keine von ihren Kirchen verbrannt, wir haben in ihre Häuser keine Bomben geworfen, wir haben sie nie auf der Straße geschlagen. Ich wollte, ich könnte von den Weißen auf der ganzen Welt das gleiche sagen. Wie unsere Geschichte beweist, sind unsere Bemühungen um friedliche Koexistenz mit dem physischen und psychischen Mord an unseren Menschen belohnt worden. Man hat uns gelyncht, man hat unsere Häuser mit Bomben belegt und unsere Kirchen niedergebrannt. Jetzt werden wir von rassistischen weißen Polizisten wie Hunde auf der Straße abgeknallt. Wir können diese Unterdrückung nicht mehr ohne Vergeltung hinnehmen. Wir sind uns bewußt, daß die Regierung, wenn wir unseren Widerstand vergrößern und das Bewußtsein unseres Volkes internationalisieren, wie das unser zum Märtyrer gewordener Bruder Malcolm X tat, es uns ebenso heimzahlen wird wie ihm. In dem Maße, in dem der Widerstandskampf zunimmt, begreifen wir immer mehr die Realität in den Worten von Che: »Der Kampf wird nicht bloß eine Straßenschlacht sein, sondern ein langer und harter Kampf.«

(Aus dem Amerikanischen von Hans-Werner Saß)

Paul A. Baran / Paul M. Sweezy
Die Absorbierung des Surplus:
Militarismus und Imperialismus

[...]

2

Um zu erklären, warum der Militärbedarf der Vereinigten
Staaten in der Nachkriegszeit so rapid in die Höhe schnellte,
müssen wir über eine auf die kapitalistische Praxis gegründete
Theorie hinausgehen und ein neues historisches Phänomen
einbeziehen, nämlich die Entstehung eines sozialistischen
Weltsystems als Konkurrenz und Alternative des kapitalistischen Weltsystems. Warum muß die Entstehung einer sozialistischen Konkurrenz auf seiten der kapitalistischen Füh-
rungsnation einen ständig steigenden Militärbedarf erzeugen?
Die amtlichen und nichtamtlichen Meinungsmacher – von den
Präsidenten und Außenministern bis hinab zu den Leitartiklern
der Lokalpresse – haben eine Antwort parat: Die Vereinigten
Staaten müssen die »freie Welt« gegen die Gefahr der sowjetrussischen (oder chinesischen) Aggression schützen. Die Wirklichkeit und Ernsthaftigkeit dieser Gefahr wird entweder als
bewiesen vorausgesetzt oder auf zweierlei Weise »bewiesen«:
Eine Reihe von wirklichen oder angeblichen kommunistischen
Aktionen, die bis in die Zeit unmittelbar vor dem Zweiten
Weltkrieg (besonders des Sowjetisch-Finnischen Kriegs) zu-
rückreichen und in dem langgezogenen Guerillakrieg in Südvietnam ihre Fortsetzung finden, werden als »klare« Beweise
für die Aggressivität des Kommunismus hingestellt. Dazu wird
für dieses angeblich aggressive Verhalten eine theoretische Erklärung in Form des Syllogismus geboten: Totalitäre Staaten
sind aggressiv, siehe Nazi-Deutschland und das kaiserliche
Japan; die Sowjetunion ist ein totalitärer Staat; also muß die
Sowjetunion aggressiv sein.
Das Thema der sowjetrussischen Aggressivität ist im letzten
Vierteljahrhundert so oft und so laut angeschlagen worden, daß
die meisten Amerikaner es inzwischen als Tatsache hinnehmen
– so unumstößlich wie die, daß auf den Tag die Nacht folgt. Und
doch kennen wir, obwohl das paradox scheinen mag, keinen
ernsthaften Analytiker der Sowjetunion und sowjetrussischen
Politik, der wirklich daran glaubt. Selbst George F. Kennan, der

6. Mai
In Paris protestieren
mehrere tausend Studen-
ten gegen die Schließung
der Sorbonne, den Poli-
zeieinsatz vom 3. Mai
und die Disziplinarver-
fahren gegen eine Stu-
dentin und sieben Stu-
denten. Die Polizei ver-
sucht mit Tränengasgra-
naten die Menge zu zer-
streuen. Die Situation
eskaliert zu einer Stra-
ßenschlacht zwischen
weit über 10.000 Studen-
ten und der Polizei. Die
ersten Barrikaden wer-
den gebaut. Es gibt 500
Verletzte unter den Stu-
denten. Die Zusammen-
stöße dauern von 9 Uhr
morgens bis Mitternacht.

7. Mai
Ein Demonstrationszug
von 50.000 Menschen
zieht in Paris von den
Champs Élysées zum Arc
de Triomphe und singt
dabei die *Internationale*.
Die Proteste weiten sich
auf ganz Frankreich aus.

die berühmte Doktrin der »Eindämmung« entwickelte, als er noch Chef des Planungsstabs im Außenministerium war, wies die Ansicht, daß die UdSSR im gleichen Sinne wie Hitler-Deutschland eine aggressive Macht sei, ausdrücklich zurück.[1] Und die verschiedenen Kolumnisten, Historiker und politischen Wissenschaftler, die die These verfochten haben, die sowjetrussische Politik sei im wesentlichen immer defensiv gewesen, sind zum Teil hervorragende Köpfe des amerikanischen Geisteslebens. Tatsächlich wäre es schwer, eine These anzuführen, die gründlicher untersucht oder stichhaltiger begründet worden ist.[2] Außerdem bemühen sich die besonneneren Politiker wie Chester Bowles und Senator Fulbright oft darum, die sowjetrussische Gefahr – an deren Existenz sie nicht zweifeln – als nicht militärisch, sondern wirtschaftlich, politisch und ideologisch hinzustellen. Selbst oder gerade jene, die gegenüber der UdSSR am feindseligsten eingestellt sind, glauben nicht an den aggressiven Charakter der sowjetischen Politik. Wie Walter Lippmann schreibt:

Eine Kriegspartei setzt sich aus Leuten zusammen, die dafür konspirieren und agitieren, daß ein Krieg begonnen wird, durch den das Land, wie sie meinen, zu Profit und Ruhm kommt. Es wäre schwer, einen Amerikaner zu finden, der daran glaubt, daß in irgendeinem großen Krieg heute Profit oder Ruhm zu ernten wären. Die Kriegsgeschrei-partei setzt sich aus Leuten zusammen, die vermuten, daß die Russen, einerlei wie wir uns verhalten, nicht in den Krieg eintreten werden.[3]

---

1 Siehe den berühmten Artikel »The Sources of Soviet Conduct«, von X [Kennan], in *Foreign Affairs*, Juli 1947. Der Artikel wurde gerade in der Zeit verfaßt, als Präsident Truman die hysterische Angst vor der Sowjetunion anheizte, um die Annahme der Truman-Doktrin durch den Kongreß sicherzustellen.
Eine ausgezeichnete Feststellung von Professor Neal D. Houghton, Staatswissenschaftliche Abteilung der Universität Arizona, verdient hier, zitiert zu werden. Bezüglich der »Annahme, daß Rußland vorhat, die Vereinigten Staaten und den Westen ›anzugreifen‹«, schreibt er: »In allen Volksschichten, die unsere Verteidigung und unsere Politik des kalten Krieges auf diese psychotische Angst gegründet haben, hat sich anscheinend nicht ein Einziger die Mühe gemacht, diese Angst *rational* zu *rechtfertigen*. Niemand hat sich Gedanken darüber gemacht, wie man ohne Gefühlsaufwallung erklären kann, *warum* Rußland so etwas vorhaben sollte ... Andererseits haben alle vernünftigen Erforscher dieser Angelegenheit, von denen ich weiß, die Überzeugung gewonnen, daß weder das russische Volk noch die russische Führung ein solches Verlangen oder Vorhaben hat oder jemals gehabt hätte.« Neal D. Houghton, »The Challenge to International Leadership in Recent American Foreign Policy«, in: *Social Science*, Juni 1961, S. 174.
2 Siehe das Monumentalwerk von D. F. Fleming, *The cold War and Its Origins, 1917-1960*, 2 Bde., New York und London 1961. Diese ausführlich dokumentierte Studie ist von Frederick L. Schuman, selbst eine der führenden Persönlichkeiten auf dem Gebiet der internationalen Beziehungen, »eines der größten Werke unserer Zeit« genannt worden (*The Nation*, 13. Januar 1963).
3 *The Washington Post*, 5. März 1963.

Und William S. Schlamm, früherer Herausgeber der Zeitschrift *Fortune*, der für Atomkriegsultimaten als Methode, die Russen aus Osteuropa hinauszudrängen, plädiert, betont ausdrücklich, »daß der Kommunismus am Frieden *gedeiht*, Frieden *will*, im Frieden *triumphiert*«.[4]

[...]

8. Mai
Senator Robert
F. Kennedy gewinnt in
Indiana die Vorwahlen
für die Präsidentschafts-
kandidatur.

3

Der Bedarf der amerikanischen Oligarchie an einer riesigen Militärmaschinerie muß also durch etwas anderes als durch eine nicht vorhandene Bedrohung durch die sowjetrussische Aggression begründet sein. Erkennen wir das an und haben wir uns erst einmal von der Heuchelei und der Verwirrung befreit, die die ideologische und propagandistische Verzerrung durch die Oligarchie in uns erzeugt hat, so werden wir bald entdecken, wonach wir suchen: den gleichen unversöhnlichen Haß auf den Sozialismus, die gleiche Entschlossenheit, ihn zu zerstören, von denen die führenden Nationen der kapitalistischen Welt erfüllt waren, als die Bolschewiki im November 1917 die Macht ergriffen. Das Hauptziel ist stets dasselbe geblieben: die Ausdehnung des Sozialismus zu verhindern, ihn auf einen so kleinen Raum wie möglich zusammenzupressen und ihn schließlich dem Erdboden gleichzumachen. Mit den sich wandelnden Bedingungen haben sich nur die Methoden und Taktiken geändert, die nach wie vor den gleichen Zielen dienen.

Als das Sowjetregime ganz am Anfang stand und schwach war, versprach man sich viel davon, seine konterrevolutionären Widersacher zu finanzieren und zu versorgen und in sein Territorium einzudringen. Als diese Bemühungen fehlschlugen – was in beträchtlichem Maße dem Widerstand der kriegsmüden Arbeiter in den kapitalistischen Ländern zu verdanken war –, errichtete man an den Westgrenzen der UdSSR einen *cordon sanitaire* von reaktionären Klientelstaaten und mußte hinnehmen, daß eine Zeit des unruhigen Stillstands eintrat. Ein Jahrzehnt später bauten die Deutschen und die Japaner ihre Militärmaschinerien auf und setzten sie schließlich zum Angriff auf die Sowjetunion ein. Diese Taktik führte zu einem solchen Rückschlag, daß die Westmächte gezwungen waren, sich mit ihrem geschworenen Feind zu verbünden. Als sich der Rauch von den Schlachtfeldern verzogen hatte, war die Sowjetunion immer

4 *Grenzen des Wunders*, Zürich 1959, S. 185.

noch da – und statt des *cordon sanitaire* gab es jetzt einen Schutzgürtel von sozialistischen Ländern, der bis ins Herz Europas hineinreichte. So hatte sich die sozialistische Macht, die einmal in einer Handvoll Industriestädte des zaristischen Rußlands begonnen hatte, über ein riesiges Gebiet von der Elbe bis an den Pazifischen Ozean ausgebreitet. Die traditionellen Zentren des Kapitalismus in Europa und Asien lagen entweder in Asche oder wankten dahin, kaum fähig, sich vor dem wirtschaftlichen Zusammenbruch zu bewahren. Außerdem gärte es in den meisten kolonialen und halbkolonialen Ländern, in denen zum erstenmal sozialistische Kräfte eine ernsthafte Bedrohung für die seit langem bestehenden Regimes darstellten. Der Weltkapitalismus stand einer noch nie dagewesenen Krise gegenüber.

In dieser Krise gingen die Vereinigten Staaten aus sich heraus und übernahmen die alleinige Führung in einer großen kapitalistischen Gegenoffensive. Die Idee dazu hatte im Geiste Präsident Trumans schon im Herbst 1945 Gestalt angenommen,[5] doch war die öffentliche Meinung Amerikas noch nicht genügend darauf vorbereitet. Mehr als ein Jahr intensiver antikommunistischer Propaganda – als deren Höhepunkt man vielleicht Winston Churchills berühmte Rede über den »Eisernen Vorhang« bezeichnen könnte – war nötig, bis Präsident Truman und seine Berater das Volk und seine Vertreter im Kongreß für bereit hielten, einen weltweiten antisozialistischen Kreuzzug zu unterschreiben.

Am 24. Februar 1947 erklärten die Briten, die einer akuten Wirtschaftskrise Herr zu werden suchten, sie würden der in Griechenland an der Macht befindlichen rechtsstehenden Regierung, die ihr Leben gegen eine revolutionäre Guerillabewegung verteidigte, die Unterstützung aufkündigen. Die unverzügliche Antwort der Vereinigten Staaten war die Truman-Doktrin. Damit wurden Griechenland und die Türkei praktisch zum Protektorat der USA erklärt und verkündet: »Die Politik der Vereinigten Staaten muß darin bestehen, freie Völker zu unterstützen, die sich gegen den Versuch der Unterjochung durch bewaffnete Minderheiten oder durch Druck von außen zur Wehr setzen.« Fleming schreibt:

Keine Erklärung hätte folgenschwerer sein können. Wo immer sich eine kommunistische Rebellion entwickelte, die Vereinigten Staaten würden sie unterdrücken. Wo immer die Sowjetunion an irgendeinem Punkt ihrer riesigen Peripherie nach außen drängen würde, die Ver-

---

5 Das wird von Fleming, a. a. O., Bd. 1, besonders S. 441-442, überzeugend demonstriert.

einigten Staaten würden sich widersetzen. Die Vereinigten Staaten würden zum antikommunistischen, antirussischen Weltgendarm werden.[6]

[...]

9. Mai
Teach-in des SDS zum Thema *Politik und Gewalt* in Frankfurt/M., Hauptreferent ist Oskar Negt.

4

Die Durchführung dieser antikommunistischen Globalpolitik machte unter anderem folgendes erforderlich:
1. Die schnellste Rehabilitierung und Stärkung der traditionellen Zentren kapitalistischer Macht und ihre Integration in ein von den Vereinigten Staaten beherrschtes Militärbündnis. Das wurde durch den Marshall-Plan bewerkstelligt, der im Juni 1947, gerade drei Monate nach der Truman-Doktrin, verkündigt wurde, sowie durch die NATO, über die man während des nächsten Jahres verhandelte und die im April 1949 gegründet wurde. Ein ähnlicher Wechsel der Politik fand bald darauf in Japan statt, der 1951 im Abschluß eines separaten Friedensvertrags seinen Höhepunkt fand. Die Bedingungen für die Wiederbelebung des Kapitalismus in Westeuropa und Japan waren viel günstiger, als es schien. Konstantes Kapital und ausgebildete Arbeitskräfte waren reichlich vorhanden; nötig war ein starker Zufluß an Betriebskapital, und dieses konnten die Vereinigten Staaten liefern. Mit der Lösung dieses Problems hat Washington, so kann man sagen, seinen wirklich dauerhaften außenpolitischen Großerfolg in der Nachkriegszeit erzielt.
2. Die Errichtung eines Netzwerks aus Militärpakten und -basen rund um den gesamten Umkreis des sozialistischen Blocks. Diese Operation begann mit der NATO und ist seitdem ständig fortgesetzt worden. Das Netz enthält inzwischen außer der NATO den Südostasien-Pakt (SEATO), die Zentrale-Pakt-Organisation (CENTO), die ursprünglich als Bagdad-Pakt bekannt war, und zweiseitige Verträge oder Abkommen über »gegenseitige Unterstützung« mit Dutzenden von Ländern überall auf der Welt: Spanien, Türkei, Pakistan, den Philippinen, Formosa, Japan und vielen anderen. Bis 1959 hatten die Vereinigten Staaten laut Fleming insgesamt 275 Hauptbasiskomplexe in 31 Ländern und mehr als 1400 ausländische Basen, einschließlich aller Plätze, wo Amerikaner stationiert waren, und der für die Besetzung im Ernstfall vorgesehenen Plätze. Diese Basen kosteten fast 4 Mrd. Dollar und wurden mit etwa einer Million amerikanischer Truppen bemannt.

6 A. a. O., S. 446.

9. Mai
Rudi Dutschke, Bernd
Rabehl und Christian
Semler werden auf dem
Weg zu einem Teach-in in
Paris am Flughafen Orly
festgenommen und in die
BRD abgeschoben.

3. Vor allem machte die Politik der Vereinigten Staaten Waffen aller Arten und Gattungen sowie Menschen zu ihrer Bedienung erforderlich, damit diesem weltweiten Skelett von Bündnissen Muskeln und Sehnen verliehen und jene »Positionen der Stärke« erreicht werden konnten, durch die der Sozialismus eingedämmt und zur richtigen Zeit genügend Gegendruck ausgeübt werden sollte, um seinen Rückzug zu erzwingen. Schlugen diese Absichten fehl, so war der Militärbestand dazu bestimmt, einen Krieg gegen die Sowjetunion zu führen und zu gewinnen und so den Weg für die endgültige Liquidierung des Sozialismus durch rein militärische Mittel freizumachen.

Zusammenfassend können wir sagen: Der Bedarf der amerikanischen Olgarchie an einer großen und größer werdenden Militärmaschinerie ist die logische Folge ihrer Absicht, das konkurrierende sozialistische Weltsystem einzudämmen, zusammenzudrängen und schließlich zu zerstören.

5

Wir können das Thema des Bedarfs an militärischer Stärke nicht verlassen, ohne zu untersuchen, welche Ursachen die kapitalistische Feindschaft gegen die Existenz eines rivalisierenden sozialistischen Weltsystems hat. Wenn sich diese Feindschaft, wie manche Leute zu glauben scheinen, größtenteils auf irrationale Vorurteile und Ängste gründet, so wie das bei dem eifrig gezüchteten Glauben an die sowjetrussische Aggressivität der Fall ist, so bestünde wenigstens eine Möglichkeit, daß sich rationalere Ansichten noch rechtzeitig durchsetzen. In diesem Fall könnte man friedliche Koexistenz und Abrüstung nicht nur als Propagandaslogans im Kampf zwischen den beiden Systemen betrachten, sondern als realisierbare Ziele. Verbergen sich hinter den Vorurteilen und Ängsten dagegen, wie so oft, nur tiefwurzelnde Interessen, so hätten wir die Aussichten ganz anders einzuschätzen.

Zunächst müssen wir mit einem Argument aufräumen, das scheinbar beweist, daß die Ausbreitung des Sozialismus für die Existenz des kapitalistischen Systems eine tödliche Bedrohung darstellt. Oft wird erklärt, der Kapitalismus könne nicht ohne Außenhandel existieren und mit jedem Fortschritt des Sozialismus werde das kapitalistische Wirtschaftsgebiet eingeengt. Somit, heißt es dann weiter, kämpfen die führenden kapitalistischen Länder, auch wenn sie nicht im Inneren von mächtigen sozialistischen Bewegungen bedroht sind, gegen den Sozialismus buchstäblich um Leben oder Tod. In dieser Form enthält der Schluß von den kapitalistischen Interessen ein *non sequitur.* Es stimmt, daß der Kapitalismus ohne Außenhandel undenkbar ist, doch stimmt es nicht, daß die sozialistischen Länder nicht bereit oder unfähig sind, mit den kapitalistischen Ländern Handel zu treiben. Insofern bringt die Ausbreitung des Sozialismus selbst noch keine Einschränkung des Wirtschaftsraumes, der den kapitalistischen Ländern offensteht, mit sich. Man kann sogar noch weitergehen. Die bürgerlichen Ökonomen werden nicht müde zu wiederholen, daß ein Land um so mehr als Handelspartner in Frage kommt, je mehr es industriell entwickelt ist. Da die unterentwickelten Länder im Sozialismus schneller industrialisiert werden als im Kapitalismus, müßten die führenden kapitalistischen Länder diesem Argument zufolge eigentlich die Ausbreitung des Sozialismus in den unterentwickelten Teilen der kapitalistischen Welt begrüßen. Daß sie das nicht tun, sondern sich statt dessen mit Händen und Füßen dagegen wehren, muß also auf anderer Grundlage erklärt werden.

Das Problem ist in Wirklichkeit viel komplizierter und kann nur dann mit Gewinn behandelt werden, wenn wir von einer ganz anderen Seite herangehen. Die kapitalistischen Regierungen treiben im allgemeinen keinen Handel miteinander. Der meiste Handel in der kapitalistischen Welt wird von Privatunternehmen, hauptsächlich großen Kapitalgesellschaften, getrieben. Diese Kapitalgesellschaften sind weniger am Handel als solchen als an Profiten interessiert: Was sie und die von ihnen kontrollierten Regierungen gegen die Ausbreitung des Sozialismus auftreten läßt, ist nicht die zwangsläufige Einschränkung ihrer Import- und Exportmöglichkeiten (obwohl sie durchaus eintreten kann), sondern die zwangsläufige Einschränkung ihrer Möglichkeiten, durch Geschäfte mit den und in den neu sozialisierten Gebieten zu profitieren. Und wenn man die Tatsache berücksichtigt, daß die Konzerne in den führenden kapitalistischen Ländern durch Geschäfte mit und in den weniger entwickelten und unterentwickelten Ländern im allgemeinen höhere Profite erzielen, als sie im Inland erzielt werden können, so kann man die heftige Opposition, die sich gegen die Ausbreitung des Sozialismus in eben jenen Gebieten erhebt, verstehen.

Wir haben absichtlich zu dem allgemeinen Ausdruck »Geschäfte mit und in« gegriffen, statt den begrenzteren »Käufe von und Verkäufe an« zu benutzen. Die internationalen Beziehungen und Interessen des typischen Mammutkonzerns sind heute wohl mannigfaltiger und wesentlich komplizierter als der bloße Export und Import. Man kann das vielleicht am besten erklären, indem man den weltweiten Wirkungskreis und Charakter des fraglos führenden »multinationalen Konzerns« der Vereinigten Staaten umreißt: der Standard Oil of New Jersey.[7]

[...]

Wie es sich so trifft, liefert uns die jüngste Geschichte der Standard Oil of New Jersey ein Bilderbuchbeispiel dafür, warum multinationale Konzerne der Ausbreitung des Sozialismus mit so tiefer Feindschaft begegnen. Vor der kubanischen Revolution hatte Jersey auf mehrere Weise seine Finger in Kuba. Sie besaß Raffinerien auf der Insel und unterhielt ein ausgedehntes Vertriebssystem, die alles in allem einen Vermögenswert in Höhe von 62. 269. 000 Dollar darstellten.[8] Hinzu kam noch, daß Jerseys kubanische Tochtergesellschaft ihr Rohöl von der Creole Petroleum, Jerseys venezolanischer Tochtergesellschaft, zu den hohen Preisen kaufte, die vom internationalen Ölkartell aufrechterhalten wurden. Die Gesellschaft zog damit aus zwei Ländern und durch drei verschiedene Unternehmungen Profite – Verkauf des Rohöls, seine Bearbeitung und Verkauf der Endprodukte. Durch die Revolution wurden die Besitzungen der Gesellschaft in Kuba entschädigungslos verstaatlicht, und Creole verlor ihren kubanischen Markt. Mehr als 60 Mill. Dollar an Werksanlagen sowie alle drei Quellen des laufenden Profits gingen mit einem Schlag verloren – und ohne daß Export und Import der Vereinigten Staaten in irgendeiner Weise davon berührt wurden.

Nun könnte man einwenden, daß das revolutionäre Regime, hätten Jersey und die Regierung der Vereinigten Staaten gegenüber Kuba eine andere Politik verfolgt, froh gewesen wäre, sein Öl weiterhin von Venezuela beziehen zu können, das immer noch die naheste und rationellste Bezugsquelle darstellt. Das ist ohne Zweifel richtig – aber nur unter einer Bedingung. Das revolutionäre Regime wäre froh gewesen, sein Öl weiterhin aus Venezuela beziehen zu können, doch nicht, weiterhin Preise zu zahlen und Zahlungsbedingungen zu erfüllen, die von der Standard Oil diktiert wurden. Und da es sich an die Sowjet-

7 Der Ausdruck »multinationaler Konzern« scheint von David E. Lilienthal zu stammen, dem Direktor der Tennessee Valley Authority unter Roosevelt und der Atomenergie-Kommission unter Truman, der jetzt Vorsitzender der Development and Resources Corporation ist, die von dem internationalen Bankhaus der Lazard Frères unterstützt und kontrolliert wird. Ein von Lilienthal dem Carnegie-Institut für Technologie im April 1960 überreichter Aufsatz, der gleich darauf von der Development and Resources Corporation veröffentlicht wurde, trägt den Titel »The Multinational Corporation«. Dieser Sprachgebrauch wurde dann von *Business Week* in einem speziellen Artikel »Multinational Companies«, in der Ausgabe vom 20. April 1963, übernommen.

8 Standard and Poor, *Standard Corporate Descriptions*, 24. Juli 1961.

union wenden und auf diese als Bezugsquelle ausweichen konnte, war es nicht mehr gezwungen, sich weiterhin den Bedingungen des Kartells zu unterwerfen. Somit hätte Jersey, um auf dem kubanischen Markt zu bleiben, zumindest seine Preise senken und bessere Kreditbedingungen bieten müssen. Das hätte aber nicht nur geringere Profite im Kubageschäft bedeutet, sondern das gesamte Kartellpreisgefüge bedroht. Jersey und Washington entschlossen sich also, gegen die kubanische Revolution Krieg zu führen.

Daß es in dem Konflikt zwischen den Vereinigten Staaten und Kuba nicht um den Handel zwischen den beiden Ländern geht, das bestätigen Kubas Beziehungen zu anderen kapitalistischen Ländern. Noch lang nach der Sozialisierung der kubanischen Wirtschaft war die Regierung in Havanna dabei, ihren Handel mit England, Frankreich, Spanien, Kanada, Japan – kurz, mit jedem Land, das bereit und in der Lage war, mit Kuba Geschäfte zu machen – tatkräftig zu fördern. Es stimmt natürlich, daß Kubas Export- und Importfähigkeit durch die Desorganisation und andere Schwierigkeiten in den ersten Jahren des Übergangs zum Sozialismus ernsthaft beeinträchtigt gewesen ist, aber es scheint keinen Grund zum Zweifel an Kubas eigener Behauptung zu geben, daß die Insel in ein paar Jahren ein besserer Handelspartner sein wird, als sie es unter dem alten neokolonialen Regime gewesen ist. Auch gibt es keinen Zweifel daran, daß die Vereinigten Staaten einen Löwenanteil am Kuba-Handel an sich reißen könnten, würde die Blockade abgeblasen und würden zwischen den beiden Ländern wieder normale Beziehungen hergestellt.

Aber daran sind die multinationalen Mammutkonzerne, von denen die amerikanische Politik beherrscht wird, nicht wirklich interessiert. Was sie wollen, das ist die *monopolistische Kontrolle* über ausländische Bezugsquellen und Auslandsmärkte, durch die sie in der Lage sind, beim Kauf und Verkauf besonders vorteilhafte Bedingungen durchsetzen, Aufträge von einer Tochtergesellschaft auf die andere zu verlagern, dieses oder jenes Land zu bevorzugen, je nachdem, ob es die günstigste Steuer-, Gewerkschafts- und andere Politik treibt – mit einem Wort, sie möchten ihre Geschäfte nach eigenen Bedingungen machen und wo immer sie es wünschen. Und dazu benötigen sie nicht Handelspartner, sondern »Verbündete« und Kunden, die ihre Gesetze und Maßnahmen bereitwillig den Erfordernissen der amerikanischen Großindustrie anpassen.

Vor diesem Hintergrund können wir sehen, daß Kubas Verbrechen darin bestand, mit Wort und Tat sein unumschränktes Recht geltend zu machen, über seine eigenen Hilfsquellen im

10. Mai
Die *Literarische Messe für Untergrund-Literatur* wird im Frankfurter Römer eröffnet.

191

10. Mai
Der spanische Minister
für Information und
Tourismus gibt bekannt,
daß die Bezeichnung
»Verräter« für die baski-
schen Provinzen, die im
Bürgerkrieg gegen Fran-
co Widerstand geleistet
hatten, teilweise aufge-
hoben wird.

Interesse seines eigenen Volkes zu verfügen. Das brachte die Beschneidung und – in dem daraus erwachsenden Kampf – die schließliche Abschaffung der Rechte und Privilegien mit sich, die die multinationalen Mammutgesellschaften bis dahin in Kuba genossen hatten. Deshalb und nicht wegen des Handelsausfalls, geschweige denn wegen irgendwelcher irrationaler Ängste oder Vorurteile, reagierten die Konzerne und ihre Regierungen in Washington so ungestüm auf die kubanische Revolution.

Nun könnte man annehmen, daß die Heftigkeit der Reaktion, da Kuba ein kleines Land ist, in keinem Verhältnis zum erlittenen Verlust steht. Aber damit würde man das Wichtigste außer acht lassen. Was Kuba so wichtig macht, ist ja gerade, daß es so klein ist und daß es außerdem noch so sehr in der Nähe der Vereinigten Staaten liegt. Wenn Kuba der »freien Welt« abtrünnig werden und ungestraft dem sozialistischen Lager beitreten kann, dann kann das jedes andere Land ebenfalls tun. Und wenn Kuba durch den Neuaufbau blüht, dann werden all die anderen unterentwickelten und ausgebeuteten Länder der Welt versucht sein, seinem Beispiel zu folgen. Es geht bezüglich Kubas also nicht einfach um die Möglichkeit, ein kleines Land auszubeuten, sondern um Sein oder Nichtsein der »freien Welt« selbst, d. h. um das ganze System der Ausbeutung.

Diese Tatsache hat die Kuba-Politik der Vereinigten Staaten bestimmt. Die Taktik besteht darin, die kubanische Wirtschaft auf jede mögliche Weise zu schädigen und zu entkräften, und zwar zu einem dreifachen Zweck. Erstens hofft man, das kubanische Volk werde früher oder später seine revolutionäre Führung satt haben und damit einer erfolgreichen Konterrevolution den Boden bereiten. Zweitens will man den unterentwickelten Ländern einprägen, daß Revolution sich nicht bezahlt macht. Und drittens soll die Last, die das übrige sozialistische Lager und besonders die Sowjetunion als wirtschaftlich entwickeltes Mitglied mit der Unterstützung der kubanischen Wirtschaft zu tragen hat, auf ein Höchstmaß gesteigert werden, so daß diese anderen sozialistischen Länder dazu verleitet werden, ihren Einfluß zur Verhinderung weiterer Revolutionen einzusetzen, die ihrer bereits so strapazierten Wirtschaft weitere Lasten aufbürden könnten.

[...]

(Aus dem Amerikanischen von Hans-Werner Saß)

Jürgen Horlemann / Peter Gäng
Der amerikanisch-vietnamesische Krieg

1. Vietnam als Modellfall

»Jede gewaltsame Aktion, die Erfolg hatte, spielt eine nicht nur informative, sondern auch operative Rolle für den Kolonisierten. Der große Sieg des vietnamesischen Volkes in Dien-Bien-Phu ist keineswegs nur ein Sieg für Vietnam. Seit Juli 1954 hieß die Frage, welche die Kolonialvölker sich stellten: ›Was ist zu tun, um ein Dien-Bien-Phu zu verwirklichen? Wie muß man es anfangen?‹ An der Möglichkeit dieses Dien-Bien-Phu konnte kein Kolonisierter mehr zweifeln. Die Frage war nur noch, wie die Kräfte einzuteilen und zu organisieren und wann sie einzusetzen waren. Die in der Luft liegende Gewalt verändert aber nicht nur die Kolonisierten, sondern auch die Kolonialisten, die ein vielfaches Dien-Bien-Phu auf sich zukommen sehen.« So kommentierte Frantz Fanon die Niederlage der französischen Kolonialmacht in Vietnam.[1] Nur der Erfolg der gewaltsamen Aktion gegen die Kolonialmächte bzw. gegen die einheimische Bourgeoisie, die ihre Macht aus den Händen des »Mutterlandes« empfangen hatten, konnte für die sich emanzipierenden Länder der Dritten Welt nicht genügen. Zur zentralen Frage wurde, wie es diese Staaten erreichen könnten, den Anschluß an die Industrienationen zu finden. Das erste Beispiel hatte China geliefert. Es nahm nach seiner Revolution eine wirtschaftliche Entwicklung, die es schnell das einzige vergleichbare Land, nämlich Indien, überrunden ließ, und wurde zur Weltmacht. Und China hatte gezeigt, daß diese Wirtschaftsentwicklung nicht notwendig mit einem unerträglichen Konsumverzicht erkauft werden muß: selbst 1962 (nach verschiedenen wirtschaftlichen Schwierigkeiten) lag der Pro-Kopf-Verbrauch an Nahrungsmitteln in China erheblich höher als in Ländern wie Indien, Pakistan, den Philippinen etc.[2]
Die Vereinigten Staaten reagierten als Führungsmacht des Kapitalismus mit der »Eindämmungspolitik«. China wurde zum Aggressor gestempelt (es war ja in der Tat Ursache von Unruhen in anderen Teilen der Dritten Welt, wenn auch nicht als Aggressor, sondern als Modell). Die USA behaupteten, ein nicht von der amerikanischen Militärmacht bedrohtes China werde über seine Nachbarn herfallen; und diese Behauptung wurde, wie es scheint, teilweise auch geglaubt. Erst die Zu-

11. Mai
Aus Protest gegen das brutale Vorgehen der Polizei solidarisieren sich die drei großen französischen Gewerkschaften mit den Studenten und rufen für den 13. Mai zu einem 24stündigen Generalstreik auf.

1 F. Fanon, *Von der Gewalt*, in: *Kursbuch* 2, Frankfurt 1965, S. 28 f.
2 H. Henle in: *Süddeutsche Zeitung*, 17./18./19. April 1965.

11. Mai
In Bonn demonstrieren
über 60.000 Menschen
gegen die geplante Ver-
abschiedung der Not-
standsgesetze.

rückhaltung Chinas nach den Bombardements von Hanoi und Haiphong[*] begann zu einer leicht modifizierten Ansicht zu führen. Wie schwach die amerikanische Argumentation ist, zeigt sich unter anderem auch daran, daß etwa Kambodscha und Birma sehr wohl ohne die militärische Hilfe der USA bestehen können.

Die amerikanische Argumentation ging an der eigentlichen Problemstellung vorbei, an der Frage, wie die Länder der Dritten Welt sich selbst, gleich China, zu den Subjekten ihrer Geschichte machen konnten, nachdem sie oft für Jahrhunderte Objekt kolonialistischer Ausbeutung und später der Bevormundung durch die Industriestaaten gewesen waren.

Es ist offenbar, daß die klassische kapitalistische Entwicklung für diese Länder heute unmöglich ist. Die Regierung der Vereinigten Staaten glaubte, mit der Erfindung des Counterpartfinancing-Systems die Möglichkeiten für eine derartige Entwicklung geschaffen zu haben: was die jetzigen westlichen Industriestaaten für ihre Kapitalakkumulation durch äußere und innere Exploitation gewonnen hatten, sollten die »Entwicklungsländer« durch nach diesem System geleistete »Hilfe« erhalten. (Die innere Exploitation wurde dadurch freilich nicht aufgehoben.)

[...]

2. Unterentwicklung und Counterinsurgency

In dieser weltpolitischen Bewegung reagierte der Kapitalismus nach innen mit der Verstärkung der Formierung (»great society«); nach außen wurde der »Eindämmung« die »Counterinsurgency« hinzugefügt. Während die Formierung das Aufbrechen bislang verschleierter Widersprüche verhindern soll, zielt die Counterinsurgency darauf ab, die revolutionären Bewegungen in der Dritten Welt zu unterdrücken. 1961 wurde die Strategie der »massiven Vergeltung« abgelöst durch eine »flexible Strategie«, die vorsah, die konventionellen Kriegsmittel wieder auszubauen, um einen Krieg auch ohne das Risiko einer globalen Auseinandersetzung führen zu können. Die Vereinigten Staaten schufen Spezialstreitkräfte, die für die Niederschlagung von Aufständen in den sich emanzipierenden Ländern der Dritten Welt ausgebildet wurden; Südvietnam wurde zum Modellfall erklärt.

»Hinter dieser Konzeption steht die Vorstellung, der sicherste Weg, Macht und Einfluß des Kommunismus in der heutigen

[*] [Im Februar 1965 weiteten die USA ihre Luftangriffe auf Nordvietnam aus.]

194

Welt auszudehnen, sei es, die unvermeidliche Unruhe auszunutzen, welche die revolutionäre Bewegung hin zur Modernisierung begleitet. Dies geschieht durch den Aufbau einer politischen Basis, die ihre Wurzeln in örtlichen Enttäuschungen, schmerzlichen Erinnerungen und unerfüllten Wünschen hat; von dieser Basis aus wird dann eine aufständlerische Aktivität entwickelt, die von außerhalb des Landes unterstützt wird. Das Ziel ist natürlich nicht die nationale Befreiung, sondern die Einverleibung in den kommunistischen Block. Vom kommunistischen Standpunkt aus wird mit dieser Methode beabsichtigt, die nukleare Stärke Amerikas zu umgehen, die konventionelle Stärke, die wir mit unseren Verbündeten aufzubauen geholfen haben, zu umgehen und Institutionen niederzureißen, die nicht unter kommunistischer Kontrolle stehen.«[3] Diese Erklärung Dean Rusks aus dem Jahre 1961 umreißt den amerikanischen Standpunkt gegenüber den Emanzipationsbestrebungen der Länder der Dritten Welt. Mit der Verstärkung des amerikanischen Engagements in Südvietnam häuften sich auch derartige Äußerungen. Ein kommunistischer Erfolg in Südvietnam, erklärte Robert S. McNamara im August 1965, »würde ferner das Prestige der Rotchinesen bei den blockfreien Staaten erheblich vermehren und die Position ihrer Anhänger überall stärken. *In diesem Fall müßten wir uns darauf gefaßt machen, es mit der gleichen Form der Aggression auch in anderen Teilen der Welt aufzunehmen, und zwar überall dort, wo eine Regierung schwach und das Sozialgefüge nicht gefestigt ist«* (Hervorhebung d. Verf.).[4] Wie in der Erklärung Dean Rusks wird auch hier zugegeben, daß »Aggressionen« wie die in Südvietnam in Ländern entstehen könnten, deren Sozialgefüge nicht gefestigt ist. Dies widerspricht der bisherigen Behauptung vom Wirtschaftsaufschwung in Südvietnam unter der Regierung Ngo Dinh Diems.[*] Was aber wichtiger ist: die USA müssen derartigen »Aggressionen« heute beinahe überall begegnen. Die »Aggression« kann aber in anderen Ländern, die mit einem kommunistischen Land keine gemeinsame Grenze haben, kaum auf die Infiltration größerer Mengen von Menschen und Kriegsmaterial zurückgeführt werden. Ohne also von der These, in Südvietnam handle es sich um eine Aggression Nordvietnams, abzurücken, gab McNamara zu, die USA müßten auch eingreifen bei »Aggressionen«, bei denen ein äußerer Aggressor nicht festgestellt werden kann. Da sich laut McNamara aber derartige Aggressionen in Ländern entwickeln

11. Mai
3.000 Studenten fordern auf dem Universitätsgelände in Rom die Freilassung eines verhafteten Studenten und demonstrieren gegen Polizeiübergriffe.

3 Zitiert nach *Survey of International Affairs*, (82), 1961, S. 350.
4 Text in: *Warum Vietnam?*, Hrsg. USIS, Bad Godesberg 1965.
* [Ngo Dinh Diem war zwischen 1955 und 1963 Staatspräsident von Südvietnam.]

11. Mai
Am Theater am Turm in
Frankfurt/M. wird das
Stück *Kaspar* von Peter
Handke in einer Insze-
nierung von Claus Pey-
mann uraufgeführt.
Protagonist des Stückes
ist die Sprache.

können, deren Sozialgefüge nicht gefestigt ist und deren Regierung schwach ist, heißt das nichts anderes, als daß die USA
sich berufen fühlen, schwache Regierungen gegen ihre eigenen
Völker zu stützen, sofern diese sich aus sozialen Gründen erheben sollten.

Entsprechend erklärte dann auch Außenminister Dean Rusk
am 13. August 1965: »Der Krieg in Vietnam ist der Testfall für
eine Aggressionstechnik, die die Kommunisten in ihrem Jargon
›nationale Befreiungskriege‹ nennen. Sie verstehen hierunter
jegliche kommunistischen Bemühungen, die bei Vermeidung
eines ›großen Krieges‹ auf die gewaltsame Beseitigung nicht-
kommunistischer Regierungen abzielen. Die Führer der kommunistischen Terroristen werden daher auch in einem unabhängigen Land wie z. B. Venezuela als ›Führer des Kampfes um
die nationale Befreiung‹ bezeichnet.«[5]

Wie die Vereinigten Staaten auf derartige Versuche reagierten,
bewiesen sie nicht nur in Vietnam, sondern im April/Mai 1965
auch in der Dominikanischen Republik, wo amerikanische
Truppen eine »kommunistische Machtübernahme« durch Anhänger des ehemals von Kennedy gestützten früheren Präsidenten Juan Bosch verhinderten.

3. Spezialkrieg in Vietnam

Trotz massiver amerikanischer Hilfe war kein stabiles Südvietnam entstanden, nicht zuletzt, weil Präsident Ngo Dinh Diem
sich gegen alle Reformen sperrte. Wollten die Vereinigten Staaten Südvietnam nicht zu einem weiteren Beispiel der Emanzipation eines Landes der Dritten Welt werden lassen, waren sie
gezwungen, zunächst die Planung und später auch die Führung
des Krieges in Vietnam zu übernehmen.

1961 leiteten sie die ersten Schritte hierzu ein, als mehrere
amerikanische Missionen Südvietnam besuchten, um Lage
und Möglichkeiten zu erkunden. Frucht dieser Missionen
war der Staley-Taylor-Plan, der eine Befriedung Südvietnams
in 18 Monaten vorsah. Mit dem Programm der strategischen
Dörfer und der Verwüstung der »freien Zonen« gingen einher
die Umstellung der südvietnamesischen Armee auf Guerillaab-
wehr und der Versuch, einzelne Bergstämme zu bewaffnen, um
sie gegen die Partei einzusetzen.

Der Antiguerilla-Ausbildung der südvietnamesischen Armee
lagen die Erfahrungen der Engländer in Malaysia, Zypern und

---

5 Text in: *Warum Vietnam?*, Hrsg. USIS, Bad Godesberg 1965.

Kenia, die amerikanischen Erfahrungen auf den Philippinen und besonders Frankreichs Erfahrungen in Indochina und Algerien zugrunde. Frankreich habe in Algerien einen »brillanten und vollkommenen Erfolg« erzielt, erklärte der ehemalige Botschafter der Vereinigten Staaten in Südvietnam 1964 in Paris, und die amerikanischen Militärs in Südvietnam würden sich mehr und mehr an den französischen Methoden orientieren.[6] Durch »systematische Anwendung der Folter, des Gegenterrors, des totalitären Zwangssystems mit permanenter Kontrolle und einer regelrechten politischen Polizeiverwaltung über die Bevölkerung«[7] war es Frankreich gelungen, die algerische Befreiungsfront zu zerschlagen. (Daß die Oberhoheit Frankreichs über Algerien trotzdem durch die Verträge von Evian im Jahre 1962 beendet wurde, war nicht auf die militärische Lage, sondern auf den Druck der »Weltöffentlichkeit« und die innenpolitische Situation in Frankreich zurückzuführen.) In Vietnam scheiterten zunächst diese Methoden. Das Programm der strategischen Dörfer zerbrach am Widerstand der Bauern gegen die Vertreibung aus ihren angestammten Wohnsitzen und die Zerstörung ihrer Gewohnheiten. Der Effekt der Bombardierung von »freien Zonen« war wegen der mangelhaften militärtechnischen Möglichkeiten vorerst gering. Einzig die Bewaffnung einzelner Bergstämme schien zunächst zu gelingen. Christliche Missionare hatten durch intensive Arbeit und soziale Leistungen bei einigen Bergstämmen Erfolge erzielt. Ihre Stellung wurde durch Bombardierung von Dörfern, in denen Vietcong vermutet wurden oder die im Verdacht standen, Vietcong zu unterstützen[8], und durch »selektiven Terror« seitens der Nationalen Befreiungsfront (Ermordung einzelner Missionare)[9] geschwächt. Durch Bombardierungen war es gelungen, von den etwa 700.000 Bergbewohnern ca. 150.000 zu veranlassen, Zuflucht in den von der Regierung kontrollierten Gebieten zu suchen, aber die Bewaffnung von besonders auf ihre Loyalität geprüften Bergkriegern durch amerikanische Special Forces war nicht von Erfolg gekrönt: Im Dezember 1962 griffen von den Amerikanern ausgebildete Bergkrieger ihre amerikanischen Berater und die vietnamesische Garnison Plei Mrong an. Die Kontrolle über das Hochplateau übte weiterhin die Nationale Befreiungsfront aus.[10]
Die militärische Führung der US-Streitkräfte in Vietnam wur-

12. Mai
Die *Rolling Stones* betreten unangekündigt die Bühne im Londoner Empire Pool Club und spielen zum erstenmal öffentlich *Jumpin' Jack Flash*.

6 L. Ruehl in: *Die Welt*, 1. September 1964.
7 L. Ruehl, *Vietnam, Brandherd eines Weltkonflikts?*, Frankfurt/Berlin 1966.
8 R. Braumann in: *Rheinischer Merkur*, 13. November 1964.
9 D. Warner, Vietnam, *Krieg ohne Entscheidung*, München/Eßlingen 1963, p. 194.
10 B. Fall, (26), p. 366.

197

13. Mai
Am Tag des General-
streiks demonstrieren in
Paris fast eine Million
Arbeiter und Studenten.
Im ganzen Land kommt
es zu Solidaritätskund-
gebungen.

de den sich verändernden Bedingungen angepaßt. Nachdem die beiden ersten Kommandeure der MAAG (Military Assistance Advisory Group), General O'Daniels, und sein Nachfolger, General Williams, die südvietnamesische Armee konventionell ausgebildet hatten, damit sie in der Lage sei, einer Invasion aus Nordvietnam zu widerstehen[11], übernahm General Lionel McGarr das Kommando über die MAAG im September 1960. Die Aufgabe, die südvietnamesische Armee auf den Guerillakrieg umzustellen, konnte er freilich auch nicht lösen; aus Gesundheitsgründen wurde er im März 1962, um die Zeit also, als der Staley-Taylor-Plan anlief, abgelöst. Die MAAG wurde schon im Februar dem MACV (Military Assistance Command Vietnam) unterstellt, das Vier-Sterne-General Paul D. Harkins leitete. Das MACV übernahm im Mai auch das Kommando über die Truppen Thailands[12]; 1964 wurden ihm die Special Forces unterstellt, die bis dahin unter dem Kommando der CIA operiert hatten. Die Zahl der amerikanischen Berater wurde bis Ende 1963 auf 16.000 erhöht.[13] Ihre Funktion beschränkte sich freilich keineswegs mehr auf »Beratung«: mindestens die Luftwaffe griff direkt in den Krieg ein. Wie u. a. die letzten Briefe des amerikanischen Fliegerhauptmanns Edwin Gerald Shank aus dem Zeitraum November 1963 bis März 1964 zeigen[14], flogen amerikanische Kriegsflugzeuge laufend Einsätze, um »Vietcongdörfer« mit Napalm zu bombardieren und Bodentruppen bei ihren Operationen zu unterstützen. Allerdings wurden sie immer noch als Berater bezeichnet.
[…]

5. Theorie und Praxis der Aggression

Mit der Intensivierung des Krieges in Südvietnam stellte sich für die USA ein neues Problem. Die einzige Berechtigung für den Krieg hatten die USA für sich und für die westliche Öffentlichkeit daraus abgeleitet, daß es sich in Südvietnam keineswegs um einen Aufstand der Bevölkerung, sondern um eine Aggression Nordvietnams handle. Diese Argumentation hatte schon 1961 dazu gedient, die Ausweitung des amerikanischen Engagements in Südvietnam über die vom Genfer Abkommen

11 B. Fall, *The Two Vietnams. A Political and Military Analysis*, New York 1964, p. 325.
12 B. Fall, a. a. O., p. 330.
13 *Frankfurter Rundschau*, 30. Juli 1965.
14 Veröffentlicht in: *US News and World Report*, 4. Mai 1964.

gesetzten Grenzen hinaus zu rechtfertigen. Das US State Department hatte 1961 ein Blaubuch unter dem Titel *A Threat to the Peace: North Viet-Nam's effort to conquer South Viet-Nam* veröffentlicht, dessen Argumentation etwa folgende war: während sich die wirtschaftliche Situation Nordvietnams laufend verschlechterte, hatte Südvietnam einen großartigen wirtschaftlichen Aufschwung zu verzeichnen. Daher hatte Nordvietnam nun begonnen, durch Infiltration von Waffen und Agenten Südvietnam zu erobern. Da Südvietnam zu schwach war, einer Aggression von außen zu widerstehen, mußten die USA helfen, den kommunistischen Angriff abzuwehren.

[...]

In Südvietnam wurde währenddessen die Ausweitung des Krieges vorbereitet. Einer der fähigsten amerikanischen Generale, William Childs Westmoreland, wurde 1964 Stellvertreter General Harkins' und Mitte 1964 selbst der Oberste Kommandeur des MACV. Anfang August 1964 wurden die ersten schweren Angriffe gegen Nordvietnam vorgebracht. Die ersten waren es allerdings nicht. 1957 war in Saigon ein Komitee zur Befreiung Nordvietnams gegründet worden[15], das ab 1958 von der CIA ausgebildete Agenten nach Nordvietnam einschleuste, die dort Widerstandsbewegungen gegen die Regierung Ho Chi Minhs in Gang bringen sollten. Außerdem hatten diese Gruppen, denen auch die Amerikaner angehörten, Sabotageakte gegen nordvietnamesische Industrieanlagen durchzuführen. Sehr erfolgreich waren sie nicht. Die Bevölkerung, die, wie man angenommen hatte, die Rangers freudig willkommen heißen würde, verweigerte ihnen Lebensmittel und meldete ihr Erscheinen den Behörden Nordvietnams.[16] Hätten diese Unternehmungen zum Erfolg geführt, dann hätten die USA als Gegenstück zum freien Südvietnam auf ein Nordvietnam hinweisen können, dessen unterdrückte Bevölkerung sich gegen die Regierung erhob.

Diese Angriffe gegen den »Modellfall« Nordvietnam wurden 1964 erheblich verstärkt. Ende Juli berichteten südvietnamesische Zeitungen von erfolgreichen Sabotageunternehmen gegen militärische Einrichtungen, Brücken, Fabriken, Staudämme etc. in Nordvietnam, während die nordvietnamesische Regierung immer häufiger die Festnahme südvietnamesischer und national-chinesischer Agententruppen meldete.[17]

Am 30. Juli 1964 griffen südvietnamesische und, wie Nord-

15 J. Lacouture, in: *The New York Review*, 3. März 1966.
16 Nguyen Dinh, in: *Rheinischer Merkur*, 20. November 1964.
17 E. Kux / J. C. Kun, *Die Satelliten Pekings – Nordvietnam, Nordkorea*, Stuttgart 1964, S. 183, vgl. z. B. *Saigon Post*, 23. Juli 1964.

13. Mai
In Paris gründen Studenten der École Nationale des Beaux-Arts das *Atelier Populaire des Beaux-Arts*. Dort werden die berühmten politischen Plakate des »Pariser Mai« gedruckt.

13. Mai
In Paris beginnen die
Geheimverhandlungen
zwischen den USA und
Nordvietnam zur Been-
digung des Vietnam-
kriegs.

vietnam behauptete, amerikanische Kriegsschiffe zwei Inseln im Golf von Tonking an. Drei zum Schutze dieser Inseln abgestellte nordvietnamesische Torpedoboote trafen am 2. August auf den amerikanischen Zerstörer Maddox, wobei es zu einem Schußwechsel kam, in den auch Flugzeuge eines in der Nähe liegenden amerikanischen Flugzeugträgers eingriffen und bei dem die nordvietnamesischen Patrouillenboote beschädigt wurden, während weder die Maddox noch die Flugzeuge Beschädigung erlitten.[18] Es ist nicht ganz klar, wer das Feuer eröffnet hat. Während der amerikanische Präsident von einem »unprovozierten Angriff kommunistischer nordvietnamesischer Torpedoboote« sprach, berichteten andere Quellen, die Maddox habe einen Warnschuß vor den Bug der Patrouillenboote abgegeben und sei dann angegriffen worden.[19] Am 4. August kreuzten die Maddox und die Turner Joy wieder im Golf von Tonking, teilweise innerhalb der Zwölfmeilenzone, »um zu zeigen, daß wir die Zwölfmeilenzone nicht anerkennen«, wie Senator Fulbright am 6. August im amerikanischen Senat mitteilte.[20] »Man muß zurückkommen und sagen: ›Hier sind diesmal zwei von uns, wenn ihr's drauf ankommen lassen wollt‹«, umschrieb General Ulysses S. Grant jr. die Aufgabe der beiden Zerstörer. Ob es wirklich jemand darauf ankommen ließ, ist ebenfalls nie ganz klar geworden. Nach offiziellen amerikanischen Angaben eröffneten nordvietnamesische Patrouillenboote am Abend des 4. August auf die beiden amerikanischen Zerstörer mit Torpedos das Feuer; die Darstellung dieser Vorfälle rief jedoch beträchtliche Zweifel hervor.[21] Doch die Vereinigten Staaten holten sofort zu einem »maßvollen Gegenschlag« aus. Von der Ticonderoga, die sich vorsorglich in der Nähe befand, um etwaige Provokationen zu beantworten, starteten Flugzeuge und bombardierten Ziele in Nordvietnam, wobei fast die gesamte nordvietnamesische Kriegsmarine zerstört wurde.[22] In einem Kommentar wies Bernard Fall darauf hin, »daß keines der angegriffenen Ziele vorher als ein regelrechter Hafen oder Stützpunkt bekannt war. Hon-Gay zum Beispiel war eine der größten Übertage-Kohleförderungsanlagen Asiens, wenn nicht der Welt«.[23] Die Sowjetunion und China protestierten zwar gegen den amerikanischen Angriff auf Nordvietnam, unternahmen aber nichts.

18 Le Monde, 8. August 1964.
19 Time Magazine, 13. August 1964.
20 M. E. Gettleman, Viet Nam. History, Documents and Opinions on a Major World Crisis, New York 1966, p. 383.
21 Le Monde, a. a. O.
22 J. Lacouture, Le Vietnam entre deux Paix, Paris 1965, p. 250.
23 B. Fall, in: Washington Post, 9. August 1964.

Dieser erste Großangriff auf Nordvietnam blieb vorerst eine Einzelaktion. Er muß als Testfall verstanden werden, dessen Aufgabe es war zu erkunden, wie die Sowjetunion und die Volksrepublik China reagieren würden. Die tatsächliche Reaktion der beiden kommunistischen Großmächte deutete darauf hin, daß Vietnam jetzt ebensowenig Hilfe zu erwarten hätte wie 1946.[24]

[...]

Nach den Präsidentschaftswahlen in den USA wurde die Öffentlichkeit systematisch auf neue Angriffe gegen Nordvietnam vorbereitet. Zeitungsberichte erschienen über Forderungen amerikanischer Generale, Nordvietnam zu bombardieren. Nach einem Angriff der Nationalen Befreiungsfront auf den amerikanischen Flugplatz Bien Hoa soll der amerikanische Botschafter in Südvietnam, General Maxwell Taylor, gefordert haben, ausgewählte Ziele in Nordvietnam zu bombardieren.[25]

Mit der sich immer deutlicher abzeichnenden Ausweitung des Krieges wuchs die Opposition im Senat, besonders von den demokratischen Senatoren Richard Russel, Frank Church, Albert Gore, George McGovern und Wayne Morse. Am 30. Dezember 1964 erklärte Senator Richard Russel, es sei ein furchtbarer Fehler, daß die USA sich in Vietnam engagiert hätten. »Wir können die gegenwärtige Richtung in Saigon nicht unterstützen, solange sie nicht die Unterstützung der Bevölkerung gewinnen kann.« Senator Church wies darauf hin, daß die amerikanische Politik »uns in die gleiche verzweifelte Lage geraten läßt wie Frankreich vor 10 Jahren«, und forderte sofort Verhandlungen. Gegen eine Ausweitung des Krieges auf Nordvietnam sprach sich am 15. Januar 1965 Senator McGovern aus, da Angriffe auf Nordvietnam die Vietcong nicht ernstlich schwächen würden, »die ihre Waffen zu 80% aus erbeuteten amerikanischen Waffen bestreiten und von der sympathisierenden örtlichen Landbevölkerung Nahrung erhalten«.[26]

Die neuen Angriffe gegen Nordvietnam hatten indes schon begonnen. Im November beschuldigte die Regierung Nordvietnams die Vereinigten Staaten, amerikanische Flugzeuge hätten wiederholt nordvietnamesische Ortschaften bombardiert.[27] Am 2. Februar 1965 begannen dann die Großangriffe gegen Nordvietnam. Einheiten der Nationalen Befreiungsfront griffen den amerikanischen Flugplatz bei Pleiku an, wobei

13. Mai
Aus Solidarität mit den französischen Kommilitonen findet an der Universität in Madrid ein Teach-in statt. Bei der anschließenden Demonstration kommt es zu schweren Auseinandersetzungen mit der Polizei des Franco-Regimes, die anschließend die Universität besetzt.

---

24 Vgl. H. Isaacs, *Independence for Vietnam?*, in: Gettleman, (37), p. 53 ff.
25 *Keesing's Contemporary Archives*, 1965, p. 20759.
26 Alle Zitate: *Keesing's Contemporary Archives* 1965, p. 20759.
27 *New York Times*, 17. November 1964; *Tass*, 26. und 28. November 1964.

18 Flugzeuge und Hubschrauber zerstört oder beschädigt sowie sieben Amerikaner getötet und 109 verletzt wurden.[28] Zwölf Stunden später starteten von eigens für diesen Zweck vor der Küste Vietnams kreuzenden Flugzeugträgern 49 Kampf- und Bombenflugzeuge und belegten Dong Hoi mit Bomben und Maschinengewehrfeuer.[29] (Dong Hoi ist eine Küstenstadt ca. 80 km nördlich des 17. Breitengrades; sie ist vom Meer aus leicht zu beobachten, beherbergt einen Posten der Internationalen Kontrollkommission, und es ist daher unwahrscheinlich, daß gerade diese Stadt als Aufmarschgebiet für Infiltranten verwendet würde.) Während die Vereinigten Staaten angaben, sie hätten bei Dong Hoi Ziele bombardiert, die als Baracken und Aufmarschlager für Vietcong dienten, wurden nach Angaben Nordvietnams u. a. ein Hospital und ein Platz vor dem Gebäude der ICC bombardiert und beschossen.

Am 8. Februar wurde der Vergeltungsschlag gegen Nordvietnam von Flugzeugen der südvietnamesischen Luftwaffe unter der Leitung des Luftwaffenchefs General Nguyen Cao Ky fortgesetzt, wobei mehrere Orte bombardiert wurden.[30]

Weitere Angriffe, an denen über hundert amerikanische Flugzeuge teilnahmen, erfolgten am 11. Februar als Vergeltung für einen Angriff der Nationalen Befreiungsfront auf den amerikanischen Stützpunkt Qui Nonh[31], nachdem am 9. Februar Ziele in Laos bombardiert worden waren, die als Nachschubstellen bezeichnet wurden.[32]

[...]

6. Der totale Krieg

Inzwischen trat auch in Südvietnam der Krieg in eine neue Phase ein. Die amerikanischen Streitkräfte wurden im Verlauf des Jahres auf 180 000[33] verstärkt; hinzugezogen wurden auch Truppen Südkoreas sowie der beiden SEATO-Staaten Australien und Neuseeland. Die Kriegführung in Südvietnam richtete sich nun ganz nach der Prämisse aus, daß die von der Nationalen Befreiungsfront kontrollierten Gebiete im Augenblick sowieso nicht zurückzuerobern seien, daß man aber der Nationalen Befreiungsfront die Basis zerstören könne, indem man die Bevölkerung durch Gewalt zur Aufgabe ihrer Unterstüt-

28 *Süddeutsche Zeitung*, 8. Februar 1965.
29 *Keesing's Contemporary Archives 1965*, p. 20760.
30 *Frankfurter Rundschau*, 9. Februar 1965.
31 *Süddeutsche Zeitung*, 12. Februar 1965.
32 *Frankfurter Rundschau*, 10. Februar 1965.
33 *Süddeutsche Zeitung*, 10. Januar 1966.

zung zwingt. Es wurden in dieser neuen Phase des Krieges keine grundsätzlich neuen Methoden der Kriegführung angewendet, nur der Maßstab veränderte sich. Die »befreiten Gebiete« der Nationalen Befreiungsfront wurden zu »freien Zonen« für die amerikanischen und südvietnamesischen Streitkräfte. Bevor man ein Gebiet zur »freien Zone« erklärt, wird die Bevölkerung in diesem Gebiet ungefähr einen Monat lang gewarnt. Flugzeuge mit Lautsprechern und abgeworfene Flugblätter teilen den Bauern mit, daß sie das Gebiet zu räumen und sich an bestimmten Kontrollpunkten einzufinden hätten, wo man sich ihrer annehmen und sie in den »Dörfern des neuen Lebens« ansiedeln werde. Bei einer derartigen Aktion in der Provinz Tay Ninh nordwestlich Saigons folgten in einem Gebiet von 8000 Bauern ca. 2000 diesem Aufruf. Dann begann die amerikanische Luftwaffe ihre Großaktion.[34] Zuerst warfen zwanzig Flugzeuge Brandbomben ab, dann folgten hundert Transportflugzeuge, die das Gebiet mit Napalm belegten. Schließlich wurden einige Wochen später noch Tonnen von Bomben auf 13 qkm Wald abgeworfen, in dem Einheiten der Nationalen Befreiungsfront vermutet wurden.[35] Die meisten dieser »freien Zonen« entstanden im Hochland, wo die FNL flächenmäßig ihr größtes Territorium besitzt. Auch dort folgten nur wenige Bauern den Aufrufen[36], die übrigen blieben in ihren Dörfern, die mit Napalm und Raketen dem Erdboden gleichgemacht wurden. Ihre Felder fielen einem anderen Kriegsprogramm zum Opfer. Während es früher schon üblich war, im Dschungel angelegte Maisfelder der Partisanen kurz vor der Ernte zu zerstören[37], wurde jetzt ein Erntezerstörungsprogramm in die Wege geleitet. Das gleiche Präparat wie in der seit 1961 laufenden Dschungelentlaubung wurde nun auf Felder in den Gebieten der Nationalen Befreiungsfront gesprüht. Vom Frühjahr bis Dezember 1965 wurden 50.000-75.000 Morgen Ernte (die Angaben differieren) mit diesem »ungiftigen« Unkrautvernichtungsmittel besprüht, das bei sachgemäßer Anwendung etwa 60 bis 90% der Ernte vernichtet; das Programm soll 1966 verstärkt werden.[38] Als Gegenstück zu diesem Programm werden in Gebieten, die von der FNL nicht oder nur unvollständig kontrolliert werden, »Ernteschutzoperationen« unternommen, in deren Vollzug die Bauern unter Bewachung ihren Reis einbringen und den Überschuß an die Regierung

13. Mai
Die Chronik der Anna Magdalena Bach in der Regie von Jean-Marie Straub wird in Cannes gezeigt.

34 M. Clos, in: *Le Figaro*, 27./29. April 1965.
35 Ebd.
36 P. Hornung, in: *Bayernkurier*, 12. Juni 1965.
37 Ch. Roll, in: *Süddeutsche Zeitung*, 18. Dezember 1963.
38 Ch. Mohr, in: *New York Times*, 22. Dezember 1965.

14. Mai
Fabrikbesetzungen in
Frankreich, Mißtrauens-
antrag gegen die Regie-
rung des französischen
Ministerpräsidenten
Georges Pompidou,
Besetzung der Kunst-
hochschule und der
Nationalen Schauspiel-
schule in Paris.

verkaufen müssen. Dadurch wird verhindert, daß der Reis den Partisanen in die Hände fällt.[39]

Die Bombardierungen Nordvietnams wurden ständig verstärkt, die Definition der »strategischen Ziele« wurde erweitert. Während anfangs offiziell nur Aufmarschgebiete für Infiltranten und Transportmittel (Züge etc.) bombardiert wurden, fielen im August ein Staudamm und ein Kraftwerk den Bombardements zum Opfer.[40] Und General Maxwell erklärte zu den Bombenangriffen auf die Frage, wie er die Situation in Nordvietnam beurteilen würde, wenn er dort der militärische Führer wäre: »Von seinem Standpunkt aus sieht der nordvietnamesische Führer zuerst die Tiefe und Breite der Verpflichtung der Vereinigten Staaten – er sieht, daß wir nicht erlauben werden, daß Südvietnam durch militärische Gewalt übernommen wird. Als zweites sieht er die Auswirkung unserer Luftangriffe, die den Kreis um seine Hauptstadt Hanoi immer enger ziehen *und alles verwüsten, was er in den letzten 10 Jahren aufgebaut hat.* Als Drittes sieht er in seinem Rücken Rotchina, den gefährlichen Verbündeten und Freund, der traditionell ein Feind ist. Kurz, was er sieht, ist nicht eben günstig«[41] (Hervorhebung d. Verf.). Der Kreis um die Hauptstadt zog sich 1966 endgültig zusammen. Seit Ende Juni werden Treibstofflager und andere Anlagen in den Randgebieten Hanois und Haiphongs bombardiert[42], gleichzeitig häuften sich, hinter der Sensation der neuen Eskalation kaum beachtet, die Meldungen aus Nordvietnam, die darauf hindeuten, daß die amerikanische Militärmacht begonnen hat, das mühselig errichtete Deich- und Bewässerungssystems des Deltas des Roten Flusses zu zerstören[43], was in diesem dichtbesiedelten Gebiet zu Überschwemmungs- und Hungerkatastrophen führen muß.

Nachdem die Bombardierung der »freien Zone« in Südvietnam im Juni zum ersten Male von auf der Pazifikinsel Guam stationierten strategischen B-52-Bombern vorgenommen worden waren, deren Ladekapazität an Bomben wesentlich größer ist als die der bisher verwendeten Flugzeuge, wurde Ende August 1965 bekanntgegeben, daß von nun an die B-52-Bomber täglich Einsätze fliegen würden.[44]

Die neue Kriegsführung hatte neben der Tatsache, daß sie die befreiten Gebiete schwer traf, noch den Effekt, daß sie massenweise »Flüchtlinge vor dem kommunistischen Terror« schuf.

39 Ebd., vgl. *Die Welt*, 15. Dezember 1965.
40 *Frankfurter Rundschau*, 22. August 1965.
41 *European wireless file*, USIS Berlin, 13. August 1965.
42 *The Sunday Times*, 3. Juli 1966.
43 *Frankfurter Rundschau*, 6. und 9. Juli 1966.
44 *Frankfurter Rundschau*, 31. August 1965.

Im Juli 1965 waren etwa 400 000 Flüchtlinge in fünf Flüchtlingslagern an der Küste zusammengefaßt; es wurde geschätzt, daß weitere 500.000 im Inneren des Landes heimatlos wurden.[45] Im ganzen flohen 1965 ca. 750.000 Menschen, von denen etwa ein Drittel in gesicherten Dörfern untergebracht wurde oder zurückkehrte, während die übrigen in den Flüchtlingslagern leben.[46]

[...]

15. Mai
Besetzung des Pariser Théâtre de l'Odéon: Das Theater wird zum Diskussionszentrum der revoltierenden Studenten.

45 *European wireless file*, USIS Berlin, 14. Juli 1965.
46 R. May in: *Die Welt*, 25. März 1966. »Es handelt sich hauptsächlich um Bauern, die sich vor den Vietkong in Sicherheit bringen wollten.«

15. Mai
10.000 Arbeiter veran-
stalten in Frankfurt/M.
Warnstreiks gegen die
geplante Verabschiedung
der Notstandsgesetze.
Die Universität wird
bestreikt.

Jean-Luc Godard
Vietnam in uns

Auf der diesjährigen Mannheimer Kurzfilmwoche ist aus Gründen, die in unklarem Licht geblieben sind, einer der interessantesten Beiträge nicht gezeigt worden: *Loin de Vietnam*, den Godard, Resnais, Ivens, Klein, Lelouch und Agnès Varda zusammengestellt haben. Es ist ein filmisches Manifest gegen den Krieg in Südostasien; einmalig in der bisherigen Geschichte der Cinematografie, daß sich so viele Künstler unterschiedlichster Herkunft und verschiedenster Stile zu dieser Arbeit zusammengefunden haben. Vorerst verschlossen bleibt uns also dieser Beitrag der französischen Regisseure. Wir haben uns – weil es ein wichtiger Film ist – deshalb zu einem ungewöhnlichen Schritt entschlossen: Nachfolgend veröffentlichen wir den von Godard im Film selbst gesprochenen Text: er ist ein Dokument selbstkritischer Überlegung, und aufrichtig werden darin die politischen wie auch ästhetischen Fragen dieses singulären Unternehmens bedacht. Wir danken der Zeitschrift *Filmkritik*, deren Oktoberheft wir diese Übersetzung aus der Originaldialogliste entnommen haben. Wie die endgültige deutsche Fassung aussehen wird – sofern der Film überhaupt in nächster Zeit in unsere Kinos oder ins Fernsehen kommt –, ist ungewiß. Gerade dies war ja wohl – wie wir aus Mannheim berichteten – einer der wesentlichsten Punkte, an denen eine Aufführung während der Festspiele scheiterte.   WoS

Mit rauher Stimme las er die Anklageschrift gegen die Frau vor. Der Mann war klein, er trug eine verwaschene graue Uniform und ging vor ihr auf und ab. Kurz darauf begannen zwei »Thunderthiefs« über uns zu kreisen, man hörte sie heulen, als sie zum Tiefflug ansetzten. Und man hörte die Detonation ihrer Bomben, die sicher auf ... fielen, keine fünfhundert Meter entfernt. Und als er sich aufrichtete, hatte er ein Messer in der Hand mit einem Griff, so wie die Bauern sie zum Öffnen der Kokosnüsse benutzen. Die Jagdflieger sind mit Zwanzig-Millimeter-Bordwaffen ausgerüstet. Die können, glaube ich, sechstausend Schüsse in der Minute abgeben, das heißt, sie können eine haarsträubende Menge von Explosionen auslösen. Die Bauern standen immer noch unbeweglich da und betrachteten das Schauspiel. Eine Rakete vom Typ F 105 heulte, bestimmt nur einen Meter, über unsere Köpfe weg. Und die Bauern standen immer noch unbeweglich da und betrachteten das Schauspiel. Und das wirkte sehr seltsam.

Wenn ich ein Wochenschaukameramann wäre, ein Kameramann der ABC von New York oder San Francisco, dann hätte ich das bestimmt gefilmt. Aber ich lebe in Paris und bin nie in Vietnam gewesen. Vor anderthalb Jahren wollte ich nach Vietnam. Damals habe ich an die nordvietnamesische Vertretung hier geschrieben und um Erlaubnis gebeten, bei ihnen filmen zu dürfen. Und dann, nach sieben oder acht Monaten, habe ich erfahren, daß mein Gesuch in Hanoi abgelehnt worden sei, weil ich, ihrer Meinung nach, nehme ich an, jemand bin, dessen Grundeinstellung ... sagen wir besser, jemand mit einer etwas vagen Ideologie, der sie nicht trauten. Ja, ich finde, das ist ein hinreichender Grund, sie hatten wohl nicht unrecht.

16. Mai
Alle Fabriken des Staatsbetriebes Renault werden von Arbeitern besetzt.

Das war zu einer Zeit, als ich wegwollte, weil es in Frankreich schwierig ist, Filme zu machen. Ich sagte mir, man muß nach Kuba gehen, nach Algerien oder allenfalls nach Jugoslawien. Dann kam diese Absage aus Hanoi. Da habe ich mir gesagt: ich bin nun mal Pariser, und es gibt keinen Grund, nicht in Paris zu filmen. Damals habe ich mich entschlossen, in jedem Fall von Vietnam zu reden, schlecht und recht, aber eigentlich doch mehr recht. Als Chris Marker und Alain Renais mich aufforderten, bei ihrem Film mitzumachen, habe ich ihnen gesagt: ja, Ideen dazu gibt es genug, aber eben nur Ideen. Ich habe nicht deshalb unbedingt mitgemacht, weil Hanoi damals abgelehnt hatte. Ich glaube, das war ganz richtig; ich hätte Dinge machen können, die ihnen mehr geschadet als genutzt hätten. Nur fand ich, daß die Ideen auf falsche Weise hochherzig waren.

Es scheint mir schwierig, über Bomben zu reden, wenn sie einem nicht selbst auf den Kopf fallen. Ich hatte daran gedacht, den Körper einer nackten Frau zu nehmen, das gleichzeitig Wärmste und Lebendigste, was es gibt, und zu zeigen, zu beschreiben, einfach wie Robbe-Grillet oder besser wie Flaubert, denn Robbe-Grillet mag ich nicht besonders, was ein Schrapnell aus einem Frauenkörper machen könnte. Einfach es sagen. Aber das ergab einen Effekt, etwas ästhetisch Gesuchtes, ich schaffte es nicht, den Inhalt und die Form zusammenfallen zu lassen, beides gleichzeitig zum Ausdruck zu bringen. Deshalb war es schlecht, denn diese Idee, diese Form steckte nicht im Inhalt, sie war nicht dessen normaler Ausdruck – wie die Haut, die den Körper bedeckt und gleichzeitig ein vollständiger Teil von ihm ist wie das Herz.

Ich wollte auch von den Bäumen sprechen, die ihre Blätter verlieren, von den vergifteten Flüssen. Ich wollte alles zeigen, weil wir nun mal nicht mit der Waffe in der Hand kämpfen, im Gegenteil weit davon entfernt sind, und daß man leicht sagen kann, daß einem das Herz blutet – nur warum? Dieses Blut hat

16. Mai
Die Fabrikbesetzungen
und Studentenunruhen
verursachen eine Baisse
an der Pariser Börse.

absolut nichts zu tun mit dem Blut irgendeines Verwundeten. Ich will sagen, es war da etwas wie Scham. Es waren einfach Gedanken, deren man sich schämte, wie man sich schämt, wenn man Friedensaufrufe unterzeichnet.

Und deshalb glaube ich, war das einzige, was wir machen konnten, Kino zu machen. Ich habe Kino gemacht. Das Beste, was ich machen kann für Vietnam, ist, statt es mit meiner Hochherzigkeit zu überschütten, mich von ihm ergreifen zu lassen, mir klarzumachen, welchen Platz es in unserem täglichen Leben einnimmt, überall.

Und dann wird einem klar, daß Vietnam nicht ein Einzelfall ist, daß es das ganze Afrika noch gibt und das ganze Südamerika, daß, wenn Che Guevara sagt: »Laßt uns zwei oder drei weitere Vietnams schaffen«, man das auf sich selbst beziehen muß. Man muß in sich selbst ein Vietnam schaffen. Wenn man in Guinea ist, muß man gegen die Portugiesen sein, in Chicago für die Schwarzen, in Südamerika für ein Lateinamerika, das ein völlig kolonialisiertes Land ist, kolonialisiert zunächst von der spanischen und französischen Kultur und heute von der amerikanischen Wirtschaft. Vietnam in uns, das waren in diesem Jahr, im letzten Sommer die großen Streiks bei der Rhodiaceta in Besançon oder in Saint-Nazaire, das sind Ereignisse, die sehr viel zu tun haben mit Vietnam. Ein Arbeiter der Rhodiaceta kann aus den Kämpfen in Vietnam Lehren ziehen für seinen Kampf gegen die Gewerkschaft, er kann aus ihnen lernen, was die Prinzipien betrifft. Denn auch er kann weder leben noch schlafen, noch denken, wenn seine Arbeitsspannen zu groß sind. Lesen kann er auch nicht mehr.

Ich, als Filmmacher, der in Frankreich arbeite, bin völlig abgeschnitten von einem großen Teil der Bevölkerung, besonders von der Arbeiterklasse, und mein Kampf, der ein Kampf gegen das amerikanische Kino ist, gegen den wirtschaftlichen und ästhetischen Imperialismus des amerikanischen Kinos, das inzwischen das Kino der ganzen Welt zerrüttet hat, ich führe im Grunde einen ähnlichen Kampf. Aber wir reden nie miteinander. Das Arbeiterpublikum schaut sich meine Filme nicht an, und zwischen mir und ihm gibt es die gleiche Trennungslinie wie zwischen mir und Vietnam oder ihm und Vietnam. Wir interessieren uns füreinander durch nichts weiter als ein gewisses Gefühl von Liberalität, das aber eigentlich keiner Realität entspricht.

Vietnam heute ist ein Symbol des Widerstands – und zwar ein allgemeineres als alle anderen –, und man muß ständig von ihm reden. Es gibt einen Text von Breton, in den ersten Manifesten, der sagt: »Ich glaube an die absolute Kraft all dessen, was, spontan oder nicht, getan wird, das Einverständnis zu verweigern. Die Gründe allgemeiner Zweckmäßigkeit, aus denen die ausdauernde revolutionäre Geduld sich speist und denen ich Respekt erweise, machen mich nicht taub gegen den Schrei, den uns in jedem Augenblick das erschreckende Mißverhältnis zwischen dem Gewonnenen und dem Verpaßten, dem Zugestandenen und dem Erlittenen abnötigt.« Die beiden Ausdrükke, die in diesem Text hervorzuheben sind, sind die ausdauernde revolutionäre Geduld und der Schrei. Wir in Frankreich, die wir nicht in einer revolutionären Situation leben, wir müssen gerade besonders laut schreien. Vielleicht können die anderen weniger schreien. Régis Debray schreit nicht und auch Che Guevara nicht. Sie sind die wahren Revolutionäre. Wir, die wir es nicht sein können oder noch nicht, wir müssen eben zuhören und die Schreie weitergeben, sooft es nur geht.

17. Mai
Streik bei dem staatlichen französischen Fernsehsender ORTF aus Protest gegen die mangelnde Objektivität der Fernsehinformation.

Wim Wenders:
One Plus One

Please allow me to introduce myself,
I'm a man of wealth and taste.
I've been around for many a long, long year,
I've stolen many a man's soul and faith.
I was around when Jesus Christ had his moment
of doubt and pain;
I made damn sure that Pilate washed his hands
and sold his faith.

Pleased to meet you,
Hope you guess my name,
But what's puzzling you,
Is the nature of my game.

Godard hat Glück gehabt, daß er n i c h t den Film über Abtreibung mit den Beatles gemacht hat, wie er erst wollte. Godard hat Pech gehabt, daß er n i c h t den Film über Amerika
mit der Jimi Hendrix Experience gemacht hat, wie er hätte
wollen können.
Tatsächlich hat er einen Science-fiction-Film mit den Rolling
Stones gemacht. Er hat eine Kamera langsam durch die Olym-
pic Sound Studios, Barnes, fahren lassen, so wie Kubrick eine
Kamera durch den Weltraum hat fahren lassen. Der Kopf von
Brian Jones zieht in einer Ruhe durch das Bild, wie man sich nur
einmal etwas gesehen zu haben erinnert: das Raumschiff in
2001, das an einem Bildrand auftaucht und in der Stille einer
Galaxis über das ganze Gesichtsfeld wandert.

I stuck around St. Petersburg,
When I saw it was time for a change.
I killed the Tsar and his ministers –
Anastasia screamed in vain.
I rode a tank, held a general's rank,
When the blitzkrieg raged and the bodies stank.

Godard hat in London auch einen Film über Black Power
gemacht und diesen mit dem Film über die Rolling Stones
vermengt. Man sieht deshalb abwechselnd die Stones und Godards Zitierinszenierungen. Aber in dem Maße, in dem die
Black Power-Zitate sterben, weil sie zu bloßen Demonstrierungen werden: Demonstrierungen einer M e t h o d e, einer

von Godard mit diesem Film zu E n d e gebrachten Methode, einer t o t e n Methode, in dem Maße lassen die Stones vergessen, daß sie Zitate sein sollen und sich in einem Dokumentarfilm bewegen. Sie verwandeln eine Zitiermethode in eine Fiktion, eine zukünftige Art zu sehen. Sie tun das, indem sie auf ihre Art Musik machen und Blues spielen.

I watched with glee while your kings and queens
Fought for ten decades for the gods they made.
I shouted out, »Who killed the Kennedys?«
When after all it was you and me.
So let me introduce myself,
I am a man of wealth and taste,
And I lay traps for troubadours
Who get killed before they reach Bombay.

Sympathy for the devil ist das Stück, das die Stones in *One Plus One* spielen. Es ist das erste Stück auf der A-Seite von *Beggars Banquet*. Es erscheint in dem Film in etwa fünf verschiedenen Fassungen, nicht in der endgültigen. Godard hat den Produzenten des Films geohrfeigt, weil dieser am Schluß des Films die endgültige Fassung im Off gespielt haben wollte.
Die Stones reden nicht über das Stück. Sie brechen ab, wenn es ihnen nicht gefällt. Nur Keith Richard gibt Charlie Watts Anweisungen, wie er am Anfang mit den Tablas einsetzen soll. Charlie Watts sieht ihn dabei nicht an. Er sieht immer zur Seite, irgendwohin in die Ferne. Er sitzt in einer kleinen Zelle, durch zwei halbhohe Wände von den angrenzenden Zellen getrennt. Brian Jones und Bill Wyman sitzen in ebensolchen Zellen, nur Mick Jagger und Keith Richard nicht. Mick sitzt auf einer Art Barhocker, Keith steht oder sitzt in der Mitte von allen. Am Rand sitzt Nicky Hopkins, der Klavier spielt und viele Studiosessions der Stones mitgemacht hat. Man sieht in Godards Film das Stück *Sympathy for the devil* e n t s t e h e n.
Und weil es nicht auf Grund von Mühe oder Anstrengung entsteht, sondern auf Grund einer unglaublichen Kommunikation, eines völlig unwahrscheinlichen, mühelosen Verständnisses, weil man einer Utopie zuschauen kann, werden aus den ruhigen Kamerafahrten durchs Studio Weltraumfahrten und aus einem Dokumentarfilm ein Zukunftsfilm.

Just as every cop is a criminal,
And all the sinners, saints.
As heads is tails, just call me Lucifer
Cos, I'm in need of some restraint.

19. Mai
Ausrufung des unbefristeten Generalstreiks für ganz Frankreich, der zu fast 100 Prozent befolgt wird. Die ersten Arbeitswiederaufnahmen erfolgen erst am 31. Mai, noch am 10. Juni sind Millionen von Arbeitern im Streik. Der französische Präsident Charles de Gaulle unterbricht seinen Staatsbesuch in Rumänien, kehrt nach Paris zurück und kommentiert die Krise mit den Worten: »Réformes oui, chienlit non!« Der Ausdruck »chienlit« provoziert heftige Reaktionen: Er kann mit Maskerade übersetzt werden, hat aber seit Rabelais auch die Bedeutung von »ins Bett machen«.

19. Mai
Ein Generalstreik zur
Verhinderung der Not-
standsgesetze wird vom
Bundesvorstand des
*Deutschen Gewerk-
schaftsbundes* (DGB)
abgelehnt.

So if you meet me, have some courtesy,
Have some sympathy and some taste.
Use all your well-learned politesse,
Or I'll lay your soul to waste.

Die Konzentration, mit der Mick Jagger singt, das Mikrophon
faßt, den Mund bewegt, wird die gleiche, mit der die Kamera in
kaum noch spürbarer Zoom- und Fahrbewegung die Rolling
Stones zeigt. Ihr Sehen ist eine Sehfaszination, ihr Sehen ist so
intensiv, daß sie ins h ö r e n gerät, eine Kamera, die z u h ö -
r e n anfängt, die ganz Ohr ist, die vor lauter Faszination zu
zeigen aufhört und nur noch da ist und sich so völlig vergißt,
daß sie nur noch hören will und von den Stones abschwenkt
und in den Hinterraum des Studios schlendert, wo jemand,
durch eine Schiebewand von den Musikern getrennt, mit geschlossenen Augen den Takt mitschlägt.

Pleased to meet you,
Hope you guess my name,
But what's puzzling you,
Is the nature of my game.

»Manche Leute dringen absichtlich, manche unabsichtlich in
einen mehr oder weniger totalen inneren Raum, in eine mehr
oder weniger totale innere Zeit ein – oder werden hineinge-
worfen. Wir sind sozial darauf trainiert, die totale Versenkung
in den äußeren Raum und die äußere Zeit für normal und
gesund zu halten. Versenkung in den inneren Raum und die
innere Zeit gilt als antisozialer Rückzug, als Abweichung, als
krankhaft, per se pathologisch und gewissermaßen diskreditie-
rend. [...] Selbst mit dem nächstgelegenen Teil der unendlichen
Bereiche des inneren Raums haben wir weit weniger Kontakt
als heute mit den Bereichen des äußeren Raums. [...] Für meine
Begriffe ist es weitaus sinnvoller und außerdem dringender
erforderlich, den inneren Raum und die innere Zeit des Bewußtseins zu erforschen. Vielleicht ist das eines der wenigen
Dinge, die in unserem historischen Kontext noch Sinn haben.«
(Ronald D. Laing, *The Politics of Experience*, deutsch *Phänomenologie der Erfahrung*, edition suhrkamp 314)

Please allow me to introduce myself,
I'm a man of wealth and taste.
I've been around for many a long, long year,
I've stolen many a man's soul and faith.

I was around when Jesus Christ had his moment
of doubt and pain;
I made damn sure that Pilate washed his hands
and sold his faith.

19. Mai
Truppen der nigerianischen Zentralregierung erobern im Kampf gegen die Republik Biafra den strategisch wichtigen Ölverladehafen und einzigen Zugang zum Meer, Port Harcourt.

Die »Schizophrenie«, in die in *One Plus One* eine Kamera gerät, wird immer wieder schnell geheilt, wenn ein Schnitt kommt zu einem Zeigebild. Dann ist immer wieder alles da, wo es hingehört, und alles ist wieder selbstverständlich. Ein Mädchen schreibt einen Spruch an eine Wand oder an ein Auto, und die Kamera z e i g t das, und nichts ist mehr aufregend, und das Wort *Cinemarxisme* an der Wand gibt einem das öde Gefühl in den Augen, das man aus den Filmen kennt, die Oscars gewinnen. Und wenn Anne Wiazemski als die Stimme der liberalen Demokratie im Wald herumläuft und interviewt wird, ist in den Augen nur noch der Schmerz von widerlichen Reklamefilmen, Attikareklamefilmen. Fuck her!

I stuck around St. Petersburg,
When I saw it was time for a change.
I killed the Tsar and his ministers –
Anastasia screamed in vain.
I rode a tank, held a general's rank,
When the blitzkrieg raged and the bodies stank.

Erst am Schluß von *One Plus One*, in der letzten Szene, wird Godards Film mit den Rolling Stones eins: er läßt alle seine Zeigezwänge stehen und liegen, seine ganze Demonstrierfrustration, und Anne Wiazemski rennt am Strand entlang und wird verfolgt und wird erschossen und stirbt auf einem Filmkran, und der hebt sie zusammen mit einer schweren Blimpkamera in den Himmel, und über ihr knattern eine schwarze und eine rote Fahne im Wind im blauen Himmel, über dem Meer. E m o t i o n e n eines 39jährigen Mannes, von dem Mick Jagger sagt: »I've seen Godard since I was a Young European Boy in Paris. It's like a big thing, you know, like part of your thing.«

I watched with glee while your kings and queens
Fought for ten decades for the gods they made.
I shouted out, »Who killed the Kennedys?«
When after all it was you and me.
So let me introduce myself,
I am a man of wealth and taste,
And I lay traps for troubadours
Who get killed before they reach Bombay.

19. Mai
Die südvietnamesische
Regierung unter Nguyên
Văn Loc tritt aus Protest
gegen die Friedensver-
handlungen zwischen
Nordvietnam und den
USA zurück.

Pleased to meet you,
Hope you guess my name.
But what's puzzling you,
Is the nature of my game.

Ich habe *One Plus One* in London gesehen. Im ELECTRIC
CINEMA.

Raoul Vaneigem
Kreativität, Spontaneität und Poesie

[…]

I

In dieser zu Bruch gegangenen Welt, in der die hierarchisierte gesellschaftliche Macht im Verlauf der Geschichte der gemeinsame Nenner war, gab es nur eine tolerierte Freiheit, eine einzige: die Änderung des Zählers, die unabänderliche Wahl eines Herrn. Ein derartiger Gebrauch der Freiheit führte um so schneller zum Überdruß, als sich selbst die schlimmsten totalitären Staaten im Osten und im Westen ständig auf sie beriefen. Die heute generalisierte Weigerung, nicht mehr als einen neuen Vorgesetzten zu wählen, fällt mit einer Erneuerung der staatlichen Organisation zusammen. Alle Regierungen der vollständig oder fast vollständig industrialisierten Länder der Welt beginnen sich, ihrer jeweiligen Entwicklungsstufe angepaßt, nach einem gemeinsamen Modell zu organisieren, sie rationalisieren und automatisieren die alten Mechanismen der Unterdrückung. Darin liegt die erste Chance für die Freiheit. Die bürgerlichen Demokratien haben ihre Toleranz für die individuellen Freiheiten gezeigt, soweit sich diese gegenseitig einschränken und zerstören. Von da an gelingt es keiner auch noch so perfektionierten Regierung mehr, die »muleta« der Freiheit zu schwenken, ohne daß jeder den darin verborgenen Degen errät. Ohne daß indirekt die Freiheit zu ihrer Wurzel, der individuellen Kreativität, zurückfindet und mit aller Heftigkeit ablehnt, nur das zu sein, was erlaubt, legalisiert und tolerierbar ist, das Lächeln der Autorität.

Die zweite Chance der auf ihre schöpferische Ursprünglichkeit zurückgeführten Freiheit liegt in den Mechanismen der Macht selbst. Es ist klar ersichtlich, daß die abstrakten Systeme der Ausbeutung und Herrschaft menschliche Konstruktionen sind, die ihre Existenz und ihre Perfektionierungen aus abgeleiteter und integrierter Kreativität herleiten. Die Macht kann und will von der Kreativität nichts anderes anerkennen als die vom Spektakel integrierbaren Formen. Doch was die Leute offiziell tun, ist nichts neben dem, was sie im verborgenen tun. Man spricht anläßlich eines Kunstwerks von Kreativität. Doch was bedeutet das neben der schöpferischen Energie, die den Menschen tausendmal am Tag aufrührt, ein Gären von

20. Mai
Der sowjetische Ministerpräsident Alexej N. Kossygin besucht mit einer Militärdelegation Prag und fordert die Stationierung von Streitkräften des Warschauer Paktes in der ČSSR mit der Begründung, daß die NATO-Staaten die Westgrenze angeblich gefährden.

Bei den Filmfestspielen in Cannes besetzen französische Regisseure, Kritiker und Produzenten, unter ihnen Jean-Luc Godard, François Truffaut und Louis Malle, aus Solidarität mit den streikenden und demonstrierenden Studenten die Vorführhalle. Die Filmfestspiele enden vorzeitig ohne Preisvergabe.

unbefriedigten Wünschen, Träumereien, die sich im Wirklichen zu erkennen suchen, konfuse, aber doch leuchtend klare Empfindungen, Ideen und Gesten eines Umsturzes ohne Namen. All das ist der Anonymität und der Armseligkeit der Mittel geweiht, ist im Überleben eingefangen oder gezwungen, seinen qualitativen Reichtum aufzugeben, um sich in den Kategorien des Spektakels auszudrücken. Man denke nur an den Palast des Briefträgers Cheval, an das geniale System Fouriers, an das bildhafte Universum des Zöllners Rousseau. Jeder möge genauer noch an die unglaubliche Vielfalt seiner eigenen Träume denken, Landschaften, die nur in anderen Farben gemalt sind als die schönsten Gemälde von van Gogh. Er möge an die ideale Welt denken, die er unermüdlich vor seinem geistigen Auge aufbaut, während seine Gesten weiterhin den Weg des Banalen gehen.

Einen unantastbaren Teil Kreativität besitzt jeder und erkennt sich jeder zu, wie entfremdet er auch sein mag, eine »camera obscura«, die gegen jeden Einfall der Lüge und der Zwänge abgeschirmt ist. Von dem Tag an, wo die gesellschaftliche Organisation auch auf diesen Teil des Menschen ihre Kontrolle erstrecken würde, würde sie nur noch über Roboter oder Leichen regieren. Das ist mit der Grund dafür, daß sich das Bewußtsein der Kreativität in dem Maße erweitert, in dem die Versuche der Integrierung zunehmen, die die Konsumgesellschaft mit aller Hingabe unternimmt.

Argus ist blind gegenüber der Gefahr, der er am nächsten ist. Unter der Herrschaft des Quantitativen kennt das Qualitative keine gesetzlich anerkannte Existenzberechtigung. Gerade das schützt und erhält es. [...] Je stärker der Zwang, im Namen der Freiheit zu konsumieren, ausgeübt wird, um so mehr erzeugt das Unbehagen an diesem Widerspruch den unstillbaren Durst nach totaler Freiheit. Die in der Energieentfaltung des Arbeiters unterdrückte Kreativität kam in der Krise der Produktionsgesellschaft zum Vorschein. Marx hat ein für allemal die Entfremdung der Kreativität in der Zwangsarbeit, in der Ausbeutung des Produzenten gebrandmarkt. In dem Maße, in dem das kapitalistische System und seine (selbst antagonistischen) Abarten an der Front der Produktion den Rückzug antreten, suchen sie eine Kompensierung im Konsum. Nach ihren Richtlinien soll der Mensch, der sich von den Funktionen des Produzenten befreit, auf den Leim einer neuen Funktion gehen, der des Konsumenten. Die scheinheiligen Apostel des Humanismus, die der Kreativität, die endlich aufgrund der Arbeitszeitverkürzung möglich ist, die Öde der Freizeitbeschäftigung vorschlagen, werben in Wirklichkeit nur eine Armee an, die bereit ist, auf dem Manöverfeld der Konsumwirtschaft zu exerzieren. Welches Gefängnis wird heute, wo die Dialektik des Konsumierbaren selbst die Entfremdung des Konsumenten enthüllt, der äußerst subversiven individuellen Kreativität gebaut? Ich sagte bereits, daß die letzte Chance der Herrschenden darin lag, jeden zum *Organisator* seiner eigenen Passivität zu machen.

Dewitt Peters sagt mit rührender Arglosigkeit: »Stellte man den Leuten, die an einer solchen Sache Spaß haben, einfach Farben, Pinsel und Leinwand zur Verfügung, müßte etwas Lustiges dabei herauskommen.« Solange man diese Politik auf eine Anzahl sorgfältig abgegrenzter Bereiche, auf das Theater, die Malerei, die Musik, die Schriftstellerei und andere isolierte Sektoren anwendet, wird man mit einiger Sicherheit jedem Menschen das Bewußtsein vermitteln können, ein Künstler zu sein, das Bewußtsein von Menschen, die sich dazu bekennen, ihre Kreativität in den Museen und Vitrinen der Kultur ausgestellt zu sehen. Je populärer solch eine Kunst ist, um so mehr bedeutet das, daß die Macht gewonnen hat. Doch die Chancen, auf diese Weise die Kultur unter das Volk zu bringen, sind heute gering. Gibt es unter den Kybernetikern wirklich die Hoffnung, daß ein Mensch akzeptiert, innerhalb autoritär gezogener Grenzen frei zu experimentieren? Glaubt wirklich jemand, daß sich die Menschen, die sich endlich ihrer kreativen Kraft bewußt geworden sind, damit begnügen, das Innere ihrer Gefängniszellen zu übertünchen? Was sollte sie daran hindern, auch mit ihren Waffen, ihren Wünschen, ihren Träumen, mit den Techniken ihrer Verwirklichung zu experimentieren? Um so mehr, als sich die Agitatoren bereits mitten unter ihnen befinden. Die letzte mögliche Form der Integrierung der Kreativität – die Organisation der künstlerischen Passivität – ist aufgedeckt.

»Ich nehme«, schrieb Paul Klee, »einen entlegenen ursprünglichen Schöpfungspunkt ein, wo ich Formeln voraussetze für Mensch, Tier, Pflanze, Gestein und für die Elemente, für alle kreisenden Kräfte zugleich.« Entlegen ist dieser Punkt nur in der lügenhaften Perspektive der Macht. Tatsächlich liegt der Ursprung jeder Schöpfung in der individuellen Kreativität; von ihr ausgehend ordnen sich alle Lebewesen und Dinge in der großen poetischen Freiheit. Sie ist der Ausgangspunkt der neuen Perspektive, für die jeder mit all seinen Kräften und in jedem Augenblick seines Daseins kämpft. »Die Subjektivität ist das einzig Wahre« (Kierkegaard).

Die wahre Kreativität geht niemals in die Netze der Macht. Im Jahr 1869 in Brüssel glaubte die Polizei, sie hätte den berühmten Tresor der Internationale, der so vielen Kapitalisten Kopf-

21. Mai
Teach-in an der FU Berlin über die revolutionäre Bewegung in Frankreich. An ihm nehmen auch Herbert Marcuse und Daniel Cohn-Bendit teil.

22. Mai
Die englische Rockband
Cream erhält für ihre
zweite LP *Disraeli Gears*
ihre erste Goldene
Schallplatte.

schmerzen bereitet hatte, in ihren Besitz gebracht. Sie bemächtigte sich einer kolossalen, soliden Kiste, die an einem dunklen Ort verborgen war. Als sie geöffnet wurde, fand man sie voller Kohle. Was die Polizei nicht wußte, war, daß sich das reine Gold der Internationale in Kohle verwandelte, sobald es die Hände der Gegner berührten.

In den Laboratorien der individuellen Kreativität verwandelt eine revolutionäre Alchimie die gewöhnlichsten Metalle der Alltäglichkeit in reines Gold. Vor allem anderen geht es darum, durch eine anziehende Betätigung der Kreativität das Bewußtsein der Zwänge, das heißt das Gefühl der Ohnmacht aufzulösen; sie im Elan schöpferischer Macht, in der heiteren Bekräftigung ihrer Genialität schmelzen zu lassen. In dem Kampf, der das Ich den alliierten Kräften der Konditionierung gegenüberstellt, hat der Größenwahn, der im Bereich des Prestiges und des Spektakels steril ist, eine bedeutende Funktion. In der Nacht des heute triumphierenden Nihilismus leuchtet der schöpferische Funke, das heißt der Funke wahren Lebens um so heller. Während das Projekt einer besseren Organisation des Überlebens verkümmert, pflanzen sich die schöpferischen Funken fort, verschmelzen allmählich zu einem einzigen Licht, bergen das Versprechen einer neuen Organisation in sich, die sich diesmal auf die Harmonie des individuellen Willens gründet. Das geschichtliche Werden hat uns an einen Kreuzweg geführt, wo sich die radikale Subjektivität mit der Möglichkeit trifft, die Welt zu verwandeln. Dieser privilegierte Moment ist die Umkehrung der Perspektive.

2

Die Spontaneität. – Die Spontaneität ist die Seinsweise der individuellen Kreativität. Sie ist ihr erstes, noch vollkommen reines Hervorsprudeln; weder an der Quelle verdorben noch davon bedroht, eingefangen zu werden. Wenn die Kreativität das ist, was auf der Welt von allen am besten geteilt wird, so erscheint die Spontaneität im Gegensatz dazu als Privileg. Einzig diejenigen besitzen sie, denen ein langer Widerstand gegen die Macht das Bewußtsein ihres eigenen Wertes als Individuum verliehen hat: die meisten Menschen in revolutionären Momenten und, mehr als man glaubt, in einer Zeit, in der die Revolution jeden Tag entsteht. Überall dort, wo das Licht der Kreativität am Leben bleibt, behält die Spontaneität all ihre Chancen.

»Der neue Künstler protestiert«, schrieb Tzara im Jahr 1919,

»er malt nicht mehr, sondern handelt unmittelbar schöpferisch.«

22. Mai
Über Daniel Cohn-Bendit wird ein Einreiseverbot nach Frankreich verhängt.

Die Unmittelbarkeit ist ohne Zweifel die zusammenfassendste, aber auch radikalste Forderung, die die neuen Künstler zu definieren hat: diejenigen, die Situationen für das Leben konstruieren. Zusammenfassend, weil sich niemand von dem Wort Spontaneität täuschen lassen darf. Nur das ist spontan, was nicht aus einem verinnerlichten, bis in das Unterbewußtsein hineinreichenden Zwang entsteht und dem Einfluß der entfremdenden Abstraktion, der spektakulären Integration entgeht. Man sieht deutlich, daß die Spontaneität eher eine Eroberung als eine Gegebenheit ist. Das Individuum kann sich erst dann neu strukturieren, wenn das Unbewußte neu strukturiert ist (siehe die Konstruktion von Träumen).

Bisher hat der spontanen Kreativität das klare Bewußtsein ihrer Poesie gefehlt. Bisher hat der normale Menschenverstand stets versucht, sie als Primärzustand zu beschreiben, der nachfolgend von der Theorie zu korrigieren und auf das Abstrakte zu übertragen sei. Das bedeutet, die Spontaneität zu isolieren, aus ihr ein Ding an sich zu machen und sie infolgedessen nur in den spektakulären Kategorien verfälscht zu erkennen, im »action painting« zum Beispiel. Die spontane Kreativität trägt jedoch die Bedingungen einer ihr entsprechenden Ausdehnung in sich selbst. Sie besitzt ihre eigene Poesie.

Für mich bildet die Spontaneität eine unmittelbare Erfahrung, das Bewußtsein des Erlebten, das von allen Seiten eingekreist ist, von Verboten bedroht, aber noch nicht entfremdet, noch nicht auf das Unechte reduziert ist. Im Zentrum der erlebten Erfahrung findet sich jeder sich selbst am nächsten. In dieser privilegierten Raum-Zeit wirklich zu sein befreit mich davon – das fühle ich gut –, notwendig zu sein. Stets entfremdet das Bewußtsein der Notwendigkeit. Mir wurde beigebracht, in Abwesenheit zu mir zu kommen; das Bewußtsein eines echt erlebten Augenblicks macht alle Alibis zunichte, die Abwesenheit der Zukunft trifft sich mit der Abwesenheit der Vergangenheit im gleichen Nichts. Das Bewußtsein der Gegenwart findet seine Harmonie mit der erlebten Erfahrung wie bei einer Improvisation. Mich reizt es, diese Lust, die noch arm ist, weil isoliert, und bereits reich, weil Hinweis auf die identische Lust der anderen, mit der Freude am Jazz gleichzustellen. Die Höhepunkte im Improvisationsstil des täglichen Lebens treffen das, was Dauer über den Jazz schreibt: »Der wesentliche Unterschied zwischen unserer rhythmischen Konzeption und derjenigen der Afrikaner besteht darin, daß wir den Rhythmus vom Gehör her erfassen, sie hingegen aus der Bewegung. Wir haben

in dieser Technik der Afrikaner eine Ekstatis im wahrsten Sinne
des Wortes vor uns; denn ihr Wesen ist es, das statische Ruhen in
sich selbst, das sowohl Metrum wie Rhythmus neben ihrer
Eigenschaft als zeitliche Ablaufformen auszeichnet, durch
Überlagerung ihrer Akzente mit ekstatischen Schwerpunkten
zu beunruhigen, zwischen statischen und ekstatischen Akzen-
ten Spannung zu erzeugen.«

Der Moment schöpferischer Spontaneität ist die Gegenwart der
Umkehrung der Perspektive auf der untersten Stufe. Dieser
Moment ist einheitlich, das heißt zugleich einzig und vielfältig.
Die Explosion der erlebten Lust bewirkt, daß ich mich finde,
indem ich mich verliere; ich verwirkliche mich, indem ich
vergesse, wer ich bin. Das Bewußtsein des unmittelbaren Er-
lebnisses ist nichts anderes als dieser Jazz, dieses Balancieren,
von dem ich sprach. Im Gegensatz dazu bleibt das Denken, das
am Leben hängt, um es zu analysieren, von ihm getrennt; das ist
das Schicksal aller Studien über das Alltagsleben, das in gewissem Sinn auch die vorliegende Studie teilt – deswegen be-
mühe ich mich, ständig ihre eigene Kritik miteinzuschließen,
aus Angst, sie könnte, wie bereits so vieles vor ihr, zu leicht
integrierbar sein. Der Reisende, der mit seinen Gedanken im
voraus die gesamte Strecke abmißt, ermüdet schneller als sein
Begleiter, der seine Phantasie nach dem Belieben der Ereignisse
schweifen läßt; ebenso schränkt sorgfältiges Nachdenken über
den Weg des Erlebens ein, abstrahiert und reduziert es auf
zukünftige Erinnerungen.

Das Denken muß frei sein, wenn es wirklich im Erleben wurzeln soll. Es genügt, über das *gleiche anders* zu denken. Stell Dir,
wenn Du Dich verwirklichst, ein anderes Du vor, das Dich
eines Tages seinerseits verwirklichen wird. So sieht für mich die
Spontaneität aus. Das höchste Bewußtsein meiner selbst, untrennbar von mir und der Welt.

Dabei müssen wir die Pisten der Spontaneität wiederfinden, die
unter den industriellen Zivilisationen verwilderte. Es ist nicht
einfach, das Leben am richtigen Ende neu zu beginnen. Die
individuelle Erfahrung ist auch eine Beute des Wahns, ein
Vorwand. Es herrschen die Bedingungen, von denen Kierkegaard spricht: »Auch wenn es stimmt, daß ich einen Gürtel
trage, so sehe ich doch nicht die Stange, die mich über Wasser
hält. Es ist schrecklich, auf diese Weise Erfahrungen zu sammeln.« Ohne Zweifel gibt es die Stange, und vielleicht könnte
sich jeder an ihr festhalten, doch viele zögern so lange, daß sie
vor Angst sterben, bevor sie zugeben, daß es sie gibt. Dabei gibt
es sie. Sie ist die radikale Subjektivität: das Bewußtsein, daß alle
Menschen dem gleichen Verlangen nach echter Verwirklichung

folgen und daß ihre Subjektivität durch die bei den anderen wahrgenommene Subjektivität verstärkt wird. Diese Art, von sich selbst auszugehen und sich dann weniger den anderen zuzuwenden als dem, was man von sich bei den anderen entdeckt, gibt der schöpferischen Spontaneität eine strategische Bedeutung, die mit der eines Raketenstützpunktes vergleichbar ist. In Zukunft müssen wir die Abstraktionen, die Begriffe, die uns beherrschen, auf ihren Ursprung, auf die erlebte Erfahrung zurückführen, nicht um sie zu rechtfertigen, sondern um sie zu berichtigen, umzukehren, wieder in das Erlebte zu verwandeln, aus dem sie entstanden sind und das sie niemals hätten verlassen dürfen! Unter dieser Voraussetzung können die Menschen ohne Schwierigkeiten erkennen, daß sich ihre individuelle Kreativität nicht von der universellen Kreativität unterscheidet. Außerhalb meiner eigenen Erfahrung gibt es keine Autorität; das muß jeder allen beweisen.

3

Das Qualitative. – Ich sagte, daß die Kreativität, die bei allen Menschen in gleicher Weise vorhanden ist, nur durch außergewöhnliche Momente direkt, *spontan* zum Ausdruck kommt. Haben wir nicht allen Grund, in diesen vorrevolutionären Momenten, die eine Poesie ausstrahlen, die das Leben und die Welt verändert, ein modernes Geschenk des Himmels, das Qualitative zu sehen? So wie sich einst die göttlichen Abscheulichkeiten durch eine süßliche Spiritualität verrieten, die Bauerntölpeln und feingeistigen Naturen gleichermaßen gewährt war – Claudel, diesem Trottel, genauso wie Jean de la Croix –, so bezeugt heute eine Geste, eine Haltung, oft nur ein Wort unbestreitbar die Gegenwart der Chance, die der Poesie, das heißt der totalen Konstruktion des täglichen Lebens, der globalen Umkehrung der Perspektive, der Revolution gewährt ist. Das Qualitative ist Abkürzung, Verdichtung, unmittelbare Kommunikation des Wesentlichen.

Kagame hörte eine alte Frau aus Ruanda, die weder lesen noch schreiben konnte, sagen: »Die Weißen sind wirklich von entwaffnender Naivität! Sie haben nicht das kleinste bißchen Intelligenz!« Er widersprach ihr und sagte: »Wie können Sie nur eine derart offensichtliche Dummheit behaupten? Wären Sie zu irgendeiner ihrer großartigen Erfindungen, die unsere Vorstellungskraft übersteigt, fähig gewesen?« Mitleidig lächelnd antwortete sie: »Hör gut zu, mein Kleiner! All das haben sie gelernt, aber ihnen fehlt die Intelligenz! In Wahrheit haben

23. Mai
In Kampala, der Haupt-
stadt Ugandas, beginnen
Friedensverhandlungen
zwischen Nigeria und
Biafra.

sie nichts begriffen!« In der Tat liegt der Fluch der Zivilisation der Technik, des quantifizierten Tausches und der wissenschaftlichen Kenntnis darin, daß sie nichts hervorgebracht haben, was die spontane Kreativität *unmittelbar* befreit und stimuliert, daß sie im Gegenteil nicht einmal die Welt ohne weiteres zu begreifen gestatten. Was die alte Frau aus Ruanda – ein Wesen, das der weiße Verwalter vom Gipfel seiner belgischen Spiritualität wie ein wildes Tier betrachtet haben mußte – zum Ausdruck brachte, erschien mit Schuldgefühlen und schlechtem Gewissen belastet, mit der törichten Dummheit der Weisheit, die besagt: »Ich habe viel studiert und deshalb weiß ich, daß ich nichts weiß.« Jedes Studium gibt uns etwas, solange es in der Perspektive der Totalität bleibt. Was »nichts« genannt wurde, sind lediglich die verschiedenen Stufen des Qualitativen; das, was auf verschiedenen Ebenen auf der Linie des Qualitativen bleibt. Die Arbeiter von 1848, die das Manifest von Marx und Engels zumeist nicht verstanden, kannten in sich selbst dennoch seinen Inhalt. Deswegen und insoweit war die marxistische Theorie radikal. Die Lebensbedingungen der Arbeiter und die sich daraus ergebenden Konsequenzen, die das Manifest auf höherem Niveau theoretisch zum Ausdruck brachte, machten Marx, im gegebenen Moment, selbst den unwissendsten Proletariern *unmittelbar* verständlich. Der kultivierte Mensch, der seine Kultur wie einen Flammenwerfer benutzt, versteht sich mit dem unkultivierten Menschen dadurch, daß er gelehrt zum Ausdruck bringt, was der andere in seiner täglich erlebten Wirklichkeit spürt. Die Waffen der Kritik müssen sich mit der Kritik der Waffen vereinen.

Einzig das Qualitative ermöglicht es, mit einem Satz ein höheres Niveau zu erreichen. Das ist die Pädagogik der gefährdeten Gruppe, die Pädagogik der Barrikade. Das graduelle System der hierarchisierten Macht kennt dagegen nur die Hierarchie gradueller Kenntnisse. Auf den Treppen treffen sich die Menschen, die sich auf Art und Quantität der Stufen spezialisiert haben, ihre Wege kreuzen sich, sie prallen aufeinander, sie gehen aufeinander los. Wie wichtig ist das wirklich? Unten steht der Autodidakt, voll von gesundem Menschenverstand, oben der Intellektuelle, der Ideen sammelt: trotz unterschiedlicher Standpunkte spiegeln sie das Bild der gleichen Lächerlichkeit wider. Miguel de Unamuno und der erbärmliche Milan Astray, der Lohnempfänger des Denkens und sein Verächter, setzen sich vergeblich auseinander: außerhalb des Qualitativen bleibt die Intelligenz eine Marotte von Dummköpfen.

Die Alchimisten nennen die für den Stein des Weisen unentbehrlichen Elemente »materia prima«. Was Paracelsus über sie schreibt, trifft auch ausgezeichnet auf das Qualitative zu: »Offensichtlich besitzen die Armen mehr von ihr als die Reichen. Die Leute vergeuden zuviel von ihr und behalten lediglich den schlechten Teil zurück. Sie ist sichtbar und unsichtbar, und die Kinder spielen mit ihr auf der Straße. Nur die Unwissenden treten sie täglich mit Füßen.« Das Bewußtsein dieser qualitativen »materia prima« muß sich bei den meisten Geistern zugleich mit dem Einstürzen der Mauern des spezialisierten Denkens und der graduellen Anhäufung von Wissen unaufhörlich verfeinern. Heute treibt die Proletarisierung Künstler und Arbeiter gemeinsam in die Enge des gleichen Nihilismus: diejenigen, die sich zur Kreativität berufen fühlen, und diejenigen, die ihr Beruf daran hindert, kreativ zu sein. Diese Proletarisierung ist mit ihrer Ablehnung identisch, d. h. mit der Ablehnung integrierter Formen der Kreativität. Sie vollzieht sich mitten in einer beengenden Fülle von Kulturgütern (Schallplatten, Filme, Taschenbücher etc.), die, einmal dem Konsumierbaren entrissen, ohne weiteres die wirkliche Kreativität fördern werden. Die jungen Leute, die heute die Bücher stehlen, von denen sie eine Bestätigung ihrer Radikalität erwarten, geben ein glänzendes Beispiel für die Sabotage der Mechanismen des ökonomischen und kulturellen Konsums.

Wenn die unterschiedlichsten Kenntnisse unter dem Zeichen des Qualitativen reinvestiert werden, werden sie ein Anziehungsfeld schaffen, das selbst Traditionen mit größter Beharrungskraft aufzuheben imstande ist. Das Wissen wird von der einfachen spontanen Kreativität zur Potenz erhoben. Ein deutscher Ingenieur hat mit bescheidensten Mitteln und zu einem lächerlichen Preis einen Apparat konstruiert, der genauso arbeitet wie ein Elektronenbeschleuniger. Wenn eine so mäßig stimulierte individuelle Kreativität bereits derartige Resultate erzielt, was kann man dann alles von qualitativen Schocks erwarten, von Kettenreaktionen, in denen der Geist der Freiheit, der in den Individuen am Leben blieb, kollektiv neue Gestalt gewinnen wird, um in dem Freudenfeuer und dem Verbot aller Verbote das große gesellschaftliche Fest zu feiern?

Eine zusammenhängende revolutionäre Gruppe darf keine neue Art von Konditionierung schaffen. Sie muß im Gegenteil Schutzzonen errichten, in denen sich die Intensität der Konditionierung dem Nullpunkt nähert. Jeder Versuch, der nicht den Schock des Qualitativen anwendet, um in dem Bewußtsein des Einzelnen das Potential seiner Kreativität wachzurufen, ist zum Scheitern verurteilt. Weder von den Massenparteien noch von irgendeiner Gruppe, die sich auf die Quantität ihrer Mitglieder stützt, ist in Zukunft auch nur irgend etwas zu erwarten.

24. Mai
Seit dem 1. Januar 1961 sind in Vietnam 23.500 amerikanische Soldaten gefallen.

25. Mai
Studentenproteste in
Stockholm, Rom, Liver-
pool, der Schweiz und
in der Hauptstadt des
Senegals, Dakar.

Eine Mikro-Gesellschaft dagegen, deren Mitglieder sich auf der Basis einer radikalen Geste oder eines radikalen Gedankens erkannt haben und die ihre Schlagkraft permanent durch einen dichten theoretischen Filter sichert, ein solcher Kern würde in sich alle Chancen vereinen, daß eines Tages genügend starke Strahlungen von ihm ausgehen, um die Kreativität der ungeheuren Mehrzahl von Menschen freizusetzen. Die Verzweiflung der terroristischen Anarchisten muß in Erwartung verwandelt werden; ihre Taktik eines mittelalterlichen Kriegers muß im Sinn einer modernen Strategie korrigiert werden.

4

Die Poesie. – Was ist Poesie? Poesie ist die Organisation der schöpferischen Spontaneität. Die Ausbeutung des Qualitativen nach den ihm eigenen Gesetzen des Zusammenhangs. Das, was die Griechen »poien« nannten, das »Tun«, dem hier die Reinheit seines ersten Hervorsprudelndes, kurz gesagt die Totalität wiedergegeben wird.

Wo das Qualitative fehlt, ist keine Poesie möglich. Wo die Poesie fehlt, stellt sich ihr Gegenteil ein: die Information, das Übergangsprogramm, die Spezialisierung, die Reform, kurz: das Stückwerk in seinen verschiedenen Formen. Dennoch folgt die Poesie nicht unweigerlich dort, wo das Qualitative herrscht. Ein großer Reichtum von Zeichen und Möglichkeiten kann in der Verwirrung untergehen, kann sich in der Zusammenhanglosigkeit verlieren, kann durch Überschneidungen verkümmern. Stets überwiegt das Kriterium der Wirksamkeit. Die Poesie ist daher auch die in den Taten verarbeitete radikale Theorie; die Krönung revolutionärer Strategie und Taktik; der Höhepunkt des großen Spiels mit dem täglichen Leben.

Was ist Poesie? Im Jahr 1895 ergriff anläßlich eines ungeschickt geführten und, wie es schien, zum Scheitern verurteilten Streiks ein Mitglied der nationalen Eisenbahnergewerkschaft das Wort und wies auf ein vielseitig verwendbares Mittel hin, das wenig kostete: »Mit zwei richtig benutzten Münzen aus bestimmtem Material ist es möglich«, erklärte er, »eine Lokomotive unbrauchbar zu machen.« Die Regierungskreise und die Geschäftswelt gaben sofort nach. Hier ist die Poesie deutlich der Akt, der neue Wirklichkeiten entstehen läßt, der Akt der Umkehrung der Perspektive. Die »materia prima« ist in jedermanns Reichweite. Poet ist der, der sie zu benutzen versteht, der sie erfolgreich verwendet. Und was sind zwei Münzen angesichts der unvergleichlichen Hülle und Fülle, in der das tägliche

Dasein Energien verfügbar macht: Wille zu leben, unbändiges Verlangen, Leidenschaft zu leben und Liebe zum leidenschaftlichen Leben, Kraft aus Angst and Furcht, Schwelen des Hasses und Niederschlag der Zerstörungswut? Ist nicht das universelle Gefühl des Todes, des Alters und der Krankheit zugleich eine Plattform, auf die sich die Hoffnung auf jede mögliche poetische Umwälzung stützt? Von diesem noch marginalen Bewußtsein muß die lange Revolution des täglichen Lebens ausgehen, die einzige von allen und nicht von einem gemachte Poesie.

Was ist Poesie? fragen die Ästheten. Sie muß man auf eine Evidenz hinweisen: nur noch selten ist Poesie Dichtung. Fast alle Kunstwerke verraten die Poesie. Wie könnte es auch angesichts der Unvereinbarkeit von Poesie und Macht anders sein? Bestenfalls baut sich die Kreativität des Künstlers ein Gefängnis. Sie schließt sich ein und wartet in einem Werk, das sein letztes Wort noch nicht gesagt hat, darauf, daß ihre Stunde kommt. Das letzte Wort – das Wort, das der vollkommenen Kommunikation vorausgeht – wird das Werk jedoch trotz aller Erwartungen des Künstlers niemals sagen, bevor nicht die Revolte der Kreativität zur Verwirklichung der Kunst führt.

Das afrikanische Kunstwerk, gleich ob es sich um Dichtung, Musik, Skulptur oder Maskenkunst handelt, wird erst dann als vollendet behandelt, wenn es kreatives Verb, agierende Sprache ist, wenn es *funktioniert.* Das gilt nicht nur für die afrikanische Kunst. Keine Kunst gibt es auf der Welt, die sich nicht zu funktionieren bemüht. Jede Kunst möchte, selbst auf der Ebene ihrer späteren Integrierung, als ein einziger und stets gleicher ursprünglicher Wille funktionieren, als Wille im Überschwang des schöpferischen Moments zu leben. Wird man begreifen, warum die besten Kunstwerke kein Ende haben?

Sie fordern unablässig in allen Tönen das Recht, sich zu verwirklichen, in die Welt des Erlebens einzugehen. Der Zerfall der heutigen Kunst ist die ideal gespannte Bogensehne für solch einen Pfeil.

Nichts wird die kulturelle Vergangenheit vor dem Schicksal der vergangenen Kultur bewahren wenn nicht die Gemälde, Schriften und Bauwerke aus Musik oder Stein, die uns im Qualitativen erreichen, befreit von seiner Form, auf die heute der Verfall sämtlicher Kunstformen übergegriffen hat. Sade und Lautréamont, aber auch Villon, Lukrez, Rabelais, Pascal, Fourier, Bosch, Dante, Bach, Swift, Shakespeare, Ucello und andere treten aus ihrer kulturellen Verpackung heraus, verlassen die Museen, in denen die Geschichte sie festgesetzt hat, und füllen wie mörderische Geschosse die Waffenkammern derjenigen, die die Kunst verwirklichen. Wonach wird der Wert eines anti-

26. Mai
Laut einem Untersuchungsbericht des *Internationalen Roten Kreuzes* befinden sich in Griechenland 2.423 Menschen aus politischen Gründen in Haft.

27. Mai
Vor dem Landgericht
Alsdorf bei Aachen be-
ginnt der Contergan-
Prozeß. Das Schlafmittel
Contergan, das auch
Schwangeren verschrie-
ben wurde, hatte zu
Mißbildungen bei Neu-
geborenen geführt.

ken Kunstwerks beurteilt? Nach dem Teil radikaler Theorie, den es enthält, nach dem Kern kreativer Spontaneität, die die neuen schöpferischen Menschen für und durch eine unveröffentlichte Poesie freizusetzen beginnen.

Die radikale Theorie zeichnet sich dadurch aus, daß sie den Akt, zu dem die schöpferische Spontaneität den Anstoß gibt, hinausschiebt, ohne ihn von seinem Weg abzubringen. Ebenso geht die Kunst vor und versucht in ihren größten Momenten auf die Welt die Bewegung einer Subjektivität zu übertragen, die auf der fortwährenden Suche nach Kreation und Selbstverwirklichung alle ihre Fühler ausstreckt. Doch während die radikale Theorie der poetischen Wirklichkeit, der Wirklichkeit, die sich bildet, der Welt, die verwandelt wird, dicht auf den Fersen folgt, geht die Kunst den gleichen Weg mit viel größerer Gefahr, sich zu verlieren und unterzugehen. Allein die Kunst, die gegen sich selbst, gegen ihre größte Schwäche – gegen ihre Ästhetik – gewappnet ist, widersteht der Integrierung.

Die Konsumgesellschaft reduziert bekanntlich die Kunst auf eine bunte Vielzahl konsumierbarer Produkte. Und je weiter sich diese Reduzierung verbreitet, je mehr sich die Auflösung beschleunigt, um so größer werden die Chancen der Aufhebung. Die für den Künstler lebensnotwendige Suche nach Kommunikation wird bis in die einfachsten Beziehungen des täglichen Lebens hinein unterbrochen und unmöglich gemacht. So sehr, daß die Suche nach neuen Wegen der Kommunikation, die keineswegs Malern und Dichtern vorbehalten ist, heute zu einer kollektiven Aufgabe geworden ist. So endet die alte Spezialisierung der Kunst. Es gibt keinen Künstler mehr, wo alle Künstler sind. Das kommende Kunstwerk ist die Konstruktion eines leidenschaftlichen Lebens.

Das Kunstwerk ist weniger wichtig als sein Entwurf, als der schöpferische Akt. Die Kreativität und nicht das Museum schafft den Künstler. Leider erkennt sich der Künstler nur selten als schöpferischer Mensch. Zumeist posiert er vor einem Publikum, stellt er aus. Die kontemplative Haltung angesichts eines Kunstwerkes war der erste Stein, der auf den schöpferischen Menschen geworfen wurde. Die kontemplative Haltung hatte der Künstler anfangs provoziert, heute tötet sie ihn, seitdem sie auf ein Konsumbedürfnis reduziert wurde und so auf banalste Weise Ausdruck ökonomischer Forderungen geworden ist. Deshalb gibt es kein Kunstwerk im klassischen Sinn mehr, kann es keines mehr geben; das ist auch gut so. Die Poesie liegt anderswo, in den Taten, in dem schöpferisch entworfenen Ereignis. Die Poesie der Taten, die stets nur am Rande Anerkennung fand, macht heute das tägliche Leben wieder zum

Zentrum aller Interessen, aus dem es in Wahrheit nie ganz verschwunden war.

Die wahre Poesie spottet über die Poesie. Auf der Suche nach *dem* Buch erwacht in Mallarmé der starke Wunsch, das Gedicht abzuschaffen. Und wie kann man ein Gedicht besser abschaffen als durch seine Übertragung in die Wirklichkeit? So haben einige seiner Zeitgenossen diese neue Poesie glanzvoll verwirklicht. Als er die anarchistischen Agitatoren in seinem Werk »Hérodiade« »Engel der Reinheit« nannte, war er sich da bewußt, daß sie dem Dichter einen Schlüssel anboten, den dieser in der Festung seiner Sprache niemals benutzen konnte?

Die Poesie ist immer irgendwo. Wenn sie sich aus der Kunst zurückzieht, wird besser sichtbar, daß sie sich vor allem in den Gesten, in einem Lebensstil, in der Suche nach diesem Lebensstil findet. Diese Poesie wird überall unterdrückt, blüht überall auf. Wo sie brutal verdrängt wird, findet sie in der Gewalt neue Lebendigkeit. Sie verleiht den Aufständen Leben, vereinigt sich mit der Revolte, ist der Atem der großen Feste der Gesellschaft, bevor sie die Bürokraten unter Arrest der Kultur der Hagiographie stellen.

Im Verlauf der Geschichte hat die gelebte Poesie selbst in der teilweisen Revolte, selbst im Verbrechen – das Cœurderoy die Revolte eines Einzelnen nannte – bewiesen, daß sie im Menschen vor allen Dingen das schützt, was nicht reduzierbar ist: die schöpferische Spontaneität. Der Wille, die Einheit von Mensch und Gesellschaftlichem nicht auf der Grundlage einer Gemeinschaftsfiktion, sondern von der Plattform der Subjektivität aus herzustellen, macht aus der neuen Poesie eine Waffe, deren Handhabung jeder *selbst* erlernen muß. Von nun an geht es um die poetische Erfahrung. Die Organisation der Spontaneität wird das Werk der Spontaneität selbst sein.

(Aus dem Französischen von der Projektgruppe Gegengesellschaft)

27. Mai
Der Rektor der Frankfurter Universität schließt für eine Woche die Hochschule. Nach der Rektoratsbesetzung ziehen etwa 15.000 Demonstranten in die Innenstadt.

28. Mai
In Frankfurt/M. findet
eine vom *Aktionskomitee
Demokratie im Notstand*
organisierte Protest-
kundgebung gegen die
Notstandsgesetze statt.
Hans-Jürgen Krahl hält
seine »Römerbergrede«
gegen die Notstands-
gesetze.

Peter Handke
Publikumsbeschimpfung

Vier Sprecher

Regeln für die Schauspieler

Die Litaneien in den katholischen Kirchen anhören.

Die Anfeuerungsrufe und die Schimpfchöre auf den Fußball-
plätzen anhören.

Die Sprechchöre bei Aufläufen anhören.

Die laufenden Räder eines auf den Sattel gestellten Fahrrads bis
zum Ruhepunkt der Speichen anhören und die Speichen bis zu
ihrem Punkt der Ruhe ansehen.

Das allmähliche Lautwerden einer Betonmischmaschine nach
dem Anschalten des Motors anhören.

Das Inswortfallen bei Debatten anhören.

›Tell me‹ von den Rolling Stones anhören.

Die zugleich geschehenden Einfahrten und Ausfahrten von
Zügen anhören.

Die Hitparade von Radio Luxemburg anhören.

Die Simultansprecher bei den Vereinten Nationen anhören.

In dem Film ›Die Falle von Tula‹ den Dialog des Gangster-
bosses (Lee J. Cobb) mit der Schönen anhören, in dem die
Schöne den Gangsterboß fragt, wieviele Menschen er denn
noch umbringen lassen werde, worauf der Gangsterboß, indem
er sich zurücklehnt, fragt: Wieviele gibt's denn noch? und dabei
den Gangsterboß ansehen.

Die Beatles-Filme ansehen.

In dem ersten Beatles-Film Ringo Starrs Lächeln ansehen, in
dem Augenblick, da er, nachdem er von den andern gehänselt
worden ist, sich an das Schlagzeug setzt und zu trommeln beginnt.

In dem Film ›Der Mann aus dem Westen‹ das Gesicht Gary
Coopers ansehen.

In demselben Film das Sterben des Stummen ansehen, der mit
der Kugel im Leib die ganze öde Straße durch die verlassene
Stadt hinunterläuft und hüpfend und springend jene schrillen
Schreie ausstößt.

Die die Menschen nachäffenden Affen und die spuckenden
Lamas im Zoo ansehen.

Die Gebärden der Tagdiebe und Nichtstuer beim Gehen auf
den Straßen und beim Spiel an den Spielautomaten ansehen.

Wenn die Besucher den für sie bestimmten Raum betreten, erwartet sie die bekannte Stimmung vor dem Beginn eines Stücks. Vielleicht ist hinter dem geschlossenen Vorhang sogar das Geräusch von irgendwelchen Gegenständen zu hören, die den Besuchern das Verschieben und Zurechtrücken von Kulissen vortäuschen. Zum Beispiel wird ein Tisch quer über die Bühne gezogen oder einige Stühle werden geräuschvoll aufgestellt und wieder beiseitegetragen. Die Zuschauer in den ersten Reihen können hinter dem Vorhang auch die geflüsterten Anweisungen vorgetäuschter Bühnenmeister und die geflüsterten Verständigungen vorgetäuschter Arbeiter hören. Vielleicht ist es zweckdienlich, dafür Tonbandaufnahmen von anderen Stücken zu verwenden, bei denen vor dem Aufgehen des Vorhangs in Wirklichkeit Gegenstände bewegt werden. Diese Geräusche werden zur besseren Hörbarkeit noch verstärkt. Man typisiert und stilisiert sie, so daß eine Ordnung oder Gesetzmäßigkeit in den Geräuschen entsteht. Auch im Zuschauerraum ist für die gewohnte Theaterstimmung zu sorgen. Die Platzanweiser vervollkommnen noch ihre gewohnte Beflissenheit, bewegen sich noch formeller und zeremonieller, dämpfen ihr gewohntes Flüstern noch stilvoller. Ihr Gehaben wirkt ansteckend. Die Programme sind in vornehmer Ausstattung gehalten. Das wiederholte Klingelsignal darf nicht vergessen werden. Es folgt in immer kürzeren Abständen. Das allmähliche Verlöschen des Lichts wird nach Möglichkeit noch hinausgezögert. Vielleicht kann es stufenweise geschehen. Die Gebärden der Platzanweiser, die die Türen nun schließen, sind besonders gravitätisch und auffallend. Dennoch sind sie nichts anderes als Platzanweiser. Es soll keine Symbolik entstehen. Zu spät Kommende haben keinen Zutritt. Besucher in unangemessener Kleidung werden abgewiesen. Der Begriff der unangemessenen Kleidung ist möglichst weit auszulegen. Niemand soll durch seine Kleidung besonders aus den Zuschauern herausstechen und das Auge verletzen. Zumindest sollen die Herren dunkel gekleidet sein, Rock, weißes Hemd und eine unauffällige Krawatte tragen. Die Damen sollen grelle Farben ihrer Garderobe tunlichst vermeiden. Es gibt keine Stehplätze. Sind die Türen geschlossen und ist das Licht allmählich erloschen, so wird es auch hinter dem Vorhang allmählich still. Die Stille hinter dem Vorhang und die Stille, die im Zuschauerraum eintritt, gleichen einander. Die Zuschauer starren noch eine kleine Weile auf den sich fast unmerklich bewegenden, von einem vorgetäuschten Huschen sich vielleicht sogar buchtenden Vorhang. Dann wird der Vorhang ruhig. Es verstreicht noch eine kurze Zeit. Dann geht der Vorhang langsam auseinander und gibt den Blick frei. Wenn die

29. Mai
Der französische Staatspräsident Charles de Gaulle, der sich mit Rücktrittsgedanken trägt, fliegt mit einem Hubschrauber überraschend nach Baden-Baden und trifft dort seinen alten Freund General Jacques Massu, der ihm von einem Rücktritt abrät.

Bühne den Blicken frei ist, kommen aus dem Bühnenhintergrund die vier Sprecher nach vorn. Sie werden in ihrem Gehen durch keinen Gegenstand behindert. Die Bühne ist leer. Während sie in den Vordergrund kommen, in einem Gang, der nichts anzeigt, in einer beliebigen Kleidung, wird es wieder hell, auf der Bühne und im Zuschauerraum. Die Helligkeit hier und dort ist ungefähr gleich, von einer Stärke, die den Augen nicht weh tut. Das Licht ist das gewohnte, das einsetzt, wenn zum Beispiel die Vorstellung aus ist. Die Helligkeit bleibt auf der Bühne wie im Zuschauerraum während des ganzen Stückes unverändert. Die Sprecher schauen noch nicht ins Publikum, während sie herankommen. Sie proben noch im Gehen. Sie richten die Worte, die sie sprechen, keinesfalls an die Zuhörer. Das Publikum darf noch keinesfalls gemeint sein. Für die Sprecher ist es noch nicht vorhanden. Während sie herankommen, bewegen sie die Lippen. Allmählich werden ihre Worte verständlich und schließlich laut. Die Schimpfwörter, die sie sprechen, überschneiden sich. Die Sprecher sprechen durcheinander. Sie nehmen voneinander Wörter auf. Sie nehmen einander die Worte aus dem Mund. Sie sprechen gemeinsam. Sie sprechen alle zugleich, aber verschiedene Wörter. Sie wiederholen die Wörter. Sie sprechen lauter. Sie schreien. Sie vertauschen die geprobten Wörter untereinander. Sie proben schließlich gemeinsam ein Wort. Die Wörter, die sie zu diesem Vorspiel verwenden, sind folgende: (die Reihenfolge ist nicht zu beachten) *Ihr Fratzen, ihr Kasperl, ihr Glotzaugen, ihr Jammergestalten, ihr Ohrfeigengesichter, ihr Schießbudenfiguren, ihr Maulaffenfeilhalter.* Nach einer gewissen klanglichen Einheitlichkeit ist zu streben. Außer dem Klangbild soll sich aber kein anderes Bild ergeben. Die Beschimpfung ist an niemanden gerichtet. Aus ihrer Sprechweise soll sich keine Bedeutung ergeben. Die Sprecher sind vor dem Ende der Schimpfprobe im Vordergrund angelangt. Sie stellen sich zwanglos auf, bilden aber eine gewisse Formation. Sie sind nicht völlig starr, sondern bewegen sich nach der Bewegung, die ihnen die zu sprechenden Worte verleihen. Sie schauen nun ins Publikum, fassen aber niemand ins Auge. Sie bleiben noch ein wenig stumm. Sie sammeln sich. Dann beginnen sie zu sprechen. Die Reihenfolge des Sprechens ist beliebig. Alle Sprecher sind ungefähr gleich viel beschäftigt.

Sie sind willkommen.

Dieses Stück ist eine Vorrede.

Sie werden hier nichts hören, was Sie nicht schon gehört haben.
Sie werden hier nichts sehen, was Sie nicht schon gesehen haben.
Sie werden hier nichts von dem sehen, was Sie hier immer gesehen haben, Sie werden hier nichts von dem hören, was Sie hier immer gehört haben.

Sie werden hören, was Sie sonst gesehen haben.
Sie werden hören, was Sie hier sonst nicht gesehen haben.
Sie werden kein Schauspiel sehen.
Ihre Schaulust wird nicht befriedigt werden.
Sie werden kein Spiel sehen.
Hier wird nicht gespielt werden.
Sie werden ein Schauspiel ohne Bilder sehen.

Sie haben sich etwas erwartet.
Sie haben sich vielleicht etwas anderes erwartet.
Sie haben sich Gegenstände erwartet.
Sie haben sich keine Gegenstände erwartet.
Sie haben sich eine Atmosphäre erwartet.
Sie haben sich eine andere Welt erwartet.
Sie haben sich keine andere Welt erwartet.
Jedenfalls haben Sie sich etwas erwartet.
Allenfalls haben Sie sich das erwartet, was Sie hier hören.
Aber auch in diesem Fall haben Sie sich etwas anderes erwartet.

Sie sitzen in Reihen. Sie bilden ein Muster. Sie sitzen in einer gewissen Ordnung. Ihre Gesichter zeigen in eine gewisse Richtung. Sie sitzen im gleichen Abstand voneinander. Sie sind ein Auditorium. Sie bilden eine Einheit. Sie sind eine Zuhörerschaft, die sich im Zuschauerraum befindet. Ihre Gedanken sind frei. Sie machen sich noch Ihre eigenen Gedanken. Sie sehen uns sprechen und Sie hören uns sprechen. Ihre Atemzüge werden einander ähnlich. Ihre Atemzüge passen sich den Atemzügen an, mit denen wir sprechen. Sie atmen, wie wir sprechen. Wir und Sie bilden allmählich eine Einheit.

Sie denken nichts. Sie denken an nichts. Sie denken mit. Sie denken nicht mit. Sie sind unbefangen. Ihre Gedanken sind frei.

30. Mai
In Bonn werden die
Notstandsgesetze ver-
abschiedet. 53 Mitglieder
der SPD, 46 der FDP und
ein Mitglied der CDU
stimmen gegen das Ge-
setz. An zahlreichen
Universitäten finden
Protestveranstaltungen
statt.

Indem wir das sagen, schleichen wir uns in Ihren Gedanken. Sie haben Hintergedanken. Indem wir das sagen, schleichen wir uns in Ihre Hintergedanken. Sie denken mit. Sie hören. Sie vollziehen nach. Sie vollziehen nicht nach. Sie denken nicht. Ihre Gedanken sind nicht frei. Sie sind befangen.

Sie schauen uns an, wenn wir mit Ihnen sprechen. Sie schauen uns nicht *zu*. Sie schauen uns *an*. Sie werden angeschaut. Sie sind ungeschützt. Sie haben nicht mehr den Vorteil derer, die aus dem Dunkel ins Licht schauen. Wir haben nicht mehr den Nachteil derer, die vom Licht in das Dunkle schauen. Sie schauen nicht zu. Sie schauen an und Sie werden angeschaut. Auf diese Weise bilden wir und Sie allmählich eine Einheit. Statt Sie könnten wir unter gewissen Voraussetzungen auch wir sagen. Wir befinden uns unter einem Dach. Wir sind eine geschlossene Gesellschaft.

Sie hören uns nicht *zu*. Sie hören uns *an*. Sie sind nicht mehr die Lauscher hinter der Wand. Wir sprechen offen zu Ihnen. Unsere Gespräche gehen nicht mehr im rechten Winkel zu Ihren Blicken. Unsere Gespräche werden von Ihren Blicken nicht mehr geschnitten. Unsere Worte und Ihre Blicke bilden keinen Winkel mehr miteinander. Sie werden nicht mißachtet. Sie werden nicht als bloße Zwischenrufer behandelt. Sie brauchen sich über kein Geschehen hier aus der Perspektive von Fröschen und Vögeln ein Urteil zu bilden. Sie brauchen nicht Schiedsrichter zu spielen. Sie werden nicht mehr als eine Zuschauerschaft behandelt, an die wir uns zwischendurch wenden können. Das ist kein Spiel. Hier gibt es kein Zwischendurch. Hier gibt es kein Geschehen, das Sie ansprechen soll. Das ist kein Spiel. Wir treten aus keinem Spiel heraus, um uns an Sie zu wenden. Wir haben keine Illusionen nötig, um Sie desillusionieren zu können. Wir zeigen Ihnen nichts. Wir spielen keine Schicksale. Wir spielen keine Träume. Das ist kein Tatsachenbericht. Das ist keine Dokumentation. Das ist kein Ausschnitt der Wirklichkeit. Wir erzählen Ihnen nichts. Wir handeln nicht. Wir spielen Ihnen keine Handlung vor. Wir stellen nichts dar. Wir machen Ihnen nichts vor. Wir sprechen nur. Wir spielen, indem wir Sie ansprechen. Wenn wir wir sagen, können wir auch Sie meinen. Wir stellen nicht Ihre Situation dar. In uns können Sie nicht sich selber erkennen. Wir spielen keine Situation. Sie brauchen sich nicht betroffen zu fühlen. Sie können sich nicht betroffen fühlen. Ihnen wird kein Spiegel vorgehalten. Sie sind nicht gemeint. Sie sind angesprochen. Sie werden angesprochen. Sie werden angesprochen werden. Sie werden sich langweilen, wenn Sie nicht angesprochen sein wollen.

Sie leben nicht mit. Sie gehen nicht mit. Sie vollziehen nichts nach. Sie erleben hier keine Intrigen. Sie erleben nichts. Sie stellen sich nichts vor. Sie brauchen sich nichts vorzustellen. Sie brauchen keine Voraussetzung. Sie brauchen nicht zu wissen, daß dies hier eine Bühne ist. Sie brauchen keine Erwartung. Sie brauchen sich nicht erwartungsvoll zurückzulehnen. Sie brauchen nicht zu wissen, daß hier nur gespielt wird. Wir machen keine Geschichten. Sie verfolgen kein Geschehen. Sie spielen nicht mit. Hier wird Ihnen mitgespielt. Das ist ein Wortspiel.

Hier wird nicht dem Theater gegeben, was des Theaters ist. Hier kommen Sie nicht auf Ihre Rechnung. Ihre Schaulust bleibt ungestillt. Es wird kein Funken von uns zu Ihnen überspringen. Es wird nicht knistern vor Spannung. Diese Bretter bedeuten keine Welt. Sie gehören zur Welt. Diese Bretter dienen dazu, daß wir darauf stehen. Die ist keine andre Welt als die Ihre. Sie sind keine Zaungäste mehr. Sie sind das Thema. Sie sind im Blickpunkt. Sie sind im Brennpunkt unserer Worte.

Ihnen wird nichts vorgespiegelt. Sie sehen keine Wände, die wackeln. Sie hören nicht das falsche Geräusch einer ins Schloß fallenden Tür. Sie hören kein Sofa knarren. Sie sehen keine Erscheinungen. Sie haben keine Geschichte. Sie sehen kein Bild von etwas. Sie sehen auch nicht die Andeutung eines Bildes. Sie sehen keine Bilderrätsel. Sie sehen auch kein leeres Bild. Die Leere dieser Bühne ist kein Bild von einer anderen Leere. Die Leere dieser Bühne bedeutet nichts. Diese Bühne ist leer, weil Gegenstände uns im Weg wären. Sie ist leer, weil wir keine Gegenstände brauchen. Diese Bühne stellt nichts dar. Sie stellt keine andere Leere dar. Die Bühne i s t leer. Sie sehen keine Gegenstände, die andere Gegenstände vortäuschen. Sie sehen keine Dunkelheit, die eine andere Dunkelheit vortäuscht. Sie sehen keine Helligkeit, die eine andere Helligkeit vortäuscht. Sie sehen kein Licht, das ein anderes Licht vortäuscht. Sie hören keine Geräusche, die andere Geräusche vortäuschen. Sie sehen keinen Raum, der einen anderen Raum vortäuscht. Sie erleben hier keine Zeit, die eine andere Zeit bedeutet. Hier auf der Bühne ist die Zeit keine andre als die bei Ihnen. Wir haben die gleiche Ortszeit. Wir befinden uns an den gleichen Orten. Wir atmen die gleiche Luft. Wir sind im gleichen Raum. Hier ist keine andere Welt als bei Ihnen. Die Rampe ist keine Grenze. Sie ist nicht nur manchmal keine Grenze. Sie ist keine Grenze die ganze Zeit, während wir zu Ihnen sprechen. Hier ist kein unsichtbarer Kreis. Hier ist kein Zauberkreis. Hier ist kein Spielraum. Wir spielen nicht. Wir sind alle im selben Raum.

30. Mai
Charles de Gaulle löst die französische Nationalversammlung auf und kündigt Neuwahlen an. Nach seiner vierminütigen Radioansprache demonstrieren über 400.000 Bürger für de Gaulle, an der Spitze des Zuges geht André Malraux.

30. Mai
Im Senegal wird der
Ausnahmezustand er-
klärt. Eine Studentenre-
volte greift immer mehr
um sich. Die Gewerk-
schaften rufen zum Streik
auf.

Die Grenze ist nicht durchbrochen, sie ist nicht durchlässig, sie ist gar nicht vorhanden. Zwischen Ihnen und uns ist kein Strahlungsgürtel. Wir sind keine selbstbeweglichen Requisiten. Wir sind nicht die Bilder von etwas. Wir sind keine Darsteller. Wir stellen nichts dar. Wir stellen nichts vor. Wir tragen keine Decknamen. Unser Herzschlag bedeutet keinen anderen Herzschlag. Unsere markerschütternden Schreie bedeuten keine anderen markerschütternden Schreie. Wir treten nicht aus den Rollen heraus. Wir haben keine Rollen. Wir sind wir. Wir sind das Sprachrohr des Autors. Sie können sich kein Bild von uns machen. Sie brauchen sich kein Bild von uns zu machen. Wir sind wir. Unsere Meinung braucht sich mit der des Autors nicht zu decken.

Das Licht, das uns beleuchtet, hat nichts zu bedeuten. Auch die Kleidung, die wir tragen, hat nichts zu bedeuten. Sie zeigt nichts, sie sticht nicht ab, sie bedeutet nichts. Sie will Ihnen keine andere Zeit bedeuten, kein anderes Klima, keine andere Jahreszeit, keinen anderen Breitengrad, keinen anderen Anlaß, sie zu tragen. Sie hat keine Funktion. Auch unsere Gesten haben keine Funktion, die Ihnen etwas bedeuten soll. Das ist kein Welttheater.

Wir sind keine Spaßmacher. Es gibt keine Gegenstände hier, über die wir stolpern könnten. Die Tücke des Objekts ist nicht eingeplant. Die tückischen Gegenstände spielen nicht mit, weil nicht mit Ihnen gespielt wird. Die Gegenstände dienen nicht dazu, tückisch zu s p i e l e n , sie s i n d tückisch. Wenn wir hier stolpern, stolpern wir absichtslos. Absichtslos ist auch ein Fehler an unserer Kleidung, absichtslos sind unsere vielleicht lächerlichen Gesichter. Auch Versprecher, die Sie erheitern, sind unbeabsichtigt. Wenn wir stottern, stottern wir ohne unsere Absicht. Das Herunterfallen eines Taschentuchs können wir nicht in das Spiel einbeziehen. Wir spielen nicht. Wir können die Tücke der Objekte nicht in ein Spiel einbeziehen. Wir können die Tücke der Objekte nicht retouchieren. Wir können nicht zweideutig sein. Wir können nicht vieldeutig sein. Wir sind keine Clowns. Wir sind in keiner Arena. Sie genießen nicht das Machtgefühl der Umzingler. Sie genießen nicht die Komik der Hinteransicht. Sie genießen nicht die Komik der tückischen Objekte. Sie genießen die Komik der Worte.

Hier werden die Möglichkeiten des Theaters nicht genutzt. Der Bereich der Möglichkeiten wird nicht ausgemessen. Das Theater wird nicht entfesselt. Das Theater wird gefesselt. Das

Schicksal ist hier ironisch gemeint. Wir sind nicht theatralisch. Unsere Komik ist nicht umwerfend. Ihr Lachen kann nicht befreiend sein. Wir sind nicht spielfreudig. Wir spielen Ihnen keine Welt vor. Das ist nicht die Hälfte einer Welt. Wir bilden nicht zwei Welten.

30. Mai
Studentenaufstände in Brüssel, Mailand und Buenos Aires.

Sie sind das Thema. Sie stehen im Mittelpunkt des Interesses. Hier wird nicht gehandelt, hier werden Sie behandelt. Das ist kein Wortspiel. Hier werden Sie nicht als Einzelmenschen behandelt. Sie sind hier nicht einzeln. Sie haben hier keine besonderen Kennzeichen. Sie haben keine besonderen Physiognomien. Sie sind hier kein Individuum. Sie haben keine Charakteristiken. Sie haben kein Schicksal. Sie haben keine Geschichte. Sie haben keine Vergangenheit. Sie sind kein Steckbrief. Sie haben keine Lebenserfahrung. Sie haben hier Theatererfahrung. Sie haben das gewisse Etwas. Sie sind Theaterbesucher. Sie interessieren nicht wegen Ihrer Eigenschaften. Sie interessieren in Ihrer Eigenschaft als Theaterbesucher. Sie bilden hier als Theaterbesucher ein Muster. Sie sind keine Persönlichkeiten. Sie sind keine Einzahl. Sie sind eine Mehrzahl von Personen. Ihre Gesichter zeigen in eine Richtung. Sie sind ausgerichtet. Ihre Ohren hören dasselbe. Sie sind ein Ereignis. Sie sind das Ereignis.

[...]

30. Mai
Antonin Novotny wird
mit einer Zweidrittel-
mehrheit aus der Kom-
munistischen Partei aus-
geschlossen. Sowjetische
Truppen überschreiten
die Grenze und beginnen
mit Manövern in der
ČSSR.

Flugblatt der Frankfurter Provos

A = alle   1, 2, ... vorsprecher, sänger   ch = chor

a. Umzug durch die mensen mit publikumsbeschimpfung, dabei flugblatt-
   wurf

   A im Rhythmus:

   I   II
   ihr hammelherde   platz zum essen
                                             rhythm.
   ihr schafsherde   platz zum studieren
   ihr mäulchenhalter   rhythm
   ihr nyltesthelden
   ihr göttlichen   III
                               schneller-weniger-schlechter essen
                                  CH?A: schneller, schneller ....
                               schneller-weniger-schlechter studieren
                                  CH: schneller, schneller ....

   Beim zug durch die mensa: aufnahme von essgeschirr(ablage)

b. SIT IN auf der treppe
                    spe sprechchöre

c. HAPPENING mensavorraum.

1. (steht auf,legt das geschirr auf einen platz ,ruft gestikulie-
   rend,rhythm.
        MENSAPLÄTZE SIND ZU TEUER wirft sich auf den boden
   CH: yeah,yeah, yeah,yeah, yeah, yeah
   "
2. (wie 1.)
        ESST AUF DEM BODEN IHR UNGEHEUER
   CH: yeah ....

3. (legt sich auf d nach d. ausruf über 1u.2 auf den Boden)
        IHR BAUT DIE BOMBE MIT EIRER STEUER
   CH: yeah ....

        in diesem sinne weiter

4, AUF DEM BODEN FRISST DAS SCHWEIN

6. NICHT ALLEIN

6.AUCH STUDENTEN ESSEN SO FEIN

7. DA-EIN PLATZ WIRD FREI

8&CH: WO?

9.ACH? BESETZT? SCHON VORBEI   ete.

10.PLATZ ZUM STUDIEREN

11.PLATZ ZUM ESSEN
                            etc.

SCHLUß

 alle sammeln sich/zum das auf dem boden liegende essgeschirr,
deuten darauf lachen, stieben auseinander.

Kollegen von der Polizei!

30. Mai
In der *Pravda* erscheint unter dem Titel *Der Pseudoprophet Marcuse und seine lärmenden Schüler* eine Kritik am »Pariser Mai«.

Ihr seid in den letzten Tagen und auch heute wieder in eine schwierige Situation gekommen. Wir, eine Gruppe von Gewerkschaftern, appellieren an Euch: solidarisiert Euch mit den jungen Arbeitern, Studenten und Schülern, die hier vor Euch stehen. Sie haben sich versammelt, um gegen das Meinungsmonopol und die Mordhetze der Springer-Presse zu protestieren. Sie nehmen dabei das im Art. 8 des GG verankerte Recht der Versammlungsfreiheit wahr.

Kollegen von der Polizei! Ihr nennt Euch selbst Ordnungshüter. Welche Ordnung sollt Ihr hüten? Steht Ihr hier für die Ordnung des Volkes, das die Steuern aufbringt, mit denen man die Polizei bezahlt – schlecht bezahlt, oder sollt Ihr hier die »Ordnung« und die »Rechte« der kleinen radikalen Minderheit hüten, denen das Geschäft der Volksverdummung und Volksverhetzung täglich mehr Profit einträgt, als eine Hunderschaft der hessischen Polizei zusammen im Monat verdient?

Wessen Freund und Helfer seid Ihr? Helft Ihr dem Volk, das arbeitet und Steuern zahlt? Oder helft Ihr den Bonner Politikern, die monatlich Hunderte von Millionen (als Zahlungsbilanzausgleich getarnt) an die Regierung der USA verschieben und so deren Völkermord in Vietnam mitfinanzieren?

Polizisten, Kollegen der ÖTV, Kollegen der Polizeigewerkschaft! Was Ihr tut, ist Euer Dienst. Ihr habt für Eure Frauen und Kinder zu sorgen. Viele Demonstranten sind in derselben Lage. Sie demonstrieren auch für Eure Freiheit und Eure Grundrechte. Verlangt von Euren Vorgesetzten einen Dienst, der Euch nicht in Gegensatz zu Recht und Freiheit bringt. Verweigert die Ausführung von unrechten Befehlen der Osterurlauber Brundert, Littmann & Co. Prügelt nicht auf Mädchen, Schüler und Studenten. Schlagstöcke eignen sich besser zum Teppichklopfen und Wasserkanonen zur Straßenreinigung. Ihr hättet auch lieber Feierabend.

Vor kurzem, am 2. Dezember 1967, erklärte Ministerpräsident Georg August Zinn: »Wir haben alle davon auszugehen, daß die Verfassung das Recht auf Demonstration nicht ausschließt, ganz gleich, ob Studenten oder Arbeiter dieses Recht in Anspruch nehmen.« Hier stehen Studenten und Arbeiter. Mit ihrem Protest gegen den Kapitalisten Springer und seine politischen Geschäftsfreunde haben sich Professoren aus fast allen Universitäten, wie Adorno und Eugen Kogon, solidarisiert. Auch sie fordern: Enteignet Springer.

Kollegen, laßt Euch nicht für die schmutzigen Interessen des

31. Mai
In Louisville, Kentucky,
kommt es zu Rassen-
unruhen: zwei Tote,
40 Verletzte und 300 Ver-
haftete.

Großkapitals mißbrauchen. Unterstützt unseren Kampf gegen das Meinungsmonopol der Revolverpresse.

Schützt unser Land vor Springer!

Verantwortlich: Ernst Theodor Mohl, Frankfurt/Main, Senckenberganlage 26

Peter Handke
Für *das* Straßentheater
gegen *die* Straßentheater

31. Mai
Nach schweren Unruhen
wird in Panama der Op-
positionskandidat Dr.
Arnulfo Arias zum Prä-
sidenten gewählt. Die
Politik bestimmt aller-
dings der Chef der Na-
tionalgarde, Omar Torri-
jos Herrera.

Das Straßentheater ist daran, ein Freilufttheater zu werden; das
Straßentheater ist daran, ein Freilufttheater zu sein.
Daß das Regendach von Bad Hersfeld fehlt, tut nichts zur
Sache: die Mystik der STRASSE ist ein metaphorisches Regendach. Es zeigt sich zwar, daß die Straße theaterfähig ist, aber es
zeigt sich auch, daß das Theater noch nicht straßenfähig geworden ist: die Methoden des Straßentheaters sind zu Bastard-
methoden des »anderen« Theaters herabgekommen.
Es sind wahrhaftig Straßentheater gegründet worden, mit einem Ensemble und den bekannten Zielsetzungen, während
doch die List eines Theaters, das in der Öffentlichkeit agiert,
sich darin zeigt, daß es sich nicht als Theater deklariert oder gar
gründet. Vorweg einen Vorgang auf der Straße als Theater zu
bezeichnen, muß jeden unbefangenen Teilnehmer oder Zuschauer befangen machen: diese Bezeichnung allein schon erzeugt die Aura des Rituellen: schon das Heben von Armen
etwa, die ein Plakat oder ein Spruchband mit ernstgemeinten
Parolen zeigen, erstarrt zu einer Zeremonie, zu einer Feier-
lichkeit, zu einer Feier: das Heben der Arme feiert das Heben
der Arme, und was auf dem Spruchband steht, ist keine Parole
auf einem Spruchband, sondern eine Parole auf einem Requisit,
ja, die Parole selber, ob auf das Spruchband geschrieben oder in
Sprechchören verlautbart, ist zu einem Requisit geworden; jede
mögliche Agitation vergegenständlicht sich dadurch, daß sie
sich als Darbietung kenntlich macht, zu einem theaterähnli-
chen, das heißt, nicht so gemeinten – nicht so, sondern anders
gemeinten –, nicht wirklich gemeinten Requisit.
Das alte Theater feiert auf der Straße, im Aufstand eben gegen
das alte Theater, seine Auferstehung. Statt lebendige Bilder, die
die mechanisch gewohnten Bilder der Leute vom Funktionieren des Laufs der Dinge erschrecken, zu produzieren und damit
auch zu provozieren, bietet das Straßentheater, wie es sich seit
kurzem richtig gebildet hat, dadurch, daß es sich deklariert und
die alte Theaterdramaturgie blindlings verwendet (nur eben im
Freien), nichts anderes als die alten lebenden Bilder vom Lauf
der Dinge (daß auch Transparente und Sätze, die ihrem Sinn
nach gegen den Lauf der Dinge sind, gerade zum Funktionieren
dieses Laufs der Dinge »immanent« notwendig sind, das ist ja
ein Leitbild dieser Demokratie) – dieses Straßentheater, das sich
als Institut begreift, als Einrichtung, als Status, als Teil der

31. Mai
Das Anfang des Monats
erschienene Buch *Rebel-
lion der Studenten oder
Die neue Opposition* mit
Beiträgen von Uwe
Bergmann, Rudi
Dutschke, Wolfgang
Lefèvre und Bernd
Rabehl erreicht eine
Auflagenhöhe von
130.000 Exemplaren.

Bewegung, aber nicht als Bewegung selber und nicht selber als Bewegung, das sich in alten theatralischen Floskeln spreizt, geziert und wichtigtuerisch, mag es auch auf alten Lastwagen umherfahren und sich so ein bißchen bewegen, dieses Straßentheater bietet lebende Bilder, die tot sind. Es scheint eher aus einer kleinlichen Unzufriedenheit nur mit den bequemlichen Sitzen in den Theaterräumen entstanden zu sein als aus methodischem Nachdenken über neue Methoden, oder aus kabarettistischen Spötteleien über die Krawatten, die man sich fürs Theater umbinden muß (weil man wohl anders nicht kann und schief angeschaut wird). Diese gegründeten Straßentheater sind, zumindest in diesem Staat, rechte reaktionäre Krawattentheater.

Wie lächerlich ist es etwa, anzusehen und vor allem anzuhören, wie der Reihe nach Leute vor ein Mikrofon treten, von denen dann jeder ein Brechtaperçu (ja, man kann wahrhaftig dieses Wort verwenden) in einem möglichst gepflegten Ton nicht nur wie, sondern auch als Bibelzitat von sich gibt, und wie deprimierend ist es, Kabarettisten zuzuhören, die die Witznotwendigkeiten ihrer Darbietungen, nur weil sie diese in der frischen Luft darbieten, zu Straßentheater erklären. Die Methoden etwa, mit denen hier und dort die Republikanischen Klubs ihre Straßenensembles führen, sind, kurz gesagt, infantil; sie zeigen die Beschränktheit vieler Revolutionäre, die, gerade weil sie ästhetische Fragen für belanglos halten, in nichts als ästhetische Fallen gehen. So ist es nicht verwunderlich, aber trotzdem ärgerlich, daß die Internationale oder die Revolutionslieder, wahrscheinlich gesungen von Ernst Busch, nichts als retrospektive Schnulzen geworden sind. Das Elend dieses Straßentheaters ist es, daß es kurzentschlossen, kurzgeschlossen, einfach das Material des alten Agitprop übernommen hat. Was aber ist aus diesem Material geworden? Es hat sich formalisiert zu einem Stil, ist in den Aktionen der meisten Straßentheaterensembles zu einem elend selbstgefälligen Jugendstil geworden. Was für eine Wollust ist es doch, Revolutionär zu sein! hörte ich jemanden sagen. Ja, warum nicht? Warum sollte es nicht Wollust machen, Revolution zu machen? Aber wenn daraus nicht Wollust an der *Wollust*, an der Lust, etwas *anderes*, eine andere Gesellschaft zu wollen, sondern nur dieses Vor-sich-hin-Lüsteln der Straßentheaterensembles an alten Wollustreizen vergangener Revolutionsformen wird, dann sollte man diese Ensembles ganz schnell auflösen; denn: sie agieren metaphorisch und auch wirklich in der Provinz und sind (es ist schön, so ein Wort einmal zu gebrauchen) konterrevolutionär. Es scheint, die Straßentheaterensembles haben sich weniger aus Wollust an einer anderen Gesellschaftsordnung gebildet als aus der selbstgenügsamen Wollust anderer (Lenins, Trotzkis, Maos, Brechts), zitierend zu Wort zu kommen. Daran wäre freilich nichts Arges, würde nicht dadurch an die Stelle revolutionären Tuns revolutionäres Getue als Ersatzhandlung treten.

Revolutionäres Getue? Ich meine damit folgendes: die gegründeten Straßentheater verlassen sich in ihren Methoden auf Vertrautes, auf die *Bedeutungen* dieser Methoden. Bedeutungen? Ich meine damit folgendes: sie verlassen sich auf Bedeutungen, die durch Spiele vorher, in einer zwar ähnlichen gesellschaftlichen Lage, aber eben vorher, im Publikum geschaffen worden sind. Das Agitprop damals hat nicht alte Bedeutungen benutzt, es hat Bedeutungen erzeugt: das heißt: das Wesen ihrer Methode war die Überraschung, die Überrumpelung; erst nachdem das Spiel, in der Wiederholung, die Öffentlichkeit gewonnen hatte, stellte diese Öffentlichkeit Bedeutungsbezüge auf: aber da war die Öffentlichkeit eben schon gewonnen: und mit ihr das Spiel! Nicht nur seiner Botschaft nach war das Agitprop Utopie, sondern, was das wichtige an ihm ist, in seinen Methoden: es benutzte nicht alte Spielformen, die das Publikum sofort zu alten, harmlosen *Bedeutungen* ablenken muß, sondern es zeigte spielend neue Spielmöglichkeiten für das Publikum, und nicht etwa (und darauf kommt es an) nur für die *Vorspielenden*. Und dieser Möglichkeitssinn vor allem ist es, der den Straßentheaterensembles abgeht: sie spielen nach, statt vor, und äffen nach, statt den Leuten etwas vorzuäffen. Ihr Sinn ist rührend, ohne jemanden zu rühren, auf Vergangenes gerichtet: dieses Vertrauen in Bedeutungen beim Publikum, möchte ich sagen, ist ein schlimmer Vergangenheitssinn: Bedeutungen revozieren Vertrautes, utopische Methoden aber würden Unvertrautes, das aber plötzlich möglich wäre, provozieren. Indem die Straßentheaterensembles nur in alten Bedeutungen spielen, weil ja wohl die Wiederholung von einstigen Errungenschaften das bequemste ist, und indem sie in der Folge das Publikum nur mit Vergangenem und also nicht *mehr* Möglichem vergleichen lassen, bringen sie sich selber sowohl um den Sinn als auch um die Sinnfälligkeit ihrer Darbietungen. Man kann sagen: je *sinnfälliger* eine Methode ist, desto weniger braucht sie auf das Vergangene, auf *Bedeutungen* auszuweichen: je sinnfälliger das Spiel, desto bedeutungsloser wird es, zum Glück, sein: ein sinnfälliges Spiel zeigt die Utopie und kriegt dadurch seinen Sinn. Ein Spiel ohne Sinnfälligkeit muß sich zu Bedeutungen entleeren, das Publikum muß sich auf die Bedeutungen zurückziehen, das Spiel wird sinnlos und ist sinnlos: die Straßentheater, wie sie jetzt agieren, agieren sinnlos.

1. Juni
Eröffnung des *Schüler- und Studentenkongresses* in Frankfurt/M.: Jürgen Habermas kritisiert den SDS. Seine Rede wird unter dem Titel *Die Scheinrevolution und ihre Kinder* zuerst in der *Frankfurter Rundschau* veröffentlicht.

Und man kann sagen: weil die Bedeutung einer Institution ihr bisheriger, geschichtlicher Gebrauch in der Gesellschaft ist, so ist auch ein Straßentheater, das sich gegründet hat und sich auch als Theater bezeichnet, mag es sich auch als dynamisches Mittel der Revolution ansehen, gerade dadurch, daß es sich gründet und als Theater bezeichnet, der Bedeutung in der Gesellschaft nach nichts anderes als das, als was eben diese Gesellschaft bis jetzt immer das Theater gebraucht hat: als Institution, als etwas durchaus Statisches, als statisches Objekt, nicht als Subjekt eben dieser Gesellschaft. Es muß vor allem einmal gefragt werden, nicht nur, ob danach geforscht werden muß, neue Methoden zu finden für ein Theater, das die bestehende Ordnung ersetzt, sondern: ob denn nicht das Theater selber eine *Methode* sei, und dann: ob das Theater eine geeignete Methode sei, diese Ordnung zu ersetzen. Sicher ist es nett, wenn etwa in Hamburg Straßentheater dergestalt vor sich geht, daß, am Tage nach einer Schlägerei mit der Polizei, ein regelrechtes Ensemble an die Tatorte zieht und dort diese Schlägereien nachahmt und mit Kreide gar die liegenden Geschlagenen auf das Pflaster zeichnet – aber: hat, trotz allen Vorteils noch etwa gegen das nur Sprüche sprechende Straßentheater, diese Vorgangsweise nicht etwas geradezu unanständig Künstlerisches, aufdringlich Subtiles an sich? Ist es nicht so, daß dieses Nach-Machen ein ähnlich peinlicher Realismus ist wie etwa ein Sterben auf der Bühne? Warum muß sich eine Empörung sofort in ein selbstgefälliges künstlerisches Anliegen verwandeln?

Es wird, zur Rettung des Straßentheaters (nicht: *der* Straßentheater, die ich für rettungslos halte) um folgendes gehen:

Zuerst in der Negation:

1. Es sollten sich keine Straßentheaterensembles *gründen*.

2. Es sollte sich keine Gruppe als Straßentheater *bezeichnen*.

3. Es sollte keine Gruppe als *Theater* dem Publikum *erkennbar* sein: denn schon dadurch stellen sich Bedeutungen und damit Verharmlosungen ein.

Positiv ist zu sagen:

1. Am Straßentheater (nicht: an *den* Straßentheatern) sollte jede Person der Bewegung mitarbeiten.

2. Das Straßentheater sollte Bewegung sein, nicht Institution.

3. Das Straßentheater sollte als Bewegung auch eine der Methoden der Bewegung sein.

4. Das Straßentheater sollte für die Phantasie der Bewegung, für Bewegung der Phantasie, und für Phantasie *für* die Bewegung sorgen. (Sartre in seinem Gespräch mit Cohn-Bendit.)

5. Das Straßentheater sollte seine Phantasie äußern in etwa folgenden Formen (die Aufzählung ist ganz unvollständig):

a) in Wandzeitungen,

b) in vorher erarbeiteten Zwischenrufen auf mechanische, automatisierte Sprechstrukturen öffentl. Personen,

c) im Text und auch in der Art der Entfaltung von Spruchbändern bei exakt vorhersehbaren und vorherhörbaren öffentlichen Ereignissen,

d) in der Produktion von Sprechchören (hier gibt es schon beachtliche Ergebnisse, über die sich Majakowski sicher gefreut hätte),

e) in der listigen Sentimentalisierung der revolutionären Vorgänge nach Art etwa der Regenbogenpresse (das erwähnte Mitnehmen der Kinder zum Rednerpult, das Marschieren von möglichst schönen, recht unschuldigen Frauen in den ersten Reihen, das Vortäuschen von Verwundungen und Vergewaltigungen – einige, nicht zu viele, sollten auf Krücken gehen, dazu Rollstühle usw.), die das Mitgefühl, nicht das Mitleid der Öffentlichkeit bewirkt,

f) vor allem in der Vereinfachung der Sprechweisen, der Diskussionssprache, im Aufbrechen der Redeautomatismen der Revolutionäre, damit fürs erste wenigstens eine Verständigung mit der Öffentlichkeit – und damit eine Veröffentlichung der Ansichten – erreicht wird: Sätze erzeugen so theatralisch, daß sie über*redend* wirken, ohne gleich über*zeugen* zu müssen: das ist wohl die wichtigste Methode des Straßentheaters,

g) usw.

Auf diese Weise kann das Straßentheater sich eine Öffentlichkeit schaffen. Straßentheater als Institution, nominiert, in der Mehrzahl, als eine Zahl von Ensembles, ist unsinnig, es sei denn, das gesamte Ensemble der Revolution arbeite auch mit den Methoden des Straßentheaters. So aber, wie die Straßentheater sich jetzt geben, scheint es, als würden ihre Mitglieder später, wenn sie in ordentlichen Behausungen künstlerisch tätig sein werden, sich an ihre Straßentheaterzeit gerade so erinnern, wie sich interviewte Schauspieler in der Regel an ihre Anfänge erinnern, als sie, etwa nach dem Krieg, noch bei Kerzenlicht in Gasthöfen auf Bohlen spielen mußten, die man auf Weinfässer gelegt hatte: mit Wehmut. »Trotz allem, es war eine schöne Zeit.«

2. Juni
Demonstrationen in Berlin, Frankfurt/M. und München erinnern an Benno Ohnesorg. Der 26jährige Student, Pazifist und aktives Mitglied der *Evangelischen Studentengemeinschaft*, war am 2. Juni 1967 am Rande einer Demonstration gegen den Besuch von Schah Reza Pahlewi in Berlin von dem Kriminalobermeister Karl-Heinz Kurras durch Kopfschuß von hinten getötet worden. Benno Ohnesorg war der erste Tote der Studentenbewegung in Deutschland. Sein Tod löste große Bestürzung und bundesweite Solidarisierung mit der Studentenbewegung aus. Der Oberbürgermeister von Berlin, Heinrich Albertz, war durch die Umstände des Todes so erschüttert, daß er später von seinem Amt zurücktrat.

Parallelen

Geburtsschein:
Brutstätten des Todes/Sterilisierung des Lustprinzips – Initiation ins asoziale Verhalten/ Permanenz der Dynamik

Der Geburtsschein ist der politisch-soziale Ritus, der den Untergang des einzelnen in der organisierten Gesellschaft aktenkundig macht. Geburt offenbart sich im Faschismus als Mysterium des Todes: Gezeugtes ersehnt die Order des Todes. Die hochindustrialisierte Konsumgesellschaft als perfekt verinnerlicht-faschistische Ordnung versteht Geburt als Beginn des hypnoidalen Trancezustands der Konditionierung. Auf der Welt kann sich erst wissen, wer durch asoziales Verhalten aktiven Widerstand bekundet. In der Kohortengesellschaft ist das Nichtgeborene die einzige Opposition zur Sicherung der Dynamik: Geburt garantiert die Konsistenz permanent-dialektischer Überhöhung.

II

Gebührenpflichtige Verwarnung:
Selbstliquidierung/Psychisches Harakiri – Tor zur permanenten Untergrabung/Schaffung von Lustobstakeln

Das aus den artifiziell-konstruierten Konflikt-Situationen aufgescheuchte Individuum verstrickt sich durch Bildung eines Schuldgefühls um so fester in die bestehende Ordnung. Zweifel am Sinn des faschistischen Opfers kulminiert in der hypostasierten Selbstbestrafungstendenz, durch die jeder vom Glauben Abgekommene sein eigener Henker wird. Derselbe Prozeß findet in der industriellen Gesellschaft in subtil-verinnerlichter Form statt: jede gelungene geistige Lobotomie bereitet Wonnegefühl. Im Gegensatz zur gegängelt-pubertären Opposition, die aus der Retrospektive belächelt wird, ist in der Bekämpfung des bestehenden Zustands jeder Verweis ein Anreiz zu noch größerer Subversivität. Die Transponierung bewußter Fehlgriffe in eine spielerische Konfliktstruktur kennzeichnet den Zustand selbstreflektierenden Lustprinzips.

III

GRUNDGESETZ:
RECHT AUF VERHEIZUNG/GLADIATOREN DER
AUTOISOLATION – SUBVERSIVE ATTACKEN/ORGIASTIK
DES AUSTAUSCHS

3. Juni
Andy Warhol wird bei
einem Attentat durch
Valerie Solanas, der Ver-
fasserin des Manifestes
*Für eine Gesellschaft zur
Vernichtung der Männer*,
durch mehrere Kugeln
schwer verletzt.

Die von der Gesellschaft arrangierte totale Verstümmelung des
Menschen wird durch die laute Verkündigung der Phrase vom
Grundgesetz verschleiert. Den Faschismus kennzeichnet der
Instinkt, sich als architektonisches Element in die geplante
Ordnung der Vernichtung einreihen zu dürfen; Opfer wird
Reklame: Morgen so gut wie gestern und heute. Das Äquiva-
lent zum Tod auf dem Schlachtfeld ist in der herrschenden
Ordnung die produzierte Autoisolation. Anheimelnd wirkt
das Gefühl, Heros der psychischen Vergewaltigung zu sein.
Diesem Prozeß widersetzt sich der Partisan für die Kohorte.
Als Deserteur der Gesellschaft organisiert er in notwendiger
Konsequenz die zersetzende Aktivität der Basen. Der totale
Zusammenbruch eingleisiger Scheinkommunikation ist der
Beginn des Zustands ekstatischer Offenheit.

IV

BEFÖRDERUNG:
AUFGEILEN AM KADAVER/FASZINATION GEISTIGER
SELBSTENTMANNUNG – BLAMAGE ALS ANSPORN/
PERSIFLAGE DER OLIGARCHIEN

Bevor ein Schimmer von Unbehagen sich meldet, erlischt er
durch gegängeltes Aufsteigen in der Sozialhierarchie. In der
gleichgeschalteten Welt des Faschismus manifestiert sich dieser
Mechanismus im Aphrodisiakon hingemordeten Lebens. Nar-
zißmus wird gesellschaftliche Kategorie durch die verhärtete
Zufriedenheit über gelungene geistige Selbstliquidierung. In
den Augen der bestehenden Ordnung ist der Verzicht auf
Selbstentmannung feiges Versagen: Im Übergangsstadium verkehrt sich Blamage in kritische Aktivität. Parodie auf die Hierarchien ist die Antwort der Kohorte auf jede erzwungene
Verstrickung: jedem wird die Krone gereicht.

3. Juni
Das von Studenten be-
setzte Universitätsviertel
in Rom wird von der
Polizei geräumt, 50 Stu-
denten werden verhaftet.

V.

STANDESAMT:
ZUCHT-HAUS PRÄFORMIERTEN LEBENS/AUSSTOSS
VON ROBOTERN – ENTBINDUNG VON BAZILLEN/
VAGANTEN DER DYNAMIK

Das Standesamt ist das konzessionierte Sexualmonopol verbunden mit der Errichtung des Genitalprimats, um durch
Nachwuchs der erstarrten Gesellschaft jugendliche Frische
vorzugaukeln. Im Faschismus fällt der Schleier total: Aufzucht
findet nur in dem zur Welt erweiterten Zuchthaus statt unter
dem Herrschaftszwang der allgemeinen Ideologie. Die Transponierung dieses Prozesses in das Subjekt, das als introvertierte
Maschine das Licht der Welt erblickt, macht jede Gleichschaltung in der industriell-faschistischen Gesellschaft überflüssig.
Jede Aktion muß durch ihre beispielhafte Aufdeckung von
Repression begeistern; die dadurch aufgestachelt Labilen infizieren einschläferndes Sosein. In der Kohorte wird der Entdek-
ker neuen Terrains zum spielerischen Schöpfer und Zerstörer
konstruierter Situationen: als Vagant der Dynamik verführt der
Verführte den Verführer.

VI.

STAATSBEAMTER:
EINSATZ LATENTER SONDERKOMMANDOS/CHAMPION
DER SELBSTENTHIRNUNG – TERRORISTEN ALS VERFÜH-
RER/INITIATOR VON EXPEDITIONEN INS UNGEAHNTE

Die Gesellschaft erkauft sich eine Bastion im Beamtentum,
indem sie ihre Lakaien mit schmeichelnd-vorgetäuschter Sicherheit in den Bann schlägt. Ein Heer von potentiellen Kreuz-
zugsrittern kennzeichnet faschistischen Glauben: zum Altar
der Selbstzerstörung kriechen sie aufrechten Ganges. An der
genormten Leistung würgenden Konsums mißt sich der industrielle Held der sakrosankten Autostrangulation. Negation
der Negation vollzieht sich im Stadium der Revolte. Als Geber
von Impulsen widerlegt der Terrorist den Mythos von der
ewigen Wiederkehr. In der Kohorte bereitet der stetig-spiele-
rische Einsatz neuer Eschatologien das Feld für das Ausschwei-
fen in die Regionen nie konzipierter Freiheiten.

VII.

3. Juni
Der Vietnamkrieg dauert
nun sechs Jahre, sechs
Monate und zwei Tage.

TOTENSCHEIN:
EXPANSION DER TOTENBURGEN/BEREITWILLIGER
AUSTAUSCH DES BIOLOGISCHEN DURCH DIE MASCHINE –
ERWÜNSCHTES VERFÜGEN DES TOTEN, SEINEN TOD
GEGEN DIE GESELLSCHAFT AUSZUSPIELEN/
DIE NEGATION DER ANGST NEGIERT DEN TOD

Aspekte und Konklusionen

Trau-Schau-Kunst

Was sich heute als avantgardistische Bewegung auf dem Markt
feilhält oder sich dem Markt entzieht durch die Spekulation, als
Kulturgutretter, verkanntes Genie oder intellektualistischer
Nörgler vom Scheinwerferlicht der Öffentlichkeit entdeckt
zu werden, muß demaskiert werden als eine noch festere Verstrickung in die bestehende Ordnung, weil ihre Opposition
sich innerhalb der legalen Zone einer wohldosierten Narren-
freiheit vollzieht. Die Fragwürdigkeit künstlerischer Avantgarde ist offensichtlich: ihre Produkte verfallen in der industrialisierten Gesellschaft zwangsläufig dem Warencharakter,
und eine Welt, deren Misere in sozio-ökonomischen Bedingungen gründet, kann nicht durch ästhetische Produktion
überwunden werden. Der Parnaß der Künste ist das Schau-
fenster der Kaufhäuser, und der Künstler sonnt sich im Dunkeln seiner Integration.

Mein K(r)ampf

Die SUBVERSIVE AKTION, bestehend aus Rädelsführern des
organisierten Ungehorsams, als erster Schritt zur Verwirklichung der emanzipierten Gesellschaft der Kohorte, definiert
sich als eine direkt auf Aktion ausgerichtete Pariaelite. Kriterium selbst infinitesimaler Aktion ist das Maß an Entblößung
gesellschaftlicher Repression. Zur subversiven Linken darf sich
nur zählen, wer an einer neuen Tradition der Revolte aktiv sich
beteiligt. Theorie und Methode der totalen Umwälzung resul-
tieren aus der Koordination der gesammelten Erfahrungen von
unzählig erlebten Mikrorebellionen. Die Wahl einer bestimmten Handlung läßt Mögliches ahnen, und das in der sterilisier-

4. Juni
Die Techniker der staat-
lichen französischen
Rundfunk- und Fern-
sehgesellschaft ORTF
legen die Arbeit nieder.
Die Sendeanstalten wer-
den von Soldaten besetzt.

ten Gesellschaft durch Aktion Nacktgewordene verführt zur Vision einer faszinierenden Welt. Das geschaffene Feld nicht-okkupierten Raumes ist eine Herausforderung an die erstmals konkret sichtbar gewordene Freiheit: abgerungener Hoff-nungsschimmer wird der Hebel, ewig Versagtem zum Durch-bruch zu verhelfen.

kANALYSation

In einer Zeit, in der dürftige Kritik jedem Ästhetizisten die Pforte zum Paradies der Schöngeister öffnet, muß der Standort gesellschaftskritischer Opposition neu gesetzt werden; in sich verharrende Kritik verfällt läppisch-spektakulärer Zurschau-stellung.

KRITIK MUSS IN AKTION UMSCHLAGEN.
AKTION ENTLARVT DIE HERRSCHAFT
DER UNTERDRÜCKUNG.

Diese Form der Aktion spricht schon als neue Existenzform für sich selbst, die Intention der Handelnden ist das Versprechen einer zukünftigen Welt. Die Schwierigkeit, in der hochindus-trialisierten Gesellschaft Aktion zu realisieren, entbindet die meisten davon, sie zu suchen. Das Bewußtsein der Austausch-barkeit jedes einzelnen wird durch die Suggerierung der Wich-tigkeit seiner sozialen Rolle ausradiert. Der verinnerlichte Zwang, total ausgelastet zu sein, liquidiert die objektive Not-wendigkeit einer Veränderung. Das Äquivalent zur Narren-freiheit – die Handlungen der Avantgarde dienen nur zur Be-lustigung einer durch Versagung konsumgierigen Gesellschaft – ist der Mythos der perfekt durchrationalisierten Welt: Ratio-nalisierung ist Vernunft im Dienste der Unvernunft. Wir wen-den uns gegen diesen von der herrschenden Ideologie prokla-mierten Mythos, denn dessen nicht geringste Funktion besteht darin, selbst Aktion, die mit dem letzten Mut der Verzweiflung entsteht, im Keime zu ersticken.[1]
Der Beweis für die allgegenwärtige Realpräsenz dieses kitten-den Pessimismus ist der völlige Mangel an Ideen, wie diese Welt zu verändern ist. Abgesehen davon, daß die festgefahrene Welt eine Herausforderung an die Imaginationskraft bedeutet, ent-

---

1 Die Frage erhebt sich, ob die Frankfurter Schule durch die ständige Proklamierung der Ausweglosigkeit der bestehenden Situation die Dialektik dieser Einsicht durch-schaut hat und ob sie sich nicht durch die Manie der perfekten Analyse, durch die selbst die bedeutendsten Leute von der Gesellschaft aufs Eis gelegt werden, von der Importanz einer Aktion freispricht.

zünden sich Projekte des Umsturzes an den objektiven Fakten kritischer Situationen. In den von der Gesellschaft besetzten Feldern leitet Analyse den Beginn einer kritischen Situation ein.

Wechselgeld

Organisation bedeutet für die gesellschaftliche Ideologie, durch hierarchisch genormte Rollenverteilung rationell den Fortschritt der Menschheit zu garantieren; dem scheint Individualismus entgegenzustehen. Wirklich definieren sich Organisation und ihr Gegenpol als die Verschrottung des Menschen durch das Abdrosseln des schlechthin anderen. Organisation ist Apoplexie, ihre Scheinkonflikte, die das Ausgehöhlte verbergen, bieten Ansatzpunkte zur Infiltration.

Die Möglichkeit zur Aktion variiert zwischen der Forcierung der Erstarrung und dem Einschmuggeln revolutionärer Ideen. Der Anspruch, avancierte Bewegung zu sein, kann sich nur durch neue Methoden des Kampfes rechtfertigen: anstelle des Streiks als Kampfmittel der Gewerkschaften im bürgerlichen Zeitalter tritt der organisierte Konsumboykott in der hochindustrialisierten Epoche. Konsumboykott deckt den Konsumzwang auf, der die Perpetuierung der Arbeit ist; der Zweck des Streiks kann nur noch die Abschaffung der Arbeit sein. – Es gilt, Tarnorganisationen zu schaffen, die noch stärker in das Horn reaktionärer Organisationen blasen, deren gesteuerte Inkonsequenz dadurch ad absurdum geführt wird; gesellschaftliche Ideologie prostituiert sich in ihrer ganzen Nacktheit durch das konsequent-provokative Zumauern der taktisch tolerierten Kanäle, die noch eine Illusion der Freiheit aufrechterhalten sollen. Die Absperrung der Ventile ballt Aufgestautes: die Detonation sprengt das Hinhalten der Urerwartung.

Reklama(k)tionen

Reklame verspricht den Himmel auf Erden: moderne Menschen, modernes Leben; der Duft der großen weiten Welt; Sonnenschein fürs ganze Leben; Genuß im Stil der neuen Zeit; Freude, Freunde, frohe Stunden: Realiter suggeriert Reklame Bedürfnisse, um wahre Wünsche nicht hochkommen zu lassen; in der verwalteten Welt tritt anstelle von Kommunikation Konditionierung durch Reklame. Da sie Zurschaustellung gesellschaftlicher Macht ist und schon die Methode der Gegenaufklärung – »blauer Dunst ... das ist alles, was wir zu ver-

5. Juni
Robert F. Kennedy wird bei einem Attentat in Los Angeles durch mehrere Schüsse schwer verletzt. Der aussichtsreiche Kandidat der Demokraten für das Präsidentenamt der USA erliegt am 6. Juni seinen schweren Verletzungen. Auch Tom Hayden, ein Führer des amerikanischen SDS, hält Totenwache. Bob Kennedy war ein Gegner des Vietnamkrieges und der Rassendiskriminierung.

5. Juni
Hafenarbeiter in aller
Welt protestieren gegen
die Unterdrückung freier
Gewerkschaften in Grie-
chenland und boykottie-
ren griechische Schiffe.

kaufen haben« – praktiziert, wird eine neue Welle der Sättigung über die bereits gesättigte Welt hinwegrollen. Durch die ständig neuen Variationsformen des Immergleichen versuchen die Ideologen der Konditionierung das Eingeständnis ihrer Unfähigkeit zu kompensieren, noch nicht alles zugedeckt zu haben: »Doppelt genäht hält besser« soll die Angst über die Existenz des noch nicht Geglätteten überspielen. – Die Omnipräsenz der Reklame muß durch die provokative Improvisation der technicoloresken Plakate anstelle der sakralen Requisiten in allen Kirchen demonstriert werden. Die Reklame, das Manifest der Gesellschaft, wird entlarvt durch anprangerndes Überkleben des in vulgärem Stil formulierten unterschwellig Angesprochenen. Proportionierte Produkte verfallen automatisch dem Konsumboykott: Reklame macht Reklame für ihren Untergang.

Ziersträucher

Im Leben seinen Mann zu stehen und die Tradition des Kulturerbes zu sichern wird gemeinhin als Bildung definiert. In Wahrheit muß Bildung demaskiert werden als totale Verbildung, Integration in den Vergesellschaftungs- und Wirtschaftsprozeß, perfekte Spezialisation. Die einzigen Ecken, an denen das manipulierte Individuum im Verdummungsprozeß sich noch stoßen könnte, werden abgeschliffen durch Totschweigen oder Katalogisieren. Die Reformsucht seitens der Drahtzieher der Verbildung ist dem Wahn verfallen, durch Flickwerk Entscheidendes verändern zu können. Gemeinsame Funktion von Humanismus und positivistisch-naturwissenschaftlicher Ideologie ist Integration in die jeweilige Gesellschaftsordnung: im 19. Jahrhundert durch Unterwerfung unter abstrakte Werte, in der hochindustrialisierten Konsumgesellschaft durch Beugen unter verhärtete Fakten. Gängige Bildung zu reformieren heißt daher, Ideologie der herrschenden Ordnung mit ewigen Werten verschönern zu wollen: sich als frei deklarierende Bildung entblödet sich als Verdoppelung der Initiation in die Autoritätsstruktur. Organisierte Bildung zerstört den Aufbau erträumter Welt. Vorschläge nichtaufoktroyierter Bildung dienen der Reaktion, wenn sie organisierter Bildung nicht total den Boden unter den Füßen entziehen: Gesellschaft stürzt sich auf Impulse, um ihre Festen auszufugen. – Jede Gelegenheit, nicht in den Bildungsapparat eingeschleust zu werden, muß ausgenützt werden. Die Lehrmaschinen, deren Aufgabe es ist, die Grundelemente des Lehrstoffs zu vermitteln, zerstören die Projektion des Vaterersatzes und damit die Autoritätsstruktur.

Durch die Nichtexistenz eines Einspruchs von oben fällt auch die Sortierung des Materials nach repressiven Gesichtspunkten weg. Die weitere Entscheidung ist nicht mehr eine von der Gesellschaft diktierte: die Substanz der potentiell-spielerischen Freiheit entscheidet sich für die verschwiegenen Sternstunden der Menschheit, die im Zeichen der Empörung oder des radikal anderen Zustands standen.

Diese wahllos herausgegriffenen Ansatzpunkte zur Aktion müssen ständig überprüft und weiterentwickelt werden. Eine Tradition der Rebellion erfordert permanente Ideenproduktion über Aktionen im Jetzt.

5. Juni
Der Sammelband *Antworten auf Herbert Marcuse* wird von Jürgen Habermas eingeleitet und herausgegeben. Er enthält Beiträge von Alfred Schmidt, Wolfgang Fritz Haug, Claus Offe, Joachim Bergmann, Heide Berndt, Reimut Reiche und Paul Breines.

Rudi Dutschke
Die geschichtlichen Bedingungen für den internationalen Emanzipationskampf

Jede radikale Opposition gegen das bestehende System, das uns mit allen Mitteln daran hindern will, Verhältnisse einzuführen, unter denen die Menschen ein schöpferisches Leben ohne Krieg, Hunger und repressive Arbeit führen können, muß heute notwendigerweise global sein. Die Globalisierung der revolutionären Kräfte ist die wichtigste Aufgabe der ganzen historischen Periode, in der wir heute leben und an der menschlichen Emanzipation arbeiten.

Die Unterprivilegierten in der ganzen Welt stellen die real-geschichtliche Massenbasis der Befreiungsbewegungen dar, darin allein liegt der subversiv-sprengende Charakter der internationalen Revolution.

Die Dritte Welt als die Gesamtheit der unter dem Terrorismus des von den *»giant-corporations«* bestimmten Weltmarktmechanismus leidenden Völker, deren Entwicklung vom Imperialismus verhindert wurde, hat in den vierziger Jahren mit diesem Kampf begonnen, schon ganz unter dem Eindruck und der Erfahrung der ersten »verratenen« (Trotzki) »proletarischen Revolution« in der Sowjetunion. Entscheidender Unterschied: die Massenhaftigkeit und die Dauer des revolutionären Prozesses, der auch in der Theorie schon als ein permanenter begriffen wurde.

Eine neue Etappe begann in den sechziger Jahren mit den revolutionären Umwälzungen in Algerien, Kuba und dem ununterbrochenen Kampf der südvietnamesischen Befreiungsfront gegen die Diem-Diktatur.

Erst der letztere erhielt weltgeschichtliche Bedeutung für die Oppositionsbewegung in der ganzen Welt. Die Aggression der Vereinigten Staaten von Nordamerika war unübersehbar. Sie geschah zu einem Zeitpunkt in brutal-offener Form, als die vielfältigsten Mechanismen der »Einflußnahme« nicht mehr ausreichten, um den Sieg der revolutionären Befreiungskräfte in Südvietnam zu verhindern. Das historische Pech der amerikanischen Machtelite, genauer des US-Imperialismus, bestand nun gerade darin, daß er seine einzige »Legitimationsbasis«, die antikommunistische Ideologie, abbauen mußte, um die Niederschlagung der sozial-revolutionären Befreiungsbewegungen überhaupt noch unter antikommunistischer Fahne zu ermöglichen. Dieser scheinbare Widerspruch löst sich auf, wenn wir begreifen, daß die Anerkennung der Koexistenz-

Ideologie der Sowjetunion durch den Imperialismus geschah, um wenigstens in Mittel- und Westeuropa eine »ruhige Zone« des Systems zu stabilisieren, um einen »freien Rücken« für die kurzfristige und effektive Zerschlagung der revolutionären Bewegungen der Dritten Welt zu erhalten. Die historische »Schuld« der Sowjetunion besteht in dem völligen Versagen, diese Strategie des Imperialismus tief zu begreifen und subversiv-revolutionär zu beantworten.

Die sich von Monat zu Monat, von Jahr zu Jahr steigernde Aggression des US-Imperialismus in Vietnam materialisierte sich in den hochentwickelten kapitalistischen Ländern als »abstrakte Gegenwart der Dritten Welt in den Metropolen« (O. Negt), als geistige Produktivkraft im Bewußtwerdungsprozeß über die Antinomien der heutigen Welt.

Als Vietnam für uns Mitte der sechziger Jahre in Referaten, Diskussionen, Filmen und Demonstrationen lebendig wurde, konnten wir revolutionären Sozialisten unsere Schuldgefühle über die Existenz der Mauer und des Stalinismus in der DDR gewissermaßen historisch sublimieren, indem wir die spezifische Differenz zwischen der Machtergreifung mit Gewalt, aber ohne Revolutionierung der Massen, und der Vermassung der Idee der sozialen Befreiung im Prozeß der Revolution in Vietnam zum Beispiel ausbreiteten. Nun stellte aber Vietnam *a priori* mehr als ein Kompensationsmittel oder einen »Aufhänger« für die Aktivitäten der linken Studentenschaft dar. Die weltgeschichtliche Bedeutung des Kampfes des vietnamesischen Volkes, die exemplarische Bedeutung dieser Auseinandersetzung für die folgenden Kämpfe gegen den Imperialismus standen schon sehr früh im Mittelpunkt der Vietnam-Diskussionen. Daß aber dieser entscheidende Aspekt ins studentische Bewußtsein so schnell eindringen konnte, scheint uns seine materialistische Begründung in dem spezifischen Produktionsverhältnis der studentischen Produzenten zu haben. Wir haben als Studenten – wenn auch von Fakultät zu Fakultät verschieden – innerhalb der gesamtgesellschaftlichen Reproduktion soziologisch eine Zwischenlage. Auf der einen Seite sind wir eine geistig und ausbildungsmäßig privilegierte Fraktion des Volkes, aktuell bedeutet dieses Privileg im Grunde aber nur Frustration. Frustration darum, weil der sich ausbildende Student, besonders der politisch engagierte, tagtäglich den Idiotismus der Politikaster-Cliquen der irrationalen Autoritäten kritisch und manchmal auch sinnlich miterlebt. Hinzu kommt, daß diese antiautoritären Studenten noch keine materiell gesicherten Positionen in der Gesellschaft übernommen haben, sie von Machtinteresse und Machtpositionen noch relativ weit

7. Juni
Teach-in zum Thema
Kunst und Revolution
in Wien, an dem die Aktionskünstler Otto Mühl, Oswald Wiener, Günter Brus und Peter Weibel teilnehmen.

entfernt sind. Diese temporäre Subversiv-Stellung der Studenten bringt eine dialektische Identität der unmittelbaren und historischen Interessen der Produzenten überhaupt hervor. Die vitalen Bedürfnisse und Interessen nach Frieden, Gerechtigkeit und Emanzipation können sich daher in diesen soziologischen Positionen am ehesten materialisieren. Wirkliche Virulenz entfalteten sie aber erst, als sie durch den antiautoritären Kampf im eigenen Institutionsmilieu Universität gegen die dortige Bürokratie sich politisierten, entschlossener in der politischen Auseinandersetzung um ihre Interessen und Bedürfnisse kämpften. Die unmittelbare Beziehung des studentischen Produzenten zu seinem Ausbildungsmilieu darf nicht vergessen werden. Seine Lernsituation an der Universität ist bestimmt von der Diktatur der inflationär ansteigenden Prüfungen und von der Diktatur der Ordinarien. Die Professoren wiederum sind Diener des Staates. Die heutige Verstaatlichung der ganzen Gesellschaft bildet die Basis für ein Verständnis des antistaatlichen und antiinstitutionellen Kampfes der radikalen außerparlamentarischen Opposition.

Dadurch verlor Vietnam viel von seiner scheinbaren Abstraktheit. Die produktive Vermittlung der unmittelbaren und der historisch-emanzipatorischen Interessen der antiautoritären Studenten kann nur in der Auseinandersetzung, im politischen Kampf geschehen. Die Restriktionspolitik der universitären Bürokratie, die brutalen Einsätze der West-Berliner Bürgerkriegsarmee bei den verschiedenen Demonstrationen, die langandauernde permanente Aufklärung über die gesellschaftlichen Widersprüche und die systematisch die Spielregeln der bürgerlichen Gesellschaft »verletzenden« Aktionsformen und der dabei stattfindende Lernprozeß *schufen* die antiautoritäre Einstellung, eine noch die Revolution und die Erziehung und Selbsterziehung der Menschen in diese Richtung verdrängende Haltung. So wurde uns durch die Herrschenden selber das antiautoritäre Verhalten »eingebleut«. Unsere Opposition ist nun aber nicht gegen einige kleine »Fehler« des Systems, sie ist vielmehr eine totale, die sich gegen die ganze bisherige Lebensweise des autoritären Staates richtet.

Der »anonyme Terrorismus« der staatlich-gesellschaftlichen Gewaltmaschinerie ist in allen Institutionen allgegenwärtig, er besitzt aber »keine andere reale Macht, außer der Regierungsmaschine« (Marx). Das Neue unserer Situation besteht nun darin, daß wir diese Ordnung nicht mehr als unbestreitbare und unumstrittene Notwendigkeit hinnehmen, der Staat seinen scheinbaren Anschein von Unparteilichkeit immer deutlicher verliert, sich immer klarer als »abscheuliche Maschine der Klassenherrschaft« (Marx) zeigt.

Die Bundesrepublik am Ende des sogenannten Wirtschaftswunders, das heißt nach der vollen Ausschöpfung der vorhandenen quantitativen und qualitativen Arbeitskräfte- und Berufsstruktur, zeichnet sich dadurch aus, daß die hohen unproduktiven Staatsausgaben, die Subventionen etc., die die sich etablierende Staatsmaschine im Laufe der Prosperitätsperiode an die Vertreter der Interessenbörse relativ leicht geben konnte, am Ende der Rekonstruktionsperiode des westdeutschen Kapitalismus »plötzlich« als zusätzliche, zumeist unproduktive Ausgaben, als für die Weiterentwicklung der Ökonomie gefährliche Totgewichte, als *faux frais* der kapitalistischen Produktion, erscheinen.

7. Juni
In Tokio finden heftige Demonstrationen gegen die amerikanischen Militärbasen in Japan statt.

Die Milliarden »unrentabler Investitionen« in die Ausbildungssphäre (Bau neuer Universitäten, Schulen, Berufsschulen, Ingenieurschulen etc.), die für die Schaffung einer qualitativ und quantitativ neuen Berufs- und Ausbildungsstruktur nötig wären, sind in der jetzigen Phase des westdeutschen Kapitalismus nicht ohne inflationäre Verschärfung disponibel. Hinzu kommt die Tatsache, daß die widersprüchliche Einheit des Gesamtapparats von Oligopolen, staatlich-gesellschaftlicher Bürokratie, Parteien, Interessenverbänden etc. durch keinen »beherrschenden Willen« *wirklich* gesamtgesellschaftlich geleitet wird.

Die Existenz stagnierender, akkumulationsunfähiger Produktionszweige (Bergbau, Landwirtschaft zum Beispiel), die »auf Krücken gehend« subventioniert werden müssen, und der unterentwickelte Status der entscheidenden Träger des Akkumulationsprozesses in den siebziger Jahren, der historisch neuen Industriezweige Elektronik, Weltraumforschung, Flugzeugbau, Atomenergie etc., deuten auf eine langfristige Stagnationsperiode des westdeutschen Kapitalismus hin.

Die Einschätzung der sozial-ökonomischen Situation der BRD und West-Berlins bildet die Voraussetzung für eine politisch-strategische Diskussion über den Prozeß der bundesrepublikanischen Umwälzung im Kontext der internationalen Auseinandersetzung zwischen Revolution und Konterrevolution.

Die »Große Koalition« als der letzte verzweifelte Versuch der herrschenden Oligarchien, die strukturellen Schwierigkeiten des Systems zu »lösen«, stößt immer deutlicher auf objektive Schranken in ihrer Arbeit, muß die Strukturkrise subventionistisch verschleppen (s. Subventionsbericht), bereitet damit in einem langfristigen Sinne tiefere Widersprüche vor. Wir können sie begreifen als die neue *Ordnungspartei*, deren direktes Geschäft es ist, die lohnabhängigen Massen in Unmündigkeit zu

7. Juni
Die Columbia University, New York, relegiert
73 Studenten wegen ihrer
gegen die Regierung gerichteten politischen
Aktivitäten.

halten, auf sie die Kosten der Strukturkrise abzuwälzen. Marx spricht in den großartigen Entwürfen zum *»Bürgerkrieg in Frankreich«* von den Aufgaben einer solchen Form der Klassenherrschaft, daß »ihr einziger *raison d'être«* die Verhinderung der »Emanzipation der produzierenden Massen« wäre. Für ihn ist diese Form die »abscheulichste aller politischen Regimes«. In ihr vereinigen sich zum Zwecke der gemeinsamen Niederhaltung der Massen heute alle Fraktionen des Gesamtapparats, die ehemaligen Faschisten und bestimmte Sorten von Widerstandskämpfern, die staatlich-gesellschaftliche Bürokratie, umarmen sich die liberale Bourgeoisie, die Vertreter der Monopole, die Arbeiterverräter aus den Gewerkschaften, die Sickert[1] und Co., richten sich die Manipulationszentren, die Augstein und Springer ein. Zusammen bilden sie die »anonyme Aktienkompanie«, den subtilen und – wenn nötig – manifesten Terrorismus der Klassenherrschaft des Spätkapitalismus. Die verschiedenen Fraktionen des Apparats, der Regierungsmaschine, feiern in der Großen Koalition eine »Orgie des Renegatentums«. Sogenannte Widerstandskämpfer wie Gerstenmaier, ehemalige Vertreter der verschiedenen Arbeiterparteien wie Brandt (SAPD), Wehner (KPD), zynisch gewordene Sozialdemokraten und Ex-Nazis wie Kiesinger & Co steigen in das gemeinsame Bett, bis die bewußtgewordenen Massen sie für immer vertreiben werden.

Die historische Aufgabe des Spätkapitalismus ist es, die Massen in ein funktional im Interesse der Herrschenden reagierendes Kollektiv zu verwandeln, sie jederzeit für militärische und zivile Zwecke verwertbar und einsetzbar zu halten. Gerade diese entscheidende Aufgabe kann er in der BRD immer weniger erfüllen. Die kulturrevolutionäre Übergangsperiode, die spätestens seit dem 2. Juni 1967[2] relevante Schichten innerhalb und auch außerhalb der Universität mobilisierte, ist noch lange nicht abgeschlossen, könnte nur noch durch massiven und brutalen Einsatz aller Repressionsmittel »beendet« werden.

Die herrschende Klasse hat sich sehr stark gewandelt. Sie ist längst nicht mehr identisch mit den nominellen Eigentümern der Produktionsmittel. Schon Marx (s. o.) hatte die Heraufkunft einer neuen »Klasse« der »industriellen Bürokratie« analytisch in Ansätzen gesehen. Diese beseitigt nicht den Grundwiderspruch der bürgerlich-kapitalistischen Gesellschaft, treibt ihn vielmehr auf die Spitze, leitet die letzte Phase der

1 [Walter Sickert war im Jahre 1968 Berliner DGB-Vorsitzender und Präsident des Berliner Abgeordnetenhauses.]

2 [Am 2. Juni 1967 wurde im Rahmen von Demonstrationen gegen den Schah von Persien der Student Benno Ohnesorg von einem Polizisten erschossen.]

bürgerlichen Gesellschaft ein. In ihr sind alle Kapitalfunktionen »vergesellschaftet« worden, an bestimmte Gruppen und Institutionen delegiert: »Je mehr eine herrschende Klasse fähig ist, die bedeutendsten Männer der beherrschten Klassen in sich aufzunehmen, desto solider und gefährlicher ist ihre Herrschaft« (Karl Marx: *Das Kapital*, Bd. 3, S. 649) Die Entwicklung ist über diese Phase hinweggegangen, hat die repressive Vergesellschaftung des Kapitals vervollständigt. Darin liegt die Stärke und Schwäche des spätkapitalistischen Systems. Sie läßt in der Tat keine Gruppen außerhalb des repressiven Gesamtzusammenhanges, versucht alle zu beherrschen durch ein »System von Konzessionen im kapitalistischen Rahmen« (Sering). Dieser strukturelle Rahmen wird durch den »stummen Zwang der Verhältnisse«, durch die verinnerlichten Normen und Ideen der bürgerlich-kapitalistischen Gesellschaft gewährleistet. Sprengt nun aber eine gesellschaftlich relevante Fraktion der Unterprivilegierten außerhalb der »Interessentenbörse«, an der das Sozialprodukt politisch »verteilt« wird, diese »selbstverständliche Beschränkung der Interessen und Bedürfnisse auf den herrschenden Rahmen«, so wird das ganze System in Frage gestellt: »So kann das Durchbrechen des falschen Bewußtseins den archimedischen Punkt liefern für eine umfassendere Emanzipation – an einer allerdings unendlichen kleinen Stelle, aber von der Erweiterung solcher kleinen Stellen hängt die Chance einer Änderung ab« (Herbert Marcuse: ›*Repressive Toleranz*‹, Frankfurt a. M. 1966, S. 122 [s. in diesem Band S. 143 ff.].

Gerade diese Durchbrechung des falschen Bewußtseins haben wir begonnen. Die Kontrolle und Verwaltung der Individuen durch das System wird durch unsere politische Arbeit, durch unsere Aufklärung, durch unsere Provokationen und Massenaktionen strukturell in Frage gestellt. Gerade darum beginnen auch die »linksliberalen Kritiker« des Systems vom *Spiegel* bis zur *Zeit* eine klare politische Wendung gegen uns. Sie begreifen die heraufziehende Gefahr für den Spätkapitalismus, die zur tödlichen wird, wenn es uns gelingt, die durch die Parteien vernichtete Spontaneität der lohnabhängigen Massen durch eine immer effektivere Dialektik von Aufklärung und Massenaktion zu wecken: »Daß nach dem Verrat der eigenen Bürokratie seit 1914, nach der Entwicklung der Parteien in weltumspannende Maschinerien zur Vernichtung der Spontaneität, nach der Ermordung der Revolutionäre die Arbeiter sich gegen die totalitäre Ordnung neutral verhalten, ist kein Zeichen der Verblödung« (Max Horkheimer: *Die Juden und Europa*, in: *Zeitschrift für Sozialforschung*, 1939, S. 122). Die Erinnerung an die letzten 50 Jahre der deutschen Arbeiterbewegung hat nur

9. Juni
Der jugoslawische Staatspräsident Josip Broz-Tito verspricht, die Forderungen der Studenten nach Reformen zu erfüllen.

10. Juni
Die für ihre Brutalität
bekannte Bereitschafts-
polizei CRS greift die
Streikposten vor dem
Peugeot-Werk in Mont-
béliard an.

Reiz für den kontemplativen Intellektuellen. Für die Massen stellen sie eine bisher ununterbrochene Kette des Verrats der linken und rechten Intelligenz dar.

Unsere historisch richtige Beschränkung auf die Arbeit in der Universität darf nicht fetischisiert werden. Eine revolutionäre Dialektik der richtigen Übergänge muß den »langen Marsch durch die Institutionen« als eine praktisch-kritische Tätigkeit in allen gesellschaftlichen Bereichen begreifen, hat die subversiv-kritische Vertiefung der Widersprüche zum Ziel, die in *allen* Institutionen, die an der Organisierung des Alltagslebens beteiligt sind, möglich geworden ist. Es gibt keinen Bereich in der Gesellschaft mehr, der in der kulturrevolutionären Phase unserer Bewegung ausschließlich privilegiert wäre, die Interessen der Gesamtbewegung auszudrücken.

Die laue Oppositionsbewegung ist tot, der spontane Widerstand, sehr oft noch in völlig unorganisierter Form, hat begonnen, ob nun in Frankfurt oder in Bremen, in Berlin oder in Hamburg, beherrschen wir, das heißt das antiautoritäre Lager, schon die für die Bewußtwerdung der Menschen entscheidenden Kettenglieder, die Aufklärungsveranstaltungen außerhalb der Universitäten, die Vollversammlungen der Studenten in den großen *Universitäten*, die Schülerversammlungen in den *Schulen*. Die Fülle der Schüler- und Studentenzeitungen ist ein mobilisierendes und aufklärendes Moment der Gesamtbewegung. Überall bilden sich »selbsternannte Avantgarden«, die völlig autonom und von keiner Zentrale organisiert beziehungsweise manipuliert den von ihnen als notwendig erkannten Kampf gegen Manipulation und Unterdrückung der schöpferischen Fähigkeiten des Menschen begonnen haben. Darin liegt die Stärke dieser antiautoritären Bewegung, daß die praktisch-kritische Tätigkeit der Antiautoritären der reale Ausdruck der eigenen Bedürfnisse und Interessen der Individuen ist. Das Praktisch-Werden der eigenen Bedürfnisse, Interessen und Leiden verhindert die Monopolisierung der historischen Interessen der Menschen in einer die Massen »repräsentierenden« Mitgliederpartei. Wir beherrschen auch schon die Straßen der großen Städte, finden uns im »Dickicht der Großstädte« (Brecht) schon ganz gut zurecht, aber die wirkliche Vermassung der Idee der sozialrevolutionären Befreiung steht noch aus.

In den *Industriebetrieben* bilden sich die ersten autonomen Basisgruppen, die – locker koordiniert mit den anderen Gruppen nach dem Prinzip der gegenseitigen Hilfe – die auf der Straße und in den Aufklärungsveranstaltungen gelernten antiautoritären Methoden in die Betriebe hineintragen, die autoritären Zwänge der Hierarchie der Betriebsstruktur zu bekämpfen versuchen.

10. Juni
20.000 Streikende besetzen die Universitäten von Ankara, Erzerum und Izmir.

Die staatlich-gesellschaftliche Bürokratie ist in allen Sphären völlig hilflos. In den gesellschaftlich vermittelten Konflikten sieht sie das Werk von Rädelsführern oder einen zeitweiligen Generationskonflikt. Sie muß die Probleme personalisieren, besteht für sie Geschichte doch nur als Werk von »großen Persönlichkeiten«, sind die Massen nur »Material« der »Eliten«.

Die Linken wiederum stehen oft in der Gefahr, »das Proletariat« oder »die Massen« schier metaphysisch zu verabsolutieren, nicht die konkrete und schwierige Dialektik der Bewußtmachung der Massen zu begreifen, nicht zu begreifen die temporäre Trennung zwischen minoritären radikalen Bewußtseinsgruppen und den breiten Massen. Die andere Gefahr bei uns ist die intellektuelle Überheblichkeit, in letzter Konsequenz die Furcht vor der schöpferischen Fähigkeit der bewußt gewordenen Massen. Zwischen diesen falschen Alternativen liegt die Praxis der historisch richtigen Emanzipationsarbeit.

Die alten Konzepte des Sozialismus müssen kritisch aufgehoben, nicht vernichtet und nicht künstlich konserviert werden. Ein neues Konzept kann noch nicht vorhanden sein, kann nur im praktischen Kampf, in der ständigen Vermittlung von Reflexion und Aktion, von Praxis und Theorie erarbeitet werden. Revolutionäre Wissenschaft ist heute nur noch möglich *innerhalb* der antiautoritären Bewegung, als Produktivkraft der Befreiung des Menschen von den unbegriffenen und unkontrollierten Mächten der Gesellschaft und der Natur.

Heute hält uns nicht eine abstrakte Theorie der Geschichte zusammen, sondern der existentielle Ekel vor einer Gesellschaft, die von Freiheit schwätzt und die unmittelbaren Interessen und Bedürfnisse der Individuen und der um ihre sozial-ökonomischen Emanzipation kämpfenden Völker subtil und brutal unterdrückt.

Diese radikale, weil den *ganzen Menschen* betreffende Dialektik des Sentiments und der Emotion (Marcuse), wobei die Theorie den bewußt gewordenen Ausdruck dieser Dialektik darstellt, hält uns heute stärker denn je gegen diese verstaatlichte autoritäre Gesellschaft zusammen, ermöglicht eine radikale Aktionseinheit der Antiautoritären, und zwar ohne Partei-Programm und Monopolanspruch.

Die subtilen und brutalen Methoden und Techniken der sozialen Integration ziehen bei uns nicht mehr. Die sentimental-emotionale Verweigerung *wird im Kampf* mit den Gewaltorganisationen des Systems, mit der staatlich-gesellschaftlichen

10. Juni
Im afrikanischen Daho-
mey, dem heutigen Benin,
findet ein Generalstreik
zur Durchsetzung von
Lohnerhöhungen statt.

Bürokratie, mit der Polizei, mit der Justizmaschine, den industriellen Bürokratien in den Oligopolen etc. zur *organisierten
Verweigerung*, zum praktisch-kritischen Wissen, zum revolutionären Willen, die verselbständigten Produktivkräfte, die
unmenschlichen Maschinerien des Krieges und der Manipulation, die tagtäglich in der Welt Tod und Schrecken verbreiten,
tagtäglich ein weltweites Genocid verursachen können, zu
zerschlagen. Es entwickeln sich im Kampf neue radikale Bedürfnisse, wie zum Beispiel der Wunsch, die Totalität der die
Menschen von langer Arbeitszeit, Manipulation und Elend
befreienden Produktivkräfte endlich von den Fesseln des Kapitals und der Bürokratie zu befreien, sie mit allen Mitteln endlich
der bewußten Kontrolle der Produzenten zu unterwerfen.
Geben wir uns aber keinen Illusionen hin. Das weltweite Netz
der organisierten Repression, das Kontinuum der Herrschaft,
läßt sich nicht leicht aufsprengen. Der »neue Mensch des
21. Jahrhunderts« (Guevara, Fanon), der die Voraussetzung
für die »neue Gesellschaft« darstellt, ist Resultat eines langen
und schmerzlichen Kampfes, kennt ein sehr schnelles Auf und
Ab der Bewegung; temporäre Aufschwünge werden durch
nicht zu umgehende »Niederlagen« abgelöst werden. Unsere
kulturrevolutionäre Übergangsphase ist im »klassischen« Verständnis der Revolutionstheorie eine vorrevolutionäre Phase,
in der Personen und Gruppen sich noch manchen Illusionen,
abstrakten Vorstellungen und utopistischen Projekten hingeben, ist eine Phase, in der der radikale Widerspruch zwischen
Revolution und Konterrevolution, zwischen der herrschenden
Klasse in ihrer neuen Form und dem Lager der Antiautoritären
und Unterprivilegierten noch nicht konkret und unmittelbar
sich auszutragen beginnt. Was für Amerika schon eindeutige
Realität ist, hat auch schon für uns mit gewissen Modifikatio-
nen große Bedeutung: »Es ist keine Zeit nüchterner Reflexion,
sondern eine Zeit der Beschwörung. Die *Aufgabe der Intellektuellen* ist mit der des Organisators der Straße, mit der des
Wehrdienstverweigerers, des *Diggers* identisch: *mit dem Volke
zu sprechen und nicht über das Volk.* Die prägende Literatur
jetzt ist die Underground-Literatur, sind die Reden von Mal-
com X, die Schriften Fanons, die Songs der Rolling Stones und
von Aretha Franklin. Alles übrige klingt wie der Moynihan-
Report oder ein *Time*-Essay, die alles erklären, nichts verstehen
und niemanden verändern« (A. Kopkind: *Von der Gewaltlosigkeit zum Guerilla-Kampf*, in *Voltaire-Flugschriften* Nr. 14,
S. 24/25). Wir haben noch keine breite kontinuierliche Unter-
grundliteratur, es fehlen noch die Dialoge der Intellektuellen
mit dem Volk, und zwar schon auf dem Standpunkt der wirk-

lichen, das heißt der unmittelbaren und historischen Interessen des Volkes. Es gibt den Beginn einer Desertionskampagne in der amerikanischen Besatzungsarmee, es gibt keine organisierte Desertationskampagne in der Bundeswehr. Wir wagen es schon, den amerikanischen Imperialismus politisch anzugreifen, aber wir haben noch nicht den Willen, mit unserem eigenen Herrschaftsapparat zu brechen.

Genossen, Antiautoritäre, Menschen! Wir haben nicht mehr viel Zeit. In Vietnam werden auch wir tagtäglich zerschlagen, und das ist nicht ein Bild und ist keine Phrase. Wenn in Vietnam der US-Imperialismus überzeugend nachweisen kann, daß er fähig ist, den revolutionären Volkskrieg erfolgreich zu zerschlagen, so beginnt erneut eine lange Periode autoritärer Weltherrschaft von Washington bis Wladiwostok. Wir haben eine historisch offene Möglichkeit. Es hängt primär von unserem Willen ab, wie diese Periode der Geschichte enden wird. »Wenn sich dem Vietcong nicht ein amerikanischer, europäischer und asiatischer Cong zugesellt, wird die vietnamesische Revolution ebenso scheitern wie andere zuvor. Ein hierarchischer Funktionärsstaat wird die Früchte ernten, die er nicht gesät hat« (*Partisan* Nr. 1, *Vietnam, die Dritte Welt und der Selbstbetrug der Linken*, Berlin 1967). Und Frantz Fanon sagt für die Dritte Welt: »Los, meine Kampfgefährten, es ist besser, wenn wir uns sofort entschließen, den Kurs zu ändern. Die große Nacht, in der wir versunken waren, müssen wir abschütteln und hinter uns lassen. Der neue Tag, der sich schon am Horizont zeigt, muß uns standhaft, aufgeweckt und entschlossen antreffen« (*Die Verdammten dieser Erde*, Frankfurt a. M. 1966, S. 239).

Laßt uns auch endlich unseren richtigen Kurs beschleunigen. Vietnam kommt näher, in Griechenland beginnen die ersten Einheiten der revolutionären Befreiungsfront zu kämpfen. Die Auseinandersetzungen in Spanien spitzen sich zu. Nach 30 Jahren faschistischer Diktatur ist in der Einheitsfront der Arbeiter und Studenten eine neue revolutionäre Kraft entstanden.

Die Bremer Schüler haben gezeigt, wie in der Politisierung unmittelbarer Bedürfnisse des Alltagslebens – Kampf gegen Fahrpreiserhöhungen – subversive Sprengkraft entfaltet werden kann. Ihre Solidarisierung mit den lohnabhängigen Massen, die richtige Behandlung der Widersprüche und die Auseinandersetzungen mit der autoritär-militaristischen Polizei zeigen sehr deutlich, welche Möglichkeiten des Kampfes im System des Spätkapitalismus liegen. An jedem Ort der Bundesrepublik ist diese Auseinandersetzung in radikaler Form möglich. Es hängt von unseren schöpferischen Fähigkeiten ab, kühn

11. Juni
Der Versuch der Spezialtruppe CRS, die von Arbeitern besetzte Peugeot-Fabrik in Sochaux zu stürmen, scheitert. Es gibt mehrere Todesopfer auf beiden Seiten.

und entschlossen die sichtbaren und unmittelbaren Widersprüche zu vertiefen und zu politisieren, Aktionen zu wagen, kühn
und allseitig die Initiative der Massen zu entfalten. Die wirkliche revolutionäre Solidarität mit der vietnamesischen Revolution besteht in der aktuellen Schwächung und der prozessualen
Umwälzung der Zentren des Imperialismus. Unsere bisherige
Ineffektivität und Resignation lag mit in der Theorie.
Die Revolutionierung der Revolutionäre ist so die entscheidende Voraussetzung für die Revolutionierung der Massen.

Jean-Paul Sartre
Die Phantasie an die Macht. Jean-Paul Sartre
interviewt Daniel Cohn-Bendit

11. Juni
Für Berlinreisende aus
der Bundesrepublik führt
die Regierung der DDR
den Visazwang ein.

Wenngleich uns scheint, daß die Rolle, die gegenwärtig der deutsch-französische Studentenrebell Daniel Cohn-Bendit spielt, ihm vornehmlich dank seines demagogischen Temperaments und seines Urtalentes zur Provokation zugefallen ist, bleibt doch wahr, daß er so schnell nicht aufhört, Symbolfigur der Unruhen zu sein, die Frankreich erschüttern. Überschätzt oder nicht: Jean-Paul Sartre, der ewig unbequeme Philosoph und Schriftsteller, hat ihn eines Gesprächs für würdig befunden, in dem er das Wort sprach: »die Welt, von der wir träumen«. Ein merkwürdiges »Interview«, das der jugendliche, ultralinke Feuerkopf dem berühmten Manne »gewährte«. Und dessen Antwort: Sympathie und sogar Ermunterung.

Jean-Paul Sartre: Im Zeitraum weniger Tage, ohne daß das Losungswort vom Generalstreik ausgegeben wurde, ist Frankreich praktisch paralysiert worden durch die Einstellung der Arbeit und die Besetzung der Fabriken. Alles das geschah, weil die Studenten sich als Herren der Straße im Quartier Latin erwiesen. Wie analysieren Sie diese Bewegung, die Sie selbst entfesselt haben? Wie weit kann sie gehen?
Daniel Cohn-Bendit: Sie hat ein Ausmaß angenommen, das wir am Anfang nicht voraussehen konnten. Aber jetzt heißt unser Ziel: Umsturz des Regimes. Ob dieses Ziel erreicht wird, hängt freilich nicht von uns ab. Wäre es wirklich das Ziel auch der Kommunistischen Partei, der CGT (der kommunistisch beeinflußten Gewerkschaft) und der anderen Syndikate, so gäbe es kein Problem: Das Regime würde in 14 Tagen zu Fall kommen, weil es der Kraftprobe der Arbeiterorganisationen nichts entgegenzusetzen hat.
J.-P. S.: Im Augenblick herrscht offensichtlich ein Mißverhältnis zwischen dem massiven Charakter der Streikbewegung, die tatsächlich den direkten Kampf mit dem Regime aufnehmen könnte, und jenen Forderungen, die von den Gewerkschaften erhoben werden: Lohnerhöhung, Neuregelung der Arbeitszeit, Renten und so weiter ...
D. C.-B.: Es hat immer in Arbeiterkämpfen eine Kluft zwischen der Kraft der Aktion und den anfänglichen Forderungen gegeben. Es kann passieren, daß die Dynamik der Bewegung im Laufe des Kampfes zu einer Änderung der Forderungen führt. Ein Streik, der wegen eines begrenzten Zieles ausbricht, kann sich in eine Bewegung des Aufstandes verwandeln.

11. Juni
Publikation der deutschen Erstausgabe *Marxistische Wirtschaftstheorie* (*Traité d'Économie Marxiste*) von Ernest Mandel.

Gewisse Forderungen, die heute von den Arbeitern aufgestellt werden, gehen sehr weit: die 40-Stunden-Woche zum Beispiel und bei Renault der Mindestlohn von 1000 Francs im Monat. Die gaullistische Macht kann sie nicht akzeptieren, ohne vollständig ihr Gesicht zu verlieren. Hält sie aber durch, so verhärten sich die Fronten. Nehmen wir an, daß auch die Arbeiter durchhalten und daß das Regime fällt. Was geschieht? Die Linke kommt an die Macht. Dann hängt alles davon ab, was sie tut. Wenn sie wirklich das System ändert, – und ich gebe zu, daß ich daran zweifle –, so wird sie Gefolgschaft finden, und alles wird gut. Aber wenn wir – mit oder ohne die Kommunisten – eine Regierung à la Wilson bekommen, die nur Reformen, nur kleine Angleichungen vornimmt, so wird die extreme Linke verstärkt werden, die unablässig an der gesellschaftlichen Neuordnung von Grund auf arbeitet. Aber so weit sind wir noch nicht; es ist noch nicht einmal sicher, daß das Regime fällt.

J.-P. S.: Es gab in revolutionärer Situation Fälle, in denen eine Bewegung wie die Ihrige nicht haltmachte. Doch möglich ist auch, daß der Schwung plötzlich nachläßt. In solchem Falle müßte man versuchen, so weit wie möglich zu gehen, bevor das Haltesignal kommt. Wie können nach Ihrer Ansicht die unumstößlichen Resultate der gegenwärtigen Bewegung aussehen, wenn wir voraussetzen, daß sie bald haltmacht?

D. C.-B.: Die Arbeiter mögen in gewissen materiellen Forderungen zufriedengestellt werden; auch mögen wichtige Reformen der Universität durch die gemäßigten Kräfte der studentischen Bewegung und durch die Professoren durchgeführt werden. Das sind zwar nicht die radikalen Reformen, wie wir sie wünschen. Und doch wollen wir im Spiel bleiben. Wir werden genaue Vorschläge machen, und man wird wahrscheinlich einige annehmen, weil man nicht wagen wird, sich gegen alle unsere Wünsche zu sperren. Das wird gewiß ein Fortschritt sein, wenn sich auch nichts Grundsätzliches ändert. Wir aber werden fortfahren, das System grundsätzlich anzugreifen. Nein, ich glaube nicht, daß von heute auf morgen die Revolution möglich ist. Aber ich glaube, daß man nach und nach Zugeständnisse mehr oder weniger wichtiger Art macht. In jedem Falle wird die studentische Bewegung den Wert eines Beispieles haben, dem viele jungen Arbeiter folgen, mag selbst die Kraft der Studenten erlahmen. Indem wir die traditionellen Mittel der Arbeiter-Bewegung anwandten – den Streik, den Aufmarsch auf der Straße und die Besetzung der Arbeitsplätze – haben wir das erste Hindernis in die Luft gesprengt: den Mythos nämlich, daß man »nichts gegen das Regime machen«

könnte. Wir haben bewiesen, daß das nicht stimmt. Und dann sind die Arbeiter in die Bresche gesprungen. Vielleicht gehen sie dieses Mal noch nicht bis zum Ende, aber es wird andere Explosionen geben, später. Hauptsache, daß wir die Schlagkraft der revolutionären Methoden demonstriert haben. Und nur in der Dynamik der Aktion kann sich die Verbindung zwischen Studenten und Arbeitern verwirklichen, nur dann, wenn die Bewegung der Studenten und die der Arbeiter – jede für sich – ihren Schwung behält und demselben Ziel zustrebt.

J.-P. S.: Das Problem bleibt stets das gleiche: Entweder Angleichungen an die Forderungen der modernen Zeit oder Revolution: Wie Sie selbst gesagt haben – könnte alles, was Sie durch Gewalt durchsetzen, rasch von den Reformisten benützt und umgewandelt werden. Immerhin, dank Ihrer Aktion wird die Universität verbessert werden, aber dies doch nur im Rahmen der bürgerlichen Gesellschaft.

D. C.-B.: Sehen wir doch einmal, was gerade passiert ist! Seit langer Zeit haben viele Leute nach dem besten Mittel gesucht, die studentische Welt in Bewegung zu bringen. Niemand hat das Mittel gefunden. Bis schließlich eine gewisse Situation die Explosion hervorrief! Ein kleiner Anstoß der Mächtigen – nämlich die Besetzung der Sorbonne durch die Polizei – hat genügt. Aber dabei ist klar, daß diese monumentale Dummheit nicht einzig und allein die Bewegung ausgelöst hat. In Nanterre (es ist die Vorort-Universität von Paris, in der Cohn-Bendit Soziologie studierte) war die Polizei schon vor einigen Monaten in die Universität eingebrochen, ohne daß dies eine Kettenreaktion hervorgerufen hätte. Diesmal aber gab es eine Kettenreaktion, die niemand aufhalten konnte. Und das erlaubt uns, einmal zu analysieren, welche Rolle grundsätzlich die »handelnde Minderheit« spielt.

Das, was letzthin passiert ist, stellt nach meiner Ansicht eine Widerlegung der berühmten Theorie von jenen »revolutionären Stoßtrupps« dar, die als die führenden Kräfte einer Volksbewegung betrachtet werden. In Nanterre und in Paris entstand ganz einfach eine Situation, die von dem beeinflußt wurde, was man vage »das studentische Malaise« nennt, und beeinflußt auch durch den Aktionswillen eines Teils der Jugend, die von der Gleichgültigkeit der machthabenden Klassen angeekelt war. Die handelnde Minorität, die ihr Bewußtsein besser geschärft hatte als andere und die also vorbereitet war, hat die Lunte anzünden und eine Bresche schlagen können. Aber das ist auch alles. Den anderen war überlassen, ob sie folgen wollten oder nicht. Nun, sie folgten. Aber danach hat kein »Stoßtrupp« die Leitung der Bewegung übernehmen können. Diese Mili-

12. Juni
Die französische Regierung erläßt ein allgemeines Demonstrationsverbot.

12. Juni
Der französische Innen-
minister Raymond Mar-
cellin verbietet sieben
linksgerichtete Gruppie-
rungen, darunter die *Be-
wegung des 22. März*, die
maßgeblich an der Or-
ganisation des »Pariser
Mai« beteiligt waren.

tanten – seien es die Marxisten-Leninisten – haben an den
Aktionen in entscheidender Weise zwar teilnehmen können,
aber dann gingen die Wellen über ihre Köpfe hinweg. Man
findet sie heute in den Koordinations-Komitees, wo ihre Rolle
bedeutend ist, aber es stellte sich die Frage nicht, daß diese
Avantgardisten die dirigierende Rolle übernehmen konnten.

Das ist ein wesentlicher Punkt. Denn es erweist sich, daß man
die Theorie von der »dirigierenden Avantgarde« aufgeben und
durch eine viel einfachere und ehrenhaftere ersetzen muß:
durch die Theorie von der *handelnden Minderheit*, die sozusagen ein immerwährender Gärungsstoff ist. Sie treibt die Aktion vorwärts, ohne sie lenken zu wollen. Tatsächlich hat auch,
obwohl das niemand zugeben will, die Partei der Bolschewiken
die russische Revolution nicht »dirigiert«. Die bolschewistische Partei wurde durch die Massen getragen. Sie hat erst im
Laufe der Entwicklung ihre Theorie ausarbeiten können; sie hat
Anstöße in der einen oder anderen Richtung gegeben, aber war
nicht einzig und allein in der Lage, die Bewegung auszulösen:
diese war eben zum größten Teil spontan. Und es ist diese
Bewegung, die den Stoß nach vorwärts erlaubt; es sind nicht
die Losungsworte einer dirigierenden Gruppe.

J.-P. S.: Das, was viele Leute nicht verstehen, ist die Tatsache,
daß Sie nicht versucht haben, ein Programm auszuarbeiten und
Ihrer Bewegung eine Struktur zu geben. Sie werfen Ihnen vor,
daß Sie alles zerschlagen, ohne zu wissen – jedenfalls, ohne es zu
sagen –, was Sie an die Stelle Ihrer Zerstörungen setzen wollen.

D. C.-B.: Allerdings! Alle Welt wäre ganz beruhigt, Pompidou
an erster Stelle, wenn wir eine Partei gründeten und verkünde-
ten: »Das sind die Menschen, die hinter uns stehen, dies sind
unsere Ziele und hier die Methoden, wie wir sie zu erreichen
gedenken ...« Dann wüßte man, mit wem man es zu tun hat,
und könnte die Front gegen uns aufbauen. Man sähe sich nicht
mehr der »Anarchie«, der »Unordnung«, dem »unkontrollierbaren Aufbrausen« gegenüber.

Es ist aber gerade die Stärke unserer Bewegung, daß sie sich auf
eine »unkontrollierbare Spontaneität« stützt. Offensichtlich
gibt es heute für uns zwei Möglichkeiten: Die erste besteht
darin, fünf Personen zu vereinigen, die eine gut funktionieren-
de politische Formation hinter sich haben, und sie zu bitten, ein
Programm zu formulieren, realisierbare Forderungen zu stellen, die begründet erscheinen und zu sagen: »Dies ist die Haltung der studentischen Bewegung; macht daraus was ihr
wollt!« Dies wäre die falsche Lösung. Die zweite Möglichkeit
ist, die Gesamtsituation verständlich zu machen. Ich glaube

nicht einmal, daß dieses Verständnis bei der Gesamtheit der Studenten oder der Gesamtheit der Manifestanten möglich ist. Es genügt, daß ein großer Teil unter ihnen versteht. Um dies zu erreichen, muß man es vermeiden, sofort eine Organisation zu schaffen und ein Programm zu definieren. Dies würde sich unvermeidlich nur lähmend auswirken. Die einzige Chance der Bewegung ist genau diese Unordnung, die es den Leuten erlaubt, frei zu sprechen, und die schließlich eine gewisse Form von »Selbstorganisation« erbringen kann. Zum Beispiel muß man jetzt auf die großen, spektakulären Versammlungen verzichten. Man muß statt dessen Arbeits- und Aktionsgruppen zu formen suchen. Und das ist das, was wir in Nanterre versucht haben.

14. Juni
Das von Studenten besetzte Théatre de l'Odéon wird von der Polizei geräumt.

Zunächst, als das offene Wort plötzlich in Paris erlaubt war, war es wichtig, die Leute reden zu lassen. Sie sagen konfuse Sachen, sprechen vage Gedanken aus, die obendrein noch manchmal langweilig sind, weil man sie schon hundertmal gehört hat. Aber dann, nachdem alles gesagt wurde, kommt der Moment, wo man sich die Frage stellt: »Und nun?« Es ist wichtig, daß eine möglichst große Zahl von Studenten sich fragt: »Und jetzt?« Dann erst wird man an Programme und Strukturen denken können. Uns jedoch heute schon die Frage zu stellen: »Was werden Sie hinsichtlich der Examinaordnung machen?« hieße, den Fisch ertränken zu wollen, die Bewegung zu sabotieren, die Dynamik zu unterbrechen. Die Examen werden stattfinden, und wir werden Vorschläge machen. Aber man soll uns ein bißchen Zeit lassen. Zuerst müssen wir reden, nachdenken, neue Formeln finden. Wir werden sie finden. Aber nicht heute.

J.-P. S.: Die studentische Bewegung – Sie selber haben es gesagt – ist jetzt auf der Höhe der Welle. Aber es kommen Ferien, es kommt eine Verzögerung, möglicherweise läuft der Strom zurück. Die Regierung wird davon profitieren und Reformen in die Wege leiten. Sie wird die Studenten einladen, mitzumachen, und viele werden den Vorschlag annehmen, indem sie entweder sagen: »Wir wollen ohnehin nichts als Reformen«, oder: »Das ist zwar nur Reformismus, aber besser als nichts, und schließlich haben wir selbst und aus eigener Kraft diese Reformen erreicht.« Sie werden dann also eine veränderte Universität haben, aber die Änderungen mögen wohl nur oberflächlich sein; sich vor allem auf Bereicherung der materiellen Ausrüstung erstrecken, auf die Räumlichkeiten, auf die Studenten-Restaurants (die Mensen). Alles das wird am Fundament des Systems nicht rütteln. Es handelt sich um Forderungen, denen die Macht nachgeben kann, ohne daß das Regime in Frage

14. Juni
Im 3. Frankfurter
Auschwitz-Prozeß
kommt es zur Urteils-
verkündung. Die beiden
ehemaligen Aufseher
Bosnitz und Windeck er-
halten lebenslange Haft-
strafen.

gestellt wird. Oder sind Sie überzeugt, daß Sie Verbesserungen erzielen, die revolutionäre Elemente in die bürgerliche Universität hineintragen, Erneuerungen, die es zum Beispiel ermöglichen, daß die Lehre, wie sie an der Universität vorgetragen wird, in Widerspruch mit der grundsätzlichen Funktion der Hochschule im heutigen Regime gerät: der Aufgabe nämlich, Kader zu formen, die ins herrschende System integriert sind?

D. C.-B.: Zunächst können rein materielle Forderungen sehr wohl auch einen revolutionären Inhalt haben. Was zum Beispiel die Universitätsrestaurants betrifft, so haben wir eine grundsätzliche Forderung. Wir verlangen ihre Abschaffung oder besser: ihre Umwandlung in Gaststätten für die Jugend, wo alle jungen Leute, ob Studenten oder nicht, für 1,40 Franc essen können. Wenn die jungen Arbeiter den ganzen Tag arbeiten, kann man nicht einsehen, daß sie abends nicht für 1,40 Franc essen sollten. Dieselbe Forderung hinsichtlich der Studenten-Städte (Cité Universitaires: Quartiere mit Studenten-Heimen)! Wir fordern, daß sie Quartiere für die Jugend werden. Es gibt viele junge Arbeiter, junge Lehrlinge, die nicht mehr bei ihren Eltern wohnen wollen, aber kein Zimmer nehmen können, das 300 Franc im Monat kostet. Auch sie sollten in den Studenten-Heimen empfangen werden, wo die Miete 90 bis 100 Franc ausmacht. Die Familiensöhnchen, die Jura oder politische Wissenschaften studieren, können ja anderswo hingehen.

Grundsätzlich glaube ich nicht, daß die Reformen, welche die Regierung durchführen könnte, genügen werden, die Studenten zu demobilisieren. Die Ferien werden unsere Bewegung wohl stocken lassen – aber brechen können sie die Kraft nicht. Einige von uns werden sagen: »Wir sind hereingefallen« und sich nicht zu erklären suchen, was eigentlich passiert ist. Andere werden sagen: »Die Situation war nicht reif.« Aber viele Militanten werden verstehen, daß man Kapital schlagen muß aus dem, was passiert ist; sie werden die Lage theoretisch analysieren und sich darauf vorbereiten, zum neuen Semester-Anfang die Aktion wiederaufzunehmen. Denn der Semester-Anfang im Herbst wird katastrophal sein, gleichgültig, wie die Reformen der Regierung aussehen werden. Und die Erfahrungen, die wir in der ungeordneten, ungewollten Aktion gemacht haben – in dieser Aktion, die durch die Regierung hervorgerufen wurde! –, wird uns erlauben, die Aktion noch wirksamer zu machen, die wir für den Herbst voraussehen.

Die Ferien werden den Studenten Gelegenheit geben, sich über ihren eigenen Unmut klar zu werden, der sich in den 14 Tagen der Krise manifestiert hat, und nachzudenken über das, was sie tun wollen und was sie tun können. Was aber die Möglichkeit

angeht, eine Lehre an der Universität zu etablieren, die gleichsam eine »Gegen-Lehre« sein könnte, so daß hier nicht allein
die bürgerlich gut eingefügten Kader ausgebildet werden, sondern Revolutionäre, so halte ich das für eine Hoffnung, die mir
zu idealistisch erscheint. Der bürgerliche Unterricht, sei er
selbst reformiert, wird immer bürgerliche Kader produzieren.
Die Leute sind gefangen im Getriebe des Systems. Im besten
Fall werden sie Mitglieder einer wohlwollenden Linken und
bleiben doch immer das Räderwerk, das die alte Gesellschaft
am Funktionieren hält. Unser Ziel ist es, eine »Parallel-Unter-
weisung« zu schaffen, sowohl in technischen wie in ideologischen Sachen. Wir selbst wollen die Universität auf eine vollständig neue Basis stellen, auch für den Fall, daß dies Unternehmen nur wenige Wochen dauern kann. Wir werden an
Professoren der Linken und der extremen Linken appellieren,
die bereit sind, mit uns in Seminaren zusammenzuarbeiten und
uns mit ihrem Wissen zu helfen bei der Forschung, die wir
selbst unternehmen. Auf ihre Position des »Professors« müssen
sie dabei verzichten.

Wir können in allen Fakultäten Seminare veranstalten – nicht
Hauptvorlesungen natürlich – über die Probleme der Arbeiterbewegung, über die Nutzbarmachung der Technik zum
Dienst am Menschen, über die Möglichkeiten, die die Automa-
tion uns bietet. Und alles das nicht unter theoretischem Ge-
sichtswinkel – es gibt nicht ein einziges Soziologie-Buch, das
heute nicht mit dem Satz anfängt: »Man muß die Technik dem
Menschen dienstbar machen.« Nein, es soll sich um konkrete
Sachen handeln. Eine solche Lehrmethode wäre offensichtlich
derjenigen, wie sie das System entwickelt hat, vollkommen
entgegengesetzt, und das Experiment würde kaum lange Zeit
dauern: Das System würde schnell reagieren, und die Bewegung fiele zurück. Aber das Wesentliche ist dennoch, eine Erfahrung zu machen, die vollständig mit der alten Gesellschaft
bricht. Und mag diese Erfahrung auch nicht lange dauern, so
wird sie doch Möglichkeiten ahnen lassen: Man beobachtet
etwas Neues, ein flüchtiges Bild, das dann erlischt. Aber es
genügt zu beweisen, daß etwas Neues existieren kann. Wir
haben nicht die Hoffnung, eine Universität vom sozialistischen
Typ in unserer Gesellschaft gründen zu können, denn wir
wissen, daß die Funktion der Universität gleichbleibt, solange
das System als Ganzes nicht wechselt. Aber wir glauben, daß
wir Breschen schlagen können.

J.-P. S.: Dies würde die Existenz einer »antiinstitutionellen«
Bewegung voraussetzen, die verhindert, daß studentische Ge-
genkräfte sich bilden können. Denn Sie werfen der UNEF

14. Juni
Die *Goldene Leinwand*
wird für die beiden Auf-
klärungsfilme *Helga* und
Das Wunder der Liebe
verliehen. Sie wurden in
einem Jahr von mehr als
drei Millionen Zuschau-
ern besucht.

[Union Nationale des Étudiants Français] ja vor, daß es sich dabei um eine Gewerkschaft handelt, das heißt: um eine Institution, die verkalkt ist.

D. C.-B.: Wir werfen ihr besonders vor, organisiert zu sein, daß sie unfähig ist, Forderungen vorzutragen. Die Verteidigung der studentischen Interessen ist überhaupt eine problematische Sache. Was sind das für »Interessen«? Die Studenten bilden keine Klasse. Die Arbeiter und Bauern stellen eine soziale Klasse dar und haben objektive Interessen. Ihre Forderungen sind real und wenden sich an die Arbeitgeberschaft oder an die Repräsentanten der Bourgeoisie. Aber die Studenten? Wer sind ihre »Unterdrücker«, wenn nicht das System an sich?

J.-P. S.: Die Studenten sind in der Tat keine Klasse. Sie definieren sich durch ihr Alter und durch ihre Beziehung zur Wissenschaft. Der Student ist jemand, der eines Tages aufhören wird, ein Student zu sein, und dies gleichgültig in welcher Gesellschaft, selbst in der, von der wir reden.

D. C.-B.: So ist es! Und deshalb muß der Umsturz kommen. Im gegenwärtigen System weiß man: Dort sind jene, die arbeiten, hier sind die, studieren. So bleibt es bei der Trennung. Doch man kann sich ein anderes System vorstellen, in dem alle an den Aufgaben der Produktion beteiligt sind – einer durch den technischen Fortschritt der hochentwickelten Produktion –, wo trotzdem jeder die Möglichkeit behält, gleichzeitig seine Studien fortzusetzen. Es wäre ein System produktiver Arbeit und gleichzeitigen Studiums.

Es wird sicher immer besondere Fälle geben. Man kann in der mathematischen Wissenschaft nicht weit vorankommen oder etwa in der Medizin und doch zur gleichen Zeit einer anderen Beschäftigung nachgehen. Es handelt sich auch gar nicht darum, uniforme Regeln aufzustellen. Es ist das Grundprinzip, das man ändern muß. Man muß von Anfang an den Unterschied zwischen einem Studenten und einem Arbeiter verleugnen. Wohlverstanden. Das alles kann nicht schon morgen erreicht werden. Aber es hat etwas Neues begonnen, das notwendigerweise seine Fortsetzung haben wird.

J.-P. S.: Was an Ihrer Aktion interessant ist: sie setzt die Phantasie an die Macht. Auch Ihre Phantasie hat gewiß Grenzen, aber Sie haben viel mehr Ideen, als Ihre Väter hatten. Wir, die Älteren, sind auf solche Weise geformt worden, daß wir eine Vorstellung davon hatten, was möglich sei und was nicht. Ein Professor wird sagen: »Die Examina abschaffen? Niemals! Man kann ihr Verfahren ändern, abschaffen nicht!« Warum? Weil er selbst die Hälfte seines Lebens damit verbracht hat, Examina abzulegen.

Die Arbeiterklasse hat oft neue Kampfmethoden ersonnen, doch dies jeweils in Verbindung mit einer bestimmten Situation, in der sie sich gerade befand. 1936 hat sie die Besetzung der Fabriken erfunden, weil dies die einzige Waffe war, einen Wahlsieg zu festigen und auszubauen. Aber Sie haben eine Phantasie, die um vieles reicher ist. Die Parolen, die man an den Mauern der Sorbonne liest, beweisen es. Es ist etwas von euch ausgegangen, was erstaunen läßt, etwas Umwerfendes, etwas, das alles leugnet, was unsere Gesellschaft zu dem hat werden lassen, was sie heute ist. Dies möchte ich Ausdehnung des Feldes der Möglichkeiten nennen. Weicht hier nicht zurück!

17. Juni
Ein Revolutionsrat stürzt im Irak den Präsidenten Abdel Rahman Aref. In einem Schreiben der Offiziere wird der Putsch damit begründet, daß das alte Regime das Vertrauen der Massen verloren habe und daß es notwendig sei, gegen den »zionistischen Aggressor« zu kämpfen und Lösungen für die inneren Probleme des Landes zu suchen. Das führende Mitglied des Revolutionsrats ist Saddam Hussein.

18. Juni
Die Streiks in Frankreich
werden mit der Wieder-
aufnahme der Arbeit in
den Renault-Werken be-
endet.

Ludvik Vaculik

Zweitausend Worte gewidmet den Arbeitern, Bauern, Angestellten, Wissenschaftlern, Künstlern und allen

Erst bedrohte der Krieg das Leben unserer Nation. Dann kamen weitere schlechte Zeiten mit Ereignissen, die ihre seelische Gesundheit und ihren Charakter bedrohten. Mit Hoffnungen hatte die Mehrheit der Nation das Programm des Sozialismus angenommen. Dessen Leitung geriet jedoch in die Hände unrechter Leute. Es hätte nicht so sehr geschadet, daß sie nicht genügend staatsmännische Erfahrungen, sachliche Kenntnisse und philosophische Bildung besaßen, wenn sie wenigstens mehr gewöhnliche Weisheit und Anstand gehabt hätten, die Meinung anderer anhören zu können, und ihre schrittweise Ablösung durch Fähigere zugelassen hätten.

Die Kommunistische Partei, die nach dem Krieg das große Vertrauen der Menschen genoß, tauschte dieses Vertrauen allmähliche gegen Ämter ein, bis sie sie alle bekam und nichts anderes mehr hatte. Wir müssen das so sagen, und das wissen auch jene Kommunisten unter uns, deren Enttäuschung über die Ergebnisse ebenso groß ist wie die Enttäuschung der übrigen. Die fehlerhafte Linie der Führung hat die Partei aus einer politischen Partei und einem von einer Idee durchdrungenen Bund in eine Machtorganisation verwandelt, die große Anziehungskraft auf herrschsüchtige Egoisten gewann, auf neiderfüllte Feiglinge und auf Leute mit schlechtem Gewissen. Ihr Zustrom beeinflußte Charakter wie Verhalten der Partei, die im Inneren nicht so eingerichtet war, daß in ihr ohne beschämende Vorfälle ordentliche Menschen hätten Einfluß gewinnen können, die sie stetig gewandelt hätten, damit sie jederzeit in die moderne Welt paßt. Viele Kommunisten bekämpften diesen Verfall, es mißlang ihnen jedoch, irgend etwas davon zu verhindern, was geschehen ist.

Die Verhältnisse in der Kommunistischen Partei waren das Modell und die Ursache der gleichen Verhältnisse im Staat. Ihre Verbindung mit dem Staat führte dazu, daß sie den Vorteil des Abstandes von der ausübenden Macht einbüßte. Die Tätigkeit des Staates und der Wirtschaftsorganisationen unterlagen keiner Kritik. Das Parlament verlernte zu beraten, die Regierung zu regieren und die Direktoren zu leiten. Die Wahlen hatten keine Bedeutung, die Gesetze verloren ihr Gewicht. Wir konnten unseren Vertretern in keinem Ausschuß vertrauen, und wenn wir das konnten, ließ sich von ihnen wiederum nichts verlangen, weil sie nichts erreichen konnten. Noch schlimmer war jedoch, daß wir einander beinahe nicht mehr vertrauen konnten. Die persönliche und kollektive Ehre verfiel. Ehrlich währte nicht mehr am längsten, und von irgendeiner Wertung nach der Fähigkeit konnte nicht die Rede sein. Darum verloren die meisten Leute das Interesse für öffentliche Dinge und kümmerten sich nur um sich selbst und ums Geld, wobei zu den schlechten Verhältnissen auch gehört, daß nicht einmal aufs Geld heutzutage Verlaß ist. Die Beziehungen zwischen den Menschen verkamen, die Freude an der Arbeit verflüchtigte sich, kurzum, über die Nation brachen Zeiten herein, die ihre seelische Gesundheit und ihren Charakter gefährdeten.

Für den heutigen Zustand sind wir alle verantwortlich, mehr jedoch die Kommunisten unter uns, die Hauptverantwortung aber tragen jene, die Bestandteil oder Instrument der unkontrollierten Macht waren. Es war das die Macht einer eigensinnigen Gruppe, die sich mit Hilfe des Parteiapparats von Prag aus bis in jeden Bezirk und in jede Gemeinde erstreckte. Dieser Apparat entschied, wer was tun und nicht tun durfte, er leitete für die Genossenschaftler die Genossenschaften, für die Arbeiter die Betriebe, für die Bürger die Nationalausschüsse. Keine Organisation, nicht einmal eine kommunistische, gehörte in Wirklichkeit ihren Mitgliedern. Die Hauptschuld und der allergrößte Betrug dieser Herrscher ist, daß sie ihre Willkür für den Willen der Arbeiterschaft ausgaben. Wollten wir diese Vorspiegelung glauben, so müßten wir heute der Arbeiterschaft die Schuld am Niedergang unserer Wirtschaft zusprechen, an den an schuldlosen Menschen verübten Verbrechen, an der Einführung der Zensur, die verhinderte, daß man über all dies schreiben konnte, dann wären die Arbeiter schuld an den Fehlinvestitionen, an den Verlusten des Handels, am Wohnungsmangel. Kein vernünftiger Mensch wird selbstverständlich an eine solche Schuld der Arbeiterschaft glauben. Wir alle wissen, insbesondere jeder Arbeiter, daß die Arbeiterschaft praktisch über nichts entschied. Über die Arbeiterfunktionäre ließ jemand anderer abstimmen. Während viele Arbeiter meinten, sie regierten, regierte in ihrem Namen eine eigens erzogene Schicht von Funktionären des Partei- und Staatsapparats. Diese nahmen faktisch den Platz der gestürzten Klasse ein und wurden selber zur neuen Obrigkeit. Gerechterweise wollen wir jedoch sagen, daß sich manche von ihnen dieses üble Spiel der Geschichte seit langem vergegenwärtigten. Wir erkennen sie heute daran, daß sie Unrecht wiedergutmachen, Fehler berichtigen, die Entscheidungsgewalt der Mitgliedschaft und den Bürgern zurückerstatten, die Vollmacht und den zahlenmäßigen Stand des Beamtenapparats einschränken. Mit uns wenden sie sich

19. Juni
Jumpin' Jack Flash von den *Rolling Stones* landet auf Platz 1 der britischen Hitparade.

22. Juni
Eröffnung der 34. Bien-
nale in Venedig unter
starkem Polizeischutz.
Aus Protest gegen den
Polizeieinsatz ziehen
viele Künstler ihre Werke
zurück.

gegen rückständige Ansichten innerhalb der Parteimitglied-
schaft. Aber ein großer Teil der Funktionäre sträubt sich gegen
Veränderungen und hat noch immer Gewicht! Noch immer
hält er Machtmittel in den Händen, insbesondere in den Bezirken und Gemeinden, wo er sie insgeheim und unbelangbar
anwenden kann.

Seit Beginn dieses Jahres befinden wir uns im Erneuerungsprozeß der Demokratisierung. Er hat in der Kommunistischen
Partei begonnen. Wir müssen das sagen, und das wissen auch
die Nichtkommunisten unter uns, die von dort nichts Gutes
mehr erwartet hatten. Ergänzen muß man allerdings, daß dieser
Prozeß auch nirgend anderswo beginnen konnte. Konnten
doch nur die Kommunisten volle zwanzig Jahre lang eine Art
politisches Leben führen, war doch nur die kommunistische
Kritik dort, wo die Dinge gemacht wurden, hatte doch nur die
Opposition in der Kommunistischen Partei das Vorrecht, mit
dem Gegner in Fühlung zu stehen. Darum sind die Initiative
und die Bemühungen der demokratischen Kommunisten nur
eine Abzahlung auf die Schuld, die die gesamte Partei gegenüber den Nichtkommunisten trägt, die sie in einer keineswegs
gleichberechtigten Stellung erhalten hat. Der Kommunistischen Partei gebührt somit kein Dank, zugestanden muß ihr
vielleicht werden, daß sie sich ehrlich bemüht, die letzte Gelegenheit wahrzunehmen, um ihre Ehre und die Ehre der Nation
zu retten. Der Erneuerungsprozeß kommt mit nichts, was allzu
neu wäre. Er bringt Gedanken und Themen, von denen viele
älter sind als die Irrtümer unseres Sozialismus und andere unter
der Oberfläche der sichtbaren Geschehnisse entstanden, die
längst hätten ausgesprochen werden sollen, aber unterdrückt
wurden. Hegen wir nicht die Illusion, daß diese Gedanken jetzt
durch die Kraft der Wahrheit siegen. Über ihren Sieg hat eher
die Schwäche der alten Führung entschieden, die offensichtlich
erst durch zwanzigjährige Herrschaft ermüden mußte, an der
sie niemand hinderte. Sichtlich mußten alle fehlerhaften Elemente voll ausreifen, die bereits in den Grundlagen und in der
Ideologie dieses Systems verborgen lagen. Überschätzen wir
darum nicht die Bedeutung der Kritik aus den Reihen der
Schriftsteller und Studenten. Quelle der gesellschaftlichen Veränderungen ist die Wirtschaft. Ein richtiges Wort hat nur dann
Bedeutung, wenn es unter Verhältnissen ausgesprochen wird,
die schon richtig bearbeitet sind. Richtig bearbeitete Verhältnisse – darunter muß man bei uns leider unsere gesamte Arms-
ligkeit und den gänzlichen Zerfall des alten Herrschaftssystems
verstehen, in dem sich in Ruhe und Frieden Politiker eines
gewissen Typs auf unsere Kosten kompromittierten. Die Wahr-

heit siegt somit nicht, die Wahrheit bleibt einfach übrig, wenn man alles sonstige verschleudert! Darum besteht kein Anlaß zu nationalem Siegesjubel, nur Grund zu neuer Hoffnung

Wir wenden uns an Euch in diesem Augenblick der Hoffnung, die jedoch ständig gefährdet ist. Es hat mehrere Monate gedauert, bis viele von uns das Vertrauen gewannen, daß sie frei sprechen können, viele aber glauben das nicht einmal jetzt. Doch wir haben endlich so gesprochen und uns soweit enthüllt, daß wir unsere Absicht, dieses Regime zu vermenschlichen, einzig und allein vollenden müssen. Sonst würden die alten Kräfte grausam Vergeltung üben. Wir wenden uns vor allem an jene, die bisher nur abgewartet haben. Die Zeit, die anbricht, wird für viele Jahre entscheidend sein.

Die Zeit, die anbricht, ist ein Sommer mit Ferien und Urlaub, in dem wir nach altem Brauch Lust haben werden, alles stehen- und liegenzulassen. Wetten wir jedoch, daß sich unsere lieben Gegner keine Sommerfrische gönnen werden, sie werden die ihnen verpflichteten Leute mobilisieren und sich schon jetzt ruhige Weihnachtsfeiertage verschaffen wollen! Passen wir darum auf, was geschehen wird, suchen wir es zu verstehen und zu antworten. Geben wir die unmögliche Forderung auf, daß uns stets irgendein Höherer zu den Dingen eine einzige Auslegung und eine einzige einfache Schlußfolgerung liefert. Jeder wird seine Schlußfolgerungen selber ziehen müssen, auf eigene Verantwortung. Gemeinsame, übereinstimmende Schlußfolgerungen kann man nur in einer Diskussion ermitteln, zu der man jene Freiheit des Wortes benötigt, die eigentlich unsere einzige demokratische Errungenschaft dieses Jahres ist.

In die nächsten Tage müssen wir jedoch mit eigener Initiative und mit eigenen Entschlüssen gehen.

Vor allem werden wir, falls sie auftauchen sollten, Ansichten entgegentreten, daß es möglich sei, irgendeine demokratische Wiedergeburt ohne die Kommunisten vorzunehmen, gegebenenfalls sogar gegen sie. Das wäre ungerecht, aber auch unvernünftig. Die Kommunisten haben ausgebaute Organisationen, in denen man den fortschrittlichen Flügel unterstützen muß. Sie besitzen erfahrene Funktionäre, sie haben schließlich ständig die entscheidenden Hebel und Drücker in ihren Händen. Vor der Öffentlichkeit steht jedoch ihr Aktionsprogramm, das auch das Programm des ersten Ausgleichs der größten Ungleichheit ist, und niemand anderer hat irgendein ebenso konkretes Programm. Man muß verlangen, daß sie mit ihren örtlichen Aktionsprogrammen in jedem Bezirk und in jeder Gemeinde vor die Öffentlichkeit treten. Hier wird es plötzlich um sehr einfache und schon lange erwartete richtige Taten gehen.

23. Juni
Der Regisseur Johannes Schaaf wird für seinen Film *Tätowierung* mit dem Bundesfilmpreis, dem *Filmband in Gold*, ausgezeichnet.

Die KPC bereitet sich auf den Parteitag vor, der ein neues Zentralkomitee wählen wird. Fordern wir, daß es ein besseres sei als das jetzige. Wenn die Kommunistische Partei heute sagt, daß sie künftig ihre führende Stellung auf das Vertrauen der Bürger stützen will und nicht auf Gewalt, so laßt uns das glauben, sofern wir den Leuten glauben können, die sie schon jetzt als Delegierte auf die Bezirks- und Kreiskonferenzen entsendet.

In letzter Zeit sind die Leute beunruhigt, der Fortschritt der Demokratisierung könnte zum Stillstand gekommen sein. Dieses Gefühl ist teils eine Ermüdungserscheinung infolge des bewegten Geschehens, teils entspricht es einer Tatsache: Eine Saison voller überraschender Enthüllungen, hoher Demissionen und berauschender Reden von nie dagewesener Kühnheit ist abgelaufen. Das Ringen der Kräfte hat sich jedoch nur einigermaßen verborgen, man kämpft um den Inhalt und Wortlaut von Gesetzen, um den Umfang praktischer Maßnahmen. Außerdem müssen wir den neuen Leuten, den Ministern, Staatsanwälten, Vorsitzenden und Sekretären Zeit zur Arbeit vergönnen. Sie haben ein Anrecht auf diese Zeit, damit sie sich entweder bewähren oder unmöglich machen können. Darüber hinaus kann man in den zentralen politischen Organen heute nicht mehr erwarten. Ohnedies haben sie unwillkürlich bewundernswerte Tugenden bezeigt.

Die praktische Qualität der zukünftigen Demokratie hängt jetzt davon ab, was mit den Unternehmen und in den Unternehmen geschehen wird. Bei allen unseren Diskussionen haben uns schließlich die Wirtschaftler in der Hand. Gute Wirtschaftler muß man suchen und durchsetzen. Es ist wahr, daß wir alle im Vergleich mit den entwickelten Ländern schlecht bezahlt sind und manche noch schlechter. Wir können mehr Geld fordern – das sich drucken und damit entwerten läßt. Fordern wir jedoch lieber von den Direktoren und Vorsitzenden, daß sie uns darlegen, was und für wieviel Geld sie herstellen wollen, wieviel man verdienen wird, was davon man zur Modernisierung der Produktion anlegen wird und was man verteilen kann. Unter scheinbar langweiligen Überschriften verläuft in den Zeitungen der Widerhall eines überaus harten Kampfes um die Demokratie oder um Futtertröge. In ihn können die Arbeiter als Unternehmer dadurch eingreifen, wen sie in die Verwaltungen der Unternehmen und in die Werksräte wählen werden. Als Angestellte können sie für sich am besten handeln, wenn sie als ihre Vertreter in die Gewerkschaftsorgane ihre natürlichen Führer wählen, fähige und ehrenhafte Menschen ohne Rücksicht auf ihre Parteizugehörigkeit.

Wenn zur Zeit von den gegenwärtigen zentralen politischen Organen nicht mehr zu erwarten ist, gilt es mehr in den Bezirken und Gemeinden zu erreichen. Fordern wir den Abgang der Leute, die ihre Macht mißbraucht, das öffentliche Eigentum geschädigt, ehrlos oder grausam gehandelt haben. Man muß Methoden ausfindig machen, um sie zum Abgang zu veranlassen. Zum Beispiel: öffentliche Kritik, Resolutionen, Demonstrationen, demonstrative Arbeitsbrigaden. Spendensammlung für ihren Abgang in den Ruhestand, Streik, Boykott ihrer Türen. Abzulehnen sind jedoch ungesetzliche, unanständige und grobe Methoden, da sie diese zur Beeinflussung Alexander Dubčeks ausnützen würden. Unsere Abscheu gegen das Schreiben grober Briefe muß derart allgemein sein, daß man jeden derartigen Brief, den sie noch erhalten werden, als einen Brief betrachten kann, den sie sich selbst haben zuschicken lassen. Beleben wir die Tätigkeit der Nationalen Front. Fordern wir öffentliche Sitzungen der Nationalausschüsse. Für Fragen, mit denen niemand etwas zu schaffen haben will, bilden wir eigene Bürgerausschüsse und -kommissionen. Das ist ganz einfach: Ein paar Leute kommen zusammen, wählen ihren Vorsitzenden, führen ordnungsgemäß Protokoll, veröffentlichen ihren Befund, fordern eine Lösung, lassen sich nicht einschüchtern. Verwandeln wir die Bezirks- und Ortspresse, die meist zu einem amtlichen Sprachrohr degeneriert ist, in eine Tribüne aller positiven politischen Kräfte, fordern wir die Bildung von Redaktionsräten aus Vertretern der Nationalen Front, oder gründen wir andere Zeitungen. Bilden wir Ausschüsse zur Verteidigung der Freiheit des Wortes. Organisieren wir bei unseren Versammlungen einen eigenen Ordnungsdienst. Sollten wir Gerüchte hören, so laßt uns sie beglaubigen, entsenden wir Delegationen zu den zuständigen Stellen, veröffentlichen wir ihre Antworten, etwa durch Anschlag am Tor. Unterstützen wir die Sicherheitsorgane, wenn sie wirkliche Straftaten verfolgen, unser Streben geht nicht dahin, Anarchie und einen Zustand allgemeiner Unsicherheit herbeizuführen. Vermeiden wir nachbarlichen Zank, ergehen wir uns nicht in politischen Vermutungen! Enthüllen wir Spitzel!

Die belebte sommerliche Bewegung in der gesamten Republik wird Interesse für die Regelung des staatsrechtlichen Verhältnisses zwischen Tschechen und Slowaken hervorrufen. Wir erachten die Föderalisierung als eine Art und Weise, die nationale Frage zu lösen, ansonsten ist sie nur eine der bedeutsamen Maßnahmen zur Demokratisierung der Verhältnisse. Diese Maßnahme an und für sich muß auch den Slowaken noch kein besseres Leben bringen. Das Regime – gesondert in den tsche-

25. Juni
Verabschiedung eines Rehabilitationsgesetzes für die Opfer politischer Prozesse durch die Nationalversammlung der ČSSR.

26. Juni
Abschluß eines Assozia-
tionsabkommens zwi-
schen der EWG und den
Staaten der Ostafrikani-
schen Gemeinschaft.

chischen Ländern und gesondert in der Slowakei – wird dadurch noch nicht geregelt. Die Herrschaft der parteilich-staat-
lichen Bürokratie kann weiterbestehen, in der Slowakei sogar
um so eher, weil sie gewissermaßen »größere Freiheit erkämpft
hat«.

Große Beunruhigung geht in letzter Zeit von der Möglichkeit
aus, daß ausländische Kräfte in unsere Entwicklung eingreifen
könnten. Angesichts jeglicher Übermacht können wir einzig
und allein anständig auf unserem Standpunkt beharren und mit
niemandem Streit vom Zaun brechen. Unserer Regierung können wir zu verstehen geben, daß wir notfalls mit der Waffe
hinter ihr stehen werden, solange sie das tun wird, wofür wir ihr
unser Mandat geben werden, und unseren Verbündeten können
wir versichern, daß wir unsere Bündnis-, Freundschafts- und
Wirtschaftsverträge einhalten werden. Unsere gereizten Vor-
würfe und unbelegten Verdächtigungen müssen die Stellung
unserer Regierung nur erschweren, ohne uns zu helfen. Gleichberechtigte Beziehungen können wir uns ohnehin einzig und
allein dadurch sichern, daß wir unsere inneren Zustände qualitativ verbessern und unseren Erneuerungsprozeß so weit
führen, daß wir uns durch Wahlen Staatsmänner erwählen,
die soviel Standhaftigkeit, Ehre und politisches Können besitzen werden, um solche Beziehungen herzustellen und aufrechtzuerhalten. Das ist übrigens ein Problem durchweg aller Regierungen sämtlicher kleineren Staaten der Welt!

In diesem Frühling ist von neuem wie nach dem Krieg eine
große Chance zu uns zurückgekehrt. Von neuem haben wir die
Möglichkeit, unsere gemeinsame Sache in die Hände zu nehmen, die den Arbeitstitel Sozialismus trägt, und ihr eine Gestalt
zu verleihen, die unserem einst guten Ruf und der verhältnis-
mäßig guten Meinung entspräche, die wir ursprünglich von uns
hatten. Dieser Frühling ist soeben zu Ende gegangen und wird
nie wiederkehren. Im Winter werden wir alles erfahren.

Damit endet dieser unser Aufruf an die Arbeiter, Bauern, Angestellten, Künstler, Wissenschaftler, Techniker und an alle.
Geschrieben wurde er auf Anregung der Wissenschaftler.

Beno Blachut, National-Künstler, Mitglied des National-Theaters in
Prag; Dr. med. Jan Brod, Universitäts-Professor, Doktor der Wissenschaften, Direktor des Instituts für Kreislauf-Erkrankungen in Prag;
Marie Buzkova, veterinär-medizinische Betreuerin einer Schweine-
zuchtanstalt in Chotebuz; Bohumil Bydzovsky, Akademiker, Mathe-
matiker; Dr. Jiri Cvekl, Dozent, Philosoph; Vera Caslavska, Olympiasiegerin; Zdenek Cechrak, Arbeiter in der böhmisch-mährischen Kolben-Danek-Fabrik; Zdenek Fiala, Techniker in der böhmisch-mährischen Kolben-Danek-Fabrik; Milan Hanus, Arbeiter in der böhmisch-
mährischen Kolben-Danek-Fabrik; Jiri Hanzelka, Ingenieur, Schrift-

steller; Dr. med. Miroslav Holub, Wissenschaftlicher Mitarbeiter am Mikrobiologischen Institut der Tschechoslowakischen Akademie der Wissenschaften; Zdenek Holec, Arbeiter in der böhmisch-mährischen Kolben-Danek-Fabrik; Rudolf Hrusinsky, Schauspieler und Regisseur; Dusan Hruza, Arbeiter in der böhmisch-mährischen Kolben-Danek-Fabrik; Jan Chocena, selbständiger Landwirt in Chotebuz; Jaromil Jires, Film-Regisseur; Dr. med. Vilo Jurkovic, Universitäts-Professor, Doktor der Wissenschaften, Leiter der zweiten Internen Klinik der medizinischen Fakultät der Karls-Universität in Königgrätz; Dr. med. Vera Kadlecova, Universitäts-Professor, Doktor der Wissenschaften, Leiterin der Augenklinik im Krankenhaus der medizinischen Fakultät der Karls-Universiät in Prag; Dr. A. Knop, Dozent, Pädagogisches Institut in Ostrau; Karel Kosik, Philosoph; Jaromir Koutek, Akademiker, Geologe; Otomar Krejca, Regisseur; Dr. med. Jiri Kral, Universitäts-Professor, Doktor der Wissenschaften, Leiter des Medizinischen Instituts für Leibesübungen in Prag; Miroslav Kral, Ingenieur, Kandidat der Wissenschaften, Hochschule für Politik des ZK der KPC; Karel Krautgartner, Dirigent; Dr. Vladislav Kruta, Universitäts-Professor, Doktor der Wissenschaften, Leiter des Physiologischen Instituts der J. E. Purkyne-Universität in Brünn; Vilem Laufberger, Akademiker, Leiter des Laboratoriums für graphische Untersuchungs-Methoden in Prag; Dr. med. Pavel Lukl, Universitäts-Professor, Leiter der Internen Klinik der Palacky-Universität in Olmütz, Präsident der Kardiologischen Gesellschaft und Vize-Präsident der Europäischen Kardiologischen Gesellschaft; Dr. jur. Bozena Patkova, Advokatin in Prag; Emil Petyrek, Korrespondierendes Mitglied der Tschechoslowakischen Akademie der Wissenschaften, Diplom-Ingenieur, Direktor des Bergbau-Instituts der Tschechoslowakischen Akademie der Wissenschaften; Zuzana Marysova, Staats-Domäne in Chotebuz; Jiri Menzel, Regisseur; Vladimir Mostecky, Techniker in der böhmisch-mährischen Kolben-Danek-Fabrik; Josef Neversil, Arbeiter in der böhmisch-mährischen Kolben-Danek-Fabrik; Jaroslav Nemec, Arbeiter in der bömisch-mährischen Kolben-Danek-Fabrik; Yvonne Prenosilova, Sängerin; Dr. med. Otokar Poupa, Universitäts-Professor, Korrespondierendes Mitglied der Tschechosl. Ak. d. Wissenschaften, Doktor der Wissenschaft, Leiter der 3. Abtlg. des Physiologischen Instituts an der Tschechosl. Ak. d. Wissensch. in Prag; Dr. med. Jaroslav Prochazka, Universitäts-Professor, Doktor der Wissensch., Leiter der Chirurgischen Klinik am Krankenhaus der medizinischen Fakultät in Königgrätz; Alfred Radok, National-Künstler, Regisseur; Emil Radok, Film-Regisseur; Jiri Raska, Olympiasieger; Jaroslav Seifert, National-Künstler; Dr. med. V. Sekla, Universitäts-Professor, Doktor der Wissensch., Leiter des Biologischen Instituts der Karls-Universität in Prag; Zdenek Servit, Akademiker, Doktor der Wissenschaft, Direktor des Physiologischen Instituts der Tschechosl. Ak. der Wissensch. in Prag; Jiri Slama, Ingenieur, Dozent, Kandidat der Wissensch., Forschungs-Institut für Wirtschaftlichkeit in der Industrie und Bauwesen in Prag; Dr. med. Oldrich Stary, Universitäts-Professor, Doktor der Wissensch., Rektor der Karls-Universität in Prag, Korrespondierendes Mitglied der Tschechosl. Ak. der Wissensch.; Jiri Snizek, Techniker in der böhmisch-mährischen Kolben-Danek-Fabrik; Jiri Suchy, Dichter; Dr. med. Vojmir Sevcik, Universitäts-Dozent, Landes-

27. Juni
In der Zeitschrift *Literarni Listy* erscheint das *Manifest der 2000 Worte*, das sich entschieden für eine radikale Demokratisierung einsetzt. Novotnys Anhänger benutzen es für Angriffe gegen Dubček.

27. Juni
Durch Happenings von Künstlerinnen und Künstlern wird während der offiziellen Eröffnung der documenta 4 in Kassel, deren Schwerpunkt die Pop-Art ist, provokativ auf das Fehlen weiterer wichtiger zeitgenössischer Kunstströmungen, wie Fluxus, Environment und Happening, hingewiesen.

traumatologe Nordmährens in Ostrau; Jiri Slitr, Komponist; Karel Silha, Arbeiter in der böhmisch-mährischen Kolben-Danek-Fabrik; Vaclav Sroub, Arbeiter in der böhmisch-mährischen Kolben-Danek-Fabrik; Jan Svankmajer, Film-Regisseur; Professor Dr. phil. Ladislav Tondl, Doktor der Wissensch., Kabinett für Theorie und Wissenschafts-Methodologie an der Tschechosl. Ak. d. Wissensch. in Prag; Jiri Trnka, National-Künstler, Regisseur und bildender Künstler; Marie Tomasova, Schauspielerin; Josef Topol, Schriftsteller; Jan Triska, Schauspieler; Ludvik Vaculik, Journalist (Autor des obigen Textes); Karel Vojir, Arbeiter in der böhmisch-mährischen Kolben-Danek-Fabrik; Dr. med. Jan Vanysek, Universitäts-Professor, Doktor der Wissensch., Prorektor der Purkyne-Universität in Brünn; Dr. med. V. Vejdovsky, Universitäts-Professor, Doktor d. Wissensch., Leiter der Augenklinik der Palacky-Universität in Olmütz; Dr. med. Jiri Velaminsky, Universitäts-Dozent, Landes-Internist in Nord-Mähren, Ostrau; Viktor Vörös, Arbeiter in der böhmisch-mährischen Kolben-Danek-Fabrik; Jan Werich, National-Künstler; Otto Wichterle, Akademiker, Leiter der Makromolekular-Chemie an der Tschechosl. Ak. d. Wissensch. in Prag; Jaroslav Vojta, National-Künstler, Mitglied des Schauspiel-Ensemble des National-Theaters; Emil Zatopek, Oberst, Olympiasieger; Dana Zatopkowa, Olympiasiegerin; Jindrich Zogala, Ing. Agr., Karwin.

Abisag Tüllmann
Frankfurt 1968

Bild 1

Bild 2

Bild 3

Bild 4

Bild 5

Bild 6

Bild 7

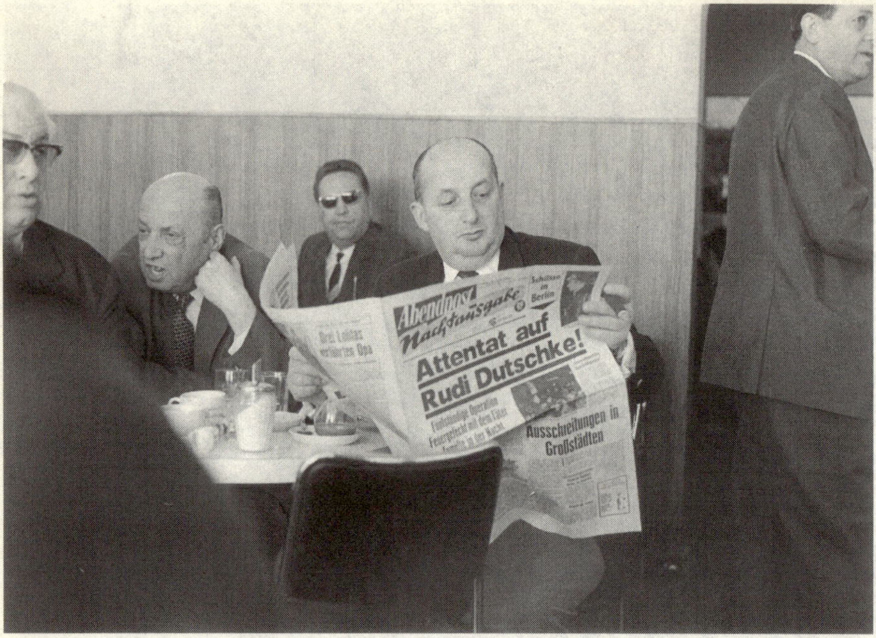
Abendpost
Nachtausgabe
Attentat auf Rudi Dutschke!
Ausschreitungen in Großstädten

Bild 8

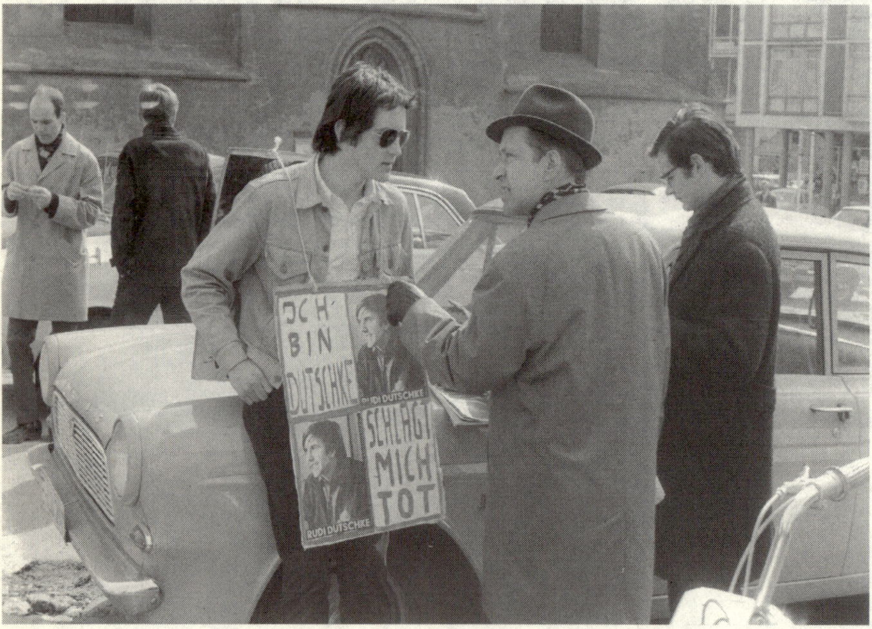
JCH BIN DUTSCHKE
RUDI DUTSCHKE
SCHLAGT MICH TOT
RUDI DUTSCHKE

Bild 9

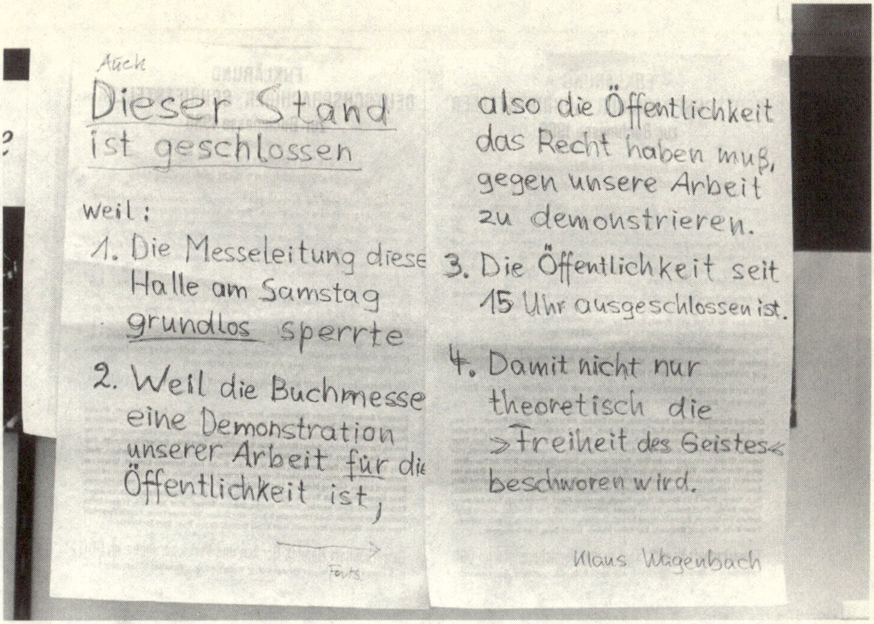

Auch

Dieser Stand
ist geschlossen

weil:

1. Die Messeleitung diese
   Halle am Samstag
   grundlos sperrte

2. Weil die Buchmesse
   eine Demonstration
   unserer Arbeit für die
   Öffentlichkeit ist;

→ forts

also die Öffentlichkeit
das Recht haben muß,
gegen unsere Arbeit
zu demonstrieren.

3. Die Öffentlichkeit seit
   15 Uhr ausgeschlossen ist.

4. Damit nicht nur
   theoretisch die
   »Freiheit des Geistes«
   beschworen wird.

Klaus Wagenbach

Bild 10

Bild 11

Bild 12

Bild 13

Bild 14

Bild 15

Bild 16

Bild 17

Bild 18

Bild 1: Gebäude der Uni Frankfurt, nachdem die von Studenten besetzte Universität von der Polizei gestürmt und danach von der Polizei besetzt worden war.
27.-30. Mai 1968.
Foto: Abisag Tüllmann (Tü 68/VI/92-17)

Bild 2: Bonn: »Sternmarsch« gegen die Verabschiedung der Notstandsgesetze.
11. Mai 1968.
Foto: Abisag Tüllmann (Tü 68/V/63-2)

Bild 3: Innenansicht der von der Polizei gestürmten und anschließend besetzten Gebäude der Johann Wolfgang Goethe-Universität.
Frankfurt am Main, 27.-30. Mai 1968.
Foto: Abisag Tüllmann (Tü/68/83-30a)

Bild 4: XXIII. Ordentliche SDS-Delegiertenkonferenz im Studentenhaus der Universität Frankfurt/M. Fritz Teufel am Rednerpult.
12.-16. September 1968.
Foto: Abisag Tüllmann (Tü 68/IX/217-33a)

Bild 5: Proteste gegen die Verleihung des Friedenspreises des Deutschen Buchhandels an Léopold S. Senghor. Die Demonstranten auf der Berliner Straße in Frankfurt/M. kicken die von der Polizei geworfenen Tränengasbehälter in Richtung Polizei zurück.
September 1968.
Foto: Abisag Tüllmann (Tü 68/IX/226-2)

Bild 6: Demonstration gegen die Abschiebung des iranischen Studenten (und SDS-Sympathisanten) Ahmad Taheri. Polizisten sammeln Pflastersteine auf.
Frankfurt am Main, April 1969.
Foto: Abisag Tüllmann (Tü 68/125-22A)

Bild 7: Schüler- und Studentenkongreß, einberufen vom Verband Deutscher Studentenschaften (VDS), in der Universität Frankfurt/M. Jürgen Habermas trägt in der Mensa seine SDS-Kritik vor. 1. Juni 1968.
Foto: Abisag Tüllmann (Tü 68/VI/89-26a)

Bild 8: Szene in einem Frankfurter Café: Ein Zeitungsleser informiert sich über das Attentat auf Rudi Dutschke.
11. April 1968.
Foto: Abisag Tüllmann (Tü 68/31-3 OA)

Bild 9: Nach dem Attentat auf Rudi Dutschke:
Ostermarschierer sammeln sich auf dem Römerberg. Diskussion mit einem Passanten. Frankfurt am Main, 1968 Motiv 1 von 2
Foto: Abisag Tüllmann (Tü 68/IV/41-12a)

27. Juni
Es erscheint *Impromptus*, die zweite Folge der musikalischen Aufsätze von Theodor W. Adorno.

27. Juni
Publikation der von
Erika Runge aufgezeich-
neten *Bottroper Proto-
kolle* mit einem Vorwort
von Martin Walser.

Bild 10: Stellungnahme Klaus Wagenbachs am geschlossenen Stand
seines Verlages auf der Frankfurter Buchmesse.
Foto: Abisag Tüllmann, Ffm., 1968 (Tü 68/230-17)

Bild 11: 22. September 1968: Vom SDS (Sozialistischer Studentenbund)
organisierte Demonstration gegen die Verleihung des Friedenspreises
des Deutschen Buchhandels an den der Kollaboration mit dem
Kolonialismus beschuldigten senegalesischen Staatspräsidenten und
Schriftsteller Léopold Sédar Senghor.
Bild 4: Journalisten beobachten den Einsatz von Wasserwerfern gegen
die Demonstranten.
Frankfurt am Main, September 1968
Foto: Abisag Tüllmann

Bild 12: DGB-Großveranstaltung auf dem Römerberg in Frankfurt/
Main gegen den Erlaß der Notstandsgesetze. Schüler, Studenten und
Arbeiter demonstrieren gemeinsam.
27.-30. Mai 1968.
Foto: Abisag Tüllmann (Tü 68/V/56-30)

Bild 13: »Vor Beginn der Polizeiaktion«. Nach dem Attentat auf Rudi
Dutschke stehen sich Polizisten und Blockierer der Societätsdruckerei
an der Galluswarte gegenüber.
Frankfurt am Main, April 1968.
Foto: Abisag Tüllmann (Tü 68/IV/45-26a)

Bild 14: Vom SDS (Sozialistischer Studentenbund) organisierte
Demonstration gegen die Verleihung des Friedenspreises des
Deutschen Buchhandels an den der Kollaboration mit dem
Kolonialismus beschuldigten senegalesischen Staatspräsidenten und
Schriftsteller Léopold Sédar Senghor.
Bild 1: Drei Polizisten hindern die Fotografin Erika Sulzer an der
Dokumentation der Kämpfe zwischen Polizei und Demonstranten vor
dem Frankfurter Hof.
Frankfurt am Main, 22. September 1968
Foto: Abisag Tüllmann

Bild 15: Teilnehmer der außerordentlichen Delegiertenkonferenz des
Sozialistischen Deutschen Studentenbundes, die im März 1968 in der
Mensa der Johann Wolfgang Goethe-Universität stattfand.
Frankfurt am Main, März 1968.
Foto: Abisag Tüllmann (Tü 68/14-31)

Bild 16: Außerordentliche SDS-Delegiertenkonferenz in der Johann
Wolfgang Goethe-Universität zu Frankfurt am Main.
Am vorderen Tisch in der Mitte. K. D. Wolff
März 1968.
Foto: Abisag Tüllmann (Tü 68/14-36)

Bild 17: Während des Studentenstreiks: Mitglieder des SDS und
H.-J. Krahl im besetzten Soziologischen Institut.

Dezember 1968.
Foto: Abisag Tüllmann (Tü 68/XII/368-6a)

Bild 18: Buchmesse Frankfurt/M. Teach-in des SDS vor dem Stand des Diederichs Verlages zu dem dort mit dem Titel »Negritude und Humanismus« präsentierten Band des Friedenspreisträgers Léopold S. Senghor. Daniel Cohn-Bendit mit Megaphon.
21. September 1968.
Foto: Abisag Tüllmann (Tü 68/220-14a)

Fotos: © Bildarchiv Preußischer Kulturbesitz/Abisag Tüllmann-Archiv.

27. Juni
In der VR China werden mit Hilfe der Armee die Roten Garden aus den Universitäten gedrängt.

30. Juni
Bei den Wahlen zur
Nationalversammlung in
Frankreich erringen die
Gaullisten die absolute
Mehrheit.

Hans Magnus Enzensberger
Berliner Gemeinplätze

1. Wiedergänger. Ein Gespenst geht um in Europa: das Gespenst der Revolution. Der Revenant wird begrüßt wie sein
großer Vorläufer: mit Hohn und Panik, Skepsis und Hysterie,
und wie jenem, nur in feinerer Dosierung, wird ihm begegnet:
mit Beschwichtigung und Unterdrückung. Die Totbeter sind
am Werk, die Totschläger warten auf ihre Stunde.
Wovon hier gesprochen wird, noch ist es bloß ein Schatten. Die
Revolution in Europa ist keine materielle Gewalt. Weil ihr eine
starke Klassenbasis fehlt, wirkt sie körperlos. Viele halten sie
für eine Marotte, die Sache der Minderheit einer Minderheit,
nämlich der Intelligenz. Wahr daran bleibt, daß es der herrschenden Klasse in den Metropolen gelungen ist, das politische
Bewußtsein der Mehrheit einzuschmelzen und zu liquidieren.
Es ist ein Indiz der Unterdrückung, die in unseren Gesellschaften herrscht, daß politisches Bewußtsein zum Privileg
einer Minderheit geworden ist und daß nur eine Minderheit
dieser Minderheit jenes Privileg gebraucht.
Aber kein Schatten ohne einen Körper, der ihn wirft; ohne
Leiche kein Gespenst. Der Schatten der Revolution ist der
Schatten einer andern, größeren, der hungernden, ausgeplün-
derten und von Bomben zerfetzten Welt. Ihre Toten suchen uns
heim. Die Revolution in Europa ist bis heute nur ein Schatten
jener Revolutionen, die Europa vergebens niederzuschlagen
versucht hat. Heute überläßt es diese Arbeit, aus Schwäche,
nicht aus Einsicht, den Vereinigten Staaten von Amerika. Jeder
Sieg und jede Niederlage in diesem Kampf taucht uns tiefer in
den Schatten der Revolution. Was da wiederkehrt, die Ruhe
stört, sich nicht abweisen lassen will, ist die Zukunft. Sofern das
Wort noch einen Sinn hat, in Europa.

2. Lippenlesen. Das kann doch nicht Ihr Ernst sein. Schon das
bloße Wort! *Revolution*: ein Ausdruck, mit dem nur noch die
Werbebranche arbeitet. Revolution auf dem Waschmittel-
markt, Revolution im Investment-Geschäft. Was darüber geht,
ist vom Übel. Wirrköpfe. Amokläufer. Krawallmacher. Knall-
tüten. Radaubrüder. Sektierer. Nützliche Idioten. Mottenkiste.
Verstaubte Parolen. Also an der Oberfläche achselzuckende
Ironie, beim ersten Kratzer beleidigtes Vogelzeigen, und wenn
der Lack abblättert: Furcht und Zittern, Schreikrampf, Knüppel aus dem Sack, Ernstfall. Zeitlupe: Die Kamera erfaßt, hinter
der Absperrung, den Passanten, der stehenbleibt, sich umwen-

det, Überraschung zeigt, langsam den Mund öffnet, der Ton ist weg, die Gummilinse holt den Kopf näher heran, der Mund ist jetzt weit offen, wer keine Übung hat, denkt an ein Fußballspiel und hört *Tor*, andere, die sich aufs Lippenlesen verstehen, hören den Ruf nach der Gaskammer.

3. Fremdwort. Die Revolution, plur. die -en, eine gänzliche Veränderung in dem Laufe oder der Verbindung der Dinge. So nennt man ungewöhnlich große Überschwemmungen, Erdbeben, welche große Erdstriche verändern, Revolutionen in der Natur, die Reformation eine Revolution in dem menschlichen Verstande. Besonders die gänzliche Veränderung in der Verfassung eines Reiches, wenn z. B. eine Monarchie in eine Republik, diese in eine Monarchie verwandelt, die Erbfolge auf eine gewalttätige Art verändert wird. Die Englische, die Französische Revolution. Man hat dieses fremde Wort in den neuesten Zeiten mit einem deutschen zu vertauschen gesucht. Das unglücklichste, worauf man fallen konnte, war wohl Umwälzung und Staatsumwälzung, wie es nicht den Begriff der Sache ausdrückt, sondern eine buchstäbliche Übersetzung des fremden Wortes ist und einen harten und unserer Sprache fremden Tropus enthält. *Adelung 1807*

4. Versäumnisurteil. Überall, selbst in den Vereinigten Staaten, erinnert das Wort Revolution an die besseren Möglichkeiten der Nation. In Deutschland ist es ein Fremdwort geblieben. Die einzige siegreiche Revolution, die wir zu verzeichnen haben, ist mit Waffengewalt importiert worden. Deutsche haben sie nicht gemacht, nur verwaltet oder über sich ergehen lassen; davon hat diese Revolution ihre Narben, und es spricht nichts dafür, daß sie verschwinden werden. Im übrigen bezeichnet das Fremdwort eine lange Kette von historischen Versäumnissen. Spätestens seit 1789 wissen Reisende, die Mitteleuropa betreten haben, von einem Land zu berichten, dessen politische Zustände von chronischer Unterentwicklung zeugen. »Ist es so schwer zu erkennen, daß die deutsche Nation bisher keine Lebensgeschichte, sondern nur eine Krankheitsgeschichte vorzuweisen hat?« *Hebbel*

5. Ausländisches Erzeugnis. Ich begreife euch nicht. (Mein Freund Z. ist neununddreißig, früher Rechtsanwalt, heute Professor; soviel ich verstanden habe, zeigt er Landarbeitern, wie man eine große Farm leitet. Bei uns würde das Betriebswirtschaft heißen, dort heißt es ganz gewiß nicht so. Z. ist Cubaner.)

1. Juli
Im Alter von 64 Jahren
stirbt der hessische Ge-
neralstaatsanwalt Fritz
Bauer. Der erste
Auschwitz-Prozeß wäre
ohne seine strafverfolge-
rische Energie nicht zu-
stande gekommen. Seine
wichtigsten Publikatio-
nen: *Der Verbrecher und
die Gesellschaft* (1957),
*Sexualität und Verbre-
chen* (1963), mit einem
Beitrag von Theodor
W. Adorno, *Widerstand
gegen die Staatsgewalt*
(1965). Im Nachruf des
Spiegels vom 8. Juli 1968
heißt es: »*In der Ge-
schichte der Justiz wird
Fritz Bauer einmal als
anfeuerndes Beispiel gel-
ten.*«

Wenn ich bloß sage, wo ich herkommen, rufe ich Reflex-
bewegungen hervor, so als liefe ich mit einem offenen Messer
herum. Wovor habt ihr eigentlich soviel Angst? Vor euch selber? Oder habt ihr wirklich so viel zu verlieren?

Die Revolution, denkt ihr, nimmt euch eure Schuhlöffel und
eure Stewardessen weg, macht die Beatschuppen zu, kürzt die
Romane von Günter Grass. Sie vergewaltigt Nonnen, hängt
Traktorenbilder an die Wand und verbietet die NPD. Mit einem
Wort: sie ist der reine Terror. So etwas mag für Cuba angehen, in
Deutschland ist es undenkbar. Ihr seid nun einmal für die
Menschlichkeit, wer wüßte das nicht. Die Revolution ist das
schlechthin Andere. Unterwanderung, Zersetzung, Wühlar-
beit, Verschwörung, Dolchstoß. Etwas derartig Lichtscheues
kann nur von außen oder von unten kommen, aus dem Osten
oder aus niedrigen Instinkten.

Und wenn ich euch sage, daß sie von den Menschen selber
gemacht wird, die Revolution, am hellichten Tage, und daß ihr
es seid, die im Dunkeln sitzen? Ja, antwortete mir einer in
Kassel oder Gießen, bei uns geht es aber demokratisch zu. Er
erwähnte auch die Vergangenheit, die wolle er bewältigen, sagte
er. Ohne Revolution? Das soll mir mal einer vormachen.

6. *Zur Schönen Einkehr.* Statt das einzige zu machen, was es
hätte retten können, die Revolution, entschloß das westliche
Deutschland sich im Jahre 1945, zu konvertieren. Moralische
Wandlung statt politischer Umwälzung, Umkehr statt Umsturz, Stabilisierung der gesellschaftlichen Verhältnisse von
oben statt ihrer Revolutionierung von unten, Bewältigung
der Vergangenheit statt Klassenkampf um die Zukunft. Wie-
deraufbau des Alten als Realität, Neubeginn als Rhetorik.

Die Gründe lassen sich finden. Zwar der historische Augenblick war einmalig: die Chance für eine unblutige Revolution,
die damals gegeben war, wird nicht wiederkehren. Die herrschende Klasse war diskreditiert, der alte Staatsapparat vernichtet, das Militär geschlagen. Doch Deutschland war tod-
müde. Eine handlungsfähige Arbeiterbewegung gab es nicht.
Die Massen waren politisch gelähmt durch zwölf Jahre der
Diktatur. Die besten Köpfe des Landes waren dem Regime
zum Opfer gefallen oder emigriert; die politisch bewußtesten
unter denen, die wiederkehrten, wählten den östlichen Teil des
Landes.

Der internationale Klassenkampf war, in den Jahren nach dem
Krieg, für die Deutschen unsichtbar. Die internationale Per-
spektive war durch die Vorgänge im eigenen Land, durch die
Auseinandersetzungen der Siegermächte, definiert. Die Kolo-

nialkriege lagen außerhalb des deutschen Gesichtsfeldes. China war eine unbekannte Größe. Die Welt war auf einen Horizont von Trümmern geschrumpft; wer weiter als drei Meilen sich bewegen wollte, brauchte einen Passierschein der Militärregierung. Was in Afrika, Asien und Lateinamerika vorging, lag jenseits des Wahrnehm- und Vorstellbaren. Gebannt in die überwältigende Realität ihrer Niederlage, schien es den Deutschen, als stünde die Geschichte still.

7. Kopfgeld. Unterdessen hatte die Konterrevolution das Spiel bereits gewonnen. Der entscheidende Schritt, die Währungsreform, wurde von den Massen zu recht als ein historischer Wendepunkt verstanden. (Daher die gängige Zeitrechnung der Nachkriegs-Periode, welche die Ereignisse nicht auf die Jahre vor und nach der Niederlage, sondern vor und nach »der Währung« zu datieren pflegte.) Die ökonomischen Konsequenzen des Eingriffs waren klar; die politischen Vorentscheidungen, die mit ihm gefallen waren, blieben unbegriffen.
Der Kalte Krieg brachte die Rückkehr des westlichen Deutschland in die Weltpolitik, und zwar in das Lager der Konterrevolution. Der Stalinismus in der Sowjetunion, der Prager Staatsstreich, die Berliner Blockade, die Politik der SED lähmten jede revolutionäre Alternative. Der totale Ideologieverdacht wurde zur totalen Ideologie: Monopolmacht gab sich als soziale Marktwirtschaft, Massenkonsum als Reich der Freiheit, der von der Arbeiterklasse bezahlte Aufbau der Wirtschaft als Wunder aus, das die Heiligsprechung des Privateigentums rechtfertigen mußte. Ein einziges Mal erhob sich Widerstand: gegen die Aufrüstung, die auf lange Sicht nicht allein dem äußern, sondern auch dem innern Feinde galt und sich gegen jene Massen richtete, denen sie Sicherheit versprach. Doch der Protest gegen die Bewaffnung der Bundesrepublik sah diese Logik nicht. Er war zutiefst unpolitisch motiviert: mit emotionalem Widerwillen und moralischen Bedenken.
Am Ende dieser Entwicklung fragte sich die oppositionelle Intelligenz Westdeutschlands allen Ernstes: Gibt es noch ein Proletariat? Gibt es noch eine herrschende Klasse? Mit größerem Recht hätte sie sich fragen können: Gibt es noch eine oppositionelle Intelligenz?

8. Kontrastprogramm. Die herrschende Klasse hat, als einzige, das deutsche Desaster, für das sie verantwortlich ist, ungebrochen überstanden. Ihr Kern ist unversehrt: Finanz- und Industriekapital, Ministerial- und Justiz-Bürokratie, Kirche und Generalität haben die Kontinuität ihres Personals gesichert

und ihre alten Machtpositionen neu gefestigt. (Größere Ein-
bußen hatte, aus geographischen Gründen, der alte Groß-
grundbesitz zu verzeichnen.) Durch die Zuwahl von Mana-
gern, die in den Wirren der Nachkriegszeit zum Zuge kamen,
und von Spitzenfunktionären der Sozialdemokratischen Partei
und der Gewerkschaftsbürokratie hat sie sich nicht geschwächt, sondern gefestigt. Ihr Klassenbewußtsein ist völlig
ungebrochen.

Der Preis für ihr Überleben war das Grundgesetz. Unter dem
Druck der Alliierten hat das deutsche Kapital die Spielregeln
der formalen Demokratie akzeptieren müssen. Innerlich hat es
sich mit dieser Auflage niemals abgefunden. Wer die Verlautba-
rungen der Industrieverbände und die Äußerungen der hohen
Ministerialbürokratie mit Verwunderung hört, der hat nicht
begriffen, daß die herrschende Klasse in Deutschland die Verfassung immer nur als ein lästiges Provisorium betrachtet hat.
Ihre plötzliche Bekehrung zur Demokratie war nie ernst gemeint. Nur die abhängigen Klassen und die Intelligenz haben
sie für bare Münze genommen. Für ihre Langmut, ihre gren-
zenlose Naivität und ihr blindes Vertrauen gibt es kaum ein
historisches Vorbild.

Der Sieg der Konterrevolution in Westdeutschland kommt
nicht von ungefähr. Eine herrschende Klasse, die fähig ist, eine
Nation zu ruinieren, ohne daß ihr das auch nur übelgenommen
worden wäre, und die diese Nation so gut wie unangefochten
weiterregieren kann, verdient es, daß man sie ernst nimmt; sie
verdient die Bewunderung aller Zyniker.

Sie verdankt ihren Erfolg: ihrer Entschlossenheit, Kohärenz,
ihrem Weitblick, ihrer überlegenen Strategie, ihrem weltweiten
Horizont, ihrer Kooperation mit dem internationalen Kapital,
ihrem Selbstvertrauen und ihrer Skrupellosigkeit.

Ihre Gegner verdanken ihre Niederlage: ihrem Mangel an
Kühnheit, ihrer Zersplitterung, ihrer Kurzsichtigkeit, ihrer
hilflosen Taktik, ihrem provinziellen Horizont, ihrer Isolation
von den revolutionären Bewegungen in der Welt, ihrer Resignation und ihrem Idealismus.

9. *Wegen Inventur geschlossen.* Nach zwanzig Jahren der Op-
position und der »Opposition«, der Gesellschaftskritik und der
»Gesellschaftskritik«, ist es an der Zeit, Inventur zu machen.
Die Hoffnungen, mit denen ein großer Teil der westdeutschen
Intelligenz den Versuch der Alliierten begrüßt hat, in diesem
Teil Deutschlands eine funktionsfähige parlamentarische De-
mokratie zu errichten, haben getrogen. Gutmütig, friedfertig
und geduldig haben diese von rechts so genannten Linksintel-

1. Juli
Die am 1. Januar unter
Protesten eingeführte
Mehrwertsteuer wird
von 10% auf 11% erhöht.

lektuellen versucht, die Verfassung beim Wort zu nehmen und die Gesellschaft der Bundesrepublik von ihren eigenen Prämissen her durch rationale Vorschläge und moralischen Zuspruch zu reformieren. Sie wollten die herrschende Klasse zur Vernunft bringen; sie hofften, der Leviathan des Spätkapitalismus werde mit den Deutschen ein Einsehen haben, wenn man ihn nur gehörig aufkläre.

Die Große Koalition hat diesen Illusionen ein Ende gemacht. Seither steht in Westdeutschland von der parlamentarischen Demokratie nur noch die Fassade. Eine organisierte Opposition existiert nicht mehr. Der konstitutionelle Souverän, das Volk, ist nicht mehr in der Lage, das regierende Parteienkartell zu beseitigen. Die Abstimmungen im Bundestag ratifizieren nur noch die Beschlüsse des Kartells. Debatten sind überflüssig geworden. Die Jagd auf die außerparlamentarische Opposition hat begonnen. Verfassungsänderungen, Manipulationen am Wahlrecht und Notstandsgesetze dienen der Konsolidierung dieses Zustandes. Die Probe aufs Exempel einer Regierung ohne das Volk und gegen das Volk ist bereits vollzogen: vom Fallex-Bunker aus hat der Ausschuß der herrschenden Klasse die Herrschaft über das Grundgesetz eingeübt. Mit den Bürgerkriegsmanövern der Bundeswehr hat die Aufrüstung gegen den inneren Feind einen vorläufigen Höhepunkt erreicht.

Diese Tatsachen zeigen, daß das politische System der Bundesrepublik nicht mehr reparabel ist. Man muß ihm zustimmen, oder man muß es durch ein neues System ersetzen. Eine dritte Möglichkeit ist nicht abzusehen.

10. Stadtrundfahrt. Nicht die oppositionellen Intellektuellen haben diese Alternative gestellt und in aller Deutlichkeit entwickelt. Im Gegenteil, sie haben sich zwanzig Jahre lang bemüht, ihr auszuweichen. Die Staatsmacht selber hat die Frage der Revolution auf die Tagesordnung gesetzt. Und es waren nicht die etablierten Schriftsteller, Wissenschaftler und Publizisten, die diese Herausforderung annahmen; es waren die Studenten. Der erste Kern einer revolutionär gesinnten Opposition bildete sich in den Berliner Polizei-Pogromen dieses Sommers. Ihre Bedeutung läßt sich vorerst nicht abschätzen. Ihre Strategie ist unsicher. Ihr Programm ist vage. Ihre zahlenmäßige Stärke ist gering. Ihre Zukunftschancen sind unbestimmt. Aber sie haben schon jetzt einem jeden, der es sehen will, gezeigt, worauf dieses Gemeinwesen gründet: auf gewaltsamer Repression; sie haben gezeigt, daß der Staatsapparat zum Knüppel und zur Pistole greift, sobald der Souverän sich anschickt, von seinem Recht Besitz zu ergreifen. Und sie haben,

1. Juli
Großbritannien, die USA und die Sowjetunion unterzeichnen den Atomwaffensperrvertrag, der die Weitergabe von Atomwaffen untersagt. Die BRD unterzeichnet den Vertrag erst 1975.

2. Juli
In Havanna wird Ernesto
Che Guevaras *Bolivianisches Tagebuch* veröffentlicht. 600.000 Kubaner hatten die ganze
Nacht gewartet, um sich
ein Exemplar des Buches
zu sichern.

nach zwanzig Jahren Gruppe 47, Manifesten, Anthologien und Wahlkontoren, die oppositionelle Intelligenz zum ersten Kassensturz genötigt.

11. Offenbarungseid. Die Kasse war leer. Diese linke Intelligenz war literarisch fleißig und fruchtbar, doch politisch im tiefsten Sinn unproduktiv. Sie bestand in der Hauptsache aus gebrannten Kindern, aus Alt-Sozialdemokraten, Neo-Liberalen und Spät-Jakobinern. Die einzige theoretische Basis, die sie verband, war eine unbestimmte Negation, nämlich der Antifaschismus. An das historische Trauma von 1945 blieb diese Intelligenz gebunden, fixiert an spezifisch deutsche Komplexe und Erscheinungen, von der Kollektivschuld bis zur Mauer, unfähig zu einem Internationalismus, der über die Rhetorik der Völkerverständigung hinausgegangen wäre. Moral ging ihr vor Politik. Der Sozialismus, dem sie anhing, blieb nebulös, schon aus Mangel an Kenntnissen; ihre soziologische Bildung war gering, ihre Auseinandersetzung mit dem Kommunismus neurotisch und vordergründig. Pazifismus und Philosemitismus waren vorherrschende Tendenzen; mit wissenschaftlichen, technologischen und ökonomischen Fragen hat sich diese Intelligenz wenig und spät beschäftigt. In politischen Dingen hat sie sich eher reagierend als agierend geltend gemacht. Zu Erfolgen hat sie es, nicht von ungefähr, nur auf einem einzigen Gebiet gebracht: bei der Verteidigung der Meinungsfreiheit, also bei der Vertretung ihrer eigenen Interessen und der Behauptung ihrer eigenen Privilegien – einer sicherlich legitimen, aber schwerlich hinreichenden politischen Aktivität.
Anständig, bescheiden und sentimental, immer darauf bedacht, das Schlimmste zu verhüten oder doch zu verzögern, haben diese Musterschüler des Reformismus zwanzig Jahre lang systemimmanente Verbesserungsvorschläge, aber keine radikalen Gegenentwürfe geliefert. Vielleicht hätten sie dem Namen, auf den ihre Gegner sie tauften, weniger Glauben schenken sollen; denn mit der Linken anderer europäischer Länder hatten die »Linksintellektuellen« in Deutschland bis vor kurzem kaum etwas gemein; ja sie konnten nicht einmal für den nötigen Austausch internationaler Informationen und Erfahrungen sorgen. Eine politische Theorie, die diesen Namen verdienen würde, haben sie nicht hervorgebracht. Die Niederlage der reformistischen Intelligenz in Deutschland ist vollkommen. Die Große Koalition von 1966 hat sie besiegelt, der Berliner Sommer von 1967 hat sie vor allen Augen demonstriert. Mit ihrem Narrenparadies ist es vorbei, die Zeit der schönen Selbsttäuschungen hat ein Ende.

12. Vor Nachahmung wird gewarnt. Gibt es, für technisch hochentwickelte Industriegesellschaften, überhaupt eine revolutionäre Zukunft? Die Geschichte kann auf diese Frage keine Antwort geben. Die proletarischen Revolutionen der Alten Welt, ihre Siege und ihre Niederlagen, gehören einer früheren Phase der Industrialisierung an. Eine pauperisierte Arbeiterklasse hat sie getragen, geführt von einer straff organisierten Klassenpartei. Eine zentral gesteuerte Massenagitation, die Bildung konspirativer Kader und die klassische militärische Taktik der Barrikade und des Straßenkampfes entschieden über den Ausgang des Kampfes. Dieses Muster ist noch kein einziges Mal auf eine voll entwickelte Industriegesellschaft angewandt worden. Ausnahmefälle wie die Tschechoslowakei und das östliche Deutschland sind ohne Beweiskraft: was dort zum Sieg kam, war eine gewaltsam importierte Revolution, bis ins letzte Detail geprägt von einem fremden Vorbild und einer früheren Stufe der Industrialisierung verhaftet; ein Schema, das Ländern wie Bulgarien und Rumänien rasche Fortschritte brachte, führte, wo die Produktivkräfte weiter entfaltet waren, zu langanhaltender wirtschaftlicher Stagnation, politischer Unterdrückung und kultureller Regression.

Für die westlichen Metropolen sind die alten Voraussetzungen hinfällig, die alten Strategien der Revolution unbrauchbar geworden. Wenn es für sie eine revolutionäre Zukunft gibt, so wird diese Zukunft kaum Vorbilder in der Vergangenheit finden. In Europa, in den Vereinigten Staaten und in Japan geht es nicht mehr um die Befreiung von gesellschaftlicher Armut, sondern um die Freisetzung eines gesellschaftlichen Reichtums, der bereits vorhanden ist. Mit dem Mangel in den Metropolen ist das herrschende Gesellschaftssystem fertig geworden, mit dem Reichtum nicht: er explodiert und vergeht in Verschwendung, Zerstörung und Unterdrückung.

13. Friedensware. Eine Revolution in Deutschland, die nichts weiter wäre als eine deutsche Revolution, ist nicht bloß unwahrscheinlich, sie ist undenkbar. Eine Handvoll von Guerillas, die im Hochland von Bolivien operieren, sind heute ein Phänomen, das die ganze Welt angeht. Die Strategen der Konterrevolution haben dafür gesorgt, daß die These vom Sozialismus in einem Land endgültig verdorben ist. Alles politische Handeln steht und fällt jetzt im Kontext der internationalen revolutionären Bewegung, von der kleinsten Demonstration bis zu den großen Entscheidungen, vor denen das amerikanische Volk steht. Deshalb, und nicht aus humanitären Gründen, ist der Krieg in Vietnam zu dem politischen Ereignis geworden, daß dieses Jahrzehnt beherrscht.

2. Juli
Aus Protest gegen die diktatorische Vorgehensweise der Regierung wird in Uruguay der Generalstreik ausgerufen. Der Staatspräsident Pacheco Areco mobilisiert deswegen die Armee. Am folgenden Tag kommt es zu Zusammenstößen zwischen Streikenden und der Polizei in Montevideo.

4. Juli
VW präsentiert einen
neuen großen Volkswa-
gen, Typenbezeichnung
VW 411.

Es ist abzusehen, daß die Gewalt im internationalen Maßstab zunehmen wird. Der Frieden ist, unter den herrschenden gesellschaftlichen Verhältnissen, eine Fiktion der Metropolen. In Wirklichkeit leben wir in einem permanenten Kriegszustand. Die Rückwirkungen auf unsere politischen Zustände werden von Jahr zu Jahr sichtbarer werden. Die gewaltsame Konterrevolution in Asien, Afrika und Lateinamerika wird auf die reichen Länder zurückschlagen. Wer mit Hungerkatastrophen dort und einem ruhigen Leben hier, mit Genozid in der Ferne und liberaler Toleranz zu Hause, mit blinder Gewalt nach außen und dem demokratischen Verhältnissen im Innern seine Rechnung macht, der ist ein Esel.

14. *Rock und Hemd.* Jede Identifikation mit den Befreiungsbewegungen in der Dritten Welt, die sich eine Überprüfung ihrer eigenen historischen Lage erspart, ist voreilig und unfruchtbar. Es gibt in den reichen Ländern keine Bauern, die ihr Recht, als Menschen zu leben, im Kampf um eine Handvoll Reis verwirklichen. Auch die Solidarität der Intelligenz bleibt bloße Rhetorik, sofern sie sich nicht in politischen Handlungen äußert, deren Nutzen sich beweisen läßt.

Die kurzfristigen Interessen der Arbeiterklasse in den USA und in Europa sind den Interessen der Guerillas entgegengesetzt. Die Konterrevolution hat die Arbeiterklasse, wie schäbig auch immer, am Gewinn ihrer Operationen beteiligt, und sie läßt keinen Zweifel an ihrer Methode: »Vergeßt das eine nicht: Wir sind ganze zweihundert Millionen. Fast drei Milliarden stehen uns gegenüber. Sie wollen das haben, was wir haben. Aber sie werden es nicht kriegen – nicht von uns!« (Lyndon B. Johnson Anfang 1967 vor amerikanischen Soldaten in Camp Stanley, Südkorea. Zitiert nach *The New York Review*, 23. Februar 1967.) Jedesmal wenn in den USA ein Rüstungsbetrieb oder eine Militärbasis geschlossen werden soll, kommt es zu gewerkschaftlichen Protesten und zu spontanen Streiks. Während Zehntausende von Studenten im November 1967 gegen die Anwesenheit von Werbern der Dow Chemical Company auf dem Gelände ihrer Universitäten demonstrierten, traten die Arbeiter dieses Unternehmens, das Napalm für den Vietnamkrieg produziert, in den Ausstand: sie forderten bessere Arbeitsbedingungen.

Der Interessengegensatz, der sich hier auftut, läßt sich durch Solidaritätsparolen nicht zudecken. Er zeigt das Ausmaß der vorherrschenden Manipulation. Wer das nicht sieht, verfällt einer gefährlichen Täuschung. Die Arbeiterklasse betrachtet die Äußerungen der Intellektuellen mit einem Mißtrauen, das historisch wohlbegründet ist. Aufklärung ist nötig, aber nicht genug; die Bewußtseinsindustrie ist in festen Händen. Erst wenn sich die Verhältnisse im Innern der Metropole zuspitzen, werden die abhängigen Klassen anfangen, ihre Verstrickung zu durchschauen und ihre langfristigen Interessen zu erkennen. Unter denen, die zu solchen Einsichten heute schon fähig und verpflichtet sind, zeichnet sich eine Romantisierung der Dritten Welt ab, die unnütz und lächerlich ist. Wer die Erfahrungen der Guerillas ignoriert, ist ein Reaktionär; wer sie unbesehen kopieren möchte, ist ein Illusionist. Die nüchterne Vermittlung zwischen den Befreiungsbewegungen in der Dritten Welt und der politischen Aktion in den Metropolen ist eine Aufgabe, deren Schwierigkeiten bisher kaum erkannt, geschweige denn gelöst sind.

4. Juli
Mit dem Beschluß des Stadtrates zur Lockerung der Badeordnung erobert der Bikini nun auch die bayerische Bischofsstadt Passau.

15. *Leibwächter der Wirklichkeit.* Die Stabilität unseres gesellschaftlichen Systems ist offensichtlich von außen her bedroht; von innen her betrachtet, scheint sie unbegrenzt. Solange seine technische Produktivität wächst und solange ein Teil dieses Zuwachses als gesteigerter Konsumstandard ausgeschüttet wird, scheint der totale Konsensus gesichert; die Entpolitisierung der Massen schreitet fort; in einem Milieu der allgemeinen Zustimmung erscheint revolutionäre Opposition als Schrulle. Ein hochdotiertes Korps von *reality teachers* begegnet ihr mit dem auftrumpfenden Hinweis auf die »Wirklichkeit«, das heißt, den movens quo, von dem vorausgesetzt wird, daß alle seine Parameter bekannt sind. Dieser Realitätsbegriff geht von der Fiktion aus, als sei der historische Prozeß prinzipiell vorherseh- und kontrollierbar. Dem entspricht eine systemimmanente Zukunftsplanung, die mit quasi-wissenschaftlichen Mitteln einen störungsfreien Ablauf der Geschichte garantieren, das heißt, letzten Endes, die Geschichte als solche abschaffen soll.

Wie wenig die Strategen des Systems an ihre eigenen Fiktionen glauben, ist an ihrem Flußdiagramm selbst abzulesen. Die zentralen Funktionen ihrer Entwürfe sind die der Überwachung, der Manipulation und der Unterdrückung. Die Mittel, deren sich das System bedient, um sich unangreifbar zu machen, zeigen seine Anfälligkeit.

16. *Physikstunde.* Krisen-Management. Ein Jongleur ist erfolgreich in dem Maß, in dem er sich gegen die Schwerkraft und die Gesetze der Mechanik behaupten kann. Er hat es mit einem äußerst labilen System von Bällen zu tun. Seine Kunst besteht darin, dieses System als ein stabiles erscheinen zu lassen. Trai-

5. Juli
Nach monatelangen
Protesten beschließen die
Ministerpräsidenten der
Bundesländer die Inte-
gration der Fachhoch-
schulen in den Hoch-
schulbereich.

ning und Geschicklichkeit befähigen ihn dazu. Ein ehrgeiziger Jongleur neigt dazu, mit immer größeren und komplizierteren Systemen zu arbeiten. Die Zahl der Bälle und ihr Gewicht nimmt zu; Scheiben und Ringe, unregelmäßig geformte, unhandliche Objekte, riesige und winzige Gegenstände kommen ins Spiel. Die Erfolge des Jongleurs berauschen das Publikum, er ist der Größte, ein Manipulator ohnegleichen. Die Gravitation scheint abgeschafft, die Stabilität seines Systems gesichert. Ein Fehlgriff genügt, und es bricht zusammen. Der Jongleur ist ruiniert.

Schwingkreis. Zwanzig Personen betreten eine stählerne Brükke, die zweitausend Personen tragen kann; sie richten ihre Gangart so ein, daß sie die Resonanzfrequenz der Brücke treffen. Ihre mechanischen Kräfte sind geringfügig, gemessen an der Festigkeit der Konstruktion; doch die Schwingungen, die sie der Brücke mitteilen, verstärken sich selbst durch Rückkopplung; der Punkt ist absehbar, an dem die Brücke einstürzt.

Reaktor. Bei jedem Schritt einer Kettenreaktion erzeugt ein Neutron weitere Neutronen, dergestalt, daß der durchschnittliche Multiplikator k größer als eins ist; eine gewisse Zahl von Neutronen entkommt oder geht verloren; dadurch vermindert sich der Faktor k; um diese Verluste auszugleichen, ist eine kritische Mindestgröße erforderlich; wenn k den Wert eins überschreitet, nimmt die Anzahl der Reaktionen exponentiell zu; an gewissen Stellen des Reaktors werden deshalb Regelstäbe eingebracht, um überschüssige Neutronen zu absorbieren. Auf diese Weise kann der Faktor k unter Kontrolle gehalten werden. Wer diese Stellen kennt und sich Zugang zu ihnen verschaffen kann, entscheidet über die Stabilität des Systems. Wer dagegen den Reaktor mit Schmiedehämmern angreift, ruft allenfalls Blechschäden hervor.

17. Rabattmarken. Die Fähigkeit des gesellschaftlichen Systems der Metropolen, seine äußeren und inneren Gegner zu integrieren, ist begrenzt.

Die Konflikte mit der armen Außenwelt sind manifest und mörderisch. Alle Integrationsversuche mit den Mitteln der sogenannten Entwicklungshilfe, vom Point Four Program bis zur Allianz für den Fortschritt, sind gescheitert.

Auch nach innen nimmt der Spielraum ab, innerhalb dessen das System ohne offene Gewaltanwendung operieren kann. Und zwar ist es gerade die bewundernswerte Lernfähigkeit der herrschenden Klasse, die diesen Spielraum kontinuierlich einschränkt. Der Plankapitalismus kann nur überleben, wenn es ihm gelingt, tiefe ökonomische und innenpolitische Krisen zu verhindern. Das ist nur möglich durch immer größere materielle und immaterielle Zugeständnisse an die abhängigen Massen. Diese Zugeständnisse sind jedoch irreversibel. Sie können nicht zurückgenommen werden, ohne daß es zu gewaltsamen Konflikten im Innern der Metropolen kommt. Auf diese Weise setzt der irrationale »Fortschritt« wachsende Risiken frei.

5. Juli
In einem Memorandum besteht die Sowjetunion auf ihrem Interventionsrecht bei einer aggressiven Politik der BRD nach Artikel 53 und 107 der UN-Charta sowie des Potsdamer-Vertrages.

18. Schlange am Busen. Ein solches Risiko liegt beispielsweise in der zunehmenden Intellektualisierung der industriellen Arbeitsprozesse. Auch dieser Vorgang ist irreversibel. Er führt zu einer Bildungspolitik, die einen zunehmenden Anteil der Bevölkerung unter dreißig jahrelang vom Produktionsprozeß freisetzen muß. Diese wachsende Population muß also einerseits privilegiert, andererseits unter Kontrolle gehalten werden. Die Schwierigkeiten liegen auf der Hand.

Mehr und mehr sind es diese Privilegierten, Studenten und Intellektuelle, die das System direkt angreifen, eine Ironie, die der Plankapitalismus nicht vorhergesehen hat und die deshalb besondere Wut hervorruft. Die Logik des Prozesses ist jedoch leicht einzusehen. Je mehr die Repression verfeinert und verinnerlicht wird, je mehr Selbstzensur und Selbststeuerung an die Stelle von äußerem Zwang und direkter Indoktrination treten, je mehr also die Unterdrückten ihre eigene Unterdrückung akzeptieren, ja verteidigen, desto mehr wird Systemopposition selber zu einem Privileg, zu einer Sache, die sich nur derjenige leisten kann, der die Chance hat, ein Bewußtsein zu entwickeln, das nicht gänzlich an den Konsumzwang und an die Muster der Massenmanipulation gebunden ist. Die Gefahr der Ansteckung ist absehbar, und zwar ganz gleichgültig welche Strategie eingeschlagen wird. Man kann versuchen, die Opposition dieser überwiegend jungen Privilegierten zusammenzuschlagen. Diese Methode führt zu innerpolitischen Krisen; sie schlägt überdies, ebenso wie eine Verminderung der studierenden Bevölkerung, auf den technologischen Prozeß und damit, auf längere Sicht, auf das ökonomische Wachstum zurück. Überläßt man hingegen diesen Gruppen die Initiative, so ist es nicht ausgeschlossen, daß sie an irgendeinem Punkt Resonanzschwingungen erzeugen.

19. Randerscheinungen. Selbstverständlich sind weder die Studenten noch die Intellektuellen »das revolutionäre Subjekt«. Die Entscheidung wird letzten Endes, wie in allen früheren Revolutionen, bei den abhängigen Massen liegen. Ebenso klar lehrt die Geschichte jedoch, daß es stets Minderheiten sind, die

7. Juli
Bei einem Volksentscheid
in Bayern spricht sich die
Mehrheit für eine ge-
meinsame, nicht mehr
wie bisher konfessionell
getrennte Volksschule
aus.

den revolutionären Prozeß in Gang setzen. Wer sich heute auf die Suche nach jenem »Subjekt« schicken läßt, erliegt einer Mystifikation. Unter den gegenwärtigen Verhältnissen hat dieser Singular keinen Sinn. Vielmehr sieht sich die herrschende Klasse einem Konglomerat von wirklichen und potentiellen Gegnern konfrontiert, das keine eindeutige Definition mehr zuläßt. Diese Randgruppen sind disparat bis zur Groteske: Schüler, Deserteure, Arbeitslose, Philosophen, Hippies, Studenten, Neger, Automationsrentner, Altkommunisten, Gastarbeiter, unzufriedene Frauen, Bergarbeiter, Ostermarschierer – eine Liste, die sich verlängern und je nach den lokalen Umständen variieren ließe. Sie macht indessen klar, daß die Klassenbasis der Systemopposition schwach und uneinheitlich ist. Das System sieht sich nicht einer homogenen, festgefügten Organisation gegenüber, die stetig wächst und über eine klare Strategie verfügt. Es befindet sich vielmehr in der Lage eines Jongleurs, der mit einer wachsenden Zahl von disparaten Bällen operieren muß. Die Schwächen einer solchen Opposition liegen auf der Hand; andererseits ist sie schwer zu kontrollieren, gerade weil sie extrem dezentralisiert ist. Starke, plötzliche Fluktuationen, große Spontaneität, unvorhersehbare Vorstöße und Rückzüge, Wechsel von Konzentration und Dispersion erschweren ihre Unterdrückung. Die Möglichkeit von Kettenreaktionen ist nicht auszuschließen.

Unter den Bedingungen zunehmender äußerer Instabilität läßt sich eine Situation denken, an der jene Randgruppen erkennen, daß es in Wirklichkeit das System selber ist, das an der politischen Weltperipherie, mit dem Rücken zur Wand, kämpft. Wenn eine solche Lage eintritt, kann ihm die Passivität der Massen, die es herangezüchtet hat, zum Verhängnis werden. Dann wendet sich die Frage um: die herrschende Klasse sucht vergeblich nach einem konterrevolutionären Subjekt, das sich für ihre Zwecke mobilisieren ließe.

20. Freund und Helfer. Theorie ohne Praxis ist Attentismus. Jeder analytisch einigermaßen geschulte Kopf ist in der Lage, eine unendliche Menge von Gründen auszuwerfen, die fürs Abwarten sprechen, dafür, daß es jeweils zu früh oder zu spät sei. Schon deshalb ist jede Theorie, die nicht durch Aktionen gedeckt, korrigiert und vorangetrieben wird, wertlos. Zu mißtrauen ist ferner jeder Analyse, die vorgibt, präzise Aussagen über die gegenwärtig gegebenen Möglichkeiten machen zu können. Eine Theorie, die dazu in der Lage wäre, existiert nicht, und die Frage ist berechtigt, ob sie überhaupt denkbar wäre.

Die winzigste politische Handlung kann unter den Verhältnissen, mit denen wir es zu tun haben, zu neuen Erkenntnissen führen. Selbst scheinbar zweideutige, blinde, ja unsinnige Aktionen kleinster Gruppen haben in der letzten Zeit Ereignisse ausgelöst, deren Signalcharakter unbestreitbar ist.

9. Juli
Auf einer Tagung der Westeuropäischen Union verweigert Frankreich erneut die Zustimmung zum EG-Beitritt Großbritanniens.

Keine abstrakte Einsicht in den repressiven Charakter des Systems kann die physische Erfahrung der Unterdrückung ersetzen. Polizei, Justiz und Geheimdienst sind die wichtigsten Freunde und Helfer der Systemopposition. Die Todesangst des Systems kann nur in der eigenen Angst begriffen werden. Zerstörung der bürgerlichen Respektabilität, wirtschaftlicher Druck, Überwachung, Geldstrafen, Verhaftung, Gefängnis, unmittelbare physische Bedrohung: mit diesen Mitteln hat der staatliche Gewaltapparat bereits einen harten Kern von Oppositionellen ausgebildet. In den kommenden Jahren werden Tausende diese Hochschule der Revolution durchlaufen. Damit schafft sich das System Feinde auf Lebenszeit. Die Erfahrungen, die heute auf Polizeiwachen, Amtsgerichten, Verfassungsschutz-Ämtern und in Untersuchungsgefängnissen gesammelt werden, sind die einzig wahre Staatsbürgerkunde, welche diese Republik zu bieten hat.

21. Lebenslüge. Sie bezeichnen zugleich die Verfassungswirklichkeit des Landes.

Die Liberalen aller Spielarten geben vor, die Verfassung zu verteidigen, doch die Heiligkeit, die sie ihr zuschreiben möchten, ist die einer Heiligen Kuh. Was die Liberalen schützen, ist das Recht der Verfassung, ungehindert zu verhungern.

Gegen diese Liberalen ist zu sagen: Die Verfassung ist die Lebenslüge des Systems. Zwischen ihren Garantien und den Interessen der herrschenden Klasse klafft ein Widerspruch, der sich nicht länger zudecken läßt. Das Grundgesetz garantiert das Recht auf die Unverletzlichkeit der Person, das Koalitionsrecht, das Recht auf freie Meinungsäußerung, das Streikrecht und das Recht auf Widerstand. Diese Bestimmungen bedrohen den Bestand des Systems. Die Verfassung selber ist staatsgefährdend.

Deshalb hat der Ausschuß, der in Bonn regiert, innerhalb von achtzehn Jahren am Grundgesetz der Bundesrepublik fünfzehn Änderungen vorgenommen. Deshalb haben führende Mitglieder dieses Ausschusses ihre Verachtung für die Verfassung bereits in den fünfziger Jahren öffentlich erklärt. Deshalb hat dieser Ausschuß Gesetze beschlossen, die verfassungswidrig sind. Deshalb hat dieser Ausschuß schon geprobt, wie es sich gegen das Grundgesetz regiert. Deshalb ist dieser Ausschuß

9. Juli
Wegen der angeblichen
Planung eines Umsturz-
versuches gegen das
griechische Militärre-
gime werden acht Men-
schen von einem Athener
Militärgericht zu zwei bis
zehn Jahren Haft verur-
teilt.

entschlossen, das Grundgesetz durch eine Notstandsverfassung außer Kraft zu setzen.

Die Verfassung ist ein Versprechen, das die herrschende Klasse
weder halten kann noch halten will. Nur die Revolution kann es
einlösen.

22. *Alle Rechte vorbehalten.* Jeder Streit darüber, ob die Systemopposition sich direkter oder indirekter, legaler oder ille-
galer, gewaltloser oder gewaltsamer Methoden zu bedienen
habe, ist überflüssig. Sie ist verloren, wenn sie sich aufs eine
oder aufs andere von vornherein festlegt und Grenzen anerkennt, die ihr der Gegner vorzeichnet. Ihre Taktik muß gerade
darin bestehen, diese Spielregeln in Frage zu stellen, ihre Mittel
der Situation anzupassen, immer neue Mittel zu erfinden, zu
erproben, fallenzulassen und wieder aufzugreifen. Sie muß die
Initiative behalten und das Überraschungsmoment ausnutzen.
Sie muß an den Grenzen der Legalität operieren und diese
Grenzen ständig nach beiden Richtungen überschreiten. Was
die Gewalt betrifft, so geht sie nicht vom Volke, sondern vom
Staatsapparat aus. Sie ist immer schon da. Man kann ihr ausweichen, man kann sie überspielen, aber man kann sie nicht aus
moralischen Gründen abschaffen. Ein moralisches Problem ist
sie für die Revolution nur in einer Hinsicht. Alle bisherigen
Revolutionen haben sich durch die Inhumanität ihrer Gegner
infizieren lassen. Dieses Problem ist ernst; aber es kann nur von
denen gelöst werden, die die Revolution machen. Sie werden
sich dabei nicht von ihren Gegnern beraten lassen.

23. *Waldesstille.* Radikalität ist in Deutschland ein Schimpf-
wort. Wir haben, so schallt es aus dem liberalen Wäldchen,
Verständnis für euer Anliegen, aber ihr isoliert euch selber, ihr
geht zu weit, ihr verscherzt euch unsere Sympathien. Vor allem
aber denkt an die Faschisten. Ihr müßt immer an die Faschisten
denken. Denen helft ihr, denen treibt ihr die Leute in die Arme.
Deshalb raten wir euch: laßt eure Faxen sein, kommt zu uns, da
sieht euch niemand, da findet ihr Verständnis, da erzeugt ihr
keinen *backlash*, da richtet ihr keinen Schaden an, in unserem
Wäldchen ist immer noch Platz.

Nur schade, daß sich an dieses Raisonnement der Faschismus
nicht halten will. Oder glaubt ihr, Hitler und seine Auftraggeber hätten seufzend resigniert, wenn die Kommunistische
Partei sich 1929 freiwillig aufgelöst hätte? War Tucholsky
schuld an Goebbels? Hätte er nur den Mund zu halten brauchen, und die Geschichte wäre stillgestanden?

Darauf läuft das Argument hinaus: auf die Sehnsucht nach der absoluten Stasis, dem allgemeinen Stillhalteabkommen. Ein bißchen Rücksicht auf die Liberalen, und Ho Chi Minh fiele dem General Westmoreland um den Hals, statt sich einer des andern Sympathien zu verscherzen.

9. Juli
Die russische Zeitschrift *Literaturnaya Gazeta* bezeichnet das *Manifest der 2000 Worte* als ein provokatives, antikommunistisches Machwerk.

24. Parteiabzeichen. Der schwächste Punkt der Systemopposition ist ihre Unfähigkeit, neue Organisationsformen zu entwickeln. Daß die alten Formen der Kaderpartei nicht mehr brauchbar sind, liegt auf der Hand. Die kommunistischen Parteien in den westlichen Metropolen sind stalinistisch degeneriert; sie haben keine Demokratie nach innen und kein brauchbares Programm nach außen. Ihre Einheit ist mit dem Preis des Opportunismus teuer erkauft. Eine revolutionäre Perspektive bieten sie nicht.

Da der Systemopposition in den Metropolen eine starke Klassenbasis fehlt, ist an eine Parteigründung nicht zu denken. Der parlamentarische Weg zum Sozialismus ist ohnehin, wie zuletzt das griechische Beispiel gezeigt hat, eine Chimäre. Aber auch aus inneren Gründen taugen die alten Muster nicht mehr. Reale Demokratie, Dezentralisierung der Entscheidungen, Kooperation statt Subordination: diese elementaren Forderungen, die sie an jede künftige Gesellschaft stellt, muß die Opposition allererst in den Formen ihrer eigenen Organisation zu verwirklichen suchen.

25. Rückfrage. Eine revolutionäre Wissenschaft für die Gegenwart und für die Zukunft der Metropolen gibt es nicht. Wir haben die Klassiker aus dem letzten Jahrhundert, Lenin und Trotzki, Nachrichten aus dem Fernen Osten und aus Lateinamerika. Aus Kalifornien importierten wir Marcuse. Aus eigenen Beständen verfügen wir über Interpretationen von Becketts *Endspiel*, Abhandlungen über die Psychoanalyse des Nationalsozialismus, Schriften zur Hegel-Exegese und andere Klavierauszüge.

Wir brauchen eine Forschung, die revolutionäre Alternativen zur Lösung aller wichtigen politischen und gesellschaftlichen Fragen entwickelt; eine Forschung, die unsere Bedürfnisse erkennt und unsere Wünsche ernst nimmt, deren Einbildungskraft sich von den vorgegebenen Mustern befreit, die den Mut zur konkreten Utopie aufbringt.

Je früher dabei drei naheliegende Mißverständnisse aufgeklärt werden, desto besser.

Es handelt sich hier nicht um die beliebte Frage nach dem Positiven. Diese Frage wird hierzulande stets von den Voraussetzungen des Systems her gestellt; an ihm soll gemessen wer-

12. Juli
Frauen des SDS gründen
in Frankfurt/M. die erste
autonome Frauengruppe
der Studentenbewegung,
den *Weiberrat*.

den, was »negativ« und was »positiv« ist, und nicht an den Möglichkeiten, die das System bedrohen. So verstanden ist die Frage nach dem Positiven ein durchsichtiger Schwindel. Sie enthält jedoch auch einen richtigen Kern. Wer sich weigert, seine Vorstellungen von einer anderen Gesellschaft zu präzisieren, sei es auf Grund von methodischen Skrupeln, sei es mit dem Argument, nur die siegreiche Revolution könne Aussagen über ihre eigene Zukunft machen, der begibt sich nicht nur jeder Überzeugungskraft: er bekennt seine Unfruchtbarkeit.

Es handelt sich nicht um das kurrente faktengläubige Prognosenwesen, das letzten Endes immer nur die bloße Verlängerung des Gegebenen postuliert; und es handelt sich schließlich nicht darum, dem herrschenden Expertenkult beizutreten; wer den Milchpfennig in Schleswig-Holstein nicht studiert habe, sei nicht berechtigt, in der Politik mitzureden, und wer nicht einen Monat auf das Studium der Vietnam-Hearings verwendet und sich außerdem an Ort und Stelle vom Hubschrauber aus informiert habe, der solle lieber den Mund halten: das ist positivistische Bauernfängerei. In Sachen der Revolution ist jeder Mensch ein Experte, der sich von den historisch längst hinfälligen »Sachzwängen« eines repressiven Gesellschaftssystems nicht einschüchtern läßt.

Die Optionen aber, die einem jeden Menschen in der Zukunft offenstehen, müssen erst freigelegt und erforscht werden. Das geschieht nicht. Unkenntnis und Dilettantismus beherrschen das Feld.

Welche Möglichkeiten der Selbstverwaltung bestehen in technisch hochentwickelten Industriegesellschaften? Wieweit und auf welche Weise lassen sich große und komplizierte Produktions- und Distributionssysteme dezentralisieren? Wie kann die ständige Teilnahme aller an den politischen und ökonomischen Entscheidungen, die sie selbst betreffen, technisch ermöglicht und institutionell gesichert werden? Wie läßt sich die gesellschaftliche Arbeit mit einem Minimum an Reglementierung teilen? Wie kann der technologische Prozeß derart unter Kontrolle gehalten werden, daß die Aussicht besteht, psychologisch und biologisch erträgliche Umweltbedingungen wiederherzustellen? Welche Möglichkeiten zur Regelung gesellschaftlicher Konflikte lassen sich entwickeln? Welche Teile des alten Staatsapparates lassen sich unverzüglich auflösen, welche müssen umfunktioniert werden? Auf welche Weise können Schulen und Hochschulen in der Gesellschaft aufgehen, so daß der Arbeitsprozeß in einen Lernprozeß mündet?
Das wissen wir nicht.

26. Horror-Film. Das Gespenst der Revolution flößt Millionen unserer Mitbürger sinnlose Angst ein. Die Revolution, das ist die blutige Hand, die Zensur, die GPU, das Lager, der Stacheldraht, die Brotkarte, die Beschlagnahmung. Es ist nicht der Faschismus, den wir erlebt haben, der diese Ängste einjagt; es ist die Revolution, die ausgeblieben ist. Solange es der Systemopposition nur darum geht, ihren eigenen Protest, nicht aber die gesellschaftlichen Möglichkeiten zu demonstrieren; solange sie es nicht versteht, die tiefsten Wünsche und Bedürfnisse der Massen zu wecken; solange sie die Massen jener Angst überläßt, die ihr die Bewußtseinsindustrie jeden Tag neu suggeriert, und das ist die Angst vor ihren eigenen Wünschen und Bedürfnissen – so lange wird die Revolution in Deutschland ein Gespenst bleiben.

14. Juli
Die Sowjetunion, die DDR, Ungarn, Polen und Bulgarien beschließen in Warschau einen offenen Brief an die tschechischen Genossen, in dem von der Besorgnis über die Lage in der ČSSR die Rede ist und vor einer weiteren Liberalisierung gewarnt wird.

27. Büchmann für Fortgeschrittene. »Der Imperialismus und alle Reaktionäre sind Papiertiger: das ist ihr Wesen. Darauf beruht unser strategisches Denken. Andererseits sind sie aber auch lebendige Tiger, eiserne Tiger, wirkliche Tiger: sie fressen Menschen. Darauf beruht unser taktisches Denken.«
Kurzfristige Hoffnungen sind eitel. Langfristige Resignation ist selbstmörderisch.

Postskriptum. Diese Notizen heißen Gemeinplätze, weil sie keinem einzelnen gehören; Berliner Gemeinplätze, weil sie auf den Plätzen dieser Stadt demonstriert worden sind. Ich zeichne sie auf in der Hoffnung, daß sie zu deutschen Gemeinplätzen werden.
Sofern in ihnen Kritik geübt wird, betrifft sie mich selbst so gut wie andere. Lesern, die den Wunsch hegen, mich auf Widersprüchen zu ertappen, kann mit einigen *loci personales* geholfen werden. Beispielsweise: zur Frage des Revisionismus vgl. *Einzelheiten,* S. 355; für systemimmanente Verbesserungsvorschläge siehe *Kursbuch* 4, S. 1-54; zur Frage des *reality teaching* vgl. *Kursbuch* 6, S. 176.

14. Juli
In Italien stirbt der Philosoph Galvano Della Volpe. Seine erkenntnis- und kunsttheoretischen Schriften beeinflußten die 68er-Bewegung, vor allem in Italien.

Jürgen Habermas
Die Scheinrevolution und ihre Kinder

In der Woche vor Pfingsten fand die Dritte Lesung der Notstandsgesetze im Bundestag statt. Nachdem in Frankfurt der Rektor einen Streikaufruf der Studenten mit der Schließung der Universität beantwortet hatte, wurde das Hauptgebäude der Universität von Studenten besetzt. Die Spielregeln für eine vom Rektor verkündete Politik der »aktiven Geduld« waren bekannt. Eine der drei Regeln wurde in der Nacht von Mittwoch auf Donnerstag vor Pfingsten verletzt: eine Gruppe von Studenten öffnete mit der kalkulierbaren Folge des Polizeieinsatzes (der in den Morgenstunden auch stattfand) Aktenschränke. Unter dem Eindruck der Pariser Ereignisse zielte die Taktik des SDS während dieser Notstandswoche dahin, nur noch Agitation vor den Fabriktoren und Revolutionsrhetorik zuzulassen sowie Bündnispolitik zu verhindern. Unter diesen Umständen habe ich mich veranlaßt gesehen, das Vorgehen der SDS auf dem vom »Verband Deutscher Studentenschaften« einberufenen Schüler- und Studentenkongreß am 2. Juni 1968 in der Frankfurter Mensa zu kritisieren. Meine Thesen sind in der Frankfurter Rundschau vom 5. 6. 1968 erschienen.

Durch Erfahrungen der vergangenen zwölf Monate, in der Bundesrepublik wie in den USA, bin ich zu der Überzeugung gelangt, daß die von Studenten und Schülern ausgehende Protestbewegung trotz ihrem geringen Umfang und ungeachtet der überhaupt fehlenden Mittel organisierter Gewalt eine neue und ernsthafte Perspektive für die Umwälzung tiefsitzender Gesellschaftsstrukturen eröffnet hat. Diese Perspektive gibt den Blick auf eine Transformation hochentwickelter Industriegesellschaften frei. Daraus könnte, wenn die Perspektive nicht täuscht, eine Gesellschaft hervorgehen, die eine sozialistische Produktionsweise zur Voraussetzung, aber eine Entbürokratisierung der Herrschaft, nämlich politische Freiheit im materialistischen Sinne, zu ihrem Inhalt hat.

Andererseits sind der restaurative Zwang und der Druck der Tradition auch auf der Linken so stark, daß falsche Interpretationen zu Handlungen geführt haben, die schon die Anfänge zu diskreditieren und die ohnehin geringen Chancen des Erfolges weiter zu verringern drohen. Diese Befürchtung ist der Grund der folgenden Kritik. Ausgehend vom Verhalten des SDS in jüngster Zeit habe ich auf dem Studenten- und Schülerkongreß am Pfingstsamstag (1. Juni 1968) in Frankfurt fünf Thesen vorgetragen; die sechste These habe ich nachträglich aus Diskussionsbemerkungen zusammengestellt.

16. Juli
Mick Jagger beginnt seine Mitarbeit an dem Film *Performance*. Regie führt Nicolas Roeg.

1. Das unmittelbare Ziel des Studenten- und Schülerprotestes ist die Politisierung der Öffentlichkeit

Das gesellschaftliche System des staatlich geregelten Kapitalismus ruht auf einer schwachen Legitimationsgrundlage. Es stützt sich auf eine Ersatzideologie, die auf Ablenkung und Privatisierung zielt. Eine Stabilität und wirtschaftliches Wachstum sichernde Politik kann heute nur darum den Schein der fachmännischen Erledigung administrativer und technischer Aufgaben wahren, weil die Öffentlichkeit entpolitisiert ist. Der technokratische Schein, der eine Entpolitisierung breiter Schichten als unvermeidlich rechtfertigen soll, wird durch diese Entpolitisierung selbst erst möglich. Die sozialen Entschädigungen, die die Loyalität unpolitischer Bürger sichern, stellen die Verbindung zwischen den Interessen des einzelnen und den verselbständigten staatlichen Bürokratien her. Diese Entschädigungen werden in den abstrakten Einheiten von Geld und Zeit zugemessen und sind als solche unpraktisch. Sie enthalten keine Orientierungen für befriedigende Formen und Normen des Zusammenlebens. Die praktisch folgenreichen Fragen sind der öffentlichen Diskussion weithin entzogen. Sie beginnen bei den Grundlagen des Systems, der privaten Form der Kapitalverwertung und dem politischen Schlüssel zur Verteilung des Sozialproduktzuwachses; sie betreffen die naturwüchsig vorentschiedenen Prioritäten bei der Festlegung staatlicher Haushalte; sie reichen über die folgenreichen Investitionen für Forschung und Entwicklung bis zur Regionalplanung oder beispielsweise zum Eherecht. Diese Fragen müßten ihren esoterischen Schein verlieren, sobald auch der Rahmen, innerhalb dessen sie definiert sind, zur Diskussion stünde.
Wenn aber das Herrschaftssystem fast nur noch negativ, durch Ablenkung der Interessen breiter Schichten auf den Privatbereich, und nicht mehr affirmativ durch Ziele praktischer Art gerechtfertigt ist, läßt sich der Angriffspunkt der Kritik eindeutig bezeichnen. Der Kampf richtet sich gegen die entpolitisierte Öffentlichkeit, auf deren Boden die Willensbildung eine demokratische Form nicht annehmen kann. Der Kampf richtet sich gegen die Apparate, die das Bewußtsein der Bevölkerung an private Vorgänge und personalisierte Beziehungen dauerhaft binden; er richtet sich vor allem gegen publizistische Großunternehmen, die eine privatisierte Leserschaft nicht nur her-

17. Juli
Der Zeichentrickfilm
Yellow Submarine von
den *Beatles* hat in Lon-
don Premiere. Die
Zeichnungen stammen
von Heinz Edelmann,
einem Freund der *Beatles*
aus ihrer Zeit im Ham-
burger Star Club.

vorbringen, sondern deren Affekte auch noch für die gar nicht zufälligen politischen Vorurteile des Verlegers von Fall zu Fall mobil machen und ausbeuten. So entsteht eine Konfliktzone, die sich nicht mehr mit den vernarbten Frontlinien eines inzwischen latent gewordenen Klassengegensatzes deckt.

2. Die Studenten- und Schülerbewegung verdankt ihre Erfolge der phantasiereichen Erfindung neuer Demonstrationstechniken

Die neuen Techniken der begrenzten Regelverletzung stammen aus dem Repertoire des gewaltlosen Widerstandes, das während der letzten Jahre in der amerikanischen Bürgerrechtsbewegung erprobt und erweitert worden ist. Diese Techniken gewinnen gegenüber einem bürokratisierten Herrschaftsapparat und angesichts eines publizistischen Bereichs kommerzieller Massenbeeinflussung einen neuen Stellenwert; sie dringen in die Nischen eines frontal unangreifbaren Systems ein; sie erzielen mit relativ geringem Aufwand überproportionale Wirkungen, weil sie auf Störstellen komplexer und darum anfälliger Kommunikationsnetze gerichtet sind.

Diese Demonstrationstechniken sind zudem in ein neues Element getaucht worden. Aus der Pop-Kultur stammen jene lebenden Gegenbilder einer dehumanisierten Welt, welche die ins Halbbewußte abgeglittenen Alltagslegitimationen durch ironische Verdoppelung der Lächerlichkeit preisgeben. Sie führen zu heftigen Abwehrreaktionen, aber auch zu dem heilsamen Schock, der ein erstauntes Nachdenken über Routinen und über unsere routinierten Verdrängungen provoziert. So ist ein Arsenal von Waffen entstanden, die eines gemeinsam haben – den eigentümlich virtuellen Charakter eines Spiels, das als politisches Instrument ernsthaft nur eingesetzt werden kann, wenn der andere Partner zwar genötigt wird, aber mitspielt. Diese Waffen können nur darum verletzen, weil sie nicht töten können.

Dieser Zusammenhang läßt das dritte Moment erkennen, das die neuen Demonstrationstechniken auszeichnet. Psychologisch gesehen handelt es sich um ritualisierte Formen der Erpressung und des Trotzes von Heranwachsenden gegenüber unaufmerksamen, aber relativ nachsichtigen Eltern. Ihre Wirkung tun sie natürlich nur dann, wenn man sie gerade nicht infantil, sondern erwachsen, nämlich auf eine überlegte Weise anwendet. Auch die erwachsene Applikation macht freilich Regelverletzungen, die sich ihrer Erscheinungsform nach oft auf Pennälerniveau halten, für Leute über dreißig kaum zugänglicher; insofern ist die mit dem Gestus des erfahrenen Kämpfers wiederholte Forderung der Jüngeren an die Älteren, an ihrer Praxis teilzunehmen, naiv. Die neuen Techniken sind nicht generationsneutral. Diejenigen, die das ignorieren und sich zu einer unvermittelten Partizipation entschließen, verkennen entweder den Charakter des Jugendprotests, oder ihre eigene Persönlichkeitsentwicklung zeigt tatsächlich Affinität zu einer anderen Altersstufe.

Wenn sich die neuen Techniken zureichend als im Prinzip gewaltlose, symbolisch gemeinte und altersspezifisch anwendbare Techniken des Widerstandes begreifen lassen, dann kann über ihre Funktion kein Zweifel sein. Sie sind vorzüglich geeignet (aber auch nur dazu), Publizitätsbarrieren zu beseitigen und Aufklärungsprozesse, massenhafte Aufklärungsprozesse, in Gang zu setzen. Die neuen Demonstrationstechniken treffen die einzige schwache Stelle des legitimations-bedürftigen Herrschaftssystems, nämlich die funktionsnotwendige Entpolitisierung breiter Bevölkerungsschichten.

19. Juli
Die Unterzeichner des *Manifests der 2000 Worte* erklären ihre Loyalität gegenüber dem Zentralkomitee der KPČ.

3. Die Studenten- und Schülerbewegung geht aus einem Potential hervor, das keine ökonomische, sondern eine sozialpsychologische Erklärung verlangt

Die Protestgruppe der Studenten und Schüler ist privilegiert. Hier kann sich ein Konflikt nicht am Ausmaß der geforderten Disziplinierungen und Lasten, sondern nur an der Art der imponierten Versagungen entzünden. Nicht um einen höheren Anteil an sozialen Entschädigungen der verfügbaren Kategorien: Einkommen und arbeitsfreie Zeit, kämpfen Studenten und Schüler. Ihr Protest richtet sich vielmehr gegen die Kategorie der »Entschädigung« selber. Der Protest dieser Jugendlichen aus bürgerlichen Elternhäusern entzieht sich dem Muster des seit Generationen üblichen Autoritätskonflikts überhaupt. Ihre Sozialisation hat sich eher in den vom unmittelbaren ökonomischen Zwang freigesetzten Subkulturen vollzogen, in denen die Überlieferungen der bürgerlichen Moral und deren kleinbürgerlicher Ableitungen ihre Funktion verloren haben. Die eher liberalen Erziehungstechniken können Erfahrungen ermöglichen und Orientierungen begünstigen, die mit der konservierten Lebensform einer Ökonomie der Armut zusammenprallen.

So entsteht ein prinzipielles Unverständnis für die sinnlose Reproduktion überflüssig gewordener Tugenden und Opfer

– ein Unverständnis dafür, warum das Leben des einzelnen trotz des hohen Stands der technologischen Entwicklung nach wie vor durch das Diktat der Berufsarbeit, durch die Ethik des Leistungswettbewerbs, durch den Druck der Statuskonkurrenz, durch Werte der possessiven Verdinglichung und der angebotenen Surrogatbefriedigungen bestimmt ist, warum, mit einem Wort, der »Kampf ums Dasein«, die Disziplin der entfremdeten Arbeit, die Tilgung von Sinnlichkeit und ästhetischer Befriedigung aufrechterhalten werden.

Für die neue Sensibilität muß die Ausschaltung praktischer Fragen aus einer entpolitisierten Öffentlichkeit immer unerträglicher werden. Eine politische Kraft wird sich freilich daraus nur ergeben, wenn jene Sensibilisierung an ein unlösbares Systemproblem rührt. Für die Zukunft sehe ich nur *ein* solches Problem. Das Maß des gesellschaftlichen Reichtums, den ein industriell entfalteter Kapitalismus hervorbringt, und die technischen und organisatorischen Bedingungen, unter denen dieser Reichtum produziert wird, machen es immer schwieriger, die Statuszuweisung an den Mechanismus der Bewertung individueller Leistung auch nur subjektiv überzeugend zu binden. Die Protestbewegung könnte diese brüchig werdende Leistungsideologie dauerhaft zerstören.

4. Die Studenten- und Schülerproteste folgen vielfach Interpretationen, die entweder ungewiß oder nachweislich falsch, in jedem Falle aber unbrauchbar sind, um Handlungsmaximen daraus abzuleiten

Unter den Parolen, die das Handeln der aktivsten Teile der Studentenschaft bestimmen, finden sich nach meiner Kenntnis drei Behauptungen, die sehr schwierige und unabgeschlossene Diskussionen aus dem Bereich der Marxschen Gesellschaftstheorie auf das handliche Format von Binsenwahrheiten bringen.

Zunächst spielt die Überzeugung eine Rolle, als sei bewiesen, daß der staatlich geregelte Kapitalismus vor grundsätzlich unlösbaren Problemen der Verwertung des Kapitals stehe. Marx hatte seine Krisentheorie aus Grundannahmen der Arbeitswerttheorie abgeleitet. Ich kenne keine empirische Untersuchung des gegenwärtigen Wirtschaftssystems, die auf einer Anwendung der Arbeitswerttheorie beruht. Deren Geltung müssen wir dahingestellt sein lassen. Wohl können wir plausibel machen, daß die mit der privaten Form der Kapitalverwertung gesetzten Interessen die wichtigsten Investitionsentscheidungen, vor allem auch die, die den wissenschaftlich-technischen Fortschritt bestimmen, in die Richtung, sagen wir vereinfacht: einer Militarisierung des wirtschaftlichen Wachstums lenken. Das ist bedenklich genug, aber die Stabilität des gesellschaftlichen Systems wird nicht allein dadurch schon bedroht.

Sodann spielt die Überzeugung eine Rolle, als sei bewiesen, daß der nach wie vor bestehende Gegensatz sozioökonomischer Klassen auch heute noch zu einem politischen Konflikt entfacht werden könne. Gegen die Richtigkeit dieser Behauptung spricht die gesamte Organisation eines Herrschaftssystems, das gleichzeitig zwei Zielen dient: einerseits der wirtschaftlichen Stabilisierung, andererseits der Sicherung der politischen Massenloyalität. Die Verteilung sozialer Entschädigungen kann, auf der Grundlage eines institutionalisierten wissenschaftlich-technischen Fortschritts, nach allen Erfahrungen so gesteuert werden, daß der systemgefährdende Klassenkonflikt derjenige ist, der mit größter Wahrscheinlichkeit latent bleibt. Gegen ihn sind alle Mittel der Gefahrenabwehr mobilisiert, während Randkonflikte, die sich aus Disparitäten der gesellschaftlichen Entwicklung ergeben, dadurch, daß sie auftreten können, selber schon ein Symptom ihrer geringeren Gefährlichkeit sind. Am Beispiel der nordamerikanischen Schwarzen, einer Gruppe, in der sich schwerwiegende Disparitätskonflikte aller Art kumulieren, läßt sich zeigen, daß Unterprivilegierung heute nicht mehr mit Ausbeutung zusammenfällt. Die Neger können nicht mehr, wie das Proletariat des späten 19. Jahrhunderts und die integrierte Arbeiterschaft in der Mitte des 20. Jahrhunderts, durch angedrohten Kooperationsentzug zwingende Gewalt ausüben. Umgekehrt sind die Gruppen, die das heute noch können, nicht mehr in einem loyalitätsgefährdenden Maße unterprivilegiert.

Schließlich spielt die Überzeugung eine Rolle, als sei bewiesen, daß ein kausaler Zusammenhang zwischen der wirtschaftlichen Stabilität der entwickelten kapitalistischen Länder und der katastrophalen wirtschaftlichen Situation in den Ländern der Dritten Welt besteht. Ich zweifle nicht daran, daß die sozialen und ökonomischen Ausgangsbedingungen für die industrielle Entwicklung in diesen Ländern durch den historisch gewordenen Imperialismus der heutigen Industrienationen geschaffen worden sind. Aber vieles spricht dafür, daß Beziehungen ökonomischer Ausbeutung zwischen Ländern der Ersten und Dritten Welt in zunehmendem Maße abgelöst werden durch Verhältnisse strategischer Abhängigkeit und wachsender Disparität. Auch auf internationaler Ebene bezeichnet Unterpri-

22. Juli
Die *New York Times* publiziert ein Manifest des sowjetischen Kernphysikers Andrei D. Sacharow mit dem Titel: *Gedanken über Fortschritt, friedliche Koexistenz und geistige Freiheit.*

23. Juli
Vier Professoren der
Universität Frankfurt/
M., Erhard Denninger,
Ludwig von Friedeburg,
Jürgen Habermas und
Rudolf Wiethölter, ver-
öffentlichen in der
*Frankfurter Allgemeinen
Zeitung* ihren Entwurf
für ein neues hessisches
Hochschulgesetz, das der
Forderung der Studenten
nach mehr Mitbestim-
mung Rechnung trägt.

vilegierung die Form einer empörenden Entrechtung, die aber nicht mehr mit Ausbeutung identisch ist. Das erklärt auch eine gewisse Moralisierung der Ansprüche, die jene eine vergangene Phase der Ausbeutung repräsentierenden Länder heute gegen die ehemaligen Kolonialmächte überzeugend anmelden.

Diese drei kritisierten Grundüberzeugungen bilden, soweit ich sehen kann, das im SDS zur Zeit herrschende Bezugssystem, innerhalb dessen die Rolle des Studenten- und Schülerprotestes begriffen wird. Das muß zu Mißverständnissen führen.

Das erste Mißverständnis besteht darin, daß unser Aktionsspielraum durch eine revolutionäre, jedenfalls durch eine in Revolutionierung zu überführende Situation bestimmt sei. Davon kann keine Rede sein. Jedes, aber auch jedes der bisher allgemein akzeptierten Anzeichen für eine revolutionäre Lage fehlt. Ganz gewiß fehlt aber die subjektiv drückende Gewalt einer als unerträglich allgemein ins Bewußtsein tretenden Situation. Wo das Unerträgliche auf Definitionen noch wartet, wo das Unrecht noch nicht manifest, die Empörung keine Reaktion von Massen ist, muß Aufklärung den Parolen erst vorangehen. Wer unter diesen Umständen eine revolutionäre Umwälzung taktisch ins Auge faßt und agitatorisch betreibt, verfällt schlicht einem Wahn.

Das zweite Mißverständnis besteht darin, daß unser Aktionsspielraum durch eine internationale Einheit des antikapitalistischen Protestes bestimmt sei. Davon kann keine Rede sein. Gewiß gehört die moralische Empörung über die im Namen der Freiheit geübte Barbarei der Amerikaner in Vietnam, gewiß gehört die politische Entlarvung dieser hygienischen Ausrottungsaktion, unternommen von einem Land, das sich von den rühmlichen Anfängen seiner Verfassungsprinzipien nicht weiter hätte entfernen können, zu unseren unmittelbaren Aufgaben. Aber die auf emotionaler Ebene hergestellte Identifizierung – mit der Rolle des Vietkong, die Identifizierung mit den Negern der großstädtischen Slums, mit den brasilianischen Guerillakämpfern, mit den chinesischen Kulturrevolutionären oder den Helden der kubanischen Revolution – hat keinen politischen Stellenwert. Die Situationen hier und dort sind so unvergleichbar wie die Probleme, die sie stellen, und die Methoden, mit denen wir sie angehen müssen.

5. Aus der falschen Einschätzung der Situation folgt eine verhängnisvolle Strategie, welche nicht nur Studenten und Schüler auf die Dauer isolieren, sondern alle auf Demokratisierung drängenden gesellschaftlichen und politischen Kräfte schwächen muß

24. Juli
Bei schweren Rassenunruhen in Cleveland, Ohio, kommt es zu Schießereien, bei denen mindestens zehn Menschen getötet werden.

Die Fehleinschätzung der Situation macht die aktivsten Teile der Studentenbewegung anscheinend unfähig, die Grenzen ihres Aktionsspielraums und den Charakter der verfügbaren Mittel zu erkennen.

Die neuen Demonstrationstechniken, die nur symbolische Handlungen einschließen können, verwandeln sich in den Köpfen altgedienter SDSler zu Mitteln des unmittelbar revolutionären Kampfes. Eine rote Fahne im richtigen Augenblick auf dem richtigen Dach kann eine aufklärende Wirkung haben; sie kann eine Tabuschranke durchbrechen, eine Barriere gegen Aufklärungsprozesse aus dem Weg räumen. Etwas anderes ist es aber, wenn ein solches Symbol diejenigen, die es setzen, darüber betrügt, daß es heute um einen Sturm auf die Bastille nicht gehen kann. Wie die Vorgänge in den Räumen der Frankfurter Universität während der Pfingstwoche in der Nacht von Mittwoch auf Donnerstag unmißverständlich zeigen, verwechseln einige führende Akteure den virtuellen Vorgang einer Universitätsbesetzung mit einer faktischen Machtübernahme. Eine so gravierende Verwechslung von Symbol und Wirklichkeit erfüllt im klinischen Bereich den Tatbestand der Wahnvorstellung. Derjenige, der sich der aus der Protestpsychologie von Jugendlichen stammenden Techniken nicht als Erwachsener, nämlich im Bewußtsein ihres virtuellen Charakters, bedient, wer sie vielmehr, wie das Kind selber, ernst nimmt, verfällt damit einem Infantilismus.

Die Verwechslung von Realität und Wunschphantasie hat ferner zur Folge, daß anstelle der allein gebotenen Strategie massenhafter Aufklärung die Taktik der Scheinrevolution tritt. Wie in den letzten Wochen deutlich zu beobachten war, nimmt Agitation den Platz der Diskussion ein. Die präjudizierte Erkenntnis verdrängt die Untersuchung. Unter permanentem Handlungszwang wird auf Analyse verzichtet. Anscheinend genügen jene Parolen, die ich genannt habe, um dem falschen Bewußtsein der Revolution ein trügerisches gutes Gewissen zu machen. Die Konfrontationspolitik vollzieht sich in jenem sorgfältig gehüteten Zwielicht zwischen symbolischer Erpressung, die Aufmerksamkeit tatsächlich erzwingt, und faktischer Gewaltanwendung, mit der man Machtpositionen zu gewinnen

25. Juli
Papst Paul VI. erläßt die
Enzyklika *Humanae
vitae*, die gläubigen
Katholikinnen die Ein-
nahme der Anti-Baby-
Pille verbietet.

sich einbildet. Dieses Zwielicht verhindert seit einem Jahr die klare Distinktion zwischen Gewaltanwendung und Provokation, obgleich in unserer Situation die Beschränkung auf Techniken des gewaltlosen Widerstandes selbstverständlich sein müßte.

Die Taktik der Scheinrevolution kommt schließlich in einem Verhalten zum Ausdruck, das die Polarisierung der Kräfte um jeden Preis sucht. Diese kurzfristige Perspektive schließt Bündnispolitik, schließt die präventive Vermeidung künftiger Risiken, schließt die Respektierung immer noch Freiheit und Recht garantierender Verfassungsinstitutionen aus. Sie führt zur illusionären Beschwörung der Einheit von Studenten und Arbeiterschaft. Sie führt dazu, die Grenzen des Aktionsspielraums zu verkennen, die auf der einen Seite durch Massenmedien und auf der anderen Seite durch den Gewerkschaftsapparat definiert sind.

In der vergangenen Woche hat das falsche Bewußtsein der Revolution von jenen Schwächen der Intellektuellen gelebt, die in ruhigen Zeiten zu den *déformations professionelles* gehören, die in lebhafteren Zeiten aber, wenn sie aus dem Schattenreich der persönlichen Psychologie heraustreten und zur politischen Gewalt werden, wahrlich ein Skandal sind. Ich meine die Rolle des Agitators, der, weil er den Realitätskontakt verloren hat, nur noch die Realität der Massenreaktion kennt und anerkennt, der von kurzfristigen narzißtischen Befriedigungen lebt und die Aktion von einer Bestätigung zur nächsten treibt, um der Selbstbestätigung willen. Ich meine ferner die Rolle des Mentors, der, weil er gegen Erfahrungen immunisiert ist, eine Orthodoxie mit grauen Vokabeln allen Bewußtseinstrübungen aufprägt, um das zu rationalisieren, wozu den anderen die Worte fehlen. Ich meine schließlich die Rolle des zugereisten Harlekins am Hof der Scheinrevolutionäre, der, weil er so lange unglaubwürdige Metaphern aus dem Sprachgebrauch der zwanziger Jahre für seinerzeit folgenlose Poeme entlehnen mußte, nun flugs zum Dichter der Revolution sich aufschwingt – aber immer noch in der Attitüde des Unverantwortlichen, der sich um die praktischen Folgen seiner auslösenden Reize nicht kümmert.

6. Die Taktik der Scheinrevolution muß einer langfristigen Strategie der massenhaften Aufklärung weichen

29. Juli
In der tschechischen Stadt Cierna nad Tisou treffen sich die Parteispitzen von KPČ und KPdSU. Die sowjetische Führung fordert die Wiederherstellung der führenden Rolle der Partei in Staat und Wirtschaft sowie bei den Massenmedien.

Weil die Entschiedensten unter den Studenten nicht einsehen, daß der Erfolg ihrer Aktionen von den wirkungsvoll in Szene gesetzten Appellen an wie immer residuale, aber noch geltende Legitimationen abhängt, täuschen sie sich über zwei Fakten. Einmal verwechseln sie die Abwehrreaktionen eines Staates, der durch Normen noch gehalten ist, auf Protestspiele sich einzulassen, mit der nackten Repression einer faschistischen Gewalt – sie unterschätzen deshalb die potentielle Gewalt eines Staates, der eines Tages wirklich zur manifesten Unterdrückung wehrloser Gruppen übergehen könnte. Zum anderen wähnen diese Studenten, daß sie nicht indirekte Macht durch symbolische Handlungen, sondern faktische Macht ausüben – sie überschätzen deshalb ihre eigene Machtposition bis an die Grenze lächerlicher Potenzphantasien. Eine »Bewegung« ist nicht schon darum revolutionär, weil man sie so nennt.

In diesem Zusammenhang erhält das Klischee der Zweiten Internationale, die das festgehaltene Ziel der Revolution zugunsten einer Reformpraxis vertagt hatte, den Stellenwert eines abschreckenden Exempels. Allein, »vertagen« läßt sich nur die Revolution, die man auf die Tagesordnung setzen kann. Die Topik der alten Arbeiterbewegung führt heute in die Irre. Die neue Protestbewegung verdankt ihre Überlegenheit dem Umstand, daß sie auf dem gegenwärtigen Niveau der gesellschaftlichen Entwicklung unterscheiden kann: zwischen dem privatistischen Ziel des gesicherten Lebensstandards und dem eigentlich politischen Ziel der Emanzipation, das heißt, der Durchsetzung eines im Ernst demokratischen Willenbildungsprozesses in allen gesellschaftlichen Bereichen.

Dieses Bewußtsein ist nicht zufällig unter Studenten und Schülern zuerst entstanden. Studenten und Schüler wissen, daß sie es unter Arbeitern und Angestellten verbreiten müssen, bevor es ein existierendes Bewußtsein werden kann. Aber der objektive Unterschied zwischen beiden Gruppen und der sozialpsychologische Abstand sind noch immens. Wenn die Protestbewegung ihr radikales Ziel einer Entbürokratisierung der Herrschaft, die mit den funktionellen Bedürfnissen eines entwickelten Industriesystems vereinbar ist, nicht nur zum Zwecke verbaler Selbstbefriedigung verfolgen will, muß sie ihre Taktik an der Wirklichkeit orientieren. Sie muß realistisch sein:

– *realistisch im Hinblick auf den Zeitraum*, der zu bedenken ist. Vor uns liegt keine Periode des Umsturzes, weder des manifesten noch des verschleierten;

29. Juli
Trotz der bevorstehenden Friedensgespräche in Addis Abeba, Äthiopien, geht die nigerianische Zentralregierung weiterhin mit militärischen Maßnahmen und wirtschaftlichen Sanktionen gegen die Republik Biafra vor. Zehn Millionen Biafraner werden auf einer Fläche von 25.000 km² zusammengedrängt. Täglich verhungern etwa 3.000 Menschen in Biafra.

– *realistisch im Hinblick auf die informellen und die rechtlichen Positionen,* auf die sich die demokratische Opposition heute noch stützt und die sie verlieren kann. Ein abstrakter Kampf gegen die Institutionen der Verfassung wäre sowohl unbegründet als auch selbstmörderisch;

– realistisch im Hinblick auf die punktuellen Fortschritte, die inmitten der massiv restaurativen Entwicklung der letzten zwanzig Jahre auch möglich gewesen sind. Diese isolierten Verbesserungen können als Bastionen genutzt werden; sie sollten nicht einem undifferenzierten Urteil und pauschaler Ablehnung anheimfallen;

– realistisch im Hinblick auf die Grenzen des Aktionsspielraums. Ohne Unterstützung durch Gruppen mit privilegierten Einflußchancen ist der Zugang zur breiten Öffentlichkeit, der von den Massenmedien kontrolliert wird, nicht zu gewinnen. Ohne Unterstützung des Gewerkschaftsapparates kann das Mittel des politischen Streiks, das die Verfassung gegen einen Notstand von oben allein garantiert, nicht angewendet werden;

– realistisch schließlich im Hinblick auf die theoretischen Voraussetzungen der Praxis. Generalisierungen, auch auf relativ hoher Stufe der Verallgemeinerung, sind nötig. Aber bei schwachen empirischen Anhaltspunkten sollte über deren Status kein Zweifel sein. Niemand darf sich präsumtiv mit einem in Zukunft hervorzubringenden Bewußtsein aufgeklärter Massen identifizieren, um heute schon stellvertretend für sie zu agieren.

Theodor W. Adorno
Minima Moralia
Ich ist Es

30. Juli
Gegen eine Demonstration von Schülern und Studenten in Mexiko-Stadt gehen die Grenaderos, eine kasernierte Bereitschaftspolizei, mit großer Härte vor. Etwa 300 Demonstranten werden verletzt, über 1.000 verhaftet. Die Demonstration richtet sich gegen die Brutalität des Vorgehens der Grenaderos während der Studentenunruhen seit dem 26. Juli.

Man pflegt die Entwicklung der Psychologie mit dem Aufstieg des bürgerlichen Individuums, in der Antike wie seit der Renaissance, zusammenzubringen. Darüber sollte nicht das konträre Moment übersehen werden, das die Psychologie ebenfalls mit der bürgerlichen Klasse gemein hat und das heute zur Ausschließlichkeit sich entfaltet: Unterdrückung und Auflösung eben des Individuums, in dessen Dienst die Rückbeziehung der Erkenntnis auf ihr Subjekt stand. Wenn alle Psychologie seit der des Protagoras den Menschen erhöhte durch den Gedanken, er sei das Maß aller Dinge, so hat sie damit von Anbeginn zugleich ihn zum Objekt gemacht, zum Material der Analyse, und ihn selber, einmal unter die Dinge eingereiht, deren Nichtigkeit überantwortet. Die Verleugnung der objektiven Wahrheit durch den Rekurs aufs Subjekt schließt dessen eigene Negation ein: kein Maß bleibt fürs Maß aller Dinge, er verfällt der Kontingenz und wird zur Unwahrheit. Das aber deutet zurück auf den realen Lebensprozeß der Gesellschaft. Das Prinzip der menschlichen Herrschaft, das zum absoluten sich entfaltete, hat eben damit seine Spitze gegen den Menschen als das absolute Objekt gekehrt, und die Psychologie hat daran mitgewirkt, jene Spitze zu schärfen. Das Ich, ihre leitende Idee und ihr apriorischer Gegenstand, ist unter dem Blick stets zugleich schon zum Nicht-Existenten geworden. Indem Psychologie sich darauf stützen konnte, daß das Subjekt in der Tauschgesellschaft keines ist, sondern in der Tat deren Objekt, konnte sie ihr die Waffen liefern, es erst recht zu einem solchen zu machen und unten zu halten. Die Zerlegung des Menschen in seine Fähigkeiten ist eine Projektion der Arbeitsteilung auf deren vorgebliche Subjekte, untrennbar vom Interesse, sie mit höherem Nutzen einsetzen, überhaupt manipulieren zu können. Psychotechnik ist keine bloße Verfallsform der Psychologie, sondern ihrem Prinzip immanent. Hume, dessen Werk mit jedem Satz Zeugnis ablegt vom realen Humanismus und der zugleich das Ich unter die Vorurteile verweist, drückt in solchem Widerspruch das Wesen der Psychologie als solcher aus. Dabei hat er noch die Wahrheit auf seiner Seite, denn was als Ich sich selber setzt, ist in der Tat bloßes Vorurteil, die ideologische Hypothese der abstrakten Zentren von Beherrschung, deren Kritik den Abbau der Ideologie von »Persönlichkeit« erfordert. Aber dieser Abbau macht zugleich die

31. Juli
Der französische Staats-
präsident Charles de
Gaulle entläßt 102 Re-
dakteure des französi-
schen Fernsehens und
Rundfunks, die während
der Mai-Unruhen in ei-
nen Streik für unabhän-
gige Information getre-
ten waren.

Residuen um so beherrschbarer. An der Psychoanalyse wird das flagrant. Sie zieht die Persönlichkeit als Lebenslüge ein, als die oberste Rationalisierung, welche die zahllosen Rationalisierungen zusammenhält, kraft deren das Individuum seinen Triebverzicht zuwege bringt und dem Realitätsprinzip sich einordnet. Zugleich aber bestätigt sie dem Menschen in eben solchem Nachweis sein Nichtsein. Sie entäußert ihn seiner selbst, denunziert mit seiner Einheit seine Autonomie und unterwirft ihn so vollends dem Rationalisierungsmechanismus, der Anpassung. Die unerschrockene Kritik des Ichs an sich selbst geht in die Aufforderung über, das der anderen solle kapitulieren. Am Ende wird die Weisheit der Psychoanalytiker wirklich zu dem, wofür das faschistische Unbewußte der Schauermagazine sie hält, zur Technik eines Spezialrackets unter anderen, leitende und hilflose Menschen unwiderruflich an sich zu fesseln, sie zu kommandieren und auszubeuten. Suggestion und Hypnose, die sie als apokryph ablehnt, der marktschreierische Zauberer von der Schaubude, kehrt in ihrem grandiosen System wieder wie im Großfilm der Kintopp. Aus dem, der hilft, weil er es besser weiß, wird der, welcher den anderen durchs rechthaberische Privileg erniedrigt. Von der Kritik des bürgerlichen Bewußtseins bleibt nur jenes Achselzucken, mit dem alle Ärzte ihr geheimes Einverständnis mit dem Tod bekundet haben. – In der Psychologie, dem abgründigen Trug des bloß Inwendigen, der es nicht umsonst mit den »properties« der Menschen zu tun hat, reflektiert sich, was die Organisation der bürgerlichen Gesellschaft mit dem auswendigen Eigentum von je verübte. Sie hat es, als Resultat des gesellschaftlichen Tauschs, entwickelt, aber zugleich mit einer objektiven Vorbehaltsklausel, von der jeder Bürger ahnt. Der Einzelne ist damit gleichsam bloß von der Klasse belehnt, und die Verfügenden sind bereit, es zurückzunehmen, sobald allgemeines Eigentum seinem Prinzip selber gefährlich werden könnte, das gerade in der Vorenthaltung besteht. Psychologie wiederholt an den Eigenschaften, was dem Eigentum widerfuhr. Sie expropriiert den Einzelnen, indem sie ihm ihr Glück zuteilt.

Hans-Jürgen Krahl
Angaben zur Person[*]

3. August
Bei einem Treffen in
Bratislava zwischen den
fünf Staaten Sowjetuni-
on, DDR, Ungarn, Polen
und Bulgarien wird ein
gemeinsames Kommuni-
qué verabschiedet, das
die Pflicht aller sozialistischen Länder betont,
die sozialistischen Er-
rungenschaften zu ver-
teidigen.

Angaben zur Person zu machen, kann nicht heißen, auch nicht im Hinblick auf ein Gericht wie dieses, zu definieren, was man heute noch hämisch genug »Persönlichkeit« nennt. Es kommt darauf an, daß wir den Erfahrungshintergrund darstellen, der den Politisierungsprozeß und damit auch die Studentenbewegung, so wie sie in ihrer antiautoritären Phase sich gebildet hat, erklärt. Und es sind, was meine Person anbelangt, sehr andere Erfahrungszusammenhänge als die des Genossen Amendt.

Ich mußte aufgrund meiner Herkunft sehr viel längere Umwege machen, um die bürgerliche Klasse, der ich entstamme, zu verraten. Da ich aus einem unterentwickelten Land komme, nämlich aus Niedersachsen, und zwar aus den finstersten Teilen dieses Landes, war es mir noch nicht einmal vergönnt, selbst im Rahmen der bürgerlichen Klasse nicht, die aufgeklärte Ideologie dieser Klasse zu rezipieren; und ich meine, daß eine kurze Darstellung dieser Ideologie notwendig ist, weil diese Ideologien, die ich selbst kennengelernt habe, mit denen ich mich identifizieren mußte, denjenigen ähnlich sind, die auch Themen dieses Prozesses bilden werden, nämlich denen Senghors.

In Niedersachsen, jedenfalls in den Teilen, aus denen ich komme, herrscht noch zum starken Teil das, was man als Ideologie der Erde bezeichnen kann, und so habe ich mich, als ich meinen politischen Bildungsprozeß durchmachte, zunächst nicht anders als im Bezugsrahmen der Deutschen Partei bis zur Welfenpartei bewegen können. Ich konnte mir nicht einmal die Ideologien erarbeiten, die Liberalität und Parlamentarismus bedeuten – wenn man bedenkt, daß die Dörfer, in denen ich aufgewachsen bin, jene Nicht-Öffentlichkeit noch pflegen in ihren Zusammenkünften, die an die Rituale mittelalterlicher Hexenprozesse erinnern. Wenn man davon ausgeht, daß heute noch in vielen Teilen der Bundesrepublik, vom bayerischen Wald bis zur niedersächsischen Heide, finsterste Ideologien der Mystik stattfinden, so war es sehr verständlich, daß mich mein Bildungsprozeß zunächst einmal in den Ludendorffbund trieb, so daß ich begriffliches Denken nicht anders als aus der

[*] Diese politische Autobiographie war der Beitrag H.-J. Krahls zur Personenbefragung im Prozeß wegen Rädelsführerei usw., in dem er zusammen mit den Genossen G. Amendt und K. D. Wolff wegen der Protestaktionen gegen die Verleihung des Friedenspreises des Deutschen Buchhandels 1968 an den Präsidenten der Republik Senegal, L. S. Senghor, angeklagt war.
Der Beitrag war ohne Konzept frei gehalten worden. Das Tonbandprotokoll wurde im SC-Info 19, Frankfurt 1969, veröffentlicht. [Anm. der Original-Herausgeber]

5. August
Zur leichteren und ef-
fektiveren Verfolgung
der Mitglieder der Sepa-
ratistenorganisation ETA
tritt in Spanien ein auf
drei Monate befristeter
Ausnahmezustand in
Kraft: Hausdurchsu-
chungen und Festnah-
men von Verdächtigen
benötigen keine richter-
lichen Anordnungen.

Mystik Meister Eckharts und Roswithas von Gandersheim erfahren habe, d. h. Ideologien, die, wenn man sie marxistisch interpretieren will, sicherlich ausgelegt werden können im Sinne eines utopischen Denkens, wie es Ernst Bloch getan hat, die aber, wenn man sie aus dem Erfahrungszusammenhang der herrschenden Klasse rezipiert, finsterste Unmündigkeit reproduzieren. Und so war es schon ein enormer Schritt an Aufklärung, als ich in meiner Heimatstadt Alfeld im Jahre 1961 die Junge Union gründete und der CDU beitrat.

Das war der erste Schritt, um mich aus diesen noch an Blut und Boden orientierten Ideologien zu befreien, aus dem feudalen Naturzustand einer Agrarwirtschaft überzutreten in die mo-derne kapitalistische Industriegesellschaft. Und hier muß ich sagen, daß da gewissermaßen eine Odyssee durch die Organisa-tionsformen der herrschenden Klasse hindurch begann, und es gehört, das möchte ich mir ganz persönlich zugute halten, ein enormes Ausmaß auch an psychischer Konsistenz dazu, in dieser finsteren Provinz zwei Jahre kontinuierlich an CDU-Versammlungen von Kleinstadt-Honoratioren teilzunehmen, denn nach kurzer Zeit stellten sich – und das ist nicht bloße Metapher – Daumiersche Halluzinationen ein, so daß sich die Zusammenkünfte in Versammlungen von Hammel-, Lamm- und Rindsköpfen verwandelten.

Der nächste Schritt, nämlich der zur Aufklärung über die CDU, war die christliche Kirche. Denn hier zumindest, in der christlichen Kirche, wieviel Pfadfinderideologie sie auch immer mit sich fortschleppt, erfuhr ich zum ersten Mal etwas über den Widerstand gegen den Faschismus – durchaus noch auf dem Boden der inneren Emigration und der Innerlichkeits-ideologien im Sinne Bonhoeffers. Aber selbst das war in den Kleinstadtgymnasien, die meinen Bildungsprozeß gezeichnet haben, noch viel zuviel. Denn ich erfuhr von dem Direktor unserer Schule, daß Dietrich Bonhoeffer ein perverser Homo-sexueller gewesen sei und schon deshalb nicht im Sinne eines anständigen Deutschen interpretiert werden könnte, und ich mußte von demselben Direktor erfahren, daß alles Übel der Welt von den Engländern und den Juden gekommen sei und daß das größte Verbrechen in der Geschichte der Menschheit wohl doch der Nürnberger Prozeß war. Das waren also Leute, die sich dann öffentlich damit brüsten, wie oft und mit welchem Grad sie entnazifiziert worden seien.

Doch selbst diese anachronistischen Ideologien ermöglichten es einem in dieser finsteren Provinz noch nicht, irgendeine Bewußtseinsalternative zu sehen, und auf diese Weise machte ich auch meine erste Erfahrung mit der Justiz. Als ich von einem

Burschenschaftskonvent nach dem Abitur eingeladen wurde, machte ich die Bekanntschaft eines sogenannten Alten Herrn, eines Amtsgerichtsrats, der lammkotelettverzehrend mir erklärte, daß die Arbeiterklasse doch ewig unmündig und dumm bleiben müsse und wir dazu berufen seien, die Elite zu bilden. Das überzeugte mich zwar nicht, gleichwohl wurde ich, als ich anfing zu studieren, Mitglied einer schlagenden Verbindung; das gab dann allerdings auch den Ausschlag. Es war natürlich, daß ich solch eine schlagende Verbindung zunächst einmal selber nur elitär erfahren konnte, d. h. daß ich selber nur elitäre Kategorien ihr gegenüber entwickeln konnte, denn was dort an Stumpfsinn und Unterdrückung produziert wird, was dort in hirnlosen Köpfen, die alle permanent Faschismus produzieren, vor sich geht, kann man zunächst gar nicht anders als elitär interpretieren. Aus dieser schlagenden Verbindung wurde ich allerdings rausgeworfen, nachdem ich einen antiautoritären Aufstand gegen einen Alten Herrn vorgenommen hatte.

Die rückständigen und feudalen Ideologien, die es immer noch gibt, können sich so läutern, daß sie zur herrschenden Lehrmeinung in den Instituten, den Akademien und den Universitäten werden: Von der Mystik des gefälschten siebten Buches Mose war es kein weiter Weg für mich, um in dem Fach, in dem ich studierte, zur theoretischen Selbstbestimmung zu finden, nämlich zu Martin Heidegger. Und hier möchte ich, um klarzumachen, von welcher Art Ideologie man sich in diesem Zusammenhang lösen mußte, ein Zitat bringen. Heidegger schreibt in den *Holzwegen*: »Der Mensch, dessen Wesen das aus dem Willen zur Macht gewillt ist, ist der Übermensch. Das Wollen dieses so gewillten Wesens muß dem Willen zur Macht als dem Sein des Seienden entsprechen. Darum entspringt in eins mit dem Denken, das den Willen zur Macht denkt, notwendig die Frage: in welche Gestalt muß sich das aus dem Sein des Seienden gewillte Wesen des Menschen stellen und entfalten, damit es dem Willen zur Macht genügt und so die Herrschaft über das Seiende zu übernehmen vermag? Unversehens und vor allem unversehen findet sich der Mensch aus dem Sein des Seienden vor die Aufgabe gestellt, die Erdherrschaft zu übernehmen.« (Ffm. 1950, S. 232)

Eine imperialistisch abenteuerliche Philosophie – und ich muß sagen, daß ich aus diesem ideologischen Kontext schließlich mich lösen und zum fortgeschrittenen logischen Positivismus und schließlich zur marxistischen Dialektik übergeben konnte, was auch den Bildungsgang vieler derjenigen kennzeichnet, die es von ihrer Klassenlage her eigentlich nicht nötig haben, sich der Praxis des Proletariats zuzurechnen, denen aber Übelkeit

6. August
Appell der KPČ an die Massenmedien, jede Kritik an den Staaten des Warschauer Pakts zu vermeiden.

8. August
In Miami Beach wird
Richard Nixon zum
Präsidentschaftskandi-
daten der *Republika-*
nischen Partei nominiert.

ankommt, wenn sie ihre eigene Klasse und ihre eigenen Klassengesellen kennenlernen, nämlich ihre Lügen und korrupten Einstellungen, mit denen sie täglich sich selber und das Proletariat bis zur Unkenntlichkeit unterdrücken. Wohlgemerkt, diese Lügen sind noch nicht Ideologie, denn Lügen haben kurze und Ideologien lange Beine; Ideologien sind verschleiernd. Was man selber in der herrschenden Klasse, wenn man ihr Mitglied ist, zu hören bekommt, das sind einfach dumme borniert Lügen – bei den Kleinstadthonoratioren der CDU, bei den Studienräten und den Amtsgerichtsräten, die sich einer weinseligen Solidarität versichern, in Wirklichkeit aber wie die Wölfe untereinander sind. Da hat sich in der herrschenden Klasse nichts geändert.

Eine ganz andere Frage ist es, diese Ideologien zu entlarven – und hier muß ich sagen, daß Heidegger (das, was Adorno als »Jargon der Eigentlichkeit« destruiert hat) einer der entscheidenden Ideologien der herrschenden Klasse geworden war –, Ideologien, die noch heute ihre Attraktion nicht verloren haben, wenn man bedenkt, daß er vor der Weltwirtschaftskrise von 1928/29 das Sein zum Tode feierte und damit jenen imperialistischen Krieg vorwegnahm, den Hitler 1939 entfesseln sollte, daß er seine Entschlossenheit predigte, die nicht weiß, wozu sie sich entschließt, und darum immer an den Führer sich gebunden hat, daß er eine Bindung predigte nach 1945, ohne zu sagen, woran man sich binden soll, um die Bindungen an die CDU um so fester zu machen, und sicherlich wird er auch noch heute einen Seinstrick finden, nachdem Strauß und Kiesinger in die Seinsvergessenheit, d. h. aus der Regierung gestoßen sind, um klarzumachen, daß auch in Brandt, Wehner und Scheel das Sein aufleuchtet.

Nachdem mich die herrschende Klasse rausgeworfen hatte, entschloß ich mich dann auch, sie gründlich zu verraten, und wurde Mitglied im SDS. Im SDS erfuhr ich zum ersten Mal, was es heißt: Solidarität – nämlich Verkehrsformen herauszubilden, die sich aus den Unterdrückungen und Knechtungen der herrschenden Klasse lösen. Im SDS haben wir zum ersten Mal erfahren, daß es in der Dritten Welt eine greuelhafte Unterdrückung gibt von seiten der USA und des Systems, das sie repräsentieren; im SDS haben wir zum ersten Mal erfahren, daß, wenn die herrschende Klasse Freiheit sagt, sie die Freiheit meint, sich ihre Macht zu nehmen und die Freiheit zu unterdrücken, daß, wenn die herrschende Klasse Toleranz sagt, sie Toleranz gegenüber ihrer Herrschaft meint und Intoleranz gegen diejenigen, die zwar alles sagen, aber nichts ändern dürfen. Im SDS haben wir zum ersten Mal erfahren, was es heißt, daß es heute überhaupt noch Ausbeutung gibt. Ausbeutung und Unterdrückung sind sicherlich nicht unmittelbar identisch. Was wir in der Dritten Welt erfahren, ist offene, brutale, terroristische Unterdrückung. Was wir hier als Ausbeutung erfahren, ist im hohen Grade verschleiert, so daß es selbst diejenigen, die am unmittelbarsten davon betroffen sind, nämlich das Proletariat, nicht adäquat wahrnehmen können. Und gerade im Hinblick auf diesen Prozeß, in dem es sicherlich um die Dialektik von Ausbeutung in den spätkapitalistischen Industriemetropolen einerseits und unmittelbarer Unterdrückung andererseits in den Kolonien und in den im Elend und Hunger gehaltenen Ländern der Dritten Welt geht, möchte ich Sartre zitieren. Er schreibt in seiner *Critique de la raison dialectique* über den Unterschied von Ausbeutung und Unterdrückung: »Man hätte unrecht, mir die kapitalistische Ausbeutung und die Unterdrückung entgegenzuhalten. Denn dabei muß man bedenken, daß der eigentliche Schwindel der Ausbeutung auf der Grundlage eines Vertrages geschieht. Und wenn es stimmt, daß dieser Vertrag – d. h. die Praxis – zwangsläufig in inerte Ware verwandelt wird, so trifft es ebenso zu, daß er gerade in seiner Form ein Wechselverhältnis darstellt: es handelt sich um einen freien Tausch zwischen zwei Menschen, die sich in ihrer Freiheit anerkennen. Der eine gibt lediglich vor, nicht zu wissen, daß der andere unter dem Druck der Bedürfnisse gezwungen ist, sich wie ein materieller Gegenstand zu verkaufen. Aber das ganze gute Gewissen des Unternehmers beruht auf dem Moment des Tausches, bei dem der Lohnempfänger scheinbar seine Arbeitskraft in voller Freiheit anbietet. Zwar ist er nicht frei gegenüber dem Elend, aber juristisch ist er doch tatsächlich frei gegenüber dem Unternehmer, da dieser – zumindest theoretisch – im Moment der Einstellung keinen Druck auf die Arbeiter ausübt und sich nur darauf beschränkt, einen Maximallohn festzulegen und alle, die mehr verlangen, zurückzuweisen. Auch hier noch ist es die Konkurrenz und der Antagonismus der Arbeiter selbst, die ihre Forderungen herabsinken lassen; der Unternehmer dagegen wäscht seine Hände in Unschuld. Dieses Beispiel zeigt zur Genüge, daß der Mensch nur für den anderen und für sich selbst Ding wird, eben weil er zunächst durch die Praxis als eine menschliche Freiheit gesetzt ist. Die absolute Achtung der Freiheit des Elenden ist die beste Weise, ihn im Augenblick des Vertrages dem materiellen Druck auszuliefern.« (Hamburg 1967, S. 116)

Sartre hat hier das, was in der marxistischen Lehre als Lehrmeinung tradiert wurde, sehr konzentriert zusammengefaßt, daß nämlich Ausbeutung eine Herrschaft ist, die auf einem

9. August
Jugoslawiens Staatschef Tito besucht die ČSSR. Er wird von der Bevölkerung mit großer Begeisterung empfangen. Tito drückt seine Sympathie für den Reformweg der ČSSR aus, vermeidet aber den Abschluß eines Beistandspakts.

hohen Grad von Verschleierung beruht, verschleiert durch den
Tauschverkehr, verschleiert auch durch die Institutionen der
Unterdrückung, die bürgerlichen Gerichte, durch die Zwangsgewalt von Recht und Staat. Das bedeutet – und das ist auch die
Rolle, die wir im SDS als Intellektuelle in der Aktualisierung
des Klassenkampfes zu übernehmen haben –, daß wir im praktischen Kampf die Theorie entfalten müssen, die für das Proletariat, seine Sprach- und Bewußtseinswelt die Herrschaft hier
im Spätkapitalismus verständlich macht, die so unendlich ma-
nipulativ und integrativ überdeckt ist, sie entschleiert und auf-
deckt; daß es unsere Funktion ist, als politische Intellektuelle
unser Wissen in den Dienst des Klassenkampfes zu stellen.
Die Solidarisierung mit den sozialrevolutionären Befreiungsbewegungen in der Dritten Welt war entscheidend für die Ausbildung unseres antiautoritären Bewußtseins. Denn dort liegt
die Unterdrückung offen zutage; dort ist sie noch nicht verschleiert durch einen schon etablierten bürgerlichen Tauschverkehr. So lehrte uns die Dritte Welt einen Begriff kompromißloser und radikaler Politik, der sich von der seichten, prin-
zipienlosen bürgerlichen Realpolitik absetzt. Che Guevara,
Fidel Castro, Ho Tschi Minh und Mao Tse-tung sind Revolutionäre, die uns eine politische Moral kompromißloser Politik
vermittelten, die uns zweierlei ermöglichte: Erstens konnten
wir uns absetzen von der Politik der friedlichen Koexistenz,
wie sie von der Sowjetunion selbst schon realpolitisch verkom-
men betrieben wird, und zweitens konnten wir den Terror, den
die USA und in ihrem Gefolge auch die Bundesrepublik in der
Dritten Welt ausüben, identifizieren. Auch hier hat Sartre –
wenn man das als Kontrast setzt zu der ideologisch verschleierten Unterdrückung in den spätkapitalistischen Metropolen,
d. h. der Herleitung der politischen Freiheit aus ökonomischer
Ausbeutung, die in den funktionierenden Verwertungsphasen
des Kapitalismus als solche nicht erkannt wird – die Unterdrückung in der Dritten Welt prägnant gezeichnet. Er sagt im
Gegensatz zu dem, was er als Ausbeutung gekennzeichnet
hat:
»Die Unterdrückung dagegen besteht vielmehr darin, den anderen als Tier zu behandeln. Im Namen ihrer Achtung der Tiere
verurteilten die amerikanischen Südstaatler die Fabrikanten des
Nordens, weil diese die Arbeiter wie Material behandelten.
Nur ein Tier kann man ja durch Abrichtung, Schläge und
Drohungen zur Arbeit zwingen, und nicht das ›Material‹.
Dennoch erhält der Sklave durch den Herren seine Animalität
nach der Anerkennung seiner Menschlichkeit. Es ist bekannt,
daß die amerikanischen Pflanzer im 17. Jahrhundert die

schwarzen Kinder auf keinen Fall in der christlichen Religion erzielen lassen wollten, weil sie damit das Recht verloren hätten, sie als Untermenschen behandeln zu können. Das heißt implizite anerkennen, daß sie schon Menschen waren. Der Beweis dafür ist, daß sie sich von ihren Herren nur durch einen religiösen Glauben unterschieden, von dem man gerade durch den Eifer, den Schwarzen diesen Glauben zu verwehren, zugab, daß sie in der Lage wären, ihn zu erwerben. Selbst die demütigendste Ordnung muß in Wirklichkeit von Mensch zu Mensch gegeben sein, auch der Herr muß auf den Menschen in der Person seiner Sklaven setzten. Man kennt ja den Widerspruch des Rassismus, des Kolonialismus und aller Formen von Diktatur: um einen Menschen wie einen Hund zu behandeln, muß man ihn zuerst als Menschen anerkannt haben. Das geheime Unbehagen des Herrn rührt daher, daß er ständig gezwungen ist, die menschliche Realität in seinen Sklaven in Rechnung zu stellen ... und ihnen gleichzeitig den ökonomischen und politischen Status zu verweigern, der in dieser Zeit die menschlichen Wesen definiert.« (Ibid)

11. August
Nigeria beschießt die Transportflugzeuge des Internationalen Roten Kreuzes, so daß die Hilfsgütersendungen für die hungernde Bevölkerung Biafras eingestellt werden.

Wenn man diesen Unterschied von Ausbeutung und Unterdrückung, den Sartre gekennzeichnet hat, in Rechnung stellt, so gibt es gleichwohl eine objektive Identität, die als wiederum objektive Motivation unseres antiautoritären Protests in den Metropolen durchscheint. Während in den ehemaligen Kolonien, in den ausgebeuteten Ländern der Dritten Welt die unterdrückten Massen auf den Status einer brutalen Animalität reduziert werden, haben sicherlich jene Analytiker und Theoretiker recht (und das erklärt es auch, warum Söhne aus der bürgerlichen Klasse, keineswegs verwöhnt – Zuckerschlecken haben wir alle nicht gehabt, wie es die bürgerliche Presse uns suggeriert –, gleichsam übergelaufen sind zu der Klasse, in der sich die befreiende Menschheit repräsentiert, nämlich im Proletariat), daß es auch hier auf dem entwickeltsten Stand des technischen Fortschritts und auf dem fortgeschrittensten Stand der Bedürfnisbefriedigung, weit über das Maß physischer Selbsterhaltung hinaus, so etwas gibt wie eine Vertierung des Menschen. Denn nicht anders ist es zu erklären, daß selbst das bürgerliche Individuum, das unter sehr vielen Zwängen und unter sehr viel Leistungsdruck sich herausbildete, im Grunde genommen durch den Prozeß des Faschismus hindurch vernichtet wurde; daß, wie es Theoretiker der Frankfurter Schule einmal gesagt haben, sich einige Menschen schämen müßten, wenn sie »ich« sagen, – das bedeutet, daß im bürgerlichen Ich, so wie Marcuse es ausführte, immer noch die Fähigkeit zur Kritik, zur Erfahrung, zur Erinnerung und zum Begreifen enthalten war, daß

13. August
In der Nähe von Athen
scheitert ein Attentat auf
den Chef der griechi-
schen Militärjunta,
Georgios Papadopoulos,
nur knapp.

aber heute im Zuge des technischen Fortschritts und der anarchischen Verwaltung des industriellen Maschinenparkes durch wenige Kapitaleigentümer die Menschen auf bloße Reaktion, gleichsam nach dem Pawlowschen Reflex, reduziert werden; daß sie nur mehr reagieren, aber in keinerlei Weise mehr agieren können.

Dieser Verfall des bürgerlichen Individuums ist eine der wesentlichen Begründungen, aus der die Studentenbewegung den antiautoritären Protest entwickelte. In Wirklichkeit bedeutete ihr antiautoritärer Anfang ein Trauern um den Tod des bürgerlichen Individuums, um den endgültigen Verlust der Ideologie liberaler Öffentlichkeit und herrschaftsfreier Kommunikation, die entstanden sind aus einem Solidaritätsbedürfnis, das die bürgerliche Klasse in ihren heroischen Perioden, etwa der Französischen Revolution, der Menschheit versprochen hatte, das sie aber nie einzulösen vermochte und das jetzt endgültig zerfallen ist. Die Form liberaler Öffentlichkeit, gewaltlosen Machtkampfes im Parlament, und auch jene forensischen emanzipativen Leistungen, die einstmals die Zwangsgewalt im Bürgertum, die Zwangsgewalt der richterlichen Gewalt, parlamentarisieren sollten – all diese emanzipativen Gehalte des Bürgertums sind längst zerfallen. Wir trauerten ihnen nach, wir meinten sogar, daß allein Randgruppen, intellektuelle, privilegierte Randgruppen in Stellvertretung für die Arbeiterklasse handeln und gewissermaßen eine Art Menschheitsrevolution, ohne Unterschied der Klassen, initiieren könnten. Das alles hat sich sicherlich als Ideologie herausgestellt.

Gleichwohl war in diesem Solidaritätsbedürfnis eine entscheidende Wahrheit enthalten, nämlich diese, daß man das Proletariat nur unter Unterdrückung seiner emanzipativen Regungen davon abhalten kann, sich auf irgendeine selbsttätige Weise zu solidarisieren und untereinander zu organisieren. Die wilden Streiks in der letzten Zeit haben gezeigt, daß dies auf die Dauer nicht gelingen wird, daß es wahrscheinlich noch nicht einmal dem großen Disziplinierungsapparat der Gewerkschaften gelingen wird, das Proletariat an selbsttätiger Organisation zu hindern. Wir haben in einem marxistischen Lernprozeß, der durch die Aktionen gegen den Krieg in Vietnam, gegen den Springer-Konzern und die Notstandsgesetze hindurchging, die ersten klassenbewußten Kriterien des Proletariats erkannt. Die antiautoritäre Revolte war ein marxistischer Lernprozeß, in dem wir uns allmählich von den Ideologien des Bürgertums gelöst und ihre Emanzipationsversprechen als bloße Ideologie entschleiert haben und in dem wir uns endgültig klargeworden sind, daß selbst die klassischen Formen der Liberalität und der

Emanzipation, die noch den liberalen Konkurrenzkapitalismus leiteten, endgültig dahin sind; daß es jetzt darauf ankommt, im Kampf gegen den Staat, gegen diese bürgerliche Justiz und gegen die organisierte Macht des Kapitals in einem langwierigen und sicherlich schwierigen Prozeß Bedingungen zu erarbeiten, damit wir in organisatorischen Kontakt mit der Arbeiterklasse treten können und die geschichtlichen Bedingungen für die Bildung von Klassenbewußtsein schaffen können. Das war ein langfristiger Bildungsprozeß, der sich im SDS selber durchsetzen mußte.

13. August
Rund 200.000 Menschen protestieren in Mexiko-Stadt gegen das brutale Vorgehen der Polizei während der Demonstration im Juli und verlangen eine Diskussion mit dem Staatspräsidenten Gustavo Díaz Ordaz.

Dazu ist noch ein anderes zu sagen: die entscheidende Erfahrung, die im SDS gemacht worden ist, ist die, daß die gesellschaftlichen Beziehungen zwischen den Menschen heute so durch Herrschaft zersetzt sind, daß ein Verkehr, in dem die Menschen sich nicht gegenseitig wie Dinge behandeln, sondern die einzelnen Subjekte sich in ihrer Objektivität als besondere Subjekte anerkennen, geradezu unmöglich geworden ist. Und das, was im Prozeß der Auseinandersetzungen in der Außerparlamentarischen Opposition, in den Kerngruppen des SDS, in den Basisgruppen von jungen Lehrlingen von der bürgerlichen Presse immer wieder als selbstzerstörerisch interpretiert wurde, nämlich unsere unendlichen Diskussionen und auch jene Aggressionen, die in unseren eigenen Reihen immer wieder auftreten, ist Ausdruck einer organisationspraktischen Bildungsgeschichte, die es bislang in der Geschichte der Bundesrepublik und in der Geschichte Deutschlands seit dem Faschismus nicht gegeben hat: nämlich daß es hier eine Gruppe gibt, die durch alle Irrationalitäten hindurch – denn sicherlich sind wir selbst noch mit den Malen kapitalistischer Herrschaft geschlagen, gegen die wir kämpfen – um herrschaftsfreie Beziehungen, um einen Abbau an Herrschaft und Aggression kämpft; daß dies die einzige Gruppe ist, die versucht, rational darüber zu diskutieren, daß Gewaltlosigkeit in dieser Gesellschaft schon immer eine Ideologie war, daß unter dem Deckmantel der Gewaltlosigkeit Gewalt angewandt wird von der herrschenden Klasse; daß wir diskutieren, was die herrschende Klasse ihrem Gewaltbegriff gegenüber nicht diskutieren kann, nämlich unter welchen gesellschaftlichen Unterdrückungssituationen Gewalt historisch legitim ist. Die Legalität bürgerlicher Gerichte kann sich nicht mehr legitim begründen. Sie ist blanke, unbegründete Gewalt geworden, sie verfügt über keinen Emanzipations- und Legitimationsbegriff, sie übt nur Unterdrückung im Dienste des Kapitals aus.

Wir demgegenüber haben erkannt und gesehen, daß es, wenn man gegen diese Gesellschaft kämpft, notwendig ist, die ersten

16. August
Die Regierung von Uruguay reagiert mit etwa hundert Verhaftungen und einer totalen Zensur für Rundfunk und Fernsehen auf eine Protestkundgebung mit 150.000 Teilnehmern in Montevideo. Die Massenkundgebung fand anläßlich der Beisetzung eines bei einer Demonstration erschossenen Studenten statt.

Keimformen der künftigen Gesellschaft schon in der Organisation des politischen Kampfes selbst zu entfalten – die ersten Keimformen anderer menschlicher Beziehungen, herrschaftsfreien menschlichen Verkehrs, selbst um den Preis einer hohen Disziplinierung und Unterdrückung, die wir uns selbst auferlegen müssen. Auch wir können, wie Marx sagt, das künftige Jerusalem in unseren Organisationen nicht vorwegnehmen. Auch in unseren Organisationen, das können wir der herrschenden Klasse offen sagen, herrscht noch – allerdings selbstauferlegte – Unterdrückung. Aber der Unterschied zur blinden Unterdrückung der bürgerlichen Klasse ist der:

In der bürgerlichen Klasse und ihren Theorien bestand immer schon die antagonistische Wirtschaftsideologie, daß entweder der Egoismus der Menschen den Fortschritt in der Wirtschaft vorantreibt oder daß jeder von seinem einzelnen Egoismus radikal abzusehen habe. In Wirklichkeit, sagt Marx, ist es so, daß im bürgerlichen Tauschverkehr, der auf nichts anderes als auf Profit ausgerichtet ist, jeder einzelne absolut seinen einzelnen und beschränkten Egoismus verfolgt und daß in diesem Konkurrenzkrieg aller Einzelegoismen – und die Konkurrenz ist immer ein latenter Kriegszustand – sich das gesellschaftliche Allgemeininteresse als besonderes der bürgerlichen Klasse durchsetzt. Wenn wir diese Gesellschaft verneinen wollen, und zwar in einer bestimmten Form verneinen wollen, so daß sich schon die ersten Keimformen anderer Beziehungen in unserer Organisation selbst andeuten, dann bedeutet das, daß jeder einzelne um der Freiheit des anderen willen von seinem einzelnen Egoismus abstrahieren muß, daß er sich selbst Unterdrückung auferlegen muß, wenn er mit der Freiheit eines jeden anderen, wie es heißt, will zusammenstimmen können.

Die kommunistische Organisation des politischen Kampfes löst die Emanzipationsversprechen des bürgerlichen Tauschverkehrs überhaupt erst ein. Und auf diesem Wege werden sich Formen herausbilden, die schließlich das, was Marx als den Verein freier Menschen, die kommunistisch assoziiert sind, die herrschaftsfrei miteinander verkehren, versteht, zustande bringen.

Uns wird immer wieder gesagt, ihr seid deshalb nicht legitim, weil ihr nicht angeben könnt, wie die künftige Gesellschaft aussehen soll. Das sagen immer diejenigen, die meinen, nun gebt uns erst einmal ein Rezept, und dann entschließen wir uns vielleicht, ob wir mittun wollen. Das sagen jene Heuchler und Feiglinge, die meistens in den Redaktionen der bürgerlichen Presse sitzen. Die künftige Gesellschaft kann man nicht vorwegnehmen. Wir können sagen, wie der technische Fortschritt in hundert Jahren aussehen wird, aber wir können nicht sagen, wie die menschlichen Beziehungen in hundert Jahren aussehen werden, wenn wir nicht anfangen, sie ad hoc, unter uns, im gesellschaftlichen Verkehr zu verändern.

Was wir machen können, ist, immanent anzusetzen an jenen verzerrten, unterdrückten Verkehrsformen, die die bürgerliche Gesellschaft entwickelt hat. Wir negieren sie, d. h., wir lösen überhaupt erst im politischen Kampf die Emanzipationsversprechen ein, die Ihr, also die Vertreter auch der bürgerlichen Justiz, gegeben, aber nicht gehalten habt. Diesen Sachverhalt der Solidarität und der Herrschaftsfreiheit in der Organisation des politischen Kampfes hat Maurice Merleau-Ponty, einer der großen französischen Revolutionstheoretiker, dargelegt. Er sagt: »Der tiefe philosophische Sinn des Begriffs der Praxis besteht darin, uns in eine Ordnung einzuführen, welche nicht die der Erkenntnis, sondern die der Kommunikation, des Austauschs, des Umgangs ist ... Die Partei im kommunistischen Sinne ist diese Kommunikation, und eine solche Auffassung von der Partei ist kein Anhängsel des Marxismus; sie ist sein Zentrum. Es sei denn, man macht daraus wieder einen Dogmatismus – aber wie sollte er zustande kommen, da er sich von vornherein nicht in der Selbstgewißheit eines universellen Subjekts installieren kann. Der Marxismus verfügt nicht über eine Totalansicht der Weltgeschichte, und seine ganze Geschichtsphilosophie ist nur die Entwicklung partieller Einsichten, die ein geschichtlich situierter Mensch, der sie zu verstehen sucht, über seine Vergangenheit und Gegenwart gewinnt. Sie bleibt hypothetisch, abgesehen davon, daß sie im bestehenden Proletariat und in seiner Einwilligung die einzige Garantie findet, die es ihr gestattet, als Seinsgesetz zu gelten. Die Partei ist also wie ein Mysterium der Vernunft: sie ist derjenige Ort der Geschichte, an dem der *seiende Sinn* seiner selbst inne, an dem der Begriff zum Leben wird, und jede Abweichung, welche die Beziehungen von Partei und Klasse denen von Führern und Truppe anähnelte, indem sie die den Marxismus beglaubigende Prüfung listig umginge, würde aus ihm eine ›Ideologie‹ machen.« (*Die Abenteuer der Dialektik*, Fm. 1968, S. 62 ff.)

Das, was ich eben dargelegt habe und vom dem jeder sich überzeugen kann, der in unsere öffentlich tagenden Versammlungen kommt, bestätigt, daß es bei uns im Prinzip um die noch herzustellende Beziehung von Organisation und Klasse geht, daß es bei uns um eben diese Kommunikation geht, nicht aber darum, was uns hier von den bürgerlichen Gerichten immer wieder unterstellt wird, nämlich um das Verhältnis von Führer und Truppe, daß es nicht um jene Projektion geht, die immer

17. August
Im Düsseldorfer Schauspielhaus wird das Stück *Die Soldaten* von Heinar Kipphardt uraufgeführt. Das Schauspiel ist eine Neubearbeitung des gleichnamigen Dramas von Jakob Michael Reinhold Lenz (1751–1792).

19. August
Das Frankfurter
Schwurgericht verurteilt
den ehemaligen NS-
Diplomaten Fritz von
Hahn wegen Beihilfe
zum Massenmord an
bulgarischen und grie-
chischen Juden zu acht
Jahren Freiheitsstrafe.

wieder vorgenommen wird, nämlich die Organisation des Po-
lizeiapparats auf unsere eigene Organisation zu projizieren.
Die Phantasielosigkeit, die Begriffsstutzigkeit und die Dummheit der Vertreter der herrschenden Klasse kann natürlich nicht
anders, als ihre eigenen autoritären Hierarchien auf uns zu
übertragen. Sie kann, will und darf nicht glauben, daß es bei
uns um Fragen herrschaftsfreier Kommunikation geht.

Wir machen so lange individuelle und vereinzelte Bildungsprozesse mit allen Entstellungen und Narben durch, solange
wir entweder Mitglieder der herrschenden Klasse oder der
unorganisierten, in sich zerrissenen Arbeiterklasse sind, in
der jeder einzelne gezwungen ist, seine Haut zu Markt zu
tragen; wir machen so lange entstellte und verzerrte Bildungsprozesse durch, solange wir vereinzelt sind und nicht organisiert, so lange wir uns den Ideologien der herrschenden Klasse
und des kapitalistischen Maschinenparks unterwerfen müssen.
In dem Augenblick aber wird unser Bildungsprozeß ein kollektiver, nicht im Sinne der Vernichtung von Individualität,
sondern überhaupt erst in der Herstellung von Individualität,
so wie er metaphysisch in Hegels *Phänomenologie des Geistes*,
materialistisch in Marxens *Kapital* und psychoanalytisch in den
Theorien Freuds formuliert ist, indem wir diese Gesellschaft als
ein totales Ausbeutungssystem durchschauen, in dem die produktive Lebenstätigkeit der Menschennatur verkümmert. Wir
machen Bildungsprozesse durch, die überhaupt erst Individualität wieder herstellen und das, was Individualität ist, in einem
emanzipativen Sinne rekonstruieren, indem wir uns im praktischen Kampf gegen dieses System zusammenschließen.

Marcuse hat recht, wenn er sagt, daß selbst für die kapitalistische
Gesellschaft, in der so viele so ruhig materiell gesichert leben,
gilt, daß man nicht Mensch bleibt, wenn man nicht diese Gesellschaft radikal bekämpft; und wir haben eine Legitimation.
Diejenigen, die heute die Macht im Staate innehaben, können
nur begriffslos um Positionen konkurrieren. Sie haben die
Macht inne und nichts anderes. Auch wir kämpfen um die
politische Macht im Staat, aber wir haben eine Legitimation,
denn unser Machtkampf ist begleitet von einem permanenten
Kommunikationsprozeß, in dem sich die Kategorien der Emanzipation, die erst im abstrakten Prinzip existieren, realisieren
und entfalten, wo sie zum praktischen Dasein werden.

Selbst in diesem System, in dem keiner mehr zu hungern hat, in
dem kein physisches Elend besteht, bleibt eines bestehen: diese
Gesellschaft, so wie sie organisiert ist, hat es im Laufe der
Entwicklung der Menschengeschichte nicht nur fertiggebracht,
daß man Messer und Gabel hat, daß man sogar Fernsehapparate

und Kühlschränke hat, sie hat auch ein hohes Kulturniveau produziert und eine wunderbar reibungslose Zivilisation – Bedürfnisse, die alle den Stand der physischen Selbsterhaltung weit überschreiten. Aber die Allgegenwart eines autoritären Staats und die Abhängigkeit vom Kapital, die die Massen zwingt, ihre Arbeitskraft als Ware zu verkaufen, fesselt das Bewußtsein der Massen immer wieder an jene Formen elementarer Bedürfnisbefriedigung; denn dieser Staat und das Kapital können die Massen – und sie tun es auch – permanent mit der Angst aufstacheln, daß es ihnen auch wieder anders gehen könnte. Jene erweitere Bedürfnisbefriedigung war nicht verbunden mit einem Fortschritt im Bewußtsein der Freiheit, war nicht verbunden mit einer Entfaltung der Phantasie und der schöpferischen Tätigkeit der Menschennatur. Aber sie ist immer noch, auch hier, obwohl sie all diesen verdinglichten gesellschaftlichen Reichtum besitzt, ängstlich an die materielle Sicherheit und Bedürfnisbefriedigung gebunden, obwohl wir einen Stand materieller Sicherheit haben, der längst eine Entfaltung der Menschen ermöglichte, die weit darüber hinausgehen könnte. Das ist die eigentliche Knechtschaft im Kapitalismus. Das ist das Moment sozialer Unterdrückung, das wir als diejenigen, die privilegiert sind, zu studieren, auch einsehen konnten.

Und dieses Privileg wollen wir durchbrechen, so daß man noch einmal die Frage beantworten kann, warum eigentlich solche, die es ihrer Herkunft nach eigentlich nicht nötig haben – das gilt sicherlich auch in der Studentenbewegung nur für einen kleinen Teil –, warum diejenigen, die es ihrer Herkunft nach nicht nötige haben, zur Rebellion und zur Revolution überzugehen, gleichwohl sich fortschrittlichen sozialrevolutionären Bewegungen anschließen. Es ist nicht das bloße Trauern um den Tod des bürgerlichen Individuums, sondern es ist die intellektuell vermittelte Erfahrung dessen, was Ausbeutung in dieser Gesellschaft heißt, nämlich die restlose und radikale Vernichtung der Bedürfnisentwicklung in der Dimension des menschlichen Bewußtseins. Es ist immer noch die Fesselung der Massen, bei aller materiellen Bedürfnisbefriedigung, an die elementarsten Formen der Bedürfnisbefriedigung – aus Angst, der Staat und das Kapital könnten ihnen die Sicherheitsgarantien entziehen. So hat auch Ernst Bloch – derjenige, dem (vor dem Imperialisten Senghor) als Revolutionär und utopischen Marxisten der Friedenspreis verliehen wurde – argumentiert, wenn er im *Prinzip Hoffnung* die Frage stellt: Warum sind diejenigen, die es nicht nötig haben, zur roten Fahne übergelaufen? Er sagt: »Es ist die sich tätig begreifende Menschlichkeit.«

21. August
Die Militärinvasion gegen die ČSSR beginnt: Um 23 Uhr überschreiten starke Truppenverbände der Sowjetunion, Polens, Bulgariens, Ungarns und der DDR die Grenzen zur ČSSR.

22. August
Um 2 Uhr nachts beset-
zen sowjetische Panzer in
Prag die strategisch
wichtigen Punkte. Gegen
4 Uhr stürmen sowjeti-
sche Truppen das Ge-
bäude des Zentralkomi-
tees und verhaften die
dort versammelten Par-
teifunktionäre. Um 4:30
Uhr sendet Radio Prag
eine Meldung des Präsi-
diums der KPČ, in der die
Invasion verurteilt und
die Bevölkerung aufge-
rufen wird, keinen Wi-
derstand zu leisten. In
den frühen Morgenstun-
den eröffnen sowjetische
Truppen das Feuer auf
Demonstranten. Mehrere
Menschen werden getö-
tet. Eine Phase des passiven Widerstands beginnt.
Geheimes Treffen der
KPČ: Der Reformkurs
von Alexander Dubček
wird bestätigt und der
Abzug der Interven-
tionstruppen verlangt.

Herbert Marcuse
Die neue Sensibilität

Die neue Sensibilität ist zum politischen Faktor geworden.
Dieses Ergebnis, das durchaus einen Wendepunkt in der Evolution der gegenwärtigen Gesellschaften bezeichnen könnte, erfordert, daß die kritische Theorie den neuen Sachverhalt in ihre
Begriffe aufnimmt und erwägt, was er für den möglichen Aufbau einer freien Gesellschaft bedeutet. Eine solche Gesellschaft
setzt die Leistungen der bestehenden Gesellschaften auf allen
Gebieten voraus, namentlich ihre wissenschaftlichen und technischen Resultate. Entbunden davon, der Ausbeutung zu dienen, könnten sie für die globale Abschaffung von Armut und
Elend mobilisiert werden. Freilich unterstellte diese Umorien-
tierung der intellektuellen und materiellen Produktion schon
die Revolution in der kapitalistischen Welt; der theoretische
Entwurf scheint fatal verfrüht – wäre nicht evident, daß die
Kenntnis der tanszendierenden Möglichkeiten der Freiheit eine
treibende Kraft im Bewußtsein und in der Phantasie werden
muß, die den Boden für diese Umwälzung vorbereiten.
Die neue Sensibilität, die den Sieg der Lebenstriebe über Aggressivität und Schuld ausdrückt, würde im gesellschaftlichen
Maßstab das vitale Bedürfnis nach Abschaffung von Ungerechtigkeit und Not fördern und die weitere Entwicklung des
»Lebensstandards« gestalten. Die Lebenstriebe fänden rationalen Ausdruck (Sublimation) im Planen der gesellschaftlich
notwendigen Arbeitszeit in und zwischen den verschiedenen
Produktionszweigen und setzten so die Prioritäten der Ziele
und Auswahlmöglichkeiten: nicht nur dessen, was zu produzieren ist, sondern auch die »Form« des Produkts. Das befreite
Bewußtsein beförderte die Entfaltung einer Wissenschaft und
Technik, die frei sind, die Möglichkeiten der Dinge und Menschen zum Schutz und Genuß des Lebens im Spiel mit den
Möglichkeiten von Form und Materie zur Erreichung dieses
Ziels zu entdecken und zu verwirklichen. Die Technik tendierte
dann dazu, Kunst zu werden, und diese, die Wirklichkeit zu
formen: der Gegensatz zwischen Einbildungskraft und Vernunft, höheren und niederen Vermögen, poetischem und wis-
senschaftlichem Denken würde ungültig. Ein neues Realitätsprinzip erschiene, unter dem eine neue Sensibilität und eine
entsublimierte wissenschaftliche Intelligenz sich zu einem ästhetischen Ethos vereinigten.
Der Begriff »ästhetisch« kann in seinen beiden Bedeutungen
von »die Sinne betreffend« und »die Kunst betreffend« dazu

dienen, die Qualität eines schöpferischen Prozesses in einer Welt der Freiheit zu kennzeichnen. Die Merkmale der Kunst annehmend, würde Technik subjektive Sensibilität in objektive Form, in Realität übersetzen. Es wäre dies die Sensibilität von Männern und Frauen, die sich ihrer selbst nicht mehr schämen müssen, weil sie ihr Schuldgefühl überwunden haben: sie haben gelernt, sich nicht mit ihren falschen Vätern zu identifizieren, welche Auschwitz und Vietnam geduldet und vergessen haben, die Folterkammern all der weltlichen und kirchlichen Inquisitionen und Verhöre, die Ghettos und die monumentalen Tempel der Konzerne und welche die höhere Kultur dieser Realität angebetet haben. Wenn die Männer und Frauen einmal frei von dieser Identifikation handeln und denken, haben sie die Kette zerbrochen, welche Väter und Söhne von Generation zu Generation verband. Sie haben damit die Verbrechen gegen die Menschheit nicht getilgt, aber sie werden frei sein, ihnen Einhalt zu gebieten und ihre Wiederkehr zu verhüten. Sie haben die Chance, den Punkt zu erreichen, von dem keine Rückkehr in die Vergangenheit mehr möglich ist: falls und sobald die Ursachen beseitigt sind, welche die Geschichte der Menschheit zur Geschichte von Herrschaft und Knechtschaft gemacht haben. Diese Ursachen sind ökonomisch-politische, aber da sie selbst die Triebe und Bedürfnisse der Menschen geformt haben, werden keine ökonomischen und politischen Veränderungen dieses historische Kontinuum zum Halten bringen, es sei denn, sie werden von Menschen ausgeführt, die physiologisch und psychologisch fähig sind, die Dinge und sich selbst außerhalb des Zusammenhangs von Gewalt und Ausbeutung zu erfahren.

Die neue Sensibilität ist eben deswegen *Praxis* geworden; sie entsteht *gegen* Gewalt und Ausbeutung, in einem Kampf für wesentlich neue Weisen und Formen des Lebens; sie impliziert die Negation des gesamten Establishments, seiner Moral, seiner Kultur; die Behauptung des Rechts, eine Gesellschaft zu errichten, in der die Abschaffung von Armut und Elend Wirklichkeit wird und das Sinnliche, das Spielerische, die Muße Existenzformen und damit zur *Form* der Gesellschaft selbst werden.

Das Ästhetische als mögliche Form einer freien Gesellschaft erscheint auf einer Entwicklungsstufe, wo die intellektuellen und materiellen Ressourcen für die Überwindung des Mangels vorhanden sind; wo ehedem progressive Repression sich in regressive verkehrt; wo die höhere Kultur, in der die ästhetischen Werte (und die ästhetische Wahrheit) monopolisiert und von der Wirklichkeit abgespalten waren, zusammenbricht

22. August
Die beiden bedeutendsten kommunistischen Parteien außerhalb des Ostblocks, die *Kommunistische Partei Italiens* und die *Kommunistische Partei Frankreichs*, kritisieren die Intervention des Warschauer Pakts in der Tschechoslowakei.

23. August
In der ČSSR ruft die KPČ
zu einem Generalstreik
auf.

und sich in entsublimierte, »niedere« und destruktive Formen auflöst; wo der Haß der Jungen in Gelächter und Gesang ausbricht und sich Barrikade und Tanzboden, Liebesspiele und Heroismus verquicken. Gleichermaßen attackieren die Jungen den *esprit de sérieux* im sozialistischen Lager: Miniröcke gegen Apparatschiks, Rock'n Roll gegen sowjetischen Realismus. Das Bestehen darauf, daß eine sozialistische Gesellschaft leichtfüßig und spielerisch sein kann und sollte, daß diese Qualitäten wesentliche Elemente der Freiheit sind; das Vertrauen in die Rationalität der Phantasie; das Verlangen nach einer neuen Moral und Kultur – bezeichnet diese große anti-autoritäre Rebellion eine neue Dimension und Richtung radikalen Wandels, das Erscheinen neuer Träger einer radikalen Veränderung, eine neue Vorstellung von Sozialismus in seiner qualitativen Differenz von den etablierten Gesellschaften? Gibt es etwas in der ästhetischen Dimension, das eine wesentliche Affinität zur Freiheit hat, nicht nur in ihrer sublimierten kulturellen (künstlerischen), sondern ebenso in ihrer sublimierten politischen Form, so daß das Ästhetische eine gesellschaftliche Produktivität werden kann, ein Faktor in der Produktionstechnik, ein Horizont, unter dem die materiellen und geistigen Bedürfnisse sich entfalten?

Durch die Jahrhunderte hindurch war die Analyse des ästhetischen Bereichs um die Idee des Schönen zentriert. Bezeugt diese Idee das ästhetische *Ethos*, das den gemeinsamen Nenner des Ästhetischen und des Politischen liefert?

Als begehrtes Objekt kommt das Schöne dem Bereich der primären Triebe zu, Eros und Thanatos. Der Mythos verbindet die Widersacher: Freude und Schrecken. Schönheit hat die Macht, Aggression zu zügeln; sie verbietet und lähmt sie. Die schöne Medusa versteinert denjenigen, der ihr gegenübertritt. Poseidon, »der Bläulichgelockte«, gesellte sich zu ihr »auf weicher Wiese und frühlingsduftenden Blüten«.[1] Sie wird von Perseus enthauptet, und aus ihrem verstümmelten Leib entspringt das geflügelte Pferd Pegasus, Symbol der poetischen Einbildungskraft; Verwandtschaft des Schönen, des Göttlichen, des Poetischen, aber ebenso Verwandtschaft der schönen und der unsublimierten Lust. Später insistierte die klassische Ästhetik, während sie auf der harmonischen Vereinigung von Sinnlichkeit, Imagination und Vernunft im Schönen beharrte, gleichermaßen auf dem objektiven (ontologischen) Charakter des Schönen als der Form, in der Mensch und Natur zu sich selbst kommen: der Erfüllung. Kant fragt, ob es nicht eine

---

1 Hesiod, *Theogonie*, in: *Sämtliche Werke*, Bremen o. J., S. 15.

verborgene Verbindung zwischen *Schönheit* und *Vollkommenheit* gebe[2], und Nietzsche bemerkt, »das Schöne als die Spiegelung des Logischen, i. e., die Gesetze der Logik sind das Objekt der Gesetze des Schönen«.[3] Für den Künstler ist das Schöne die Meisterung des Gegensatzes »ohne Druck, so daß Gewalt nicht mehr erforderlich ist«. Das Schöne hat den »biologischen Wert« desjenigen, das nützlich ist, wohltätig, lebenssteigernd.[4]

Kraft dieser Qualifikation kann die ästhetische Dimension als eine Art Eichmaß für eine freie Gesellschaft dienen. Eine Welt menschlicher Verhältnisse, die nicht mehr durch den Markt vermittelt sind, nicht mehr auf wettbewerblicher Ausbeutung oder Terror beruhen, erheischt eine Sensitivität, die von den repressiven Befriedigungen der unfreien Gesellschaften befreit ist; eine Sensitivität, die für jene Formen und Eigenschaften der Wirklichkeit empfänglich ist, die bislang nur mittels ästhetischer Phantasie entworfen wurden. Denn die ästhetischen Bedürfnisse haben ihren eigenen sozialen Gehalt; sie sind Ansprüche des menschlichen Organismus, Geistes und Körpers auf eine Erfüllung, die nur im Kampf gegen die Institutionen erzielt werden kann, die durch ihr Funktionieren diese Ansprüche verneinen und verletzen. Der radikale gesellschaftliche Gehalt der ästhetischen Bedürfnisse wird offenkundig, wenn das Verlangen nach ihrer elementarsten Befriedigung in eine Gruppenaktion größeren Ausmaßes übersetzt wird. Vom harmlosen Anstoß zur besseren Planung von Wohnbezirken und dem Wunsch nach Schutz vor Lärm und Unrat bis zu dem Drängen auf Absperrung ganzer Stadtteile für Automobile, auf Entkommerzialisierung der Natur, auf vollständigen städtischen Umbau und auf Geburtenkontrolle – solche Aktionen nehmen gegenüber den Institutionen des Kapitalismus und ihrer Moral mehr und mehr umstürzlerischen Charakter an. Die Quantität von Reformen schlüge in dem Maße in die Qualität radikalen Wandels um, wie sie den ökonomischen, politischen, kulturellen Druck und die Machtgruppen, die an der Konservierung der Umwelt profitablen Handelns ein hergebrachtes Interesse haben, nennenswert schwächen würden.

Die ästhetische Moral ist das Gegenteil des Puritanismus. Sie versteift sich nicht auf das tägliche Bad oder die Dusche für Leute, deren Reinigungspraktiken systematisches Foltern, Niedermetzeln und Vergiften einschließen; noch besteht sie auf sauberen Kleidern für Leute, die beruflich an schmutzigen

---

2 Kant, *Handschriftlicher Nachlaß* (Akademieausgabe), S. 622.
3 Nietzsche, *Werke*, Bd. IX, Stuttgart 1921, S. 185.
4 Cf. ibid., Bd. XVI, Stuttgart 1911, S. 230.

23. August
Aufgrund der Vor-
kommnisse in der ČSSR
versetzt Jugoslawien
seine Armee in Alarm-
bereitschaft, um sich vor
einem möglichen Ein-
marsch der Truppen des
Warschauer Pakts zu
wappnen.

Geschäften beteiligt sind. Aber sie beharrt auf der Reinigung der Erde von dem sehr materiellen Unrat, der durch den Geist des Kapitalismus produziert wurde, und von diesem Geist selbst. Und sie besteht auf Freiheit als einer Notwendigkeit: ihr ist es in der Tat unmöglich, irgendeine andere Repression zu dulden als jene, die zum Schutz und zur Verbesserung des Lebens erforderlich ist.

Als Kant in seiner dritten *Kritik* die Grenzen zwischen Sensibilität und Imagination nahezu verwischte, erkannte er das Ausmaß, in dem die Sinne »produktiv«, nämlich an der Produktion von Bildern der Freiheit beteiligt sind. Die Imagination hängt ihrerseits von den Sinnen ab, die das Erfahrungsmaterial bereitstellen, aus dem die Imagination durch Umwandlung der Objekte und Verhältnisse, die Sinnesdaten waren und von den Sinnen geformt wurden, ihr Reich der Freiheit erzeugt. Die Freiheit der Einbildungskraft ist so durch die Ordnung der Sinnlichkeit beschränkt, nicht nur durch ihre reinen Formen (Raum und Zeit), sondern auch durch ihren empirischen Inhalt, der als die zu transzendierende Objektwelt ein bestimmender Faktor in der Transzendenz bleibt. Welch schöne oder erhabene, erfreuliche oder erschreckende Formen von Wirklichkeit die Einbildungskraft auch entwerfen mag – sie sind aus der sinnlichen Erfahrung »abgeleitet«. Die Freiheit der Imagination ist jedoch nicht nur durch die Sensibilität beschränkt, sondern auch, am anderen Pol der organischen Struktur, durch das rationale Vermögen des Menschen, seinen Verstand. Auch die verwegensten Bilder einer neuen Welt und neuer Lebensweisen werden von Begriffen geleitet – und von einer Logik, die sich in der Entwicklung des Denkens, übermittelt von Generation zu Generation, herausbildete. Auf beiden Seiten, jener der Sinnlichkeit und der des Verstandes, tritt Geschichte in die Entwürfe der Vorstellungskraft ein; denn die Welt der Sinne ist eine geschichtliche Welt, und der Verstand beweist sich in der begrifflichen Durchdringung und Interpretation dieser geschichtlichen Welt.

Die Ordnung und Organisationsstruktur der Klassengesellschaft, welche die Sinnlichkeit und den Verstand des Menschen geformt haben, prägen auch die Freiheit der Imagination. Ihr kontrolliertes Spiel fand in den Wissenschaften – reinen und angewandten – statt, ihr autonomes Spiel in Poesie, Prosa und den Künsten. Zwischen den Diktaten der instrumentellen Vernunft einerseits und der durch die Verwirklichungen dieser Vernunft verstümmelten sinnlichen Erfahrung andererseits war die Kraft der Phantasie unterdrückt; sie war frei, im allgemeinen Rahmen der Repression praktisch zu werden, das heißt: die Realität umzugestalten; jenseits dieser Grenzen bestand die Praxis der Phantasie im Verletzen der Tabus der gesellschaftlichen Moral, war sie Perversion und Umsturz. In den großen historischen Revolutionen war die Einbildungskraft für eine kurze Periode befreit und frei, in die Entwürfe einer neuen gesellschaftlichen Moral und neuer Institutionen der Freiheit einzugehen; dann wurde sie den Erfordernissen leistungsfähiger Vernunft geopfert.

Wenn nun, in der Rebellion der jungen Intelligenz, das Recht und die Wahrheit der Phantasie zu Forderungen politischer Aktion werden, wenn surrealistische Protest- und Verweigerungsformen sich ausbreiten, dann kann diese scheinbar unbedeutende Entwicklung einen grundlegenden Wandel der Lage markieren. Der politische Protest wird total und reicht nun in eine Dimension hinein, die vordem als ästhetische Dimension wesentlich apolitisch war. Er aktiviert in dieser Dimension gerade die organischen Momente: die humane Sinnlichkeit, die gegen das Diktat repressiver Vernunft aufbegehrt und dadurch die sinnliche Gewalt der Imagination beschwört. Die politische Aktion, die auf einer neuen Moral und einer neuen Sinnlichkeit als den Vorbedingungen und Ergebnissen sozialen Wandels besteht, erscheint auf einer Stufe, auf der die repressive Rationalität, welche die Leistungen der Industriegesellschaft hervorgebracht hat, völlig regressiv wird – rational ist sie nur in ihrer Wirksamkeit, Befreiung »einzudämmen«. Jenseits des Bereichs (und jenseits der Macht) repressiver Vernunft tritt nun die Aussicht auf ein neues Verhältnis zwischen Sinnlichkeit und Vernunft zutage, nämlich die Harmonie zwischen Sinnlichkeit und einem radikalen Bewußtsein: rationale Vermögen, die imstande sind, die objektiven (materiellen) Bedingungen der Freiheit, ihre wirklichen Grenzen und Chancen zu ermitteln und zu definieren. Doch anstatt von der Rationalität der Herrschaft geprägt und durchdrungen, wäre die Sinnlichkeit von der Imagination gelenkt, die zwischen den rationalen Vermögen und den sinnlichen Bedürfnissen vermittelt. Die großartige Konzeption, die Kants *Kritiken* beseelt, zerbricht den philosophischen Rahmen, in dem er sie festhielt. Sinnlichkeit und Vernunft vereinigend, wird die Vorstellungskraft »produktiv«, sobald sie praktisch wird: eine leitende Kraft bei der Rekonstruktion der Wirklichkeit – der Rekonstruktion mit Hilfe einer *gaya scienza*, einer Wissenschaft und Technik, die nicht länger im Dienst von Destruktion und Ausbeutung stehen und daher frei sind für die befreienden Erfordernisse der Phantasie. Die rationale Umgestaltung der Welt könnte zu einer Wirklichkeit führen, die vom ästhetischen Sensorium

23. August
Der Vietcong startet eine Großoffensive gegen amerikanische und südvietnamesische Stellungen und nimmt alle größeren Städte Südvietnams unter starken Beschuß.

23. August
China bezeichnet die
UdSSR zum ersten Mal
als »sozialimperiali-
stisch« und »sozial-
faschistisch«.

des Menschen geformt ist. Eine derartige Welt könnte die menschlichen Fähigkeiten und Wünsche in solchem Maße (buchstäblich!) umfassen und in sich aufnehmen, daß sie als Teil des objektiven Determinismus der Natur erscheinen – eine Koinzidenz der Kausalität aus Natur und der Kausalität aus Freiheit. André Breton hat diese Idee zum Zentrum des surrealistischen Denkens gemacht: sein Begriff des *hasard objectif* bezeichnet den Knotenpunkt, an dem zwei Kausalketten zusammentreffen und das Ereignis hervorbringen.[5]

Das ästhetische Universum ist die Lebenswelt, von der die Bedürfnisse und Fähigkeiten zur Freiheit abhängen; es bedarf ihrer, damit es zu ihrer Befreiung kommt. Sie können sich in keiner Umgebung entwickeln, die durch und für aggressive Impulse geprägt ist, noch können sie als bloßer Effekt einer neuen Ordnung gesellschaftlicher Institutionen vorgestellt werden. Sie können lediglich aus der kollektiven *Praxis der Produktion von Umwelt* hervorgehen: aus der materiellen und geistigen Produktion einer Umgebung, in der die nicht-aggressiven, erotischen und rezeptiven Anlagen des Menschen im Einklang mit dem Bewußtsein der Freiheit die Befriedung von Mensch und Natur anstreben. Beim Neubau der Gesellschaft, der dieses Ziel erreichen will, nähme die Wirklichkeit insgesamt eine *Form* an, die das neue Ziel ausdrückt. Die wesentlich ästhetische Qualität dieser Form würde aus ihr ein *Kunstwerk* machen; insoweit aber die Form aus dem gesellschaftlichen Produktionsprozeß hervorginge, hätte Kunst ihren traditionellen Ort und ihre Funktion in der Gesellschaft geändert: sie wäre zur Produktivkraft der materiellen wie der kulturellen Umgestaltung geworden. Als solche Kraft wäre sie ein integraler Faktor beim Gestalten der Qualität und der »Erscheinung« der Dinge, der Realität, der Lebensform. Dies würde die Aufhebung von Kunst bedeuten: das Ende der Trennung des Ästhetischen vom Wirklichen, aber ebenso das Ende der kommerziellen Vereinigung von Geschäft und Schönheit, Ausbeutung und Freude. Die Kunst gewönne einige ihrer ursprünglicheren »technischen« Nebenbedeutungen zurück: als Kunst der Zubereitung (Kochkunst!), der Kultivierung der Dinge, die ihnen eine Form verleiht, die weder ihre Materie noch die Sinnlichkeit verletzt – der Sieg der Form als eine der

5 Cf. besonders *Nadja*: »Voici des rencontres qu'explique mal le simple recours à la coincidence, et qui, comme les rencontres de l'art, productrices de beauté, engendrent un émoi qui paraît bien le signe d'une finalité objective, ou, du moins, la marque d'un sens dont nous ne sommes pas les seuls créateurs. Cette finalité, ce sens, supposent, dans le réel, un ordre qui soit leur source. Quel ordre, distinct de l'ordre de la causalité quotidienne, nous est donc ici signifié?« (Ferdinand Alquié, *Philosophie du surréalisme*, Paris 1955, S. 141.)

Notwendigkeiten des Seins, das Allgemeine jenseits aller subjektiven Spielarten von Geschmack, Affinität und so fort. Nach Kant gibt es reine Formen der Sinnlichkeit *a priori*, die allen Menschen gemeinsam sind. Nur Raum und Zeit? Oder gibt es vielleicht auch eine materialere konstitutive Form, eine der primären Unterscheidung zwischen schön und häßlich, gut und schlecht[6] – vor aller Rationalisierung und Ideologie, eine von den Sinnen (die produktiv in ihrer Rezeptivität sind) getroffene Unterscheidung, die das, was die Sinnlichkeit verletzt, unterscheidet von dem, was sie befriedigt? In diesem Fall wäre die große Variationsbreite des Geschmacks, der Ähnlichkeit und der Vorliebe die Differenzierung einer »originären« Form der Sensibilität, der sinnlichen Erfahrung, eine Grundform, auf die gestaltende, hemmende und repressive Kräfte gemäß den Interessen des Individuums und der gesellschaftlichen Lage einwirken.

Die neue Sensibilität und das neue Bewußtsein, die einen solchen Umbau entwerfen und lenken sollen, erfordern eine neue *Sprache* (Sprache in einem weiteren Sinn, der Wörter, Bilder, Gesten und Töne einbezieht), um die neuen »Werte« zu definieren und zu vermitteln. Es wurde gesagt, daß der Grad, in dem eine Revolution *qualitativ* andere gesellschaftliche Bedingungen und Verhältnisse intendiert, sich vielleicht durch die Entwicklung einer anderen Sprache anzeigt: der Bruch mit dem Kontinuum der Herrschaft muß ebenso ein Bruch mit deren Vokabular sein. Die surrealistische These, der zufolge der Dichter der totale Nonkonformist ist, findet in der poetischen Sprache die semantischen Elemente der Revolution: »Car le poète ... ne peut plus être reconnu come tel s'il ne s'oppose par un non-conformisme total au monde où il vit. Il se dresse contre tous, y compris les révolutionnaires qui, se plaçant sur le terrain de la seule politique, arbitrairement isolée par lá de l'ensemble du mouvement culturel – préconisent la soumission de la culture à l'accomplissement de la révolution sociale.«[7]

Die surrealistische These weicht nicht von den materialistischen Prämissen ab, aber sie protestiert gegen die Isolierung der materiellen von der kulturellen Bewegung, was zu einer Unterwerfung dieser unter jene führt, damit zu einer Verminderung (wenn nicht Verneinung) der befreienden Möglichkeiten der Revolution. Ehe sie in die materielle Bewegung eingehen, sind diese Möglichkeiten »sur-realistisch«: sie gehören der dichterischen Phantasie an, wie sie sich in der poetischen Spra-

24. August
Kubas Ministerpräsident Fidel Castro billigt die militärische Invasion in der ČSSR aus ideologischen Gründen, kritisiert sie aber aus völkerrechtlichen Prinzipien.

---

6 Auch hier führt Kants ästhetische Theorie zu den fortgeschrittensten Vorstellungen: dem Schönen als »Symbol« des Moralischen.
7 Benjamin Péret, *Le Déshonneur des poètes*, Paris 1965, S. 65 (1943 geschrieben).

25. August
Rumänien mobilisiert
seine Volksmiliz, um ei-
ner möglichen sowjeti-
schen Besetzung entge-
gentreten zu können.

che formt und ausdrückt. Sie ist keine instrumentalistische
Sprache und kann keine sein, kein Werkzeug der Revolution.

Es scheint, daß die Gedichte und Lieder des Protests und der
Befreiung immer zu spät oder zu früh kommen: als Erinnerung
oder als Traum. Ihre Zeit ist nicht die Gegenwart; sie bewahren
ihre Wahrheit in ihrer Hoffnung, in ihrer Absage an das Tatsächliche. Die Distanz zwischen der Welt der Poesie und jener
Politik ist so erheblich, die Vermittlungen, welche die poetische
Wahrheit und die Rationalität der Phantasie bestätigen, sind
derart komplex, daß jede Einebnung dieser Distanz beider
Bereiche sich verhängnisvoll für die Dichtung auszuwirken
scheint. Es gibt keine Weise, auf die wir uns einen historischen
Wandel in der Beziehung zwischen der kulturellen und der
revolutionären Bewegung vorstellen können, welche die Kluft
zwischen Alltagssprache und dichterischer Sprache überbrük-
ken und das Vorherrschen jener aufheben könnte. Die dichterische Sprache scheint all ihre Kraft und Wahrheit aus ihrem
Anderssein, ihrer Transzendenz zu ziehen.

Und doch hängen die radikale Verneinung des Establishments
und die Kommunikation des neuen Bewußtseins immer deutlicher von einer eigenen Sprache ab, da alle Kommunikation
von der eindimensionalen Gesellschaft monopolisiert und für
gültig befunden wird. Sicherlich war die Sprache der Verneinung ihrem »Material« nach immer die gleiche wie die Sprache
der Affirmation: die sprachliche Kontinuität bestätigt sich nach
jeder Revolution aufs neue. Das ist vielleicht notwendigerweise
so, weil sich die Kontinuität der Herrschaft über alle Revolutionen hin erhalten hat. Indes fand die Sprache der Anklage und
Befreiung in der Vergangenheit, obgleich sie ihr Vokabular mit
den Herren und deren Wortführern teilte, ihre eigene Bedeutung und Gültigkeit in den tatsächlichen revolutionären Kämpfen, die schließlich die etablierten Gesellschaften umgestalte-
ten. Das gängige (gebrauchte und mißbrauchte) Vokabular der
Freiheit, Gerechtigkeit und Gleichheit konnte auf diese Weise
nicht nur einen neuen Sinn, sondern auch eine neue Wirklichkeit erlangen – die Wirklichkeit, die aus den Revolutionen des
17. und 18. Jahrhunderts hervorging und zu weniger einge-
schränkten Formen von Freiheit, Gerechtigkeit und Gleichheit
führte.

Heute ist der Bruch mit dem sprachlichen Universum des
Establishments radikaler: in den militantesten Formen des Pro-
tests steigert er sich bis zu einer methodischen Umkehrung der
Bedeutung. Es ist ein bekanntes Phänomen, daß subkulturelle
Gruppen ihre eigene Sprache entwickeln, indem sie die harm-
losen Ausdrücke der Alltagskommunikation aus ihrem Kon-

text lösen und sie zur Bezeichnung von Objekten oder Tätigkeiten gebrauchen, die vom Establishment tabuiert sind. So in der Hippie-Subkultur: »trip«, »grass«, »pot«, »acid« und so weiter.[8] Eine weitaus subversivere Sprachstruktur meldet sich jedoch in der Redeweise der »black militants« an. Hier liegt eine systematische sprachliche Rebellion vor, die den ideologischen Zusammenhang, in dem die Wörter angewandt und definiert werden, zertrümmert und sie in den entgegengesetzten Kontext rückt – als Negation des etablierten.[9] So »übernehmen« die »Blacks« einige der sublimsten und sublimiertesten Begriffe der westlichen Kultur, entsublimieren sie und definieren sie neu. Beispielsweise wurde »soul« (ihrem Wesen nach lilienweiß seit Platon) – der traditionelle Sitz all dessen, was im Menschen wirklich menschlich, fundamental, unsterblich ist – das Wort, das im etablierten sprachlichen Universum peinlich, kitschig und falsch geworden war, entsublimiert und ist in dieser Transsubstantiation in die Negerkultur eingegangen: die Neger sind »soul brothers«; die Seele ist schwarz, gewaltsam und orgiastisch; nicht mehr in Beethoven und Schubert, sondern im Blues, Jazz, im Rock'n Roll, im »soul food« tritt sie hervor. Auf ähnliche Weise bestimmt die kämpferische Losung »black is beautiful« einen anderen Hauptbegriff der traditionellen Kultur dadurch neu, daß sie seinen symbolischen Wert umkehrt und ihn mit der Gegen-Farbe, mit Dunkelheit, ta-

26. August
Die Ergebnisse der Verhandlungen der sowjetischen und tschechoslowakischen Führung in Moskau werden in dem *Moskauer Kommuniqué* festgehalten. Die Reformer werden ihrer Ämter enthoben, eine moskauhörige Regierung wird installiert.

8 Slangausdrücke; »grass«, und »pot« bezeichnen leichtere Rauschmittel (Marihuana), »acid« LSD; »trip« die Wirkungsdauer. *(A. d. Ü.)*

9 In diesem Zusammenhang einer methodischen Umstülpung der sprachlichen Welt des Establishments müssen auch die bekannten »Obszönitäten« in der Sprache der schwarzen und der weißen Radikalen gesehen werden. In den Bekundungen der bestehenden Mächte in Sprache und Schrift werden »Obszönitäten« offiziell nicht gebilligt; ihr Gebrauch sprengt daher die trügerische ideologische Sprache und erklärt ihre Definitionen für ungültig. Obszönitäten erfüllen diese Funktion allerdings nur im politischen Kontext der Großen Weigerung. Wenn zum Beispiel die höchsten Beamten des Staates oder Landes nicht Präsident X oder Gouverneur Y genannt werden, sondern Schwein X oder Schwein Y, und wenn das, was sie in Wahlreden vorbringen, mit »grunz, grunz« wiedergegeben wird, dann wird diese beleidigende Titulierung gebraucht, um ihnen die Aura von öffentlichen Beamten oder Führern, die nur das gemeinsame Interesse im Sinn haben, zu entziehen. Sie werden als das »neubestimmt«, was sie in den Augen der Radikalen wirklich sind. Und wenn sie als Männer angesprochen werden, die das unsägliche Verbrechen des Ödipus begangen haben, werden sie, gemessen an ihrer eigenen Moral, angeklagt: die Ordnung, die sie mit einer solchen Gewalt erzwingen, wurde in ihrem Schuldgefühl geboren. Sie schliefen mit der Mutter, ohne den Vater erschlagen zu haben, eine Tat, weniger verwerflich als die des Ödipus, aber verächtlicher. Der methodische Gebrauch von »Obszönitäten« in der politischen Sprache der Radikalen ist ein »elementarer Akt«, Menschen und Dingen einen neuen Namen beizulegen, die falschen und scheinheiligen Namen auszulöschen, welche die umbenannten Gestalten im und für das System so stolz führen. Und wenn die Umbenennung die sexuelle Sphäre beschwört, so fällt das mit dem großen Entwurf der Entsublimierung der Kultur zusammen, der für die Radikalen einen lebenswichtigen Aspekt der Befreiung darstellt.

26. August
Beginn der lateinameri-
kanischen Bischofskon-
ferenz in Medellin, Ko-
lumbien: Der reform-
freudige Flügel spricht
sich für eine gewaltlose
soziale Revolution aus
und kritisiert den äuße-
ren und inneren Kolo-
nialismus. Camillo Tor-
res, Vertreter der »Theo-
logie der Befreiung«, der
sich der Guerillabewe-
gung angeschlossen hatte
und bei einem Gefecht
mit Regierungstruppen
am 15. Februar 1966 er-
schossen wurde, wird
von vielen überzeugten
Katholiken in Latein-
amerika als Freiheitsheld
verehrt.

buierter Magie, dem Moment des Unheimlichen verknüpft. Der Einbruch des Ästhetischen ins Politische erscheint auch am anderen Pol der Rebellion gegen die Gesellschaft des Über-fluß-Kapitalismus, bei den nonkonformistischen Jugendlichen. Auch hier die Umkehrung des Sinns, die bis zum offenen Widerspruch getrieben ist: man überreicht der Polizei Blumen (»flower power« ist die Neubestimmung und genaue Negation des Sinnes von »Gewalt«); der erotische Furor in den Protest-songs; die Sinnlichkeit langer Haare, des von fügsamer Sauber-keit unbefleckten Körpers.
[...]
Aber die heutigen Rebellen gegen die etablierte Kultur rebel-lieren ebenso gegen das Schöne in dieser Kultur, gegen seine allzu sublimierten, von der Wirklichkeit abgetrennten, ordent-lichen und harmonisierenden Formen. Ihr Bestreben erscheint als die Negation der traditionellen Kultur: als methodische Entsublimierung. Vielleicht kommt ihr stärkster Anstoß von sozialen Gruppen, die bislang außerhalb des Bereichs der hö-heren Kultur, außerhalb ihrer affirmativen, sublimierenden und rechtfertigenden Magie verblieben sind – von Menschen, die im Schatten dieser Kultur gelebt haben, von den Opfern des Machtgefüges, das die Basis dieser Kultur war. Jetzt setzen sie der »Sphärenmusik«, der sublimsten Vollendung dieser Kultur, ihre eigene Musik entgegen, mit dem ganzen Trotz und dem Haß und der Freude rebellischer Opfer, die ihre eigene Menschlichkeit gegen die Definitionen der Herren definieren. Die schwarze Musik, die in die weiße Kultur einbricht, ist die erschreckende Verwirklichung von »O Freunde, nicht diese Töne!« – die Weigerung trifft jetzt den Chor, der das Lied an die Freude singt, das Lied, das in der Kultur, die es singt, null und nichtig wird. Thomas Mann schreibt im *Doktor Faustus*: »Ich will die Neunte Symphonie zurücknehmen.« In dem umstürzlerischen, dissonanten, wehklagenden und schreien-den Rhythmus, der auf dem »schwarzen Kontinent« und im »tiefen Süden« der Sklaverei und Entbehrung entstanden ist, widerrufen die Unterdrückten die Neunte Symphonie und verleihen der Kunst eine entsublimierte, sinnliche Form er-schreckender Unmittelbarkeit, die den Körper und die in ihm materialisierte Seele bewegt. Schwarze Musik ist ursprüng-lich Musik der Unterdrückten, in der deutlich wird, wie sehr die höhere Kultur und ihre erhabenen Sublimationen, ihre Schön-heit klassenbedingt waren. Die Affinität zwischen schwarzer Musik (und ihrer avantgardistischen weißen Entwicklung) und der politischen Rebellion gegen die »Überflußgesellschaft« legen Zeugnis ab von der zunehmenden Entsublimierung der Kultur.

Noch ist, was hier geschieht, die einfache, elementare Negation, die Antithese: die Position der unmittelbaren Verweigerung. Diese Entsublimierung läßt die traditionelle Kultur, die illusionistische Kunst unbesiegt hinter sich; ihre Wahrheit und ihre Ansprüche bleiben gültig neben und zusammen mit der Rebellion, innerhalb derselben gegebenen Gesellschaft. Die rebellische Musik, Literatur und Kunst werden auf diese Weise mühelos vom Markt absorbiert und geformt – entschärft. Um zu sich selbst zu kommen, müßten sie den direkten Appell verlassen, die rohe Unmittelbarkeit ihrer Darstellung, die im Protest das gewohnte Universum von Politik und Geschäft beschwört und mit ihm die hilflose Vertrautheit mit Versagung und zeitweiliger Befreiung von ihr. War nicht gerade der Bruch mit dieser Vertrautheit einmal das methodische Ziel radikaler Kunst? Die Abschaffung des Verfremdungseffekts (der in beträchtlichem Maß auch in der großen illusionistischen Kunst wirksam war) vereitelt den Radikalismus der heutigen Kunst. So scheitert das *Living Theater* in eben dem Maße, wie es lebt, wie wir uns unmittelbar mit den Schauspielern identifizieren und unsere vertrauten Sympathien, unsere Antipathien erfahren. Das Theater geht nicht über diese Vertrautheit, dieses »déjà vu« hinaus – es bestärkt sie. Ganz wie die immer organisierteren »Happenings«, wie die immer marktgängigere Pop-Art bringt dieser Tätigkeitskreis eine trügerische »Gemeinschaft« innerhalb der Gesellschaft hervor.

Der Sieg über diese unmittelbare Vertrautheit, die »Vermittlungen«, die aus den vielen Formen rebellierender Kunst eine befreiende Kraft in gesellschaftlichem Umfang machen würden (eine umstürzende Kraft also), müssen erst noch gewonnen werden. Sie würden den Weisen der Arbeit, des Vergnügens, Denkens und Verhaltens innewohnen, in einer Technik und natürlichen Umgebung, die das ästhetische Ethos des Sozialismus ausdrücken. Erst dann hätte Kunst ihre privilegierte und abgespaltene Herrschaft über die Phantasie, das Schöne und den Traum verloren. Das mag die Zukunft sein, aber die Zukunft bricht in die Gegenwart ein; in ihrer Negativität »antizipieren« die heutige entsublimierende und Anti-Kunst eine Stufe, auf der die Kapazität der Gesellschaft zu produzieren dem schöpferischen Vermögen der Kunst und der Bau der künstlerischen Welt dem Umbau der wirklichen ähneln kann – ein Bündnis von befreiender Kunst und befreiender Technologie.[10] Kraft dieser Antizipation bildet die ungeordnete,

28. August
Beim Parteikonvent der *Demokraten* in Chicago wird Hubert Humphrey zum Präsidentschaftskandidaten gewählt. Über 20.000 Soldaten, Nationalgardisten und Polizisten gehen mit vollkommen überzogener Härte gegen ca. 12.000 Demonstranten vor, die Druck auf die *Demokratische Partei* ausüben wollen, um zu erreichen, daß ein Kandidat nominiert wird, der sich für einen Abzug der US-Truppen aus Vietnam ausspricht. In Chicago herrschen Verhältnisse wie unter einem Belagerungszustand. Bei den blutigen Zusammenstößen werden mehrere hundert Demonstranten zum Teil schwer verletzt.

10 Eine in der Tat utopische Vision, aber realistisch genug, um die militanten Studenten der *Ecole des Beaux Arts* in ihrer Mai-Aktion 1968 zu beflügeln. Sie forderten die Entwicklung eines Bewußtseins, das »die schöpferische Aktivität,

28. August
Zehntausende von Men-
schen in Mexiko-Stadt
fordern auf einer De-
monstration den Rück-
tritt des Präsidenten Gu-
stavo Díaz Ordaz und
sprechen sich gegen die
bevorstehenden Olym-
pischen Spiele aus.

grobe, possenhafte, künstlerische Entsublimierung der Kultur
ein wesentliches Element radikaler politischer Taktik: das der
umstürzenden Kräfte im Übergang.

wie sie jedem Individuum immanent ist«, so lenkt, daß die »Arbeit der Kunst« und
der »Künstler« bloße »Momente dieser Aktivität« werden – Momente, die in
jedem sozialen »System«, das die Arbeit oder den Menschen zu einem Monument
macht, gelähmt werden (*Quelle université? Quelle société?*, l. c., S. 123).

Wilhelm Reich
Die Institution der Zwangsehe als Grundlage von Widersprüchen des Sexuallebens

28. August
Frankreich unterstützt die Regierung des Tschad im Kampf gegen die Rebellen im Norden des Landes mit der Entsendung von Luftlandetruppen.

Die Sexualreform wird vom Gesichtspunkt des Interesses an der ehelichen Zwangsmoral betrieben. Hinter ihr steht die Eheinstitution, und diese selbst ist in den ökonomischen Interessen fest verankert. Die eheliche Moral ist der äußerste ideologische Exponent dieser ökonomischen Interessen im ideologischen Überbau der Gesellschaft und durchsetzt als solcher das Denken und Handeln jedes Sexualforschers und -reformers ebenso, wie sie die Sexualreform unmöglich macht.

Wie hängen die ökonomischen Interessen mit der Ehemoral zusammen? Die nächste Folge ist das Interesse an der vorehelichen Keuschheit und der ehelichen Treue der Ehefrau. Der Münchener Sexualhygieniker Gruber hatte dieses letzte und entscheidende Motiv richtig erkannt:

»Wir müssen die Keuschheit der Frau als höchstes völkisches Gut schätzen und pflegen, denn in der Keuschheit der Frau ist die einzige sichere Bürgschaft dafür gegeben, daß wir wirklich die Väter unserer Kinder sein werden, daß wir für unser eigenes Blut schaffen und uns mühen. Ohne diese Bürgschaft aber keine Möglichkeit eines gesicherten, innigen Familienlebens, dieser unentbehrlichen Grundlage für das Gedeihen von Volk und Staat. Darin und nicht in selbstsüchtiger Willkür des Mannes ist es begründet, daß Gesetz und Sitte strengere Anforderungen an die Frau bezüglich Keuschheit vor der Ehe und Treue in der Ehe stellen als an den Mann. Es steht bei ihrer Ungebundenheit viel mehr auf dem Spiele als bei seiner.« (*Hygiene des Geschlechtslebens*, 53.-54. Aufl., S. 146-147)

Durch die Verbindung des Erbrechts mit der Zeugung ist das leidige Eheproblem fest im Geschlechtsleben verwurzelt, die sexuelle Verbindung zweier Menschen hört damit auf, eine Frage des Geschlechtslebens zu sein. Die außereheliche Keuschheit und innereheliche Treue der Ehefrau ist auf die Dauer ohne ein höheres Maß an Sexualverdrängung auf seiten der Frau nicht aufrechtzuerhalten; die nächste Folge ist daher die Keuschheitsforderung für das Mädchen. Ursprünglich und heute noch bei Primitiven mit bereits privatwirtschaftlicher Organisation darf das Mädchen bis zur Ehe sexuell leben, wie es will; erst mit dem Eintritt in die Ehe verpflichtet es sich zur außerehelichen Keuschheit.[1] In unserer Gesellschaft, am

---

1 Vgl. hierzu Bryk: *Negereros* (Marcus & Webers, S. 77), Ploss-Bartels: *Das Weib* (Leipzig 1902, Bd. I, S. 449) und besonders Malinowski: *Das Geschlechtsleben der Wilden* (London 1929).

30. August
Der auf den Filmfest-
spielen in Venedig urauf-
geführte Film *Die Arti-
sten in der Zirkuskuppel:
Ratlos* von Alexander
Kluge gewinnt den Gol-
denen Löwen.

schärfsten ausgeprägt in den letzten Jahrzehnten des 19. Jahrhunderts und um die Jahrhundertwende, ist die Forderung der Jungfrauenschaft für die Schließung der Ehe bedingungslos gestellt. *Strenge Treue der Ehefrau und voreheliche Keuschheit des Mädchens* bilden in diesem Stadium die beiden Eckpfeiler der reaktionären Sexualmoral, die die patriarchalische Ehe und Familie durch Bildung der sexualängstlichen Struktur zu stützen haben.

Soweit ist die Ideologie folgerichtig Ausdruck der ökonomischen Interessen. Nun setzt aber der Widerspruch des Prozesses ein. Durch die Keuschheitsforderung für das Mädchen werden der männlichen Jugend Liebesobjekte entzogen. Dadurch sind auf einmal mehrere geschlechtliche Tatbestände entstanden, die zwar *von der gesellschaftlichen Ordnung nicht beabsichtigt sind, aber notwendigerweise zum System ihrer Sexualform gehören*: Die monogame Ehe bekommt als Gegensatz den *Ehebruch*, der ebenso alt ist wie jene; die keuschen Jungfrauen werden durch die *Prostituierten* gegensätzlich ergänzt. Der Ehebruch und die Prostitution der Frauen sind so eiserne Bestandteile der doppelten Geschlechtsmoral, die dem Mann sowohl in als vor der Ehe gestattet, was sie den Frauen aus ökonomischen Gründen versagen *muß*. Die natürlichen Anforderungen der Sexualität bewirken aber, daß die strenge Sexualmoral das Gegenteil des Beabsichtigten erzielt. Und die Unmoral im reaktionären Sinne, der Ehebruch und die außereheliche Geschlechtsbeziehung, steigern sich in zwei Richtungen zu grotesken sozialen Erscheinungen: zur sexuellen Perversion und zur Vergeldlichung der Sexualität auch außerhalb der Ehe. Da die sinnliche Sexualbetätigung außerhalb der Ehe in den Bereich der Ware überhaupt fällt, leiden darunter natürlich die zärtlichen Beziehungen zum Sexualpartner, am ausgesprochensten in der Prostitution; der junge Mann etwa spaltet seine Sexualität, indem er seine Sinnlichkeit bei einer Frau der »unteren Schichten« befriedigt, seine Zärtlichkeit hingegen einem Mädchen seines eigenen Kreises zuwendet. Diese Spaltung des Liebeslebens und die Verknüpfung der Sinnlichkeit mit dem Gelderwerb haben eine völlige Erniedrigung und Brutalisierung des Liebeslebens zur Folge, als deren vornehmster Ausdruck die weite Verbreitung der *Geschlechtskrankheiten* erscheint, die so, ebenfalls unbeabsichtigt, ein wesentlicher Bestandteil der konservativen Sexualordnung wird. Der Kampf gegen Prostitution, außerehelichen Verkehr und Geschlechtskrankheiten wird mit der Parole »Askese« geführt, entsprechend der Anschauung, daß nur der eheliche Verkehr moralisch sei, wozu als Scheinbeweis für die Verderblichkeit der außerehelichen Sexualbetätigungen ihre angebliche Gefährlichkeit dient.

Die reaktionären Autoren bestätigen selber die Unmöglichkeit der Askeseforderung als eines wirksamen Mittels gegen die Geschlechtskrankheiten, aber sie gelangen aus der Sackgasse der Ehemoral nicht zur richtigen Schlußfolgerung. Denn zwar werden die Geschlechtskrankheiten durch Bazillen erzeugt, aber ihre Verbreitung verdanken sie der Erniedrigung des außerehelichen Geschlechtslebens, die sich als moralische Kontrastwirkung zur sanktionierten ehelichen Beziehung etabliert; und diesen Gegensatz muß der reaktionäre Sexualforscher, ob er will oder nicht, sofern er nur aus seinem Milieu nicht heraustritt, ideologisch unterstützen

In der Frage der Abtreibung sehen wir ebenfalls die Widersprüche zwischen Tatsachenfeststellung und Forderung und dahinter die ideologische Stütze der Ehemoral und die Rücksicht auf die Eheinstitution. Eines der Argumente gegen die Abschaffung des Abtreibungsparagraphen ist das Argument der »Sittlichkeit«. Wo würde es denn hinführen, wenn man die Abtreibung freigeben wollte? Der Paragraph sei ja doch ein Hemmschuh für »zügelloses Geschlechtsleben«. Man will Bevölkerungszuwachs erzielen und erreicht das Gegenteil: ständige Abnahme der Geburtenziffer. Man weiß, daß die Freigabe und Legalisierung der Fruchtabtreibung in Sowjetrußland die Volksvermehrung nicht beeinträchtigte, ja im Gegenteil, daß die nötige soziale Fürsorge in Verbindung mit dem legalen Abortus einen mächtigen Bevölkerungszuwachs bedingt.[2]

Man benötigt doch nationale Übermacht und Kanonenfutter, man strebt also nach Hebung der Geburtenzahl.

Es ist irrig zu glauben, daß hier die Rücksicht auf Produktion einer industriellen Reservearmee die Triebfeder ist. Das war sie wahrscheinlich früher, als die Arbeitslosigkeit eines bestimmten kleinen Prozentsatzes der Arbeiterschaft dem Lohndruck außerordentlich förderlich war. Doch die Zeiten haben sich geändert.

Die Massenarbeitslosigkeit in allen westlichen Ländern, die zu einem Strukturbestandteil unserer Ökonomie geworden ist, hat dieses Motiv entwertet. Die unmittelbar wirtschaftlichen Motive für die Nichtzulassung einer rationellen Geburtenregelung sind geringfügig im Vergleich zu den ideologisch weltanschaulichen Motiven, die ja letzten Endes ebenfalls in wirtschaftlichen Interessen wurzeln. Das Kernmotiv der Abortbestrafung ist die Rücksicht auf die »Sittlichkeit«. Gibt man

30. August
Die Literaturzeitschrift des »Prager Frühlings«, *Literarni Listy,* hatte in ihrer letzten Nummer, bevor sie ihr Erscheinen einstellte, Intellektuelle in aller Welt aufgefordert, ihre Solidarität mit dem »Prager Frühling« zu bekunden und gegen die Invasion der Warschauer-Pakt-Staaten zu protestieren. Dieser Bitte folgen 35 Schriftsteller und Wissenschaftler aus der BRD mit einem Aufruf in der Wochenzeitung *Die Zeit.* Darin heißt es: »Der tschechoslowakische Versuch ist nicht gescheitert. Sozialismus und Freiheit bedingen einander.«

---

2 Genss: *Was lehrt die Freigabe der Abtreibung in Sowjet-Rußland?* (Agis-Verlag 1926).

30. August
Zeitgleich mit der Veröffentlichung der *Beatles*-Single *Hey Jude* werden John Lennon und Yoko Ono in London wegen des Besitzes von Marihuana verhaftet.

die Abtreibung frei, so kann das nicht nur für die Ehefrauen, sondern muß auch für die Unverheirateten gelten. Damit billigt man aber die außereheliche Verbindung und hebt den moralischen Zwang zur Heirat nach Schwängerung auf. Man würde die Eheinstitution schädigen; ideologisch muß eben, trotz der widersprechenden Tatsachen des Geschlechtslebens, die eheliche Moral gehalten werden, wie die Ehe das Rückgrat der autoritären Familie und diese die *Erzeugungsstätte autoritärer Ideologien* und menschlicher Strukturen ist.

Dieses Moment wurde bisher bei der Diskussion der Abtreibungsfrage allzusehr vernachlässigt. Man könnte die halbe Konsequenz ziehen, etwa die Abtreibung nur für die verheirateten, nicht aber für die ledigen Frauen zulassen. Dann bliebe die Rücksicht auf die Ehe gewahrt. Dieser Einwand wäre richtig, wenn nicht noch ein Tatbestand im sexualideologischen Getriebe dagegen spräche. Es ist ein *Grundelement der Sexualmoral, daß der sexuelle Akt kein von der Fortpflanzung unabhängiger Bedürfnis- und Lustakt sein darf.* Offizielle Anerkennung der Sexualbefriedigung, abgesehen von der Fortpflanzung, würde ja mit einem Male alle offiziösen und kirchlichen Auffassungen über das Geschlechtsleben über den Haufen werfen. So schreibt etwa Max Marcuse im Sammelwerk *Die Ehe* (Kapitel: »Der eheliche Präventivverkehr«, Seite 399): »Sollte es wirklich gelingen, durch innerliche Medikation Frauen nach Belieben zeitweise zu sterilisieren, so wird es die dringlichste Aufgabe sein, die Methode der Zugänglichkeit und des Vertriebes dieser Mittel zu finden, die ihren ... Gewinn für ... die Hygiene sicherstellt, aber ihre unerhörte Gefahr für die sexuelle Ordnung und Moral, ja für Leben und Kultur (lies: autoritäres Leben und Kultur) überhaupt abwendet.«

Marcuses, des liberalen Sexualreformers, großer ethischen Sorge vom Jahre 1927 wurde vom deutschen Faschismus 1933-1945 Rechnung getragen: Etwa anderthalb tausend Sterilisierungen im Dritten Reich haben zwar keinen Gewinn für die Hygiene sichergestellt, aber die »unerhörte Gefahr (der Trennung von Sexualität und Fortpflanzung) für die sexuelle Ordnung und Moral, ja für Leben und Kultur überhaupt abgewendet« – im Interesse der Bannung des »Sexualbolschewismus«.

Wir können durch eine einfache Rechnung demonstrieren, was diese Sätze wirklich bedeuten. Kein patriotischer und um den Fortbestand der Menschheit besorgter Sexualforscher kann von einer Arbeiterfrau fordern, daß sie mehr als – angenommen – fünf Kinder gebiert. Das hieße, fünfmal im Leben geschlechtlich verkehren dürfen, wenn der Akt nur als Mittel der Zeugung aufgefaßt wird. Die menschliche Natur hat es aber, wohl um unseren Sexualreformern so viel Kopfzerbrechen zu machen, so eingerichtet, daß der Mensch erstens auch Sexualerregung produziert und geschlechtlich verkehren will, wenn er kein Ehedokument hat, und zweitens diesen Drang durchschnittlich alle drei Tage verspürt; das heißt, er verkehrt vom 14. bis etwa zum 50. Lebensjahr gerechnet ungefähr 3000- bis 4000mal geschlechtlich, wenn er sich nicht um die Moral kümmert. Wollte Marcuse nur die Rassenvermehrung sichern, so müßte er vorschlagen und durchsetzen, daß die Frau die sicheren Präventivmittel in 2995 Fällen benützen darf, wenn sie sie nur fünfmal oder so oft nicht benützt, als notwendig wäre, um fünf Kinder zu liefern.

1. September
Im Iran fordert ein Erdbeben mehr als 20.000 Todesopfer.

Doch den Sexualreformer bedrückt in Wirklichkeit nicht die Sorge um die »fünf« Fortpflanzungsakte, sondern die Angst, der Mensch könnte in der Tat, notabene *mit Zustimmung der Obrigkeit*, 3000 Lustakte nicht nur begehren, sondern sogar begehen. Weshalb bedrückt ihn diese Angst?

1. Weil die *Eheinstitution* für den natürlichen Tatbestand nicht eingerichtet ist und trotzdem als Kernelement der autoritären Ideologiefabrik Familie erhalten werden muß.

2. Weil er unausweichlich vor den Fragenkomplex der *jugendlichen Sexualität* gestellt wäre, den er heute mit dem Schlagwort »Askese« oder »Sexualaufklärung« zu erledigen glaubt.

3. Weil seine Theorie von der *monogamen Veranlagung* der Frauen, ja des Menschen überhaupt, von den biologischen und physiologischen Tatsachen erschüttert, jämmerlich zusammenbräche.

4. Weil er unter solchen Umständen in einen schweren Konflikt mit der Kirche geriete; er verträgt sich mit ihr nur so lange gut, wie er wie Van de Velde in seinem Buche *Die vollkommene Ehe* die Erotisierung *im Rahmen der Ehe* propagiert, nicht ohne dabei ausführlich nachzuweisen, daß seine Bestrebungen den kirchlichen Dogmen nicht widersprechen.

Die Ideologie der konventionellen Sittlichkeit ist ein stützender Bestandteil der autoritären Eheinstitution; sie widerspricht der Anerkennung der Sexualbefriedigung und hat die Sexualverneinung zur Voraussetzung. Von der Eheinstitution geht also der eigentliche hemmende Einfluß in der Frage der Abtreibung aus.

3. September
Das Buch *Vietnamesische
Lehrjahre* von Georg
W. Alsheimer berichtet
über seine Erlebnisse als
deutscher Arzt in Viet-
nam von 1961 bis 1967.

Kommune 2
Versuch der Revolutionierung des
bürgerlichen Individualismus

Die Situation der Linken zu Beginn der
antiautoritären Bewegung

Seit dem Ausschluß aus der SPD 1961 war der SDS im wesentlichen ein theoretisch arbeitender Club gewesen, der sich be-
mühte, eine theoretische Neubestimmung sozialistischer Politik zu finden. Eine konkrete Klassenanalyse als Wegweiser
einer revolutionären Gesellschaftspraxis konnte in dieser Zeit
nicht geleistet werden. Die Praxis des SDS blieb im Rahmen
pazifistischer und linksliberaler Protestaktionen, die die Struktur des Verbandes nicht wesentlich berührten (zur Entwicklung
des SDS vgl. den Aufsatz von Bernd Rabehl, *Der SDS und die
Strategie der direkten Aktion in Westeuropa*, in: *neue kritik*
Nr. 50, Oktober 1968).
Etwa 1964 begannen Studentengruppen in und außerhalb des
SDS, theoretisch die Befreiungskämpfe der Völker in der Dritten Welt mit den Bedingungen des Kampfes in den Metropolen
zu vermitteln. Die ersten direkten Aktionen waren eine
Kampfdemonstration gegen den Besuch der restlos kompromittierten imperialistischen Marionette Tschombé in Westberlin und eine illegale nächtliche Plakataktion gegen den Vietnamkrieg. Die hysterische Reaktion der staatlichen Bürokratien und die zynische Hetze der Westberliner Presse schufen für
die linken Studenten erstmals den sinnlichen Zusammenhang
zwischen der Unterdrückung in der Dritten Welt und der in den
Metropolen. In einem Informationsblatt (info I) wurde dieser
Zusammenhang des Kampfes – gegen alles bloß pazifistische
Mitleiden – zum ersten Mal hervorgehoben:
»Die demokratisch aufrechte Gesinnung wird ihr Gewicht
   erst wieder gewinnen, wenn sie sich endlich an die richtige
   Adresse wendet, wenn sie erkennt, daß mit den Henkern im
   Weißen Haus nicht mehr zu disputieren ist. ›Abzug der
   amerikanischen Truppen‹, ›Freie Wahlen für Südvietnam‹,
   das sind Forderungen an den Vietkong, einen gerechten
   Frieden endlich zu erzwingen, Forderungen, die nicht hilflos
   bleiben in der Solidarität mit den Unterlegenen, die eine
   lahme deutsche Protestbewegung bis heute bejammerte,
   sondern die schlagkräftig werden in der Solidarität mit den
   Siegern, schlagkräftiger werden mit jedem abgeschossenen
   amerikanischen Flugzeug, mit jedem verbrannten Einberu-

fungsbefehl. Was bis heute versäumt wurde, in den Verurteilten, die sich erfolgreich zur Wehr setzen, uns selbst wiederzuerkennen und sie darum nicht nur mit Jammer abzusingen, das ist endlich zu leisten. Unser richtig verstandenes Interesse, das einsieht, daß jeder Sieg des Vietkong ein Sieg für unsere Demokratie bedeutet, ist die Triebfeder der folgenden Blätter.« (SDS-Informationen über Vietnam und die Länder der Dritten Welt, Nr. 1, Berlin, Mai 1966)

Zwei Tage nach der Plakataktion flogen bei der ersten großen Vietnam-Demonstration am 5. Februar 1966 sechs Eier gegen die Fassade des Amerika-Hauses. In ihrer Speichelleckerei vor der »beleidigten Schutzmacht« und ihrer geifernden Wut gegen die Demonstranten entlarvten sich die politischen Instanzen der Stadt eindeutig als Helfershelfer der amerikanischen Imperialisten. Die These von der Aufklärung in der Aktion hatte sich bestätigt. (Der Stellenwert dieser Aktionen wird beschrieben in Bergmann et. al.: *Rebellion der Stundeten*, rororo aktuell 1968. Dort findet sich auch eine theoretische Einordnung der direkten Aktionen in den Zusammenhang von Universitätsrevolte, staatlicher Bürokratie und Rückwirkung des Kampfes in der Dritten Welt.)

Zum ersten Mal hatte der enthüllende Effekt der Aktionen den bisher isolierten Gruppen die Möglichkeit gezeigt, Theorie und Praxis wieder miteinander zu verbinden. Dazu mußte jetzt dringend eine genaue Analyse der politökonomischen Zusammenhänge zwischen ehemals kolonialen Gebieten und den Metropolen erarbeitet werden, mußte geklärt werden, an welchen Widersprüchen der kapitalistischen Gesellschaft die Aktionen ansetzen konnten, welche Fraktionen welcher gesellschaftlichen Klassen zu mobilisieren waren. Unter dem Einfluß der aktivistischen Gruppen setzte sich der SDS in Westberlin das Ziel, in wenigen Monaten eine Analyse des Monopolkapitalismus zu erarbeiten. Ein Mammutarbeitskreis sollte sich mit den Tendenzen zur »Formierten Gesellschaft« befassen.

»Unter dem selbstgesetzten Druck, diese Analyse in einem Vierteljahr leisten zu wollen, waren diese Studenten unfähig, das umfangreiche Material zu ordnen und für eine Revolutionstheorie zu verarbeiten. Sie begingen den alten Fehler, den Marx schon bei Proudhon kritisierte; sie folgten nicht der historischen Entwicklung der Produktionsverhältnisse, sondern übernahmen die fertigen Kategorien und ökonomischen Dogmen, die die sozialistischen Theoretiker der verschiedenen historischen Epochen der kapitalistischen Entwicklung erarbeitet und hinterlassen hatten. Die Begriffe der verschiedenen Theoretiker wurden nicht als strategische Ar-

3. September
Publikation der *Ausgewählten Gedichte*
(Mohn und Gedächtnis,
Von Schwelle zu
Schwelle, Sprachgitter,
Die Niemandsrose,
Atemwende) und der
Reden Paul Celans anläßlich der Verleihung
des Meridian, des Literaturpreises der Stadt Bremen und des Georg-Büchner-Preises.

3. September
Thesen zur Ausbreitung
des Ungehorsams in
Deutschland werden von
Ulrich Sonnemann in
*Institutionalismus und
studentische Opposition*
veröffentlicht.

tikulation der je bestimmten historischen Situation aufgefaßt, sondern als verselbständigte Elemente einer ›revolutionären Logik‹ verwandt. Man zitierte die sozialistischen Theoretiker, nicht um den historischen Stellenwert ihrer Aussagen und Begriffe genau zu bestimmen, sondern als Ersatz für die eigene empirische Arbeit. Dabei hatte bereits damals, im Sommersemester 1966, die Hochschulrevolte die Erfolgschancen einer Praxis gezeigt, die sich auf die konkrete Aufarbeitung der Widersprüche, in diesem Fall des universitären Bereichs, stützen konnte. Einstweilen blieb deshalb für die über die Universität hinausgehende Praxis eine voluntaristische Identifikation mit den Revolutionären in der Dritten Welt, von denen man auch den Anstoß für die Umwälzung der eigenen Gesellschaft erwartete, der wichtigste Antrieb dieser Studenten.« (Bernd Rabehl, *Rebellion der Studenten*, a. a. O., S. 164)

Die zähe Geduld, an einem als richtig erkannten Ziel stetig zu arbeiten, die die Tugend des Revolutionärs ist, konnte damals von den aktivistischen Gruppen noch nicht aufgebracht werden. Die Unsicherheit, ob das Ergebnis die theoretische Anstrengung rechtfertigen würde, der Drang nach Bestätigung des eigenen Rebellentums in der Aktion, trugen mit dazu bei, daß der Arbeitskreis nach einem Semester abgebrochen wurde. Die Hochschulpolitik, das einzige Feld, wo die Theorie hätte mit den Aktionen wirklich verbunden werden können, wurde von den aktivistischen Gruppen damals noch zu sehr mit der gewerkschaftlichen Reformpolitik von Universitätsfunktionären gleichgesetzt; sie wollten daher die Entwicklung einer gesellschaftlichen Konfliktstrategie von der Universität her als das vorrangige Ziel ihrer Arbeit nicht akzeptieren. Der Anspruch einer existentiellen Verweigerung gegenüber dem kapitalistischen System bedeutete unter den damaligen Bedingungen für viele eine Unterbrechung oder den völligen Abbruch ihres Studiums. Das Scheitern des großangelegten Arbeitskreises »Formierte Gesellschaft« vereitelte vorerst die theoretische Bestimmung neuer Praxisfelder. Die Enttäuschung darüber und das verzweifelte Suchen nach Ansätzen revolutionärer Praxis hatte die 14 Genossen in jenem Landhaus zusammengeführt.

Die erste »Kommune«-Diskussion

3. September
Street Fighting Man von
den *Rolling Stones* darf
nach den Unruhen wäh-
rend des Parteikonvents
der *Demokraten* in Chi-
cago von den amerikani-
schen Radioanstalten
nicht mehr gesendet
werden.

In den Diskussionen trat besonders stark ein Element in den Vordergrund: die romantische Identifikation mit den Guerillas der Dritten Welt. Man fühlte sich durch Che Guevara oder Frantz Fanon aufgerufen, den Kampf zu beginnen. In einer fast mystischen Atmosphäre wurde nächtelang, ohne irgendeine Verbindung zur Außenwelt, darüber diskutiert, ob der Augenblick des »Kairos« gekommen sei, jene erfüllte Zeit der Religionsphilosophie, in der der einzelne zur existentiellen Entscheidung aufgerufen ist. Für die 14 Genossen bedeutete damals Kairos der Volkskrieg in Vietnam. Sie waren überzeugt, daß dort das Schicksal der ganzen Welt auf dem Spiel steht, daß durch eine Niederlage des vietnamesischen Volkes die Weltrevolution um mindestens eine Generation zurückgeworfen würde. Da kein revolutionäres Subjekt in Westeuropa sichtbar schien, konnte man sich den eigenen Kampf nur in zwei Formen vorstellen: entweder als »Agenten der Dritten Welt« in Sabotagetrupps die Nervenpunkte der imperialistischen Kriegsmaschinerie anzugreifen oder selbst in Länder der Dritten Welt zu gehen und den Kampf an Ort und Stelle zu unterstützen.

Diesem romantischen Anspruch stand die ängstliche Frage gegenüber, ob man überhaupt individuell fähig wäre, den revolutionären Kampf aufzunehmen. In den Arbeitskreisen des SDS und des Westberliner Argument-Clubs hatten die aktivistischen Genossen einen entscheidenden Widerspruch gespürt: Mit dem Seminarmarxismus korrespondierte eine isolierte Existenz, die das Private den Genossen nur in der Gemütlichkeit der Biertischatmosphäre mitteilen konnte, wenn sie sich nicht überhaupt in zynischem Ästhetizismus abkapselte.

Auf dem Treffen wurde daher vorgeschlagen, daß jeder auch etwas über seine privaten Probleme sagen sollte. Äußerer Anlaß dazu war, daß Rudi Dutschke einige Tage später kam, weil seine Eltern ihn besucht hatten. Das schien dem großartigen revolutionären Anspruch, den die Gruppe an sich stellen wollte, ins Gesicht zu schlagen. Wegen der Eltern, Repräsentanten der bürgerlichen Autorität, die man bekämpfen wollte, durfte niemand zu einem so wichtigen politischen Treffen zu spät kommen. Das meinten vor allem die Münchener. Und sie versuchten auch, die psychische Abhängigkeit in diesem Verhalten nachzuweisen. Ein Revolutionär, der beflissen darauf bedacht sei, seine Eltern nicht durch unbürgerliche Kleidung und Haarschnitt vor den Kopf zu stoßen, sei eben noch weitgehend seiner bürgerlichen Herkunft verhaftet. Diese irratio-

6. September
Das afrikanische König-
reich Swasiland erlangt
die Unabhängigkeit und
wird Mitglied im British
Commonwealth of
Nations.

nale Abhängigkeit gelte es aufzudecken. In ihrer Gruppe hatten die Münchener bereits versucht, psychoanalytische Kategorien auf gruppendynamische und individuelle Probleme anzuwenden.

Das Laienhafte dieser Methode, private und politische Probleme in Diskussionsform zusammen zu behandeln, war offenbar. Die Verwendung von psychoanalytischen Versatzstücken in der Diskussion verstärkte nur die inquisitorische Atmosphäre, in der niemand etwas von seinen persönlichen Problemen preisgeben wollte. Der detektivische Scharfsinn, mit dem einige versuchten, den individuellen Rationalisierungen auf die Spur zu kommen, wurde schon damals als »Psychoterror« ironisiert. Die Tendenz, psychoanalytisches Wissen repressiv in der Gruppe einzusetzen, ist auch heute noch in Studenten- und Schülergruppen zu beobachten. Mehrere Genossen weigerten sich deshalb von vornherein, etwas über sich zu erzählen. Der Versuch, die persönliche Existenz auf diesem Wege mit der politischen Diskussion zu vermitteln, mußte abgebrochen werden. Ebenso ergebnislos blieben die Diskussionen über die Richtung einer neuen politischen Praxis. Doch die auf diesem Treffen entwickelte Problematik des Verhältnisses zwischen politischem Anspruch und bürgerlicher Existenz verschwand seitdem nicht mehr aus der Diskussion. In einer konkreteren Form wurde sie im Herbst 1966 in einer größeren Gruppe von Genossen entfaltet, aus der sich später die zwei ersten Kommunen entwickelten.

Die Praxis selbst setzen

Nach der Jahresdelegiertenkonferenz des SDS in Frankfurt bildete sich Anfang September in Westberlin eine Gruppe von 25 bis 30 vorwiegend jungen SDSlern, die versuchten, das revolutionäre Pathos ernstzunehmen. Fünf Teilnehmer der oben angeführten Diskussion gehörten zu den Initiatoren. Zu der Gruppe die sich außerhalb des SDS traf, stieß Ende September Dieter Kunzelmann von der Münchener Gruppe, kurze Zeit später kam Rudi Dutschke dazu.

Die Diskussionen über eine mögliche politische Praxis waren beherrscht von einem heute nur noch schwer vorstellbaren Voluntarismus. Ein großer Teil der Gruppe stellte sich vor, daß bewußte Gruppen den gesellschaftsverändernden Kampf aufnehmen könnten, wenn innerhalb dieser Gruppen eine enge Solidarität herzustellen wäre. Diese engverschworenen Kampfgemeinschaften wurden bald nach amerikanischen Vorbildern Kommunen genannt, ohne daß sie schon eindeutig mit Wohnkollektiven identifiziert worden wären. Diese Vorstellungen spiegeln sich in einem Beitrag von Bernd Rabehl auf einer dieser internen Diskussionen im November 1966 wider:

6. September
Erstaufführung des US-Spielfilms *Die Reifeprüfung* von Mike Nichols in der BRD. Die Hauptrollen spielen Dustin Hoffman und Anne Bancroft.

> »Unser Ziel ist das Setzen der Kommune. Setzen der Kommune ist die Voraussetzung von Praxis. Anarchistische Praxis ist die Zerstörung von Theorie. Wir haben uns vorgenommen, keine Tendenzanalyse mehr zu machen. Das bedeutet, daß Praxis augenblicklich möglich ist. Die vergangenen anarchistischen Bewegungen sind daran gescheitert, daß die Zeit noch nicht erfüllt war. Historisch gibt es jetzt erstmals eine Möglichkeit für uns.«

Die Ablehnung der Theorie betraf die dogmatischen Lehren in ihrer reformistischen oder parteikommunistischen Variation, wonach die Revolution entweder vom objektiven Wirken der kapitalistischen Widersprüche oder von der ökonomischen Überflügelung der kapitalistischen Staaten durch die Sowjetunion zu erhoffen sei. Aber in den Diskussionen wurde auch nicht immer die gefährliche Tendenz vermieden, jede theoretische Anstrengung der selbstgesetzten Praxis unterzuordnen. In der Auffassung der kapitalistischen Ökonomie als eines vom Wirken des Klassenwiderspruchs unabhängig gewordenen Apparates wird der Einfluß sichtbar, den die Ideen Herbert Marcuses damals auf die Diskussionen innerhalb der kleinen Studentengruppen hatten. Die theoretischen Rebellen von 1966 hofften nicht mehr darauf, daß der ökonomische Prozeß das revolutionäre Subjekt produziere, wie Marx es aus der Analyse des Produktionsprozesses gefolgert hatte. Schon in den vorhergehenden kleinen Gruppen war das subjektive und aktive Element der Marxschen Revolutionstheorie betont worden.

Viele folgerten mit Marcuse, daß der antagonistische Widerspruch der kapitalistischen Gesellschaft in der Produktionssphäre nicht mehr erfahrbar sei, sondern nur außerhalb und gegen ihn. Deshalb könnten nur herausfallende Randgruppen den revolutionären Kampf führen. Die Randgruppen-Theorie lieferte damals den isolierten Grüppchen die Rationalisierung für den Mut, das scheinbar unbewegliche Gesellschaftsgebäude anzugreifen, das sich in den Jahren der ökonomischen Rekonstruktionsperiode und der antikommunistischen Block-Ideologie etabliert hatte. Die Theorie ist inzwischen offenkundig von den aufbrechenden Klassenwidersprüchen und durch die Praxis der linken Bewegung, die sich immer mehr auf die Arbeiterklasse richtet, widerlegt worden. Aber damals erfüllte sie wahrscheinlich eine objektive Funktion, indem sie die un-

7. September
In Italien stirbt der Maler
und Bildhauer Lucio
Fontana. Mit dem Zer-
schneiden und Perforie-
ren der Leinwand öffnete
er der Malerei eine neue
Dimension.

entbehrliche Begründung für die trotzige Herausforderung
lieferte: Die Wirklichkeit ist reif für die Revolution. Wir brauchen nicht länger zu warten auf Rückwirkungen der revolutionären Bewegungen der Dritten Welt.

Endlich anzufangen, nicht mehr warten zu wollen – darin
waren sich alle in der Gruppe einig. Aber über die Form der
Praxis bestanden nur unklare, widersprüchliche Vorstellungen.
In den nächtelangen, leidenschaftlichen Diskussionen hatte
sich sofort wieder die aus den SDS-Arbeitskreisen vertraute
Situation hergestellt: die Aufteilung in Wortführer und Ak-
klamateure, Interpreten und Interpretierte, Produzierende und
Konsumenten. Die Schweigenden empfanden ihr Unvermögen, zur gemeinsamen Arbeit beizutragen, als subjektiven
Mangel, ihre Unfähigkeit erschien als privates Problem – als
psychische Hemmung, die in den Debatten unter dem Schlagwort »Autoritätsproblem« verhandelt wurde. Anders als im
SDS war man sich hier darüber einig, daß man diese Probleme
nicht beiseite schieben dürfte.

Wenn einer den ganzen Abend lang sich nicht an der Diskussion
beteiligte, kam irgendwann doch ein anderer auf den Einfall,
ihn zu fragen: »Warum sagst du denn nichts?« Oder wenn
jemand sichtbar niedergeschlagen oder traurig war, fand sich
meistens einer, der nach zwei, drei Stunden die Debatte unter-
brach: »Ich finde es Scheiße, daß hier so abstrakt diskutiert
wird, während es einem so dreckig geht.« Bei den hilflosen
Versuchen, darauf einzugehen, stellte sich schnell heraus, daß es
fast nie möglich war, das persönliche Leid über seinen unmittelbaren Anlaß hinaus auch nur mitzuteilen. Deshalb kamen
einige auf die Idee, jeder müsse jeden besuchen, mit ihm allein
reden, um das Mißtrauen abzubauen und sich gegenseitig verstehen zu lernen. Dieser Vorschlag konnte seinen eigenen Anspruch, die bürgerliche Intimsphäre unter den Genossen aufzuheben und die persönliche Problematik verständlich zu
machen, nicht verwirklichen, weil Privatbesuche nur die bürgerliche Klatsch- und Intrigenatmosphäre reproduzieren. Den
meisten war damals schon klar, daß die individuellen Verklem-
mungen der bürgerlichen Vorgeschichte nur in der gemeinsamen zukünftigen Arbeit aufgehoben werden könnten.

Die gemeinsame Praxis wollte die Gruppe in einer neuen Form
von Arbeitskreisen im SDS beginnen, einem Colloquium, in
dem die artikulierten persönlichen Interessen und Probleme
in die Diskussion über die neue Praxis mit eingebracht werden sollten. Auf der ersten Landesvollversammlung des Wintersemesters wurde der Berliner SDS durch die Kommune-
gruppe in das Chaos gestürzt, das ihn für ein dreiviertel Jahr

durcheinandergeschüttelt hat. Mitten in der Diskussion über die Arbeitskreise des neuen Semesters erhob sich ein Mädchen und verlas mit überlauter Stimme das folgende »Programm«:

8. September
Am Südausgang des Suezkanals liefern sich ägyptische und israelische Truppen ein heftiges Gefecht.

> »I. Das Colloquium versteht sich als Teil der Praxisdiskussion im SDS. Ein festes Programm können wir nicht vorlegen. Es sollen noch einmal die bisherigen Praxisversuche im SDS (Plakataktion, Informationen Nr. 1 und die Erfahrungen des Formierten Arbeitskreises) diskutiert werden. Die Plakataktion und info 1 waren Versuche, politische Praxis hier, weitergehend als vorher und nachher, zu vermitteln mit der revolutionären Bewegung in der Dritten Welt. Gemessen mit den Kategorien der marxistischen Analyse erschienen diese Versuche als unverantwortlich. Das Colloquium wird in den Mittelpunkt seiner Diskussion die Frage stellen, inwieweit die Tendenzanalyse als klassische Form des heruntergekommenen Marxismus noch imstande ist, den Weg zu revolutionärer Praxis zu zeigen.
>
> ›Provos‹ und ›fuck for peace‹ sind unserer eigenen Existenz näher als die revolutionären Bewegungen der Dritten Welt, die für den SDS zum Gegenstand der Betrachtung gemacht worden sind, weil eigene Praxis als unmöglich erscheint. Wenn ›Provos‹ und ›fuck for peace‹ wirklich Praxis machen, dann sind sie mit dem allgemeinen Emanzipationsprozeß der Beherrschten konkreter vermittelt als durch die Rückwirkungen, welche die marxistische-positivistische Tendenzanalyse der Neo-Imperialismus-Theorie sich erhofft.
>
> II. Konkret sieht das so aus: Wir treffen uns 14tägig sonntags um 18 Uhr im Zentrum. Erste Sitzung am 20. November. Die bisherige SDS-Arbeitskreis-Praxis zeigt, daß es Scheiße ist, wenn drei Mann für 30 Leute ein Programm durchziehen. Deshalb ist in unserem Colloquium jeder Beteiligte Arbeitskreisleiter. Bisher sind es 18.«

Daß die Vorleserin sich bei der marxistisch-positivistischen Tendenzanalyse verhaspelte, hatte seinen Grund: Der Text war ihr erst kurz vor der Versammlung in die Hand gedrückt worden. Gemacht hatten ihn drei männliche Genossen. Dadurch, daß eines der sonst zum Schweigen verdammten Mädchen diesen Text vortrug, sollte der Anspruch auf die mögliche Emanzipation der Frauen und Unterdrückten im SDS deutlich gemacht werden. Dieser Taschenspielertrick mußte sich natürlich schnell entlarven: Das Mädchen setzte sich nach dem Vorlesen völlig verwirrt hin und sagte bei der anschließenden Diskussion über den Text überhaupt nichts mehr.

In dem Ankündigungstext sind die Elemente enthalten, die

8. September
Ehemalige Häftlinge
weihen ein Mahnmal auf
dem Appellplatz des
früheren Konzentrati-
onslagers Dachau ein.

durch die Kommune-Gruppe in den SDS hineingetragen wurden: Provokation als Mittel (zunächst gegen die eigenen Genossen), Anspruch auf subjektive Befreiung, Kritik einer unpraktischen Theorie. Die Verwirrung im SDS durch das Auftauchen der Kommunegruppe ist heute nur schwer verständlich. Die damalige lockere Verbandsstruktur, die nur durch Semester-Arbeitskreise und einen zweiköpfigen Vorstand nebst Beirat gebildet wurde, mußte jedoch durch das Auftauchen einer Gruppe, die erstmals die Praxis zu ihrem Organisationsprinzip machen wollte, schwer erschüttert werden.

In der Diskussion über das Colloquium gelang es den älteren Genossen nicht, das äußerst dürftige Programm zu zerpflükken. Zwar wurde erschreckend deutlich, wie wenig die Kommune-Gruppe in der Lage war, ihren eigenen Anspruch auf Emanzipation ihrer Mitglieder auch nur ansatzweise einzulösen. Trotzdem genügte es, ihn selbstbewußt zu erheben, um viele, vor allem jüngere Genossen zu faszinieren. Das vage Versprechen der Kommune-Gruppe erschien als Verheißung, sich von persönlichen Schwierigkeiten befreien zu können, ohne den mühseligen Weg durch die Bände des Marxschen *Kapitals* gegangen zu sein.

In den SDS- und Argument-Arbeitskreisen der vorhergehenden Jahre war die kritische Theorie wesentlich als Rationalisierung der eigenen leidvollen Existenz angeeignet worden. Der Seminarmarxismus konnte keine Anweisung zum politischen Handeln geben, die individualisierte Betätigung im Arbeitskreis wurde dagegen noch selbst als politische Aktion rationalisiert. Die Emanzipation vom individuellen Leid durch die Anstrengung theoretischer Akkumulation erschien von dem Augenblick an vielen als sinnlos, als die Möglichkeit aufblitzte, durch kollektive Aktionen sich praktisch-sinnlich von den miesen Existenzbedingungen der Gesellschaft zu befreien.

Das Colloquium verhieß jedem, endlich im Kreise der Genossen mitreden zu können, indem man von dem sprach, was sonst als privat tabuiert war: Spaß und Sexualität. Das – so schien das Versprechen der holländischen Provos und der amerikanischen subkulturellen Bewegung – sollte politisch sein und damit dem selbstgesetzten Leistungsanspruch und gleichzeitig dem Emanzipationsbedürfnis von diesem genügen. Gegen dieses versprochene Wunderland wirkten die Versuche, das dürftige theoretische Fundament des Kommune-Colloquiums zu zerfetzen, als altväterliche Grille der bisherigen SDS-Autoritäten. Die großen Erwartungen, die vor allem bei jüngeren Genossen erweckt waren, wurden allerdings jämmerlich enttäuscht. Für die Praxisdiskussion gab es überhaupt keinen neuen Ansatz. Auch die Aufforderung, jeder solle doch einmal von seinen Problemen sprechen, förderte angesichts der ja nicht aufgehobenen psychischen Ängste nur Banalitäten zutage. Das Colloquium entschlief nach zwei Sitzungen. Die Gruppe merkte, daß die bloße Diskussion keinen Weg darstellte, die privaten Probleme in die politische Arbeit mit hineinzunehmen. Erst in den folgenden Aktionen zeigte sich eine brauchbare Möglichkeit der Vermittlung.

8. September
Auf dem Filmfestival in Venedig wird D. A. Pennebakers Dokumentarfilm *Monterey Pop* uraufgeführt. Er zeigt das legendäre Konzert von 1967, auf dem u. a. *Jimi Hendrix Experience, The Mamas & the Papas* und *Simon and Garfunkel* auftraten.

11. September
Die südvietnamesische
Großstadt Tay Ninh wird
von Einheiten des *Viet-
cong* zwei Tage lang
besetzt.

Helke Sander
Rede des »Aktionsrates zur Befreiung der Frauen«
bei der 23. Delegiertenkonferenz des »Sozialistischen
Deutschen Studentenbundes« (SDS) im September
1968 in Frankfurt

Liebe Genossinnen, Genossen.
Ich spreche für den Aktionsrat zur Befreiung der Frauen. Der
Landesverband Berlin des SDS hat mir einen Delegiertenplatz
gegeben, obwohl nur wenige von uns Mitglieder des Verbandes
sind. Wir sprechen hier, weil wir wissen, daß wir unsere Arbeit
nur in Verbindung mit anderen progressiven Organisationen
leisten können, und dazu zählt unserer Meinung nach heute nur
der SDS.
Die Zusammenarbeit hat jedoch zur Voraussetzung, daß der
Verband die spezifische Problematik der Frauen begreift, was
nichts anderes heißt, als jahrelang verdrängte Konflikte endlich
im Verband zu artikulieren. Damit erweitern wir die Auseinandersetzung zwischen den Antiautoritären und der KP-Frak-
tion und stellen uns gleichzeitig gegen beide Lager, da wir beide
Lager *praktisch*, wenn auch nicht dem theoretischen Anspruch
nach, gegen uns haben. Wir werden versuchen, unsere Positionen zu erklären, wir verlangen, daß unsere Problematik hier
inhaltlich diskutiert wird. Wir werden uns nicht mehr damit
begnügen, daß den Frauen gestattet wird, auch mal ein Wort zu
sagen, das man sich, weil man ein Antiautoritärer ist, anhört,
um dann zur Tagesordnung überzugehen.
Wir stellen fest, daß der SDS innerhalb seiner Organisation ein
Spiegelbild gesamtgesellschaftlicher Verhältnisse ist. Dabei
macht man Anstrengungen, alles zu vermeiden, was zur Artikulierung dieses Konfliktes zwischen Anspruch und Wirklichkeit beitragen könnte, da dies eine Neuorientierung der SDS-
Politik zur Folge haben müßte. Diese Artikulierung wird auf
einfache Weise vermieden. Nämlich dadurch, daß man einen
bestimmten Bereich des Lebens vom gesellschaftlichen ab-
trennt, ihn tabuisiert, indem man ihm den Namen Privatleben
gibt. In dieser Tabuisierung unterscheidet sich der SDS in nichts
von den Gewerkschaften und den bestehenden Parteien. Diese
Tabuisierung hat zur Folge, daß das spezifische Ausbeutungs-
verhältnis, unter dem die Frauen stehen, verdrängt wird, wodurch gewährleistet wird, daß die Männer ihre alte, durch das
Patriarchat gewonnene Identität noch nicht aufgeben müssen.
Man gewährt zwar den Frauen Redefreiheit, untersucht aber

nicht die Ursachen, warum sie sich so schlecht bewähren, warum sie passiv sind, warum sie zwar in der Lage sind, die Verbandspolitik mitzuvollziehen, aber nicht dazu in der Lage sind, sie auch zu bestimmen. (Am ersten Tag der Delegierten-Konferenz hat eine Frau geredet.) Die Verdrängung wird komplett, wenn man auf diejenigen Frauen verweist, die innerhalb des Verbandes eine bestimmte Position erworben haben, in der sie aktiv tätig sein können. Es wird nicht danach gefragt, welche Versagungen ihnen das möglich gemacht haben, es wird übersehen, daß dies nur möglich ist durch Anpassung an ein Leistungsprinzip, unter dem ja gerade auch die Männer leiden und dessen Abschaffung das Ziel ihrer Tätigkeit ist. Die so verstandene Emanzipation erstrebt nur eine Gleichheit in der Ungerechtigkeit, und zwar mit den von uns abgelehnten Mitteln des Konkurrenzkampfes und des Leistungsprinzips.

Die Trennung zwischen Privatleben und gesellschaftlichem Leben wirft die Frau immer zurück in den individuell auszutragenden Konflikt ihrer Isolation. Sie wird immer noch für das Privatleben, für die Familie erzogen, die ihrerseits von Produktionsbedingungen abhängig ist, die wir bekämpfen. Die Rollenerziehung, das anerzogene Minderwertigkeitsgefühl, der Widerspruch zwischen ihren eigenen Erwartungen und den Ansprüchen der Gesellschaft erzeugen das ständige schlechte Gewissen, den an sie gestellten Forderungen nicht gerecht zu werden bzw. zwischen Alternativen wählen zu müssen, die in jedem Fall einen Verzicht auf vitale Bedürfnisse bedeuten.

Frauen suchen ihre Identität. Durch Beteiligung an Kampagnen, die ihre Konflikte nicht unmittelbar berühren, können sie sie nicht erlangen. Das wäre Scheinemanzipation. Sie können sie nur erlangen, wenn die ins Privatleben verdrängten gesellschaftlichen Konflikte artikuliert werden, damit sich dadurch die Frauen solidarisieren und politisieren. Die meisten Frauen sind deshalb unpolitisch, weil Politik bisher immer einseitig definiert worden ist und ihre Bedürfnisse nie erfaßt wurden. Sie beharrten deshalb auf dem autoritären Ruf im Gesetzgeber, weil sie den systemsprengenden Widerspruch ihrer Forderungen nicht erkannten.

Die Gruppen, die am leichtesten politisierbar sind, sind die Frauen mit Kindern. Bei ihnen sind die Aggressionen am stärksten und ist die Sprachlosigkeit am geringsten. Die Frauen, die heute studieren können, haben das nicht so sehr der bürgerlichen Emanzipationsbewegung zu verdanken, sondern vielmehr ökonomischen Notwendigkeiten. Wenn diese Privilegierten unter den Frauen nun Kinder bekommen, werden sie auf

12. September
Beginn der 23. Delegiertenkonferenz des SDS in Frankfurt/M. Diskutiert werden u. a. die Lage in der ČSSR und die Notstandsgesetze. Es kommt zu Auseinandersetzungen zwischen der antiautoritären und der kommunistischen Fraktion. Helke Sander vom *Aktionsrat zur Befreiung der Frau* kritisiert in einer Rede den Chauvinismus der Genossen.

13. September
Die tschechoslowakische
Nationalversammlung
beschneidet die bürger-
lichen Freiheitsrechte,
u. a. wird die Pressezen-
sur wieder eingeführt.

Verhaltensmuster zurückgeworfen, die sie meinten, dank ihrer Emanzipation schon überwunden zu haben. Das Studium wird abgebrochen oder verzögert, die geistige Entwicklung bleibt stehen oder wird stark gemindert durch die Ansprüche des Mannes und des Kindes. Dazu kommt die Unsicherheit, daß man es nicht fertiggebracht hat, zwischen Blaustrumpf und Frau fürs Haus zu wählen, entweder eine Karriere aufzubauen, die mit einem weitgehenden Verzicht auf Glück erkauft werden muß, oder eine Frau für den Konsum zu sein. Das heißt, es sind eben jene privilegierten Frauen, die die Erfahrung gemacht haben, daß der bürgerliche Weg zur Emanzipation der falsche war, die erkannt haben, daß sie sich mit den Mitteln des Konkurrenzkampfes nicht emanzipieren können, die erkannt haben, daß das allgemeine Leistungsprinzip auch zum bestimmenden Faktor innerhalb der Verhältnisse geworden ist, die erkannt haben, daß der Weg zur Emanzipation auch schon in der Methode liegt, mit der man sie anstrebt.

Diese Frauen merken spätestens, wenn sie Kinder bekommen, daß ihnen alle ihre Privilegien nichts nützen. Sie sind am ehesten dazu in der Lage, den Abfallhaufen des gesellschaftlichen Lebens ans Licht zu ziehen, was gleichbedeutend damit ist, den Klassenkampf auch in die Ehe zu tragen und in die Verhältnisse. Dabei übernimmt der Mann die objektive Rolle des Ausbeuters oder Klassenfeindes, die er subjektiv natürlich nicht will, da sie ihm ja auch wiederum nur aufgezwungen wird von einer Leistungsgesellschaft, die ihm ein bestimmtes Rollenverhalten auferlegt.

Die Konsequenz, die sich daraus für den Aktionsrat zur Befreiung der Frau ergab, ist folgende: Wir können die gesellschaftliche Unterdrückung der Frauen nicht individuell lösen. Wir können damit nicht auf Zeiten nach der Revolution warten, da eine nur politisch-ökonomische Revolution die Verdrängung des Privatlebens nicht aufhebt, was in allen sozialistischen Ländern bewiesen ist.

Wir streben Lebensbedingungen an, die das Konkurrenzverhältnis zwischen Mann und Frau aufheben. Dies geht nur durch Umwandlung der Produktionsverhältnisse und damit der Machtverhältnisse, um eine demokratische Gesellschaft zu schaffen.

Da die Bereitschaft zur Solidarisierung und Politisierung bei den Frauen mit Kindern am größten ist, weil sie den Druck am meisten spüren, haben wir uns in der praktischen Arbeit bisher auf ihre Konflikte konzentriert. Das heißt nicht, daß wir die Konflikte der Studentinnen ohne Kinder nicht wichtig nehmen, heißt nicht, daß wir nicht trotz der gemeinsamen Merkmale aller Frauen in der Unterdrückung die klassenspezifischen Unterdrückungsmechanismen übersehen, es heißt lediglich, daß wir eine möglichst effektive Arbeit leisten wollen und uns einen Ansatzpunkt schaffen müssen, der es uns erlaubt, die Problematik systematisch und rational anzugehen.

Da die anfänglichen Bemühungen, die wir machten, diese Konflikte mit dem SDS und innerhalb des SDS anzugehen, scheiterten, haben wir uns zurückgezogen und allein gearbeitet. Als wir vor einem halben Jahr anfingen, reagierten die meisten Genossen mit Spott. Heute nehmen sie uns übel, daß wir uns zurückgezogen haben, sie versuchen, uns zu beweisen, daß wir überhaupt ganz falsche Theorien haben, sie versuchen, uns unterzujubeln, daß wir behaupten, Frauen brauchten zu ihrer Emanzipation keine Männer, und all den Schwachsinn, den wir nie behauptet haben. Sie pochen darauf, daß auch sie unterdrückt sind, was wir ja wissen. Wir sehen es nur nicht mehr länger ein, daß wir ihre Unterdrückung, mit der sie uns unterdrücken, weiter wehrlos hinnehmen sollen. Eben weil wir der Meinung sind, daß eine Emanzipation nur gesamtgesellschaftlich möglich ist, sind wir ja hier. Wir müssen hier nämlich einmal feststellen, daß an der Gesamtgesellschaft etwas mehr Frauen als Männer beteiligt sind, und finden es die höchste Zeit, daß wir die sich daraus ergebenden Ansprüche auch einmal anmelden und fordern, daß sie zukünftig eingeplant werden. Sollte dem SDS der Sprung nach vorn zu dieser Einsicht nicht gelingen, dann wären wir allerdings auf einen Machtkampf angewiesen, was wir lieber verhindern würden (für uns wäre es Energieverschwendung). Denn wir werden diesen Machtkampf gewinnen, da wir historisch im Recht sind.

Die Hilflosigkeit und Arroganz, mit der wir hier auftreten müssen, macht keinen besonderen Spaß. Hilflos sind wir deshalb, weil wir von progressiven Männern eigentlich erwarten, daß sie die Brisanz unseres Konfliktes einsehen. Die Arroganz kommt daher, daß wir sehen, welche Bretter ihr vor den Köpfen habt, weil ihr nicht seht, daß sich ohne euer Dazutun plötzlich Leute organisieren, an die ihr überhaupt nie gedacht habt, und zwar in einer Zahl, die ihr für den Anbruch der Morgenröte halten würdet, wenn es sich um Arbeiter handeln würde.

Genossen, eure Veranstaltungen sind unerträglich. Ihr seid voll von Hemmungen, die ihr als Aggressionen gegen die Genossen auslassen müßt, die etwas Dummes sagen oder etwas, was ihr schon wißt. Die Aggressionen kommen nur teilweise aus politischen Einsichten in die Dummheit des anderen Lagers. Warum sagt ihr nicht endlich, daß ihr kaputt seid vom letzten Jahr, daß ihr nicht wißt, wie ihr den Streß länger ertragen könnt, euch

14. September
Die Bezirksanwaltschaft
in Rom verbietet und
beschlagnahmt den in
Venedig hochgelobten
Film *Teorema* von Pier
Paolo Pasolini wegen
»Obszönität«.

in politischen Aktionen körperlich und geistig zu verausgaben, ohne damit einen Lustgewinn zu verbinden. Warum diskutiert ihr nicht, bevor ihr neue Kampagnen plant, darüber, wie man sie überhaupt ausführen soll? Warum kauft ihr euch denn alle den Reich? Warum sprecht ihr denn hier vom Klassenkampf und zu Hause von Orgasmusschwierigkeiten? Ist das kein Thema für den SDS?

Diese Verdrängungen wollen wir nicht mehr mitmachen.

In unserer selbstgewählten Isolation machten wir also folgendes: Wir konzentrierten unsere Arbeit auf die Frauen mit Kindern, weil sie am schlechtesten dran sind. Frauen mit Kindern können über sich erst wieder nachdenken, wenn die Kinder sie nicht dauernd an die Versagungen der Gesellschaft erinnern. Da die politischen Frauen ein Interesse daran haben, ihre Kinder eben nicht mehr nach dem Leistungsprinzip zu erziehen, war die Konsequenz die, daß wir den Anspruch der Gesellschaft, daß die Frau die Kinder zu erziehen hat, zum erstenmal ernst nehmen. Und zwar in dem Sinne, daß wir uns weigern, unsere Kinder weiterhin nach den Prinzipien des Konkurrenzkampfes und Leistungsprinzips zu erziehen, von denen wir wissen, daß auf ihrer Erhaltung die Voraussetzung zum Bestehen des kapitalistischen Systems überhaupt beruht.

Wir wollen versuchen, schon innerhalb der bestehenden Gesellschaft Modelle einer utopischen Gesellschaft zu entwickeln. In dieser Gegengesellschaft müssen aber unsere eigenen Bedürfnisse endlich einen Platz finden. So ist die Konzentration auf die Erziehung nicht ein Alibi für die verdrängte eigene Emanzipation, sondern die Voraussetzung dafür, die eigenen Konflikte produktiv zu lösen. Die Hauptaufgabe besteht darin, daß unsre Kinder nicht auf Inseln fernab jeglicher gesellschaftlichen Realität gedrängt werden, sondern darin, den Kindern durch Unterstützung ihrer eigenen emanzipatorischen Bemühungen die Kraft zum Widerstand zu geben, damit sie ihre eigenen Konflikte mit der Realität zugunsten einer zu verändernden Realität lösen können.

Augenblicklich arbeiten schon fünf dieser Kinderläden, vier weitere organisieren sich, und einige andere sind im organisatorischen Vorstadium. Wir arbeiten am Modell für den FU-Kindergarten und organisieren Kindergärtnerinnen bzw. helfen den Kindergärtnerinnen, sich selber zu organisieren. Theoretisch versuchen wir das bürgerliche Vernunftprinzip und den patriarchalischen Wissenschaftsbegriff zu kritisieren.

Wir haben einen so ungeheuren Zustrom, daß wir ihn kaum organisatorisch verkraften können. Unser Ziel ist zunächst, die Frauen zu politisieren, die schon ein bestimmtes Problembewußtsein haben. Dies ist am besten möglich innerhalb der Universitäten. Wir müssen diese unsere Gegenmodelle zunächst weiterentwickeln und auf eine größere Basis stellen, damit wir Methoden einer kollektiven Erziehung finden, die nicht nur den sowieso schon Privilegierten zugute kommt. Diese Kader und diese Erkenntnisse haben wir jedoch noch nicht. Darum können wir unsere Arbeit nicht dadurch gefährden, daß wir halbe Aktionen in Arbeitervierteln machen. Es sind besonders die Männer, die sich nach und nach bei uns eingefunden haben, die für eine schnellere Vermittlung nach außen in die Arbeiterschaft eintreten. Hier gibt es wieder zwei Probleme. Zum einen haben verschiedene Männer gesehen, daß plötzlich etwas gemacht wird, was eine Perspektive hat. Aufgrund ihrer gewandteren Formulierungen übernehmen sie bei manchen Arbeitskreisen die Führung, wogegen nach wie vor viele Frauen hilflos sind. Sie tun so, als sei der Gedanke der Kinderläden ihre eigene Erfindung, sie sehen die politische Relevanz und sagen jetzt den Frauen, sie würden ihre Probleme verdrängen, wenn sie sich jetzt mit Erziehung beschäftigen. Der Versuch, möglichst schnell andere Bevölkerungsschichten mit unseren Kinderläden zu erfreuen, mag darauf zurückzuführen sein, daß sich die Männer nach wie vor weigern, ihre eigenen Konflikte zu artikulieren. Im Augenblick haben wir der Arbeiterschaft nichts zu bieten. Wir können nicht Arbeiterkinder in unsere Kinderläden nehmen, wo sie ein Verhalten lernen, für das sie zu Hause bestraft werden. Die Voraussetzungen dazu müssen für die Arbeiter erst geschaffen werden.

Aus den Arbeiten an den Kinderläden ergeben sich für uns weitere Arbeiten, die damit in engem Zusammenhang stehen. Die Kinder, die jetzt in unseren Läden sind, werden sich nicht mehr in die gewöhnlichen Schulen einfügen. Die Eltern dieser Kinder werden die bestehenden Schulen nicht mehr hinnehmen. Durch die breite Basis, die wir den Läden geben wollen, versuchen wir eine breite Basis für den Konflikt an den Volksschulen zu schaffen. Dieser Konflikt wird Wirkungen haben, die sich zeigen bei den Kindern und Eltern, die nicht durch unsere Läden gegangen sind. Wir müssen dann verhindern, daß Kinder ausgebildet werden, um das zu lernen, was eine kapitalistische Gesellschaft ihnen zu lernen erlaubt.

Wir wissen, unproduktive Arbeiten können abgeschafft werden, wir wissen, wir werden einen ungeheuren Bedarf an Erzieherinnen und Erziehern, an Kindergärtnerinnen und Kindergärten haben. Es ist nicht mehr nötig, daß 90% aller Arbeiterinnen ungelernte Arbeiterinnen sind.

15. September
Im Frankfurter Westend kommt es vor dem Café Laumer in der Bockenheimer Landstraße zu einer Tortenschlacht zwischen Polizisten und Studenten. Langhaarige Studenten waren zuvor im Café nicht bedient worden.

Genossen, ihr seht, daß unsere Arbeit andere Schwerpunkte hat als die Verbandsarbeit.

1. Wir haben unsere Arbeit vorerst beschränkt auf Erziehungsfragen und alles, was damit zusammenhängt.

2. Alles Geld geht im Augenblick in die Kinderläden und die dafür notwendigen Vorbereitungsarbeiten.

3. Wir nehmen uns Zeit für die Vorbereitungsarbeiten und die Politisierung des Privatlebens.

4. Wenn die Modelle der Kinderläden uns praktikabel erscheinen, werden wir uns auf die Schulen konzentrieren.

5. Daneben wird natürlich theoretische Arbeit geleistet, die in größeren Zusammenhängen argumentiert.

Wenn sich der SDS als ein Verband begreift, der innerhalb der bestehenden Gesellschaft emanzipatorische Prozesse in Gang setzen will, damit eine Revolution überhaupt möglich wird, dann muß der Verband Konsequenzen für seine Politik aus unserer Arbeit ziehen.

Damit kommen wir auf die Frage der Prioritäten.

Wir müssen diskutieren:

Soll sich eine Gruppe hier und eine Gruppe da auf ein Lehrlings- bzw. Schülersekretariat konzentrieren, oder sollen wir uns konzentrieren auf die Verbreiterung der Basis der Kindergärten?

Ein Lehrlingssekretariat fängt die wenigen glücklichen und männlichen Volksschulabgänger auf, die das Glück hatten, eine Lehre beginnen zu können, wie schlecht sie im einzelnen auch sein mag. Ein Schülersekretariat fängt die wenigen und materiell gesicherten Ober- und Berufsschüler auf, die das Glück hatten, liberale Eltern zu haben, die sie auf eine Schule schicken konnten und die Kinder darin unterstützten. Das Lehrlingssekretariat wird immer wieder genährt durch die Leute, die Voraussetzungen mitbringen, die die Schule ihrem Bewußtsein zubilligte. Aber gerade diese Voraussetzungen wollen wir abschaffen. Soll hier eine Gruppe eine Nato-Kampagne und da eine Gruppe eine Bundeswehrkampagne machen, oder sollen wir uns auf die gesellschaftlichen Bereiche konzentrieren, die den Angelpunkt bilden, die Machtstrukturen zu verewigen?

Genossen, wenn ihr zu dieser Diskussion, die inhaltlich geführt werden muß, nicht bereit seid, dann müssen wir allerdings feststellen, daß der SDS nichts weiter ist als ein aufgeblasener konterrevolutionärer Hefeteig.

Die Genossinnen werden dann die Konsequenzen zu ziehen wissen.

Jürgen Habermas
Thesen gegen die Koalition der Mutlosen
mit den Machthabern

19. September
Das Buch *Klau mich* von
Fritz Teufel und Rainer
Langhans ist bereits am
ersten Tag der Frankfur-
ter Buchmesse (19. 9.-
24. 9.) vergriffen.

I

Die sozialdemokratischen Führer sind in die abgewirtschaftete
Regierung der CDU/CSU eingetreten. Sie liefern das Alibi für die
Verschleierung eines Konkurses und für die Fortsetzung einer
gescheiterten Politik. Wir haben Grund, die neue Regierung
mehr zu fürchten als die alte.
Der Hinweis auf regierungstechnische Schwierigkeiten, mit
denen die kleine Koalition unter einem Kanzler Brandt hätte
fertig werden müssen, ist ein Argument für und nicht gegen die
ausgeschlagene Alternative: um so enger wäre der Spielraum
für den kleineren Koalitionspartner gewesen. Schlimmstenfalls
hätte die SPD Neuwahlen erzwingen können.
Eine Verbindung mit der FDP wäre sogar auf der Oppositions-
bank sinnvoll gewesen. Das ausgehungerte Minderheitskabi-
nett hätte für einen Erfolg der Sozialdemokraten bei der nächsten Bundestagswahl besser arbeiten können als eins, das mit
sozialdemokratischen Ministern nur ausstaffiert ist.
Die Entscheidung der sozialdemokratischen Führer ist nicht
plausibel. Verständlich erscheint sie bloß denen, die sich mit
Bitterkeit erinnern, daß diese Partei seit Jahren nur noch den
Mut hatte, Gegner in ihren eigenen Reihen zu suchen. Diese
Partei hat ihre Energie nicht auf die Entwicklung, sondern auf
die Unterdrückung alternativer Strategien verwendet. Sie hat
unter dem Feuerschutz des landesüblichen Antikommunismus
sowie eines offiziellen KPD-Verbotes operiert und Kompro-
mißbereitschaft schlechthin zum Range einer Politik erhoben.

II

Wir haben Grund, die neue Regierung zu fürchten, denn sie
visiert einen gefährlichen Kurs. Ob nun die Ziele bleiben, und
nur das Tempo ihrer Verwirklichung sich ändert, oder ob gar
einige Ziele sich ändern – die Risiken wachsen. Die gespenstische Einmütigkeit derer, die sich im Fallex-Bunker geflissent-
lich auf den Notstand präpariert haben, kann sich nun ohne
Zögern in Verfassungsänderungen umsetzen. Der bisher bekannte Fahrplan spricht weniger für die Sicherung der Demo-

22. September
2.000 Demonstranten
protestieren in Frank-
furt/M. gegen die Verlei-
hung des Friedenspreises
des Deutschen Buchhan-
dels an den senegalesi-
schen Staatspräsidenten
Léopold Sédar Senghor.
Ihm wird vorgeworfen,
die Interessen seines
Landes durch eine impe-
rialismusfreundliche
Politik zu verraten.

kratie im Notstand als für Vorverlegung des Notstandes in die Demokratie.

Einer Regierung unter dem Einfluß von Leuten, die sich mit der NPD in das rücksichtslose Management der finstersten Ressentiments teilen, ist zu mißtrauen. Die Schritte zu einer fälligen Aktivierung der Deutschlandpolitik, mag sie den Titel der Entspannung und das Interesse der Friedenssicherung in Anspruch nehmen, können doch in ein nationales Abenteuer führen.

Die Vollmachten zu einer planvollen Regulierung des wirtschaftlichen Kreislaufes können im Namen der sozialen Sicherheit und der Stabilisierung gegeben und doch zu einer autoritären Einschnürung demokratischer Gewerkschaften genutzt werden.

III

Wir haben Grund, die neue Regierung zu fürchten, denn sie gefährdet die Grundlagen des Parlamentarismus. Ohnehin ist die Opposition, ohne die es ein Parlament nicht gibt, als Institut entwertet worden, weil die Sozialdemokraten seit Jahren auf eine Partizipation an der Macht der Regierung statt auf einen Regierungswechsel hingearbeitet haben.

In Zukunft ist das Parlament nicht durch Selbstentmannung der Opposition, sondern durch faktische Mehrheitsverhältnisse gelähmt. Wenn neun Zehntel der Abgeordneten den Regierungsparteien angehören, werden Konflikte unter Ausschluß der Öffentlichkeit geregelt. Ein Bundestag, seiner oppositionellen Kraft beraubt, ist zudem in Gefahr, von weiteren Wahlerfolgen der NPD aufgeknackt zu werden. Oder aber die Allianz Strauß–Wehner läßt sich durch die Schwäche der Opposition innerhalb und den erwarteten Erfolg der Opposition außerhalb des Parlaments dazu treiben, selber den Gegner in Nationalismus zu überbieten.

Das Mehrheitswahlrecht, das die Koalitionspartner vereinbart haben, ist kein Präventiv. Es müßte den Willensbildungsprozeß vollends austrocknen. Das Mehrheitswahlrecht ist ein Mechanismus, der die Stärke von Demokratien nicht erklärt, sondern selber nur in gesicherten Demokratien arbeitet. Das Mehrheitswahlrecht funktioniert erst auf der Grundlage innerparteilicher Demokratie. Die SPD hat aber nicht erkennen lassen, daß sie offene Diskussionen im eigenen Hause auch nur zu tolerieren bereit wäre.

IV

Wir haben Grund, die neue Regierung zu fürchten, denn die SPD war, um an der Macht der Anderen teilzunehmen, zu Kompromissen um jeden Preis bereit.

Strauß, der als Mitglied der Bundesregierung gezeigt hat, daß er im Ernstfall die Normen des Grundgesetzes nicht kleinlich handhabt; Strauß, der das Parlament mit Vorsatz getäuscht hat und von Skandalen nicht überzeugend sich reinigen konnte; Strauß, der nach alledem kaum noch die Qualifikation zum Führer einer demokratischen Partei hat und gewiß nicht mehr zu einem demokratischen Minister taugt – diesen Strauß haben die Sozialdemokraten für ein Regierungsamt rehabilitiert.

Das nationale Übersoll an vaterländischer Pflichterfüllung, freiwillig entrichtet von denen, die man lange genug als die Vaterlandslosen diffamiert hat – das ist das auferstandene Gespenst des Jahres 1914. Heute nimmt es die Gestalt Herbert Wehners an. Er ist von Adenauer und seinen Mannen so lange und so wirkungsvoll als stalinistischer Buhmann für CDU-fromme Bundesbürger mißbraucht worden, bis er selber seine verlorene Identität nur noch auf dem Wege einer Identifikation mit seinen Angreifern zu suchen bereit war. Das ist ihm als Wendung zum Staatsmann attestiert worden.

Mit größerem Bedauern sehen wir den empfindlicheren Willy Brandt agieren. Er, der von Erhard und anderen Wahlkampf-gegnern so schamlos denunziert wurde, möchte Arm in Arm mit Kiesinger die deutsche Wirklichkeit darstellen – eine Wirklichkeit, die so schäbig ist, dass sie diese ungewollte Ironie in der Tat verdient hat.

V

Wir haben Grund, diese neue Regierung zu fürchten. Gegen die Befürchtung, daß die SPD, die um jeden Preis Kompromisse schließt, eines Tages auch den Ordnungshütern um jeden Preis assistieren könnte, spricht vorerst nur das protestantische Gewissen eines aufrechten Justizministers.

Wie groß aber ist die demokratische Zuverlässigkeit einer Regierung, wenn man sie schon am Überbleibsel einer einsamen Person festmachen muß – während die Person, an der sich die Gefahren demonstrieren lassen, Exponent ist, sagen wir: Anführer einer Truppe. Die einzige Hoffnung, die uns die Regierung läßt, verbindet sich mit den internen Gegensätzen, an denen die Koalition der Mutlosen mit den Machthabern zer-

23. September
Die Ex-Ministerpräsi-denten Georgios Papan-dreou und Panayotis Kanellopoulos sowie fünf andere führende Politiker werden von der griechischen Militärjunta in Athen aus der Haft entlassen.

23. September
Alle Schulen und Universitäten in Uruguay werden bis zum 15. Oktober geschlossen und von Soldaten und Polizisten bewacht. Die Pressezensur wird erneut verschärft.

brechen könnte – und mit ihr zerbrechen sollte der fatale Geist der Selbstzerstörung einer Partei mit großer Tradition.

Fritz Teufel
»Jetzt gestehe ich«

24. September
Swasiland wird als 124.
Mitglied in die UNO
aufgenommen.

»Hiermit gebe ich zu,
(1) nicht nur, daß ich ein Element bin, ein radikales, das, wenn
es sein muß, mit Pudding und Quark schmeißt, die Rentner um
den Schlaf bringt und die Springerpresse zittern macht;
(2) nicht nur, daß ich einer von denen bin, die durch ihren
blinden Aktivismus den SDS fast vorzeitig um seine Förderungswürdigkeit gebracht hätten, sein reflektiertes Theorie-
Praxis-Verhältnis durcheinanderbrachten und dadurch zu einer
objektiven Gefahr für den historischen Prozeß wurden;
(3) sondern auch, was noch schlimmer ist, daß ich am Abend
des 2. Juni demonstrierend vor der Oper mich aufhielt, wozu
gar kein Grund bestand, denn der Schah ist erstens ein sehr
gebildeter Mörder, der fünf Sprachen, laut Quick, fließend
spricht, was ihm der Däumling vom Sauerland erstmal nach-
machen sollte, weshalb das ganze Gerede vom Analphabetis-
mus in Persien gegenstandslos wird, weil nämlich die Bildung
dort anders verteilt ist als bei uns; und zweitens, was geht uns
Persien an, sollen wir doch froh sein, daß wir hier leben, wo nur
ein Student erschossen wird, wenn es in Persien tausend wären,
weshalb ich es auch für verfrüht halte in Berlin von ESKALA-
TION zu sprechen, solange Senat und Polizei noch ohne amerikanische Militärberater gegen die Studenten auskommen;
(4) was das schlimmste ist, daß ich nun, als ich schon mal da
war, nicht mit Steinen warf, obwohl man von mir, der ich als
Terrorist bekannt bin, solches hätte erwarten dürfen;
weshalb es nun, nachdem ich schon länger als vier Wochen
inhaftiert bin, womit ich als Bartträger übrigens rechnen
mußte, so außerordentlich schwierig wird, mir nachzuweisen,
daß ich mit Steinen warf [...];
nachdem ich
(5) noch ganz en passant in einem spektakulären Prozeß das
Staatsgeheimnis von der Unfähigkeit der Justiz preisgab –
Pfuideibel! – weshalb man mich mit Recht auf meinen Geistes-
zustand untersuchen will.
Still schäm' ich mich in meiner Zelle.
Fritz Teufel, Ausgeburt der Hölle.«

25. September
1. *Internationale Essener
Song-Tage.* Es treten auf:
Frank Zappa mit seiner
Band *Mothers of Inven-
tion, The Fugs* mit Tuli
Kupferberg, Julie Dris-
coll, *Pink Floyd, Amon
Düül, Tangerine Dream,
Guru Guru,* Alexis Kor-
ner, *Floh de Cologne,*
Franz Josef Degenhardt
und andere.

Claus Offe
Zur politischen Theorie
der Außerparlamentarischen Opposition

1. Die Aufgaben der »Politischen Universität«

Die Demonstration des *Widerstandes,* die von der Studentenbewegung zum ersten Male aus Anlaß der bevorstehenden
Verabschiedung der Notstandsverfassung erreicht wurde, war
eine *Demonstration* des Widerstandes und der Bereitschaft des
entscheidenden Teiles der Studentenschaft zum Widerstand.
Solange der Widerstand keine absehbaren Chancen hat, faktisch
neue Bedingungen zu setzen, die das politische System zur
Veränderung zwingen, solange er allenfalls das System zwingt,
auf die in ihm eingebauten Zwangsmechanismen zurückzugrei-
fen, stehen alle Aktionen in der Ambivalenz zwischen Willens-
kundgebung und Systemveränderung. In der gegenwärtigen
Phase kommt es darauf an, diese Ambivalenz zu stabilisieren
und ihr dadurch ein Veränderungs*potential* abzugewinnen. Es
kommt nicht darauf an, und es ist vielmehr gefährlich und
kurzschlüssig, diese Ambivalenz aufzulösen – sei es nun nach
der Seite resignierter, bloß noch verbaler Proteste oder sei es in
Richtung auf eine Konzeption, die unter gegenwärtigen Bedingungen eine »Zerschlagung« des Systems ins Auge faßt.
Die Ambivalenz stabilisieren: das bedeutet, den Widerstand
mit einem Selbstbewußtsein führen und das Widerstandspo-
tential mit einem Selbstbewußtsein ausstatten, das es erlaubt,
die Bereitschaft zum Widerstand auch über dessen voraussehe-
bares Scheitern hinweg zu retten. Die Ambivalenz von Protest
und Widerstand wird stabilisiert, wenn es gelingt, einerseits den
Protest in Widerstandsformen zu überführen, andererseits den
gescheiterten oder latent gewordenen Widerstand regenerati-
onsfähig zu erhalten und nicht auf die Ausgangsstufe morali-
sierenden Einspruchs zurückfallen zu lassen.
Ich meine, daß die Einrichtungen der »Kritischen Universität«,
der »Politischen Universität«, die Besetzung von Instituten
und die Umfunktionierung von Lehrveranstaltungen zu Aufklärungsveranstaltungen zur Lösung dieser aktuellen politischen Aufgabe beitragen könnten. Solange die Formen kollektiven Widerstandes nicht sinnvoll unter das Kriterium ihres
unmittelbaren strategischen Erfolgs gestellt werden können,
vermögen sie ihre Lebensfähigkeit und ihre subjektive Berechtigung nur aus den Einsichten zu beziehen, die sich im Vollzug
der Widerstands- und Protestaktionen selber etablieren lassen.

Gewiß ist das physische Erlebnis von Konflikten eine Quelle solcher Einsichten; allerdings nicht die einzige und nicht die stabilste. Zusätzlich brauchen wir Institutionen, die bei den Beteiligten während des Vollzugs des Widerstandes zum klaren und massenhaften Verständnis von dessen Gründen führen. Erst das analytisch *begriffene* und theoretisch *diskutierte* Erlebnis des Konflikts verleiht der Bereitschaft zum Widerstand Dauer und Präzision. Darin bestand die erste Aufgabe der Veranstaltungen der »Politischen Universität«.

Die zweite hängt eng damit zusammen: während der Notstands-Aktionen war an einigen Stellen und für kurze Zeit zum ersten Male die Barriere durchbrochen, durch die die oppositionellen Studenten von mobilisierbaren Gruppen außerhalb der Universität, besonders der Arbeiterschaft, getrennt sind. In dieser für die meisten Teilnehmer an Agitationsveranstaltungen und Diskussionen neuen Situation traten Kommunikationsschwierigkeiten auf, die teils vom Sprachstil, teils von der Argumentationsweise der Diskutanten herrührten. Sinn der Veranstaltungsreihe »Zur politischen Theorie der Außerparlamentarischen Opposition« sollte es deshalb sein, exemplarische Dialogsituationen zu rekonstruieren und Argumentationsmodelle zu entwickeln, die in enger Parallele zu den Streikaktionen und im Lichte der dabei gewonnenen Erfahrungen dann hätten diskutiert werden können.

Die folgenden gedrängten Thesen, die Auskunft über den *geplanten* Verlauf der Diskussionen in diesem Arbeitskreis der »Politischen Universität« geben soll, sind aus der konkreten politischen Konfrontation dieser Tage herausgelöst und geben das Programm und den Sinn dieser Veranstaltungsreihe daher nur in verstümmelter Form wieder. Naturgemäß fehlt jener Teil, der von der Reflexion auf die konkreten Agitationserfahrungen ausgefüllt sein sollte, ebenso wie jener andere, in dem in kollektiver strategischer Diskussion die theoretischen Referate hätten kritisiert und praktische Folgerungen hätten gezogen werden müssen.

2. Zusammenfassende Thesen zum Arbeitskreis »Politische Theorie der Außerparlamentarischen Opposition«

1. Herrschaftskonflikte (im politischen Bereich) und Autoritätskonflikte (im gesellschaftlichen Bereich: Familie, Betrieb, Schule etc.) entstehen dann, wenn eine gegebene Verteilung von Machtmitteln und Privilegien kein ausreichendes Maß an *Gehorsam*bereitschaft (Loyalität, Legitimität) der unterprivilegierten Gruppen mehr findet.

25. September
Die Reden zum IV. Kongreß des Tschechoslowakischen Schriftstellerverbandes, Prag, Juni 1967, von Milan Kundera, Pavel Kohout, Alexander Kliment, Dušan Hamšík, Eduard Goldstücker, Antonín J. Liehm, Karel Kosík, Ivan Klíma, Josef Škvorecký, Václav Havel, Ludvík Vakulík und Jan Procházka erscheinen gemeinsam mit dem offenen Brief von Aleksandr Solženicyn an den IV. Kongreß des Sowjetischen Schriftstellerverbandes.

26. September
Die KPdSU billigt den sozialistischen Staaten nur eine begrenzte Souveränität zu und rechtfertigt so die militärischen Interventionen in der ČSSR. Die Breschnew-Doktrin tritt in Kraft.

2. In den sozialphilosophischen Theorien der »Bürgerlichen Gesellschaft« war die Annahme gemacht worden, daß mit der bürgerlichen Revolution die Erschütterung der Gesellschaft durch Konflikte dieses Typus zuverlässig und dauerhaft ausgeschaltet sei. An die Stelle von Konflikten sollten im ökonomischen Bereich die Konkurrenz auf Märkten, im politischen Bereich der Konsensus der parlamentarisch repräsentierten Aktivbürgerschaft treten.

3. Die theoretischen Einsichten des Marxismus und die praktischen Erfahrungen der Klassenkämpfe des 19. Jahrhunderts haben die These von der prinzipiellen Konfliktfreiheit (gleich Stabilität) des bürgerlichen Institutionensystems als ideologisch erwiesen.

4. In dieser Situation übernahm der Staatsapparat die Aufgabe, eine theoretisch nicht mehr zu leugnende »Konflikthaltigkeit« der bürgerlichen Gesellschaft mit politischen und administrativen Mitteln zu *unterdrücken*. Konfliktvorbeugung, Konfliktvermeidung und Ablenkung von Konflikten nach außen (Imperialismus) wurden zur Hauptaufgabe des Staates im neuen Strukturtypus des »staatlich regulierten Kapitalismus«; dessen Auftauchen ist an der kontinuierlichen Ausweitung des politisch-administrativen Aktionsradius des Staates, schließlich an der Verwischung der Grenze zwischen einem (keineswegs »klassenneutralen«) Staat und dem Bereich der Gesellschaft abzulesen.

5. Diese neue Struktur des politischen Systems, die gleichermaßen repräsentativ-demokratisch wie faschistisch verfaßt sein kann, ist auf die Lösung dreier eng zusammenhängender Hauptaufgaben zentriert: (a) die dauerhafte Sicherung von Wachstum und Beschäftigung, (b) die Erhaltung und Stabilisierung eines außenpolitischen, außerwirtschaftlichen und militärpolitischen Gleichgewichts, (c) die Erhaltung desjenigen Maßes an öffentlicher Gehorsamsbereitschaft, das die zu (a) und (b) erforderlichen Maßnahmen konfliktfrei tragen kann.

6. Der neue Strukturtypus des staatlichen Handelns birgt nichtsdestoweniger zwei *neue* Konfliktquellen:
(a) Die Begrenztheit staatlicher Macht- und Finanzmittel zwingt dazu, die regulative und stabilisierende Staatstätigkeit auf die Bereiche zu *beschränken*, von denen ökonomische, politische und militärische Gefährdungen des *Gesamt*systems ausgehen können. Problembereiche, auf die diese Bedingung nicht zutrifft, bleiben aus der staatlichen Vorsorge ausgespart (z. B. Bildung, Verkehr, Gesundheit, Städtebau und Regionalplanung, Landwirtschaft/Bergbau, Negerbevölkerung in den USA etc.) und fallen stellenweise auf einen Zustand chaotischer

Unterversorgung und Desorganisation zurück (»neuer Pauperismus«). Daraus entsteht neues Konfliktpotential in gesellschaftlichen Randgruppen. –

(b) Der *präventive* Charakter der Staatstätigkeit entzieht ihr das Element einer Orientierung an *politisch*-moralischen Zielvorstellungen. Politik regrediert zur Verwaltung von Krisenfeldern unter Ausschluß der politischen Öffentlichkeit. Dagegen erheben sich in allen westlich-kapitalistischen Ländern eine Reihe von zunächst moralisch argumentierenden Protest- und später politisch-revolutionären Bewegungen.

7. Die dauerhafte Funktionsfähigkeit eines auf diese Aufgabe der Status-quo-Erhaltung festgelegten Staatsapparates hängt davon ab, ob es gelingt, *solche* gesellschaftlichen Oppositionsgruppen vom Erwerb effektiver politischer und administrativer Macht fernzuhalten, deren Ziel die Veränderung des nach wie vor bürgerlich-kapitalistischen Institutionensystems ist. Der erhöhten Oppositionsempfindlichkeit des an schwierigen administrativen Pazifizierungsproblemen laborierenden Staatsapparates entspricht die Notwendigkeit von Unterdrückungsmaßnahmen wie Parteiverboten, Entziehung von Subventionen für oppositionelle Verbände und Publikationsorgane, faktische und legale Aufweichung des Minderheitenschutzes und anderer politischer Freiheitsrechte und schließlich der umfassenden Oppositionsabwehr schon durch die legale Vorbereitung und schließlich die Anwendung einer Notstandsverfassung.

8. Die Kehrseite der Unterdrückung der Opposition ist die *Verstaatlichung* gesellschaftlicher Interessengruppen. Das Grundgesetz erklärt die Parteien als erste deutsche Verfassung zu Staatsorganen. Die komplementäre Forderung nach einer demokratischen inneren Struktur hat sich als nicht durchsetzbar erwiesen. Dafür ist die Parteien- und Abgeordneten-Finanzierung ebenfalls verstaatlicht worden. Mit der großen Koalition ist ein Kartell von zwei Staatsparteien entstanden, die die Macht unter sich aufteilen und oppositioneller Willensbildung wirksam vorbeugen können; dies notfalls mit Hilfe von Wahlrechtsmanipulationen. Die Integration der Gewerkschaften ist durch die Institutionen der »konzertierten Aktion« gelungen, in anderen Ländern durch die Formen der income policy sowie durch Tarif- und Arbeitsrecht. Für die anderen Verbände und Integrationsgruppen ist die »verantwortliche« Teilhabe an staatlicher Macht längst vorgesehen – im vorparlamentarischen Raum und den Parlamentsausschüssen, in der Ministerialbürokratie und auf den Rieselfeldern politisch subventionierter Verbands- und Bildungsaktivitäten. Die Kontrolle und Integration

26. September
In Portugal wird Marcelo Caetano Nachfolger des schwerkranken Ministerpräsidenten Oliveira Salazar. Der rechte, nach eigenen Worten »antiparlamentarische« Salazar war seit 1932 Ministerpräsident von Portugal.

28. September
Frank Zappa tritt mit
seiner Band *Mothers of
Invention* in der Festhalle
Frankfurt/M. auf.

der Massenmedien schließlich vollzieht sich teils naturwüchsig durch das Aufblühen von marktgesteuerten Meinungsmonopolen, teils unter staatlicher Schutzherrschaft (öffentlich-rechtliche Anstalten).

9. Unter diesen neuen institutionellen Bedingungen des staatlich regulierten Kapitalismus ist die klassische Krisen- und Zusammenbruchstheorie nicht mehr sinnvoll anzuwenden. Jedenfalls gibt es keine Anhaltspunkte für die Unausweichlichkeit ökonomischer und/oder militärischer Krisen. Solche Krisen treten allenfalls ad hoc auf – als Resultat »unglücklicher«, d. h. nicht manipulierbarer Konstellationen zwischen den drei vorrangigen Problembereichen (vgl. 5.), deren simultane Bewältigung durch staatliche Präventivaktionen jedoch immer prekär bleibt.

10. Unter diesen Bedingungen werden aber vor allem die neoliberalen Konflikt-Theorien (Dahrendorf, Lipset) absurd, die die »Produktivität des Konfliktes« feiern und in der »Institutionalisierung des Klassenkampfes« eine Gewähr für Stabilität und Progreß zumal erblicken. Das Institutionensystem des staatlich regulierten Kapitalismus hat nicht nur progressive Funktionen des sozialen Konflikts nicht hervorgebracht, sondern zunehmend jede Repräsentation sozialer Konflikte, in deren Unterdrückung und Entschärfung gerade seine Hauptaufgabe besteht, folgerichtig aus sich ausgesperrt.

11. In dieser Situation, in der also weder mit einem zwangsläufigen Zusammenbruch des spätkapitalistischen Institutionensystems noch mit der Möglichkeit gerechnet werden kann, daß es aus sich selbst heraus die Kräfte einer progressiven gesellschaftlichen Entwicklung freisetzt, erhalten subjektivistische und voluntaristische Elemente in der Strategie der revolutionären Gruppen eine neue Rechtfertigung. Dabei können sich diese Gruppen jedoch weder auf leninistische noch auf die Vorbilder des Befreiungskampfes der Dritten Welt als Modell stützen, sondern sie sind gezwungen, dauernd den Umstand zu reflektieren, daß einerseits ihr Voluntarismus und die von ihm getragenen Aktionen das Medium darstellen, in dem Widerstandsbereitschaft überleben kann, und daß andererseits dieser Voluntarismus, auf sich allein gestellt, weniger Chancen denn je hat, institutionelle Veränderungen herbeizuführen.

Theodor W. Adorno
Gegen die Notstandsgesetze

29. September
Bei den Kommunalwah-
len in Niedersachsen er-
reicht die NPD 5,2% der
abgegebenen Stimmen.

Ein Nichtjurist darf zur dritten Lesung der Notstandsgesetze
einige Worte sagen im Bewußtsein, daß es sich nicht um eine
juristische Frage handelt, sondern um eine reale gesellschaftliche und politische. Obwohl es in anderen Staaten analoge
Gesetze gibt, die auf dem Papier sich keineswegs humaner
lesen, ist in Deutschland die Situation so durchaus verschieden,
daß daraus keine Rechtfertigung des Vorhabens abgeleitet werden kann. Was in der Vergangenheit geschehen ist, zeugt gegen
den Plan, gar nicht erst die Ermächtigungsgesetze, sondern
bereits der Paragraph 48 der Weimarer Verfassung. Er erlaubte
es, die Demokratie den autoritären Absichten des Herrn von
Papen in die Hände zu spielen. Hierzulande enthalten derlei
Gesetze unmittelbar repressive Tendenzen in sich, anders als
etwa in der Schweiz, wo Demokratie unvergleichlich viel sub-
stantieller das Leben des Volkes durchdrungen hat. Man
braucht nicht, wie manche es uns zuschreiben, von politischer
Hysterie erfüllt zu sein, um vor dem sich zu fürchten, was da
sich abzeichnet. Die gegenwärtige Regierung und ihr Vorläufer
haben seit Jahren eine Haltung zum Grundgesetz bewiesen, die
für die Zukunft einiges erwarten läßt. Aus Anlaß der sogenannten Spiegelaffäre hat der verstorbene Bundeskanzler Adenauer
von einem fürchterlichen Fall von Landesverrat gesprochen,
der dann vor Gericht in nichts sich auflöste. Auf der Regie-
rungsseite brachte jemand den Zynismus auf, zu erklären, die
schützenden Organe dieses Staates könnten nicht mit dem
Grundgesetz unterm Arm herumlaufen. Die Formulierung
»etwas außerhalb der Legalität« ist unterdessen zum Bestandteil jenes Volkswitzes geworden, der sich nicht unmündig machen läßt. Wer angesichts dieser Tradition nicht mißtrauisch
wird, der muß sich schon willentlich verblenden. Die restaurativen Tendenzen, oder wie man sie nennen will, sind nicht
schwächer geworden, sondern haben sich verstärkt. Unsere
Bundesrepublik hat nicht einmal im Ernst etwas gegen den
Menschenraub getan, den südkoreanische Agenten begingen.
Einzig verruchter Optimismus könnte von den Notstandsgesetzen etwas anderes erwarten als die Fortsetzung jenes Trends,
nur weil sie mit soviel staatsrechtlicher Umsicht formuliert
sind. Das Englische kennt eine Wendung, die von Prophezei-
ungen redet, welche von sich aus zu ihrer eigenen Erfüllung
treiben. So steht es mit dem Notstand. Der Appetit wächst mit
dem Essen. Fühlt man sich einmal dessen sicher, was alles man

29. September
Bei dem bislang schwersten nigerianischen Luftangriff werden in Biafra über 1.000 Menschen getötet.

mit den Notstandsgesetzen decken kann, so werden sich Gelegenheiten, sie zu praktizieren, schon finden. Das ist der wahre Grund, warum man dagegen aufs schärfste protestieren muß, daß nun die bislang allmähliche Aushöhlung der Demokratie auch noch legalisiert werde. Zu spät ist es, wenn einmal die Gesetze es erlauben, jene Kräfte außer Aktion zu setzen, von denen erwartet wird, daß sie den Mißbrauch in Zukunft verhindern könnten: eben dazu wird der Mißbrauch es nicht mehr kommen lassen. In der größten erreichbaren Öffentlichkeit ist gegen die Notstandsgesetze zu opponieren wegen des Verdachts der Notstandsfreude derer, die sie erlassen. Daß die Notstandsfreude kein Zufall ist, sondern Ausdruck eines mächtigen gesellschaftlichen Zuges, sollte die Opposition dagegen nicht mindern sondern steigern.

Harry R. Starr
Demonstration und Ordnung

29. September
Die neue griechische
Verfassung der Militär-
regierung wird mit fast
95% der abgegebenen
Stimmen in einer um-
strittenen Volksabstim-
mung angenommen.

Die Bürger der Bundesrepublik sind müde. Demonstrationen, Demonstrationen. Die Presse gibt dieser Stimmung Ausdruck. So liest man aus Berlin: »Studentendemonstrationen verunzierten gestern das Berliner Stadtbild.« *(Telegraf)*

Bienenfleißige Journalisten bemühen sich aufzuklären. Sie greifen tief in ihren Farbkasten. In Hannover sah man »die rosa dunkelroten Demonstranten« *(Deutsche Wochenzeitung Hannover)*, und man spricht von »Meuterei enttäuschter Jugend«.

Jugendliche, rote Studenten. Der Feind ist als Narr entlarvt: Er stört die Ruhe und Ordnung, lärmt in den Städten, trampelt auf den gepflegten Rasenflächen herum. Schon fragt man in Bonn: »Dürfen Studenten demonstrieren?« *(Rhein-Zeitung)*

Sorgenbeladen plagen sich Rektoren mit ihren aufsässigen Untertanen, und in Frankfurt z. B. liest man: »Rüegg bedauert«, und zitiert wird der Satz des Rektors: »Ich kann nur bedauern, wenn die Studentenschaft und auch die Universität durch solche Sachen generalisierend diskreditiert wird.«

Frankfurt zum Beispiel

Schön scheint die Sonne. Vorfrühling, 11.2., Frankfurter Wochenendidylle. Doch auf dem Opernplatz laufen Studenten herum, wenige Studenten, mit vielen Flugblättern. Provos, Bürgerschreck Frankfurts, die am Vorsamstag mit 14 Leuten unkonventionell gegen den Vietnamkrieg demonstrierten, stehen vor dem Café Opernplatz, auch Flugblätter verteilend, nicht ahnend, daß diese Tat sie zur Frankfurter Terrorgruppe Nr. II (hinter Kaiserstraßenschlägern, vgl. *Frankfurter Rundschau* 15.2.1967) avancieren ließ.

Eine Kundgebung findet statt. SDS, SHB, LSD, Naturfreundejugend und Solidaritätsjugend als Veranstalter. Es sprechen: Harrer (SDS) und Dutschke (vom Berliner SDS, den die Springerpresse schon zum »roten Rädelsführer« machte; denn sie braucht ja ihre Helden). Später konnte man in der *Frankfurter Rundschau* lesen, Dutschke habe aufgefordert, in die Illegalität zu gehen. Dem SDS ist zwar vieles zuzutrauen; aber daß er auf offener Straße erklärt, er wolle illegal agieren, das doch wohl nicht?!

Illegal, illegal, illegal zog man durch die Bockenheimer Land-

29. September
Nachdem der kongolesische Staatspräsident Sese Seko Mobutu ausdrücklich eine Amnestie zugesagt hat, kehrt Pierre Mulele, der ehemalige Erziehungsminister aus dem Kabinett des Ministerpräsidenten Patrice Lumumba, aus dem Exil zurück.

straße zum Konsulat. Allerdings, der SDS hatte nach den Reden die Kundgebung aufgelöst, ohne zur anschließenden Demonstration aufzurufen. Aber von der inneren Logik der Sache ergriffen, marschierte man zum Konsulat.

Auch die Polizei kann denken. Blitzartig, geistesgegenwärtig hatte sich vor dem Konsulat eine Postenkette für die Freiheit formiert. Von der schon erwähnten inneren Logik der Sache ebenfalls ergriffen, hatte die Polizei ihre besten Schützer mitgebracht, die Faust und Gummiknüppel später auch nicht in Tasche resp. Sack ließen.

Eine Klingel ist nicht zum Klingeln da, wenn sie politisch ist wie die des amerikanischen Konsulats. Das erfuhr ein Demonstrant, als er zu klingeln versuchte; man stieß ihn in die Menge zurück, die sich auf die Straße vor dem Konsulat gesetzt hatte, um – wie die Polizei schnell begriff und was man in der *Frankfurter Rundschau* am Montag noch erfahren konnte – das Konsulat besser stürmen zu können. Die Polizei hatte sich Gedanken gemacht:

Reiterspiele, Demonstrantenjagden, veranstaltet vom Frankfurter Freund und Helfer. Eine Demonstrantin wurde vor die Hufe der Pferde geschleudert, als sie versuchte, vor den Pferden auszuweichen; denn von der anderen Seite kamen schon die pedestren Ordner. Die Polizei wollte die Straßen säubern, nicht nur für heute, sondern für längere Zeit. Deshalb hatte man sich entschlossen, die Demonstranten einzukesseln, dann sie aufzufordern, die Straßen zu verlassen: da die Demonstranten bösartigerweise nicht Folge leisteten, mußte man den Demonstranten die Straßenverkehrsordnung handfest einpauken, und man mußte manifest demonstrieren, wie weit die Freiheit geht.

Die Freiheit geht weit, sie hat nicht nur ein weißes Gewand, sondern auch eine klobige Faust und gute Reiter. Einige Demonstrantinnen (!) wurden von reitenden Polizisten in Parforcerittmanier verletzt, »Rädelsführer« wurden photographiert, wenn nötig, mit Gewalt dazu gezwungen, ein Erinnerungsbild machen zu lassen.

Die Demonstranten konnten noch einmal entwischen. 80 waren zum »Terror« entschlossen, wie man in der *Frankfurter Rundschau* später nachlesen konnte. Man war so unverschämt, für politische Fragen auf die Straße zu gehen. Da muß man doch einfach für Ordnung sorgen. Der Verkehr wurde freigeprügelt, Demonstranten verhaftet und gefilzt. Um 18 Uhr war der »Terror einer kleinen Minderheit«, wie es von offizieller Seite hieß, beendet. Bilanz: eine schlagkräftige Frankfurter Polizei, 8 Verhaftete, mehrere Verletzte. Außerdem hatte sich kein Polizist soweit erniedrigt, einem Demonstranten seine Dienstnummer zu verraten.

392

Der Polizeibericht war noch nicht fertig, schon hatte die *Rundschau* einen gemacht (12. 2.). Sie erzählte vom Terror der Demonstranten, von schlechtem Benehmen, von der Belästigung der Passanten, von der Lähmung des Verkehrs. Und am Montag war alles klar: die Provos – die Eingeweihte oder Fachleute entdeckt hatten – seien an allem schuld. Flugblätter hatte man: systematisch wollten die Provos den Samstag zum »Tag der Anarchie« machen. Klar, die »Provos sind an allem schuld«; die Polizei wie die *Rundschau* hatte erkannt: »Man wollte die Polizei um jeden Preis provozieren« (Oberrat Jordan in der *Frankfurter Rundschau* 14. 2. 1967), Provokateure waren am Werk. Ostkameramänner waren erkannt worden. Der Buhmann hieß Provos, von denen unglücklicherweise keiner verhaftet worden war. Man hatte alles bis an die »Grenze des Möglichen« geduldet (OB Brundert in der *Frankfurter Rundschau* 14. 2. 1967).

Ungeheuerliche Untaten sollen Demonstranten begangen haben, die man leider nicht alle sah. *Die Polizei hat Beweise* (Sowjetzonales Fernsehen, Flugblatt, das zur Störung der öffentlichen Ordnung aufruft, Rädelsführer seien entdeckt. Vgl. *Frankfurter Allgemeine Zeitung* 13. 2. 1967). Nun, Rädelsführer braucht man ja immer. Es scheint in ein deutsches Beamtengehirn nicht hineinzugehen, daß die Ursachen von Unruhen nicht immer einzelne Personen sein können (die natürlich vom Osten gekauft sein müssen).

In der folgenden Woche wurde diskutiert. Höhepunkt: die *Frankfurter Rundschau* spricht mit dem Münchner Polizeipsychologen. Parallelen wie Schwabing wurden gebracht. Die Falschheit einer solchen Argumentation wird deutlich, wenn man ein Gedächtnis hat.

Erinnerung: Dezember 1966. Wilde Demonstration gegen die Große Koalition, Verkehr blockiert, Aufregung in der Stadt. Was tat die Polizei? Sie duldete; warum? Weil einige Herren – wie man hören konnte – selbst gegen die Große Koalition gewesen seien. Es dann aber auf die als asozial und unpolitisch deklarierten Provos abschieben.

Die geordnete Freiheit zu verkünden, hatten Ordnungshüter wie Oberbürgermeister sich nicht enthalten können. Noch am 25. 2. wagte Herr Brundert zu sagen, daß »in Frankfurt jeder Bürger die Freiheit seiner Meinung zur Geltung bringen könne« (nach *Frankfurter Rundschau* 25. 2. 1967). Nun, Polizisten hatten vorher schon demonstriert, wie wahr das sei. Sie hatten am 13. 2. (vgl. *Frankfurter Rundschau* 14. 2. 1967) versucht, eine SDS-Wandzeitung abzureißen. Als sie über ihre Rechte bzw. über ihr Unrecht belehrt wurden, verschwanden

1. Oktober
Der 5. Strafsenat des Bundesgerichtshofes in Karlsruhe hebt den Freispruch für den Kriminalobermeister Karl-Heinz Kurras auf. Der Fall soll vom Landgericht Berlin erneut verhandelt werden. Im Frühjahr 1971 endet das Verfahren mit einem rechtskräftigen Freispruch. Kurras war angeklagt, den Studenten Benno Ohnesorg am Rande einer Demonstration am 2. Juni 1967 getötet zu haben.

2. Oktober
Zehn Tage vor Eröffnung
der Olympischen Spiele
erreichen die Studenten-
unruhen in Mexiko-Stadt
ihren Höhepunkt. Gegen
die Besetzung der
Hochschulen durch Mi-
litäreinheiten demon-
strieren 10.000 Studen-
ten. Während der Kund-
gebung schießt das Mili-
tär mit Maschinenge-
wehren in die Menge.
Zwischen 60 und 500
Menschen sterben. Im
Hinblick auf die Olym-
pischen Spiele werden die
Vorfälle vertuscht und
Nachrichten unter-
drückt. Es kommt zu
weltweiten Protesten.
Jean-Paul Sartre und
Bertrand Russel rufen
zum Boykott der Olym-
pischen Spiele auf.

sie schnellstens. Zwei Tage später hatten die Inhaber des Bau-
zauns, an denen die Plakate klebten, sicherlich aus technischen
Gründen die Bauzäune abkratzen lassen und mit Aufschriften
»Plakate ankleben verboten« versehen.

Der Tag der Anarchie. Seine Kundgebung am 18. 2. 1967 sagte
der SDS ab. So blieb den Provos der Sonnabend, den die
Frankfurter Rundschau zum »Tag der Anarchie« (qua Veröffentlichung eines Provo-Flugblattes) erklärt hatte (*Frankfurter
Rundschau* 14. 2. 1967). Der Terror blieb nicht aus. Zehn Polizisten in Zivil beobachteten das Vorgehen der Demonstranten,
die sich vorm Café Opernplatz den Photographen stellten,
unter denen auch ein Polizist war. Die Provos hatten ihre
Verteufelung mit Spaß beantwortet. Just for fun, aber das entpolitisierte leider. Der politische Wert der Forderungen:
»Dienstnummern für die Plizei« ging verloren, da sich die
Plizei beim Spiel spielend zurückziehen konnte und in der
Anonymität (Zivilbeamte) ihre notwendigen Aktionen machte. Die uniformierten Beamten hielten sich als uniformierte
Kollektivität zurück. Die Polizei spielte humorvoll und holte
sich damit das Mitleid der *Frankfurter Allgemeine Zeitung*:
»das war also der Tag der Anarchie, für den Dutzende Polizeibeamte den freien Samstag opfern mußten« (*Frankfurter Allgemeine Zeitung* 20. 2. 1967).

Einmal ist auch Schluß, das hatte die *Frankfurter Allgemeine
Zeitung* begriffen. Und der SDS erfuhr es bei seiner picketing-
line gegen Polizeiterror und Vietnamkrieg. 100 Studenten hatten sich zusammengefunden, zogen mit Plakaten durch die
Stadt, verursachten »jedoch zum Teil erhebliche Verkehrsbehinderungen« (*Frankfurter Allgemeine Zeitung* 23. 2. 1967).
Am 23. 2. und 24. 2. vereinigen sich *Frankfurter Allgemeine
Zeitung* und *Frankfurter Rundschau*. Die Straßenverkehrsordnung muß verteidigt werden. Die *Frankfurter Allgemeine Zeitung* veröffentlicht mit einem Bravo in der Schreibe eine Erklärung des ADAC, der sich gegen das sanfte Verhalten der
POlizei den Demonstranten gegenüber wendet. Die POlizei
solle »hart durchgreifen«, wenn der Verkehr behindert wird.

Freude bei den Demonstranten. Die Wirkung ist da, die *Frankfurter Allgemeine Zeitung* wagt wie die *Frankfurter Rundschau*
zu scheinen, was sie ist. Demokratische Spielregeln enthält die
StVO; wer nicht mitspielt (sondern: politisch handelt), muß
verhauen werden.

Bastian, der Freund der Freunde, liebenswürdiger *Frankfurter
Rundschau*-Kommentator, versucht nun auch zu vermitteln.
Polizeipsychologen sollen die pathologischen Schläger und
Demonstranten an einen Tisch bringen. Die Form soll nicht

nur gewahrt, sondern gleich gerettet werden. Die »gemeinsame Verantwortung« (*Frankfurter Rundschau* 23. 2. 1967) ruht nun nach altbewährtem Muster auf allen Schultern. Der Frieden, die Demokratie wären gerettet, wenn die Demonstranten sich darauf einlassen würden, in friedlich schöner Harmonie eine Ordnung zu bestätigen, gegen die sie selbst eintreten wollen.

Man fordert »Toleranz (im Rahmen der Gesetze)«, wie es der schon erwähnte Münchner Polizeipsychologe am 4. August 1966 (!) der *Süddeutschen Zeitung* erklärte. Geschickt tolerant, taktisch muß vorgegangen werden, damit die Repression einer langarmigen Ordnung nicht so deutlich wird. Herbert Marcuse schrieb 1965 »... was heute als Toleranz verkündet und praktiziert wird, (dient) in vielen seiner wirksamsten Manifestationen den Interessen der Unterdrückung.«

Aber Faschisten sind die schwarzen Magier, die so (un)gerne rot sehen, eben nicht. Sie sind unfähig, konsequent liberale Politik zu machen. Es geht doch manchmal mit einem durch. Erst muß man die Provos zum Urheber der Unruhen machen (und gleichzeitig politische Hintergründe wegwischen), schon muß man über die Schwäche der Provos sich lustig machen (*Frankfurter Rundschau* 27. 2. 1967): »Unsinn der Provokation«.

»Man kann ihnen wegen ihrer Dummheiten gar nicht böse sein, denn sie sind ja meist arm im Geiste und können getrost auf mildernde Umstände vertrauen« (*Frankfurter Rundschau* 27. 2. 1967 über die Provos). Hoffentlich können auch die auf mildernde Umstände rechnen, die die Provos zu Urhebern von Studentenaktionen machten, die im Kontext zu den Demonstrationssorgen in allen deutschen Universitätsstädten zu sehen sind.

Studenten begehen Unruhen. So klingt der Tenor der Presse, und so sitzt es im allgemeinen Bewußtsein. Die, die die Ruhe zu ihrem Gesetz erhoben haben, können nicht begreifen, daß die Demonstrierenden die Ruhe als schwarzen Vorhang betrachten, hinter dem die Herrschenden sich den Kuchen teilen. Die Unterprivilegierten gehen auf die Straßen, Studenten, Ausländer, Jugendliche.

Der kluge Kopf, der folgenden Leserbrief in der *Frankfurter Allgemeinen Zeitung* (21. 2. 1967) schrieb, kann so etwas nicht verstehen: »Was hat das junge Volk von Studenten und Studentinnen überhaupt dauernd auf den Straßen zu demonstrieren? Sie sollten sich erst mal auf ihre vier Buchstaben setzen und etwas lernen. Wenn sie statt dessen lieber auf der Straße toben wollen, müssen sie eben in Kauf nehmen, wenn sie mal in der Hecke landen. Mehr Disziplin und Autorität tut dringend Not in unserer Demokratie.«

2. Oktober
Marcel Duchamp, der um 1913 erste Ready-mades schuf und als der Vater der Pop Art gilt, stirbt 81jährig in Paris.

3. Oktober
In Peru stürzt die Armee
den seit 1963 amtieren-
den Staatspräsidenten
Fernando Belaúnde Ter-
ry. Ein Revolutionsrat
übernimmt die Macht.
Eine seiner ersten Amts-
handlungen ist die Auf-
kündigung der Erdöl-
kontrakte mit der Inter-
national Petroleum
Company, einer Tochter-
gesellschaft von Standard
Oil of New Jersey. Bei
den Studentendemon-
strationen gegen die Mi-
litärjunta wird in Lima
ein Student von der
Polizei erschossen.

Noch einmal: Knüppel aus dem Sack. Bastian schreibt weiter (*Frankfurter Rundschau* 27. 2. 1967): »Wenn sie (die Provos) allerdings ihre Ungezogenheiten und Dummheiten gegenüber Gästen der Stadt demonstrieren wollen und diese dabei belästigen oder ihr Eigentum beschädigen, dann müssen sie sich nicht wundern, wenn es hie und da Hiebe setzt.« Hie und da wird man sich auch nicht wundern, wenn auch ein linker Student mal eine Kopfnuß verpaßt kriegt, denn jede politische Aktion von dieser schwammigen Begrifflichkeit aufsaugen zu lassen ist ein leichtes.

Der Rektor, seine Magnifizenz, muß sich äußern. Und zwar nachzulesen in der *Frankfurter Allgemeinen Zeitung* (25. 2. 1967), wie schon erwähnt. Der Rektor bedauert, die Universität sei diskreditiert (durch die Störung der StVO oder durch Linksradikalinskis?). Aber vorgehen, so heißt es weiter, könne man gegen die Störenfriede noch nicht, da sie noch keine Diebstähle begangen hätten. Diese komischen Kombinationen können am Verfasser des Artikels gelegen haben, der den Rektor der Frankfurter Universität nur einmal wörtlich zitiert, sonst nur konjunktivisch berichtet. Der Rektor hat sich sicher klarer ausgedrückt.

Berlin und Frankfurt umarmen einander: Universitätsverwalter, Polizisten, Springerblätter, *Frankfurter Allgemeine Zeitung* und *Frankfurter Rundschau*. Die Harmonie darf nicht gestört werden; denn Frankfurt z. B. läßt sich nicht von einer kleinen (sic) Minderheit terrorisieren, wie man in der Zeitung lesen kann.

Doch es geht noch weiter: Ausländischen Demonstranten droht man nicht nur mit Ausweisung, man weist sie sogar aus (vgl. *Hamburger Abendblatt* 24. 2. 1967). In Hamburg oder auch in Frankfurt lernt man dazu. Am 4. März 1967 (vgl. *Frankfurter Rundschau* 6. 3. 1967) muß man bei einer Straßendemonstration gegen die faschistischen Repressionen in Spanien schon wieder um ausländische politisch Oppositionelle fürchten.

Die Objektivität, mit der sich jetzt die unparteiischen Journalisten schmücken, ist schon als parteiisch enthüllt. Wiederum Marcuse, er schrieb 1965: »Die in solcher Unparteilichkeit ausgedrückte Toleranz dient dazu, die herrschende Intoleranz und Unterdrückung möglichst klein darzustellen oder gar freizusprechen.« Die Polizei freut sich (und nicht nur sie!): die Presse hat sich formiert. Und die Demonstranten?

Es wird nicht mehr lange dauern. Deren Gesicht noch nicht platt ist, denen wird es eingeschlagen. Aber nicht mehr so einfach, wie es früher war. Die schmutzigen Ausländer sollen im Ausland gesäubert werden, und deutsche Schmutzfinken kommen in die Schublade. Schon hörte ich von einem Vortrag in einer »humanitären Organisation«, die auch schon vor Saigon schwimmt, wo es hieß: »Wenn wir erst die Notstandsgesetze haben, wie können wir dann gut arbeiten!«

Diejenigen, die klagen, Studentendemonstrationen gingen ihrer akademischen Würde verlustig, wollen nicht merken, daß die Würde einer unwürdigen Ordnung nur den Knüppel verdeckt, der noch im Sack steckt. Wenn die ruhig werden, die heute noch Unruhe machen, dürfen alle bald ruhig sein.

Die Vögelein schweigen im Walde. Warte nur, balde ruhest du auch. Deutsches Nachtlied.

5. Oktober
Zwischen der protestantischen und der katholischen Bevölkerung Nordirlands kommt es zu blutigen Zusammenstößen, die sich zu bürgerkriegsähnlichen Zuständen ausweiten.

7. Oktober
Fritz Teufel wird von einem Schöffengericht in Berlin wegen gemeinschaftlichen Hausfriedensbruchs in zwei Fällen zu sieben Monaten Gefängnis ohne Bewährung und wegen ungebührlichen Verhaltens vor Gericht zusätzlich zu zwölf Tagen Gefängnis verurteilt. Teufel hatte an einem Go-in ins Schöneberger Rathaus teilgenommen und einen Gottesdienst in der Gedächtniskirche gestört.

Peter Damerow / Peter Furth / Odo von Greiff /
Maria Jordan / Eberhard Schulz
Der nicht erklärte Notstand
Dokumentation und Analyse eines Berliner Sommers

Polizei und demonstrierende Minderheit
Zur Vorgeschichte des 2. Juni

»Die Stimmung der Berliner Wachtmeister«

»Die einzige Sprache, die sie verstehen, ist die Gewalt.«

(Polizeipräsident Duensing über die Afrikaner, nach Ansehung des Filmes *Africa addio*, gegen dessen rassistische Tendenz Studenten in Berlin demonstrierten. Mitgeteilt von Corinna Adam, *New Statesman*, 14. Juli 1967)

So, wie sich der Charakter und die Schauplätze der Auseinandersetzung wandeln, ändern sich auch ihre Mittel. Die Verlagerung des Konflikts aus der Universität in die Stadt, vom Diskutieren ins Demonstrieren, bringt neue Erfahrungen der Isolierung. Wie zuvor die Diskussionen, bleiben auch Demonstrationen wirkungslos, solange sie in konventionellen Formen verlaufen. Demonstrationen, von der Polizei genehmigt, begleitet und beschützt, kommen einem Alibi für die »pluralistische« Gesellschaft näher als dem Ziel ihrer Veränderung. Offenbar vermag nur noch die bewußte Provokation die Gummiwände der verordneten Konfliktlosigkeit zu durchbrechen; die Provokation, deren erste Folge es ist, daß hinter den Gummiwänden die Gummiknüppel sichtbar werden. So entwickelt sich eine auf geringeren Verschleiß bedachte Taktik partisanenhafter Demonstration, die die Gummiknüppel lächerlich machen soll, statt ihnen Schädeldecken darzubieten, deren Dicke bekanntlich bei verschiedenen Menschen außerordentlich verschieden ist.[1] So entsteht die »Spaziergangdemonstration«, die in belebter Stadtgegend als Bewegung kleiner Gruppen, welche

---

1 »Ich darf hinzufügen aus meiner strafrechtlichen Ausbildung, daß man bei der Verschiedenheit der Menschen gerade den Schlag auf den Kopf berücksichtigen muß, da die Schädeldecken-Dicke der einzelnen Menschen offenbar ungeheuer differenziert, so daß schon durch relativ leichte Schläge ganz erhebliche Verletzungen hervorgerufen werden können; deswegen diese Vorschrift: ›Es ist darauf Bedacht zu nehmen, nicht auf den Kopf zu schlagen‹.« Gutachter Professor Roman Herzog zur Erläuterung der Waffengebrauchsbestimmungen (U 10/46).

sich ebenso schnell auflösen, wie sie sich wieder treffen, für die übliche Form polizeilichen Einschreitens nicht greifbar ist. Alsbald versucht die Polizei zwar die Aufgabe des Greifens auf angepaßte Art zu lösen, doch fühlt sie sich mit dem grundsätzlichen Problem der studentischen Aktionen, für das sie nicht in einer ihrem Selbstbewußtsein angemessenen Weise gewappnet ist, mehr und mehr allein gelassen. Sie versucht es mit Härte und Flexibilität, mit voreiligem Zugriff und mit Zurückhaltung, und kann nicht verstehen, daß nichts fruchtet, weil es ja gar nicht um die Polizei geht. Sie kämpft am Ende um ihr eigenes Prestige. Ein halbes Jahr lang werden Methoden erprobt und verworfen. Übrig bleibt am 2. Juni 1967 als der Weisheit letzter Schluß der konventionelle Angriff.

Das experimentelle Stadium wurde eingeleitet am »Tag der Menschenrechte« 1966 auf dem Kurfürstendamm.

7. Oktober
Beiträge und Kommentierungen zur Notstandsverfassung werden pünktlich zur Frankfurter Buchmesse in *Kritik der Notstandsgesetze* von Dieter Sterzel herausgegeben.

»Zu schweren Zusammenstößen zwischen Polizei und Demonstranten kam es am Wochenende bei einer Demonstration von 2000 Studenten und Jugendlichen gegen den Vietnam-Krieg in West-Berlin. Als die Demonstranten von dem ihnen vorgeschriebenen Marschweg abwichen, schlugen Polizisten wahllos mit Gummiknüppeln auf sie ein, beschlagnahmten Plakate und zerrissen einige an Ort und Stelle. 74 Studenten und Jugendliche wurden von der Polizei festgenommen und 55 Plakate beschlagnahmt.« (*Frankfurter Rundschau*, 12. Dezember 1966)

»Später veranstalteten jugendliche Demonstranten auf dem Kurfürstendamm eine Art ›weihnachtspolitisches Happening‹. Sie errichteten einen Weihnachtsbaum, der die amerikanische Fahne und das Transparent ›Spießer aller Länder, vereinigt euch‹ trug. Pappmaché-Köpfe von Ulbricht und Johnson wurden mit benzingetränkten Strohhüten verziert und angezündet. Dazu erklangen Weihnachtslieder. (...)

Zu den Vorfällen bei der Demonstration erklärte ein Sprecher des Senats: Berlin verurteilt das Treiben der politischen Rowdies, die sich Studenten nennen. Die Berliner sind sicher, daß sich auch die Mehrzahl der Studenten von den Rowdies distanziert. Im übrigen handelt es sich dabei um eine verschwindende Minderheit.« (*Der Tagesspiegel*, 11. Dezember 1966)

Das Senatspresseamt gibt die Stichworte für die veröffentlichte Meinung, aus der eine öffentliche Meinung wird. Nur die Minderheit verschwindet nicht, obgleich sich die Behörden mit der Hoffnung darauf gleichsam selbst Mut machen, obgleich die *Bild*-Zeitung (14. Dezember) sogar ein konkretes Rezept dafür nennt: »Polizeihiebe auf Krawallköpfe, um den möglicherweise doch vorhandenen Grips locker zu machen...« Die Polizei hatte sich bereits danach verhalten. Als Protest gegen ihre Praktiken findet am 17. Dezember eine Spaziergangdemonstration auf dem Kurfürstendamm statt. Die Polizei nimmt 86 Personen fest, darunter auch die Journalisten Kai

8. Oktober
Der aus dem Exil zurückgekehrte frühere Erziehungsminister Pierre Mulele wird im Kongo wegen Kriegsverbrechen zum Tode verurteilt und am darauffolgenden Tag hingerichtet. Er hatte als Anführer der Simba-Rebellen gegen die Regierungstruppen gekämpft.

Hermann und Walter *Barthel*. Auf eine Beschwerde hin entschuldigt sich der Regierende Bürgermeister schriftlich bei einem der beiden Korrespondenten. Der Redaktion der *Berliner Morgenpost* ist selbst das zuviel Federlesens.

»Wenn die Polizei den Auftrag hat, unerlaubte Demonstrationen aufzulösen, kann sie sich auf der Straße nicht in Diskussionen einlassen. Wer der Aufforderung, bitte weiterzugehen, nicht Folge leistet, muß mit Konsequenzen rechnen. Das ist überall in der Welt so. Bestimmt auch in Nordvietnam.
Und vielleicht berücksichtigen die Herren Kollegen auch ein bißchen die Stimmung der Berliner Wachtmeister, die am Sonnabendnachmittag eine nicht nur in ihren Augen sinnlose Verkehrsbehinderung zu beseitigen hatten. Deren Initiatoren außerdem von vornherein erklärt hatten, sie wollten die Polizei an der Nase herumführen und lächerlich machen.« (21. Dezember 1966)

Gerade das kann die Polizei – und mit ihr die Frontstadtpresse – am wenigsten ertragen. Der Versuch der taktischen Anpassung an einen Gegner, der sich der offenen Feldschlacht der Polizeiknüppel nicht stellen will, führt nur zum Rückgriff auf eine polizeistaatliche Methode, den Einsatz ziviler Häscher. Der Polizeichef zeigt, daß er sich in die Abneigung von Demonstranten gegen Polizeiuniformen und in die Farbenpsychologie einzufühlen vermag und findet den Ansatz zu einer fruchtbaren Zusammenarbeit mit dem Rector Magnificus der Freien Universität.

»Meine Folgerungen waren: Überprüfung des eigenen Standortes – eigener Standort: Der Standort der Berliner Polizei – hinsichtlich
a) der freien Meinungsäußerung: man muß liberalisieren. Wir wollten unseren Beamten nahebringen, es ist jetzt eine Entwicklung im Gange, wo man die Meinungsäußerung, die von uns aus ein bißchen eng ausgelegt wird, weitestgehend auslegt, um das, was auf uns zukommt, damit aufzufangen.
b) In einem Gespräch mit Professor Lieber sagte er mir: Ja – auf ein Gespräch: Was können Sie eigentlich machen, wenn wir Ihnen Zwangsgestellte bringen? – da sagte er mir, er kann gar nichts machen. Ich ließ mich von ihm orientieren, wie unendlich schwierig dieses ganze innere Universitätsgefüge ist, und er sagte mir: Nur wenn ich exakte strafrechtliche Ermittlungsverfahren habe, kann ich in meiner Eigenschaft als Rektor vorgehen. Meine Schlußfolgerung also: Qualität vor Quantität. Wörtlich sagte er: Bringen Sie mir drei, vier, dann bin ich in der Lage, etwas zu tun.
c) Die psychologische Einschätzung dieser Demonstranten: Ich kam zu dem Entschluß, den sogenannten Blaukoller abzubauen. Vorwiegend versuchen, Polizeieinsätze mit Verkehrspolizisten zu machen, und wir erörterten, vermehrt den Zivileinsatz von Beamten der Schutzpolizei in Zivil und K und eine völlig neue Taktik zu entwickeln, neu insoweit, daß wir – nach unserer Polizeidienstvorschrift gibt es den Begriff des ›Greiftrupps‹ –, daß wir diese Dinge im Detail et-

was auswalzen. Meine Weisung lautete: Wo immer es geht, die uniformierte Polizei nicht in das vordere Glied, sondern in das zweite Glied; zivile Einsatzkräfte nach vorne!« (Polizeipräsident Duensing, U 4/4)

Innerhalb der Polizei war die Taktik der »Greiftrupps« offenbar umstritten. Zumindest der Chef der Kriminalpolizei hatte Bedenken; seine Beamten blieben zunächst von solchen Einsätzen verschont. Später wurden auch sie neben denen der Sicherheitspolizei (auch Politische Polizei oder Abteilung I genannt) dafür vorgesehen. Der Ausschuß für Sicherheit und Ordnung des Berliner Abgeordnetenhauses wurde von der Absicht der Polizeiführung informiert. Senatsrat *Prill*, Chef der Polizeiabteilung der Senatsverwaltung für Inneres, unterrichtete die Polizei von der Zustimmung des Ausschusses. Erst die Untersuchungen nach dem 2. Juni 1967 förderten zutage, daß der Parlamentsausschuß für Sicherheit und Ordnung einen solchen Beschluß nie gefaßt hatte. Das Plenum des Abgeordnetenhauses erwies seine Selbsteinschätzung, als es die Empfehlung des Untersuchungsausschusses auf Ablösung des Senatsrates Prill ablehnte. Er ist inzwischen zum amtierenden Polizei-Vizepräsidenten avanciert.

Am Jahresende 1966 kündigte der neue Regierende Bürgermeister *Albertz* an, er wolle aktiv zur Schlichtung der Unruhe an der Freien Universität eingreifen. In seiner Eigenschaft als Vorsitzender des Kuratoriums der FU setzte er kurz darauf die Sperrung der im Haushaltsplan der Universität vorgesehenen Mittel für die Studentenschaft durch.

Am 26. Januar 1967 ließ die Staatsanwaltschaft im Büro des Landesverbandes Berlin des SDS Haussuchung halten und die Mitgliederkartei beschlagnahmen. Als Grund galt eine Beleidigungsklage vier vormaliger Rektoren der Freien Universität, die sich als Adressaten des Flugblatt-Schlagworts von den »professoralen Fachidioten« empfanden. Ihre Klage war freilich schon zwei Monate vor der Beschlagnahme der SDS-Kartei eingereicht worden. Der Vorgang weckt Erinnerungen an die *Spiegel*-Affäre und nötigt den Regierenden Bürgermeister – unmittelbar vor den Wahlen zum Abgeordnetenhaus – vorübergehend zum Einlenken.

Einen Tag nach der Haussuchung beim SDS wird das John F. Kennedy-Institut der Freien Universität eingeweiht. Studenten bereiten den Ehrengästen einen wenig freundlichen Empfang, den sich der Polizeipräsident besonders zu Herzen nimmt:

9. Oktober
Der Friedensnobelpreis 1968 wird dem Präsidenten des Europäischen Gerichtshofs für Menschenrechte, René Cassin, verliehen. Er gehört zu den Verfassern der »UN-Menschenrechtsdeklaration«, für deren Verwirklichung er sich unermüdlich einsetzt.

11. Oktober
Von Kap Kennedy startet
Apollo VII, das erste be-
mannte amerikanische
Raumschiff, in eine Erd-
umlaufbahn.

»Der Regierende Bürgermeister, diese amerikanischen Professoren, die Mrs. Dulles wurden ausgebuht und ausgepfiffen. Ich habe mich dafür geschämt, daß ich als Polizeichef dastand und zusehen mußte, wie der oberste Vertreter dieses Landes ausgemärt wurde.« (U 4/4)

Am folgenden Tag findet eine auf Empfehlung des Regierenden Bürgermeisters genehmigte Demonstration gegen die SDS-Haussuchung statt.

»... ich habe das damals so glossiert, daß ich gesagt habe, ich werde samstags/sonntags immer noch das Dienstsiegel in der Tasche haben, damit ich diese ad hoc-Demonstrationen als Genehmigungsbehörde genehmigen kann. (...) Ich habe damals meinen nächsten Mitarbeitern gesagt: Diese Ereignisse des 28. Januars sind der Übergang von der ›harten Welle‹ zur ›weichen Welle‹. Das Legalitätsprinzip kennt kein hartes Einschreiten und es kennt kein weiches Einschreiten, es schreitet ein, so wie das Gesetz es befiehlt. Ich habe gesagt, es ist ein schwarzer Tag für die Polizei. Und provozierend vereinfacht muß ich sagen: Die Polizei wurde für etwas, was rechtens war, gerügt, und sie wurde für etwas, was nicht rechtens war, gelobt. Meine Sorge: der Polizist weiß bald nicht mehr, wie er einschreiten soll. Die politische Devise war: Dampf ablassen!« (Duensing, U 4/5)

Das gleiche Unbehagen über eine vermeintliche »weiche« Welle drückt sich in einem Teil der Leserbriefe der *Berliner Morgenpost* vom 1. Februar 1967 aus, die überschrieben sind: »Mehr Rückgrat Herr Albertz! Unruhestifter unter Studenten ausmerzen.« Dieses Verbum allerdings taucht in keiner der veröffentlichten Zuschriften auf, es ist geistiges Eigentum der Redaktion.
Die SDS-Kartei wurde nach kurzer Zeit – angeblich ungeöffnet – zurückgegeben. 113 Professoren, Dozenten und Assistenten forderten in einem Brief an den Präsidenten des Abgeordnetenhauses die Einsetzung eines parlamentarischen Untersuchungsausschusses zur Überprüfung der Vorgänge bei der Durchsuchung der SDS-Räume und des Vorgehens der Polizei gegen Demonstranten. Um den Zusammenhang zu beleuchten, bedurfte es indes keiner besonderen Untersuchung.
Auf eine Anfrage des CDU-Abgeordneten *Pohle*, in der es u. a. um den »kommunistischen Einschlag« im Sozialistischen Deutschen Studentenbund ging, antwortete der Staatssekretär im Bundesministerium des Inneren, Professor Werner *Ernst*, vor dem Bundestag:

»Der Bundesregierung ist bekannt, daß im Sozialistischen Deutschen Studentenbund prokommunistische Kräfte in letzter Zeit stark an Einfluß gewonnen haben. Mein Herr Minister hat Auftrag gegeben, daß darüber ein detaillierter Bericht vorgelegt wird. Die Einzelheiten werden wir gern dem Innenausschuß vorlegen, wenn das gewünscht wird.« (*Das Parlament*, 8. Februar 1967)

Welche Methoden als diesem Zwecke dienlich erachtet werden, hat sich inzwischen dank einiger mißlungener Versuche zur Werbung studentischer Verfassungsschutz-Agenten öffentlich erwiesen. Und die Begründungen, die vom Innenministerium für diese Bespitzelung gegeben werden, kommen einer Verurteilung ohne Gericht gleich, die die Überwachten a priori zu Verfassungsfeinden erklärt. Die Verfassungshüter wirken so in Wirklichkeit als Staat im Staate.

Anfang 1967 löst der Plan einer Studiengeld-Pauschale von 150 DM pro Student und Semester anstelle des bisherigen Kolleggeld-Systems an den Berliner Hochschulen – an der Pädagogischen Hochschule herrschte bis dahin sogar Lehrgeldfreiheit – Unruhe unter der Studentenschaft aus. Der Verband Deutscher Studentenschaften in Berlin beantragt die Genehmigung für einen Demonstrationszug vom Steinplatz zum Wittenbergplatz. Einer Weisung des Senats folgend, wonach in der City keine Demonstrationen mehr stattfinden sollen, untersagt der Polizeipräsident den Protestmarsch der Studenten. Senatsrat *Prill* bedeutet Studentenvertretern, wer die Möglichkeiten der gegebenen Rechtsordnung nicht hinnehmen wolle, müsse mit der staatlichen Gewalt Bekanntschaft machen oder dieses Land verlassen. Gegen den Bildungsnotstand hilft der Polizeinotstand:

»Die Schutzpolizei ist angewiesen, die Durchführung der Veranstaltung mit allen Mitteln zu verhindern. Außerdem weise ich darauf hin, daß die Durchführung eines Aufzuges oder einer Versammlung ohne Genehmigung nach § 15 Abs. 2 VVfG strafbar ist (Gefängnis oder Geldstrafe). (...) Ich (...) bezeichne die Verhinderung der Veranstaltung als eine im öffentlichen Interesse liegende Notstandsmaßnahme im Sinne des § 80 Abs. 3 VwGO«, schrieb der Polizeipräsident (zitiert nach Flugblatt des VDS, Landesverband Berlin).

Sein Vorschlag einer Demonstration am Rande der Innenstadt wird vom VDS abgelehnt. Am 24. Januar findet eine Protestversammlung gegen das Demonstrationsverbot in der Technischen Universität statt. Die Polizei probt unterdessen die Provokation; zu einem Großeinsatz bekommt sie jedoch keine Gelegenheit.

»Bei einer vierstündigen, teilweise leidenschaftlich erregten Demonstration von Studenten aller Berliner Hochschulen in einem Hörsaal der Technischen Universität konnte gestern im letzten Augenblick verhindert werden, daß die Mehrheit der anwesenden, etwa tausend Studenten ihr Votum einer spontanen und wilden weiteren Demonstration gab. (...)
Zu den explosiv aufgebrochenen Auseinandersetzungen unter den versammelten Studenten war es gekommen, als ein Student Bericht von jenen Vorfällen gab, die sich zum selben Augenblick auf dem

11. Oktober
Der Präsident Panamas, Dr. Arnulfo Arias, wird zum dritten Mal von Offizieren der Nationalgarde gestürzt. Ihm wird eine zu große Duldsamkeit gegenüber dem Kommunismus vorgeworfen.

Kurfürstendamm abspielten. Mehrere jugendliche Demonstranten hatten sich, mit Schildern ausgerüstet, gegen das Vorhaben von Bundeskanzler Kiesinger gewandt, an dem Denkmal der Opfer des Nationalsozialismus einen Kranz niederzulegen. Mit Rücksicht auf die Tatsache, daß Kiesinger Mitglied der NSDAP gewesen war, hielten sie es für unwürdig und politisch taktlos, daß der Bundeskanzler jetzt die Opfer des Nationalsozialismus ehre. Die Demonstranten waren vereinzelt aufgetreten und hatten auch keine größeren Gruppen gebildet. Dennoch gingen Polizeibeamte gegen sie vor, beschlagnahmten die Schilder und nahmen fünf Personen in Polizeigewahrsam.« (*Die Welt*, 25. Januar 1967)

Das Verhältnis zwischen Polizei und Studenten ist längst zum Maßstab für den inneren Zustand West-Berlins geworden. Der Polizeipräsident versucht es noch einmal mit gutem Zureden; die Polizei soll Freund und Helfer auch den Demonstranten sein.

»Ich habe mit den drei Vorstandsmitgliedern vom VDS persönliche Gespräche geführt (...); wir haben uns angeboten, wir werden Sie belehren, wie man das richtig macht, wir werden Ihnen Hilfen geben, Sie sollen ja demonstrieren, aber machen Sie es gemeinsam mit der Polizei, wir werden Ihnen das schon richtig sagen.« (Polizeipräsident Duensing, U 4/13)

Eine besondere und konkrete Form polizeilicher »Hilfen« bietet Senatsrat *Prill* noch einmal während einer Podiumsdiskussion an, zu der er vom Berliner ÖTV-Vorsitzenden eingeladen war.

»Einiges Aufsehen machte es unter den Zuhörern, als sich Senatsrat Prill ausdrücklich zu früheren auf ›wilde Demonstranten‹ bezogenen Äußerungen bekannte, ›die sollen nur kommen, dann kriegen sie eins mit dem Knüppel auf den Kopf, das ist dann ein gutes Übungsfeld für unsere Polizeibeamten.‹« (*Die Welt*, 2. Februar 1967; vgl. auch *Tagesspiegel* vom 3., *Berliner Stimme* vom 4. Februar)

Die Übungen auf diesem Felde sollten fortan immer häufiger werden.

»Eine Steigerung der polizeilichen Maßnahmen«

»So wie die Berliner – mit der Hilfe von Verbündeten – die Freiheit ihrer Stadt bewahrt haben, so kämpft heute das Volk von Südvietnam – mit der Hilfe von Verbündeten –, um die Freiheit seines Landes zu bewahren.« (US-Vizepräsident Humphrey vor dem Abgeordnetenhaus von Berlin, 6. 4. 67)

»Die westliche Welt, die frei genug zu sein scheint, sich in ihrem mit allen Mitteln verteidigten Status quo zu ersticken, hört das Wort Revolution nicht ohne Beklommenheit. Wer in seinem Selbstverständnis und zu seiner Selbsterhaltung auf die Einmauerung des einmal

Geschaffenen angewiesen ist, erkennt in dem heute überall sich ankündigenden Willen zur Veränderung das Merkmal der Unmündigkeit und zugleich damit das Rauchzeichen einer erst unklar sich abzeichnenden Bedrohung. Dem Willen zum Status quo kam die Paralyse der Weltpolitik unter dem Gleichgewicht des Schreckens entgegen. Aber das Eis, mit dem der Kalte Krieg die jüngste Geschichte überzogen hatte und in dem der größere Teil der Menschheit erfrieren mußte, damit sich einige Akteure darauf einrichten konnten, beginnt zu tauen.«
(Bahman Nirumand: *Persien, Modell eines Entwicklungslandes*, Reinbek 1967)

Am 6. April 1967 besuchte der Vizepräsident der Vereinigten Staaten West-Berlin. An diesem Tage erschien der *Abend* mit der Schlagzeile: »Maos Botschaft in Ost-Berlin lieferte die Bomben gegen Vizepräsident Humphrey«, und die *Berliner Morgenpost* wußte zu berichten:

»In einer Blitzaktion nahm die Politische Polizei gestern abend in Berlin elf Rädelsführer fest, die für heute einen Anschlag gegen US-Vizepräsident Humphrey geplant hatten. Den Verschwörern wird ›Verabredung zum Mord oder zu schwerer Körperverletzung‹ vorgeworfen. Die Polizei überraschte mehrere kommunistisch orientierte Westberliner Studenten beim Abwiegen von Sprengstoff in behelfsmäßige kleine Granathülsen und beim Einfüllen einer ätzenden Säure in Plastikbeutel. (...) Die kleine Gruppe der Westberliner Anhänger des rotchinesischen Parteichefs Mao Tse-tung verkehrt regelmäßig in der Pekinger Botschaft im Sowjetsektor.«

Die internationale Ausgabe der *New York Times* vom gleichen Tage drückte sich wesentlich vorsichtiger aus, als sie »unconfirmed reports« über die Lieferung chinesischer Tränengasbomben als Grund der Polizeiaktion nannte. Als die angeblichen Verschwörer dann am Morgen nach dem Besuch Humphreys schon wieder freigelassen werden – bei ihrem »Anschlag« hatten sie Rauchkerzen, Farbe und Pudding werfen wollen –, tritt auch Springers *BZ* mit der Frage »Waren die Bomben noch nicht fertig?« den Rückzug an. Eine offizielle Mitteilung über die Sitzung des Senats am 11. April verhehlt denn auch kaum mehr, daß hier vielmehr potentielle »Störer« vorbeugend in »Schutzhaft« genommen worden waren; die Verantwortung dafür schreibt der Senat im übrigen den strengen Vorschriften für die Leibwache des amerikanischen Gastes zu:

»Die Öffentlichkeit muß wissen, daß es, hätte die Polizei nicht rechtzeitig zugegriffen und eine bestimmte Gruppe von Studenten an der Ausführung ihres Vorhabens gehindert, zu schweren Zwischenfällen gekommen wäre. Die Sicherheitsbeamten, die den Vizepräsidenten der Vereinigten Staaten begleiten, sind durch Auftrag verpflichtet, Gefah-

13. Oktober
Das *Internationale Olympische Komitee* (IOC) beschließt in Mexiko, daß die DDR in Zukunft unter der Staatsbezeichnung Deutschland-DDR mit eigener Hymne und Flagge an den Olympischen Spielen teilnehmen darf. Bisher startete eine gesamtdeutsche Mannschaft.

14. Oktober
Bundespräsident Hein-
rich Lübke gibt bekannt,
daß er am 30. Juni 1969,
drei Monate vor Ablauf
seiner Amtszeit, zurück-
treten wird.

ren vom Vizepräsidenten durch Anwendung der Waffe abzuwenden.«
(PLB, 11. April 1967)

Der *Abend*, Hauptgeschädigter einer Falschmeldung, die er
bereitwillig übernommen hatte, revanchiert sich wenig später,
indem er schwarz auf weiß das Senatspresseamt als Quelle
nennt (11. Mai 1967). Die auflagenstärksten Zeitungen West-
Berlins sehen freilich auch in der Folge keinen Grund, aus
dieser Panne der Informationsmanipulation Konsequenzen
zu ziehen. Sie tragen dazu bei, die Auseinandersetzung zwischen Studenten und Gesellschaft mehr und mehr auf das Niveau einer bloßen Kraftprobe zwischen Waffenlosen und Bewaffneten herunterzudrücken. Dabei fühlt sich die Polizei
noch immer nicht eigentlich zuständig für diesen ungewohnten
Gegner. Sie glaubt, die Kastanien für andere aus dem Feuer
holen zu müssen. Der Polizeipräsident weist den nach den
Wahlen vom 12. März 1967 neugebildeten Senat der Stadt darauf hin, daß es für ihn zur Zeit nur eine Sorge geben – die
Studenten.

»In allen Sachgesprächen mit den leitenden Herren der Polizeiführung
konnte nicht überhört werden, daß der ›Studentenkrieg‹ gegen die
Polizei von uns mit Besorgnis betrachtet und nicht gewünscht wird,
da diese Formen der Auseinandersetzung letztlich auch dem Ansehen
der Polizei schaden. Besorgnisse entbinden uns aber nicht von der
Pflicht, Ordnungsstörungen mit den rechtlich zulässigen Mitteln zu
verhindern. Die Ursachen der studentischen Unzufriedenheit müssen
erforscht und beseitigt werden. Solange das nicht geschieht, weichen
die Studenten auf Zusammenstöße mit der Polizei aus. Polizeiliche
Maßnahmen allein werden das Problem der Studentenkrawalle nicht
lösen. Hierzu bedarf es eines echten Engagements aller anderen zuständigen Verwaltungen, der Staatsanwaltschaft und der Gerichte.«
(Polizeipräsident Duensing an Senator Büsch, 13. April 1967, U 4/7)

Nach diesem Grundsatz von der geteilten Verantwortung verhält sich der Polizeichef wenige Tage später angesichts der
Sitzdemonstration in der Freien Universität am 19. April
1967 – sehr zur Enttäuschung des Rektors, der seine Autorität
an die der Polizeiuniform zu ketten hoffte. Die Studenten
protestieren – mit »faschistischen Methoden«, wie Rektor *Lieber* meint. Gegenstand ihres Protests: die Einleitung von Disziplinarverfahren gegen die sogenannten Humphrey-Attentä-
ter auf Veranlassung des Regierenden Bürgermeisters, die Sperrung der Zuschüsse für die Studentenschaft, Bemühungen, dem
SDS die »Förderungswürdigkeit«, das heißt das Recht auf Betätigung innerhalb der Universität, abzusprechen, und der Versuch, Vorlesungsrezensionen im *FU-Spiegel* des AStA zu unterdrücken. Der Schriftsteller Reinhard *Lettau*, Bürger der Ver-

einigten Staaten, setzt sich in unverblümten Formulierungen mit der Berichterstattung der Berliner Presse auseinander. Für die Polizei ist das Grund zu einem Ausweisungsbescheid gegen Lettau. Kollektivmaßnahmen aber erscheinen ihr in der Universität, wo sie nicht Zeit und Ort der Auseinandersetzung bestimmen kann, inopportun. *Duensing* berichtet später über ein denkwürdiges Ereignis in der Geschichte der Berliner Polizei. Die Umstände erklären, warum es nicht Präzedenzfall werden konnte: Der Polizeichef war einmal klüger als die politischen und akademischen Autoritäten.

15. Oktober
Junge Künstler, unter ihnen der Happening-Künstler Wolf Vostell, initiieren eine nicht kommerzielle Gegenveranstaltung zum Zweiten Kölner Kunstmarkt. Wegen der Vorführung von Filmen des Aktionskünstlers Otto Muehl wird die Veranstaltung von der Polizei geschlossen.

»In der Vorhalle vom Audimax war also (...) eine neue Versammlung mit einem ordentlichen Versammlungsleiter entstanden, und die Magnifizenz Lieber entschloß sich um 23 Uhr 55, diese Studenten aus der Vorhalle rauszudrängen. Die Studenten haben sofort sich auf die Erde gelegt, haben bekanntgegeben, keinen Widerstand gegen die Polizisten, wir treiben passiven Widerstand, der nicht strafbar ist nach dem Strafrecht. (...) Es waren etwa 12- bis 1400 Studenten in der Vorhalle, es waren etwa 30 Studenten rausgetragen worden, zu zweit, zu dritt, sie haben sich immer mehr gruppiert, auf die Erde gelegt, die Ellenbogen untergeschränkt, es wurde mir sehr instruktiv geschildert. Ich habe gesagt: ›Aktion einstellen, am Ort nur Verkehrspolizei, ich komme sofort hin.‹
Habe dann den Senator angerufen, zwei, drei Minuten nach 24 Uhr, habe gesagt: ›Herr Senator, das und das entstanden. Ich habe den Gegenbefehl gegeben zum Räumenlassen. Ich will meine Polizisten hier nicht in eine Situation hineinbringen, wo in der polizeilichen Eskalation Unglaubliches möglicherweise geschehen kann.‹ Der Senator war nicht sehr fröhlich. Er sagte: ›Morgen früh wird in der Zeitung stehen: Polizeipräsident kapituliert vor den Studenten.‹ Sage ich: ›Nein. Ich habe – in dieser Nacht werde ich den Studenten die Schau stehlen, denn wenn die jetzt sehen, daß die Polizei ihnen nicht den Gefallen tut, den sie offensichtlich provozieren, dann werden die schon nach einer Stunde nach Hause gehen.‹ Er sagte: ›Dann werde ich sofort hinfahren.‹ Sage ich: ›Nein, tun Sie das nicht, schlafen Sie mal weiter. Das ist mein Bier, da muß ich hin‹, und bin losgefahren. Als ich hinkam, sind so die letzten fünfzig bis sechzig Studenten rausgegangen, und es waren einige Studenten dabei, einen Wust von Papier zusammenzukehren.
Es hatte sich also bestätigt, nachdem der Rabatz mit der Polizei ausblieb, daß sie eben weggegangen sind, freundlich lächelnd an meinen Polizisten vorbei – es waren noch drei, vier Polizisten, die am Ausgang standen –, und ich bin rauf zu Magnifizenz. Dort war also der Große Akademische Senat versammelt, zwanzig oder mehr Herren, und der Professor Lieber sagte zu mir: ›Jetzt haben Sie mich aber ganz schön im Stich gelassen. Zum ersten Mal hatte ich den Akademischen Senat hinter mir, die Universität durch Polizei räumen zu lassen, da geben Sie einen Gegenbefehl.‹« (Polizeipräsident Duensing, U 4/12 f.)

Die Universität leitet nach der Sitzdemonstration vom 19. April Disziplinarverfahren gegen fünf Studierende ein –

16. Oktober
Die Stationierung der
sowjetischen Besat-
zungstruppen in der
Tschechoslowakei wird
von den Regierungen der
UdSSR und der ČSSR in
Prag vertraglich geregelt.

darunter vier gewählte Studentenvertreter, die gemäß Universitätsordnung, außer im Falle des Verstoßes gegen geltendes
Recht, wegen Äußerungen in Ausübung ihres Amtes weder
benachteiligt noch disziplinarrechtlich verfolgt werden dürfen.
Dreien dieser »Rädelsführer« – den AStA- und Konventsvor-
sitzenden – werden außerdem die mit ihren Ämtern verbundenen Hilfsassistenten-Verträge gekündigt. Zugleich wird ein
sogenannter Stufenplan der staatlichen und akademischen Behörden bekannt, der Repressionsmaßnahmen von der Relegie-
rung mißliebiger Studenten bis hin zur Schließung der Universität vorsieht. *Bild* (27. 4. 1967) ruft den »Randalierern« an der
»Radau-Universität« in Dahlem zu: »Das Faß ist jetzt voll!«
und zitiert den Pressereferenten des Rektors: »Jetzt wird auf-
geräumt!«

Der Studentenkonvent protestiert gegen die Disziplinarverfahren und legt diesen Beschluß der Studentenschaft zur Urabstimmung vor. Die Universität verteilt aus diesem Anlaß an die
Studenten einen »Bericht des Rektors Professor Dr. Lieber«
vom 2. Mai 1967, in dem der Autor die »Unterlassung jeder
plebiszitär-demokratischen Organisierung von Veranstaltungen« fordert. Der Rektor bedient sich nun im Umgang mit
der Studentenschaft des Mittels der Erpressung.

»Es gibt weder einen Eskalationsplan des Senats von Berlin noch des
Akademischen Senats. (...) Allerdings haben Erörterungen darüber
stattgefunden, ob, und wenn ja, mit welchen Entwicklungen gerechnet
werden müsse und wie diesen zu begegnen sei. (...) Erst wenn sich die
Universität außerstande erweisen sollte, mit eigenen Mitteln ihre Ordnung aufrechtzuerhalten, wozu auch das reibungsfreie und störungs-
freie Arbeiten der Organe gehört, werde und müsse die Möglichkeit
staatsaufsichtlichen Eingriffs erwogen werden. (...)
Wenn die Studentenschaft den Konventsbeschluß verwirft (...) und
wenn die Studentenschaft so den verantwortlichen AStA-Funktionä-
ren deutlich macht, daß sie von ihnen erwartet, ebenfalls auf den Boden
der Universitätsordnung und der Satzung der Studentenschaft zurück-
zukehren, dann – aber auch nur dann – wäre der Weg frei, von Dis-
ziplinarmaßnahmen, die allen Mitgliedern unserer Universität gleichermaßen widerstreben, abzusehen.«

Die Urabstimmung der Studentenschaft erbrachte eine Mehrheit für den Beschluß des Konvents.
Daß die Sache der Studenten bereits zu einer öffentlichen geworden war, bestätigten die Aufrufe von Senat und Parteien
zum 1. Mai 1967, in denen die Maikundgebung zu einer »deut-
lichen Antwort« an »Randalierer«, »Radaubrüder und Anarchisten« gestempelt werden sollte. Wenige Tage später, am
8. Mai, antwortete Innensenator *Büsch* auf den Brief des Polizeipräsidenten vom 13. April. Er ermunterte ihn, auch in Zukunft eine Antwort an die »Radaubrüder« bereitzuhalten:

»Ich bin mit Ihnen ganz allgemein der Meinung, daß eine Steigerung der polizeilichen Maßnahmen notwendig werden kann. (...) Ich bitte daher, derartigen Auswüchsen antisozialen Verhaltens in Zukunft mit allen rechtlich zu Gebote stehenden Mitteln entschlossen entgegenzutreten und bemüht zu sein, derartige Störungen der öffentlichen Sicherheit und Ordnung schon bei Beginn zu verhindern. Ich verkenne auch keineswegs die besonderen Schwierigkeiten, die für die Polizei bei Krawalleinsätzen, insbesondere bei Auseinandersetzungen mit Studenten, entstehen. (...) Diesen Anforderungen werden die eingesetzten Polizeibeamten nur dann genügen können, wenn sie stets die Gewißheit haben, daß ihre Vorgesetzten auch dann für sie eintreten, wenn sich bei der nachträglichen taktischen und rechtlichen Prüfung Fehler herausstellen sollten. Das setzt allerdings voraus, daß diese Fehler nicht als Dienstpflichtverletzungen angesehen werden müssen.« (U 4/12)

17. Oktober
Der Nobelpreis für Literatur wird an den Japaner Yasunari Kawabata verliehen. Er schrieb u. a. die Romane *Tausend Kraniche* (dt. Ü. 1952), *Schneeland* (dt. Ü. 1957), *Kyoto* (dt. Ü. 1957).

In seinem Brief stimmte der Senator auch einer vorbeugenden Haft für polizeinotorische »Störer« vor ihrem möglichen Auftreten bei Demonstrationen zu (U 10/62). Als diese Zeilen geschrieben wurden, saßen Vertreter des Senators für Inneres und des Polizeipräsidenten in einer »Großen Sicherheitsbesprechung« beim Bundesministerium des Innern in Bonn. Sie berieten über Vorkehrungen anläßlich des bevorstehenden Besuches des Schahs von Persien in der Bundesrepublik und West-Berlin.

Das Bundesministerium des Innern wünschte höchste Alarmstufe für die Sicherheitsorgane und das Verbot von Demonstrationen oder, falls ein Verbot nicht zulässig wäre, Demonstrationen möglichst fern von den Schauplätzen des Staatsbesuches. In Berlin lebende Perser, die als »potentielle Störer« galten, wurden von der Polizei vorgeladen und auf die Grenzen ihrer Rechte hingewiesen (BU, S. 3). In zwei Einsatzbefehlen für die Polizei wurden die Möglichkeiten »wilder« Demonstrationen gegen den Schah, des Gebrauchs von Wurfinstrumenten wie Farbbeutel, Eier und Rauchkörper und eines Attentats bewaffneter Perser vor der Deutschen Oper Berlin vorausgesehen. Aber ebensowenig wie über die oppositionellen Perser waren über die deutschen Gegner des persischen Herrschers und seines Regimes konkrete »Erkenntnisse« verfügbar, die der Polizei vorbeugende Maßnahmen wie anläßlich des Humphrey-Besuches erlaubt hätten. Der Polizeipräsident konnte die »zuständigen Stellen« nicht einmal davon überzeugen, daß die 576 Opern-Abonnenten, die am 2. Juni zusammen mit dem persischen Kaiserpaar und rund 1400 offiziellen Gästen und Sicherheitsbeamten eine Aufführung der *Zauberflöte* erleben würden, alle »sortiert und überprüft« werden müßten. Sie blieben für ihn »ungeklärte Männer«. (U 4/18)

17. Oktober
Bei den Olympischen
Spielen in Mexiko de-
monstrieren die Gewin-
ner der Gold- bzw.
Bronzemedaille im 200-
Meter-Lauf, Tommie
Smith und John Carlos,
während der Sieger-
ehrung mit erhobenen

Die ganze Aufmerksamkeit bei diesen Vorbereitungen war auf mögliche Aktionen gegen den Schah gerichtet. Daß er Anhänger haben könnte, die sich zu spontanen Handlungen hinreißen lassen würden, war wohl selbst den Gastgebern zu unwahrscheinlich – daß gedungene Provokateure auftreten könnten, ist zu keiner Zeit bedacht worden, obwohl die persische Vertretung in Berlin nach anfänglicher Bemühung um einen besonderen Platz für die Untertanen des Kaisers bei seinem Empfang erstaunlicherweise auf eine konkrete Absprache darüber verzichtet hatte. Und obwohl gute Verbindungen zwischen bestimmten persischen und deutschen Dienststellen zu bestehen scheinen:

»Kurz nach den Zwischenfällen während des Schahbesuchs im vergangenen Sommer war von zuständigen Bonner Stellen nicht bestritten worden, daß Kontakte zwischen Mitgliedern der Savak (persischer Geheimdienst, d. Verfasser) und dem Bundesamt für Verfassungsschutz bestehen. (...) Das Unbehagen war noch größer geworden, als vor dem Schahbesuch persische Geheimdienstagenten in Kompaniestärke in die Bundesrepublik einreisten und mehrfach als ›Jubelperser‹ im Gegensatz zu opponierenden Studenten beim Besuch des persischen Kaisers Aufsehen erregt hatten.« (*Frankfurter Allgemeine Zeitung*, 9. Januar 1968)

Der Senat von Berlin war auf jede Weise bemüht, den Besuch des Herrschers auf dem Pfauenthron zu einem Erfolg zu machen. Die Senatskanzlei versuchte, eine vom AStA der Freien Universität anberaumte Persien-Diskussion mit Bahman Nirumand zu verhindern, weil sie den Besuch des Schahs in Frage stellen könne.

»Wenn es in dieser Stadt unmöglich werden sollte, Gäste aus Westdeutschland und aus dem Ausland zu empfangen, wie es unter zivilisierten Menschen selbstverständlich ist, dann können wir uns in Berlin selbst aufgeben.« (Der Regierende Bürgermeister *Albertz*, AH, 8. Juni 1967)

Die Exkursionen von Staatsbesuchern der Bundesrepublik nach Berlin und möglichst bis an die Mauer sind zu einem Teil jener Liturgie geworden, die durch ständige Wiederholung die Hauptstadtfunktion und die Integration der Stadt auch in die internationale Politik der Bundesrepublik beweisen, die einer politischen Fiktion den Anschein der Realität geben und gegen die Einsicht in die Realität immunisieren soll. Das Drängen auf einen Berlin-Besuch des Schahs ist denn auch weniger sein eigenes – Persien hat auch Interessen in Osteuropa zu wahren – als das seiner Gastgeber. Und das, obgleich schon am Beginn seiner Rundreise Verkehrsbehinderungen, Haussuchungen, das außerordentliche Polizeiaufgebot und Gegendemonstrationen mannigfach geäußertes Unbehagen entstehen ließen.

Noch unmittelbar vor der Reise des Schahs nach Berlin kommen auch dem Protokollchef der Bundesregierung Bedenken. Er läßt sich überzeugen, daß der geregelte Ablauf der Staatsvisite gewährleistet ist. Die Polizei hat alles vorbereitet, von der Ehren-Eskorte bis zu Gefangenensammelstellen, von Verkehrs-Umleitungen bis zu Greiftrupps und zur Vorwarnung an Krankenhäuser. Nur die Gala-Uniformen für Ehrenformationen der Berliner Polizei, die anläßlich des kaiserlichen Besuches Premiere haben sollten, sind noch nicht vollständig geliefert worden. Die Polizisten müssen in ihrem Alltags-Kleid antreten.

Fäusten in schwarzen Handschuhen, dem Zeichen der *Black Panthers*, für die Bürgerrechte der Schwarzen. Sie werden daraufhin von den Olympischen Spielen ausgeschlossen. Viele afro-amerikanische Medaillengewinner, unter ihnen der legendäre Bob Beamon, der mit sensationellen 8,90 Metern die Goldmedaille im Weitsprung gewann, solidarisieren sich demonstrativ mit Smith und Carlos.

Rekonstruktion einer Räumung
Der Angriff

Der Angriffsbefehl

Der Schah ist in der Oper, die Aufführung der *Zauberflöte* beginnt. Unter den Schaulustigen und Demonstranten verbreitet sich Aufbruchsstimmung. *Werner S.* berichtet:

»Der Schah war schnell in der Oper, und nach einigen Minuten legte sich die Erregung zusehends. Ich begann, mich mit den Umstehenden darüber zu unterhalten, ob man gehen solle oder dableiben. Die meisten waren mit mir der Meinung, man solle besser gehen.« (EK, 0606)

Für die Demonstranten ist die Demonstration zu Ende, die Stunde der Polizei beginnt. Mit ihrem Eintreten in die Oper sind der Schah und die Prominenz, die es zu schützen galt, in Sicherheit. Die Hüter von Sicherheit und Ordnung können die ihnen von der politischen Führung zugedachte Rolle verlassen und zum Angriff auf die Demonstranten übergehen. Der offiziell gebilligte Einsatzbefehl, der dem Schutze des Schahs galt und der »unter keinen Umständen« polizeiliche Maßnahmen zuließ, die »größere Störungen für die öffentliche Sicherheit und Ordnung« hervorrufen würden als der »eigentliche Anlaß für das Einschreiten«, ist vergessen. Polizeipräsident *Duensing* gibt Polizeioberrat *Iwicki* den Befehl zum Einsatz gegen die von der Polizei umstellte, eingepferchte, sich im Aufbruch befindende Menge.
[...]

Roman Polanskis Film
Rosemaries Baby mit Mia
Farrow und John Cassa-
vetes in den Hauptrollen
hat seine Deutschland-
premiere.

Der Bericht eines Augenzeugen

».. . als also der Schah schon in der Oper verschwunden war, wurde der
Polizeikordon in der Bismarckstraße massiv verstärkt. Die Polizei
vollführte nun ein kompliziertes Aufmarschmanöver, dem die meisten
Menschen fragend zuschauten. Ich habe nicht gesehen, daß die Polizei
während dieses Aufmarsches mit irgendwelchen Gegenständen beworfen worden ist.

Dieser Aufmarsch dauerte ein bis zwei Minuten. Ranghöhere Polizisten gingen auf und ab und kontrollierten eingehend die Formation.
Wie auf ein verabredetes Zeichen überstiegen die Polizisten die Barriere und schlugen wahllos auf die Menschenmenge ein, ohne daß ich
vorher irgendeine Aufforderung der Polizei gehört hätte. Es entstand
eine Panik, bei der mehrere Menschen zu Boden gerissen wurden.

Um zu vermeiden, daß man sich gegenseitig niedertrampelte, haben
andere und ich die Parole ›Hinsetzen!‹ ausgegeben. Bei diesem ersten
Ansturm konnte ich beobachten, wie ein Polizist mit besonderer
Brutalität vorging. Von einem Kommilitonen nach seiner Dienstmarke
befragt, schlug dieser dem Kommilitonen mit dem Gummiknüppel auf
die Hand. Als zwei Photographen herankamen, um diesen und noch
einen anderen Polizisten zu photographieren, schlugen beide Polizisten auf die Kameramänner ein und versuchten, die Kameras zu ent-
wenden. (...)

In der Erregung über diese Vorfälle waren viele Kommilitonen wieder
aufgestanden; von anderen Kommilitonen wurde wiederum aufgerufen, sich hinzusetzen, um Unfälle zu vermeiden. Ich hörte, wie ein
ranghöherer Polizist zu einem Kommilitonen sagte: ›Ihr sollt aufstehen!‹ Als ich mich daraufhin erhob, schlugen mehrere Polizisten von
jenseits der Barriere auf mich ein. Auf sitzende Kommilitonen wurde
ebenfalls eingeschlagen, oder sie wurden mit Füßen getreten. Ich habe
gesehen, wie ein Polizist einem Sitzenden in den Unterleib trat.

Wieder entstand eine Panik: Die Polizei trieb die Menge mit Gummi-
knüppeln in Richtung Kaiserdamm, man sah sich gezwungen, über
Kommilitonen, die nicht so schnell aufstehen konnten, zu trampeln.
Wer sich in Richtung Kaiserdamm bewegte, stieß auf Polizisten, die die
Menge in entgegengesetzter Richtung zu treiben suchten, also in Rich-
tung Krumme Straße. Ich war in der letzten Reihe der Menge, die in
Richtung Krumme Straße getrieben wurde. Es war mir nicht möglich,
schneller voranzukommen, als ich ohnehin schon ging. Ich schrie den
Polizisten zu, daß es nicht schneller gehe, trotzdem schlugen sie immer
weiter.

Ich habe gesehen, wie ein Polizist einem jungen Mann auf das rechte
Auge schlug, so daß die ganze Gesichtshälfte blutüberströmt war.
Dieser lief rückwärts und zeigte auf den Polizisten und rief dabei
immer wieder: ›Der war es, der war es!‹ Der so bezeichnete Polizist
schlug weiter mit unvergleichlicher Brutalität auf den schon ohnehin
Blutüberströmten ein.

Ecke Krumme Straße bildete sich ein Engpaß: Wer in die Krumme
Straße wollte, mußte sich zwischen einem Laternenpfahl und einem
Bauzaun auf der einen Seite und einem Kordon von schlagenden
Polizisten auf der anderen Seite drängen. Die Polizisten schlugen auf
jeden ein, der in die Krumme Straße wollte; in anderen Worten, die

Polizisten, die die Menge in Richtung Krumme Straße trieben, trieben sie einem Polizeikordon zu, der wahllos auf die Ankommenden einschlug.

Ich fasse zusammen: Der Schah war in der Oper verschwunden, alles schien aus zu sein. Dort, wo ich stand, lichtete sich das Gedränge, man schickte sich an, fortzugehen. Ohne daß eine Aufforderung an die Menge ergangen wäre, stürmten die Polizisten wahllos schlagend in die Menge. Aus dem Vorgehen der Polizei war nicht zu ersehen, was von der Menge erwartet wurde. Die Anweisungen für die Polizei schienen sich zu widersprechen. Was der Einsatzleiter befohlen hatte, kommt dem gleich, in einem Kino ein Feuer anzuzünden und die Ausgänge zu verschließen.« (*Frankfurter Allgemeine Zeitung*, 8.6.67)

[...]

Straßenschlacht

Georg A. berichtet:

»Ein Mädchen hatte (...) versucht, über den Bauzaun zu entkommen. Das war ihr zunächst auch gelungen, sie rannte schräg in Richtung Krumme Straße über den Platz hinter dem Bauzaun. Sie wurde verfolgt von drei Polizisten, die mit Knüppeln auf sie einschlugen. Gleichzeitig diskutierten die Demonstranten in meiner Nähe, ob man nach diesen drei Polizisten mit Steinen werfen sollte.« (EK, 0577)

Demonstranten, Zeugen einer Situation, die offensichtliches Unrecht zeigt, diskutieren, ob sie Steine werfen sollen. Sie fühlen sich zum Handeln aufgefordert, wissen aber zugleich, daß sie der Aufforderung nicht nachgeben dürfen. In dem Zwiespalt, handeln zu müssen, aber nicht handeln zu dürfen, wie ihr spontanes Rechtsgefühl es verlangt, bleiben sie unschlüssig.

Wilhelm E. berichtet:

»... ich (sah), wie ein Demonstrant (...) mit einem Taschenmesser zwei kleine Pflastersteine vom Gehweg löste und dann diese zwei Steine auf die Mitte der Bismarckstraße, auf der Höhe der Krummen Straße warf. Das geschah gegen 20.15 Uhr, kurz vor dem Wasserwerfereinsatz.« (EK, 0115)

Die Empörung darüber, untätig zusehen zu müssen, wie einzelne vor aller Augen verprügelt werden, treibt die Demonstranten dazu, sich handelnd von der Empörung zu befreien. Indem sie zu Mitteln greifen, die sie mit dem Gesetz in Widerspruch bringen, zahlen sie den Preis, den ihre moralische Identität ihnen abverlangt. Der Konflikt zwischen der unüberhörbaren moralischen Aufforderung, den Geschlagenen helfen zu

18. Oktober
Jimi Hendrix' Version
des Dylan-Songs *All
Along the Watchtower*
wird in England veröf-
fentlicht.

müssen, und der Unmöglichkeit, ihnen helfen zu können, zwingt zu einer Handlung, die die beschämende Passivität durchbricht und mit den exemplarisch Geschlagenen solidarisch macht.

[...]

Die Gewalttätigkeiten der Antikommunisten laufen bei der Polizei unter der Kategorie »berechtigter Unmut«. Ihr Einsatz ist, wenn er erfolgt, voll Verständnis für diesen Unmut. Denn es ist ein Einsatz, in dem die Polizei gegen sich selbst vorgeht, oder – wie Senatsrat *Prill* es nennt – ein Einsatz mit »verkehrter Front«.

[...]

Am 2. Juni dagegen waren die Fronten klar. Die Steine, die von den in die Krumme Straße geprügelten Demonstranten geworfen werden, fallen nicht unter die Kategorie »berechtigter Unmut«. Diese Steine halten die Polizei nicht von der Knüppelschlacht ab, im Gegenteil, sie erleichtern ihr die Identifikation der Situation. Die Demonstranten des 2. Juni werden wie bewaffnete Aufständische behandelt. Gegen die zerschlagene Demonstration wendet die Polizei die vertrauten Regeln einer Straßenschlacht an.

Ziffer 283: »In geschlossenen Ortschaften sind insbesondere folgende Grundsätze zu beachten: (...) Es sind schmale Angriffsstreifen und nahe Angriffsziele festzulegen. Nach Erreichung von Zwischenzielen sind die Kräfte stets neu zu ordnen. Der Angriff in Straßenzügen ist mit besonders gegliederten und bewaffneten Angriffstrupps zu führen; Überraschungsmöglichkeiten sind dabei auszunutzen. Bewegung und gegenseitige Sicherung sind aufeinander abzustimmen. (...) Zur Sicherung der vorgehenden Kräfte gegen überraschende Überfälle aus Kellern, Fenstern, Dächern und sonstigen Hinterhalten sind besondere Beobachter einzuteilen (...) In Häusern sind zunächst Eingänge, Treppenhäuser, Lichtschächte und andere gefährliche Stellen zu besetzen.« (VfdP 100)

Mit der Räumung der Bismarckstraße ist ein Zwischenziel erreicht, die Kräfte werden neu geordnet. Schmale Angriffsstreifen festzusetzen aber gelingt zunächst nicht. Die Demonstranten flüchten sich auf ein Wiesengrundstück an der Ecke Krumme Straße/Bismarckstraße. Auf der weiträumigen Fläche finden sie einen gewissen Schutz vor der ihnen nachsetzenden Polizei und vor dem jetzt eingesetzten Wasserwerfer. Polizeipräsident *Duensing* skizzierte vor dem Untersuchungsausschuß, wie sich die Polizei zunächst auf den linken Flügel, das ist das Wiesengrundstück, konzentriert und dadurch nur recht langsam vorankommt:

»Wenn das also die Bismarckstraße ist, und hier ist die Krumme Straße, dann ist ja hier das große Feld, da war hier eine größere Traube, und mit starkem linken Flügel ist die Sperrkette sehr langsam (vorgerückt).« (U 4/18)

19. Oktober
In New York organisieren 250 amerikanische Künstlerinnen und Künstler die Benefiz-Ausstellung Art for Peace zur Unterstützung des *Marsches auf Washington* am 21. Oktober.

In den Methoden legt sich die Polizei jetzt keine Beschränkungen mehr auf. So wird die Politische Polizei in einer Form eingesetzt, die Oberkommissar *Kaiser* noch für den Vormittag vor dem Rathaus als zu gefährlich abgelehnt hatte.

»Die Beamten sind ja (...) nur mit Pistolen bewaffnet, und jetzt die Frage, was passiert, wenn die Beamten da zusammengeschlagen werden. Ist der Anlaß gerechtfertigt, dann die Konsequenzen zu ziehen?« (U 15/39; vgl. Polizei III, S. 125)

Der Todesschuß des Beamten der Politischen Polizei *Kurras* ist keine zufällige Entgleisung eines schießwütigen Psychopathen, sondern entstammt dem kalkulierten Risiko, das die Führung der Politischen Polizei eingegangen ist. Oberkommissar Kaiser weiß, daß seine Beamten in ihrer Spezialausbildung gelernt haben, in der Auseinandersetzung mit Ost-Agenten und Rädelsführern innerer Unruhen zur Pistole zu greifen. Deshalb hielt er ihren Einsatz gegen prügelnde Jubelperser für zu gefährlich. In der Krummen Straße aber werden seine Leute als Greiftrupps in die Menge geschickt. Was sie gefährdet, macht ihren Einsatz so gefährlich: sie unterscheiden sich in nichts von Zivilisten – es sei denn, man wollte den Unterschied in ihren korrekten sportlichen Anzügen sehen. Mit Karateschlägen dringen sie in die Menge ein und greifen »Rädelsführer«, ohne sich auszuweisen. *Eckart B.* schildert eine solche Aktion:

»Auf der Fahrbahn der Krummen Straße standen Demonstranten und riefen ›Freiheit für Persien‹ oder ›Nieder mit dem Schah‹. Einige Demonstranten – etwa 4-5 – standen etwas vor der Masse der Demonstranten und riefen ebenfalls. Plötzlich näherten sich einige Herren in Zivil auf dem Bürgersteig gegenüber den Rufern. Da ich ahnte, jene Herren (2 oder 3) seien ›Polizeigreifer‹, wollte ich den Demonstranten eine Warnung zurufen. Jedoch kam ich nicht mehr dazu, denn blitzschnell griffen die ›Zivilen‹ sich einen Demonstranten – ich nahm dem Aussehen zufolge an, daß er Perser war – und führten ihn in hastigen Schritten an den Armen haltend ab. Widerstand seitens des Demonstranten konnte ich nicht beobachten, auch habe ich vorher den Demonstranten keine Steine werfen sehen. Er hat lediglich in vorderster Front gestanden und die Parolen gerufen.« (EK, 0597)

Das Ziel, der Demonstration den vermeintlichen Kopf zu nehmen, war der Politischen Polizei das Risiko des Schußwaffengebrauchs wert.
Die Furcht vor den Hinterhalten in Hausfluren, Kellern und dunklen Ecken, vor denen die VfdP 100 warnt, beherrschte

20. Oktober
Die gemeinschaftlich von
Professoren, Assistenten
und Studenten erarbeite-
te Satzung des Otto-
Suhr-Institutes der FU
Berlin tritt in Kraft. Sie
sieht zum ersten Mal in
der Geschichte der deut-
schen Universität die
Drittelparität vor.

Politische Polizei und Schutzpolizei gleichermaßen. Hatten die Steine die Identifikation des Gegners erleichtert, so blieb es doch immer noch schwierig, in dem angesichts des militärischen Aufgebots bewaffneter Polizeieinheiten kläglich erscheinenden Demonstrantenhaufen den bewaffneten und zum Letzten entschlossenen Störer der Polizeiübung wiederzuerkennen. Erst im Dunkel des vermuteten Hinterhalts sind der Fantasie keine Grenzen mehr durch die sinnliche Wahrnehmung gesetzt; in der finsteren Ecke werden die Messer gezückt. Die Gestalten im dunklen Hausflur werden rücksichtslos ans Tageslicht befördert. Ausländer und dunkelhaarige Personen müssen sich besonders in acht nehmen.

[...]

Schließlich aber laufen zwei Beamte der Politischen Polizei bei einer ihrer Greifaktionen geradewegs in einen solchen »Hinterhalt« hinein. Einer von ihnen ist Karl Heinz *Kurras*. Die Demonstranten stehen zu diesem Zeitpunkt in Höhe des Hauses Krumme Straße 66/67. Dieses Haus besitzt zu ebener Erde ein Freigeschoß, einen zum Teil überdachten Parkhof. *Jörg R.* berichtet:

»Die Sperrkette der Polizei stand am Abschluß des Hauses, ich selbst zwischen dieser und der vorderen Reihe Demonstranten, und zwar auf der Straße. Es lösten sich aus einer Gruppe von Kriminalbeamten, die auf der Straße stand, mindestens zwei Mann und gingen schnellen Schrittes auf den östlichen Bürgersteig. Die dort stehenden Demonstranten wichen zur Seite, der, auf den man es abgesehen hatte (es handelt sich um *Hartmut R.*; Anm. d. Verf.), wohl nach hinten zurück in die Menge. So stießen die Kriminalbeamten mitten in die Menge in Richtung auf das Freigeschoß, vielleicht weil dort noch ein freier Raum war, in den die Demonstranten zurückweichen konnten. Als die Beamten in der Menge verschwanden, reckte ein kleiner Kriminalbeamter auf dem Bürgersteig mehrmals die Faust in die Höhe und rief den Polizisten zu: ›Polizeikette, Polizeikette‹. Die Kette rückte auf der gesamten Breite ohne Warnung im Laufschritt vor.« (EK, 0012)

Einige Demonstranten drängen hinter den beiden Beamten der Politischen Polizei in den Garagenhof, zum Teil wohl, um dem bedrängten Demonstranten *Hartmut R.* zu Hilfe zu kommen, zum Teil aus Neugier, zum Teil, um vor dem vorrückenden Wasserwerfer Schutz zu finden. Für die Polizeibeamten auf der Straße ist die Situation klar: Ihre Kollegen von der Politischen Polizei sind in einen Hinterhalt geraten.

[...]

Die Polizeibeamten schlagen auf die flüchtenden Demonstranten ein. Einigen von ihnen gelingt es nicht mehr, den Hof zu verlassen, da die eindringenden Polizeibeamten ihnen den Weg abschneiden. Spätestens zu diesem Zeitpunkt muß den Polizeibeamten klar geworden sein, daß es keinen »Hinterhalt« gab.

[...]

Auch *Benno Ohnesorg* gehört zu denen, die den Hof nicht mehr rechtzeitig verlassen konnten. Er wurde zu einem Zeitpunkt erschossen, als sich bereits Foto- und Filmreporter auf dem Grundstück befanden. Eine Aufnahme des *Bild*-Journalisten Dannenbaum zeigt ihn als einen der letzten Demonstranten neben dem von den Zivilbeamten festgenommenen und am Boden liegenden Hartmut R. stehend, kurz bevor er sich zur Flucht wandte.

[...]

In die »Obhut von Schutzpolizei« zu geraten, ist das Schlimmste, was einem Demonstranten an diesem Abend passieren kann. Daß drei Schutzpolizisten auf ihn einschlagen, ist für Benno Ohnesorg nicht einmal mehr Schutz vor dem Erschossenwerden.

[...]

21. Oktober
Das ZK der KPF verabschiedet einstimmig eine Resolution, die den Philosophen Roger Garaudy wegen zu geringer »Respektierung der Grundsätze des demokratischen Zentralismus« tadelt. Garaudy hatte vor kurzem zwei Bücher veröffentlicht: *Prag 1968: Die Freiheit unter Bewährungsfrist* und *Für ein französisches Modell des Sozialismus.*

Der nicht erklärte Notstand

In der Nacht vom 2. zum 3. Juni, unmittelbar nachdem bekanntgeworden war, daß die Polizei bei ihrem Einsatz gegen die Demonstranten vor der Oper einen Studenten getötet hatte, ließ der Regierende Bürgermeister von Westberlin über den Rundfunk die folgende Erklärung verbreiten:

»Die Geduld der Stadt ist am Ende. Einige Dutzend Demonstranten, unter ihnen auch Studenten, haben sich das traurige Verdienst erworben, nicht nur einen Gast der Bundesrepublik Deutschland in der deutschen Hauptstadt beschimpft und beleidigt zu haben, sondern auf ihr Konto gehen auch ein Toter und zahlreiche Verletzte – Polizeibeamte und Demonstranten. Die Polizei, durch Rowdies provoziert, war gezwungen, scharf vorzugehen und von ihren Schlagstöcken Gebrauch zu machen. Ich sage ausdrücklich und mit Nachdruck, daß ich das Verhalten der Polizei billige und daß ich mich durch eigenen Augenschein davon überzeugt habe, daß sich die Polizei bis an die Grenzen des Zumutbaren zurückgehalten hat.« (Zitiert nach *Dokumente des 2. Juni und der Zeit danach*, Hg.: AStA der FU)

21. Oktober
Für Marx (Pour Marx)
von Louis Althusser
wird, aus dem Französi-
schen übersetzt, auf den
deutschsprachigen Markt
gebracht.

Jörg Huffschmid
Ökonomische Macht und Pressefreiheit

Axel Springer und seine Verteidiger pflegen die ökonomische
Position und die publizistische Linie des Konzerns und seiner
Blätter gleichermaßen mit dem Hinweis auf »das, was die Leute
lesen wollen«, auf die »tägliche Abstimmung am Kiosk« zu
rechtfertigen und wirtschaftliche Stärke sozusagen als ver-
diente Belohnung für die optimale Befriedigung der am Markt
vorhandenen Nachfrage nach Information und Meinungsbildung darzustellen. Der Zusammenhang von ökonomischer
Macht und publizistischem Einfluß wird dabei in einem Modell
des Leistungswettbewerbs vorgeführt, in dem der Anbieter
guter, d. h. nachgefragter Zeitungen als Prämie von den autonom nach ihren Bedürfnissen wählenden Konsumenten ökonomische Machtpositionen zugewiesen erhält.
Der Verweis auf die tägliche Abstimmung am Kiosk kann dann
in diesem Horizont des Verständnisses ein Demokratiemodell
präsentieren, dessen Funktionsfähigkeit von einer Konzeption
von Öffentlichkeit abhängt, die durch die Position Springers
gerade zerstört wird. Hier zeigt sich schon die Widersprüch-
lichkeit einer Position, welche die ökonomische Wettbewerbs-
theorie – die in Springer den »genialen Kaufmann« sieht – mit
dem Anspruch von Demokratie und demokratischer Öffentlichkeit zusammenhalten will: Ihre demokratische Legitimation würde die tägliche Abstimmung am Kiosk nur durch eine
vorhergehende herrschaftsfreie Diskussion politisch argumen-
tierender Menschen erhalten, eine Diskussion, zu der die unbe-
schränkte Öffentlichkeit gehörte, die aber gerade durch das am
Kiosk vorgegebene und durch ökonomische Machtpositionen
determinierte Angebot an Zeitungen und Zeitschriften beschränkt ist. Dadurch erhält die tägliche Abstimmung vielmehr
den Charakter einer täglichen Akklamation des Publikums zu
inhaltlich bereits weitgehend vorgeformten Informations- und
Meinungsmustern, mit denen die private Presse den Bürger
versorgt.
Dennoch geht der Hinweis Springers, in seinen Zeitungen nicht
etwa aus eigener Machtvollkommenheit dem Publikum politische und gesellschaftliche Inhalte aufzuzwingen, nicht an der
Realität vorbei, er trifft diese allerdings anders als von Springer
behauptet. In der Tat ist es nicht die eigene, mehr oder minder
willkürliche Verlegerentscheidung, die die politischen Inhalte
publizistischen Einfluß gewinnen läßt, sondern die Struktur
und die Interessenlage der herrschenden Kräfte in der Gesell-

schaft selbst werden sich eine Presse schaffen, deren Inhalte sie dadurch präformieren können, daß sie die Interessenlage der Presse mit ihrer eigenen synchronisieren. Die Interessenlage der Presse in unserer Gesellschaft ist aber wesentlich an ihre ökonomische Rentabilität gebunden, die ihrerseits in der herrschenden Ideologie der Garant für die Freiheit der Presse ist.

21. Oktober
Publikation von *Erkenntnis und Interesse* von Jürgen Habermas.

Eine Untersuchung darüber, auf welche Weise die Interessen der Herrschenden zugleich die Interessen der privaten Presse sind, wie also die Interessenverklammerung zwischen Presse und den mächtigen Gruppen in der Gesellschaft aussieht, wird daher die Komponenten der ökonomischen Rentabilität der heutigen Presse betrachten müssen. Die Sicherung der Rentabilität erfolgt (außer durch Kostensenkung und Kapitalkonzentration) auf der Erlösseite auf zwei Wegen, die beide über den Markt als Ausgleichs- und Steuerungszentrum einer privatwirtschaftlich organisierten Gesellschaft führen.

In bezug auf den ersten dieser Wege, den *Vertrieb*, befindet sich der Zeitungsverlag in der gleichen Situation wie jedes andere warenproduzierende Gewerbe: er muß seinen Absatz auf alle erdenkliche Weise fördern, durch den Aufbau von Monopolstellungen, durch Preis- und Produktpolitik, durch den Ausbau des Vertriebsnetzes und vor allem durch genaue Marktforschung, Marktstrategie und Werbung. Durch diese Methoden wird es möglich, Produkte marktgerecht zu planen, das heißt einerseits bestehende Marktlücken zu füllen, andererseits erst zu schaffen, indem man, genau wie etwa General Motors seinen Kunden das Bedürfnis nach einem jährlichen Modellwechsel erst durch ausgedehnte Werbekampagnen einimpft, das Bedürfnis nach einer Familienzeitschrift »für die schönsten Jahre des Lebens« oder »für das Leben zu zweit« hervorruft.

Grundsätzlich anders ist die Stellung der Presse im Anzeigengeschäft, ihrer zweiten Rentabilitätsquelle. War sie im Hinblick auf den Vertrieb nur einfache Ware, die sich neben anderen Waren mit Hilfe zahlreicher Absatzmethoden und -instrumente ihren Markt suchen mußte, so wird sie durch die Aufnahme und Verbreitung kommerzieller Anzeigen selbst zum Absatzinstrument für alle Arten von Waren einschließlich ihrer selbst. Ihr Profit entsteht zum geringsten Teil aus dem Vertrieb, zum größeren Teil dagegen aus der Tatsache, daß sie in einer spätkapitalistischen Konsumgesellschaft das immer noch wichtigste Mittel ist, das die Privatwirtschaft zur Realisierung der eigenen Gewinne benutzen muß: im Jahre 1967 machten Anzeigen in Zeitschriften und Zeitungen 81,1% der gesamten Bruttowerbeumsätze in der Bundesrepublik aus – und das trotz aller Lamentos der Zeitungsverleger über die Konkurrenz des

Werbefernsehens. Der Absatz anderer Waren und damit die Rentabilität der gesamten Privatwirtschaft ist also abhängig von dem Absatz einer vorgeschalteten, werbenden Ware; insofern ist die Wirtschaft auf die Massenmedien und hier besonders auf Zeitungen und illustrierte Zeitschriften angewiesen, was bei einer monopolistisch strukturierten Presse zu einer erheblichen Abhängigkeit der werbungstreibenden Wirtschaft von eben dieser Presse führen könnte. Andererseits hängt umgekehrt die Rentabilität der Presse entscheidend vom Umfang der in ihr erscheinenden Anzeigen ab, was bei einer Wirtschaft, deren Unternehmen vielfach in großen Verbänden als Handlungs- und Dispositionseinheiten zusammengeschlossen sind, zu einer umgekehrten Abhängigkeit der Presse von der Industrie führen könnte. Ist nun, wie das in der Bundesrepublik der Fall ist, einerseits die Presse weitgehend monopolisiert, andererseits die Wirtschaft stark verbandsmäßig organisiert, so entsteht eine gegenseitige Abhängigkeit, die entweder zu starken Rentabilitätsverlusten auf beiden Seiten oder aber zur Stärkung der Rentabilität beider Seiten führen kann. Da das Rentabilitätsprinzip aber die Grundlage nicht nur der Industrieunternehmen, sondern auch der privaten Zeitungsverlage ist, wirkt sich die Abhängigkeit im Sinne der letztgenannten Alternative aus.

Eine derartige Verflechtung der Interessen von Wirtschaft und Presse hat bestimmte inhaltliche Konsequenzen: eine Zeitung, die als ihre Haupteinnahmequelle die Erlöse aus der Werbung für die private Wirtschaft hat, kann es sich nicht leisten, in ihrem redaktionellen Teil fortwährend Stellung zu nehmen gegen ein Prinzip dieser Wirtschaft selbst, gegen den für den industriellen Spätkapitalismus kennzeichnenden Zusammenhang zwischen Produktion immer schlechterer und unsinnigerer Güter und der Produktion von Bedürfnissen nach diesen Waren durch Werbung. Insofern ist das Aufkommen der Anzeigenblätter im 18. und 19. Jahrhundert kein technisch-ökonomischer Trick, um die steigenden Kosten zu decken, sondern eine inhaltliche Bedingung für die weitere rentable Entwicklung des Kapitalismus, der mit steigenden Absatzschwierigkeiten zu kämpfen hatte. Für die Zeitung selbst bedeutete diese Änderung ihrer Finanzierungsgrundlagen zweierlei: erstens wurde sie allmählich durch ihre Anzeigen ein wichtiger Erzieher oder besser Umerzieher, der den kritischen Leser zum Konsumenten, die Gesellschaft »räsonierender Privatleute« zur Konsumgesellschaft umerzog; und zweitens mußte sie das Prinzip einer solchen Manipulation selbst inhaltlich verteidigen, da sie es zur Grundlage der eigenen Existenz gemacht hatte. So ist die auch redaktionelle Einstimmung auf den *Grundsatz* der privatwirtschaftlichen Rentabilität in der heutigen privaten Presse zu erklären.

Vom Gesichtspunkt dieser Grundentscheidung aus wird auch die heute immer noch formal aufrechterhaltene Trennung von Anzeigen- und redaktionellem Teil unbedeutend, da auch der letztere grundsätzlich nur eine Bestätigung des ersteren geben kann. Vor jeder solchen Trennung und vor jedem anderen Interesse steht das Interesse an der privatwirtschaftlichen Rentabilität einer Zeitung, die nur innerhalb eines systemkonformen Funktionierens der privatkapitalistischen Gesellschaft zu garantieren ist. Die Verleger, die, zuweilen wohl in gutem Glauben, ihr primäres Rentabilitätsstreben damit begründen, nur eine gutgehende, gewinnabwerfende Zeitung sei in der Lage, eine wirklich unabhängige Zeitung zu bleiben, übersehen, daß schon das Gewinnabwerfen an Bedingungen geknüpft ist, die eine Unabhängigkeit fraglich erscheinen lassen, und daß die Methode zur Realisierung der Unabhängigkeit, nämlich die über den Markt vermittelte Gewinnmaximierung, die angestrebte Unabhängigkeit zumindest selbst schon pervertiert. Es geht nicht so sehr darum, daß einzelne Verlage durch einzelne Anzeigenkunden unter Druck gesetzt werden – hiergegen können sich die Verleger in der Regel wirksam wehren –, es geht vielmehr darum, daß die Methode, verlegerische Unabhängigkeit zu erzielen, gleichzeitig die Methode ist, redaktionelle Abhängigkeit zu erreichen, die sich explizit meist nur in den allgemeinen Richtlinien des Verlagsleiters – »Es gibt im Verlagshaus Springer vier Grundsätze: Eintreten für die Wiedervereinigung Deutschlands, Aussöhnung zwischen Deutschen und Juden, Ablehnung jeder Art von Totalitarismius, Förderung der sozialen Marktwirtschaft« –, implizit aber durch den sehr viel weiter gehenden Konsensus der Mächtigen – des Direktoriums, der Holding-Konferenz etc. – und durch nachhaltige Durchsetzung dieses stillschweigenden Konsensus auf den unteren Ebenen der Redaktionen äußert. Kritik als wichtige Funktion der Öffentlichkeit kann auf dem Boden einer solchen existenzsichernden Entscheidung keine umfassende, sondern nur noch partikulare Kritik sein: ihre Aufgabe ist darauf reduziert, das bestehende System reibungsloser und perfekter funktionieren zu lassen.

Auf diese Weise hat sich die Zeitung mit ihrer Wandlung vom privaten, durch Gelehrte oder Politiker finanzierten Mitteilungsblatt zur durch Anzeigen getragenen Massenpresse, deren wichtigster Vertreter heute das Boulevardblatt ist, die Existenzgrundlage und damit das prinzipielle Interesse der Privatwirt-

23. Oktober
Nachdem bei der Räumung der medizinischen Fakultät in Rio de Janeiro ein Student und ein Kind durch Schüsse der Polizei ums Leben kamen, greifen Studenten das Büro der Regierungszeitung *Globo* an. Zwei Demonstranten werden durch Kugeln der Ordnungskräfte getötet.

24. Oktober
Im Münchener Theater in
der Briennerstraße findet
die deutschsprachige
Erstaufführung des Mu-
sicals *Hair* statt. Die ver-
kitschte Darstellung der
Hippiebewegung und
deren kommerzielle
Ausbeutung bleiben
nicht unkommentiert.

schaft zu eigen gemacht, die im wesentlichen darauf gehen, durch die Produktion neuer Bedürfnisse Absatzmöglichkeiten für neue Produkte zu schaffen und so zunehmende Absatzschwierigkeiten zu kompensieren. Diente die Presse einst einem sich kommerziell emanzipierenden Bürgertum als Waffe der Kritik nach oben, so mußte sie in der Hand eines emanzipierten Bürgertums selbst konsolidiert, und das heißt für die historische Epoche der Bourgeoisie, kommerzialisiert werden. Mit dem Bezug auf die ökonomische Basis der Bourgeoisie war ihre Funktion auch nicht mehr die der Kontrolle fremder und der Eroberung eigener Machtpositionen, sondern die der Stärkung der kommerziellen Grundstruktur und der Umsetzung dieser Grundstruktur in politische Macht, deren repressiver Charakter gerade durch die Presse zunehmend verschleiert wurde. So wandelt sich die private Zeitung in einer privatwirtschaftlichen Gesellschaft vom Organ einer kritischen Öffentlichkeit privater Individuen gegen die Autorität vornehmlich des Staates zu einem Organ manipulierender »Öffentlichkeitsarbeit« im Dienste der Wirtschaft gegenüber dem Individuum als Konsumenten. Die Presse ist nicht länger der institutionalisierte Ausdruck vertrauensloser Skepsis des kleinen Mannes und Bürgers gegenüber den Herrschenden in Staat und Wirtschaft, sie wird umgekehrt zum Instrument der Herrschenden, mit dem diese das Vertrauen des Volkes wirksam herzustellen in der Lage sind, mit dem sie »public relations«, vertrauensvolle Beziehungen zwischen Herrschenden und Beherrschten, produzieren und so die Tatsache der Herrschaft selbst verschleiern können.

Die permanente Aufforderung zum Konsum, die nur auf verschiedene Weise aus reaktionellem wie aus dem Anzeigenteil der privaten Presse spricht, dient aber nicht nur den Lebensinteressen der Wirtschaft und der Erhaltung einer zwanghaft verzehrenden Konsumgesellschaft, sie hat gleichzeitig eine wichtige Funktion bei der Stabilisierung der politischen Verhältnisse, das heißt bei der Erhaltung der gegenwärtigen politischen Herrschaft, die ihrerseits nicht unabhängig von wirtschaftlichen Machtpositionen ist.

Es ist einsichtig, daß länger andauernde Unruhen und Störungen ein solches Konzept der manipulierten Konsumgesellschaft gefährden und deshalb von der Springerpresse als Staatsfeind Nummer eins angegriffen werden müssen. Dabei reagiert diese Presse konsequent schon auf so harmlos auftretende und apolitisch erscheinende Gruppen wie die Gammler mit einem Vokabular, das dem faschistischen Jargon entlehnt ist, eine Reaktion, die unter dem Gesichtspunkt einer pluralistischtoleranten Gesellschaft irrational, unter dem der spätkapitalistischen Industriegesellschaft jedoch vollkommen rational erscheint: eine Einstellung wie die der Gammler, die den Zwang zur Arbeit für ständig neue Konsumgüter ablehnen, stellt in der Tat die Grundlage der bestehenden Ordnung in Frage und muß aufs entschiedenste mit den Kategorien eben dieser Ordnung bekämpft werden. Wo diese Grundlagen gar explizit angezweifelt werden, was gegenwärtig hauptsächlich von seiten der außerparlamentarischen Opposition geschieht, da steigert sich der ideologische Abwehrkampf bis zur Aufforderung zur Menschenjagd und zur Apologie des Terrors gegen jede Minderheit, die sich eine nichtpartikulare Systemkritik erlaubt.

In die Zeiten solcher Krisen und Unsicherheiten des Systems fallen dann auch die Ausnahmen zu der Regel, daß Arbeiter und Gewerkschaften in der Springerpresse fast überhaupt keine oder höchstens die Rolle des Störenfrieds spielen. Dann kommen sie auch einmal in der Presse zu Wort, verbitten sich Kritik und Opposition als unbefugte Einmischung von seiten derer, die noch nichts geleistet haben. Auf diese Weise wird versucht, Ansätze zu Opposition, die eine weitgehend abhängige Bevölkerung gegen eine kleine Minderheit von Herrschenden mobilisieren will, durch den scheinbaren Rekurs auf eben diese Bevölkerung zu ersticken, was wiederum zur Stützung derjenigen beiträgt, in deren Vorstellung die Bevölkerung ohnehin keine andere Rolle als die von Stimmvieh spielt.

In dem Interesse, Ruhe und Ordnung um jeden Preis zu erhalten, findet sich die publizistische Macht des Springerkonzerns nicht zufällig auf der Seite derjenigen Institutionen, deren Hauptaufgabe sich nach eigenem Selbstverständnis auf die Herstellung und Erhaltung von Ruhe und Ordnung erstreckt, auf der Seite des staatlichen Exekutiv- und Verwaltungsapparates mit seinen Zwangsmitteln der Disziplinierung. Diese Interessenidentität ist nicht weiter verwunderlich, da auch die Exekutive nichts anderes ist als die Exekutive der Mächtigen und sich die Macht in unserer Gesellschaft auf den privaten Besitz oder auf die Verfügungsmacht über privaten Besitz stützt. Es ist für die spätkapitalistische Gesellschaft, die sich auch nicht mehr zum Schein über einen funktionierenden Marktmechanismus koordinieren kann, von äußerster Wichtigkeit, daß die staatlichen Instanzen die versagende oder fehlende wirtschaftliche Steuerung im Dienste der Unternehmerinteressen korrigieren oder übernehmen. Dieser Bedeutung trägt die gegenwärtig zu beobachtende Tendenz zur Zentralisierung, strafferen Organisation und Planung staatlicher Wirtschaftspolitik nach dem Muster eines rationalen Unternehmens Rechnung.

25. Oktober
Rainer Werner Fassbinders Theaterstück *Iphigenie auf Tauris von Johann Wolfgang von Goethe* wird vom Verfasser und seinem »antitheater« in einem Schwabinger Lokal zur Aufführung gebracht. Das Stück zitiert Szenen aus der Gerichtsverhandlung gegen Fritz Teufel und Rainer Langhans, die sie in ihrem Buch *Klau mich* unter der Überschrift: *Moabiter Seifenoper* veröffentlicht haben.

25. Oktober
Die dritte LP von Jimi
Hendrix, *Electric Lady-
land*, erscheint in Eng-
land.

Der Springerkonzern vertritt – wie die private Presse überhaupt, wenn auch nicht immer mit gleicher Offenheit – in aller
wünschenswerten Klarheit die Interessen der herrschenden
Gruppen in der Bundesrepublik, der Unternehmer und des
Staatsapparates, wobei beide Interessenkomplexe sich wegen
ihrer Bezogenheit aufeinander weitgehend überschneiden. Die
Zugehörigkeit des Springerkonzerns zur Gruppe der Unternehmer ist nicht nur eine einfache Mitgliedschaft, sondern
durch zahlreiche und unlösbare Verflechtungen mit Herrschaft
über und Abhängigkeit von anderen Konzernen zementiert.
Das stellt sicher, daß die Interessen der Industrie und des Staates
an einer autoritären und straff geführten Gesellschaft mit dem
eigenen Interesse Springers harmonieren, und dessen dominie-
rende Stellung auf dem Markt für Presseerzeugnisse gewährleistet seinerseits wieder eine effiziente und reibungslose
Durchsetzung dieser Konzeption in der Gesellschaft selber;
diese wird so zu einer polarisierten »Springer-Gesellschaft«,
in der die Herrschenden mit Hilfe der Presse die Polarisierung
verschleiern und ihre Herrschaft den Manipulierten als deren
eigenen Willen vorspiegeln können. Gesellschaftliche Realität
wird im Unternehmermodell dargestellt, unternehmerisches
Interesse als allgemeines Interesse der Gesellschaft verkauft,
ohne auf wirksamen Widerstand zu stoßen.

Die in sich selbst rotierende, ständige gegenseitige Bestätigung
von Ideologie und Geschäft bestimmter partikularer Gruppen
möchte sich selbst als das Ganze der Gesellschaft begreifen und
verfügt zudem über die Mittel, dieses partikulare Verständnis
und Interesse einer weitgehend zur Konsumgesellschaft manipulierten Bevölkerung als ihr Interesse zu verkaufen. Durch
diese im Kaufakt geschehende Verallgemeinerung wird das
Partikularinteresse aber noch nicht zum Allgemeininteresse.
Was entsteht, ist vielmehr ein falsches Bewußtsein, das zwar
allgemein ist, insofern es sich – zumindest fast allgemein –
durchsetzt, das aber nicht total ist, weil es den Zusammenhang
zwischen der gesellschaftlichen Organisation der Arbeit und
sich selbst, zwischen der Klassengesellschaft und der Vorspiegelung einer klassenlosen Gesellschaft nicht durchschauen
kann. Die Realität von ökonomischer Macht, Arbeit und Ausbeutung, kann in einer Presse unmöglich zur Sprache kommen,
deren Struktur auf eben dieser Ausbeutung beruht und ihr
einen eindeutig definierten, nur um den Preis der Selbstver-
nichtung aufgebbaren Platz an der Seite der Herrschenden
zuweist.

Und dennoch hat dieser so perfekt erscheinende Apparat zur
Verschleierung und Verinnerlichung der Klassengesellschaft

seine Grenzen, über die hinaus er nicht mehr leistungsfähig ist. Er ist, wie sich besonders an der Protestbewegung gezeigt hat, nicht unbegrenzt imstande, ökonomische Widersprüche, die sich in wirtschaftlichen Krisen bemerkbar machen, wirksam zu verschleiern oder zu verharmlosen, und das desto weniger, je stärker diese Krisen werden. Er ist auf der anderen Seite nicht imstande gewesen, Kritik von seiten der Studenten früh genug auszuschalten und die Eskalation von Kritik, Protest und Rebellion zu verhindern. Die Verharmlosung und das Wegbeten von Problemen und Gegensätzen haben in dieser Beziehung ebensowenig geholfen wie die auf politische Vernichtung zielende systematische Denunziation der sich zur außerparlamentarischen Opposition zählenden Gruppen als kleine kriminelle Minderheit. Daß dem Springerkonzern hier die Konsolidierung und Stabilisierung der inneren Ordnung der Gesellschaft mit publizistischen Mitteln nicht gelungen ist, kann ihm durchaus als Versagen vorgerechnet werden, und es ist nicht ausgeschlossen, daß dieses Versagen schwerwiegende Folgen für das Unternehmen haben wird: wenn einerseits private Presse aus den oben gezeigten zwingenden Gründen ohnehin nicht prinzipiell antikapitalistisch sein kann, wenn andererseits die Vorteile eines Großkonzerns wie des Springerkonzerns eben doch nicht so groß sind, daß die Herrschenden eine totale Gleichschaltung und Ruhe damit erreichen können, so spricht eigentlich nichts dagegen, diesen Springerkonzern zu entflechten und auf mehrere Träger aufzuteilen, um so wenigstens Ruhe und Beifall von der Seite derjenigen zu erhalten, für die Pressefreiheit mit einer Vielfalt voneinander unabhängiger Zeitungseinheiten identisch ist. In den Vorschlägen, die die Lückekommission der Bundesregierung unterbreitet hat und in denen von Marktanteilsgrenzen für Zeitungen und Zeitschriften die Rede ist, deutet sich eine derartige Möglichkeit an.

Auf der anderen Seite deutet sich nach dem trotz aller gegenteiligen Bemühungen eingetretenen »Versagen« der Springerpresse angesichts der Demonstrationen eine neue Perspektive ganz anderer Art an: der Springerkonzern ist zwar das modernste und eleganteste, aber nicht das letzte Mittel zur Erhaltung und Stabilisierung bestehender ökonomischer und politischer Machtpositionen. Wenn mit zunehmenden ökonomischen Widersprüchen und mit dem Wachsen der demokratischen Kräfte in der außerparlamentarischen Opposition die Verschleierungs- und Manipulationschancen geringer werden und die Effizienz der privaten Presse in dieser Hinsicht abnimmt, muß der Punkt anvisiert werden, an dem die Herrschenden ihre Zuflucht nicht mehr bei der Manipulationsmaschinerie

26. Oktober
Die Sowjetunion startet das mit dem 47jährigen Oberst Georgi Beregowoi bemannte Raumschiff Sojus 3 in die Erdumlaufbahn.

27. Oktober
Die tschechoslowakische
Nationalversammlung
beschließt die Aufgliede-
rung der ČSSR in einen
tschechischen und in ei-
nen slowakischen Teil,
wobei die Zentralregie-
rung für die Außen- und
Verteidigungspolitik ver-
antwortlich bleibt.

der Presse, sondern bei der Militärmaschinerie suchen werden. Mit der Verabschiedung der Notstandsgesetze zeichnen sich die Grenzen der Herrschaft durch Manipulation der Öffentlichkeit und die Fortsetzung der Herrschaft mit anderen Mitteln ab, wird die Situation vorstellbar, in der die Gewalt verbaler Verhetzung und Isolierung in der Gesellschaft umschlägt in die stumme Gewalt physischer Vernichtung. Wenn der Klassenkampf von oben nicht mehr mit den Mitteln der Bewußtseinsmanipulation geführt oder zumindest verschleiert werden kann, sondern militärischen Nachdrucks bedarf, wird allerdings auch die Presse aus ihrer fiktiven Unabhängigkeit vollends heraustreten und sich offen zum Kriegspropagandisten der Herrschenden wandeln müssen. Die von den Kritikern heute beklagte Aufhebung der inneren Pressefreiheit wird dann automatisch auch die Aufhebung der äußeren Pressefreiheit und damit der Pressefreiheit überhaupt zur Folge haben. Das aber würde bedeuten, daß die spätkapitalistische Gesellschaft der Bundesrepublik mit fortschreitender technisch-ökonomischer Entwicklung ihre eigenen Widersprüche nur noch durch den Rückgriff auf offen militaristische Herrschaftsformen bekämpfen könnte, was diese Widersprüche natürlich nicht lösen, sondern nur verschärfen würde. Das würde aber auch unmißverständlich klarmachen, daß der Kampf um eine demokratische Öffentlichkeit sich nicht gegen die *Verschleierung* der bestehenden Verhältnisse durch die Massenmedien, sondern gegen diese Verhältnisse selbst wendet, deren Grundstrukturen nicht in den Kategorien der Pressefreiheit und Öffentlichkeit, sondern in denen ökonomischer Machtpositionen zu fassen sind.

Warum gegen Springer?

Am Donnerstag wurde ein Mordanschlag auf Rudi Dutschke verübt.

In den letzten Tagen haben Studenten, Arbeiter und Schüler in mehreren deutschen Großstädten die Druckereien des *Springer*-Verlags blockiert und die Auslieferung von *Springer*-Zeitungen zu verhindern versucht.

Was hat Springer mit dem Attentat auf Rudi Dutschke zu tun?

Seit Jahren hat *Springer* mit den Millionen-Auflagen von »Hamburger Abendblatt«, *Welt*, *Bild* und seinen anderen Zeitungen die Bevölkerung systematisch gegen die Studenten aufgehetzt.

Als »verantwortungslose Störer«, »Rabauken«, »Wirrköpfe«, »bösartige Krawallmacher«, »Extremisten«, »Rowdies«, »rote Terroristen«, »Kriminelle«, kurzum als Schädlinge der Gesellschaft haben die *Springer*-Zeitungen die Studenten beschimpft, nur weil sie von ihrem Recht Gebrauch machen und gegen den Vietnamkrieg, Pressekonzentration, Notstandsgesetze und die Große Koalition demonstrieren. Die *Springer*-Blätter erklärten die Studenten zu Freiwild und forderten zur Selbstjustiz auf:
»Man darf auch nicht die ganze Dreckarbeit der Polizei und ihren Wasserwerfern überlassen.« (*Bild*, 7. 2. 68)

In der Person von Josef Erwin Bachmann *hat Springers Aufforderung ihren Vollstrecker gefunden.*
Noch heute nach dem Attentat verunglimpft *Springer* Rudi Dutschke:
»Denn nicht diese Gesellschaft säte Haß und Gewalt, sondern Dutschke!« und behauptet, Dutschke sei »das Opfer des von ihm gepredigten Hasses« geworden.
Springer lügt. Der Grundsatz der außerparlamentarischen Opposition und der Studentenbewegung war und ist:
Veränderungen der Gesellschaft ohne Gewaltanwendung gegen Menschen.
Dutschke selbst hat Haß und Gewalt abgelehnt: »Aufruf zur Gewalt, zu Mord und Totschlag in den Metropolen hochentwickelter Industrieländer – ich denke, das wäre falsch.« (*Spiegel*, Nr. 29/67)

28. Oktober
In Ostberlin werden der 19jährige Frank Havemann, Sohn von Robert Havemann, und der 18jährige Hans-Jürgen Uzskoreit wegen ihrer Proteste gegen die Besetzung der ČSSR zu 18 und 15 Monaten Haft verurteilt. Sie hatten an einige Hauswände den Namen »Dubček« geschrieben.

28. Oktober
Der Rektor der Düsseldorfer Kunstakademie, Eduard Trier, wird von konservativen Professoren aufgefordert, das »Vertrauensverhältnis zum Kollegen Joseph Beuys zu überprüfen«. Beuys hatte sich für seine Kunstklasse nicht an die offizielle Zulassungsbeschränkung gehalten und sich für das Mitbestimmungsrecht der Studenten eingesetzt. Darauf startet der Architekturprofessor Karl Wimmenauer eine Flugblattaktion, in der er Joseph Beuys das Vertrauen ausspricht.

An diese Grundsätze haben sich die Studenten immer gehalten. Auch heute sind sie nicht die Angreifer sondern die Angegriffenen. Sie üben Notwehr gegen einen Meinungsterror, der sie systematisch verleumdet und die Bevölkerung zur Gewaltanwendung gegen sie aufhetzt. Was sind gegen diesen Terror Demonstrationen, Sitzstreiks, Boykott, selbst Beschädigung von Gebäuden und Fahrzeugen des *Springer*-Verlags? *Was sind zerbrochene Fensterscheiben gegen einen Mordanschlag?*

Wir fordern die Bürger auf:
Unterstützt unseren Boykott des *Springer*-Verlags!

Demonstriert und diskutiert mit uns am Dienstag, dem 16. April um 17 Uhr!
Versammlungsort Auditorium Maximum

Wir fordern von den Politikern:
Begreift endlich, daß hier nicht eine Minderheit demonstriert – zwei Drittel aller Jugendlichen stehen hinter den Forderungen der Demonstranten (Spiegel-Umfrage).

Unterdrückt ihren Protest nicht mit Gewalt, sondern schafft Gesetze für eine demokratische Presse!

Verantwortlich: AstA Göttingen, Wolfgang Eßbach, Nikolausberger Weg 1

(Flugblatt aus Göttingen)

Josef Berktold
»Osterdemonstrant« aus Elze wurde vom Jugend-
schöffengericht zu sechs Wochen Gefängnis ohne
Bewährung verurteilt
SDS belagerte das Amtsgericht in Elze – Richter ließ
Saal räumen – Justizwachtmeister eingeschlossen –
»Notstandsübung«

29. Oktober
Der Bundesgerichtshof
in Karlsruhe untersagt
Rudolf Augstein, dem
Herausgeber des Maga-
zins *Der Spiegel*, die
Behauptung, Bundes-
finanzminister Franz
Josef Strauß sei ein »der
Korruption schuldiger
Minister«.

Ihrem Ruf als Bürgerschreck machten diese SDS-Anhänger gestern jedenfalls wieder einmal alle Ehre. Sie störten ständig
durch zum Teil beleidigende Zwischenrufe die Verhandlung,
bis schließlich Oberamtsrichter Gerhard Wolff den Saal von
den Zuhörern räumen ließ. Mehrere Polizeibeamte mußten
dabei Gewalt anwenden, um das zeternde, rhythmisch »Notstandsübung« brüllende Volk aus dem Gerichtssaal zu holen.
Bereits bei der ersten Verhandlungspause war der diensttuende
Justizwachtmeister in seinem Geschäftszimmer eingeschlossen
worden und auch die Publikumstür zum Gerichtssaal war von
»Unbekannten« verriegelt worden. Da die Schlüssel verschwunden waren, mußte sich der Justizwachtmeister mit seinem ganzen Gewicht gegen die Türfüllung werfen, und sie so
aufsprengen. Auf eine Weise, die sonst im Gerichtssaal nur auf
Mißbilligung und Bestrafung wegen Einbruchs stößt, mußte
der Justizwachtmeister dann die Tür zum Gerichtssaal öffnen,
mit einem Schraubenzieher nämlich.
»Höhepunkt« des Tohuwabohus war schließlich die vorläufige
Festnahme eines 19 Jahre alten Starkstromelektrikers aus Hannover, der sich der Räumung des Gerichtssaales widersetzen
wollte. Nicht »sistiert« wurde dagegen ein alter Bekannter in
Elze, das SDS-Mitglied Langemann, das in Elze bereits einmal
mit der evangelischen Jugend zu diskutieren versucht hatte und
dabei mit seinen unausgegorenen und irrealen Vorstellungen
wenig Gegenliebe gefunden hatte.
Gestern saß Langemann in olivgrüner Fidel-Castro-Kluft im
Zuhörerraum und verschaffte sich in bester »Teufel«-Manier
einen bühnenreifen Abgang, der wie ein Funke im Pulverfaß
wirkte. Als Oberamtsrichter Wolff zum xtenmale um Ruhe
gebeten hatte, erhob sich plötzlich Langemann, eine dicke
Zigarre im Mund, und sagte unverfroren dem nicht wenig
überraschten Richter: »Ich habe genug von Ihrem autoritären
Geschwafel. Wir wollen jetzt endlich diskutieren.«
Das brachte das Faß zum Überlaufen. Oberamtsrichter Wolff
sprang zornig auf und gab Order, den Saal zu räumen. Dabei

30. Oktober
Der Sonderausschuß des
Bundestages für die
Strafrechtsreform be-
schließt, den Paragra-
phen über die Bestrafung
des Ehebruchs ersatzlos
zu streichen.

gab es sowohl im Gerichtssaal als auch auf dem Flur ein kleines
Gerangel, da die aus Hannover herbeigeeilten Zuhörer offensichtlich selbst vom primitivsten Hausrecht keine Ahnung
hatten.

Sogar die Journalisten hatten anschließend Mühe, bei dem nun
aus seiner Engelsgeduld gerissenen Oberamtsrichter durchzusetzen, daß wenigstens sie an der Verhandlung weiter teilnehmen konnten. Relativ ungestört konnte dann die Verhandlung,
die um 15. 30 Uhr begonnen hatte, fortgesetzt und gegen 20. 45
Uhr beendet werden. Nur zu den geöffneten Fenstern drang
mit der frischen Luft auch das Trillern von Pfeifen herein, mit
dem die Demonstranten »draußen vor der Tür« ihre Sympathie
mit dem Angeklagten bekundeten.

Das Verfahren, das vor dem Jugendschöffengericht in Elze
stattfand, ist nur eines der gerichtlichen Nachspiele zu den
Unruhen in Hannover in der Nacht zum 13. April dieses Jahres.
Wie zu erfahren war, werden in zwei weiteren Prozessen einmal
vier und einmal fünf Angeklagte wegen Landfriedensbruchs
und Auflaufs vor dem Richter stehen. Diese Prozesse beginnen
ausgerechnet am Elften im Elften, an einem Tag, in dem in
anderen Gegenden der Auftakt des Karnevals gefeiert wird.
Wenn das kein Omen ist ...

[...]

Basisgruppe Walter-Benjamin-Institut
Schafft die Germanistik ab!

31. Oktober
Im Prozeß gegen Gudrun
Ensslin, Andreas Baader,
Horst Söhnlein und
Astrid Proll wegen der
Brandanschläge auf zwei
Frankfurter Kaufhäuser
werden die Urteile ver-
kündet: jeweils drei Jahre
Haft für die Angeklagten.

Die Basisgruppe des Walter-Benjamin-Instituts, Verfasser des folgenden Beitrags, ist Ende des Wintersemesters 67/68 aus einem Arbeitskreis für materialistische Literaturbetrachtung hervorgegangen.

Sie beschäftigte sich, statt wie zunächst geplant mit einzelnen Texten, mit einem kritischen Abriß der Geschichte der Germanistik, weil sie einsah, daß sie die Praxis dieser Disziplin nicht ignorieren dürfe.

Zur theoretischen Selbstverständigung ihrer Mitglieder und um die gesellschaftliche Funktion der Germanistik zu bestimmen, arbeitete sie eine Skizze der ökonomischen und politischen Entwicklung Deutschlands seit Beginn der kapitalistischen Produktion aus. Ziel dieses historischen Exkurses war die Analyse der Stellung kulturwissenschaftlicher Produktion im Verwertungsprozeß des Spätkapitalismus.

Die Einsicht, die daraus in Ideologie und Lehrbetrieb der Germanistik, in beider Zusammenhang zu gewinnen war, und ihre Wirkung auf die Studenten, die sich von ihr für ihre gesellschaftliche Arbeit approbieren lassen, verlangte Aktionen gegen diese Anpassungsprozedur.

Die Basisgruppe war zu klein, um mehr als einer Veranstaltung Widerstand zu leisten. Sie wählte vom Thema her die Expressionismusvorlesung Prof. Sterns. Zu Semesteranfang konnte sie durchsetzen, daß ein Drittel jeder Kollegstunde der Kritik des Gelesenen reserviert würde.

Diese Konzession erwies sich als geschickter Gegenzug des Ordinarius. Die institutionalisierte Diskussion ließ das sakrale Vorlesungszeremoniell und die sich darin entfaltende Autoritätsatmosphäre unbeschadet. Aus dem Auditorium, das nach dem jeweiligen Abtritt Sterns erheblich zusammenschmolz, kam kaum ein Beitrag.

Stern diffamierte die methodischen Einwände der Basisgruppe und ihren Nachweis der Theorielosigkeit des Vorgetragenen als vulgärmaterialistische Ideologie; in Detailfragen wich er ins Prinzipielle aus; der Forderung, die in der Diskussion erhärtete Kritik in den Vorlesungen zu berücksichtigen, hielt er unverblümt seine Amtspflichten entgegen. Als die isoliert bleibende Basisgruppe von der Wissenschaftskritik zur Gegenpolemik überging, stieß sie bei den meisten Hörern auf Ablehnung. Nachdem sie sich zunächst aus taktischen Gründen, dann in Erkenntnis ihrer Niederlage zurückgezogen hatte, konfiszierte Stern die zugestandene Viertelstunde wieder.

31. Oktober
Das Zentralkomitee der
*Kommunistischen Partei
Chinas* proklamiert das
Ende der ersten Phase der
Großen Proletarischen
Kulturrevolution. Der
Staatspräsident der VR
China, Liu Shao-chi,
wird aller Ämter entho-
ben. Damit ist der
Machtkampf zwischen
Mao Tse-tung und dem
rechten Flügel der KPCh
vorerst entschieden.

Durch sein Verhalten sich legitimiert glaubend, sprengte die Basisgruppe gegen Semesterende die Vorlesung. Stern, dem sie die Rednertribüne streitig machte, entzog sich den folgenden Diskussionsstunden. Bis zum Semesterschluß hielt er Parallel-veranstaltungen vor wenigen Hörern ab. Deren Zahl verrin-gerte sich noch einmal um die Hälfte, als verlautete, Stern werde nach Basel gehen, also in Frankfurt als Prüfer nicht mehr in Betracht kommen.

Die Basisgruppe selbst wurde wegen ihrer Aktion und der folgenden Diskussionsstunden, die sie mit vorbereiteten Text-analysen bestritt und in denen sie den Studenten ihre realen Interessen bewußt zu machen suchte, mit den faschistischen Studententrupps verglichen, die jüdische Professoren terrori-stisch an ihrer Lehrtätigkeit hinderten. Zunächst in Sterns Presseerklärung, in der er, als »Träger eines jüdischen Namens« sich attackiert fühlend, zum Gegenschlag ausholte: »Politisie-rung der Wissenschaft – schon wieder?«; die Professoren Ha-bermas, Brackert, Adorno folgten nach.

Germanistik: das war die Literaturwissenschaft eines Landes, in dem der Obrigkeitsstaat nie beseitigt worden ist, in dem das Bürgertum der politischen Zwangsgewalt nie Widerstand lei-stete, weil durch sie seine ökonomische Herrschaft geschützt wurde. Sie war Symptom der Geschichte dieses Landes, die der unvermittelte Übergang von der kooperativ-ständischen Gesellschaftsverfassung zu einer technokratisch-formierten kennzeichnet. Sie ist die Ideologie einer Gesellschaft der Restauration ohne Revolution, nämlich objektiv notwendiges und dennoch falsches Bewußtsein. »Deutschland als der zu einer eigenen Welt konstituierte Mangel der politischen Gegen-wart«[1]

hat sich in der Germanistik das wissenschaftliche Bewußtsein seiner selbst geschaffen.

Es waren die politisch und ökonomisch entmachteten bürger-lichen Mittelschichten, die der germanistischen Produkte be-durften, um ihre soziale Situation zu rechtfertigen. In dem Maße, in dem sie auf Grund ihrer Ferne zum Produktions-prozeß die realen Herrschaftsverhältnisse nicht mehr zu durch-schauen vermochten, machte die Germanistik die historischen Inhalte der Literatur zu dinghaften, und sie formierte daraus den Bildungskanon »ewiger Werte«, die fungibel waren für die Zwecke imperialistischer Politik. Ohne von der Veränderbar-keit der Verhältnisse je zu sprechen, gibt sie vor, die Umwelt

---

1 Karl Marx, *Kritik der Hegelschen Rechtsphilosophie. Einleitung*, in: Marx, *Frühe Schriften* I, Stuttgart 1962, S. 200.

liege als Gebrauchswert dem unmittelbaren privaten Zugriff offen.

Durch die Übernahme des naturwissenschaftlichen Objektivitätsbegriffs übte der Historismus als instrumentelle Vernunft Herrschaft aus über die auf Datenmaterial reduzierte Literatur. In der seine empirische Subjektivität verleugnenden Attitüde des Forschers dokumentiert sich, daß die bürgerlichen Mittelschichten keine geschichtstreibende Kraft mehr sind. Aus dem mangelnden gesellschaftlichen Gegenwartsbewußtsein resultiert die Blindheit des Germanisten gegenüber den literarischen Primär- und Sekundärprodukten, die er nicht als Waren begreift. Er nimmt die vorgegebene Trennung von geistiger und materieller Produktion unbefragt hin. Die Germanistik kompensiert die Ohnmacht des orientierungslosen gebildeten Bürgertums durch die Hypostase eines autonomen Geistbezirks. Die reale Trennung von Besitz und Bildung läßt Bildung zum Besitz werden. Das machtlose Bürgertum begegnet dem Druck des konzentrierten Kapitals mit dem chimärischen Selbstverständnis einer geistigen Elite; und die Germanistik bestimmt deren Freiheit als eine der Innerlichkeit, ihre »Werte« angesichts des fortgeschrittenen Stands der Industrialisierung als vorindustrielle, antikapitalistische. Dadurch aber paßt sie die Gebildeten den politischen Zielen der Großbourgeoisie an. Die unpolitische Literaturwissenschaft hatte die Funktion, den gebildeten bürgerlichen Schichten ihre ungleichzeitigen Gesellschaftsbilder zu vermitteln, die die gleichzeitige Gesellschaftsstruktur des Kapitalismus verschleierten, nämlich ihre historische Bestimmtheit in Naturqualitäten auflösten.

Die Germanistik hat dazu beigetragen, daß die sich zersetzende kulturräsonierende Öffentlichkeit sich nicht zu einer dem Stand der Produktivkräfte adäquaten Theorie und Praxis politischer Emanzipation entwickelte. Darin bestand ihre politische Tätigkeit.

Heute läßt sich die Funktion der Germanistik nur bestimmen durch ihr Verhältnis zur Kulturindustrie, deren ungleichzeitiges Teil sie darstellt. Die Wirkung der Kulturindustrie besteht darin, in den Individuen durch den passiven und kollektiven Konsum massenhaft und standardisiert produzierter Kulturgüter in der Freizeit ein affirmatives, die repressiven Arbeitsverhältnisse hinnehmendes Bewußtsein bzw. die Bewußtlosigkeit gesellschaftlichen Herrschaftsverhältnissen gegenüber zu erzeugen. Die Germanistik, die nicht in dem Maße wie die Presse und der moderne Wissenschaftsbetrieb kapitalisiert ist, hat die ideologische Funktion, die Gewalt und die geistige Produkte nivellierende Tendenz der Kulturindustrie zu leug-

31. Oktober

Als ein Ergebnis der Pariser Friedensverhandlung gibt Präsident Lyndon B. Johnson in einer Fernsehansprache die Einstellung der Bombardierung Nordvietnams bekannt. Bilanz des über drei Jahre dauernden Bombenkriegs gegen Vietnam: Die U. S. Air Force flog 94.061 Einsätze. Dabei wurden Bomben mit der Sprengkraft von über einer Millionen Tonnen TNT abgeworfen, das entspricht einem Drittel der Zerstörungskraft der Bomben, die von den USA im Zweiten Weltkrieg über Europa abgeworfen wurden. Nach eigenen Angaben verlor die U. S. Air Force über Nordvietnam 911 Kampfmaschinen und 10 Hubschrauber. Nach nordvietnamesischen Angaben sind über 3.000 US-Flugzeuge abgeschossen worden. Zu den riesigen Verlusten an Menschenleben, die die Bombardements forderten, gehören etwa 600 US-Piloten. Die Luftangriffe und Entlaubungsaktionen in Südvietnam werden unvermindert fortgesetzt.

1. November
Mit Mittagstemperaturen
von bis zu 25° C im
Schatten wird der bislang
wärmste Novembertag
des Jahrhunderts in
Deutschland verzeichnet.

nen. Indem sie die Individualität und Originalität von literarischen Produkten, ihren Mittlern und Konsumenten suggeriert und von der persönlichen Freiheit und Voraussetzungslosigkeit der Produktion und Aneignung von Kultur spricht, erfüllt sie den Zweck der Kulturindustrie, die Anonymität ihrer Waren vermittels der scheinbar individuellen Qualität von Bildung mit dem Schleier des persönlich Vertrauten und damit Akzeptablen zu überziehen. Insofern die Germanistik an der von der Kulturindustrie längst abgeschafften Autonomie geistiger Produkte und an der Unmittelbarkeit des Verhältnisses der Rezipierenden zu ihnen festhält und sie gegen die Funktionalisierung und Sozialisierung von Literatur sowie gegen ihre Verwertung im gesellschaftlichen Reproduktionsprozeß blind ist, gibt sie kulturelle Produkte als das aus, wozu die Kulturindustrie sie schon degradiert hat: als geschichtslose Fossilien einer gelungenen Geschichte. Im Medium der von der Germanistik anachronistisch verwalteten Kultur bildet sich ein vorpolitisches Bewußtsein, das Freiheit realisiert sieht in Bildung und der vom Kapitalismus aufgezwungenen scheinindividuellen Atomisierung. Die Germanistik schafft damit ein Refugium der Privatheit und Selbständigkeit und verfällt dem Manipulationszusammenhang der Kulturindustrie, die vorgibt, ihre Produkte befriedigten gesellschaftliche Bedürfnisse, deren Qualität sie in Wahrheit verschleiert.

Die Germanistik verhindert die Reflexion auf den Warencharakter literarischer Erzeugnisse, den sie im Spätkapitalismus zwangsläufig annehmen. Durch ihr immanentes Vorgehen verfällt sie dem Fetischcharakter der zu Waren gewordenen geistigen Produkte, insofern sie deren Geschichte nicht dechiffrieren kann und sie statt dessen auf enthistorisierte Strukturen (als »das Walten der inneren Ordnung«) abzieht oder sie mit Hilfe ontologischer Begriffe ins Metaphysische verrätselt. Moderne literaturwissenschaftliche Bestrebungen, die von der expliziten Ideologie ablassen, beschreiben bewußtlos den Zustand der gesellschaftlichen Warenproduktion, in dem Ideologie eingeholt ist: die Linguistik registriert, aber durchschaut nicht die Reduktion von Sprache auf qualitätslose, mathematisierbare Zeichen; der Strukturalismus spiegelt den totalen Schein der Verdinglichung kultureller Waren wider, aber reflektiert ihn nicht als geschichtlichen. Die Literatur bestimmt sich dadurch als Ware, daß einerseits ihr Produzent Lohnarbeiter geworden ist, der nur in beschränktem Maß über seine Arbeitsmittel verfügt, daß zum anderen der Tauschwert, den sie im Prozeß ihrer Verwertung erfährt, ihre Produktion beeinflußt, da nämlich der auf dem anonymen Kulturmarkt ausgehandelte

Preis die Arbeitskraft ihres Produzenten fixiert. Vollends verliert dieser die Möglichkeit, auf den Verwertungsgang seines Produkts Einfluß zu nehmen. Dieser Verwertungszusammenhang, durch den literarische Stoffe und Techniken zu Formen konstanten Kapitals werden können, und die tendenzielle Vergesellschaftung der literarischen Produktion verleihen der Literatur, die wie die Germanistik ihre Bindung an den Markt nicht reflektiert und damit seiner Gewalt anheimfällt, den Charakter von Trivialprodukten und von Reklame.

3. November
Nach der Beisetzung des ehemaligen Ministerpräsidenten Georgios Papandreou fordern etwa 50.000 Demonstranten die Rückkehr zur Demokratie in Athen.

Die Hochschulgermanistik fristet nur noch ein subventioniertes Dasein: gefährlich bleibt sie trotzdem. Der Spätkapitalismus reserviert ihr ein Plätzchen unter den sonst viel weiter entwickelten Manipulationsmitteln. Er hält in ihr das scheinbar Unrentable aus, die »Kultur«. Die Germanistik macht sich als Zulieferant des Deutschunterrichts bezahlt, der durch »Bildung« die reale Erfahrung verdeckt, statt – wie er verspricht – sie aufzuheben. Sie leitet die Schulgermanisten an, anhand der »schönen Literatur« das Bild einer konfliktlosen Gesellschaft und daran orientierte Verhaltensmuster zu entwickeln, welche die Schüler zur Anpassung an die kapitalistischen Leistungsnormen nötigen. Die Germanistik hält Literatur im Zustand systemgerechter Deformation, »Bildung« erscheint in ihr allein als Ordnungsfaktor – gegen den Feind von innen.

Der desolate Zustand dieser Wissenschaft reproduziert sich in ihrer Praxis, in den Institutionen. Vorlesungen als säkularisierte Form der Predigt sollen Wissen übermitteln, das dadurch eo ipso entfremdetes ist; die Form der Vorlesung, die allemal zur bewußtlosen Rezeption zwingt, verhindert den wissenschaftlichen Prozeß. In den Seminaren machen abgeschlossene Referate, die die Beziehungslosigkeit der an der Wissensanhäufung Beteiligten spiegeln, die Diskussion unmöglich, die die Individuen zum produktiven Kollektiv versammeln könnte. Auch die äußerliche Einführung kollektiver Arbeit kann nichts ändern am additiven Aufbau der Seminare, der jede Leistung sofort wieder in den Aggregatzustand der Wissenschaft integriert: gesellschaftlich irrelevante Arbeit läßt sich nicht sinnvoll verbinden, sie beläßt die Individuen immer im Zustand lähmender Dissoziation. Dissoziiert auch stellt sich die Organisation der Lehrstühle dar: wissenschaftliche Positionen reduzieren sich auf apodiktisch vertretene Meinungen der Ordinarien, die um sich akklamierende Assistenten und konsumierende Studenten sammeln. Kritik an der Wissenschaft, die nicht zugleich Organisationskritik ist, wird von der autoritären Praxis absorbiert, sei's als Narrenfreiheit, sei's als Beitrag zum Methodenpluralismus.

4. November
Nach einer Sympathie-
kundgebung für den
Rechtsanwalt Horst
Mahler kommt es vor
dem Berliner Landge-
richt zu schweren Aus-
einandersetzungen mit
der Polizei (»Schlacht am
Tegeler Weg«). Die
Staatsanwaltschaft hatte
ein Ehrengerichtsverfah-
ren wegen seiner Beteili-
gung an den Demonstra-
tionen gegen den Sprin-
ger-Konzern bei der An-
waltskammer beantragt.
Das Ehrengericht der
Anwaltskammer weist
den Antrag auf Entzug
der Berufszulassung zu-
rück.

In der Politischen Universität ist die Germanistik abgeschafft. Sie läßt sich nicht reformieren; gegen jeden Reformversuch hat sie sich als Spezialdisziplin behauptet. Methoden und Stoffe, die ihr kritisch entgegengehalten wurden, hat sie sich äußerlich angeeignet. Wissenschaften, deren Rezeption die Fachgrenzen der Germanistik hätte sprengen müssen, hat sie als Hilfsdisziplinen akkreditiert. Seit der Ideologiekritik an der Belletristik und aus interner Langeweile, da für sie die Gehalte der »Literaturdenkmäler« doch feststehen, hat sie sich der Untersuchung der Trivialliteratur zugewandt. Doch bestätigt sie auch bei solchem Exkurs nur sich selbst. Sprachlos (wenn auch wortreich) sich auf »Geist« und »schöne Literatur« versteifend, konserviert die Germanistik sich selbst und denunziert die materialistische Kritik als unwissenschaftlich – nicht ohne die verdrängte Ahnung darüber, daß diese in der Lage wäre, nicht nur den Autonomieanspruch der Sphäre »Geist« auf deren Vermittlung mit der realen gesellschaftlichen Bewegung zu reduzieren, sondern auch die Absonderung von Geist selbst im Prozeß der arbeitsteiligen Gesellschaft zu erklären und in politischer Praxis aufzuheben.

Man kann die Germanistik nicht umwälzen. Auch wenn man sie auf die Füße stellt, kommt keine Wissenschaft heraus, sondern nur ein Themenkomplex der Geschichte seit 1848. Die Politische Universität hat sie daher ersetzt, und zwar durch eine Wissenschaft, die sich nicht zu interdisziplinärer Kooperation entscheidet, sondern interdisziplinär ist. Ihre Aufgabe ist methodische Grenzüberschreitung. Gegenstand dieser Wissenschaft ist statt des sprachlichen Kunstwerks das sprachliche Produkt, denn die Warenform der Produkte ebnet letztlich die qualitativen Unterschiede zwischen »hoher« Literatur und den vulgären Formen sprachlichen Umgangs, etwa in Presse und Reklame, ein.

Die Politische Universität ist maßgeblich durch das Desinteresse legitimiert, das die kapitalistische Klassenuniversität an der Verwertung ihrer Produkte hat. Als Produzent für die Gesellschaft hat sich die Ordinarienuniversität immer nur wahrgenommen, wenn gesellschaftliche (etwa industrielle) Leistungsanforderungen an sie herangetragen wurden. Die Politische Universität wird die sprachlichen Produkte auch der Wissenschaft auf ihren Gebrauchs- und Tauschwert befragen, d. h., sie im gesellschaftlichen Verwertungsprozeß bis zu ihren Konsumenten verfolgen, die sich zu ihnen bloß noch als zu operationellen Anweisungen für die Aneignung von gesellschaftlich produziertem Wert oder als zu »Gegenständen des Urteils und des Geschmacks, der freien Wahl und Neigung« verhalten.[2] Denn mit der Warenform der wissenschaftlichen Produkte hat sich auch der Schleier über den gesellschaftlichen Grund ihrer Produktion gelegt. Die Wissenschaften haben es nicht mehr nötig, sich als Produktivkraft für materielle Emanzipation oder als aufklärerische Kritik zu rechtfertigen, sondern sie gehen fraglos und unbefragt in den Reproduktionszusammenhang des gesellschaftlichen Tauschverkehrs ein. Die Kapitulation der Germanistik vor diesem Zwangszusammenhang werden wir nicht hinnehmen. Vielmehr werden wir die Kritik an dieser Wissenschaft an der verheerenden Wirkung bestimmen, die sie bei ihren Konsumenten anrichtet: daran, daß sie deren organisierte Bewußtlosigkeit über die gesellschaftlichen Zwangszusammenhänge aufrechterhalten hilft.

Die Gegen-Germanistik analysiert die Sprachproduktion innerhalb der arbeitsteiligen Gesamtproduktion, ihr funktionales Verhältnis zur materiellen Aneignung von Natur und menschlicher Arbeitskraft sowie den Gang ihrer Erzeugnisse im Verwertungsprozeß. Ihr wichtigstes Interesse ist die historische Veränderung des Funktionszusammenhangs der ideologischen und materiellen Produktionssphären und wie sich dadurch die Inhalte der Sprache und deren Stellung zur empirischen Realität verwandeln. Sie zielt auf Praxis.

Um dies zu können, muß die Gegen-Germanistik aus dem kapitalistischen Reproduktionsprozeß ausbrechen. Sie muß sich von der herrschenden Rationalität kapitalistischer Verwertung emanzipieren, jener Öffentlichkeit die Sprache entreißen, die als Verdrängungsinstanz fungiert, Interessen und Sachverhalte deformiert und das Bewußtsein den Herrschafts- und Eigentumsverhältnissen anpaßt, die also insgesamt Zwangsgewalt in sublimer Gestalt reproduziert gegen kritische Erfahrung und politische Aufklärung.

Diese Öffentlichkeit, die sich die Sprache fungibel macht, zu stören und zu destruieren, wird ihre Praxis sein. Sie wird die bisherigen Konsumenten und Mittler literaturwissenschaftlicher Produkte dazu führen müssen, daß sie ihre politische Funktion reflektieren.

Die Seminare der Basisgruppe des Walter-Benjamin-Instituts richten sich an:

Schüler, die die Germanistik im Deutschunterricht als eine Art disziplinierender Gesellschaftswissenschaft erleiden.

Studenten, die sich für den emanzipativen Charakter sprachlicher Produkte interessierten oder Germanistik als Berufsausbildung wählten und ihr Studium enttäuscht, mit Unlust be-

4. November
In Jordanien wird die Revolte der Syrien nahestehenden palästinensischen Guerillaorganisation al-Nasar vom Militär niedergeschlagen.

2 Jürgen Habermas, *Strukturwandel der Öffentlichkeit*, Neuwied 1962, S. 182.

5. November
Mit 43,4% der abgege-
benen Stimmen wird der
Republikaner Richard
Nixon zum 37. Präsiden-
ten der USA gewählt.

treiben, weil sie es organisatorisch und in der wissenschafts-
theoretischen Konzeption als gewaltsame Fesselung von Produktivkräften zu spüren bekommen.

Lehrer, die als isolierte Individuen daran verzweifeln, sich gegen den affirmativen Charakter der Germanistik, wie sie in der
Sozialisationsagentur Schule fungiert, durchzusetzen.

Assistenten, die auf Grund ihrer Stellung im wissenschaftlichen
Produktionsbetrieb die Germanistik als Herrschaftswissen-
schaft im doppelten Sinn erfahren oder erleiden, nämlich erstens als gesamtgesellschaftliche Affirmation und zweitens als
Produktionsanforderung der vorgesetzten Professoren.

Journalisten, die die Theorielosigkeit der Germanistik entweder zu apologetischen Urteilen oder zu urteilsloser Anpassung
an die präjudizierten Sachverhalte (Deformation der Sprache
im Prozeß kapitalistischer Gleichschaltung) treibt.

Viel hängt davon ab, daß wir unsere Arbeit nicht als wissenschaftliche Sektierer *neben* dem traditionellen Betrieb in den
germanistischen Institutionen betreiben. Vielmehr müssen wir
dort mit dem Anspruch auftreten, den überkommenen Betrieb
von innen her zu sprengen.

Dazu ist es nötig, daß wir von der Wissenschaftskritik zur
Organisationskritik übergehen. Der Schritt ist zwangsläufig,
wenn wir wirklich Studium, Wissenschaft, Universität (mithin
Gesellschaft) analytisch unter dem Aspekt ihrer Veränderungs-
bedürftigkeit und ihrer Veränderbarkeit betrachten. Die Institute müssen zum Modell kritischer Öffentlichkeit werden. Die
feudale Direktorialverfassung muß von einer paritätischen Rä-
teverfassung abgelöst werden, in welcher die bisherigen Konsumenten dieser »Wissenschaft« endlich zu Trägern eines wissenschaftlichen Erkenntnisprozesses werden, der die schale
Intimität der Institute beseitigt.

Zur Zeit konstituiert sich am Walter-Benjamin-Institut in
Frankfurt am Main ein Institutsrat aus Professoren, Assistenten
und Studenten, in dem Studenten als gleichberechtigte Insti-
tutsräte Mitbestimmung bei Etatplanung und Berufungen er-
kämpfen müssen.

Gegenseminare, die evident machen, daß die theorielose Germanistik zum Befund der manipulierten Gesellschaft gehört,
und die an der Theorie einer historischen Wissenschaft der
sprachlichen Produktion arbeiten, müssen folgen. Erst so wird
es wieder möglich sein, die in sprachlichen Produkten sedimen-
tierte Utopie wahrzunehmen – und sie durch ihre Verwirklichung aufzuheben.

Eine »Spiegel«-Umfrage

6. November
Notizen zum kulturellen Leben in der Demokratischen Republik Viet Nam heißt die neue Veröffentlichung von Peter Weiss.

Frage:

Was halten Sie von dieser Alternative, die Hans Magnus Enzensberger im Times Literary Supplement *formuliert hat:*
... Tatsächlich sind wir heute nicht dem Kommunismus konfrontiert, sondern der Revolution. Das politische System in der Bundesrepublik läßt sich nicht mehr reparieren. Wir können ihm zustimmen, oder wir müssen es durch ein neues System ersetzen. Tertium non dabitur.

Jürgen Becker

Jürgen Becker, geboren 1932 in Köln, Lyriker, Stipendiat der Villa Massimo, 1967 Preisträger der »Gruppe 47«: Felder, Ränder.
Ich kann mit Enzensberger Alternative nichts anfangen; sie erscheint mir außerhalb der Realität. Eine Revolution in Westdeutschland kann ich mir nicht denken, weil ich hier ihre Voraussetzungen und Bedingungen nicht vorfinden kann. Ich finde hier einen Staat vor, dessen politische Praxis, wenn sie mich nicht zur äußersten Gleichgültigkeit zwingt, nur krank machen kann, dessen politisches System ich jedoch einem solchen vorziehe, wie es nach einer gewaltsamen Veränderung der Verhältnisse vorstellbar wird. Denn wie war sie eigentlich gedacht: Sollte es vielleicht eine Revolution sein, die man nach einem Wort Lenins ohne Hinrichtungen nicht machen kann? Die mit dem alten System, das sie durch ein neues ersetzt, zugleich auch die alten durch neue Übel ersetzt? Ich weiß es auch nicht. In den seltenen Augenblicken von Hoffnung denke ich an einen sehr langen, langsamen Aufklärungsprozeß, der die Menschen, ihr Bewußtsein, ihr Denken, ihr Verhalten so ändert, daß sich mit ihnen, fortwährend, die Verhältnisse ändern. So ändern, daß es keiner Systeme mehr bedarf, die des Ersatzes durch Systeme bedürfen.

Paul Celan

Paul Celan, 1920 in Rumänien geboren, lebt als Übersetzer und Sprachlehrer in Paris. Gedichtbände: Mohn und Gedächtnis, *und* Von Schwelle zu Schwelle.

7. November
10:45 Uhr: Die 29jährige
Beate Klarsfeld ohrfeigt
auf dem CDU-Parteitag
in Berlin Kurt Georg
Kiesinger, um auf dessen
Nazi-Vergangenheit als
Beamter im Propaganda-
ministerium von Joseph
Goebbels aufmerksam zu
machen. Zu ihrer Doku-
mentation über die Ver-
gangenheit des Bundes-
kanzlers verfaßte Hein-
rich Böll ein Vorwort:
*Die Geschichte des PG
2633930 Kiesinger.* Schon
vor der Bundeskanzler-
wahl hatte Günter Grass
in einem am 1. 12. 1966 in
der FAZ veröffentlichten
Schreiben Bedenken ge-
äußert: »Wie sollen wir
der gefolterten, ermor-
deten Widerstandskämp-
fer, wie sollen wir den
Toten von Auschwitz
und Treblinka gedenken,
wenn Sie, der Mitläufer
von damals, es wagen,
heute hier die Richtlinien
der Politik zu bestim-
men?«

Ich hoffe, nicht nur im Zusammenhang mit der Bundesrepublik und Deutschland, immer noch auf Änderung, Wandlung. Ersatz-Systeme werden sie nicht herbeiführen, und die Revolution – die soziale und zugleich antiautoritäre – ist nur von ihr her denkbar. Sie fängt, in Deutschland, hier und heute, beim einzelnen an. Ein Viertes bleibe uns erspart.

Martin Walser

Martin Walser, 1927 geborener Romancier: Ehen in Philippsburg, Halbzeit, Das Einhorn.

Sicher ist – und das sollten Mao-lesende Studenten wissen –, daß eine Revolution nicht importiert werden kann. Ebenso sicher ist: Wer bei uns, gelenkig vor lauter Realismus, die Evolution als einzig fromme Gegenwart predigt, der ist schon vor der Vertröstung geschluckt, er wird, wider besseren Willen, dazu dienen, die herrschende ze-de-uh-es-pe-deh-Immobilität mit einem Anschein von Bewegung zu dekorieren; zu diesem Dienst sind vor allem wir, die Intellektuellen, leicht zu verführen: Mit Herakles-Geste vernichten wir dann und wann ein zum Abschuß freigegebenes Tabu.

Daraus ergibt sich: Wer die Evolution wirklich will, der muß die Revolution betreiben. Das heißt: Er muß die Demokratisierung dieser Gesellschaft fordern bis zu einem Grad, der von den jetzigen Stoppern als sündhaft, gesetzeswidrig oder gar kommunistisch diffamiert wird.

Diese Revolution wird, wie es unserer Tradition entspricht, eine Revolution auf Raten sein. Es ist aber illusionär, die Parteien einfach »ersetzen« zu wollen. Sie sind nichts Defektes, sondern etwas Vorläufiges. Und die Große Koalition ist insofern eine fortschrittliche Regierungsform, als sie unser Bewußtsein präpariert für die Ablösung des naiven Parlamentarismus.

Unsere demokratische Geschichte hat gerade erst begonnen und wird doch noch 100 oder 100 000 Jahre dauern; da ist ein bißchen sehr kühn, wenn uns SPD und CDU und ihr intellektueller Set bedeuten wollen, prinzipiell hätten wir mit dem angelsächsischen Muster der Privilegien-Demokratie schon das Ziel unserer Geschichte erreicht. Im Gegenteil: Wir sind am Anfang. Die Revolution – auf Raten – geht weiter.

Hans Magnus Enzensberger
Gemeinplätze, die Neueste Literatur betreffend

9. November
Nachdem er Sympathie
mit den studentischen
Forderungen bekundet
hat, wird der marxisti-
sche Philosoph Adam
Schaff in Warschau aus
dem Zentralkomitee der
*Polnischen Vereinigten
Arbeiter Partei* (PVAP)
ausgeschlossen.

> Josefine behauptet sich, dieses Nichts an Stimme, die-
> ses Nichts an Leistung behauptet sich und schafft sich
> den Weg zu uns, es tut wohl, daran zu denken. Einen
> wirklichen Gesangskünstler, wenn einmal einer sich
> unter uns finden sollte, würden wir in solcher Zeit
> gewiß nicht ertragen und die Unsinnigkeit einer sol-
> chen Vorführung einmütig abweisen. Möge Josefine
> beschützt werden vor der Erkenntnis, daß die Tat-
> sache, daß wir ihr zuhören, einen Beweis gegen ihren
> Gesang ist …
> Mit Josefine aber muß es abwärts gehn. Bald wird die
> Zeit kommen, wo ihr letzter Pfiff ertönt und ver-
> stummt. Sie ist eine kleine Episode in der ewigen
> Geschichte unseres Volkes und das Volk wird den
> Verlust überwinden.
>
> Franz Kafka, *Josefine, die Sängerin oder
> Das Volk der Mäuse*

1. Pompes funèbres. Jetzt also hören wir es wieder läuten, das
Sterbeglöcklein für die Literatur. Kleine sorgfältige Blechkrän-
ze werden ihr gewunden. Einladungen hagelt es zur Grab-
legung. Die Leichenschmäuse sind, wie es heißt, sehr gut besucht: ein Messeschlager. Unter den Trauergästen scheint wenig
Schwermut zu herrschen. Eher macht sich eine manische
Ausgelassenheit breit, eine angeheiterte Wut. Nur scheinbar
stören vereinzelte Grübler im Abseits das Fest. Sie machen
ihren Trip auf eigene Faust, sorglos, als hätten sie Tee im Pfeif-
chen.
Der Leichenzug hinterläßt eine Staubwolke von Theorien, an
denen wenig Neues ist. Die Literaten feiern das Ende der
Literatur. Die Poeten beweisen sich und anderen die Unmöglichkeit, Poesie zu machen. Die Kritiker besingen den defini-
tiven Hinschied der Kritik. Die Bildhauer stellen Plastiksärge
her für die Plastik. Die ganze Veranstaltung schmückt sich mit
dem Namen der Kulturrevolution, aber sie sieht einem Jahr-
markt verzweifelt ähnlich. Die Sekunden, in denen es Ernst
wird, sind selten und verglimmen rasch. Was bleibt, stiftet das
Fernsehen: Podiumsdiskussionen über Die Rolle des Schrift-
stellers in der Gesellschaft.

2. Bedenkfrist. Nach Gewißheit verlangt es die meisten, und
wäre es die, daß es aus und vorbei sei mit dem Schreiben. Auch
das wäre offenbar noch eine Art von Beruhigung. Aber die

Erleichterung der einen ist so verfrüht wie die Schadenfreude und die Panik der anderen. Alte Gewohnheiten sind zäh; eingefleischte Dichter sind selbst durch lautstarke Entziehungskuren kaum zu bekehren; das Geräusch der Särge täuscht darüber hinweg, wie dick der Ast noch ist, auf dem sie sitzt, die Literatur.

Auch gibt es zu denken, daß der »Tod der Literatur« selber eine literarische Metapher ist, und zwar die jüngste nicht. Seit wenigstens hundert Jahren, sagen wir: seit Lautréamont, befindet sich die Totgesagte, nicht unähnlich der bürgerlichen Gesellschaft, in einer permanenten Agonie, und wie diese hat sie es verstanden, die eigene Krisis sich zur Existenzgrundlage zu machen. Ihr Leichenbegängnis ist eine Veranstaltung, deren Ende sich gar nicht absehen läßt und bei dem die Verblichene in unheimlicher Frische, immer aufgekratzter und immer wilder aufgeschminkt, sich einfindet.

Das Trauergefolge bleibt unter sich, nämlich in der Minderheit. Was die Massen angeht, so haben sie ganz andere Sorgen. Sie möchten vom Ableben dieser Literatur, die nie bis an den Kiosk gedrungen ist, ebensowenig Notiz nehmen wie von ihrem Leben. Nicht einmal das Buchgeschäft hat Grund zur Besorgnis; denn um sieben Uhr morgens, wenn die Dahingegangene sich ausschläft, ist die Welt jeweils wieder in Ordnung.

Dennoch, trotz der platten Thesen, der kurzatmigen Einlagen und des monotonen Geblöks, die es begleiten, wäre ein Achselzucken zuwenig angesichts des Leichenspektakels. Denn die Stimmung, von der es zehrt und die es nicht zu artikulieren vermag, sitzt tief. Die Schwundsymptome sind nicht zu leugnen. Nicht nur die aktuelle Produktion ist davon betroffen, die den Selbstzweifel zur dominierenden Kategorie ihrer Ästhetik gemacht hat. Unbehagen, Ungeduld und Unlust haben die Schreiber und die Leser in einem Grad erfaßt, der zumindest für die zweite deutsche Republik neu und unerhört ist. Beide haben auf einmal begriffen, was doch schon immer so war: daß das Gesetz des Marktes sich die Literatur ebenso, ja vielleicht noch mehr unterworfen hat als andere Erzeugnisse. Da sich aber die Herstellung von Margarine offenbar leichter monopolistisch verwalten läßt als die von Literatur, stellt eine solche Einsicht deren Betrieb direkt in Frage. Liefern schlucken liefern schlucken: das ist der Imperativ des Marktes; wenn Schreiber und Leser bemerken, daß, wer liefert, geschluckt wird und wer schluckt, geliefert ist, so führt das zu Stockungen.

Gerade der elitäre Charakter unserer Literatur macht sie anfällig für solche Anwandlungen. Störungsfrei kann sie nur operieren, solange ihr Bewußtsein von der eigenen Lage gestört ist. Da sie von wenigen für wenige gemacht wird, genügen wenige, um sie aus dem Gleichgewicht zu bringen. Wenn die intelligentesten Köpfe zwischen zwanzig und dreißig mehr auf ein Agitationsmodell geben als auf einen »experimentellen Text«; wenn sie lieber Faktographien benutzen als Schelmenromane; wenn sie darauf pfeifen, Belletristik zu machen und zu kaufen: Das sind freilich gute Zeichen. Aber sie müssen begriffen werden.

15. November
Václav Havels Stück *Erschwerte Möglichkeiten der Konzentration* wird am Schiller-Theater in Westberlin uraufgeführt.

3. Lokalblatt. Dabei verhaspelt sich leicht, wem das Wort Epoche allzuglatt von der Zunge geht und wer Aussagen über die Literatur überhaupt und schlechthin machen will. Voreilige Globalisierung verschleiert gewöhnlich das Spezifische der Situation, die es aufzuklären gilt. Ein paar vorläufige Aufschlüsse lassen sich wohl eher gewinnen, indem man das Problem lokalisiert.

Die westdeutsche Gesellschaft hat dem »Kulturleben« überhaupt und der Literatur im besonderen nach dem Zweiten Weltkrieg eine eigentümliche Rolle zugeschrieben. Eine führende Zeitschrift des Nachkriegs hieß *Die Wandlung*. Den Deutschen und mehr noch der Außenwelt eine solche Wandlung zu demonstrieren, das war das Mandat der deutschen Literatur nach 1945. Je weniger an reale gesellschaftliche Veränderung, an die Umwälzung von Macht- und Besitzverhältnissen zu denken war, desto unentbehrlicher wurde der westdeutschen Gesellschaft ein Alibi im Überbau. Ganz verschiedene Motive verbanden sich dabei zu einem neuartigen Amalgam:

– der Wunsch, die totale Pleite des deutschen Reiches wenigstens durch »geistige Leistungen« zu kompensieren;
– das offenbar dringende Bedürfnis, ungeachtet der großen kollektiven Verbrechen nach wie vor oder schon wieder als »Kulturvolk« zu gelten;
– der Hunger eines Staates, mit dem keiner zu machen war, nach egal welcher Art von Prestige;
– der sattsam bekannte »Idealismus«, der sein schlechtes Gewissen angesichts des steigenden Massenkonsums mit den alten antizivilisatorischen Affekten beruhigen wollte;
– ein Antifaschismus, der sich damit begnügte, einen bessern Geschmack als die Nazis zu haben, und der seine demokratische Gesinnung dartat, indem er aufkaufte, was jene »entartet« genannt hatten: Bilder, auf denen nichts zu erkennen war, und Gedichte, in denen nichts stand;

16. November
Bei der Wahl eines neuen
Zentralkomitees der *Pol-
nischen Vereinigten Ar-
beiter-Partei (PVAP)* in
Warschau wird der mos-
kautreue Władysław
Gomulka Erster Sekretär.

– die Lust am Weltniveau, das Bedürfnis, wenigstens ästhetisch auf der Höhe der Zeit zu sein, der Wunsch, das Klassenziel der Weltkultur zu erreichen – spätestens mit der *Blechtrommel* war es geschafft.

Wenigstens in einem Punkt stimmen all diese Momente über-ein: sie haben der Literatur Entlastungs- und Ersatzfunktionen aufgeladen, denen sie natürlich nicht gewachsen war. Die Li-teratur sollte eintreten für das, was in der Bundesrepublik nicht vorhanden war, ein genuin politisches Leben. So wurde die Restauration bekämpft, als wäre sie ein literarisches Phänomen, nämlich mit literarischen Mitteln; Opposition ließ sich abdrän-gen auf die Feuilletonseiten; Umwälzungen in der Politik soll-ten einstehen für die ausgebliebene Revolutionierung der sozialen Strukturen; künstlerische Avantgarde die politische Regression kaschieren. Und je mehr die westdeutsche Gesell-schaft sich stabilisierte, desto dringender verlangte sie nach Gesellschaftskritik in der Literatur; je folgenloser das Engage-ment der Schriftsteller blieb, desto lauter wurde nach ihm gerufen. Dieser Mechanismus sicherte der Literatur einen un-angefochtenen Platz in der Gesellschaft, aber er führte auch zu Selbsttäuschungen, die heute grotesk anmuten.

Ihr Aufstieg war erkauft mit theorieblindem Optimismus, nai-ver Überheblichkeit und zunehmender Unvereinbarkeit von politischem Anspruch und politischer Praxis. Der Katzenjam-mer konnte nicht ausbleiben. Als die Totalität des Imperialis-mus sichtbar wurde, als die gesellschaftlichen Widersprüche nicht mehr stillzulegen waren, als die Politik auf die Straße ging, brachen die Risse im kulturellen Putz auf. Was sich da zwanzig Jahre lang »engagiert« hatte, sah sich nun vor Alternativen gestellt, die auf die Anfangsbuchstaben der Bonner Parteien nicht mehr hören wollten. Frischgebackene Klassiker, die sich angewöhnt hatten, ihre Stellungnahmen vor dem Fernsehen mit dem Aplomb von Gesundheits- und Familienministern zu verlesen, fanden sich auf einmal, verblüfft und beleidigt, einem Publikum gegenübergestellt, das ihre Evangelien mit Lachsalven vergalt. Wenn das, was da auf seine eigenen Fiktio-nen hereinfiel, die Literatur gewesen ist, so hat sie allerdings längst ausgelitten.

4. Die alten Fragen, die alten Antworten. Doch das Dilemma, in dem die Literatur sich, wie alle Künste, findet, sitzt tiefer und ist älter als unsere lokalen Zwangsneurosen. Auf das Jahr 1968 läßt sich allenfalls die verspätete Einsicht datieren, daß ihm nicht mit Phrasen begegnet werden kann. Kafkas Erzählung von der Sängerin Josefine stammt aus dem Jahr 1924. Sechs Jahre später schrieb André Breton: »Auf dem Gebiet, über dessen spezifische Ausdrucksmöglichkeiten Sie mich befragen (nämlich die künstlerische und literarische Produktion), kann das Denken nur schwanken zwischen dem Bewußtsein seiner vollkommenen Autonomie und dem seiner strikten Abhängigkeit.« Und er entfaltete diesen Widerspruch mit der Forderung nach einer Literatur, die zugleich »unbedingt und bedingt, utopisch und realistisch, ihren Zweck nur in sich selbst sehend und nichts als dienen wollend« zu sein hätte.

Die Surrealisten erhoben die Quadratur des Kreises zu ihrem Programm. Sie verschrieben sich rückhaltlos der Sache der kommunistischen Weltrevolution und beharrten zugleich auf ihrer intellektuellen Souveränität, auf der Autonomie ihrer literarischen Kriterien. Zur Begründung dieser Haltung berief sich Breton auf die Gesetzmäßigkeiten eines »poetischen Determinismus«, denen ebensowenig zu entgehen sei wie denen des dialektischen Materialismus. In der heutigen Diskussion hört dieselbe Sache auf andere Namen. Da geht die Rede vom »objektiven Stand der Gattung« und vom »künstlerischen Materialzwang« – Kategorien, die jenem »Sachzwang« verdächtig ähnlich sehen, an den die Verwalter des politischen Status quo sich klammern.

Der Versuch der Surrealisten, sich in ihrer Zwickmühle einzurichten, als wär's eine Zitadelle, hatte etwas eigensinnig Heroisches. Von der Nachfolge, die er heute in den versprengten Trupps der Neo-Avantgarde findet, kann man das kaum behaupten. Die Bekenntnisse zu revolutionären Positionen, die von manchen Autoren der Gruppe Tel Quel in Paris, des Gruppo 63 in Italien, des Noigandres-Kreises in Brasilien zu hören sind, haben jeden Zusammenhang mit ihrer literarischen Produktion eingebüßt. Diese zeigt keine strukturellen Unterschiede mehr zu den Werken anderer, die jeder politischen Stellungnahme aus dem Wege gehen oder offen reaktionär argumentieren. Offenbar setzt der »Materialzwang«, dem diese Literatur sich verpflichtet fühlt, sich über die subjektiven Einsichten hinweg durch, als eine Art literarischer Meta-Ideologie, vor der es für diese Autoren kein Entrinnen gibt.

Diese Ideologie sieht von allen gesellschaftlichen Gehalten ab. Sie ist technokratisch. Ihr Fortschrittsbegriff zielt auf Produktionsmittel, nicht auf Produktionsverhältnisse. Deshalb bleiben ihre Produkte mehrdeutig. Nicht umsonst spielen Begriffe wie Unbestimmtheit, Zufall und Beliebigkeit in ihrer Ästhetik eine zentrale Rolle. Die Hersteller einer solchen Literatur mögen subjektiv ehrlich sein, wenn sie das Wort Revolution in den Mund nehmen; doch geraten sie damit notwendig in die Nähe

17. November
Der tschechoslowakische Parteisekretär, der Reformpolitiker Zdeněk Mlynář, kündigt seinen Rücktritt an.

445

18. November
Josef Škvorecký veröf-
fentlicht eine Dokumen-
tation über die Zeitschrift
Literarni Listy unter dem
Titel *Nachrichten aus der
ČSSR*.

der industriellen Technokraten vom Schlage eines Servan-Schreiber.[1]

Antithetisch zur technokratischen Avantgarde verhält sich eine Literatur, die sich als bloßes Instrument der Agitation versteht. In einem Brief aus Bolivien hat Régis Debray[2] mit großer Entschiedenheit, wenn auch im hergebrachten Ton poetischer Noblesse, für eine solche Literatur plädiert:

»Für den Kampf, der vor unseren Augen und in jedem einzelnen von uns ausgekämpft wird zwischen der Prähistorie und dem Wunsch, unserer Vorstellung vom Menschen entsprechend zu leben, brauchen wir Werke, die Zeugnis davon ablegen: wir brauchen Fetzen und Schreie, wir brauchen die Summe aller Aktionen, von denen solche Werke Nachricht geben. Erst dann, wenn wir sie haben, unentbehrliche und einfache Berichte, Lieder für den Marsch, Hilferufe und Losungen für den Tag, erst dann haben wir ein Recht darauf, uns an literarischen Schönheiten zu erfreuen.«

Eine Literatur, die solchen Forderungen entspräche, existiert, wenigstens in Europa, nicht. Die bisherigen Versuche, gleichsam mit Gewalt aus dem Ghetto des Kulturlebens auszubrechen und »die Massen zu erreichen«, etwa mit den Mitteln des Agitprop-Songs oder des Straßentheaters, sind gescheitert. Sie haben sich als literarisch irrelevant und politisch unwirksam erwiesen. Selbstverständlich ist das keine Frage des Talents. Die Adressaten durchschauen, auch wenn sie keine Rechenschaft davon geben, mühelos die schlechte Unmittelbarkeit, das hilflos Kurzschlüssige, den Selbstbetrug solcher Versuche und fassen sie als Anbiederung auf. Auch darüber hat Breton vor vierzig Jahren bereits das Notwendige gesagt:

»Ich glaube nicht an die gegenwärtige Existenzmöglichkeit einer Literatur oder Kunst, welche die Bestrebungen der Arbeiterklasse ausdrücken könnte. Ich weigere mich mit gutem Grund, etwas Derartiges für möglich zu halten. Denn in einer vorrevolutionären Epoche ist der Schriftsteller oder Künstler notwendigerweise im Bürgertum verwurzelt und schon deshalb außerstande, für die Bedürfnisse des Proletariats eine Sprache zu finden.«

5. *Allesfresser.* Dem wäre, ein halbes Jahrhundert nach der Oktoberrevolution, noch einiges hinzuzufügen. Auch in der

---

1 Von Jean-Jacques Servan-Schreiber, 1953 Mitbegründer und bis 1970 Direktor der Wochenzeitschrift *L'Express*, erschien 1968 in Deutsch das Buch *Die amerikanische Herausforderung*.
2 Régis Debray veröffentlichte 1967 das Buch *Revolution in der Revolution*. Anfang 1967 reiste er nach Bolivien zu Che Guevara, wurde danach zum Tode verurteilt, vier Jahre später jedoch freigelassen.

Sowjetunion existiert bis heute keine revolutionäre Literatur. (Majakovskij ist eine Ausnahme geblieben; die literarische Avantgarde der russischen zwanziger Jahre hat im wesentlichen bürgerliche Poetiken fortgeführt und radikalisiert; die Ausbreitung des »kulturellen Erbes«, das heute in der Tat einer großen Mehrheit sowjetischer Bürger zugänglich ist, mag als eine sozialistische Errungenschaft gelten; sie ruht jedoch auf einem bloß quantitativen Kulturbegriff, der aus alten sozialdemokratischen Traditionen stammt, und auf einer ganz retrospektiven Deutung der Parole: Die Kunst dem Volk; eine revolutionäre Kultur ist, wie der heutige Zustand der sowjetischen Literatur nur allzudeutlich zeigt, auf solche Prämissen nicht zu gründen.)

Bis heute geben mithin die Hervorbringungen der bürgerlichen Epoche in der Weltliteratur den Ton an; sie bestimmen die herrschenden Kriterien, die sich bietenden Möglichkeiten, die üblichen Auseinandersetzungen, die zunehmenden Widersprüche. Bürgerlich bestimmt sind sozialistischer Realismus und abstrakte Poesie, Literatur der Affirmation und Literatur des Protestes, absurdes und dokumentarisches Theater. Die Kultur ist das einzige Terrain, auf dem die Bourgeoise unangefochten dominiert. Ein Ende dieser Herrschaft ist nicht abzusehen.

Andererseits ist seit dem neunzehnten Jahrhundert die Bedeutung der Literatur im Klassenkampf fortwährend zurückgegangen. Von Anfang an ließen sich dabei zwei Momente unterscheiden, wenn auch nicht reinlich voneinander abtrennen. Einerseits war sie als die herrschende immer auch eine Literatur der herrschenden Klasse und hatte zugleich der Festigung dieser Klassenherrschaft und ihrer Verschleierung zu dienen. Andererseits ist sie aus einer Revolution hervorgegangen und hat, insofern sie diesem Ursprung die Treue hielt, die Grenzen ihres Mandates überschritten. Zwiespältig war somit ihre Funktion im Klassenkampf von Anfang an: sie diente der Mystifikation, aber auch der Aufklärung. Spätestens seit dem Ende des Ersten Weltkrieges sind jedoch diese Funktionen, an denen sich auch eine Kritik der Literatur schlüssig orientieren konnte, deutlich im Schwinden. Der Imperialismus hat seither so mächtige Instrumente zur industriellen Manipulation des Bewußtseins entwickelt, daß er auf die Literatur nicht mehr angewiesen ist. Umgekehrt ist auch ihre kritische Funktion immer mehr geschrumpft. Schon in den dreißiger Jahren konnte Benjamin konstatieren, »daß der bürgerliche Produktions- und Publikationsapparat erstaunliche Mengen von revolutionären Themen assimilieren, ja propagieren kann, ohne

20. November
Auf der Fortsetzung der in Frankfurt/M. begonnenen 23. SDS-Delegiertenkonferenz in Hannover wird heftig über die Organisationsfrage diskutiert. Es kommt zu einer Rebellion der Frauen gegen die männlich geprägten »repressiven Kommunikationsstrukturen«.

damit seinen eigenen Bestand (...) ernstlich in Frage zu stellen«. Seitdem hat sich das Vermögen der kapitalistischen Gesellschaft, »Kulturgüter« von beliebiger Sperrigkeit zu resorbieren, aufzusaugen, zu schlucken, enorm gesteigert. Heute liegt die politische Harmlosigkeit aller literarischen, ja aller künstlerischen Erzeugnisse überhaupt offen zutage: schon der Umstand, daß sie sich als solche definieren lassen, neutralisiert sie. Ihr aufklärerischer Anspruch, ihr utopischer Überschuß, ihr kritisches Potential ist zum bloßen Schein verkümmert.

In genauer Analogie zu dieser Auszehrung der gesellschaftlichen Gehalte steht die Assimilation ihrer formalen Erfindungen durch die spätkapitalistische Gesellschaft. Auch die extremsten ästhetischen Kontraventionen stoßen auf keinen ernsthaften Widerstand mehr. Zwar lehnt ein Teil des Abonnentenpublikums sie ab. Auf industriellen Umwegen, über Werbung, Design und Styling gehen sie jedoch früher oder später, meist aber früher, fugenlos in die Konsumsphäre ein. Damit hat eine Äquivokation ein Ende, die fünfzig Jahre lang die progressive Literaturtheorie beherrscht hat: die Parallelisierung oder gar Gleichsetzung von formaler und gesellschaftlicher Innovation.

Eine kritische Rhetorik, die den Begriff der Revolution auf ästhetische Strukturen übertrug, war nur zu einer Zeit möglich, da der Bruch mit konventionellen Schreib- (Mal-, Kompositions-)Weisen noch als Herausforderung gelten konnte. Diese Zeit ist vorbei. Proklamationen und Manifeste, in denen »Umwälzungen«, »Revolten«, »Revolutionen« der Sprache, der Syntax, der Metapher usw. angekündigt werden, klingen heute hohl. Sie stoßen nicht von ungefähr auf das wohlwollende Verständnis der herrschenden Institutionen und werden dementsprechend dotiert.

(»*Revolutionär – was gehört eigentlich dazu?* Aus der Erfahrung mit unzähligen Bewerbern wissen wir, daß nicht jeder zum selbständigen Kaufmann taugt. Wir wissen aber auch, daß es unzählige Könner gibt, die sich innerhalb ihrer momentanen Einkommensgrenzen keineswegs entfalten können.

Die weltbekannte Chase-Gruppe, deren nicht unwesentlicher Bestandteil die Securities Management Corporation ist, geht in ihren Ursprüngen bereits auf das Jahr 1932 in Boston, USA, zurück. Sie bietet kleinen wie großen Kapitalanlegern eine solide, ja konservative Lösung für langfristige Investitionen. Wissenschaftliche Analytiker ersten Ranges sorgen für eine sinnvolle Aggressivität des Kapitalwachstums.

Wenn Sie revolutionär genug sind, um ausschließlich auf Provisionsbasis und in den ersten Monaten besonders hart zu arbeiten, werden Sie sich in Kürze eine bestechende Existenz mit einem bestechenden Einkommen schaffen.« Stellenanzeige in einer deutschen Tageszeitung, Sommer 1968.)

23. November
Die Romanverfilmung *Doktor Schiwago* läuft seit zwei Jahren ununterbrochen im Berliner Kino Royal Palast.

6. Für Garderobe wird nicht gehaftet. Ich fasse zusammen: Eine revolutionäre Literatur existiert nicht, es wäre denn in einem völlig phrasenhaften Sinn des Wortes. Das hat objektive Gründe, die aus der Welt zu schaffen nicht in der Macht von Schriftstellern liegt. Für literarische Kunstwerke läßt sich eine wesentliche gesellschaftliche Funktion in unserer Lage nicht angeben. Daraus folgt, daß sich auch keine brauchbaren Kriterien zu ihrer Beurteilung finden lassen. Mithin ist eine Literaturkritik, die mehr als Geschmacksurteile ausstoßen und den Markt regulieren könnte, nicht möglich.

Diese Feststellungen nehmen sich lapidar aus. Um so dringender gebe ich zu bedenken, daß ein pauschales Urteil über die aktuelle literarische Produktion sich auf sie nicht stützen kann. Logisch gesehen stellt uns der Satz, eine triftige soziale Funktion lasse sich ihr nicht zuschreiben, keine neuen Gewißheiten zur Verfügung. Er negiert, daß es solche Gewißheiten gibt. Wenn er zutrifft, so zeigt er auf ein Risiko, das fortan zum Schreiben von Gedichten, Erzählungen und Dramen gehört: das Risiko, daß solche Arbeiten von vornherein, unabhängig von ihrem Scheitern und Gelingen, nutz- und aussichtslos sind. Wer Literatur als Kunst macht, ist damit nicht widerlegt, er kann aber auch nicht mehr gerechtfertigt werden.

Wenn ich recht habe, wenn es keinen Schiedsspruch über das Schreiben gibt, dann ist allerdings auch mit einem revolutionären Gefuchtel nichts getan, das in der Liquidierung der Literatur Erleichterung für die eigene Ohnmacht sucht. Eine politische Bewegung, die sich statt mit der Staatsmacht mit älteren Belletristen anlegte, würde damit nur ihre Feigheit zur Schau stellen. Wenn wir eine Literatur nur noch auf Verdacht hin haben, wenn es prinzipiell nicht auszumachen ist, ob im Schreiben noch ein Moment, und wär's das winzigste, von Zukunft steckt, wenn also Harmlosigkeit den Sozialcharakter dieser Arbeit ausmacht, dann kann auch eine Kulturrevolution weder mit ihr noch gegen sie gemacht werden. Statt den Verfassern schmaler Bändchen ein Hände hoch! zuzurufen, müßten die militanten Gruppen gegen die mächtigen kulturellen Apparate vorgehen, deren gesellschaftliche Funktion, im Gegensatz zu der von Poesie und Prosa, nur allzuklar erkennbar ist und ohne deren Herrschaft Herrschaft insgesamt nicht mehr gedacht werden kann. Allerdings sind diese Apparate keine wehrlosen Gegner, an denen die Linke ihre Angst, ihren Puritanismus und ihr Banausentum in Aggression umsetzen könnte, ohne etwas dabei zu riskieren.

7. *Ja das Schreiben und das Lesen.* Für Schriftsteller, die sich mit ihrer Harmlosigkeit nicht abfinden können, und wieviele werden das sein? habe ich nur bescheidene, ja geradezu dürftige Vorschläge zu machen. Vor allem schlüge uns vermutlich zum Vorteil aus, was offenbar am schwersten fällt: eine angemessene Einschätzung unserer eigenen Bedeutung. Es ist nichts damit gewonnen, wenn wir, vom Selbstzweifel angenagt und durch Sprechchöre verschüchtert, die herkömmliche Imponier- mit einer neu eingeübten Demutsgeste vertauschen. So schwer sollte es in einer Gesellschaft, in der das politische Analphabetentum Triumphe feiert, doch nicht sein, für Leute, die lesen und schreiben können, begrenzte, aber nutzbringende Beschäftigungen zu finden. Das ist schließlich keine neue Aufgabe; Börne hat sie vor hundertfünfzig Jahren in Deutschland in Angriff genommen, und Rosa Luxemburg ist schon fünfzig Jahre tot. Was uns heute zur Hand liegt, wirkt, an solchen Vorbildern gemessen, allerdings bescheiden: beispielsweise Günter Wallraffs Reportagen aus deutschen Fabriken, Bahman Nirumands Persien-Buch, Ulrike Meinhofs Kolumnen, Georg Alsheimers Bericht aus Vietnam. Den Nutzen solcher Arbeiten halte ich für unbestreitbar. Das Mißverständnis zwischen der Aufgabe, die sie sich stellen, und den Ergebnissen, die sie erbracht haben, läßt sich nicht auf Talentfragen reduzieren. Es ist auf die Produktionsverhältnisse der Bewußtseins-Industrie zurückzuführen, die zu überspielen die Alphabetisierer bisher außerstande waren. Die Verfasser halten an den traditionellen Mitteln fest: am Buch, an der individuellen Urheberschaft, an den Distributionsgesetzen des Marktes, an der Scheidung von theoretischer und praktischer Arbeit. Ein Gegenbeispiel gibt die Arbeit Fritz Teufels ab. Andere, weniger an die Person gebundene Möglichkeiten müssen erdacht und erprobt werden.

Die politische Alphabetisierung Deutschlands ist ein gigantisches Projekt. Sie hätte selbstverständlich, wie jedes derartige Unternehmen, mit der Alphabetisierung der Alphabetisierer zu beginnen. Schon dies ist ein langwieriger und mühseliger Prozeß. Ferner beruht jedes solcher Vorhaben auf dem Prinzip der Gegenseitigkeit. Es eignet sich dafür nur, wer fortwährend von jenen lernt, die von ihm lernen. Das ist übrigens eine der angenehmsten Seiten der Arbeit, die ich meine. Der Schriftsteller, der sich auf sie einläßt, verspürt plötzlich eine kritische

Wechselwirkung, ein Feedback zwischen Leser und Schreiber, von dem er sich als Belletrist nichts konnte träumen lassen. Statt blöder Rezensionen, in denen ihm bescheinigt wurde, daß er sich von seinem zweiten bis zu seinem dritten Buch vielversprechend weiterentwickelt hatte, wohingegen sein viertes eine herbe Enttäuschung gewesen sei, erfährt er nun Korrekturen, Widerstände, Beschimpfungen, Gegenbeweise, mit einem Wort: Folgen. Was er sagt und was ihm gesagt wird, ist anwendbar, kann Praxis werden, sogar eine gemeinsame Praxis. Diese Folgen sind bruchstückhaft und vorläufig. Sie sind vereinzelt. Aber es besteht kein prinzipieller Grund dafür, daß sie es bleiben müßten. Vielleicht erreicht der Alphabetisierer eines Tages sogar, was ihm versagt bleiben mußte, solange er auf Kunst aus war: daß der Gebrauchswert seiner Arbeit ihrem Marktwert über den Kopf wächst.

8. Kalenderspruch. »In Türangeln gibt es keine Holzwürmer.«

Anmerkung

Auf das Thema dieser *Gemeinplätze* gehen verschiedene Publikationen der letzten Monate ein. Zu nennen sind vor allem: *Kritik. Eine Selbstdarstellung deutscher Kritiker.* Herausgegeben von Peter Hamm. München (Hanser) 1968. *Kürbiskern* 4/1968. Martin Walser, Nachwort zu: *Bottroper Protokolle*, aufgezeichnet von Erika Runge. Frankfurt am Main (Suhrkamp) 1968. Karel Teige, *Liquidierung der ›Kunst‹.* Analysen und Manifeste. Frankfurt am Main (Suhrkamp) 1968. Die Zitate aus Breton stehen im *Zweiten Surrealistischen Manifest* von 1930. Régis Debrays Brief ist vom 20. September 1967 aus Camiri datiert. Der Satz von Walter Benjamin findet sich in den *Versuchen über Brecht.*

25. November
Der Roman *Deutschstunde* von Siegfried Lenz befindet sich auf Platz 1 der *Spiegel*-Bestsellerliste.

25. November
Prix Fémina an Marguerite Yourcenar für ihr Buch *L'œuvre Noir* (*Das Werk in Schwarz*). Prix Médicis an Elie Wiesel für seinen Roman *Le Mediant de Jerusalem* (*Der Bettler von Jerusalem*).

Martin Walser
Berichte aus der Klassengesellschaft

»Man wurde nicht irrsinnig.«
Maria B., Putzfrau, Bottrop.

Die Politiker aller bei uns zugelassenen Parteien reden uns andauernd ein, wir lebten schon in einer Demokratie.

Die Politik-Beobachter und -Macher in den Zeitungen bestätigen das. Jeder hat es hundertmal gehört: Marx hat sich getäuscht, der aufgeklärte Kapitalismus läßt die Arbeiter nicht verelenden, er sorgt für sie, die Klassengesellschaft ist überwunden. Die Aussagen, die in diesem Buch gedruckt werden, beweisen, daß die Politiker und die ihnen zugehörigen Journalisten zumindest einer Selbsttäuschung verfallen sind.

Es stimmt, ich lebe in einer Demokratie, die Politiker leben in einer Demokratie, die Journalisten leben in einer Demokratie. Die Arbeiter und Arbeiterinnen, die hier zu Wort kommen, leben nicht in derselben Demokratie. Wir wollen das nicht wissen. Wir wissen es auch gar nicht. Die Arbeiter und ihre Familien in Bottrop kommen ja nicht zu Wort. Sie schreiben nicht in der Zeitung, sitzen nicht im Parlament, schreiben keine Bücher. Natürlich ist es jedem von ihnen erlaubt, Bücher zu schreiben, Journalist zu werden oder Bundestagsabgeordneter. Auch die schlimmsten Liberalen haben heute nichts mehr dagegen, daß Arbeiterkinder studieren, daß die nach bürgerlichen Maßstäben besonders Begabten überlaufen dürfen, um die bürgerliche Gesellschaft mit Leistung zu nähren und selber dafür aufgenommen zu werden ins privilegienreiche Bürgertum. Das ist überhaupt die Eigenschaft, die das Bürgertum am Leben erhält: diese sogenannte Liberalität, die jedem, der sich der bürgerlichen Leistungsregel gewachsen zeigt, den Übertritt ermöglicht. Dieser Übertritt heißt Aufstieg, heißt Karriere, heißt Erfolg. Er ist mit Annehmlichkeiten gesegnet. Wer es geschafft hat, der hat nichts mehr zu tun mit dem Bereich, den er verlassen hat. Er ist oben. Die, die es nicht schaffen, bleiben unten. Die haben sich das selber zuzuschreiben. Die sind einfach nicht tüchtig genug. Die haben schlechte Zensuren von der Schule bis zur Bahre. Daß jeder bei uns hochkommen kann, daß auch heute noch Imperien gegründet werden können, das steht oft genug in der Zeitung. Die Menschen sind nun einmal nicht gleich. Und die bürgerliche Regel fördert die Ungleichheit, sie belohnt und straft, sie versteht sich selbst als eine Art Naturgesetz; und tatsächlich, es geht unter diesem

Gesetz zu wie im Tierreich: man muß sich durchsetzen; der Stärkere überlebt leichter und länger.

In der Theorie, in der Politik, überhaupt im Selbstverständnis und in der Darstellung nennt sich das Bürgertum demokratisch, human usw. Zweifellos nicht nur aus Verruchtheit und böser Absicht, sondern aus der natürlichen Neigung jedes Menschen (und jeder Klasse), sich für gerecht und für gerechtfertigt zu halten.

Das Bürgertum braucht nur an seine schlimmeren Vorläufer zu denken, und schon hält es die bürgerliche Gesellschaft für die beste mögliche Gesellschaftsordnung und sich selbst für das Ziel aller menschlichen Geschichte.

Die Berichte der Leute aus Bottrop heben diesen bürgerlichen Anspruch auf. Das sind Leute, die kein Talent zum Überlaufen und zum Aufstieg haben. Leute, die bei uns auch von keiner Partei und von keiner Zeitung vertreten sind. Leute also, die nicht zu Wort kommen.

Ist das zu grob gesehen und gesagt? Ist die SPD denn gar nichts mehr? Die SPD ist schon noch etwas: Volkspartei. Das ist ein gewähltes Wort.

Da die Mehrheit des Volkes aus »Arbeitnehmern« besteht, wäre die SPD wohl eher Volkspartei geworden, wenn sie Arbeiterpartei geblieben wäre. Aber die SPD hält das deutsche Volk offenbar für eine unveränderbar rechtskonservative Masse, also läuft sie über und gibt sich her für den stillsten Staatsstreich unserer Geschichte, den man die Große Koalition nennt; »große« schreibt man da einfach groß. Das war vor allem für das Großbürgertum ein größerer Sieg als jeder bisherige Wahlsieg der CDU. In einem Bonner Nachrichtendienst für die Wirtschaft konnte man solche Sätze lesen: »Die Wirtschafsverbände und Unternehmer wollen ihren Kontakt zur SPD verbessern.« »Den Gewerkschaften wird von den SPD-Führern gesagt, sie sollten die Sozialdemokraten nicht als ihre Partei ansehen.« »Bisher gilt Schiller bei den Unternehmern als Ausnahme-Sozialdemokrat. Jetzt scheint die Parteiführung stärker auf seinen wirtschafts- und sozialpolitischen Kurs einzuschwenken. Für die Wirtschaft wird der Fächer des politischen Geschäfts breiter«. Das alles läßt vermuten, daß die Leute in Bottrop in der SPD je länger je weniger zu Wort kommen.

Und in Soziologiebüchern? Da verringert sich die Realität dieser Klasse zu solchen Sätzen: »Arbeiter erleben die Gesellschaft dichotomisch.« Also nicht: unsere Gesellschaft *ist* geteilt in oben und unten, sondern Arbeiter *erleben* sie so. Oder: »Arbeiter haben einen anderen Zeitsinn. Ihnen fehlt das mittelständische Muster der aufgeschobenen Befriedigung, also des

25. November
Nachdem Studentendemonstrationen in Kairo, Alexandria und Al Mansura, der Hochburg der radikalen Muslim-Brüder, gewaltsam niedergeschlagen wurden, werden in ganz Ägypten die Hochschulen geschlossen. Die Studenten fordern eine umfassende Liberalisierung, die Aufhebung der Pressezensur und ein Ende des Polizeiterrors. Bei den Unruhen gibt es viele Verletzte, mehrere Menschen werden getötet.

26. November
In Ostberlin stirbt
81jährig der Schriftsteller
Arnold Zweig, bekannt
durch seinen antimilita-
ristischen Roman *Der
Streit um den Sergeanten
Grischa* (1927).

Verzichts auf unmittelbaren Genuß zugunsten eines größeren späteren.« Ach, Herr Professor Dahrendorf, warum sagen Sie nicht gleich: Arbeiter versaufen und verfressen ihren Zahltag, haben nur Kino und Fernsehen und Fußball im Kopf, anstatt daß sie ans Sparkonto und die Kapitalbildung denken ...

Nein, in Soziologiebüchern kommen sie auch nicht zu Wort, auch wenn der Soziologe sich noch so tierforscherisch liebevoll mit dieser fremden Sorte beschäftigt. In Literatur und Film kommen sie auch so gut wie nicht zu Wort. Es ist lächerlich, von Schriftstellern, die in der bürgerlichen Gesellschaft das Leben »freier Schriftsteller« leben, zu erwarten, sie könnten mit Hilfe einer Talmi-Gnade und der sogenannten schöpferischen Begabung Arbeiter-Dasein im Kunstaggregat imitieren oder gar zur Sprache bringen. Alle Literatur ist bürgerlich. Bei uns. Auch wenn sie sich noch so antibürgerlich gebärdet. Ich bin nicht so sicher, daß sie nichts als »affirmativ« sei, aber bürgerlich ist sie sicher. Das heißt: sie drückt bürgerliche Existenz aus, Leben unter bürgerlichen Umständen, Gewissen, Genuß, Hoffnung und Kater in bürgerlicher Gesellschaft. Arbeiter kommen in ihr vor wie Gänseblümchen, Ägypter, Sonnenstaub, Kreuzritter und Kondensstreifen. Arbeiter kommen in ihr vor. Mehr nicht.

Hier, in diesem Buch, kommen sie zu Wort. Wer diese Aussagen und Erzählungen gelesen hat, wird wünschen, daß Erika Runge sich wieder auf den Weg macht mit ihrem Tonbandgerät, um weitere Bottrops aufzunehmen, weitere von böser Erfahrung geschärfte Aussagen, weitere Seufzer, Flüche, Sprüche und Widersprüche, weitere Zeugnisse einer immer noch nach minderem Recht lebenden Klasse.

Reinhard Lettau
Der Feind

27. November
In seiner ersten Rede vor
der Nationalversamm-
lung erklärt der portu-
giesische Ministerpräsi-
dent Marcelo Caetano,
Portugal habe nicht die
Absicht, seine afrikani-
schen Territorien aufzu-
geben.

Draußen regnet es. Der General kommt zurück.
»Haben Sie gewonnen?« wird er gefragt.
»Ich habe den Feind nicht gefunden«, antwortet der General.
Neben ihm stehen die Herren, die mit ihm hereingekommen
sind, in triefenden Paletots. Pfützen auf der Diele.
»Der Gegner wurde nicht sichtbar. Wir fanden ihn nirgends«,
sagt der General.
Unterdessen ist der Feldmarschall eingetreten, man hat ihn
geweckt. Er setzt sich auf den Stuhl, den man ihm hinrückt.
Dort knüpft er die Uniformjacke bis obenhin zu, dann sagt er:
»Berichten Sie von der Schlacht.«
Der General schlägt die Augen nieder. »Ich hatte eben den
Herren schon mitgeteilt, daß die Auffindung des Gegners
schwierig war. Zum Beispiel glaubten wir einmal, auf eine
feindliche Patrouille gestoßen zu sein. Bei dem Nebel ist es
schwierig. Es sind alles Schemen.« Er zeigt hinter sich.
Der Feldmarschall ist jetzt aufgestanden und ans Fenster getreten. Knarren der Dielen, der Feldmarschall bewegt sich am
Fenster. Die Anwesenden beobachten ihn dort. Ein Soldat tritt
neben den Feldmarschall und hält die Gardine beiseite, damit
der Feldmarschall nach draußen blicken kann. Der Feldmarschall beugt sich gegen das Glas. Im Zimmer herrscht Ruhe.
Nach einer Weile sagt der Feldmarschall: »Draußen ist wirklich
nichts zu sehen.« Der General atmet auf. Noch vom Fenster aus
fragt der Feldmarschall: »Gehört haben Sie den Feind wohl
auch nicht?«
»Einmal war der Feind im Baum und hat einen Vogel nachge-
macht«, antwortet der General. »Wir gingen und hörten es von
oben zwitschern. Deutliches Zwitschern im Laub. Echte Vögel,
bei unserm Näherkommen, wären aufgeflogen.«
Der Feldmarschall geht in sein Zimmer zurück. Der General
zeigt zur Zimmertür.
»Ist er dort allein?«
»Er ist viel allein. Immer ist er da drin.«
Zusammen mit zwei Soldaten tritt ein Oberst ein. Noch bei der
Tür, ehe diese geschlossen ist, ruft er: »Wo sind meine Trup-
pen?« Dann erst bemerkt er den anwesenden General, salu-
tiert.
»Erklären Sie die Frage«, sagt der General.
»Exzellenz, es regnet stark. Zuletzt sah ich die Truppen auf der
Landstraße hinter einem Feind herrennen. Vorn rannte der

29. November
Die Zeit veröffentlicht
den Artikel *Kunst als
Ware der Bewußtseins-
industrie* der SDS-Grup-
pe ›Kultur und Revolu-
tion‹.

Feind, dahinter meine Truppen. Auf einer Anhöhe, um mir
Überblick zu verschaffen, hielt ich selbst an. Die Truppen
rannten alle an mir vorbei. Zuletzt, in der Entfernung, wo
die Straße Hügel gewann, sah ich sie noch lange, langsamer
rennen. Abgehetzt rannten sie wie Verlierer hinter dem Feind
her.«

In der offenen Tür steht wieder der Feldmarschall.

»Hat der Feind sich manchmal umgedreht?« fragt er.

Der Oberst grüßt den Feldmarschall, steht vibrierend.

»Exzellenz«, sagt er, »der Feind wandte sich beim Laufen öfters
um.«

»Wie sieht der Feind aus?« fragt der Feldmarschall.

»Dieser Feind«, sagt der Oberst, »wie soll man ihn beschreiben?«

»Entspricht sein Äußeres den Vorstellungen, die man sich in der
Heimat macht?« fragt der Feldmarschall.

Der Oberst denkt nach.

»Beschreiben Sie das Äußere des Feindes«, ruft der General.
»Entspricht es den Erwartungen?«

»Dieser Feind ist ein ziemlich kleiner Mensch und rennt sehr
schnell. Sie sehen ja, wo meine Truppen sind. Zum Beispiel hat
er Pickel. Durch das Fernglas habe ich Pickel im Gesicht gesehen.«

»Hat also Pickel?« ruft der Feldmarschall. »Ja, weiter. Ich höre
schon.«

»Und er ist sehr klein und läuft schnell, aber schief.«

»Und weiter?« ruft der Feldmarschall.

»Beim Laufen gehen die Knie so spitz hoch. Haben Sie Ihre
Schlacht gewonnen?« fragt er jetzt den General.

»Haben Sie es schießen hören? Hat es gepfiffen? Sind bei mir
Brandspuren? Meine Züge verräuchert?«

»Natürlich«, sagt der Oberst, »ist es ein schlechtes Gefühl,
wenn ganze Kompanien hinter einem einzigen Feind herrennen.«

»Aha«, ruft der Feldmarschall. »Und warum? Nur weil wir
mehr sind, dürfen wir da nicht recht haben? Soll ich allein
hierbleiben? Mich ganz klein machen, geduckt herumlaufen?
Sollen Zwerge immer gewinnen? Man stellt hier zehn Menschen hin, dort einen, dann hat der eine gleich recht, nur weil er
allein ist, Hautausschlag hat, aber wir sind die Teufel, weil wir
gesund sind, groß sind, zu zehnt sind?«

Später, in der Nacht, steht der Feldmarschall wieder im Zimmer, bindet sich noch den Morgenmantel zu und sagt: »Ich habe
einige Überlegungen angestellt und meine, daß wir den Feind
heute schlagen werden.«

Unruhe vor dem Haus. Ein Major betritt den Raum.

»Sie haben ja Blumen in der Hand«, sagt der Feldmarschall.

»Gewiß, ein Blumenstrauß«, antwortet der Major. Er blickt zur Hand. »Feldblumen.«

Dann, auf Befragen: »Sie wissen, wie hier die Leute aus den Häusern treten, wenn man durchs Dorf kommt. Wir hatten das Dorf kaum hinter uns, vor uns flaches Land, da sehen wir in der Ferne Männer gegen uns vorrücken, etwa tausend. Eben habe ich meinen Leuten Deckung befohlen, sind diese schon bei uns, gehen weiter, auf einem großen Spaziergang ins Dorf. Ich dränge mich durch ihre Reihen hindurch zu den ersten, wo ich den Anführer vermute, stelle mich vor ihnen auf und rufe: ›Halt!‹ ›Warum halt?‹ rufen diese und schreiten weiter voran, so daß ich gezwungen bin, rückwärts zu laufen, um sie bei ihrem Vorwärtsgehen noch im Auge zu behalten. ›Seid ihr nicht Feinde?‹ rufe ich, darauf lachen diese, Zahnwerk wird sichtbar, machen Grimassen, lachen aber und rufen hinzu: ›Damit du nicht Angst hast‹ und sind schon vorbei, den Hügel hinan und dahinter verschwunden.«

»Befinden sie sich immer noch hinter jenem Hügel?«

»Wir standen vor der Wahl, nachzuschaun oder uns zunächst hierher zu begeben, um Meldung zu erstatten.«

»Alle Ihre Leute?«

»Meine Leute wollten die Aufnahme der Meldung hier beobachten.« Der Major bemerkt jetzt den General. »Sie wollten doch eine Schlacht machen?« fragt er ihn.

Frisch, mit leuchtenden Augen, tritt der Feldmarschall am frühen Morgen ins Zimmer.

»Wir schlagen den Feind heute«, sagt er.

Der Adjutant meldet sich.

»Warum heute?«

Da tritt ein Leutnant in die Stube. Er salutiert nach allen Seiten.

»Ein Mann«, sagt er, »sagte, er würde uns den Ort zeigen, wo der Feind sich aufhält, wenn er nicht unterwegs sei. Bald sagte er: ›Verharrt hier‹, verschwand, kam zurück: ›Womöglich woanders‹, sagte er. Woanders angekommen, rief er: ›Dahinten‹, dort: ›Nein, wo wir vorher waren‹, dort: ›Nun folgt‹, auf einmal: ›Nun wartet‹, wir warteten.«

»Während Sie warteten, ist er nicht wiedergekommen?«

»Nicht. Während wir dastanden nicht.«

»Sie haben ihn nicht mehr gesehen?«

»Auf dem Rückweg. Er focht, aber es war niemand sonst da. ›Wo ist Ihr Gegner?‹ fragten wir ihn. ›Zuletzt dort drüben‹,

2. Dezember
Die italienische Polizei geht in der sizilianischen Gemeinde Avola mit Maschinengewehren gegen streikende Landarbeiter vor. Zwei Arbeiter werden getötet, etwa 60 Arbeiter verwundet.

457

3. Dezember
Am Fachbereich Erzie-
hungswissenschaften der
Universität Frankfurt/M.
wird ein unbefristeter
Streik beschlossen, um
gegen die Verkürzung des
Lehrerstudiums auf sechs
Semester zu protestieren.
Am nächsten Tag beginnt
der aktive Streik des WS
68/69 mit alternativen,
selbstorganisierten Lehr-
veranstaltungen, u. a. zu
Themen der marxisti-
schen Theorie und zur
politischen Situation in
der BRD, dem sich Stu-
denten aus anderen
Fachbereichen anschlie-
ßen.

sagte er. ›Zählt, was Sie tun?‹ fragten wir ihn. ›Diesen Hieb, er
spürt ihn‹, rief er.«

»Haben Sie den Feind berührt?« fragt der Feldmarschall.

»Ich selbst habe ihn angefaßt.«

»Wie faßt sich der Feind an?« fragt der Feldmarschall.

Der Leutnant berührt seinen Nebenmann.

»Er faßt sich an wie der Herr hier. Nur muß man sich bücken,
um ihn anzufassen.«

»Wie tief etwa?«

Der Leutnant geht in die Knie.

»So tief schon«, sagt er

Die Herren kauern jetzt, unterhalb der Fenstersimse, Köpfe in
Tischhöhe, und betasten sich.

»Und wie ging es hier?« fragt der Leutnant.

Ein Soldat stolpert herein. Die Herren richten sich schnell auf
und wenden sich zur Tür um. Der Soldat steht schwankend.

»Sie haben da einen sehr schönen Orden«, sagt der Feldmarschall zu ihm.

»Einen bei uns in dieser Größe noch nie gesehenen Orden«,
sagt der Oberst.

»Wo haben Sie denn den Orden her?« fragt der Adjutant.

Der Soldat tritt von einem Fuß auf den andern.

»Der Orden«, er zeigt auf den Orden, »ist mein Orden.«

»Gewiß«, sagt der Feldmarschall. »Nun kommen Sie mal hierher.«

Der Soldat geht torkelnd zwei Schritte auf den Feldmarschall
zu.

»Der Orden ist wohl schwer?« fragt der Feldmarschall.

»Den Orden kann man kaum tragen«, sagt der Soldat.

»Und wo haben Sie den Orden her?« fragt der Feldmarschall.

»Vor dem Haus. Gleich bei der Statue.«

»Welcher Statue?« ruft der Feldmarschall und eilt vors Haus.

Der Feldmarschall steht vor dem Haus, die Offiziere im Halbkreis hinter ihm. Draußen Sonne.

»Wo ist die Statue?« ruft der Feldmarschall. »Ich sehe keine
Statue.«

»Hier war nie eine Statue«, sagt der Adjutant.

»Aber dahinten sind viele Statuen«, ruft der General und zeigt
zum Horizont.

»Diese Statuen sind mir neu«, ruft der Adjutant.

»Die Vielfalt der Posten«, ruft der Oberst.

»Ziemlich kugelrund«, ruft der Major.

»Ragend, steigend, schreitend«, ruft der Leutnant.

»Eine doch beim Haus«, ruft der Adjutant. Er zeigt seitwärts.

Im Nu sind alle im Zimmer.

Der Feldmarschall erteilt jetzt Befehle, die Statuen zu beobachten, indem um jede herum ein paar Mann zu postieren sind. Nachdem dies geschehen ist, steht der Feldmarschall wieder am Fenster. Ein Soldat hält wieder die Gardine beiseite. Der Feldmarschall schaut nach draußen. Trüber, nebliger Tag, stumme Gruppen im Feld, den Hang hoch, eine Armlänge vom Fenster entfernt. Der Feldmarschall wendet sich zurück ins Zimmer. »Ein Kerl hat gezwinkert«, flüstert er.

4. Dezember
In ganz Italien treten die Landarbeiter in einen Ausstand.

Öder Vormittag, schweigend verbracht. Herumsitzen der Herren längs der Wand. Das Zimmer: kleine Blumentapete, weißer Kaminsims, Schiffsbild. Braune, spiegelnde Diele. Einzelne, entfernte, wattierte Rufe von außen. Der General schaut eine Karte an, die mehrfach, dick gefaltet ist, der Major hält ein Buch in der Hand, starrt gegen die Wand. Gelegentliches Durchlaufen des Feldmarschalls durchs Zimmer. Er tritt aus seiner Kammer heraus, winkt den sofort schon im Aufspringen begriffenen Herren zu, sitzen zu bleiben, und läuft, von diesen von unten her, von unten nach oben beobachtet, durchs Zimmer. Einmal, beim Vorbeigehen an dem General, flüstert er diesem zu: »Na, haben Sie die Schlacht gewonnen, haha?« und ist an dem Errötenden schon vorbei. Er eilt ins Speisezimmer, ob schon gedeckt wird. Er kommt zurück. »Sind die Statuen noch da?« fragt er. »Alle noch da, Exzellenz«, flüstert der Adjutant.

Mittag gemeinsam nebenan, stumme Mahlzeit. »Meldungen?« fragt später der Feldmarschall. »Anfragen von zu Hause«, antwortet der Adjutant. »Was halten Sie von Anfragen von zu Hause?« fragt der Feldmarschall. »Zeugnisse der Ungeduld«, sagt der Adjutant. »Der Neugierde«, sagt der General. »Gut charakterisiert«, sagt der Feldmarschall.

Betäubende Mittagsruhe, Knarren des Bettes des Feldmarschalls von drinnen hörbar. Man hört den Feldmarschall aufspringen, sich rüsten. Wieder Durchgänge des tadellos gekleideten Feldmarschalls durchs Zimmer, während es draußen dunkelt. Die fröstelnden Herren lassen im Kamin ein Feuer machen. Indessen betritt der Feldmarschall die Stube, die Herren erheben sich nur gekrümmt aus den Knien und sacken gleich zurück.

»Habe ich abgewunken?« ruft der Feldmarschall. Als alle gleich stehen: »Haha, schon gut, setzen«, ruft er.

Später, finsterer Nachmittag. Von draußen nahe Rufe. »Ihr habt jetzt die Zähne im Feind«, sagt der Feldmarschall. »Beißt tiefer und tiefer, bis er zerstört ist.«

Dann, nach einem Wortwechsel vor der Tür, betreten zwei Herren das Zimmer und salutieren zusammen.

»Was sind das für Uniformen?« fragt der Feldmarschall.

6. Dezember
Die Bundesrepublik und
die DDR schließen in
Ostberlin ein Abkom-
men über die Ausweitung
des zinslosen Überzie-
hungskredits im inner-
deutschen Handel.

Die Ankömmlinge mustern einander, dann die Herren im Raum.

»Unsere Uniformen? Und Ihre? Was haben Sie denn für Uniformen?«

»Wir haben richtige Uniformen«, sagt der Adjutant.

»Keine giftgrünen Röcke«, sagt der General. »Bei uns stimmt es.«

»Unsere Uniformen«, sagt einer der Ankömmlinge, »werden bei uns von allen getragen.«

»Ich bin ein Feldmarschall«, sagt der Feldmarschall und zeigt links und rechts auf die Achselklappen.

»Weg hier«, sagt der erste Herr zum zweiten Herrn und beide entfernen sich.

Ruhig verbrachte Nacht. Der Feldmarschall hat sich noch einmal Bücher ins Zimmer bringen lassen. Der Adjutant, der als einziger aufblieb, hat ihn drinnen bald gähnen, das Licht ausknipsen hören.

Zum Frühstück erscheint der Feldmarschall pünktlich. »Statuen noch da, ja?« fragt er zur Seite, beim Setzen. Als alle nikken: »Meine Laune ist gut«, sagt er. Er überblickt die Frühstückstafel.

Danach, im Wohnzimmer, stehen die Herren im Halbkreis vor ihm. Adjutant am nächsten, daneben der General mit dem Oberst, zur Linken Major und Leutnant, bei der Tür ein Soldat.

»Wie geht es den Truppen heute?« fragt der Feldmarschall.

»Hat sie jemand gesehen?« fragt er. »Wie sehen sie heute aus?«

»Es fehlt Tätigkeit«, sagt der Adjutant.

»Wir müssen einen neuen Anlauf nehmen«, sagt der Feldmarschall. »Noch einmal hier ankommen und es ausnutzen. Oder doch hierbleiben und von vorn anfangen.«

»Wie weit von vorn?« fragt der Adjutant.

Erwartung im Zimmer. Der Feldmarschall nimmt eine entschiedene Haltung an.

»Ganz von vorn«, sagt er. »Setzen Sie sich, holen Sie Hefte und Bleistifte raus, schreiben Sie!«

Die Herren sitzen mit gezückten Bleistiften.

»Ich, du, er, sie, es, wir, ihr, sie«, sagt der Feldmarschall.

»So weit von vorn?« fragt der Adjutant.

»Haben Sie das geschrieben?« fragt der Feldmarschall.

Alle nicken.

»Dann lesen Sie vor, was Sie geschrieben haben«, sagt der Feldmarschall. Er zeigt auf den Adjutanten.

Dieser erhebt sich.

»Exzellenz, im Namen der Herren bitte ich gleich um ein zusammenhängendes Diktat.«

»Zum Beispiel einen Aufsatz über einen Ausflug«, ruft der General.

»Zuerst die Geschlechtswörter«, sagt der Feldmarschall. »Deklinieren Sie!«

Der aufgerufene Oberst erhebt sich. Er starrt auf das Heft, das er vor sich hält. Die Herren warten.

»Der, des, dem, den«, sagt er.

»Gut«, sagt der Feldmarschall.

»Die, der, der, die«, sagt der Oberst.

»Weiter«, sagt der Feldmarschall.

»Das, des, dem, den«, sagt der Oberst.

»Gut«, sagt der Feldmarschall.

»Falsch«, sagt der Adjutant.

»Inwiefern falsch?« fragt der Feldmarschall.

»Exzellenz«, sagt der Adjutant, »es heißt das Kind, nicht den Kind. Zum Beispiel: Ich sehe das Kind. Es ist ein anderer Fall.«

»Ich sehe das Kind, ich sehe das Kind«, murmelt der Feldmarschall. Er senkt den Kopf, legt die Hand an die Stirn. Die Standuhr schlägt. Schließlich hebt der Feldmarschall den Kopf mit einem Ruck hoch.

»Den Kind kann man auch sagen«, sagt er.

»Den Kind, den Kind«, murmeln alle und schütteln den Kopf.

»Den Kind klingt auch gut«, sagt der Feldmarschall. »Den Haus kann man auch sagen. Ich gehe in den Haus, wie klingt das?«

Der Oberst meldet sich.

»Oder den Oberst«, sagt er »Wie ist das?«

»Das Baum«, sagt der General und setzt sich sofort.

»Ich Laub«, sagt der Leutnant.

Jetzt steht der Major. Er wartet, bis die Herren sich erholt haben. Dann hebt er den Zeigefinger hoch, schaut drauf und sagt: »Oh Hut.« Beifall von allen Seiten.

»Ruhe«, brüllt der Feldmarschall. »Li, lu, a, o.« Nicken aller Herren.

6. Dezember
Auf dem New York Festival wird der Dokumentarfilm *The Columbia Revolt* der linksradikalen Gruppe Newsreel aufgeführt. Der Film orientiert sich stark an den Stilmitteln Sergeij Eisensteins.

6. Dezember
Die Zeit veröffentlicht
Peter Handkes Essay
Totgeborene Sätze, eine
polemische Kritik des
SDS-Artikels vom
29. November.

Theodor W. Adorno
Versuch, das Endspiel zu verstehen

To S. B. in memory of Paris, Fall 1958

Becketts œuvre hat manches mit dem Pariser Existentialismus gemeinsam. Reminiszenzen an die Kategorie der Absurdität, der Situation, der Entscheidung oder deren Gegenteil durchwachsen es wie mittelalterliche Ruinen Kafkas ungeheures Vorstadthaus; zuweilen fliegen die Fenster auf und öffnen den Durchblick auf den schwarzen sternlosen Himmel von etwas wie Anthropologie. Aber die Form, bei Sartre als eine von Thesenstücken einigermaßen traditionalistisch, keineswegs waghalsig, sondern auf Wirkung bedacht, holt bei Beckett das Ausgedrückte ein und verändert es. Die Impulse werden auf den Stand der avanciertesten künstlerischen Mittel gebracht, die von Joyce und Kafka. Absurdität ist ihm keine zur Idee verdünnte und dann bebilderte Befindlichkeit des Daseins mehr. Das dichterische Verfahren überläßt sich ihr intentionslos. Sie wird jener Allgemeinheit der Lehre entäußert, die sie im Existentialismus, der Doktrin von der Unauflöslichkeit des einzelnen Daseienden, gleichwohl mit dem abendländischen Pathos des Allgemeinen und Bleibenden verband. Dadurch wird der existentialistische Konformismus, man solle sein, was man ist, aufgekündigt samt der Umgänglichkeit der Darstellung. Was Beckett an Philosophie aufbietet, depraviert er selber zum Kulturmüll, nicht anders als die ungezählten Anspielungen und Bildungsfermente, die er im Gefolge der angelsächsischen Tradition der Avantgarde zumal von Joyce und Eliot verwendet. Ihm wuselt Kultur wie dem Fortschritt vor ihm das Gekröse von Jugendstilornamenten, Modernismus als das Veraltete an Moderne. Die regredierende Sprache demoliert es. Solche Sachlichkeit tilgt bei Beckett den Sinn, der Kultur war, und dessen Rudimente. So beginnt sie zu fluoreszieren. Er vollstreckt dabei eine Tendenz des neueren Romans. Was nach dem Kulturkriterium ästhetischer Immanenz als abstrakt verfemt war, die Reflexion, wird mit der reinen Darstellung zusammenmontiert, das Flaubertsche Prinzip der rein in sich geschlossenen Sache angefressen. Je weniger Geschehnisse als an sich sinnvoll supponiert werden können, um so mehr wird die Idee der ästhetischen Gestalt als einer Einheit von Erscheinendem und Gemeintem zur Illusion. Ihrer entschlägt sich Beckett, indem er beide Momente als disparate verkoppelt. Der Gedanke wird ebenso zum Mittel, einen nicht unmittelbar zu versinnlichenden Sinn des Gebildes herzustellen, wie zum Ausdruck seiner Absenz. Angewandt aufs Drama ist das Wort Sinn mehrdeutig. Es deckt gleichermaßen den metaphysischen Gehalt, der objektiv in der Komplexion des Artefakts sich darstellt; die Intention des Ganzen als eines Sinnzusammenhangs, den es von sich aus bedeutet; schließlich den Sinn der Worte und Sätze, welche die Personen sprechen, und den ihrer Abfolge, den dialogischen. Aber diese Äquivokationen verweisen auf ein Gemeinsames. Aus ihm wird in Becketts Endspiel ein Kontinuum. Geschichtsphilosophisch ist es getragen von einer Veränderung des dramatischen Apriori: daß kein positiver metaphysischer Sinn derart mehr substantiell ist, wenn anders er es je war, daß die dramatische Form ihr Gesetz hätte an ihm und seiner Epiphanie. Das jedoch zerrüttet die Form bis ins sprachliche Gefüge hinein. Das Drama vermag nicht einfach negativ Sinn oder die Absenz von ihm als Gehalt zu ergreifen, ohne daß dabei alles ihm Eigentümliche bis zum Umschlag ins Gegenteil betroffen würde. Was dem Drama wesentlich ist, war konstituiert durch jenen Sinn. Wollte es ihn ästhetisch überleben, so geriete es inadäquat zum Gehalt, würde zur klappernden Maschinerie weltanschaulicher Demonstration herabgesetzt wie vielfach in den existentialistischen Stücken. Die Explosion des metaphysischen Sinnes, der allein die Einheit des ästhetischen Sinnzusammenhangs garantierte, läßt diesen mit einer Notwendigkeit und Strenge zerbröckeln, die der des überlieferten dramaturgischen Formkanons nicht nachsteht. Einstimmiger ästhetischer Sinn, vollends dessen Subjektivierung in einer handfesten, tangiblen Intention, surrogierte eben jene transzendente Sinnhaftigkeit, deren Dementi selbst den Gehalt ausmacht. Die Handlung muß durch die eigene organisierte Sinnlosigkeit dem sich anbilden, was in dem Wahrheitsgehalt von Dramatik überhaupt sich zutrug. Solche Konstruktion des Sinnlosen hält auch nicht inne vor den sprachlichen Molekülen: wären sie, und ihre Verbindungen, rational sinnhaft, so synthetisierten sie im Drama unabdingbar sich zu jenem Sinnzusammenhang des Ganzen, den das Ganze verneint. Die Interpretation des Endspiels kann darum nicht der Schimäre nachjagen, seinen Sinn philosophisch vermittelt auszusprechen. Es verstehen kann nichts anderes heißen, als seine Unverständlichkeit verstehen, konkret den Sinnzusammenhang dessen nachkonstruieren, daß es keinen hat. Abgespalten, prätendiert der Gedanke darin nicht länger, wie einst die Idee, Sinn des Gebildes selber zu sein; Transzendenz, die von seiner Immanenz erzeugt und garantiert würde. Statt dessen verwandelt er sich in eine Art Stoff zweiten Grades,

9. Dezember
In Hamburg findet die geplante Uraufführung des Che Guevara gewidmeten Oratoriums *Das Floß der Medusa* von Hans Werner Henze nicht statt. Nachdem Mitglieder des SDS die Bühne mit roten und schwarzen Fahnen dekoriert haben, verlassen die Chöre unter Protest den Aufführungsort.

9. Dezember
Die Carl-von-Ossietz-
ky-Medaille wird in Ber-
lin an Günter Grass und
Kai Hermann (Autor von
*Die Revolte der Studen-
ten*) verliehen.

so wie die Philosopheme, die in Thomas Manns Zauberberg und Doktor Faustus vorgetragen werden, gleich Stoffen ihr Schicksal haben, das jene sinnliche Unmittelbarkeit ersetzt, welche in dem in sich reflektierten Kunstwerk sich herabmindert. War bislang solche Stofflichkeit des Gedankens weithin unfreiwillig, die Not von Werken, die sich zwangsläufig mit der ihnen unerreichbaren Idee verwechselten, so stellt Beckett sich der Herausforderung und benutzt Gedanken sans phrase als Phrasen, Teilmaterialien des monologue intérieur, zu denen Geist selber wurde, dinghafter Rückstand von Bildung. Hat der vor-Beckettsche Existentialismus, wie wenn er der leibhaftige Schiller wäre, Philosophie als poetischen Vorwurf ausgeschlachtet, so präsentiert Beckett, gebildeter als irgendeiner, ihm die Rechnung: Philosophie, Geist selber deklariert sich als Ladenhüter, traumhafter Abhub der Erfahrungswelt, und der dichterische Prozeß als Verschleiß. Degout, seit Baudelaire künstlerische Produktivkraft, ist in Becketts historisch vermittelten Regungen unersättlich. Was alles nicht mehr geht, wird zum Kanon, der ein Motiv der Vorgeschichte des Existentialismus, Husserls universale Weltvernichtung, aus dem Schattenreich der Methodologie erlöst. Totalitäre wie Lukács, die gegen den wahrhaft schrecklichen Vereinfacher als dekadent wüten, sind vom Interesse ihrer Chefs nicht schlecht beraten. Sie hassen an Beckett, was sie verrieten. Nur die nausea der Übersättigung, das taedium des Geistes an sich selber will, was ganz anders wäre; die verordnete Gesundheit jedoch nimmt mit der angebotenen Nahrung vorlieb, mit Hausmannskost. Becketts Degout läßt sich nicht nötigen. Auf die Ermunterung mitzuhalten, antwortet er mit Parodie, der der Philosophie, die seine Dialoge ausspuckt, nicht anders als der der Formen. Parodiert ist der Existentialismus selber; von seinen Invarianten nichts übrig als das Existenzminimum. Die Opposition des Dramas gegen Ontologie als den Entwurf eines wie immer auch Ersten und Bleibenden wird unmißverständlich an einer Dialogstelle, die ungewollt dem Wort Goethes vom alten Wahren eine Fratze schneidet, das zu allbürgerlicher Gesinnung verkam:

HAMM: Erinnerst du dich an deinen Vater?

CLOV (überdrüssig): Dieselbe Replik. (Pause) Du hast mir diese Frage millionenmal gestellt.

HAMM: Ich liebe die alten Fragen. (Schwungvoll) Ah, die alten Fragen, die alten Antworten, da geht nichts drüber![1]

Gedanken werden mitgeführt und entstellt wie Tagesreste,

---

1 Samuel Beckett, *Endspiel und Alle die da fallen*, übertr. von Elmar Tophoven, Frankfurt a. M. 1957, S. 33.

homo homini sapienti sat. Daher das Mißliche dessen, womit sich zu beschäftigen Beckett ablehnt, seiner Interpretation. Er zuckt die Achseln über die Möglichkeit von Philosophie heute, von Theorie überhaupt. Die Irrationalität der bürgerlichen Gesellschaft in ihrer Spätphase ist widerspenstig dagegen, sich begreifen zu lassen; das waren noch gute Zeiten, als eine Kritik der politischen Ökonomie dieser Gesellschaft geschrieben werden konnte, die sie bei ihrer eigenen ratio nahm. Denn sie hat diese mittlerweile zum alten Eisen geworfen und virtuell durch unmittelbare Verfügung ersetzt. Das deutende Wort bleibt deshalb unvermeidlich hinter Beckett zurück, während doch seine Dramatik gerade vermöge ihrer Beschränkung auf abgesprengte Faktizität über diese hinauszuckt, durch ihr Rätselwesen auf Interpretation verweist. Fast könnte man es zum Kriterium einer fälligen Philosophie machen, ob sie dem gewachsen sich zeigt.

Der französische Existentialismus hatte die Geschichte angepackt. Diese verschlingt bei Beckett den Existentialismus. Im Endspiel entfaltet sich ein historischer Augenblick, die Erfahrung, die im Titel des kulturindustriellen Schundbuchs ›Kaputt‹ notiert war. Nach dem Zweiten Krieg ist alles, auch die auferstandene Kultur zerstört, ohne es zu wissen; die Menschheit vegetiert kriechend fort nach Vorgängen, welche eigentlich auch die Überlebenden nicht überleben können, auf einem Trümmerhaufen, dem es noch die Selbstbesinnung auf die eigene Zerschlagenheit verschlagen hat. Das wird dem Markt, als pragmatische Voraussetzung des Stücks, entrissen:

> CLOV (er steigt auf die Leiter und richtet das Fernglas nach draußen): Mal sehen ... (Er schaut, indem er das Fernglas hin und her schwenkt.) Nichts ... (er schaut) ... und nichts ... (er schaut) ... und wieder nichts. (Er läßt das Fernglas sinken und wendet sich Hamm zu.) Na? Beruhigt?
> HAMM: Nichts rührt sich. Alles ist ...
> CLOV: Ni ...
> HAMM (heftig): Ich rede nicht mit dir! (Normale Stimme.) Alles ist ... alles ist ... alles ist was? (Heftig) Alles ist was?
> CLOV: Was alles ist? In einem Wort? Das ist es, was du wissen willst? Moment mal. (Er richtet das Fernglas nach draußen, schaut, läßt das Fernglas sinken und wendet sich Hamm zu.) Kaputt![2]

Daß alle Menschen tot seien, ist unter der Hand eingeschmuggelt. Eine frühere Passage motiviert, warum die Katastrophe

10. Dezember
Jean-Luc Godards Film *One Plus One* wird in Paris uraufgeführt. Der Film zeigt u. a. die Rolling Stones bei den Aufnahmen ihrer LP *Beggars' Banquet*.

2 A. a. O., S. 27.

10. Dezember
Lindsay Andersons Film
If... wird in Paris ur-
aufgeführt. Der Film
zeigt die Schülerrevolte
an einer britischen Public
School.

nicht erwähnt werden darf. Hamm ist vaguement selber schuld daran:

HAMM: Er ist natürlich tot, der alte Arzt.

CLOV: Er war nicht alt.

HAMM: Aber er ist tot.

CLOV: Natürlich. (Pause) Und DU fragst mich das?[3]

Der im Stück gegebene Zustand aber ist kein anderer als der, in dem es »keine Natur mehr gibt«.[4] Ununterscheidbar die Phase der vollendeten Verdinglichung der Welt, die nichts mehr übrig läßt, was nicht von Menschen gemacht wäre, die permanente Katastrophe, und ein zusätzlich von Menschen eigens bewirkter Katastrophenvorgang, in dem Natur getilgt ward und nach dem nichts mehr wächst:

HAMM: Sind deine Körner aufgegangen?

CLOV: Nein.

HAMM: Hast du ein wenig gescharrt, um zu sehen, ob sie gekeimt haben?

CLOV: Sie haben nicht gekeimt.

HAMM: Es ist vielleicht noch zu früh.

CLOV: Wenn sie keimen müßten, hätten sie gekeimt, sie werden nie keimen.[5]

Die dramatis personae gleichen solchen, die den eigenen Tod träumen, in einem »Unterschlupf«, in dem es doch »Zeit wird, daß es endet«.[6] Der Weltuntergang ist diskontiert, als wäre er selbstverständlich. Jedes vermeintliche Drama des Atomzeitalters wäre Hohn auf sich selbst, allein schon, weil seine Fabel das historische Grauen der Anonymität, indem sie es in Charaktere und Handlungen von Menschen hineinschiebt, tröstlich verfälscht und womöglich die Prominenten anstaunt, die darüber befinden, ob auf den Knopf gedrückt wird. Die Gewalt des Unsäglichen wird nachgeahmt von der Scheu, es zu erwähnen. Beckett hält es nebulos. Über das aller Erfahrung Inkommensurable läßt nur euphemistisch sich reden, so wie man in Deutschland von der Ermordung der Juden spricht. Es ist zum totalen Apriori geworden, so daß das zerbombte Bewußtsein keinen Ort mehr hat, von dem aus es darauf sich besinnen könnte. Der desperate Stand der Dinge liefert in grausiger Ironie ein Stilisationsmittel, das jene pragmatische Voraussetzung vor der Kontamination mit kindischer Science Fiction schützt. Hätte wirklich Clov, wie sein mit common sense nörgelnder Gefährte ihm vorwirft, übertrieben, so än-

3 A. a. O., S. 23 f.
4 A. a. O., S. 14.
5 A. a. O., S. 15 f.
6 A. a. O., S. 9.

derte das wenig. Der partielle Weltuntergang, auf den dann die Katastrophe hinausliefe, wäre ein schlechter Witz; die Natur, von der die Eingesperrten abgeschieden sind, schon so gut, als wäre sie gar nicht mehr da; was von ihr übrig ist, verlängert bloß die Qual.

Dies historische Notabene jedoch, die Parodie des Kierkegaardschen der Berührung von Zeit und Ewigkeit, verhängt zugleich ein Tabu über die Geschichte. Was nach existentialistischem Jargon die condition humaine wäre, ist das Bild des letzten Menschen, das die früheren, Humanität, frißt. Die Existentialontologie behauptet Allgemeingültiges in einem seiner selbst unbewußten Prozeß von Abstraktion. Während sie immer noch, nach der alten phänomenologischen These von der Wesensschau, sich gebärdet, als ob sie ihrer verpflichtenden Bestimmungen im Besonderen gewahr würde und dadurch Apriorität und Konkretheit mit einem Zauberschlag vereinte, destilliert sie, was ihr überzeitlich dünkt, heraus, indem sie eben jenes Besondere, in Raum und Zeit Individuierte durchstreicht, als welches Existenz Existenz ist und nicht deren bloßer Begriff. Sie wirbt um die, welche des philosophischen Formalismus überdrüssig sind und doch an das sich klammern, was einzig formal sich haben läßt. Zu solcher uneingestandenen Abstraktion setzt Beckett die schneidende Antithese durch eingestandene Subtraktion. Er läßt nicht das Zeitliche an der Existenz fort, die doch nur zeitlich eine wäre, sondern zieht von ihr ab, was die Zeit – die geschichtliche Tendenz – real zu kassieren sich anschickt. Er verlängert die Fluchtbahn der Liquidation des Subjekts bis zu dem Punkt, wo es in ein Diesda sich zusammenzieht, dessen Abstraktheit, der Verlust aller Qualität, die ontologische buchstäblich ad absurdum führt, zu jenem Absurden, in das bloße Existenz umschlägt, sobald sie in ihrer nackten sich selbst Gleichheit aufgeht. Kindische Albernheit tritt als Gehalt der Philosophie hervor, die zur Tautologie, zur begrifflichen Verdopplung der Existenz degeneriert, welche sie zu begreifen vorhatte. Lebte die neuere Ontologie von dem unerfüllten Versprechen der Konkretion ihrer Abstrakta, so wird in Beckett der Konkretismus der muschelhaft in sich verbackenen, keines Allgemeinen mehr fähigen, in purer Selbstsetzung sich erschöpfenden Existenz offenbar als das Gleiche wie der Abstraktismus, der es zur Erfahrung nicht mehr bringt. Ontologie kommt nach Hause als Pathogenese des falschen Lebens. Dargestellt wird es als Stand negativer Ewigkeit. Hat einmal der messianische Myschkin seine Uhr vergessen, weil ihm keine irdische Zeit gilt, so ist seinen Antipoden die Zeit verloren, weil sie noch Hoffnung

13. Dezember
Brasilien wird eine Militärdiktatur. Staatspräsident Arturo da Costa de Silva verleiht sich mit dem *Institutionellen Akt Nr. 5* diktatorische Vollmachten.

14. Dezember
Die LP der Rolling
Stones *Beggars' Banquet*
landet auf Platz 3 der
britischen LP-Charts.

hätte. Die gähnende Konstatierung Gelangweilter, das Wetter sei »wie gewöhnlich«,[7] öffnet ihren Höllenschlund:

HAMM: Aber es ist immer so abends, nicht wahr, Clov?

CLOV: Immer.

HAMM: Es ist ein Abend wie jeder andere, nicht wahr, Clov?

CLOV: Es scheint so.[8]

Gleich der Zeit ist das Zeitliche versehrt; zu sagen, es gäbe es nicht mehr, wäre schon zu tröstlich. Es ist und ist nicht, wie für den Solipsisten der Welt, deren Existenz er bezweifelt, während er sie mit jedem Satz konzedieren muß. So schwebt eine Dialogstelle:

HAMM: Und der Horizont? Nichts am Horizont?

CLOV (das Fernglas absetzend, sich Hamm zuwendend, voller Ungeduld): Was soll denn schon am Horizont sein? Pause.

HAMM: Die Wogen, wie sind die Wogen?

CLOV: Die Wogen? (Er setzt das Fernglas an.) Aus Blei.

HAMM: Und die Sonne?

CLOV (schauend): Keine.

HAMM: Sie müßte eigentlich gerade untergehen. Schau gut nach.

CLOV (nachdem er nachgeschaut hat): Denkste.

HAMM: Es ist also schon Nacht?

CLOV (schauend): Nein.

HAMM: Was denn?

CLOV (schauend): Es ist grau. (Er setzt das Fernglas ab und wendet sich Hamm zu. Lauter.) Grau! (Pause. Noch lauter.) GRAU![9]

Geschichte wird ausgespart, weil sie die Kraft des Bewußtseins ausgetrocknet hat, Geschichte zu denken, die Kraft zur Erinnerung. Das Drama verstummt zum Gestus, erstarrt mitten in den Dialogen. Von Geschichte erscheint bloß noch deren Resultat als Neige. [...]

7 A. a. O., S. 25.
8 A. a. O., S. 16.
9 A. a. O., S. 28.

Peter Weiss
Die Verfolgung und Ermordung
Jean Paul Marats dargestellt durch die
Schauspielgruppe des Hospizes zu Charenton
unter Anleitung des Herrn de Sade

15. Dezember
Durch die Dekrete 58
und 59 bekommt der
griechische Premier-
minister Papadopoulos
diktatorische Vollmach-
ten.

12 Gespräch über Tod und Leben

Im Hintergrund tritt Ruhe ein.
Die Schwestern murmeln eine kurze Litanei.

MARAT
über die leere Spielfläche zu Sade sprechend

Ich las bei dir Sade
in einer deiner unsterblichen Schriften
das Prinzip alles Lebendigen sei der Tod

SADE
Und dieser Tod besteht nur in der Einbildung
nur wir stellen ihn uns vor
die Natur kennt ihn nicht
Jeder Tod auch der grausamste
ertrinkt in der völligen Gleichgültigkeit der Natur
Nur wir verleihen unserm Leben irgendeinen Wert
die Natur würde schweigend zusehn
rotteten wir unsere ganze Rasse aus
Ich hasse die Natur
ich will sie überwinden
ich will sie mit ihren eigenen Waffen schlagen
in ihren eigenen Fallen fangen

steht auf

Dieses reglose Zusehn dieses Gesichts aus Eis
Daß nichts sie erschüttern kann
daß sie alles erträgt
das spornt uns zu immer größeren Leistungen an

schwer atmend

Wie versuchten wir nicht seit jeher
ihren Grundsatz zu erfüllen
nach dem der Schwache dem Starken
auf Gnade und Ungnade ausgeliefert ist

16. Dezember
Das Dekret von 1492 zur
Vertreibung aller Juden
aus dem Bereich der
spanischen Krone wird
formell aufgehoben. Es
wurde seit der Mitte des
19. Jahrhunderts in der
Praxis nicht mehr ange-
wendet.

Wie fielen wir nicht in allen Hierarchien über sie her
in immerwährender Infamie und Schadenfreude
Wie überwältigten wir nicht die falsche Tugend
mit unsrer gemeinsten Geschicklichkeit
Wie experimentierten wir nicht in unsern Laboratorien
ehe wir zur letzten Behandlung schritten
Laß mich erinnern an die Hinrichtung des Damiens
nach dessen mißglücktem Anschlag
auf den seligen fünfzehnten Louis
Wie milde ist unser Beil gegen die Folter
die er erdulden mußte
vier Stunden lang während das Volk sich daran ergötzte
und während Casanova oben hinter dem Fenster
seiner zuschauenden Dame unter die Röcke griff

mit einem Blick auf die Tribüne Coulmiers

Brust Arme und Schenkel wurden ihm aufgeschlitzt
geschmolzenes Blei wurde in die Wunden gegossen
überschüttet wurde er mit siedendem Öl brennendem Pech
Wachs und Schwefel
die Hand sengte man ihm mit Feuer ab
Taue befestigte man an seinen Gelenken
vier Pferde spannte man dran und trieb diese an
eine Stunde lang zerrten sie ungewohnt dieser Aufgabe
ohne ihn zu zerreißen
bis man ihm die Schultern ansägte und die Hüften
so verlor er den ersten Arm und dann den zweiten
und er sah zu was man mit ihm trieb und er wandte sich
    an uns
und machte sich uns verständlich mit seiner Stimme
und als sie ihm das erste Bein ausrissen und dann das zweite
lebte er immer noch doch seine Stimme war schwächer
    geworden
und schließlich hing er als blutiger Stumpf mit wackelndem
    Kopf
und er stöhnte nur noch und starrte das Kruzifix an
das der Beichtvater ihm vorhielt

Im Hintergrund ertönt eine halblaut gemurmelte Litanei.

Das
war ein Volksfest
mit dem sich unsere heutigen Volksfeste nicht messen
    können
Unsere Inquisition macht uns schon keinen Spaß mehr
obgleich wir eben erst begonnen haben

Unsere Morde haben kein Feuer
weil sie zur täglichen Ordnung gehören
Ohne Leidenschaft verurteilen wir
kein schöner individueller Tod mehr
stellt sich uns dar
nur ein anonymes entwertetes Sterben
in das wir ganze Völker schicken könnten
in kalter Berechnung
bis es einmal soweit ist
alles Leben
aufzuheben

16. Dezember
Italien, BRD, Großbritannien und die Niederlande beschließen den Bau eines neuen Kampfflugzeugs zur Ablösung des Starfighters.

MARAT

Bürger Marquis
obgleich du in unsern Tribunalen sitzt
und beim Sturm im September dabei warst
spricht aus dir noch der alte Höhlenmensch
und was du die Gleichgültigkeit der Natur nennst
ist deine eigene Apathie

SADE

Mitleid Marat
ist eine Eigenschaft der Privilegierten
Wenn der Mitleidige sich niederbeugt
um ein Almosen zu geben
so ist er voller Verachtung
er heuchelt Rührseligkeit zugunsten seines Reichtums
und mit seiner Gabe versetzt er dem Bettelnden
nur einen Tritt

Lautenakkord

Nein Marat
keine kleinlichen Gefühle
ich weiß es geht dir um anderes
Für dich wie für mich
gelten nur die äußersten Extreme

MARAT

Wenn es Extreme sind
dann sind es andere Extreme als deine
Gegen das Schweigen der Natur
stelle ich eine Tätigkeit
In der großen Gleichgültigkeit
erfinde ich einen Sinn
Anstatt reglos zuzusehn

19. Dezember
Zum 23. Mal wird ein
Flugzeug einer amerika-
nischen Fluggesellschaft
nach Kuba entführt.

greife ich ein
und ernenne gewisse Dinge für falsch
und arbeite daran sie zu verändern und zu verbessern
Es kommt drauf an
sich am eigenen Haar in die Höhe zu ziehn
sich selbst von innen nach außen zu stülpen
und alles mit neuen Augen zu sehn

13 Marats Liturgie

Die Patienten stehen zum Chor formiert.

MARAT

Wie hieß es doch lange
Die Monarchen seien gute Väter
unter deren Obhut wir friedlich lebten
und ihre Taten wurden uns von den gekauften Poeten
begeistert geschildert
Andächtig brachten die einfältigen Familienversorger
ihren Kindern die Lehren bei

CHOR
zu Marats Monolog

Die Monarchen sind gute Väter
unter deren Obhut wir friedlich leben
Die Monarchen sind gute Väter
unter deren Obhut wir friedlich leben

MARAT

Und die Kinder wiederholten die Lehren und glaubten daran
wie man daran glaubt
was man wieder und wieder hört
Und so hörte man auch die Priester sagen

begleitet vom Chor

In unsrer Barmherzigkeit umfassen wir alle Menschen
in gleicher Weise
wir sind an kein Land und an keine Regierung gebunden
wir sind zu einem einzigen Volk von Brüdern vereint

allein weitersprechend

Und die Priester sahen sich die Ungerechtigkeiten an
und sie schwiegen dazu und sagten

begleitet vom Chor

Unser Reich ist nicht von dieser Welt
diese Erde ist nur eine Stätte der Pilgerschaft
unser ist der Geist der Milde und der Geduld

allein weitersprechend

Und so zwangen sie den Unbemittelten
den letzten Spargroschen ab
und richteten es sich wohlig ein zwischen ihren Schätzen
und schmatzten und zechten mit den Fürsten
und zu den Hungernden sagten sie

begleitet vom Chor

Leidet
leidet wie jener dort am Kreuz
denn so will es Gott

*Ein Pantomimenzug tritt auf. Patienten und die vier Sänger
bewegen sich nach vorn. In Verkleidungen werden Würden-
träger der Kirche angedeutet. Cucurucu trägt ein aus Besen
zusammengebundenes Kreuz und zieht Polpoch an einem
Strick, der um dessen Hals liegt, hinter sich her. Kokol
schwenkt einen Eimer wie ein Weihfaß. Rossignol dreht einen
Rosenkranz.*
Allein weitersprechend

Und was man immer wieder und wieder hört
daran glaubt man
und so begnügten sich die Unbemittelten mit dem Bild
des Blutenden und Gemarterten und Festgenagelten
und sie beteten das Bild ihrer Hilflosigkeit an
und die Priester sagten

begleitet vom Chor.
Die Litaneien der Schwestern klingen dazu auf.

Erhebt die Hände gen Himmel
und ertraget schweigend das Leiden
und betet für eure Peiniger
denn Gebete und Segnungen seien eure einzigen Waffen
auf daß euch das Paradies zuteil werde

allein weitersprechend

Und so hielten sie sie zurück in ihrer Unwissenheit
daß sie sich nicht auflehnten gegen ihre Herren
die sie unterm Schein einer göttlichen Sendung regierten

21. Dezember
Start des US-Raumschiffs
Apollo VIII. Zum ersten
Mal umkreist ein be-
manntes Raumschiff den
Mond.

23. Dezember
Nordkorea läßt nach
längeren Verhandlungen
mit amerikanischen Un-
terhändlern die Besat-
zungsmitglieder des US-
Nachrichtenschiffes
Pueblo frei.

CHOR
Amen

COULMIER
aufstehend und in das Amen hineinrufend

Herr de Sade
Gegen dieses Treiben muß ich mich wenden
wir einigten uns hier auf Streichung
Wie nimmt sich denn sowas heute aus
da unser Kaiser von kirchlichen Würdenträgern umgeben ist
und es sich immer aufs neue zeigt
wie sehr das Volk des priesterlichen Trostes bedarf
Von einer Unterdrückung kann überhaupt keine Rede sein
Im Gegenteil da wird alles getan um die Not zu lindern
mit Kleidereinsammlung Krankenhilfe und
    Suppenverteilung
und auch wir hier unterstehen nicht nur der Gnade
der weltlichen Regierung
sondern vor allem der Gunst und dem Verständnis
unserer geistlichen Väter

AUSRUFER
hebt den Zeigestab hoch

Sollte jemand im Publikum sich getroffen fühlen
so bitten wir denselben seinen Ärger abzukühlen
und in Freundlichkeit zu bedenken
daß wir den Blick hier in die Vergangenheit lenken
in der alles anders war als heute
Heute sind wir natürlich gottesfürchtige Leute

schlägt ein Kreuzzeichen

14 Bedauerlicher Zwischenfall

*Im Hintergrund wird ein Patient, der sich eine priesterliche
Halskrause umgelegt hat, von einem Anfall ergriffen und
hüpft auf den Knien nach vorn.*

PATIENT
überstürzt stammelnd

Betet betet
betet ihn an
Satan der du bist in der Hölle

dein Reich komme
dein Wille geschehe
wie in der Hölle also auch auf Erden
Vergib uns unsre Unschuld
erlöse uns von allem Guten
Führe uns
führe uns in Versuchung
in Ewigkeit
Amen

Coulmier ist aufgesprungen. Pfleger werfen sich über den
Patienten, binden ihn, schleppen ihn nach hinten ab. Er wird
unter eine Dusche gestellt.

AUSRUFER
schwingt die Holzrassel

Zwischenfälle dieser Art sind nicht zu vermeiden
sie gehören bei uns zum Bild der Leiden
Lassen Sie uns mit Ehrfurcht bedenken
daß jener den sie dort hinten zur Besinnung lenken
einmal als Prediger sehr bekannt
einem berühmten Kloster vorstand
Lassen Sie es als eine Erinnerung gelten
an die Undurchschaubarkeit himmlischer und irdischer
    Welten

schwingt die Rassel zum Abschluß.
Coulmier setzt sich.
Die Patienten ziehen sich zurück und strecken sich, von
Schwestern und Pflegern überwacht, auf den Bänken aus.

15 Fortsetzung des Gesprächs zwischen Marat und Sade

SADE
    Um zu bestimmen was falsch ist und was recht ist
    müssen wir uns kennen
    Ich
    kenne mich nicht
    Wenn ich glaube etwas gefunden zu haben
    so bezweifle ichs schon
    und muß es wieder zerstören
    Was wir tun ist nur ein Traumbild
    von dem was wir tun wollen
    und nie sind andere Wahrheiten zu finden

25. Dezember
Der amerikanische Lite-
raturnobelpreisträger
John Steinbeck stirbt im
Alter von 66 Jahren in
New York. Er schrieb
u. a. die Romane *Von*
Menschen und Mäusen
(1937) und *Früchte des*
Zorns (1939). Steinbeck
hatte zuletzt als Kriegs-
berichterstatter in Viet-
nam gearbeitet. Er hatte
in seinen Artikeln die
Militärintervention der
USA emphatisch befür-
wortet.

26. Dezember
Auf dem Athener Flug-
hafen verüben zwei Mit-
glieder der palästinensi-
schen Untergrundbewe-
gung Al Fatah einen An-
schlag auf ein Passagier-
flugzeug der israelischen
Luftfahrtgesellschaft El
Al, wobei ein Passagier
stirbt und zwei verletzt
werden.
Die Volksrepublik China
bringt ihre zweite Was-
serstoffbombe zur Ex-
plosion.

als die veränderlichen Wahrheiten der eigenen
Erfahrungen
Ich weiß nicht
bin ich der Henker oder der Gemarterte
Ich ersinne die ungeheuerlichsten Torturen
und wenn ich sie mir beschreibe
so erleide ich sie selbst
Ich bin fähig zu allem und alles füllt mich mit
    Schrecken
und so sehe ich auch wie andere sich plötzlich
bis zur Unkenntlichkeit entstellen
und getrieben werden zu unberechenbaren Handlungen
So sah ich kürzlich meinen Schneider
einen zarten musischen Mann der gern mit mir
    philosophierte
ich sah ihn mit Schaum vor dem Mund
rasen und schreiend mit einem Knüppel
auf einen Schweizer einschlagen und diesen
einen hünenhaften bewaffneten Mann
völlig zertrümmern
ich sah ihn dann
über dem offenen Brustkasten des Gefällten
sah ihn das Herz das noch pulsierte
herausreißen und verschlingen

PATIENT
schnell vorspringend

Ein irrsinniges Tier
ein irrsinniges Tier ist der Mensch
In meinem jahrtausendelangen Leben
war ich an Millionen von Morden beteiligt
Dick gedüngt
dick gedüngt ist überall die Erde
vom Brei der menschlichen Eingeweide
Wir wenige Lebende
wir wenige Lebende
gehen auf einem schwappenden Morast von Leichen
Überall unter unsern Füßen
bei jedem Schritt
unter uns verweste Gebeine Asche verfilztes Haar
ausgeschlagene Zähne gespaltene Schädel
Ein irrsinniges Tier
ein irrsinniges Tier bin ich

*Sade ist auf ihn zugetreten und leitet ihn beschwichtigend
zum Hintergrund zurück, er schreit weiter*

Kein Käfig hilft
keine Felsen helfen
ich wühle mich doch hinaus
unter allen Mauern durch
durch die Jauche die Knochensplitter
ihr werdets schon sehn
es ist noch nicht zu Ende
ich hab meine Pläne

Marat sucht nach seinem Einsatz.

AUSRUFER
souffliert ihm

O dieses Jucken

MARAT
O dieses Jucken dieses Jucken

zögert

AUSRUFER
souffliert

Das Fieber

MARAT
Das Fieber saust mir im Kopf
in meiner Haut ist ein Brennen und Sieden
Simonne
Simonne tauch das Tuch in Essigwasser
Kühl meine Stirn

*Simonne tritt eilfertig heran und führt ihre Handhabungen
aus.*

SADE
Ich weiß
jetzt würdest du allen Ruhm und alle Volksgunst hingeben
für ein paar Tage Gesundsein
Du liegst in deiner Wanne
wie im rosigen Wasser der Gebärmutter
Zusammengekrümmt schwimmst du
allein mit deinen Vorstellungen von der Welt
die den Ereignissen draußen nicht mehr entsprechen

28. Dezember
Als Vergeltungsschlag
für das Attentat vom
26. Dezember führt ein
israelisches Kommando
einen Angriff auf den in-
ternationalen Flughafen
in Beirut durch.

29. Dezember
In einer Erklärung protestieren 2.000 Wissenschaftler aus aller Welt gegen die päpstliche Enzyklika *Humanae vitae* vom 25. Juli.

Du wolltest dich einmengen in die Wirklichkeit
und sie hat dich in die Enge gedrängt
Ich
habe es aufgegeben mich mit ihr zu befassen
mein Leben ist die Imagination
Die Revolution
interessiert mich nicht mehr

MARAT
Falsch Sade falsch
mit der Ruhlosigkeit der Gedanken
läßt sich keine Mauer durchbrechen
Mit der Schreibfeder kannst du keine Ordnungen
    umwerfen
Wie wir uns auch abmühen das Neue zu fassen
es entsteht doch erst
zwischen ungeschickten Handlungen
So verseucht sind wir von den Gedankengängen
die Generation von Generation übernahm
daß auch die besten von uns
sich immer noch nicht zu helfen wissen
Wir sind die Erfinder der Revolution
doch wir können noch nicht damit umgehn
Im Konvent sitzen immer noch einzelne
jeder von seinem Ehrgeiz beseelt
und jeder will etwas von früher übernehmen
der eine ein schönes Bild
der andre seine Mätresse
der eine seine Mühlen
der andre seine Werften
der eine seine Armee
der andre seinen König
Und da stehen wir wieder
und hängen an die verbürgten Menschenrechte
das heilige Recht der Bereicherung
Und wir hören was daraus werden soll
In Freiheit und Gleichheit soll jeder kämpfen
brüderlich und mit ebenbürtigen Waffen
jeder sein eigener Krösus
Mann soll gegen Mann stehn und Gruppe gegen Gruppe
in einer fröhlichen wechselseitigen Ausbeutung

Patienten richten sich nach und nach auf, einige treten vor.
Die vier Sänger stellen sich zum Auftritt bereit.

Und sie sehen ein Blühen vor sich
ein Blühen des Handels ein Blühen der Industrie
einen einzigartigen Aufschwung
und während wir weiter als je
von unserm Ziel entfernt sind
ist in den Augen der andern

weist über den Zuschauerraum

die Revolution schon gewonnen

31. Dezember
Die maoistische KPD/
ML wird in Hamburg
gegründet.

Quellenverzeichnis

Adorno, Theodor W., *Zur Theorie der Gespenster*, in: Max Horkheimer, Theodor W. Adorno, *Dialektik der Aufklärung*, Frankfurt/M. 1969, 225-226.

Adorno, Theodor W., *Ich ist Es*, in: ders., *Minima Moralia. Reflexionen aus dem beschädigten Leben*, Frankfurt/M. 1964, 75-77 (Nr. 39).

Adorno, Theodor W., *Gegen die Notstandsgesetze*, in: ders., *Gesammelte Schriften Band 20.1*, Rolf Tiedemann (Hg.), Frankfurt/M. 1986, 396-397.

Adorno, Theodor W., *Versuch, das Endspiel zu verstehen*, in: ders., *Noten zur Literatur II*, Frankfurt/M. 1970, 188-236, hier: 188-197.

AStA Göttingen, *Warum gegen Springer?* (Flugblatt vom April 1968), in: Heinz Grossmann, Oskar Negt (Hg.), *Die Auferstehung der Gewalt. Springerblockade und politische Reaktion in der Bundesrepublik*, Frankfurt/M. 1968, 128-129.

Baran, Paul A./Sweezy, Paul M., *Die Absorbierung des Surplus: Militarismus und Imperialismus*, in: dies., *Monopolkapital. Ein Essay über die amerikanische Wirtschafts- und Gesellschaftsordnung*, Frankfurt/M. 1967, 179-197, gekürzt.

Basisgruppe des Walter-Benjamin-Instituts, *Schafft die Germanistik ab!*, in: Detlev Claussen, Regine Dermitzel (Hg.), *Universität und Widerstand. Versuch einer Politischen Universität in Frankfurt*, Frankfurt/M. 1968, 157-165.

Benjamin, Walter, *Über den Begriff der Geschichte*, in: Rolf Tiedemann/ Hermann Schweppenhäuser (Hg.), *Walter Benjamin, Gesammelte Schriften I.2*, Frankfurt/M. 1978, 691-704.

Berktold, Josef, *»Osterdemonstrant« aus Elze wurde vom Jugendschöffengericht zu sechs Wochen Gefängnis ohne Bewährung verurteilt*, in: *Gronauer Zeitung*, 25. Oktober 1968.

Bloch, Ernst, *Weltveränderung oder die elf Thesen von Marx über Feuerbach. These 11*, in: ders., *Das Prinzip Hoffnung. Band I*, Frankfurt/M. 1970, 288-289, 319-327.

Büchner, Georg/Weidig, Ludwig, *Der Hessische Landbote*, in: dies., *Der Hessische Landbote. Texte, Briefe, Prozeßakten*. Kommentiert von Hans Magnus Enzensberger, Frankfurt/M. 1965, 5-19.

Carmichael, Stokeley, *Black Power*, in: Hans Magnus Enzensberger (Hg.), *Kursbuch 16*, Frankfurt/M. 1969, 111-130 (hier leicht gekürzte Wiedergabe).

Damerow, Peter u. a., *Der nicht erklärte Notstand. Dokumentation und Analyse eines Berliner Sommers*, in: Hans Magnus Enzensberger (Hg.), *Kursbuch 12*, Frankfurt/M. 1968, 21-34, 49, 60-62, 71-79, 86-87.

Dutschke, Rudi, *Ausgewählte und kommentierte Bibliographie des revolutionären Sozialismus von K. Marx bis in die Gegenwart*, zuerst veröffentlicht in: *SDS-Korrespondenz*, Sondernummer, Oktober 1966, hier nach: *Kleine Agitationsbroschüren* Nr. 1, Druck- und Verlagskooperative, Heidelberg, Frankfurt, Hannover, Berlin 1969, 1-49.

Dutschke, Rudi, *Die geschichtlichen Bedingungen für den internationalen Emanzipationskampf*, in: Uwe Bergmann u. a., *Rebellion der Studenten oder Die neue Opposition*, Reinbek bei Hamburg 1968, 85-93.

Enzensberger, Hans Magnus, *Erinnerungen an einen Tumult. Zu einem Tagebuch aus dem Jahre 1968*, in Heinz Ludwig Arnold (Hg.), *Text und Kritik*, Heft 49, zweite, erweiterte Auflage, München 1985, 6-9.

Enzensberger, Hans Magnus, *Berliner Gemeinplätze*, in: ders. (Hg.), *Kursbuch 11*, Frankfurt/M. 1968, 151-169.

Enzensberger, Hans Magnus, *Berliner Gemeinplätze II*, in: ders. (Hg.), *Kursbuch 13*, Frankfurt/M. 1968, 190-197.

Enzensberger, Hans Magnus, *Gemeinplätze, die Neueste Literatur betreffend*, in: ders. (Hg.), *Kursbuch 15*, Frankfurt/M. 1968, 187-197.

Godard, Jean-Luc, *Vietnam in uns*, in: *Frankfurter Rundschau* vom 19. Oktober 1967, 11.

Habermas, Jürgen, *Zum Geleit*, in: ders. (Hg.), *Antworten auf Herbert Marcuse*, Frankfurt/M. 1968, 9-16.

Habermas, Jürgen, *Die Scheinrevolution und ihre Kinder*, in: ders., *Protestbewegung und Hochschulreform*, Frankfurt/M. 1969, 188-201.

Habermas, Jürgen, *Thesen gegen die Koalition der Mutlosen mit den Machthabern*, in: *Diskus – Frankfurter Studentenzeitung*, Nr. 8, 1966, 2.

Handke, Peter, *Publikumsbeschimpfung*, in: ders., *Publikumsbeschimpfung und andere Sprechstücke*, Frankfurt/M. 1966, 8-48, hier: 8-21.

Handke, Peter, *Für das Straßentheater, gegen die Straßentheater* (1968), in: ders., *Ich bin ein Bewohner des Elfenbeinturms*, Frankfurt/M. 1972, 56-62.

Horkheimer, Max, *Autoritärer Staat*, in: Alfred Schmidt, Gunzelin Schmid Noerr (Hg.), *Max Horkheimer. Gesammelte Schriften*, Band 5, Frankfurt/M. 1987, 293-319.

Horlemann, Jürgen/Gäng, Peter, *Der amerikanisch-vietnamesische Krieg*, in: dies., *Vietnam. Genesis eines Konflikts*, Frankfurt/M. 1966, 152-187, hier: 152-153, 156-160, 163, 165-167, 169-170, 174-177.

Huffschmid, Jörg, *Ökonomische Macht und Pressefreiheit*, in: Heinz Grossmann, Oskar Negt (Hg.), *Die Auferstehung der Gewalt. Springerblockade und politische Reaktion in der Bundesrepublik*, Frankfurt/M. 1968, 32-41.

Johnson, Uwe, *5. April, 1968, Freitag*, in: ders., *Jahrestage*, Frankfurt/M. 2000, 854-859.

Kommune 2 (Hg.), *Die Entstehung der Kommune in der antiautoritären Bewegung*, in: dies. (Hg.), *Versuch der Revolutionierung des bürgerlichen Individuums. Kollektives Leben mit politischer Arbeit verbinden!*, Köln 1971, 13-23.

Krahl, Hans-Jürgen, *Aus einer Diskussion über Lukács*, in: ders., *Konstitution und Klassenkampf. Zur historischen Dialektik von bürgerlicher Emanzipation und proletarischer Revolution*, Frankfurt/M. 1971, 199-203. Zuerst in: *Geschichte und Klassenbewußtsein heute. Diskussion und Dokumentation* (Raubdruck), Schwarze Reihe Nr. 12, Amsterdam 1971, 13-14, 18-22.

Krahl, Hans-Jürgen, *Angaben zur Person*, in: ders., *Konstitution und Klassenkampf. Zur historischen Dialektik von bürgerlicher Emanzipation und proletarischer Revolution*, Frankfurt/M. 1971, 19-30.

Laing, Ronald D., *Undurchschaubarkeit und Evidenz in modernen Sozialsystemen*, in: Hans Magnus Enzensberger (Hg.), *Kursbuch 16*, Frankfurt/M. 1969, 93-110.

Lettau, Reinhard, *Der Feind*, in: ders., *Feinde*, München 1968, 7-19: auch in: Hans Magnus Enzensberger (Hg.), *Kursbuch 7*, Frankfurt/M. 1966, 1-8.

Lukács, Georg, *Die Verdinglichung und das Bewußtsein des Proletariats*, in: ders., *Geschichte und Klassenbewußtsein. Studien über marxistische Dialektik, Frühschriften II* (Band 2 der Gesamtausgabe), Neuwied 1968, hier nach dem Raubdruck der Originalausgabe des Malik-Verlags,

Berlin 1923, Schwarze Reihe Nr. 2, Amsterdam 1967, 94-122, hier: 94-115.

Luxemburg, Rosa, *Die Russische Revolution* (1917), Ausschnitt in: *Dossier I: Kronstadt 1921 oder die Dritte Revolution.* Zusammenstellung und Kommentar von Hans Magnus Enzensberger (Hg.), *Kursbuch 9*, Frankfurt/M. 1967, 7-8.

Marcuse, Herbert, *Repressive Toleranz*, in: Robert P. Wolff/Barrington Moore/Herbert Marcuse, *Critique of Pure Tolerance*, Boston 1965, dt.: *Kritik der reinen Toleranz*, Frankfurt/M. 1966, 93-128.

Marcuse, Herbert, *Die neue Sensibilität*, in ders., *Versuch über die Befreiung*, Frankfurt/M. 1969, 43-76.

Marx, Karl, *Thesen über Feuerbach*, in: Marx/Engels, *Werke*, Bd. 3, Berlin 1969, 5-7.

Offe, Claus, *Zur politischen Theorie der Außerparlamentarischen Opposition*, in: Detlev Claußen/Regine Dermitzel (Hg.), *Universität und Widerstand. Versuch einer Politischen Universität in Frankfurt*, Frankfurt/M. 1968, 102-107.

Reich, Wilhelm, *Die Institution der Zwangsehe als Grundlage von Widersprüchen des Sexuallebens*, in: ders., *Die sexuelle Revolution*, Frankfurt/M. 1971, 55-59.

Sartre, Jean-Paul, *Die Phantasie an die Macht. Jean-Paul Sartre interviewt Daniel Cohn-Bendit*, in: *Die Zeit*, 31. Mai 1968; zuerst französisch in: *Le Nouvel Observateur*, 20. Mai 1968 (eine überarbeitete und gekürzte Fassung der Übersetzung erschien in: Jacques Sauvageot/Alain Geismar/Daniel Cohn-Bendit, *Aufstand in Paris oder Ist in Frankreich eine Revolution möglich?*, Hamburg 1968, 73-82).

Sander, Helke, *Rede des »Aktionsrates zur Befreiung der Frauen« bei der 23. Delegiertenkonferenz des »Sozialistischen Deutschen Studentenbundes« (SDS) im September 1968 in Frankfurt*, in: Eckhard Siepmann (Red.), *Heiß und kalt. Die Jahre 1945-1969*, Berlin (West) 1986, 624-627.

Eine »Spiegel«-Umfrage, Auszüge aus: *Der Spiegel fragte: Ist eine Revolution unvermeidlich? 42 Antworten auf eine Alternative von Hans Magnus Enzensberger*, Hamburg 1968, 1, 7, 9, 35.

Starr, Harry, R., *Demonstration und Ordnung*, in: *Diskus – Frankfurter Studentenzeitung*, Nr. 3, 1967, 10.

Subversive Aktion, *Parallelen; Aspekte und Konklusionen*, in: Frank Bökkelmann/Herbert Nagel (Hg.), *Subversive Aktion. Der Sinn der Organisation ist ihr Scheitern*, Frankfurt/M. 1976, 110-118 (zuerst in *Unverbindliche Richtlinien 2*, 1963/64).

Teufel, Fritz, *Jetzt gestehe ich*, in: *Provokationen: Die Studenten- und Jugendrevolte in ihren Flugblättern 1965-1971*, herausgegeben und eingeleitet von Jürgen Miermeister und Jochen Staadt, Darmstadt/Neuwied 1980, 183.

Vaneigem, Raoul, *Kreativität, Spontaneität und Poesie*, in: ders., *Handbuch der Lebenskunst für die junge Generation*, Hamburg 1977, 188-201.

Vaculik, Ludvik, *Zweitausend Worte gewidmet den Arbeitern, Bauern, Angestellten, Wissenschaftlern, Künstlern und allen*, in: Redaktion der Fischer Bücherei unter Mitarbeit des Südwestfunks, Baden-Baden (Red. Klaus Kamberger), *Der Fall CSSR. Strafaktion gegen einen Bruderstaat, Eine Dokumentation*, Frankfurt/M. und Hamburg 1968, 116-123. Vaculiks Manifest erschien zuerst in der Wochenzeitung des Verbandes der tschechoslowakischen Schriftsteller *Literarni Listy* am 27. Juni 1968 und in drei tschechoslowakischen Tageszeitungen.

Walser, Martin, *Berichte aus der Klassengesellschaft*, in: *Bottroper Proto-*

kolle, aufgezeichnet von Erika Runge. Vorwort von Martin Walser, Frankfurt/M. 1968, 7-10.

Weiss, Peter, *Die Ermittlung. Oratorium in 11 Gesängen, Gesang von der Rampe I und II*, Frankfurt/M. 1965, 7-24.

Weiss, Peter, *Die Verfolgung und Ermordung Jean Paul Marats dargestellt durch die Schauspielgruppe des Hospizes zu Charenton unter Anleitung des Herrn de Sade*, Szenen 12-15, Frankfurt/M. 1964, 37-50.

Literaturhinweise

1968: Die internationale Rebellion

Baier, Lothar u. a., *Die Früchte der Revolte. Über die Veränderung der politischen Kultur durch die Studentenbewegung*, Berlin 1988.

Ebner, Paulus/Vocelka, Karl, *Die zahme Revolution. '68 und was davon blieb*, Wien 1998.

Eckstein, George Günther, *USA: Die neue Linke am Ende?*, München 1970.

Gilcher-Holtey, Ingrid, *Die 68er Bewegung: Deutschland – Westeuropa – USA*, München 2001.

Jacoby, Edmund, Hafner, Georg M. (Hg.), *1968 – Bilderbuch einer Revolte*. Mit einem dokumentarischen Film von Joachim Faulstich und Georg M. Hafner, Frankfurt/M. 1993.

Kraushaar, Wolfgang, *1968. Das Jahr, das alles verändert hat*, München 1998.

Kraushaar, Wolfgang, *1968 als Mythos, Chiffre und Zäsur*, Hamburg 2000.

Landgrebe, Christiane, Plath, Jörg (Hg.), *'68 und die Folgen. Ein unvollständiges Lexikon*, Berlin 1998.

Media '68 und il manifesto (Hg.), *'68 Eine Weltrevolution*, Booklet zur gleichnamigen CD-ROM, Zürich, Berlin 2001.

Schulenburg, Lutz, *Das Leben ändern, die Welt verändern! 1968. Dokumente und Berichte*, Hamburg 1998.

Siepmann, Eckhard u. a., *Che, Schah, Shit. Die sechziger Jahre zwischen Cocktail und Molotow*, Berlin 1984.

Spiegel Spezial, *Die wilden 68er. Die Spiegel-Serie über die Studentenrevolution*, Hamburg 1988.

Prager Frühling

Grünwald, Leopold, *ČSSR im Umbruch. Berichte. Kommentare. Dokumentation*, Wien 1968.

Kamberger, Klaus (Red.), *Der Fall CSSR. Strafaktion gegen einen Bruderstaat*. Eine Dokumentation, herausgegeben von der Redaktion der Fischer Bücherei unter Mitarbeit des Südwestfunks, Baden-Baden, Frankfurt/M. und Hamburg 1968.

Pariser Mai

Albera, François/Yaak Karsunke u. a., *Jean-Luc Godard*, München, Wien 1979.

Claassen, Emil-Maria/Peters, Louis-Ferdinand, *Rebellion in Frankreich. Die Manifestation der europäischen Kulturrevolution 1968*, München 1968.

Cohn-Bendit, Gabriel und Daniel, *Linksradikalismus – Gewaltkur gegen die Alterskrankheit des Kommunismus*, Reinbek bei Hamburg 1968.

Glucksmann, André/Gorz, André/Mandel, Ernest/Vincent, Jean-Marie, *Revolution. Frankreich 1968. Ergebnisse und Perspektiven*, Frankfurt/M. 1969.

Godard, Jean-Luc, *Einführung in eine wahre Geschichte des Kinos*, München 1981.

Lebel, Jean-Jacques/Brau, Jean-Louis/Merlhès, Philippe (Hg.), *La Chienlit. Dokumente zur französischen Mai-Revolte*, Darmstadt 1969.

Nooteboom, Cees, *Paris, Mai 1968*, Frankfurt/M. 2003.

Paris Mai 1968. Hier spricht die Revolution, gehört, erlebt und gesammelt von Alain Ayache, München 1968.

Rauch, Malte J./Schirmbeck/Samuel H., *Die Barrikaden von Paris. Der Aufstand der französischen Arbeiter und Studenten*, Frankfurt/M. 1968.

Sartre, Jean-Paul, *Mai '68 und die Folgen. Reden, Interviews, Aufsätze, Bd. 1*, Reinbek bei Hamburg 1974.

Sartre, Jean-Paul, *Mai '68 und die Folgen. Reden, Interviews, Aufsätze, Bd. 2*, Reinbek bei Hamburg 1975.

Sauvageot, Jacques/Geismar, Alain/Cohn-Bendit, Daniel, *Aufstand in Paris oder Ist in Frankreich eine Revolution möglich?* Herausgegeben von Hervé Bourges, Reinbek bei Hamburg 1968.

BRD – Studentenbewegung

Amendt, Günter (Hg.), *Kinderkreuzzug oder Beginnt die Revolution in den Schulen?* Reinbek bei Hamburg 1968.

Bieling, Rainer, *Die Tränen der Revolution. Die 68er zwanzig Jahre danach*, Berlin 1988.

Baring, Arnulf, *Machtwechsel. Die Ära Brandt – Scheel*, Stuttgart 1982.

Dutschke, Gretchen, *Rudi Dutschke. Wir hatten ein barbarisches, schönes Leben. Eine Biographie*, Köln 1996.

Dutschke, Rudi, *Mein langer Marsch. Reden, Schriften und Tagebücher aus zwanzig Jahren*, herausgegeben von Gretchen Dutschke-Klotz, Helmut Gollwitzer und Jürgen Miermeister, Reinbek bei Hamburg 1980.

Eisenberg, Götz/Thiel, Wolfgang, *Fluchtversuche. Über Genesis, Verlauf und schlechte Aufhebung der antiautoritären Bewegung*, Gießen 1973.

Kerbs, Diethart (Hg.), *Die hedonistische Linke. Beiträge zur Subkultur-Debatte*, Neuwied und Berlin 1970.

Koenen, Gerd, *Das rote Jahrzehnt. Unsere kleine deutsche Kulturrevolution 1967-1977*, Köln 2001.

Kukuck, Margareth, *Student und Klassenkampf. Studentenbewegung in der BRD seit 1967*, Hamburg 1974.

Miermeister, Jürgen, Staadt, Jochen (Hg.), *Provokationen. Die Studenten- und Jugendrevolte in ihren Flugblättern 1965-1971*, Darmstadt, Neuwied 1980.

Mosler, Peter, *Was wir wollten, was wir wurden. Studentenrevolte – zehn Jahre danach*, Reinbek bei Hamburg 1977.

Negt, Oskar, *Achtundsechzig. Politische Intellektuelle und die Macht*, Göttingen 1995.

Rolke, Lothar, *Protestbewegungen in der Bundesrepublik. Eine analytische Sozialgeschichte des politischen Widerspruchs*, Opladen 1987.

Scheerer, Sebastian, *Deutschland: Die ausgebürgerte Linke*, in: Hess, Henner u. a., *Angriff auf das Herz des Staates. Soziale Entwicklung und Terrorismus*, Frankfurt/M. 1988.

Schober, Ingeborg, *Tanz der Lemminge. Amon Düül – eine Musikkommune in der Protestbewegung der 60er Jahre*, Reinbek bei Hamburg 1979.

Theweleit, Klaus, *Ghosts. Drei leicht inkorrekte Vorträge*, Frankfurt/M., Basel 1998.

Wesel, Uwe, *Die verspielte Revolution. 1968 und die Folgen*, München 2002.

Wolff, Frank, Windaus, Eberhard (Hg.), *Studentenbewegung 1967-69. Protokolle und Materialien*, Frankfurt/M. 1977.

Antiautoritäre Revolte und Kritische Theorie

Abendroth, Wolfgang u. a., *Die Linke antwortet Jürgen Habermas*, Frankfurt/M. 1968.

Claussen, Detlev, *Abschied von gestern. Kritische Theorie heute*, Bremen 1986.

Gilcher-Holtey, Ingrid, Kritische Theorie und Neue Linke, in: dies. (Hg.), *1968 – Vom Ereignis zum Gegenstand der Geschichtswissenschaft*, Geschichte und Gesellschaft, Sonderheft Nr. 17, Göttingen 1998.

Hoß, Dieter/Steinert, Heinz (Hg.), *Vernunft und Subversion. Die Erbschaft von Surrealismus und Kritischer Theorie*, Münster 1997.

Kraushaar, Wolfgang, *1968 als Mythos, Chiffre und Zäsur*, Hamburg 2000.

Kraushaar, Wolfgang, *Frankfurter Schule und Studentenbewegung. Von der Flaschenpost zum Molotowcocktail 1946 bis 1995*, Bd. I: *Chronik*, Bd. II: *Dokumente*, Bd. III: *Aufsätze*, Hamburg 1998.

Kraushaar, Wolfgang, *1968. Das Jahr, das alles verändert hat*, München 1998.

Marxismus und Kritische Theorie, Ringvorlesung vom 11. Mai 1988, Teilnehmer: Frank Deppe, Detlev Claußen; Diskussionsleitung: Klaus Schroeder, in: http://www.partisan.net/archive/1968/29705.html.

Roth, Roland, *Rebellische Subjektivität. Herbert Marcuse und die neuen Protestbewegungen*, Frankfurt/M., New York 1985.

Salzinger, Helmut, *Swinging Benjamin*, Frankfurt/M. 1973.

Schoeller, Wilfried (Hg.), *Die neue Linke nach Adorno*, München 1969.

Wiggershaus, Rolf, *Die Frankfurter Schule. Geschichte. Theoretische Entwicklung. Politische Bedeutung*, München 1986.

Von den Situationisten zur Subversiven Aktion

Böckelmann, Frank, Nagel, Herbert, *Subversive Aktion. Der Sinn der Organisation ist ihr Scheitern*, Frankfurt/M. 1976.

Dreßen, Wolfgang/Kunzelmann, Dieter/Siepmann, Eckhard (Hg. im Auftrag des Werkbund-Archivs), *Nilpferd des höllischen Urwalds – Spuren in eine unbekannte Stadt – Situationisten. Gruppe SPUR. Kommune I*. Ein Ausstellungsgeflecht des Werkbundarchivs Berlin zwischen Kreuzberg und Scheunenviertel, November 1991.

Kiwitz, Peter, *Lebenswelt und Lebenskunst. Perspektiven einer kritischen Theorie des sozialen Lebens*, München 1986.

Ohrt, Roberto, *Phantom Avantgarde. Eine Geschichte der Situationistischen Internationale und der modernen Kunst*, Hamburg 1990.

Rötzer, Florian (Hg.), in Zusammenarbeit mit Sara Rogenhofer, *Künstlergruppen: Von der Utopie einer kollektiven Kunst*, in: Kunstforum International, Bd. 116, Köln 1991.

Situationistische Internationale. Gesammelte Ausgaben des Organs der Situationistischen Internationale. Deutsche Erstausgabe. Übers. von

Pierre Gallissaires, bearbeitet v. Hanna Mittelstädt, 2 Bde., Hamburg 1977.

1968: Literatur und antiautoritäre Bewegung

Briegleb, Klaus, *1968. Literatur in der antiautoritären Bewegung*, Frankfurt/M. 1993.

Buch, Hans-Christoph, *Literaturmagazin 4. Die Literatur nach dem Tod der Literatur. Bilanz der Politisierung*, Reinbek bei Hamburg 1975.

Hüfner, Agnes (Hg.), *Straßentheater*, Frankfurt/M. 1970.

Lau, Jörg, *Hans Magnus Enzensberger. Ein öffentliches Leben*, Berlin 1999.

Lüdke, Martin W. (Hg.), *Nach dem Protest. Literatur im Umbruch*, Frankfurt/M. 1979.

Ott Ulrich, Pfäfflin, Friedrich (Hg.), *Protest! Literatur um 1968*. Eine Ausstellung des Deutschen Literaturarchivs in Verbindung mit dem Germanistischen Seminar der Universität Heidelberg und dem Deutschen Rudfunkarchiv im Schiller-Nationalmuseum, Marbach am Nekkar 1998.

1968 erschienene Bücher deutschsprachiger Autoren

Anders, Günther, *Der Blick vom Turm. Fabeln*, München.

Artmann, H. C., *Die Anfangsbuchstaben der Flagge. Geschichten für Kajüten und Kamine*, Salzburg.

Artmann, H. C., *Der handkolorierte Menschenfresser*, Stuttgart.

Astel, Arnfrid, *Notstand. 100 Gedichte*, Wuppertal.

Bauer, Wolfgang, *Die Entfernung*, Zürich/Wien.

Becker, Jürgen, *Ränder*. Prosa, Frankfurt/M.

Bernhard, Thomas, *Ungenach*. Erzählung, Frankfurt/M.

Bienek, Horst, *Die Zelle*. Roman, München.

Brandner, Uwe, *Am elften Tag. Prosa-Song*, Berlin.

Brandner, Uwe, *Innerungen. Ein Abenteuer-Liebes-Kriminal-Zukunfts- u. Tatsachenroman*, München.

Brinkmann, Rolf Dieter, *Godzilla*, Köln.

Rolf Dieter Brinkmann, *Keiner weiß mehr*. Roman, Köln.

Rolf Dieter Brinkmann, *Die Piloten*. Gedichte, Köln.

Bruyn de, Günter, *Buridans Esel*. Roman, Halle/Saale.

Canetti, Elias, *Die Stimmen von Marrakesch. Aufzeichnungen nach einer Reise*, München.

Celan, Paul, *Ausgewählte Gedichte. Zwei Reden*, Frankfurt/M.

Celan, Paul, *Fadensonnen*. Gedichte, Frankfurt/M.

Chotjewitz, Peter O., *Die Insel. Erzählungen auf dem Bärenauge*, Reinbek bei Hamburg.

Chotjewitz, Peter O./Rambow, Gunter, *Roman – ein Anpassungsmuster*, Darmstadt.

Domin, Hilde, *Das zweite Paradies. Roman in Segmenten*, München.

Dorst, Tankred, *Toller*. Schauspiel, Frankfurt/M.

Drewitz, Ingeborg, *Eine fremde Braut*. Erzählungen, München.

Dürrenmatt, Friedrich, *Gerechtigkeit und Recht. Eine Dramaturgie der Politik*, Zürich.

Hüsch, Hanns Dieter, *Freunde, wir haben Arbeit bekommen!* Lieder, Ahrensburg/Holst.

Huppert, Hugo, *Logarithmus der Freude.* Gedichte, Berlin.
Jaegeer, Henry, *Der Club.* Roman, München.
Jaeggi, Urs, *Ein Mann geht vorbei.* Roman, Einsiedeln.
Jahnn, Hans Henny, *Perrudja II und andere* – drei Romanfragmente aus dem Nachlaß, Frankfurt/M.
Jandl, Ernst, *Sprechblasen.* Gedichte, Neuwied.
Jünger, Friedrich Georg, *Es pocht an der Tür.* Gedichte, Frankfurt/M.
Kaschnitz, Marie Luise, *Tage, Tage, Jahre.* Aufzeichnungen, Frankfurt/M.
Kipphardt, Heinar, *Die Soldaten* (nach Lenz). Schauspiel, Frankfurt/M.
Kluge, Alexander, *Die Artisten in der Zirkuskuppel: ratlos. Die Ungläubige. Projekt Z. Sprüche der Leni Peickert.* Literarisches Textbuch, München.
Krolow, Karl, *Minuten-Aufzeichnungen.* Prosa, Frankfurt/M.
Krolow, Karl, *Neue Gedichte*, Frankfurt/M.
Kunert, Günter, *Die Beerdigung findet in aller Stille statt.* Erzählung, München.
Kunert, Günter, *Kramen in Fächern. Geschichten, Parabeln, Merkmale*, Berlin/Weimar.
Kunze, Reiner, *Gedichte*, Berlin.
Lattmann, Dieter, *Schachpartie.* Roman, München.
Lenz, Siegfried, *Deutschstunde.* Roman, Hamburg.
Lettau, Reinhard, *Feinde.* Erzählungen, München.
Lettau, Reinhard, *Gedichte*, Berlin.
Lind, Jakov, *Angst und Hunger.* Zwei Hörspiele, Berlin.
Loest, Erich, *Der elfte Mann.* Roman, Halle/Saale.
Mann, Thomas/Mann, Heinrich, *Briefwechsel 1900-1949.* Frankfurt/M.
Mechtel, Angelika, *Die feinen Totengräber.* Erzählungen, München.
Meysenburg, Alfred von, *Glamour-Girl.* Comic-Strip, Frankfurt/M.
Mon, Franz, *Herzzero.* Roman, Neuwied.
Neuss, Wolfgang, *Asyl im Domizil*, Reinbek bei Hamburg.
Nossack, Hans Erich, *Der Fall d'Arthez.* Roman, Frankfurt/M.
Novak, Helga M., *Geselliges Beisammensein.* Prosa, Neuwied.
Piontek, Heinz, *Außenaufnahmen.* Erzählungen, Baden-Baden.
Reinig, Christa, *Orion trat aus dem Haus. Neue Sternbilder*, Stierstadt/Taunus.
Reinig, Christa, *Schwabinger Marterln. Freche Grabsprüche für Huren, Gammler und Poeten*, Stierstadt/Taunus.
Rexhausen, Felix, *Die Sache. 21 Variationen*, Frankfurt/M.
Rühm, Gerhard, *Fenster.* Texte, Reinbek bei Hamburg.
Rühm, Gerhard, *Kleine Billardschule*, Berlin.
Rühm, Gerhard, *2 sätze*, Berlin.
Rühm, Gerhard, *Rhythmus R.* Gedicht, Berlin.
Rühm, Gerhard, *Thusnelda Romanzen.* Zyklus, Stierstadt/Taunus.
Runge, Erika, *Bottroper Protokolle*, Frankfurt/M.
Schnitzler, Arthur, *Jugend in Wien.* Autobiographie, Wien.
Seghers, Anna, *Das Vertrauen.* Roman, Berlin/Weimar.
Seuren, Günter, *Das Kannibalenfest.* Roman, Köln.
Süverkrüp, Dieter, *Lieder des Untertanen D. S.*, Berlin.
Teufel, Fritz/Langhans, Rainer, *Klau mich. Strafprozeßunordnung*, Frankfurt/M.
Törne, Volker von, *Wolfspelz. Gedichte, Lieder, Montagen*, Berlin.
Trauberg, Ursula, *Vorleben*, Frankfurt/M.
Ulrichs, Timm, *à la carte*, Olef.
Ulrichs, Timm, *der dehnbare begriff*, Olef.
Ulrichs, Timm, *lesarten und schreibweisen.* Texte, Stuttgart.

Wallraff, Günter, *Meskalin. Ein Selbstversuch*, Berlin.

Wallraff, Günter, *Wallraff was here. 13 unerwünschte Reportagen*, Frankfurt/M.

Walser, Martin, *Heimatkunde*. Aufsätze und Reden, Frankfurt/M.

Weiss, Peter, *Diskurs über die Vorgeschichte und den Verlauf des lang andauernden Befreiungskrieges in Viet Nam als Beispiel für die Notwendigkeit des bewaffneten Kampfes der Unterdrückten gegen ihre Unterdrücker sowie über die Versuche der Vereinigten Staaten von Amerika, die Grundlagen der Revolution zu vernichten*. Stück, Frankfurt/M.

Weiss, Peter, *Dramen in zwei Bänden*, Frankfurt/M.

Weiss, Peter, *Notizen zum kulturellen Leben der Demokratie Viet Nam*, Frankfurt/M.

Weiss, Peter, *Rapporte*, Frankfurt/M.

Widmer, Urs, *Alois*. Erzählung, Zürich.

Zwerenz, Gerhard, *Erbarmen mit den Männern*. Roman, München.

[Auszug aus: Tintenfisch 2, Jahrbuch für Literatur, hg. von Michael Krüger und Klaus Wagenbach, Berlin 1969].

Anthologie

Lange, D./Rowald, R. (Hg.), *Agitprop. Texte zur Agitation*, Berlin.